新版
世界各国史
7

南アジア史

辛島昇 編

山川出版社

北門背面

東門

北門背面拡大

サーンチーの丘陵に建つ大塔（中央インド、前2世紀）　直径約37メートル、高さ約17メートル。四方の入口の門には全面に彫刻が施されている。美術史上の傑作であるとともに、当時の様子を伝える貴重な史料である。

ブリハディーシュヴァラ寺院(タミル・ナードゥ州、タンジャーヴール)　チョーラ朝最盛期の王ラージャラージャ1世が首都に建立したシヴァ寺院で、自らの名を冠したリンガを祭る。基壇に数多くの寄進を記す刻文が見られる。

ヴィッタラ寺院歌舞殿(カルナータカ州、ハンピ)　ヴィジャヤナガル王国の首都ハンピに残るこの寺院は、最盛期の王クリシュナデーヴァラーヤによって建立されたヴィシュヌ(ヴィッタラ)寺院。柱には華麗な彫刻がほどこされている。

アラビア海を行き交うダウ船　ダウと総称される船は、インド西海岸産のチーク材をヤシの繊維製の縄で縫い合わせた縫合船で、綿布などでつくった三角帆で帆走した。とくに10、11世紀頃から、東西モンスーンに乗ってアラビア海を行き交い、交易に従事した。

造園工事を監督するバーブル　ムガル帝国初代皇帝バーブルは建築よりも造園のほうを好んだといわれる。この正方形の土地を十文字に流れる二つの水流で四等分する形式の庭園はチャハール(四)・バーグ(庭園)と呼ばれ、ムガル帝国において高度に発達した。

ムンバイーのヴィクトリア・ターミナス駅　ムンバイー(ボンベイ)の名の元となったとされる女神ムンバ・デーヴィーの祀堂の跡に立つ。このイタリア・ゴシック様式を模した駅舎は1878年着工、1888年に完成。V.T.の略称で親しまれたが、ヒンドゥー主義高揚のなか、シヴァージー駅と改称された。

投票する女性有権者(1999年の総選挙)　独立後のインドでは、男女平等の成人普通選挙制度が導入され、1951-52年に第1回連邦下院総選挙がおこなわれた。小選挙区(一人区)制で、読み書きのできない人もいることを考慮して、投票は各政党のシンボル・マークに印をつける、政党選挙である。

まえがき

「世界各国史」シリーズとしての前著、山本達郎編『インド史』が出版されたのは一九六〇年のことであり、それからこの『南アジア史』の出版までのあいだには、じつに四〇年以上の歳月が流れた。いうまでもなくその間に、南アジア研究を取り巻く内外の状況にはじつに大きな変化が起こっている。

まずわが国の状況としては、前著が出版されたのは日本において南アジア史の研究が本格的に始められたばかりのときであり、中世史に荒松雄氏、近・現代史に松井透氏という当時新進の研究者をえたものの、古代史については、山崎利男氏がまだ留学中で、東南アジア史研究が専門の和田久徳氏に頼らざるをえなかった。それに比べて今日では、日本の研究者がいとも気軽に南アジア各地やロンドンにでかけ、そこでえた一次史料をもとにオリジナルな研究を遂行し、世界に向けて広く発信しているのである。

外国の状況としては、まずインドの研究者たちがナショナリスト的立場から新しいインド史像構築の努力を重ね、また欧米の研究者も、精力的にその研究を進めてきた。初期にはアメリカの研究者が伝統的インド社会についての分析を進め、その後、近・現代史についてはイギリスのケンブリッジ大学を中心とした研究者たちが新しい視角からの研究をおこない、さらにその後、それを批判するかたちで、サバルタン研究グループと呼ばれるインド人の研究者たちが、斬新な研究を展開してきている。

一方、南アジアの問題を離れて歴史学自体に目を向ければ、そこにも新しい状況が見られる。戦後の学界で有力であった、人類社会の発展は奴隷制・封建制・資本制という段階をたどるとするマルクス主義的な歴史解釈が行きづまりにきて、それにかわってアナール学派の視点からする社会史の研究、世界システム論などの新しい理論が提出されてきた。そして、ポストコロニアル、ポストモダンの視点からは、歴史学の存在そのものが問われる状況もまた出現している。

本書と前著のあいだには、そのような状況変化が見られ、それが両者のあいだに大きな相違をもたらしている。そして四〇年におよぶ研究の進展を取り込むことによって内容を新しくできたのは、いうまでもなく本書のメリットであるが、そのことは必ずしも前著の価値を貶《おとし》めるものではない。むしろ本書は、さまざまな新しい見方を取り入れたために、歴史の流れの叙述としては複雑になって、理解がしにくくなっているのではないかと恐れる。しかしそれも、学問に忠実たらんとする執筆者一同の願いによるもので、ご寛恕《かんじょ》を乞《こ》いたい。

本書の執筆分担は目次と執筆者紹介欄に記すとおりであるが、年表・索引などの作成については太田信宏氏の手をわずらわせ、また、インド、パキスタン、ネパール、バングラデシュ、スリランカの現代政治状況を示す統計資料などについては、井上あえか、サキャ・プルナ・ラタナ、小槻文洋諸氏の助力をえた。小槻氏には統計資料全体の調整をもお願いした。ここに記して感謝したい。

なお、参考文献については、南アジア史にかんする基本的に重要な著作、また、最近の重要な研究動向を示すものなどは極力網羅するようにした。しかし、歴史ではないほかのディシプリン自体を扱う著作は、重要な主題にかんするごく代表的なもののみをあげるにとどめた。それ以外のものについては、『南アジアを知る事典』などを参照していただきたい。

さて本書の刊行が、前著刊行後四〇年と遅れたのにはいろいろの理由があるのだが、筆者ら四人による執筆の企画を立ててからも、七年が経過した。それは長崎暢子氏が、文部科学省科学研究費による特定領域研究「南アジア世界の構造変動とネットワーク」の代表者としてその遂行にあたることになり、執筆が大幅に遅れたためである。長崎氏にはさまざまな無理を強いることになったが、この遅れにはメリットもまた存在した。すなわちその特定領域研究プロジェクトの遂行によって、近・現代史を中心としたわが国の研究が一段と進展し、学説史の整理などもおこなわれ、成果を本書にいかすことができたからである。

いずれにせよここにやっと刊行の運びとなり、本書が南アジアに興味をもつ大方の読者によって幅広く利用され、それによってさらに日本における研究が進展していくことを切望している。

二〇〇三年八月三十一日　ニーラギリのシッダールタ山荘にて

辛島　昇

目次

序章――新しい歴史解釈と南アジア　3　辛島 昇

第一章――インダス文明からガンジス文明へ　19　山崎元一
❶先史時代とインダス文明　19　❷アーリヤ人の進入と定着　30
❸王国の形成と都市の発達　47

第二章――マウリヤ帝国とその後のインド亜大陸　64　山崎元一・辛島 昇
❶マウリヤ帝国の成立と発展　64　❷異民族の侵入と北インド支配　80
❸南インドでの国家形成　99

第三章――ヒンドゥー諸王国の興亡とヒンドゥー文化　113　山崎元一
❶グプタ朝とその文化　113　❷ヒンドゥー諸王国の興亡　126
❸社会と文化の再編成　141

第四章　南インド社会の発展　149　辛島　昇
❶三王国の抗争とバクティ信仰の展開　149　❷二王国の拮抗と正統ヒンドゥー教　161
❸海のシルクロードと南インド　178

第五章　イスラーム世界の拡大とインド亜大陸　189　小谷汪之・辛島　昇
❶インド洋交易の発展　189　❷スンナ派ムスリム諸王朝の成立　195
❸デリー・スルタン朝の時代　200　❹ムスリム勢力の進出と南インド　212

第六章　ムガル帝国とマラーターの時代　232　小谷汪之
❶ムガル帝国の成立　232　❷ムガル帝国とマラーター王国　244
❸インド洋交易の変容と東インド会社　254　❹インド中世における国家と社会　261

第七章　イギリス植民地支配の始まりとインド社会　273　小谷汪之・辛島　昇
❶イギリス植民地支配の始まり　273　❷植民地支配下におけるインド社会の変容　303

第八章──英領インドの成立とインド民族運動の始まり　322　長崎暢子
❶インド大反乱　322　❷植民地としてのインド帝国の成立　335
❸インド国民会議(派)の成立と発展　348　❹インド資本主義の誕生と富の流出理論　358

第九章──ガンディー時代　372　長崎暢子
❶第一次世界大戦と植民地　372　❷第一次世界大戦後の改革と諸運動　381
❸危機の時代　394　❹経済関係の転換──自由貿易政策の放棄とインド工業化の進展　407
❺第二次世界大戦の影響　413

第十章──独立後の国家と国民　424　長崎暢子・小谷汪之・辛島　昇
❶独立インドのかたち　424　❷会議派一党優位体制の衰退　440
❸成長の胎動──政治の季節から経済改革の時代へ　459　❹パキスタンの軍政と「イスラーム化」　467
❺インド亜大陸北東部の国家間関係　479　❻スリランカと民族紛争　489

付録●索引／年表／参考文献／王朝系図／歴代総督一覧／歴代元首・首相一覧／議会選挙結果一覧／
行政区分図／写真引用一覧

南アジア史

序章　新しい歴史解釈と南アジア

「南アジア」と「インド」

はじめに「南アジア」ということばを説明しておこう。一九八五年に設立された国際的地域協力機構として「南アジア地域協力連合(SAARC)」と呼ばれるものがあるが、その構成国は、インド、パキスタン、ネパール、ブータン、バングラデシュ、スリランカ、モルディヴの七カ国である。したがって現代政治的には、この七カ国が南アジアを構成するということができよう。しかし歴史的には、アフガニスタンのはたした役割は大変に重要である。古代におけるインド亜大陸へのドラヴィダ民族やアーリヤ民族の来住にせよ、中世におけるイスラーム勢力の進出にせよ、それはアフガニスタンの地をとおしてであって、その地は南アジアにおける歴史の展開に深くかかわっている。その意味から本書では、アフガニスタンの情勢についても言及する。

本書が前シリーズの場合と異なって、表題を『南アジア史』として『インド史』としないのは、上述のSAARCの例からもわかるように、現代政治の状況を考慮したからであるが、一九四七年以前の歴史的状況の説明とすれば、当然「インド」ということばをより広い意味で用いることが可能であり、そのほうが自然な場合が多い。本書においても、第九章までは実際にそのような用い方をしている。

自然環境と歴史の展開

「南アジア」にたいして地理的には「インド亜大陸」という表現もしばしば用いられるが、ここで五〇〇〇年近い歴史が展開したその「亜大陸」の自然環境を説明しておこう。地図を見れば一目瞭然のように、インド亜大陸は、北をヒンドゥークシュ・ヒマラヤ山脈によってさえぎられ、アフガン台地とのあいだにはスレイマーン山脈、ミャンマーとの境にはアラーカーン山脈がそびえる。その南方でインド洋に大きく逆三角形状に突き出た部分は、西はアラビア海、東はベンガル湾によって縁取られる。北方に高い山脈が形成されたのは、太古に別の大陸から分れて大洋を移動してきたインド亜大陸が、南方からユーラシア大陸の下にもぐりこんだためで、もぐりこまれた部分に山脈が隆起し、下になった亜大陸北部には広大なヒンドゥスタン平野が形成された。そこには西部にインダス川、中・東部にガンジス川が流れる。

この平野と南方の半島部とのあいだには東西にはしるヴィンディヤ山脈があって、インド亜大陸を南北に分断している。その山脈以南の半島部では、西岸にそって高い西ガート山脈が、東岸にはそれより低い東ガート山脈がはしり、両者は南部で合体する。それら三つの山脈によって区切られた内陸部がデカン高原である。ヴィンディヤ山脈以南の大河は、グジャラート州に開口部をもつナルマダー・タプティ両河を除いて、西ガート山脈に源をもってデカン高原を東流し、東岸でベンガル湾に注いでいる。ゴーダーヴァリー、クリシュナー、カーヴェーリなど、それらの川の下流域にはデルタが形成され、カーヴェーリ・デ

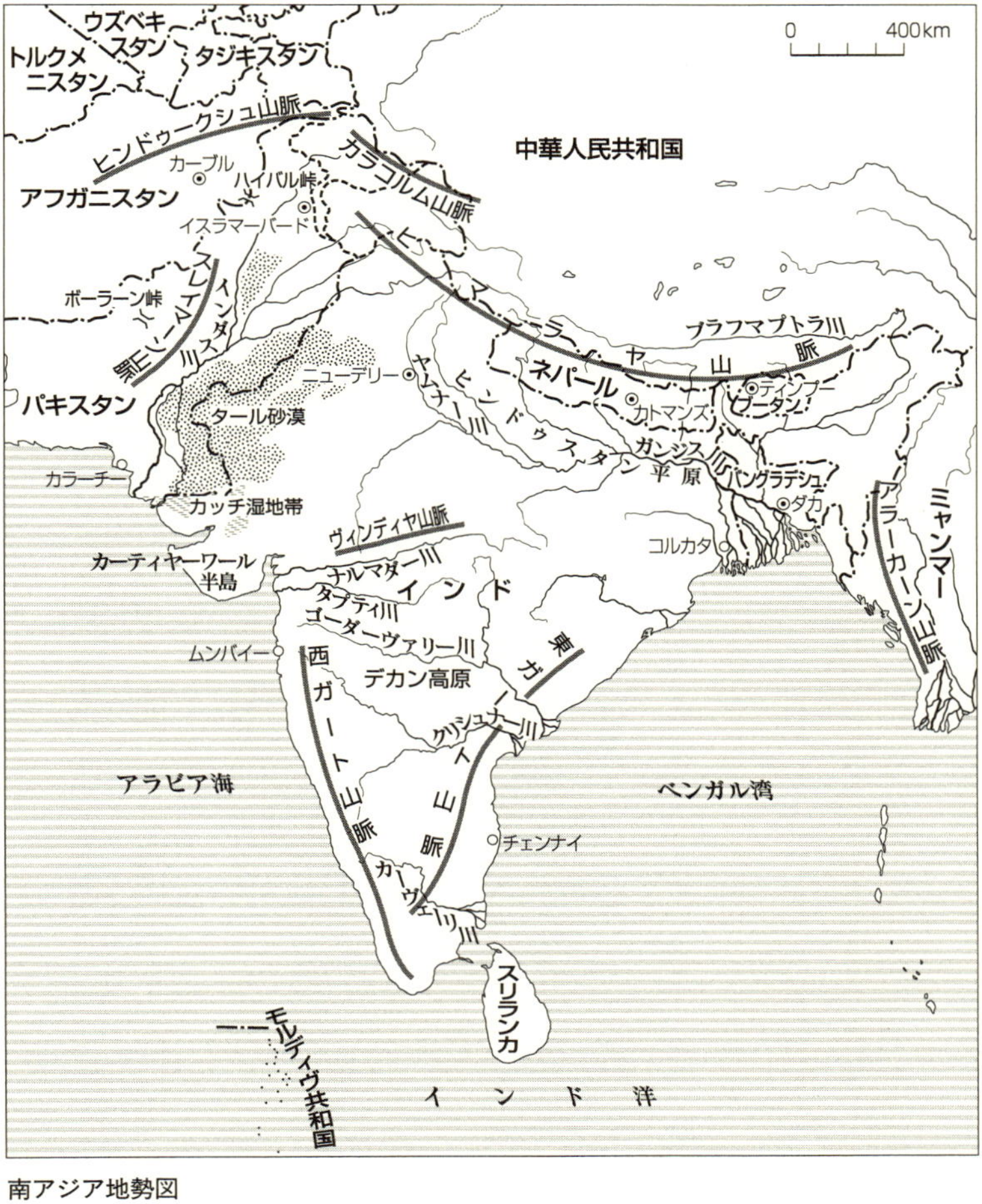

0
400km
ウズベキスタン
トルクメニスタン
タジキスタン
ヒンドゥークシュ山脈
カーブル
ハイバル峠
アフガニスタン
イスラマーバード
カラコルム山脈
中華人民共和国
ヒマーラヤ山脈
ボーラーン峠
スレイマーン山脈
インダス川
パキスタン
ニューデリー
ヤムナー川
ヒンドゥスタン平原
ネパール
カトマンズ
ティンプー
ブータン
ブラフマプトラ川
ガンジス川
バングラデシュ
ダカ
タール砂漠
カラーチー
カッチ湿地帯
ヴィンディヤ山脈
カーティヤーワール半島
ナルマダー川
インド
タプティ川
ゴーダーヴァリー川
ムンバイー
西ガート山脈
デカン高原
東ガート山脈
クリシュナー川
コルカタ
アラカーン山脈
ミャンマー
アラビア海
ベンガル湾
チェンナイ
カーヴェーリ川
スリランカ
モルディヴ共和国
インド洋

南アジア地勢図

ルタを擁するタミル・ナードゥ州中部は大きな海岸平野となっている。

以上のような自然環境は、南アジアにおける歴史の流れを大きく規定することになる。北東部でガンジス川に合流するブラフマプトラ河谷は、チベット高原・中国雲南地方・ミャンマーなどからの人々の来住や交流の通路となっているが、大きな移動の波はつねに北西部のアフガン台地から押しよせ、ハイバル、ボーラーンその他の峠が通路となっていた。古代にマケドニアのアレクサンドロスが大軍を率いて侵入したのも、またガンジス・ヤムナー平原にムガル朝の勢力を築いたバーブルが入ってきたのもそれらの道であった。

インダス川の中流域は五つの川が流れる五河地方(パンジャーブ)をなし、古代にはインダス文明の地であったことが示すように、歴史をとおしてつねに一つのまとまった地域となっている。インダス川と同じくチベット高原に源をもち、亜大陸北西部から北インドの平原を東流するガンジス川の流域は、上流でヤムナー川と並行して流れる両河地帯(ドアーブ)と、両者が合体した中・下流域に大別されるが、古代のマウリヤ朝・グプタ朝、中世のムガル朝のような大きな政治権力が出現した場合には、その両者が統一されて、帝国が形成された。その他の場合には、おのおのに国家ができて争う状況が見られた。

ヴィンディヤ山脈の南では、デカン高原と東南海岸平野のそれぞれに政権ができて、たとえばバーダーミのチャールキヤ朝とカーンチープラムのパッラヴァ朝が争ったように、南インドの覇権を求めて抗争するかたちが見られた。ヴィジャヤナガル王国のもとでは、その両者のある程度の統合がなされている。東部のオリッサ地方や、西南海岸の西ガート山脈とアラビア海に挟まれたマラバール海岸には、それらの大勢力とは別個に政治勢力が形成される状況が見られた。

そのような南北インドが一つの権力のもとにおかれたことは、古代ではマウリヤ朝、中世ではデリー・スルタン朝およびムガル朝のそれぞれ一時期を除いて、ほとんどなかったといっていい。グプタ朝のサムドラグプタによる南インド進軍、逆に南インドのチョーラ朝によるガンジス川流域への進入も見られたが、それらはいずれもたんなる遠征にとどまっている。そのように、政治的には近代にいたるまで別個の道を歩んだ南北インドであったが、文化的あるいは経済的には、相互に大きな影響を与えて、南アジアとして一つの歴史を形成してきたのである。

言語と民族

ここで、言語と民族の問題に話を移そう。現在南アジアで話されている言語には五つの系統が見られる。インド・アーリヤ系、イラン系、ドラヴィダ系、オーストロ・アジア系、チベット・ビルマ系の五つである。ただし、インド・アーリヤ系言語とイラン系言語は大きくいえばインド・ヨーロッパ語族に属する同じ系統の言語であるから、その意味では四つの系統といってもいい。それらの地理的な分布を見てみると、インド・アーリヤ系統の言語は北インドの平野部全域とマハーラーシュトラ地方に広がっていて、ドラヴィダ系統の言語は半島南部とスリランカの北東部に分布している。オーストロ・アジア系言語は、インド亜大陸の外では、ヴェトナム語やクメール語など東南アジアの大陸部に見られるが、亜大陸では、ヴィンディヤ山脈東部やアッサム地方などの山地にわずかに見られるにすぎない。シナ・タイ語族の一部をなすチベット・ビルマ系言語は、インド亜大陸では、ヒマラヤ山麓、アッサム地方の山中に分布している。なお、イラン系言語はアフガニスタンとパキスタンの一部に見られる。

今日、以上のような分布が見られるのは、古代におけるそれらの言語グループの来住およびそれ以後の相互関係によるものであるが、その展開はつぎのように推定される。オーストロ・アジア系言語はインド共和国内では一％強の話者人口しかもたないが、ガンジス川をあらわす「ガンガー」がオーストロ・アジア語の「川」を意味する普通名詞に由来し、また、オーストロ・アジア語として解釈できる地名が亜大陸各地に残っていることなどから、古くは広い地域で話されていたものと推定される。

チベット・ビルマ系言語がいつごろどのように亜大陸に広がっていったかははっきりしないが、ブッダの属していたシャーキヤ族の言語がその系統であったとする説もあり、古代には、ガンジス平原にかなりの広がりをもって分布していたものと推定される。

ドラヴィダ系の言語は、インド亜大陸以外で話されるどの言語とも親縁関係のあることが証明されていない。しかし、その言語グループは、元来中央アジアのどこかに居住していて、紀元前三五〇〇年ころにアフガン台地から入り込んだものと考えられている。近年のインダス文字研究の進展から、インダス文明を築いた人々の主体はこの言語グループと推定されている。現在でも、バルーチスタンやガンジス川下流域など、北インドの一部に残存が見られるが、その分布が南インドに集中しているのは、インド・アーリヤ系言語グループがインドに入ってきた紀元前一五〇〇年ころ、南進を開始して、その主要グループが南インドに居住するようになったためである。

トラヴァンコール王国の都があったパドマナーダプラムの宮殿に残る18世紀の壁画　シヴァ神の象徴としてのリンガが，顔をもつムカ・リンガとして描かれている。

ガンジス川（ガンガー）に昇る朝日　中部ヒマラヤのガンゴートリ氷河に源をもち，天から降った聖なる川として豊富な水をたたえ，ヒンドゥスタン平原を悠然と流れる。

インド・アーリヤ系言語を話すグループの来住にかんしては、最近いろいろの異なった考え方も提出されるようになってきている。しかし言語学的にいえばその言語は、先に記したように、インド・ヨーロッパ系言語の一部であって、彼らは東ヨーロッパなどに想定される共通の故地から東進して中央アジアに移り、そこから、イランへ移動した一派と分れて南下し、紀元前一五〇〇年くらいにインダス川流域に入り込んだものと推定される。彼らの言語が、今日インド亜大陸北半全体に分布していて、インド共和国ではその話者人口が総人口の七四%を占める広がりを見せるのは、亜大陸に進出してきた当時、彼らが先住の諸言語グループにたいして優位に立ち、その結果として彼らの言語が広く話されるようになったためと考えられる。

ただし、先住の言語グループがインド文化の形成にはたした役割は、インド共和国に二四%の話者人口をもつドラヴィダ系言語グループの場合はいうにおよばず、けっして小さなものではない。シヴァ神と結びついてヒンドゥー教の重要な信仰対象とされる「リンガ」はオーストロ・アジア語に由来し、そのほかにも、「鋤」を意味する「ラーンガラ」、「陶工」を意味する「クラーラ」など生産にかかわる単語には、非アーリヤ先住民の言語に由来するものが多く見られる。

インド・アーリヤ系の言語は、紀元前一千年紀の中葉に、古典文章語としてのサンスクリット語を生み出したが、口語としてのプラークリット語のほうは、上述したような亜大陸の各地で、徐々にその地方的発展をとげ、紀元十世紀ころになるとのちのヒンディー語、マラーティー語、ベンガーリー語などとして発達する近代アーリヤ諸語を成立させている。ドラヴィダ系言語のほうは、紀元後の早い時期にタミル語が古典文学を生み出しているが、やはり紀元十世紀ころには、カンナダ語、テルグ語で文学作品が書かれるなどの発展に加え、タミル語から分れてマラヤーラム語も成立し、近代諸語の段階に入っている。

年代的枠組み

上述したような南アジアの自然環境を舞台に、来住した諸言語グループによってどのような歴史が繰り広げられたのか、劇にたとえるなら「幕」や「場」としての、その年代的枠組みについて考えてみよう。

歴史が時の流れであることから、われわれは通常その流れを、古代・中世・近代・現代などと区切って把握しようとする。しかし、なにをもって古代とし、なにをもって中世とするか、問題はその内容である。「インド史」と銘打たれたかつての書物には、古代をヒンドゥー期、中世をムスリム期、近代を英領期とするものが多く見られたが、それらは時代の一つの特徴を示しているとしても、それによって歴史と社会の「発展」を説明することはできないし、そのような区分が誤解を生む危険性もまた大きい。それにかわって第二次世界大戦後の歴史学界で広くおこなわれた時代区分は、古代を奴隷制社会、中世を封建制社会、近代を資本主義社会として人類社会の発展を説明するマルクス主義的な時代区分であった。しかし、近年における歴史研究の進展によって、ヨーロッパを中心に考え出されたそのような解釈がはたして世界のほかの地域で一律に見られるものかどうか、疑問視されるようになってきた。

その動きと前後して、人々の目にとまる「事件」を記述する歴史学にたいしては、「深層」の動きを重視するいわゆるアナール学派による批判がよせられ、全体が一つの構造としてとらえられる、より大きな歴史の流れが注目されるようになってきた。その影響を受けて近年では、一つの大きな経済構造をとらえた「世界システム」論も盛んになってきている。また、史料のあり方、そのもつ意味についての考察の深まりは、「言語論的転回」論に見られるように、はたして歴史学というものが存在しうるのかという、歴史学にたいする根本的な疑問をも生み出すようになってきている。

そのような近年の学問状況から、現在では、なにをもって南アジアの古代とし、なにをもって中世、あるいは近代とし、またその画期をどこにおくかについて、大方の一致する見解を見出すことがきわめてむずかしくなってきている。したがって本書でも、古代・中世・近代・現代についての区分を明瞭には提示していないが、おおよそつぎのような点に注目する。

インド歴史学界の進歩的サークルにおいては、最近までR・S・シャルマによるグプタ朝期封建制論が有力で、多くの人々はグプタ朝期以降を中世としてきた。ただその場合、封建的体制がその後どこまで、どのようにしてつづいたかについては定説がなく、それとは別個に、ムガル帝国統治下の社会、とくにそこでのザミーンダールの存在に封建的特徴を見出す見解が見られた。そのような状況を反映して、これまで多くの研究者は、グプタ朝期からを「中世前期」、ムスリム支配の始まるデリー・スルタン朝やヴィジャヤナガル王国、あるいはムガル帝国などの時期からを「中世後期」とする二段構えの見解を示してきた。たしかにそのおのおのは、それ以前と異なって新しい体制が見られるようになった時期であるが、「前期」と「後期」の違いをどう説明するのかなど、肝心の点がこれまでの研究でははっきりしないまま残されている。また、後述する最近の「サーマンタ制」論者は、グプタ朝滅亡後の諸国家乱立の状況に中世的特徴を見出そうとしているようであるが、その見解にもあいまいな点が多く、また、その論が一般的であるともいいがたい。

本書では、それを明白な時代区分として提示しているわけではないが、新しい地方語・地方文化が成立し、それ以前のヴァルナ的身分秩序を基盤としながらも、ジャーティ(カースト)に基づく新しい身分区分が明確になってくる七〜十世紀あたりに、古代から中世への転換が見られたのではないかという見解を提出している。この数世紀はまた、貨幣経済に支えられた都市が衰退し、土地に基礎をおく村落が経済的に優越するにいたった時期、および、都市の住民に支えられた仏教が衰退し農村を基盤とするヒンドゥー教が発展した時期と、ほぼ重なっている。ただし、それらが亜大陸全体で一様に起こったとはいいがたく、地方差の存在を十分に考慮しなければならないであろう。

中世から近代への画期をどこに見出すかは、さらにむずかしい。ベンガルにおける財務行政権(ディーワーニー)の獲得に象徴されるような、十八世紀中葉におけるイギリスの領土的支配の開始、あるいは十八世紀末における新しい地税制度(永代ザミーンダーリー制)の導入などがインド社会に大きな変容を迫ることになり、それを一つの画期と見ることはできよう。ただ、それらはインド社会に外から変化をもたらした事象であって、インド社会の内在的発展を示すものではない。その点では、十八世紀のインドで徐々にではあるが経済発展が見られ、それがのちの資本主義的発展につながるとする修正主義(再検討派)的見解のほうが、多少の意味をもちうるかもしれない。しかし、その場合は、イギリスの植民地支配をインド史のなかにどう位置づけて理解するかが問題となろう。

以上と異なって、十九世紀中葉を転換点とする見方も存在する。それは、主として世界システム論や英帝国史研究の立場からするものであるが、それではまたインド社会の内在的発展が見落とされてしまう。その点からすれば、政治的局面においてではあるが、十九世紀の中葉に起こった、いわゆる「インド大反乱」をもってインドにおける民族的覚醒ととらえ、そこに新しさを見出すか、あるいは十九世紀末における「国民会議」の開催に画期を求めることにも意味があろう。さらにまた、以上のいくつかの考え方を勘案したうえで「近世」という概念を導入し、「近代」と二段構えの論を立てることも可能である。実際に、十八世紀中葉から十九世紀中葉にかけて、内部的要因と外部的要因が相互に作用をおよぼしながら時代の転換を準備したという見解も提出されている。

以上の状況を反映して、近年出版の概説書においては、ムガル朝支配を「近世」あるいは「近代」の始まりとするものをも含めて、さまざまな解釈が提出されている。そのような状況のなかでわれわれに要請されるのは、一人一人の研究者が自らの視点をはっきりと定め、それによって画期を設定することであろう。なお、「現代」の始まりを独立の時点に求めることには異論が少なかろう。

新しい視角と論点

「まえがき」に記したように、前回シリーズの『インド史』と今回の『南アジア史』のあいだには、出版に四〇年以上の隔たりがある。その間の日本における南アジア史研究の進展には、目をみはるものがある。また、世界における研究の進展もめざましく、数々の新しい事実が明らかになり、矢継ぎ早に新理論が提出されている。しかしその状況は、近年のサバルタン研究などの例からわかるように、上述した歴史学における「ポストモダン」な学問状況と密接に関連していて、ある意味でいうと、南アジア史の流れの理解を非常にむずかしくしているように思われる。以下にはそのような状況を踏まえ、注目すべきいくつかの点について若干の解説をしておこう。

古代史における近年の一つの焦点は、アーリヤ問題である。それが問題にされるのはいわゆるオリエンタリズムとの関連においてであるが、近年インドのヒンドゥー至上主義者たちが、アーリヤ民族発祥の地をインドに求め、歴史をすべてヒンドゥー教の立場から説明しようとしていることに注目しなければならない。

古代における「国家」の形成については、ロミラ・ターパルが幅広い研究をおこなっていて、本書はその成果をも取り入れている。シャルマの封建制論についてはすでに言及したが、チャトパディヤーヤクルケは、「封建制」論や「領主制」論と密接に関連する「サーマンタ制」論を展開している。ただし、彼らはグプタ朝崩壊後の北インドを例にして論を構築するのであるが、その歴史的性格づけがあいまいで、今後の検討が必要である。

南インドについては、一九七〇年代後半からシュタインがパッラヴァ朝期からナーヤカ朝期までの南インド諸国家を「分節国家」という概念でとらえ、それまでの王朝史的発展論を批判した。それにたいし辛島昇はシュタインの論がチョーラ王による中央集権化の試みや、ヴィジャヤナガル期におけるナーヤカの役割を無視していると批判し、十三・十四世紀を社会発展の一つの画期ととらえる論を展開している。分節国家論の問題点は、先のサーマンタ制論と同様に、ややもすると停滞論につながるその没歴史性にあるといえよう。本書ではまた、南インドにおける商人ギルドについて詳述しているが、それは近年のネットワーク論、世界システム論との関連においてのことである。

南アジアのイスラーム化については、当然西アジアにおけるイスラーム諸勢力との密接な関連があり、本書ではそれを書くことによって南アジア世界と外の世界とのつながりに留意している。また、イスラームとヒンドゥーは対立的であったわけではなく、インドがイスラームを「宗教」としてと同時に「文化」として受容した点にも注目する。

七〜十世紀ころからのカースト(ジャーティ)制度の成立については上述したが、それが国家によって創出されたものではなく、在地社会と関連する社会制度として展開した点に注目する。ただし、国家はそれを利用して秩序を保つと同時に、国家支配が強力な時期には、国家の力によってカースト秩序が保障されるという構造でもあった。なお、カースト制を「浄・不浄」の観念に基づく身分制度としてとらえるデュモンの論には文化人類学者からの批判が多いが、本書は、デュモンの構造主義的カースト理解を基本的に受け入れている。

イギリス植民地支配がインド社会に与えた影響としては、第一に、ザミーンダーリー制、ライーヤトワーリー制などの新しい地税制度の導入が、小谷汪之の主張するそれ以前の「職」を基軸とする社会から、「土地所有」を基軸とする社会に変容させたという点と、第二には、イギリスのカーストにたいする諸政策が、それまでには存在しなかったような画一的で強固なカースト社会をつくりだしたのだという、これまでわが国では主として小谷汪之と藤井毅によって強調されてきた点に注目する。第三に注目されるのは、近代的な社会改革をめざした立法が、旧来のインド社会からの反発をかい、それが今日につながるヒンドゥー復古主義・ヒンドゥー至上主義を呼び覚ましたとする点である。

近・現代史の分野では、イギリスにおけるギャラハーとロビンソンの帝国主義論やポッターの官僚制論などのほか、先に言及したサバルタン研究グループの研究、またエリート主義としてその批判の対象とされたいわゆるケンブリッジ学派や、ポストモダンな立場からの「修正主義」的な研究など、さまざまな視点からの研究成果が取り入れられて、叙述を複雑にしながらも、豊かな広がりをもつものとしている。

ここで一つだけ例をあげれば、従来はイギリスにおける産業革命の進展とともに、ランカシャなどの圧力により、綿業を中心とするインドの産業は壊滅的打撃を受けた点が強調されてきたが、本書ではケインとホプキンズによる「ジェントルマン資本主義」論や柳沢悠によるインド綿業史研究の成果などを取り入れながら、十九・二十世紀におけるインドの資本主義的発展を叙述している点があげられよう。

なお、ジンナーが提唱したとされる two nation theory の訳語について、これまでの研究書や概説書には、「二民族論」のほかに、国家論の立場から「二国民論」とするものも見られる。本書ではそれを考慮して「二民族＝国民《ネイション》論」としたが、実際の問題は「宗教」を国家形成の基礎となしうるか、というところにあったと思われる。近年、パキスタン国家の着想から実現にいたる経緯の研究が進展してきてはいるものの、この問題は現代南アジア政治の根幹にかかわるものとして、大きな議論を呼ぶべきものであろう。

以上のような近年の世界的研究状況を反映して、最近欧米で矢継ぎ早に出版された南アジア史（インド史）概説にも、さまざまな立場からの叙述が見られる。それらをとおしての大きな問題といえば、南アジアのような一つの地域を取り上げた歴史概説において、社会の発展をどれだけ自生的なものとしてとらえるか、いいかえれば、外部からの影響をどう評価するかの問題であろう。どのような社会でもよほど地理的に孤立した社会でないかぎり、純粋培養的な発展があるわけではなく、ある地域とその外の世界とはつねに影響を与え合っていて、南アジアの場合には、とくにそれが顕著である。

問題はもちろん、そのような外部からの影響を社会の内在的発展とどうからみあわせて理解するかであるが、それに際して重要なのは、古代・中世における外部世界との関係と、近代・現代におけるそれとを同列に論じうるか否かであろう。上に述べた欧米人の手になる概説のなかには、イギリスによる植民地統治を古代・中世の状況と同列に論じようとする姿勢を感じさせるものが存在する。それは古代から現代にいたるまで、南アジア社会に一貫して見られる特質を重視する立場であるともいえるのだが、その理解は、地域の基本的な特質と同時に、世界史としての歴史性を重視する立場とは異なるものということになろう。

第一章　インダス文明からガンジス文明へ

1　先史時代とインダス文明

石器時代のインド

人類がインド亜大陸に住むようになったのは、約五〇〜三五万年前と見られるが、各地における発掘調査の進展とともに、この数字を大きくさかのぼる年代（一四〇万年前）も報告されている。これは地質年代でいえば、氷河期が繰り返しおとずれた更新世（洪積世）の後期にあたる。これ以後の約三四万年間が旧石器時代であり、この期間はさらに前期（三五〜一〇万年前）、中期（一〇〜四万年前）、後期（四〜一万年前）の三期に分けられる。そしてそれぞれの時期の遺跡が、大河の沖積平野を除く亜大陸のほぼ全域から発見されている。それらを代表するものに、インダス川支流のソーアン川渓谷から発見された遺跡がある。また近年には南北インドの境界地域にあたるナルマダー川流域からホモ・エレクトゥスのものと見られる頭骨が発見されている。

旧石器時代の石器はいずれも狩猟採集生活のための道具であるが、前期に特徴的なものとしては、礫器《れきき》（礫の片面あるいは両面に刃状の加工をほどこしたもの）や握斧《あくふ》があり、中期に特徴的なものとしては削器、石錐などの小型剝片石器がある。後期になると石器の種類もふえ、石刃、削器、彫器をはじめとする石器がチャート（角岩）を加工してさかんにつくられた。この後期は氷河期の最終段階にあたり、気候が温暖化し現生人類（ホモ・サピエンス）が出現・拡散した時代でもある。

更新世が終わりを告げ完新世（沖積世）が始まるころ、インドは中石器時代に入った（前九〇〇〇年頃）。旧石器時代から新石器時代にいたる過渡期に相当するこの時代には、細石器がさかんにつくられ、狩猟、漁労の生活をする人々によって皮を剝ぎ肉を切るために用いられた。中石器時代の終末の時期は地方によってまちまちであり、前三千年紀ころまでくだるところもある。この時代には動物の家畜化も一部で試みられている。

インド中部のビームベートカー周辺に点在する五〇〇以上の岩陰に、先史美術の傑作である一群の絵画が描かれている。主要な絵はこの地の中石器時代（前八〇〇〇～前二五〇〇年頃）の狩猟採集民が描いたもので、野牛、象、鹿をはじめとする獣類や鳥類、狩猟・戦闘・宗教儀礼の場面などが題材となっている。

やがて人々は穀物の栽培と家畜の飼育を始めるようになり、また木や草や泥で家をつくり、集団で定住生活を始めた。新石器時代の到来である。生産活動や調理のためには磨製石器（石斧、磨石《すりいし》、石皿など）を用い、貯蔵用や調理用・飲食用に土器をつくっている。土器ははじめ手づくねで、のちにはロクロを用いてつくられた。栽培植物としては大麦、小麦が古く、つづいて雑穀（シコクビエなど）、豆類などが栽培さ

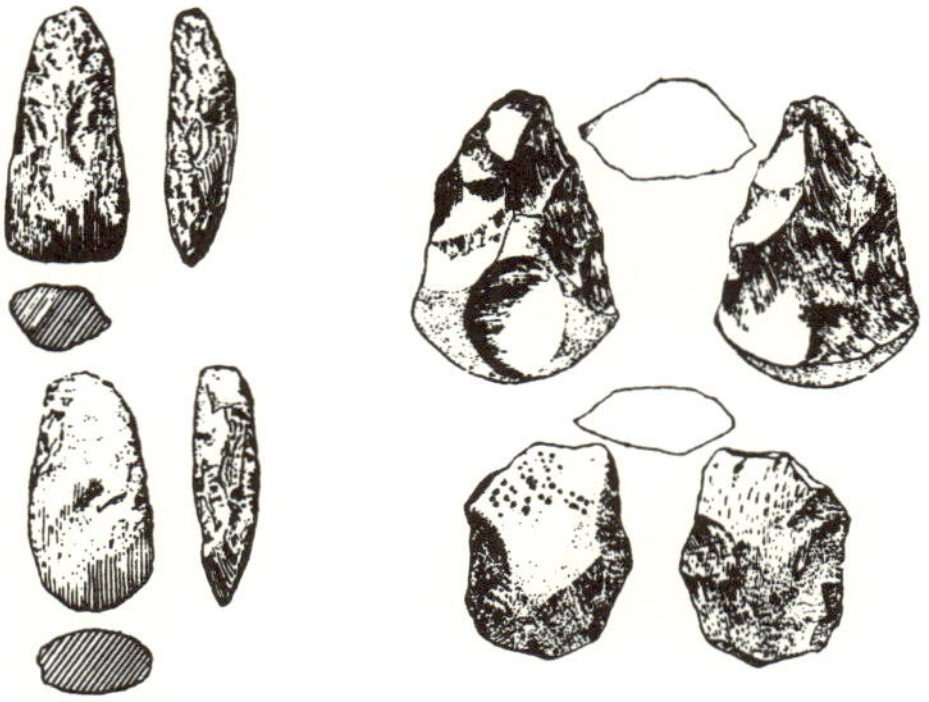

新石器（左）**と旧石器**（右）　右上は打製石器の握斧で，物を叩き切るために用いられた。右下は刃状の加工をほどこされた礫器。左は上下とも磨製の石斧。

れ、さらに、ガンジス川中流域のように雨量の多いところでは稲が栽培された。木綿はインドが原産であり、その栽培もこのころからおこなわれ、布に織られている。

今日までの考古学の成果によると、インド亜大陸でもっとも早く新石器文化が始まったのは、イラン高原とインダス平原の中間に広がる地方であった。この地のメヘルガル遺跡の七期のうちの第一期（前七〇〇〇ないし前六〇〇〇年頃）が、それに相当する。その年代は西アジアで最初に新石器文化が興った時代にかなり近いものである。当時この遺跡の住民は日干《ひぼし》レンガで家をつくり、大麦、小麦、ナツメ、ナツメヤシなどを栽培し、牛、山羊、羊を飼い、石刃、石錐など小型の石器をさかんに用いた。また遺体を屈葬ないし伸展葬にした墓も発見されており、副葬品としてビーズのネックレスや足輪などの装飾品も出土している。

これ以後、インド亜大陸の各地に新石器文化が興り、ところによっては前一〇〇〇年以後まで存続した。この時代に属する遺跡の一つに、骨角器が数多く出土するカシミール地方のブルザホム遺跡（前二四〇〇年頃）がある。住民は湖に近い台地に竪穴住居をつくり、狩猟・漁労・農耕をあわせた生活を送っていた。またデカン高原のピクリーハル遺跡（前二〇〇〇年頃）には季節的に移動する牧畜民の居住址があり、牛の囲いのなかの牛糞を焼き払った跡が、灰の堆積となって残っている。ガンジス川中流域のチランド遺跡からは、インド亜大陸における稲栽培の最古の証拠と見られるものも発見されているが、稲作の起源についてはいまだ明らかではない。

金石併用期の諸文化

新石器時代はやがて金石併用時代へと移行し、この時代の遺跡が各地の川沿いの台地で発見されている。また、それらの遺跡は、広大な亜大陸において物質文化の発達が不均衡かつ多様であったことを語っている。金属としてはまず銅が、つづいて金、銀、青銅が用いられるようになった。銅の製品には鏃《やじり》・剣などの武器、道具類、首飾りなどの装飾品がある。しかし日常の生活では前時代に引きつづき石器・骨角器がさかんに用いられた。この時代の土器としてはロクロを用いてつくられた黒縁赤色土器(還元炎のために器の内部や縁の部分が黒色になった赤色器)があり、亜大陸の広範囲で使用されている。また彩文土器が一部でつくられていた。技術の専門化も進み、銅鍛冶《かじ》のほか金属細工、象牙細工、宝石細工、テラコッタ工芸、織布などの作業で、優れた専門職人が活躍した。住居は一般に土壁、草葺《ぶ》きであったが、日干レンガも用いられ、まれにではあるが石や焼レンガも材料とされた。

インド亜大陸ではじめて金属が使用されたのは、イラン高原東端部に接する地方らしい。先のメヘルガル遺跡の前四〇〇〇年ころの層からは、諸種の石器や骨角器とともに銅製の腕輪が出土している。この遺跡にはその後も集落が存在しつづけるが、そのうちの後期の層からは、彩文土器、土偶、素焼きや石製の印章、青銅製品など、つぎの時代のインダス文明(ハラッパー文化)に継承されたと思われる遺物が出土している。前二五〇〇年ころ、この地の集落は放棄された。住民がインダス平原に移住して、インダス文明の形成になんらかの寄与をした可能性も指摘されているが、これを疑問視する考古学者も多い。

西インドのラージャスタン地方には、古代における銅の産出で名高いケートリ鉱床がある。この地方とそれに隣接するパンジャーブやシンドには、インダス文明に先立って地方的な金石併用文化が存在した(前二八〇〇〜前二二〇〇年頃)。銅の製品としては鏃、槍先、鑿《のみ》、釣り針、腕輪などが出土している。なかにはインダス文明の銅器と似たものもある。メヘルガル遺跡の存在する地域を含めた亜大陸の西部諸地方の先ハラッパー文化が、インダス文明の出現の諸条件を用意していたのである。また近年におけるハラッパー遺跡下層の発掘により、この地における村から都市への連続的移行の過程が明らかにされつつある。

デカンの中部にはジョールウェー文化(前一四〇〇〜前七〇〇年頃)と呼ばれる金石併用文化が存在した。この文化に属するダイマーバードの集落址は泥の周壁で囲まれ、イナームガーオンの集落址は周壁と堀で囲まれている。前者の場合四〇〇〇人程の住民が居住していたらしい。また後者の集落の中央部からは、穀物倉をともなった首長の家と思われる住居跡も見つかっている。墓から出土する副葬品の質と量にも差が認められる。当時、この地方には、集落間の格差や、住民の階層分化が生じていたのである。しかし、いずれの遺跡もまだ都市の段階には達していない。このジョールウェー文化やインド中部のマールワー文化(前一七〇〇〜前一四〇〇年頃)、および南インド、東インドの金石併用文化は、インダス文明と同時代かやや遅れて興ったが、この文明の影響はあまり受けていない。

モエンジョ・ダーロの大沐浴場　水は隣接する井戸からくみ上げられ，排水口から流し出された。沐浴者は南北の階段を利用した。

インダス文明の形成

一九二二年と二三年に、インダス川中流域のハラッパーと下流域のモエンジョ・ダーロ(モヘンジョ・ダロ)において青銅器時代の都市文明(前二五〇〇〜前一七〇〇年)の跡があいついで発見された。その後の調査によっていくつかの中小都市の跡も発見され、この文明が東西一五〇〇キロ、南北一一〇〇キロに分布していたことがわかってきた。各地に存在していた諸文化(先ハラッパー文化)はこの都市文化のもとに統合され、広範囲にわたる文化的な均一性がもたらされることになった。

都市はいずれも優れた計画に基づいて建設されており、基本的には城塞部と市街地からなっている。遺跡の残存状態のよいモエンジョ・ダーロを例にとるならば、都市の西側に位置する小高い城塞部に公共の建造物が集中的に建てられていた。ここはまたインダス川の氾濫時や緊急時の避難場所でもあった。城塞部の建造物のなかでもとくに注目されるのは、中心に近いところに位置する大沐浴場とそれに隣接する大穀物倉である。縦一二メートル、横七メートル、深さ二・五メートルの焼レンガ造りの大沐浴場は、宗教用に使われたらしい。縦四六メートル、横二五メートルの穀物倉には、近くを流れるインダス川の船着場に荷揚げされた穀物が貯蔵された。城塞部ではま

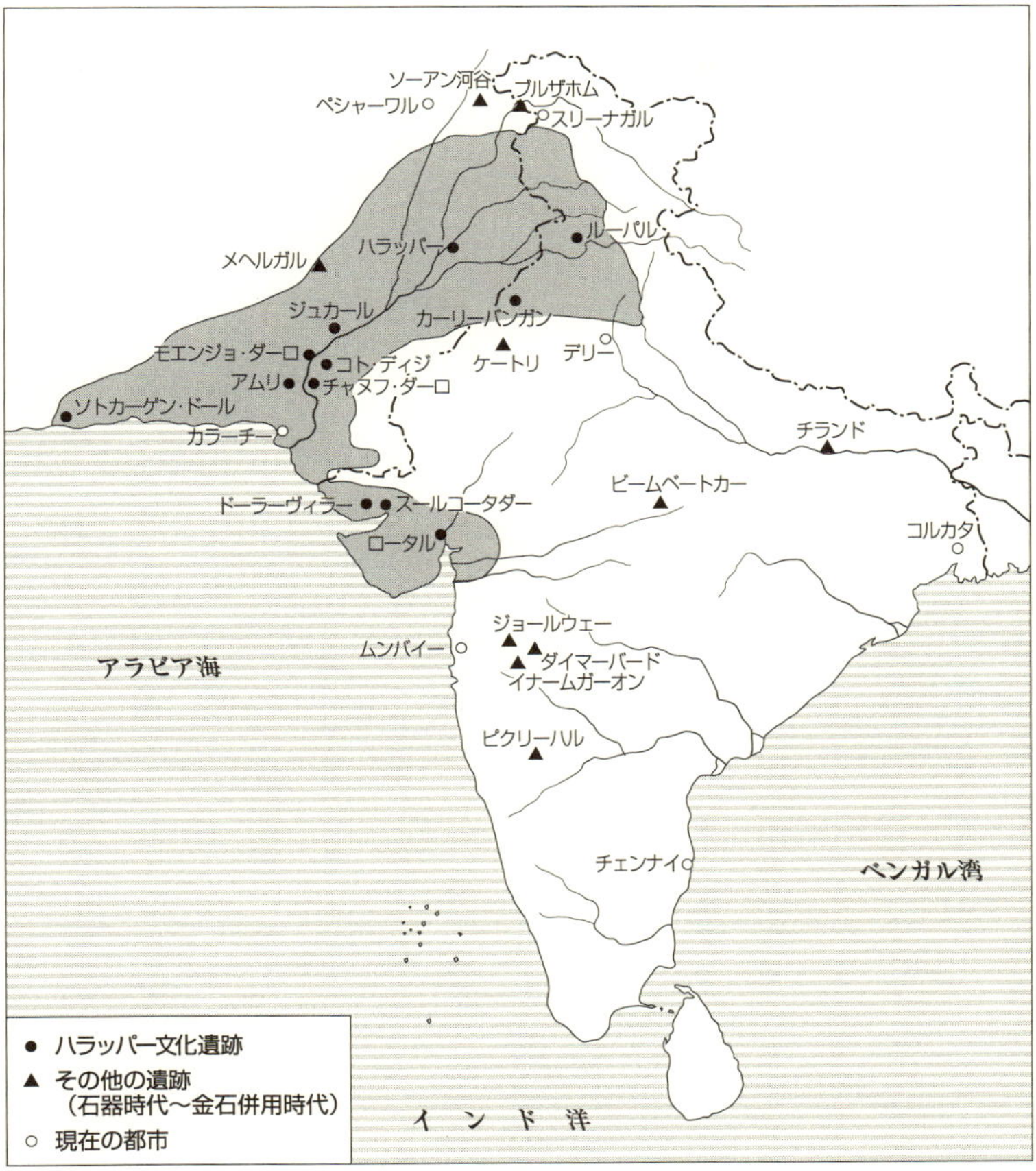

ハラッパー文化遺跡の分布

た、列柱のならぶ集会堂や見張り塔の跡も発見されている。
市街地には直角に交わる大小の道路が通じており、道の両側には焼レンガ造りの建物が立ちならんでいる。建物には、立派な中庭を備えた富裕市民の住居から、職人の工房、労働者用あるいは奴隷用と思われる小部屋まである。一般の住居には浴室を備えたものが多く、そこでは宗教的な沐浴もおこなわれていたらしい。汚水は、焼レンガ造りの排水溝をとおって道路脇の排水溝に流れ込むようになっていた。

コブ牛の印章(石膏に押印したもの)
堂々とした姿は，この動物が神聖視されていたことをうかがわせる。上部には未解読のインダス文字。

インダス諸都市の特色は焼レンガの大量使用にあり、それらは縦四、横二、高さ一の比率でつくられている。また度量衡も文明圏を通じて共通である。金は装身具用に、銅と青銅は主として工具や、鏃、剣、槍先といった武器をつくるために用いられた。錫《すず》はアフガニスタンなどから、銅はケートリ鉱床などから運ばれたらしい。ただし青銅は錫の含有量が少ないため強度に欠けている。日常の生活には石器の使用が一般的であった。土器はロクロによってつくられ、彩文をほどこされた大小さまざまな容器が出土している。紡錘車も発見され、住民が木綿の布を織り、着ていたことが知られる。都市の遺跡からは凍石(ステアタイト)でつくられた多数の印章や護符が発見されている。印章はおそらく呪術的な力をもつものとして、商人が取引の証などに用いたのであろう。印章や護符の面には一角獣、コブ牛、サイ、ワニ、象、虎などの大型動物の図柄や、神像・人物像などとともに、文字が刻まれている。このいわゆるインダス文字は象形・表音の両方をかねると思われ、四〇〇種程が知られている。ドラヴィダ系の言語で書かれていると見る説が有力であるが、まだ解読には成功していない。

文明の繁栄と衰退

都市の商人たちは、水路と陸路を利用してインダス文明圏内の都市のあいだを往来した。文明圏内における文化的・経済的な均一性の出現と維持に、彼ら商人のはたした役割は大きい。彼らはまた、メソポタミアや中央アジアなど遠隔地との交易にも従事した。このうちメソポタミアとの交易は、インダス河口から海岸沿いにペルシア湾沿岸の港町まで航海し、ここにやってきた西アジア商人と取引するという方法でおこなわれたらしい。インドからは、南方産の香辛料のほか、綿織物、象牙細工、紅玉髄《こうぎょくずい》の装身具など都市の職人のつくった贅沢品が輸出された。メソポタミア方面からの輸入品についてはよくわからないが、おそらく鉱物、穀物、毛織物などが含まれていた。インダス文明の都市からは、数は少ないがペルシア湾型、メソポタミア型の印章が、メソポタミアからはインダス型の印章が出土している。またインダス文明圏の南端部に位置する港町ロータルの遺跡からは、大きな船溜まりらしい跡も見つかっている。

インダス川流域の農業は、主としてモンスーン期(六〜八月)における氾濫のあとに堆積する肥沃な土を耕すという方法でおこなわれた。主要な作物は冬作の大麦、小麦、豆類であるが、一部の地域では夏作である雑穀(シコクビエなど)の栽培に依存していた。また夏冬の二毛作も見られ、先のロータル遺跡からは稲作がおこわれていたらしい証拠も見つかっている。しかし農具は木製や石製のままにとどまっており、多くの余剰生産は期待できなかった。家畜としては牛、水牛、山羊、羊、犬などが飼われていた。馬の飼育については、証拠に乏しい。川沿いの地や海岸地帯では漁業もさかんであった。

都市の住民が宗教的な沐浴をおこなっていたことについてはすでに記したが、そうした沐浴は後世のヒンドゥー教徒に継承されている。また土偶などの遺物や印章面の図像から、住民のあいだで牡牛崇拝、聖樹崇拝、地母神崇拝、生殖器崇拝などがおこなわれていたことが知られる。いずれも後世のヒンドゥー教においてみいだされる信仰である。印章には獣に囲まれ苦行者の姿をして座る神像を彫ったものがあるが、この像はヒンドゥー教で獣主かつ苦行神として信仰されるシヴァ神の原形と見られている。死者はそのまま墓にほうむられるか、または火葬にされた。ハラッパー遺跡の墓地からは、副葬に用いられた多数の土器が出土している。墓はいずれも小型であり、規模の差は大きくない。カーリーバンガンなどの都市からは、火の祭祀のおこなわれた跡も発見されている。

同時代の他の古代文明には、祭政の両権を一手におさめた専制的な君主が存在した。しかしインダス文明の諸都市からは、そうした絶対的な権力者が存在した証拠となる遺物が発見されない。モエンジョ・ダーロの城塞部も、中心に位置する大沐浴場から見て、神官たちの活動の中心であった可能性がある。一方、他の古代文明の場合とは異なり、インダスの諸都市の庶民の住居は、焼レンガを使って立派につくられている。こうした諸点を考慮して、都市の政治権力が商人ギルドか神官、あるいは両者の手中にあったと説かれることがある。近年、二、三の地点から、かなり大きな規模をもつ都市の跡が発見されている。グジャラートのサウラーシュトラに位置するドーラーヴィラー遺跡はそうした都市の一つであり、この都市が大量の石材を用いて建造されていたこと、頑丈な外壁と内壁で囲まれ、集水溝・大貯水槽といった水利施設が完備していたことなどが明らかになった。おそらく、インダス文明圏の全域を覆うような大国家は、たとえ存在したとしても一時期――初期の拡大・発展の時代――のことであり、通常は文明圏内に同程度の領域を支配するいくつかの勢力が並存していたのであろう。

インダスの都市文明は、前二〇〇〇年ころから衰退を始め、前一七〇〇年ころにほぼ消滅した。かつて、この文明を滅ぼしたのは前一五〇〇年ころ西北インドに進入したアーリヤ人であると見られていた。しかし今日ではこの説は否定されている。文明衰退の原因については、大洪水、地殻の変動にともなう大氾濫、低気圧帯の移動と気候の乾燥化、樹木伐採や過度の放牧による自然環境の破壊、こうした自然環境の変化にともなう塩害の発生と農業生産の減退、イラン高原方面からのたび重なる遊牧民の侵攻、西アジア貿易の衰退など、さまざまな説が提唱されてきたが、定説となるようなものはない。ただし確実にいえるのは、主要都市の衰退とそれに連動した中小都市の衰退が長期にわたって進行し、その開始時期や進行速度も地域によって差があったことである。衰退期の文化は後期(レイト)ハラッパー文化と呼ばれるが、この時代になると文明の盛期に見られた共通性、均一性はしだいに失われ、旧文明圏やその周辺に非都市的な地方文化が並存する状態となる。たとえば、ラージャスタン地方には黒縁赤色土器を特色とするアハール文化が、その東南方にはマールワー文化が、さらに南方には黒色彩文の土器を特色とするジョールウェー文化が興っている。アーリヤ人がインドに入ってきたのは、このような時代であった。

2 アーリヤ人の進入と定着

インダス川流域へ

前二〇〇〇年ころ、インド・ヨーロッパ語の一方言を話す民族が、中央アジアの草原で遊牧生活を送っていた。この遊牧民はやがて民族としての独自性をはぐくみ、自らを「アーリヤ(高貴な者)」と称するにいたった。前一五〇〇年ころ、このアーリヤ人の一部が南下を開始し、ヒンドゥークシュとスレイマーンの両山脈の峠道をこえて西北インドに入った。彼らはインド・アーリヤ人と呼ばれる。このとき枝分れした少数派のアーリヤ人は、イラン高原をへてメソポタミア方面に移動したらしい。ヒッタイト民族やミタンニ民族に関係する前一三五〇年ころの記録に、アーリヤ人と思われる人名や彼らの神の名があらわれるのは、そのためと見られている。その後、前一〇〇〇年ころ、中央アジアから西アジア方面への第二のアーリヤ人の移動が見られた。彼らは「アーリヤ」と同じ語源をもつ「イラーン(イラン)」の名で呼ばれるようになる。

インドに入ったアーリヤ人は、まずインダス川上流域のパンジャーブ地方で、先住の農耕民を征服しつつ、牧畜を主とし農耕を副とする半定着の生活を始めた。当時のアーリヤ人の活動については、彼らが伝えた最古の宗教文献『リグ・ヴェーダ』から知ることができる。リグは「讃歌」を、ヴェーダは「聖なる知識」「聖典」を意味する。一〇巻からなるこの聖典は、自然を神格化した多数の神々などへの讃歌一〇二八を集めたものであり、司祭階級（バラモン）によって後世まで正確に口伝された。『リグ・ヴェーダ』から知られる時代は、前期ヴェーダ時代（前一五〇〇〜前一〇〇〇年頃）と呼ばれる。なお、『リグ・ヴェーダ』とイラン最古のゾロアスター教聖典『アヴェスター』とのあいだには共通点も多い。

アーリヤ人の社会と生活

前期ヴェーダ時代の社会の最小単位は家父長に率いられる家（クラ）であり、家が集まって親族集団（グラーマ）が、親族集団が集まって氏族（ヴィシュ）が、氏族が集まって部族（ジャナ）が組織されていた。グラーマ同士の遭遇を意味するサングラーマという語が戦いを意味するところから、平時には親族集団が行動の単位となっていたことが知られる。

アーリヤ人は、戦闘など緊急事態が生じた際には氏族や部族の単位で行動した。当時の有力な部族としては、インダス川流域の東端部を流れるサラスヴァティー川の上流によったバラタ族と、その西隣のプール族などの名が知られている。部族の首長はラージャン（ラージャー）と呼ばれ、部族を率いて戦闘を指揮した。ラージャンという語はのちに「国王」を意味するようになるが、この時代のラージャンの権力行使は、部族集会（サバーあるいはサミティ）によって制限を受けていた。部族の内部には、ラージャンを中心とする有力な成員（ラージャニヤ）、祭式を担当する司祭者の一族、一般成員（ヴィシュ）といったおおまかな階層の分化が見られたが、階層間の壁は厚いものではなく、かなりの流動性も存在した。

牧畜を主たる生活手段としていたアーリヤ人にとって、もっとも重要な財産は牛であった。部族や氏族

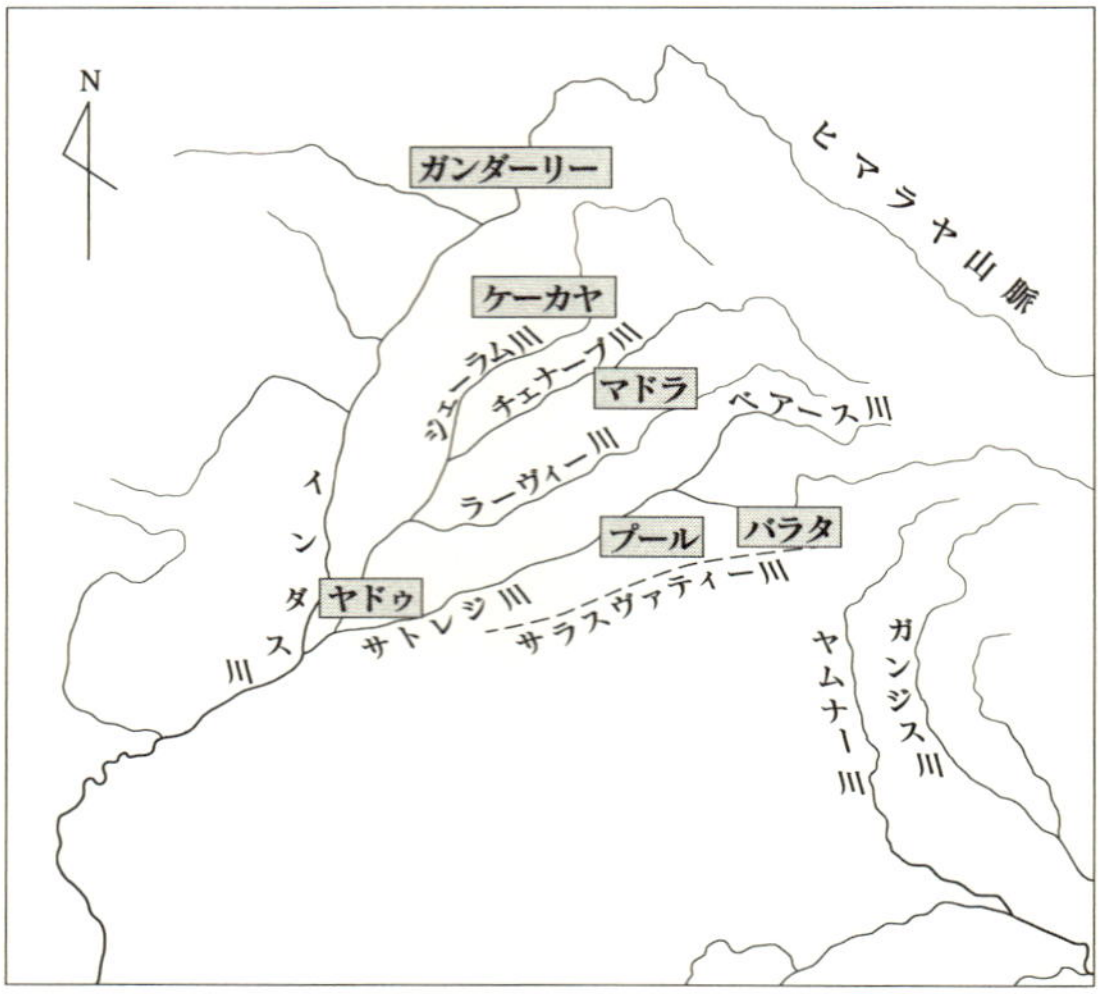

前期ヴェーダ時代の主要部族

の争いが牛の掠奪をめぐってしばしば起こったことは、「牛を欲求すること」を意味するガヴィシュティという語が戦争の意味をもつことからわかる。馬は当時の戦闘の主力であった二輪戦車を引かせるために用いられた。戦車には戦士と御者の二人が乗り、二頭ないし四頭の馬がこれを引いた。アーリヤ人はまた銅や青銅の武器をもっていた。彼らがパンジャーブの地で先住民に勝利できたのは、この武器と二輪戦車の機動力におうところが大きい。

　アーリヤ人は先住民をダーサ、ダスユなどの名で呼び、また「黒い肌をした者」と呼んだ。この「黒い」は象徴的に強調された表現であるが、おそらく肌の色にある程度の違いがあり、それが支配者と被支配者の区別を示していたため、「色」を意味するヴァルナという語が身分・階級(種姓)の意味にも用いられるようになった。両民族のあいだにはまた文化の大きな違いもあった。アーリヤ人は先住民を、奇妙な風習をもつ者、神々に憎まれた者、男根を崇拝する者などと呼んでいる。そうした風習や信仰のなかには、インダス文明時代にさかのぼるものもある。ダーサたちはプルと呼ばれる堅固な城塞にたてこもってアーリヤ人に抵抗した。アーリヤ人の軍神インドラは「プランダラ(プルの破壊者)」の別名で呼ばれている。

先住民の全体がアーリヤ人の支配下に入ったわけではない。『リグ・ヴェーダ』にはアーリヤ人と対等な関係をもったダーサの首長や、アーリヤ人の司祭をむかえたダーサの首長のいたことが伝えられている。またアーリヤ人は先住民から農耕文化の諸技術を学んでいる。農作物や農具類の名には、先住民が話していたドラヴィダ系やムンダ系の言語に由来するものも多い。『リグ・ヴェーダ』中の成立の新しい部分には、耕作、種蒔き、取入れ、脱穀など農業に関係する記述がふえる。アーリヤ人の経済活動は牧畜から農耕へとしだいに移ったのである。農作物としては主として大麦が栽培された。一方、アーリヤ人の奴隷や側女となった先住民の女性や、彼女らが生んだ混血の子が、アーリヤ人家族の成員ないし準成員として受け入れられた。前期ヴェーダ時代の四〇〇〜五〇〇年のあいだに混血が進行したことは、先住民の言語に由来する独特の発音(反舌音)が『リグ・ヴェーダ』のなかでごく普通に使われていることからも知られる。女性の地位は従属的なものであったが、後世ほど低くはなかった。ヴェーダ聖典の讃歌のなかには女性のつくったものが含まれており、また女性の聖者もいた。しかし女性の主たる義務は息子を生むこととされており、この点では後世と変わりはない。

前期ヴェーダ時代の宗教

パンジャーブ地方に移住したアーリヤ人は、自然現象を神格化した多数の神を信仰していた。神々には上下の関係はなく、祈願の対象となる神を主神として祭壇を設け、祭火をたき、讃歌を捧げた。またソーマ酒と呼ばれる神酒、犠牲獣の肉、穀物、牛乳からつくられたバターやヨーグルトなどを供えている。祭祀の方法はかなり複雑に発達しており、多数の司祭者が役割を分担し長期間かけておこなわれるものもあった。司祭職には特殊な訓練が必要とされたため、その職は親から子へと世襲される傾向があった。しかしまだ排他的な司祭者カーストは成立していない。成立のもっとも新しい第一〇巻におさめられた「プルシャ(原人)の歌」のなかで、四ヴァルナの身分制度の起源が「プルシャの口からバラモンが、両腕からクシャトリヤが、両腿《もも》からヴァイシャが、両足からシュードラが生まれた」と歌われているが、この歌はつぎの時代に成立したヴァルナ制度に権威を与えるため、後世になってこのバラモン教最高の聖典に挿入されたものである。

『リグ・ヴェーダ』のなかで讃歌をもっとも多く捧げられている神は、雷神かつ軍神のインドラで、歌の数は全体の四分の一におよぶ。先住民との戦いや部族間の戦いのたえなかった当時の社会を反映したものといえよう。つぎに多くの讃歌を捧げられているのは火神アグニである。その他の神としては、太陽神スーリヤ、風神ヴァーユ、天空神かつ司法神でもあるヴァルナ、雨神パルジャニヤ、酒神ソーマなどがある。暴風神ルドラはやがて先住民起源のシヴァ神と一体化してヒンドゥー教の最高神となった。同じくヒンドゥー教の最高神となるヴィシュヌは、当時はまだ二流の太陽神であった。女神としては暁紅神ウシャスや河神サラスヴァティーなどが存在するが、重要度において男神には、はるかにおよばなかった。先住の農耕民が地母神をさかんに信仰したのとは対照的である。『リグ・ヴェーダ』にはまた、「無限」「ことば」などの抽象的観念の神格化や、宇宙秩序の法則（天則《リタ》）の観念、万物創造への思索なども見られる。また霊魂不滅の観念もすでにあり、善行者は死後に死界の王ヤマの君臨する天国にいたると信じられていた。のちにヤマは地獄の王（閻魔《えんま》）となるが、この時代にはまだ地獄の観念は発達していない。

ガンジス川流域への進出

パンジャーブ地方で先住民との融合を深め、牧畜を主とした生活から農耕を主とした生活へと移行しつつあったアーリヤ人（アーリヤ系の言語を話す民族）の一部は、前一〇〇〇年ころから、より肥沃なガンジス川流域への移住を始め、この地で農耕社会を完成させた。かつて親族集団を意味していたグラーマという語は「村落」を、族長を意味したグラーミカは「村長」をそれぞれ意味するようになった。これ以後の約四〇〇年（前一〇〇〇～前六〇〇年）は後期ヴェーダ時代と呼ばれる。この時代に『リグ・ヴェーダ』につづく諸聖典（後期ヴェーダ文献）が編まれたからである。

まずこの時代の前半に、ヴェーダ讃歌の歌詠と旋律を集成した『サーマ・ヴェーダ』、祭詞を集めた『ヤジュル・ヴェーダ』、呪詞を集めた『アタルヴァ・ヴェーダ』が編まれた。『リグ・ヴェーダ』を加えた四ヴェーダは、本集（サンヒター）と呼ばれる。四ヴェーダのうち最後の『アタルヴァ・ヴェーダ』には、先住民に起源する呪法などが含まれているため、ほかの三ヴェーダよりも低く見られた。

またこの時代の後半には、各本集に付属する聖典として、祭祀の規定と神学的説明の集成であるブラーフマナ（祭儀書）、森林で伝授さるべき秘儀を集めたアーラニヤカ（森林書）、哲学的秘説を集めたウパニシャッド(奥義書)が成立した。以上のヴェーダ聖典は、人間の著作ではなく、聖仙(リシ)が霊感によってえた天啓の書(シュルティ)とされた。これらの聖典は司祭階級バラモンのあいだで親から子へ、師から弟子へと伝えられた。

後期ヴェーダ文献の語るところによると、東方に進出したアーリヤ人は、部族組織を維持しつつまずヤムナー(ジャムナー)川とガンジス川の流れる両河地帯(ドアーブ)に移住し、そこからヒマラヤ山麓の森林を伐り開き、時には焼き払いつつさらに東進した。この地帯の森林は密ではなく、開拓が比較的容易であったからである。鉄器は前一〇〇〇年ころ出現し、前八〇〇年ころから普及するが、それにともないガンジス川中流域の厚い森林の開拓も進展した。また彼らはガンジス川流域の先住民から稲を栽培する技術を学んだ。大麦や小麦も栽培されたが、東方に進出するにつれ稲の栽培が一般的となった。彼らはまた鉄の刃先をつけた犂《すき》を牛に引かせる農法を発達させ、これによって農業の生産性は一層高まった。

ガンジス川流域の土器文化と鉄器の出現

アーリヤ人が進出する以前のガンジス川流域には、上流域を中心に前二〇〇〇年ころから前一五〇〇年ころにかけて赭色《しゃしょく》土器文化が、中・下流域を中心に前一五〇〇年ころから前五〇〇年ころにかけて黒縁赤色土器文化が存在した。両文化の重なる地域の遺跡では、赭色土器の層の上に黒縁赤色土器の層が重なっている。赭色土器とは、赤黄色ないし深赤色の化粧がけをした厚手で軟質の土器であり、多くはロクロを使ってつくられた。これらの土器文化層からは夏作の米と冬作の大麦が同時に出土し、地方的にはすでに二毛作がおこなわれていたことがわかる。また当時のガンジス川中流域では、黒縁赤色土器とともに黒色土器（黒色スリップがけ土器）も存在していた。

赭色土器と同じ層から、一括埋蔵された銅器が出土することがある。銅器は優れた銅鍛冶の手になるもので、その種類は、斧、銛《もり》、槍先、剣、腕輪など多様である。人型をしたかなり大型の銅器は、一部に刃がつけられているところから武器と見られているが、実際の使用目的は謎である。埋蔵銅器の出土地はガンジス・ヤムナー両河地帯を中心に北インドからデカンにいたる広域に分布している。赭色土器文化と埋蔵銅器文化の時代はインダス文明（ハラッパー文化）の時代と一部で重なるが、隣接する両文化のあいだに交流があった確かな証拠は乏しい。

彩文灰色土器　みごとな彩文がほどこされたこの鉢は，ガンジス川流域に進出して農耕社会を完成させたアーリヤ人が作製したものらしい。

ガンジス川上・中流域の遺跡の黒縁赤色土器の層の上には、彩文灰色土器の層が存在する。また一部の遺跡からは、これら二つの土器文化が接触したがいに影響をおよぼしあったことが知られる。彩文灰色土器とは、灰色の地に黒色の顔料で文様を描いた薄手で硬質の土器であり、前一〇〇〇年ころにパンジャーブ地方からガンジス川上流域に広がり、前五〇〇年ころまでつくられていた。土器の出土する地域が後期ヴェーダ時代のアーリヤ人が活動した地域と重なり、またその年代もアーリヤ人がこの地に進出し定着した時期と重なるため、この土器文化は農耕社会を完成させたアーリヤ人のものであろうと見られている。この種の土器のうち、もっとも多い器型は浅い皿鉢型と深鉢型の食器である。両種の食器は、つぎの時代の北方黒色磨研土器に引き継がれた。

彩文灰色土器文化に属する前一〇〇〇~前八〇〇年の層から鉄器がはじめて出土する。鉄器の種類としては槍先、鏃など武器類が多い。こうした鉄製の武器が、黒縁赤色土器を遺《のこ》した先住民との戦いを有利に導いたのであろう。鉄はまた農具や工具にも用いられた。しかし、精錬が粗悪で腐食してしまったためか、初期の鉄器はあまり出土しない。後期ヴェーダ時代の出来事をテーマにした『マハーバーラタ』や『ラーマーヤナ』によると、このころガンジス川上流域の王国で都市(国の都)が栄えていたことになっている。しかし当時の住居のほとんどは泥壁と草葺きの粗末なものであり、古都ハスティナープラの発掘によっても、焼レンガ建造物のような都市的な遺構は見つかっていない。

部族王国の誕生

農耕社会の完成と、その結果として生じる余剰生産によって、農業に直接従事することのない王侯武士階級や司祭階級の形成がうながされた。政治的にみると、後期ヴェーダ時代は、ガンジス川の上・中流域に部族王制と呼びうる形態の国家が割拠した時代である。支配部族と土地との関係は密接となり、その領域(国)は「部族(ジャナ)の足場」を意味するジャナパダの名で呼ばれている。またそれぞれの国は、クル国、パンチャーラ国というように部族の名を冠して呼ばれた。これらの国には前期ヴェーダ時代のラージャン(首長)にかわり、より強い権力をもったラージャン(王)があらわれ、その地位は王家の一族によって世襲されている。王はまだ部族の束縛を完全には断っていなかったが、前代の部族集会はその役割を終え、ジャナという語はやがて王国の「人民」を意味するようになった。

これらの国の王たちには、異民族・異部族をかかえた国土に秩序と安寧をもたらすことが求められた。彼らは自己の権力と支配の正統性を誇示するため、司祭者の助力のもとにさまざまな祭祀を挙行している。ラージャスーヤ(頭に聖水を注ぐ灌頂《かんじょう》の儀式をともなう即位式)、ヴァージャペーヤ(王の力を回復させるための儀式)、アシュヴァメーダ(馬祀祭、駿馬を犠牲とし王権の強大さを誇示する一年がかりの大祭)などが、そうした祭祀を代表するものである。

前期ヴェーダ時代には部族の首長を支える有力な一団ラージャニヤが存在したが、この時代になると王を支え政治・軍事に従事する者たちが、排他的な階層を形成するにいたった。彼らには「権力(クシャトラ)をもつ者」を意味するクシャトリヤの呼称が与えられている。二大叙事詩として名高い『マハーバーラタ』と『ラーマーヤナ』は、当時のクシャトリヤの活動をテーマとしたものである。王のもとに行政組織や徴税組織が少しずつ整えられ、国家財政は農産物の一定割合(原則としては六分の一)という安定した収入源のうえに立つことになった。王の居城のまわりには小商人も住み着き、しだいに活動の範囲を広げていった。しかし後期ヴェーダ時代の段階では、まだ都市の発達は見られず、文字や貨幣の使用も始まっていない。

当時のアーリヤ人の活動の中心は、ガンジス川の上流域——ガンジス川・ヤムナー川の流れるドアーブ

（両河地帯）——であった。アーリヤ系部族のなかでも最有力であったクル族は、前代のバラタ族とプール族が合体して生まれた部族と見られるが、彼らが住み着いたのもこの地である。クル部族の支配層の内紛に端を発する『マハーバーラタ』の大戦争が戦われたのは、今日のデリー北方のクル・クシェートラの地であった。この叙事詩によると、戦いにはインドの全勢力が参集したというが、実際は前九～前八世紀ころ起こった王位と領土をめぐる部族内の争いであった。のちの時代に吟遊詩人などによって語り継がれていくあいだにさまざまな要素を加え、紀元四世紀ころまでに一〇万詩句からなる世界一の長編叙事詩となったのである。

この時代の後半になると、ドアーブ地方北部のクル国と南部のパンチャーラ国、その東方のコーサラ国、さらに東方のヴィデーハ国などが、有能な王のもとで強力になった。このうちアヨーディヤーを都とするコーサラ国は『ラーマーヤナ』の主人公ラーマの王国として名高い。それによると、王子ラーマは魔王にさらわれた愛妻シーターをスリランカ島に渡って救出し、帰国後王位に就き善政につとめたという。この叙事詩もまた語り継がれていくあいだに肥大化し、四世紀ころまでに二万四〇〇〇詩句の作品となるにいたった。主人公のラーマはのちに神格化され、ヴィシュヌ神の化身としてヒンドゥー教徒の信仰を集めている。

ヴァルナ制度の成立——バラモンとクシャトリヤ

農耕社会が完成し、自然の恵みにたいする人々の願望がいよいよ高まると、司祭者たちは祭祀を複雑に発達させることによってその期待に応えた。『サーマ・ヴェーダ』をはじめとする諸文献は、彼らのそうした努力の結晶である。司祭者の主張するところによれば、祭祀を正確にとりおこなうならば神々は人類に恩寵を授けるが、祭祀の手順をとりちがえるなどの間違いをおかすならば、神々は怒って災いをもたらすという。そうした複雑な祭祀の規則を会得するためには長期にわたる学習と訓練を必要とする。その結果、司祭職は特定の集団によって世襲されるようになった。また彼らは厳格な内婚規制を定めて、集団外の者との結婚を拒み、排他的な集団となることによって祭祀を独占することに成功した。バラモン・ヴァルナの成立である。バラモンを司祭者としヴェーダ聖典を奉じる宗教はバラモン教と呼ばれる。

バラモンの原語ブラーフマナは、ヴェーダ聖典に備わる呪術的な力(ブラフマン)をもつ者を意味している。バラモンは自分たちをアーリヤ人の純粋な血を伝えるもっとも清浄な存在、人間の姿をした神であると強調し、身分制度における最高位を要求した。このころ政治・軍事を担うようになったクシャトリヤ・ヴァルナおよびその代表者としての王は、自己の地位の正統性を宗教的に保証することを条件に、バラモンのそうした要求を受け入れ、また彼らの物質面における生活を支えた。クシャトリヤとバラモンは優越的身分の獲得をめぐって争うこともあったようであるが、下位の両ヴァルナにたいするときには相互に協力し、支配階層としての地位を固めた。

このように、後期ヴェーダ時代のガンジス川上流域において、バラモンを第一とする身分制度(ヴァルナ制度)と、祭祀万能主義に立つバラモン教が成立した。これ以後バラモンたちは、この地をバラモン文化、アーリヤ文化の故郷と見て、マディヤデーシャ(中国)、ブラフマルシデーシャ(バラモン聖仙の地)な

ど と呼んだ。周縁の地に住むアーリヤ人や先住民の有力者は、自己の権力の強化にあたり、しばしばバラモンをむかえその指導をあおいでいる。バラモンはそうした有力者の物質的な保護を受けつつ、彼らと周縁の地の住民のアーリヤ化を進め、その結果アーリヤ世界は亜大陸内で着実に拡大した。またバラモンと先住民の娘とのあいだに生まれた子や、先住民社会の司祭などのなかから、自己をバラモンと称する者もでている。こうした周縁の地で活動するバラモンないし準バラモンが、アーリヤ文化と先住民の文化を融合させた「ヒンドゥー文化」の形成のうえにはたした役割は大きい。

ヴァルナ制度の成立——ヴァイシャとシュードラ

バラモンとクシャトリヤの両ヴァルナが形成されたこの時代に、かつてアーリヤ部族の仲間であった一般成員は、第三のヴァルナであるヴァイシャとして位置づけられた。ヴァイシャという語は、部族の成員を意味するヴィシュから派生した呼称である。彼らは農業と牧畜に従事し、貢物(やがて税となる)をおさめることによって上位両ヴァルナを支えた。時代がくだるとともに商業活動が興るが、この種の職業もヴァイシャに属するものとされた。

アーリヤ人がガンジス川流域に進出したころ、この地には黒縁赤色土器などを遺した農耕先住民が分散的に居住しており、また広大な森林地帯には狩猟採集の生活を営む部族民が、これも分散的に活動していた。彼らのなかからは、いち早くアーリヤ文化を取り入れアーリヤ社会に組み込まれる者もでたが、多くは上位三ヴァルナ(アーリヤ)に奉仕する隷属階級シュードラとされた。陶器製造や木材加工などに従事する者も先住民に多かったため、彼らを含む職人一般もシュードラの列に加えられた。シュードラはヴェーダの宗教(バラモン教)に参加することができず、上位三ヴァルナの男子がこの宗教への入門式(第二回の誕生)をあげるため「再生族」と呼ばれるのにたいし、母親の胎内から生まれるだけの「一生族」として差別されている。またヴァルナ制度のもとでは、下位ヴァルナにたいしてなされた犯罪の罰は軽く、上位ヴァルナにたいしてなされた犯罪の罰は重いとされた。この面でもシュードラはもっとも過酷に扱われている。

シュードラという呼称は、アーリヤ人に征服された先住民の一部族の名に起源するらしい。のちに、同じような立場におかれた隷属民一般もこの名で呼ばれるようになったのである。ただし、アーリヤ化した先住民のなかから上位三ヴァルナに組み込まれる者がでることもあり、逆に敗戦や生業などが原因でシュードラとみなされるようになったアーリヤ人もいた。シュードラはわずかではあるが自分の財産をもち、家族を養っており、主人の所有物として売買の対象となる奴隷とは範疇《はんちゅう》を異にしていた。古代のインドにもそうした奴隷(ダーサ)のいたことは知られているが、奴隷制は西洋の古代社会におけるようには発達しなかった。隷属民としてのシュードラの存在が、そうした発達を阻んだと見られている。

狩猟採集の生活を送っていた部族民のなかに、部族組織を維持したまま農耕社会の周縁部で生活する者がでた。農耕社会の成員たちは、彼らをシュードラの最下層に属する賤民として受け入れ、不浄視される仕事を割りあてた。後期ヴェーダ時代の末期ころ、そうした賤民層のあいだから、シュードラ以下の存在として差別される不可触民チャンダーラがあらわれた。不可触民制はこれ以後の時代をとおしてさらに発達することになる。

ヴァルナ制度の原則と現実

以上のような過程をへて、カースト制度の初期の形態であるヴァルナ制度が成立した。ヴァルナという語がもともと「(肌の)色」を意味したらしいことについては、すでに記した。先住民との混血や融合が進むにつれて、肌の色は支配者と被支配者を区別する標識ではなくなったが、この語はその後も身分・階級の意味に用いられつづけたのである。

ヴァルナ制度の原則は、同じヴァルナに属する者同士で結婚し、それぞれのヴァルナに伝統的な職業を世襲するというものである。またバラモンを第一としシュードラ(さらに第五のヴァルナとしての不可触民)を最下とする上下の身分秩序も存在する。この身分秩序は宗教的な浄不浄観を重要な根拠とするものであり、各ヴァルナに属する者には自己のヴァルナにふさわしい浄性を維持することが求められた。

しかし、これはあくまでも原則であり、現実の生活においてはそうした原則を守ることのできない場合も多い。たとえば、司祭職で生活することができず農業に従事するバラモンもいたし、異ヴァルナの女性と結婚する者もでた。また禁じられた食物を食べるなどして浄性を失い、仲間から追放される者もあとをたたなかった。ヴァルナ制度の唱導者であるバラモンは、こうした現実に柔軟に対処した。たとえば、困窮に陥ったときに下位ヴァルナの職業で生計を立てることを認め(窮迫時の法)、下位ヴァルナの女性と結婚すること(上位ヴァルナの女性との結婚は忌避される)を準合法とし、穢《けが》れた成員を復帰させるためのさまざまな浄化儀礼を用意したのである。ヴァルナ制度の理論を伝えるもっとも権威ある文献『マヌ法典』(前二～後二世紀頃成立)には、原則に違反した者を所属ヴァルナにつなぎとめるための条文がさまざまに盛り込まれている。

ガンジス川上流域でまず成立したヴァルナ制度は、その後インド亜大陸全域に伝わり、時代と地域によって強弱の差はあるものの、カースト社会の大きな枠組みとしての役割をはたしてきた。この制度の生命力の強さの一因は、右に見たような制度自体に備わる柔軟性にある。

ウパニシャッドの哲学

後期ヴェーダ時代にはまた、祭祀を万能と見る形式重視のバラモン教にあきたらず内面的な思索を重視する傾向も芽生え、やがて一群の思想家があらわれた。彼らのなかには、バラモンのほかクシャトリヤ出身者も加わっている。ドアーブ南部のパンチャーラ国の王プラヴァーハナ・ジャイヴァリ、ヴァーラーナシー(ベナレス)を都とするカーシ国の王アジャータシャトル、東方のヴィデーハ国の王ジャナカなどは、クシャトリヤ出身の哲学王として知られる。こうした思想家たちの説は、ヴェーダ文献の一つウパニシャッド(奥義書)にまとめられている。ウパニシャッドとは、「近くに座ること」すなわち「秘密の教え」を意味する語である。

ウパニシャッド哲学の名で知られるこの新思想において追求されているのは、宇宙と自我の根本に存在する原理である。このうち宇宙の根本原理、つまりわれわれが目にする世界の背後に存在する究極の原理はブラフマン(梵)と呼ばれ、またわれわれ個人の究極の原理はアートマン(我)と呼ばれた。ブラフマンはもともとヴェーダの聖句のもつ呪術的な力を意味した語であり、またアートマンははじめ「息」を、のちに「霊魂」を意味するようになった語である。ウパニシャッドの哲学者たちは、この「梵」と「我」が根本において同一である(梵我一如の真理)と悟ることにより、精神的な絶対自由(解脱《げだつ》)がえられると主張した。この哲学はのちにインド正統派哲学の主流として発達することになる。また思索を重んじるこの哲学の姿勢は、つぎの時代に仏教、ジャイナ教という非正統派の二大宗教を生み出した。

インド人は、霊魂は不滅であり、この世の行為(業《ごう》)の結果に縛られてさまざまな姿をとって生まれ変わる(輪廻《りんね》)と信じてきた。こうした死生観もまた、この時代に形成されたものである。ウパニシャッド文献にみいだされる素朴な業・輪廻説によると、「人間が死ぬとその霊魂は火葬の煙とともに月の世界にのぼり、その後、雨とともに地上にくだる。地中に入った霊魂は、食物を通じて男の体内に入り、つづいて精子として母胎に移ってから再生する」のであるという(祖先の道)。ただし、いかなる姿をとって再生するかは前世の行為によって決まった。善行を積んだものはバラモンやクシャトリヤとして、悪をおこなった者はシュードラや畜類として生まれるのである。一方、信仰を完成させた者は火葬ののちブラフマンの世界に達して、もはや輪廻することはない(神の道)。これが思想家たちが強く求めた解脱の境地である。

3　王国の形成と都市の発達

十六大国の興亡

前六〇〇年ころになると、アーリヤ系民族の活動の中心はさらに東方のガンジス川中・下流域へと移った。この時代に北インドからデカン北部にかけて割拠した有力国家は「十六大国」と呼ばれる。これら大国(マハー・ジャナパダ)は政治形態の面から部族共和制国と王国とに分類できる。部族共和制国とは支配部族の有力者による集団的統治のおこなわれる国であり、共同体ないし集団を意味するガナ、サンガなどの語で呼ばれた。西洋の学者はリパブリック(共和制国)、オリガーキイ(寡頭《かとう》制国)、アリストクラシイ(貴族制国)などの訳語を与えている。ガンジス川中流域の北岸によっていたリッチャヴィ族の国は当時の代表的な部族共和制国であり、諸部族を統合したヴリジ(ヴァッジ)連合の盟主の地位にあった。十六大国には入らないが、ブッダのでたシャーキヤ(釈迦)族の国もこの形態を採用していた。そしていずれの共和制国でも、支配部族に属する者たちはクシャトリヤの出自を誇った。これら支配部族のなかには非アーリヤ系の先住民も含まれている。たとえば、シャーキヤ族は西方から移住してきた正統クシャトリヤであると主張しているが、実際にはヒマラヤ山麓地方で古くから定着農耕生活を営んでいた非アーリヤ部族(チベット・ビルマ系か)であったらしい。

大都市ヴァイシャーリーを拠点とするリッチャヴィ族は、南方の大国マガダの進出に抵抗した。彼らの団結は部族の成員の共同体意識に基づくものであったが、都市の発達とともに顕著化した経済的不平等によって、そうした意識がくずされた。内部崩壊を始めたリッチャヴィ族の国は、マガダ国のアジャータシャトル王によって滅ぼされ、また同じころ、シャーキヤ族の国も隣の大国コーサラに滅ぼされた。

コーサラ国とマガダ国は、この時代の代表的な王国であった。この両国にガンジス・ヤムナー両河の合流点によったヴァツァ王国と、中西部インドによったアヴァンティ王国を加えたものがブッダ時代の「四大国」である。これらの王国に君臨していたのは、部族の制約から完全に脱却し専制的な性格をもつにいたった王であった。またその王を支える官僚群と軍隊(歩兵、騎兵、戦車、象の四軍からなる)も、血縁ではなく能力によって王に採用された者たちを主体としていた。マガダ国の都ラージャグリハ(王舎城)の遺構から知られるように、王国の首都は城壁に囲まれ、前代に比べ遥かに大きな規模のものとなっている。

コーサラ国は、『ラーマーヤナ』の英雄ラーマの母国であり、初めアヨーディヤーを都としていたが、ブッダの時代(前六〜前五世紀)には都をその北のシュラーヴァスティー(舎衛城)におき、プラセーナジット王のもとに繁栄していた。十六大国の一つでヴァーラーナシーを都とするカーシ国は、すでにこの国に併合されている。ブッダのでたシャーキヤ族の共和制国もその属国となっていた。ブッダの庇護者としても知られるプラセーナジットはマガダ国のビンビサーラ王と姻戚関係にあり、巧みな政策を駆使して富国強兵につとめたが、晩年には王子に背かれ国を追われて客死したという。この王子は即位後にシャーキヤ族を滅ぼしたが、マガダ国と戦って破れ王国は滅亡した。

ヴァツァ国の都は、ガンジス川とヤムナー川の合流地点のあるカウシャーンビーにおかれていた。四周

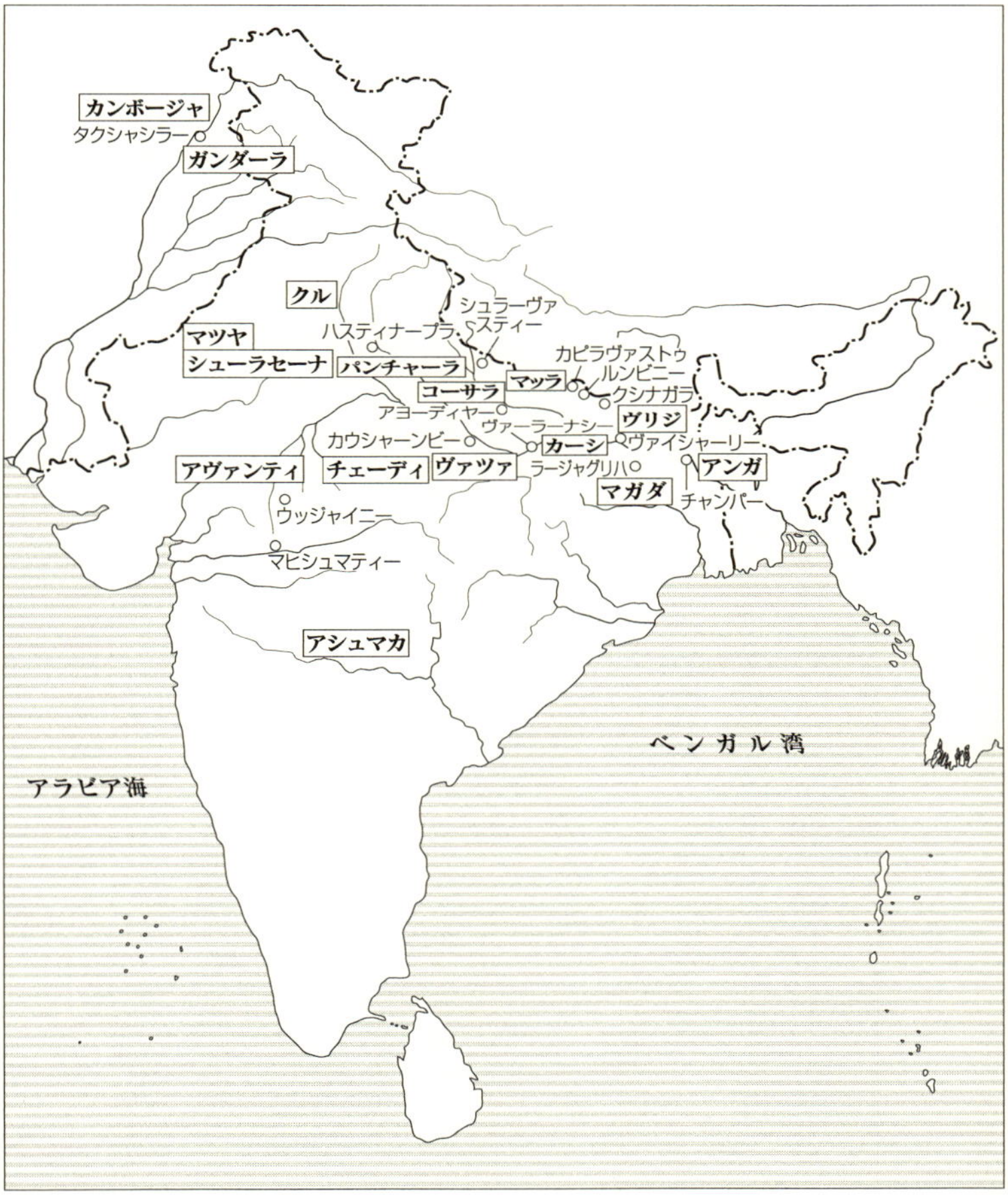
カンボージャ
タクシャシラー
ガンダーラ
クル
シュラーヴァスティー
ハスティナープラ
マツヤ
シューラセーナ
パンチャーラ
カピラヴァストゥ
ルンビニー
マッラ
コーサラ
クシナガラ
アヨーディヤー
ヴァーラーナシー
ヴリジ
カウシャーンビー
カーシ
ヴァイシャーリー
アヴァンティ
チェーディ
ヴァツァ
ラージャグリハ
アンガ
マガダ
チャンパー
ウッジャイニー
マヒシュマティー
アシュマカ
ベンガル湾
アラビア海

十六大国

を強国に囲まれたこの国には、ブッダと同時代にウダヤナ王がでて、巧みな外交政策を駆使し国を維持した。しかし王の死後に、南方のアヴァンティ国に併合されたらしい。

アヴァンティ国（都はウッジャイニー〈ウッジャイン〉）が興ったマールワー地方は、ガンジス川流域からデカン高原やインド半島西海岸の諸港に向かう交通路の通じる要地であった。この国もまたブッダと同時代にでたプラディヨータ王のもとで強力となり、一時はマガダへの侵攻を企てるほどであった。この知らせを受けたアジャータシャトル王は、急ぎ首都ラージャグリハの防備を固めたという。

このようにして十六大国の時代はすぎ、北インドはマガダとアヴァンティという二国が覇を競う時代に入った。史料不足のため両国の争いの経過を知ることはできないが、最終的にはマガダが勝ち、群雄割拠時代に終止符を打った。

マガダ国の発展

アーリヤ系民族の居住域の東端に近いガンジス川中・下流域の南岸に興ったマガダ国は、五つの丘に囲まれたラージャグリハに都をおき、ガンジスの平原を支配した。肥沃な平原における集約的水稲栽培は大きな余剰をもたらし、また南部の丘陵地帯の鉄資源は武器や農具・工具の大量生産を可能にした。さらに森林資源にもめぐまれ、戦車にかわり軍の主力となった象の飼育にも適していた。バラモン文化の故郷から遠く離れていたこの地は、伝統的な宗教や身分秩序から比較的自由であり、これもまた王権の強化にとって幸いした。王はヴァルナ制度にとらわれず有能な人材を登用して、官僚組織や軍隊組織の拡充をはかっている。

マガダ国強大化への道を切り開いたのはビンビサーラ王(在位前五四六頃〜前四九四頃)であった。彼はまず東方に目を向け、ガンジス川の河口に近いアンガ国(都はチャンパー)を併合した。インド半島東岸や東南アジア方面への交易路を確保する目的からであろう。また西方のコーサラ国と北方のリッチャヴィ国から妃をむかえ、周辺からの脅威を除いたあと、内政改革を断行して国力の充実につとめた。ビンビサーラはブッダの友かつ帰依者《きえ》として知られる。ブッダが悟りを開いたブッダガヤーは王都ラージャグリハに近く、また都の郊外にはブッダがしばしば滞在した僧院や修行の場所が存在した。しかしこの王の晩年は不幸で、野心家の王子アジャータシャトルに幽閉され殺されたという。

ラージギルの城壁　マガダ国の都ラージャグリハ(現ラージギル)は石積みの内壁と外壁で囲まれ，難攻不落で知られた。

アジャータシャトル(在位前四九四頃〜前四六三頃)は、父王よりもさらに積極的に領土拡張政策を進めた。そしてリッチャヴィ族、コーサラ国と長年にわたって戦い、一進一退はあったが、最終的には両国の併合に成功している。この間、リッチャヴィ族と戦うための前進基地として、ガンジス川南岸のパータリ村が城砦化された。この村は北岸と南岸の街道を結ぶ渡河地点にあり、またガンダク川、ガーグラー川、ソーン川といった大支流がガンジス川と合流する地点の近くに位置していた。この新城砦はアジャータシャトルの子ウダーインの時代にパータリプトラ(華子城)と名を改め、マガダ国の都となっている。ガンジス川中・下流域の一帯を支配下においたマガダ国にとって、この水陸交通の要地への遷都は不可欠であった。

マガダ国の領土拡大策は、前四世紀なかばにマハーパドマが創始したナンダ朝のもとでさらに進展した。この王朝は、ガンジス川上流域に残存していた旧来のクシャトリヤ諸王国を併合して同川の全流域を支配下におさめ、さらにデカン東北部のカリンガ地方にも進出している。インドの古文献や同時代のギリシア文献によると、ナンダ朝の家系は低賤であったという。後世にプラーナ(古伝承)文献を編んだバラモンは、「不法でシュードラに等しい」この王朝の「帝王」により、クシャトリヤの王統がすべて根絶されたとなげいている。その一方で、いずれの文献もこの王朝が莫大な富をたくわえていたと伝えている。このようにナンダ朝は、低い出自を蔑視されながらも、莫大な富と強力な軍隊によって周囲の伝統的な国家を倒し、未曾有の専制王国を建設することに成功したのである。ナンダ朝は二世代三〇年程度の短期王朝であったが、この王朝による旧秩序破壊のあとを継承して、マウリヤ朝がインド最初の統一帝国を建設することになる。

インドの古文献には、ビンビサーラからナンダ朝、さらにマウリヤ朝にいたるマガダ国の王統譜が掲げられているが、混乱が著しい。たとえば、ビンビサーラの王朝をシシュナーガの子孫(シャイシュナーガ朝)とする伝承がある一方、シシュナーガをビンビサーラ以後の王とする伝承もある。

都市の発達

諸国がそれぞれ富国強兵を競い、コーサラ国、マガダ国などの王国が強大化したこの時代に、ガンジス川中・下流域の各地で都市(プラ、ナガラ)が誕生し発達した。主要な都市はいずれも政権の所在地であるとともに、経済活動の中心でもあった。当時の都市としては、チャンパー、ラージャグリハ、ヴァイシャーリー、カウシャーンビー、ヴァーラーナシー、シュラーヴァスティー、ウッジャイニーなどがとくに繁栄した。

これらの都市における経済活動の主役は、グリハパティ(ガハパティ)と呼ばれる者たちであった。この語はもともと「家長」を意味するが、この時代ではヴァイシャのなかの有力者をさして用いられた。彼らの多くは商人であり、その代表はシュレーシュティン(セッティ、第一人者の意味)と呼ばれ、しばしば都市の行政にも参画している。シュレーシュティンのなかには交易商人も多く、隊商を組織し国境をこえて活動している。運ばれる商品は、ヴァーラーナシー産の高級織物など地方の特産品、象牙細工や金銀宝石などの高級品をはじめ、資材や食糧など多種多様であった。ガンジス川中流域で製造され考古学者が北方黒色磨研土器と呼ぶ高級土器も、商人たちによって遠隔地へと運ばれた。貨幣がはじめて使われるようになったのもこの時代であり、金属片(ほとんどが銀と銅)にシンボル・マークを打ちきざんだ「打刻印貨幣(パンチマークト・コイン)」と呼ばれる貨幣が広く流通した。証拠には乏しいが、文字の使用もこのころ始まったらしい。

当時の交通路としてとくに重要なものに、ガンジス川中流域から西北インドの中心都市タクシャシラー

(タクシラ)に向かう大動脈があった。この交易路を西方に進めば中央アジア、イラン・メソポタミアにいたり、東方に進めばガンジス川河口をへてインド半島東部沿岸や東南アジアにいたる。また中間地点から分れて西南に向かう道は、アヴァンティ国の都ウッジャイニーをへてデカン高原へ、あるいは西海岸の諸港へとつづいていた。

都市に住む商人や手工業者はシュレーニー、プーガなどと呼ばれる同業者団体を組織している。ヴァルナ制度のもとで商人は第三階級として軽視され、また商業活動は保守的なバラモンから低級な生業として蔑視されたが、ガンジス川中・下流域の新興都市で生活する商人たちは、そうしたヴァルナ制度の制約に縛られることなく行動した。彼らが商業活動を正しく評価する仏教やジャイナ教を支持したのはそのためである。

村落と農業生産

このような活発な都市生活は、農業生産の向上があってはじめて可能となった。この時代には稲の移植栽培(田植)もおこなわれるようになり、またガンジス川中・下流域の開拓が進み、各地にあらたな村落が生まれている。農村地域においても部族・氏族の解体が進行中であり、あらたに開拓された村々ではとくにこの傾向が強かった。そうした村落は一般に、耕地を私有する個別的な家族の集合体(集村)というかたちをとり、有力階層グリハパティ(都市の有力者と同名)に属する村長(グラーミカ)を中心とするあらたな秩序が形成されている。村々から税を徴収する機構も整備され、徴税役人が地方をまわり税額の査定や税の取立てをおこなった。

農民たちがおさめる税はバーガ、バリなどの名で呼ばれた。このうちバーガは王の「取り分」を意味し、一般には収穫の六分の一(緊急時には四分の一)とされている。バリという語は税一般の意味に使われることもあるが、バーガとならべて記される場合は、その他の諸税のことらしい。またこの時代から、王がバラモンに村や土地を施与《せよ》する慣行が始まっている。村の施与とはその村から徴収される諸税の享受権を与えることであり、土地の施与とは開拓可能な未耕地などを免税の特権とともに与えることを意味する。村や土地を施与されたバラモンのなかには、その地に住み着き、奴隷や雇人を使って農業経営を始める者もでた。バラモンが集まり住む村(バラモン村)の存在も知られている。

地方には農村地帯の交易活動の中心としての小さな町(ニガマ)も誕生した。また都市の近郊などには大工村、陶工村、鍛冶村といった特定の職業に関係する集落も存在した。森林地帯で狩猟採集生活を送る部族民も小さな集落をつくって住み、しばしば都市や村落に出向いて住民に獣肉や林産物を提供している。そうした部族民の一部が賤民として都市・農村社会に組み込まれたことについては、すでに記した。森林地帯は村や町の住民にとって、盗賊が跋扈《ばっこ》し夜叉《やしゃ》・羅刹《らせつ》が出没する異境であったが、その一方、災害時の逃避場、俗世をすてた出家者の修行の場にもなった。

バラモン文化の展開

ガンジス川中・下流域で以上のような新しい社会の形成が進んでいたころ、ガンジス川上流域の農村社会を基盤とする保守派のバラモンたちは、この流れに抗するため、さまざまな努力をはらっていた。ヴェーダ聖典の補助文献の一つ、律法経(ダルマスートラ)は、そうした努力の結晶である。四ヴァルナの義務と生活法を定めたこの文献は、のちに『マヌ法典』として集大成されるヒンドゥー法典の先駆けとなった。

律法経にはまた、再生族(上位三ヴァルナ)の男性が生涯においてたどるべき四つの住期(アーシュラマ)にかんする規定も存在する。この四住期の法によると、再生族に生まれた者は十歳前後に入門式をあげ、バラモン教師の家に入り禁欲かつ勤勉にヴェーダ聖典を学ぶ。これが第一の住期「学生期」である。学生期を終えた者は、家に帰り家業を継ぎ、結婚し、父の隠居後あるいは死後に家長としての務めをはたす。これが第二の住期「家住期(家長期)」である。老齢に達した者は息子に家業をゆずり、家をでて森に入り、俗世に煩わされることのない清浄な生活を送る。これが第三の住期「林住期」である。さらに人生の完成を求める者は、ひとり森をでて、托鉢乞食《たくはつこつじき》しつつ死ぬまで各地を遍歴する。これが第四の住期「遊行期」である。

こうした四住期の法も、ヴァルナの規則と同様に後世の『マヌ法典』のなかで最終的に確立する。しかし、これらはあくまでも人生の理想を定めたものであり、四住期の規則どおりの生涯を送ることのできた者は少なかった。また学生期はクシャトリヤやヴァイシャにたいしても開かれていたが、両ヴァルナの少年にとって重要なことは父祖伝来の職業の技術の習得であり、バラモンのもとにおけるヴェーダの学習は、おこなわれたとしてもごく短期間に限られた。

アーリヤ人が残した最古の文献『リグ・ヴェーダ』から知られる社会では、女性の地位はそれほど低いものではなかった。その地位はヴァルナ制度が成立する後期ヴェーダ時代になるとしだいに低下し、律法経では女性をシュードラと同類とみなすまでになった。女性は子を生むための存在とされ、独立人格は認められず、幼いときには父に、嫁してからは夫に、夫の死後には息子に従うように命じられている。こうした女性観は後世の『マヌ法典』に引き継がれることになる。ただし文学作品などから知られる女性の家庭生活は、必ずしも法典から推測されるような隷属的なものではない。

ガンジス川上流域を本拠とする正統派バラモンたちは、この時代に祭祀を中心とする宗教文化をさらに高度に発達させ、ヴェーダの補助学として一括されるバラモン教の六学問を成立させた。すなわち、祭事学(カルパ)、音声学(シクシャー)、韻律学(チャンダス)、天文学(ジョーティシャ)、語源学(ニルクタ)、文法学(ヴィヤーカラナ)である。先に引用した律法経は、天啓経(シュラウタスートラ)、家庭経(グリヒヤスートラ)、祭壇経(シュルヴァスートラ)とともに祭事学に属している。また文法学にはこの時代の末期にパーニニがでて(前四世紀)、古典サンスクリット語文法の基礎となる『アシュターディヤーイー(八章頌)』を著わした。ヴェーダ聖典の言語に人工的な手を加え、宗教語・文章語としての完成度を高めたのである。これ以後サンスクリット語は、正統派バラモンにより聖典語として伝持され、やがて正統派以外の諸宗教の経典や文学作品などにも用いられるようになる。

しかしバラモン階級という特定の集団によるこうした学問の細分化は、宗教活動の停滞をもたらすものでもあった。その結果バラモン教は、東方の都市社会を背景に興った新しい宗教運動によって圧倒されることになる。

新思想の誕生

ガンジス川中・下流域の都市社会には、行動の自由とともに思想の自由も存在し、六十二見と総称される思想家があらわれた。ここでいう「六十二」とは多数の意味である。新思想家たちは合理的思考に立脚し、祭祀万能のバラモン教と、バラモンにのみ宗教的特権を与えるヴァルナ制度を否定している。生まれではなく、個人の修行や知的完成こそが重要であると説いたのである。動物の犠牲をともなうヴェーダの祭祀もとくに厳しい批判の対象となった。また彼ら新思想家は、広範囲の人々を対象に平易なことばを用いて教えを説いている。こうした活動は王侯や商人だけでなく、社会の下層に生活する人々によっても歓迎された。

新思想家のなかには俗世をすて出家した者も多く、そうした修行者たちはシュラマナ(沙門)と呼ばれた。彼らの周囲には弟子や一般信者が集まり、しばしばそこに教団組織が生まれた。バラモン教とその後世における展開であるヒンドゥー教がインド思想史上の正統派であるのにたいし、仏教やジャイナ教などこの時代に興った宗教・思想は、非正統派として位置づけられることが多い。

仏教経典では、当時の思想家のうちの代表者を六師外道と呼んでいる。ブッダと異なる思想を説く六人の思想家という意味である。そのうちの一人で奴隷の子として生まれたプーラナ・カッサパは、殺生も窃盗も悪ではなく、祭祀や慈善も善ではないという道徳否定論を説いた。またアジタ・ケーサカンバリンは地、水、火、風の四元素と虚空のみを真の存在と認め、霊魂の存在を否定して唯物論派(ローカーヤタ)の祖となった。マッカリ・ゴーサーラは、人間の運命はあらかじめ決まっているという決定論を唱え、有力宗派の一つアージーヴィカ教の基礎を定めた。またパクダは人間が不変不滅の七要素からなるという説を、サンジャヤは懐疑論を唱えたという。

ジャイナ教の成立

六師のうちもっとも大きな影響力をもった思想家はジャイナ教の開祖ヴァルダマーナであった。彼はガンジス川中流域によっていたクシャトリヤ部族の出身である。初め結婚して一女を儲《もう》けたが、三十歳のとき ニガンタ派と呼ばれる苦行主義の教団に入り、裸の行者として厳しい修行を積み、四十二歳のとき悟りを開いた。これ以後、彼はジナ(勝者)、マハーヴィーラ(大勇)などの尊称で呼ばれるようになる。ジャイナとはジナの教え、ジナの信者を意味する語である。伝説によると、ジナはティールタンカラ(救済者)と呼ばれる二四人の師祖の最後の聖者であり、七十二歳で生涯を終えるまで、マガダ国を中心とした地で修行と布教の日々を送ったという。

ジナはまず「苦」をいかに克服するかを問題にしている。彼の説くところによれば、霊魂は業(行為)の結果に縛られて地獄、畜生、人間、天界という迷いの世界のなかで輪廻転生を永遠につづけるのであるという。彼は苦の原因をここに求め、その苦から脱するためには苦行により霊魂を浄化せねばならぬと悟った。完全に浄化された霊魂は輪廻転生の束縛から解き放たれるからである。この状態を解脱というが、解脱をえるためには出家して厳しい苦行生活を送らねばならない。ジナのもとに同じ目的をもった出家者が集まり、ここにジャイナ教団が誕生した。教団に入った者たちには五大戒(不殺生、真実語、不盗、不婬《ふいん》、無所有)をはじめとする戒律の厳守が命じられた。たとえば、不殺生戒の対象は小虫や植物・無生物にまでおよび、無所有戒は衣類着用の禁止(裸形《らぎょう》)にまでおよんでいる。都市の住民のなかには、ジナに帰依した在家の信者も多かった。ジナは彼らに、無益な殺生をせず、修行者の生活を支えるなど宗教的に正しい生涯を送るならば、死後にはその果報によって天国や高貴な家柄に生まれると説いている。

ジナの死後、ジャイナ教は非正統派の二大宗教の一つとして、仏教と競いつつインド亜大陸の各地に伝えられた。やがて教団内に、あくまでも厳格な苦行主義を守ろうとする一派と、戒律の一部をゆるめようとする一派の対立が生じ、後一世紀ころ両派は裸形派(空衣《くうえ》派)、白衣《びゃくえ》派として完全に分裂した。これ以後ジャイナ教は、この両派によって今日まで継承されてきた。一方、ジャイナ教の在家信者は、不殺生戒を守るため農業や牧畜を避け、多くは都市で商業に従事した。今日のインド共和国の人口の〇・五%(約五〇〇万人)を占めるジャイナ教徒の大部分は都市の住民であり、経済的に大きな力をもっている。

仏教の成立

仏教の開祖ガウタマ・シッダールタ(ゴータマ・シッダッタ)は、ヒマラヤ山麓によっていたシャーキヤ族の有力家系に生まれた。カピラヴァストゥを本拠とするこの小さな部族共和制国は、当時、西隣の大国コーサラの属国となっていた。ガウタマは若くして妻を娶り一子を儲けたが、人生の諸問題に悩み二十九歳のとき妻子をすてて出家した。その後の六年間、興隆期のマガダ国で修行に励み、最後にブッダガヤーの菩提樹の下で悟りに達した。彼はこれ以後、ブッダ(仏陀、悟った者)、シャーキヤムニ(釈迦牟尼《しゃかむに》、釈迦族出身の聖者)などの尊称で呼ばれるようになる。

ブッダもジナと同じく生きることを「苦」と見て、その苦から脱する道を求めた。そして、苦の原因は諸行無常(あらゆる存在は移り変わる)という真理に気づかず、無常である存在に固執することにあると悟った。したがって、苦を脱するためには、この真理を知り煩悩の火を消さねばならない。火の消えた状態が解脱・涅槃《ねはん》である。ブッダは、そうした解脱をうるためには出家し、正しい方法(八正道《はっしょうどう》)で修行する必要があると説いた。その修行は、ジャイナ教の苦行主義とは異なり、苦行と快楽の両極端を排した中道に立つものであった。

仏教教団(サンガ)は初め男性(比丘《びく》)のみからなっていたが、のちにブッダは女性(比丘尼《びくに》)の教団も認めている。ブッダが定めた教団の規則は律蔵としてまとめられているが、それによると、教団の構成員は出家以前の身分や階級に関係なく対等であり、重要問題は一定地域内に住む比丘全員の集会で決めることになっている。また比丘・比丘尼には、必要最少のもの(三衣一鉢など)のみを所有し、雨期の三カ月を除き遊行の生活を送ることが義務づけられている。しかし雨期の住処としての僧院(精舎《しょうじゃ》)が信者たちから寄進されるようになると、そこに住みつづける者もふえた。

サールナート仏　サールナートは，ブッダが最初の説法(初転法輪)をおこなった地である。写真はグプタ時代の代表的仏像彫刻。

ブッダに帰依した在家の男性信者はウパー

サカ(優婆塞《うばそく》)、女性信者はウパーシカー(優婆夷《うばい》)と呼ばれる。彼らは仏法僧(ブッダ、ブッダの教え、仏教教団)に帰依し、五戒(不殺生、不偸盗《ふちゅうとう》、不邪婬、不妄語、不飲酒)を守って道徳的に正しい在家生活を送り、功徳《くどく》を積み、よりよい来世をえようとつとめた。ブッダに帰依する者はバラモンから不可触民にいたるあらゆる階層からでたが、教団を物質的に支えたのは、主として都市の住民、とりわけ王侯と商人であった。マガダ国の都ラージャグリハにあった竹林精舎も、コーサラ国の都シュラーヴァスティーにあった祇園《ぎおん》精舎も、彼らの寄進したものである。

初期仏教の展開

ブッダは悟りを開いてからの四五年間、マガダ、コーサラなどガンジス川中・下流域の国々で修行と布教の日々を送り、八十歳で没した。火葬にされたあとの遺骨をめぐり諸国のあいだに争いが生じたが、結局八つに分けられ、八国の塔におさめられたという。仏塔(ストゥーパ)崇拝の始まりである。ブッダの没年(仏滅年)については、前四八六年ころとする説と、前三八三年ころとする説がある。前者はスリランカの上座部仏教に伝わる説をもとに算定されたものであり、後者は北方仏教徒のあいだに伝わった説に基づき算定されたものである。いずれの説によるべきかをめぐって論争があるが、本書では前者の説をとっている。

ブッダの没後ほどなく、その教えが誤解されたり失われたりする恐れがでたため、五〇〇人の弟子たちがラージャグリハ郊外に集まり、師の教説と教団の規則をまとめあげた。前者は経蔵、後者は律蔵と呼ばれる。これが第一回の仏典結集《けつじゅう》である。その後しばらくのあいだ、教団の統一は維持され、仏教は順調にインド亜大陸の各地に伝えられた。しかし、やがて教団内部にさまざまな対立が生じ、ヴァイシャーリー市で第二回の仏典結集が開かれたころ(ブッダの没後一〇〇年とされる)に、教団は保守派の上座部と革新的な大衆部《だいしゅぶ》に分裂した。それ以前の仏教が初期仏教ないし原始仏教と呼ばれるのにたいし、この分裂以後の仏教は部派仏教と呼ばれる。仏教教団はその後の二〇〇年程のあいだに、教理をめぐる解釈の違いや、地域の違いなどが原因で分裂を繰り返した。各部派は自派の主張の正しいことを主張する議論を展開したが、そうした議論はのちに論蔵としてまとめられた。先の経蔵、律蔵とこの論蔵をあわせたものが三蔵である。

ブッダの没後かなり早いころから、彼を神格化し崇拝する風潮が起こった。まず在家信者のあいだに遺骨(仏舎利《ぶっしゃり》)をおさめた塔(ストゥーパ)やブッダガヤーの菩提樹への崇拝が始まり、それはやがて比丘・比丘尼のあいだにも広まった。また、この世でブッダが悟りを開くことができたのは過去の生まれ(前生《ぜんしょう》)において繰り返し善行を積んだ結果であるとの考えに立ち、前世におけるブッダの数々の善行物語が創作された。これが仏教説話ジャータカ(本生話《ほんじょうわ》)である。サーンチーやバールフートの仏塔の欄楯《らんじゅん》(玉垣)や門柱の浮彫り(前二〜前一世紀)に、ジャータカに題材をとったものが数多く見られる。

第二章　マウリヤ帝国とその後のインド亜大陸

1　マウリヤ帝国の成立と発展

西北インドの情勢

ガンジス川流域にマガダ国が興隆したころ、西北インドには十六大国の一つガンダーラ国が存在した。この国の都のタクシャシラー(タクシラ)は、北インドと中央アジア・西アジアとを結ぶ大動脈上の要衝であり、商業と学術のセンターとして栄えていた。しかし前六世紀後半にこの国は西の大国アケメネス朝ペルシアに侵略され、ダレイオス一世の時代にその南のインダス川中・下流域とともにペルシア帝国の属州となった(前五一八年頃)。ギリシア人史家ヘロドトスの『歴史』によると、ガンダーラ人はペルシア帝国の第七州の構成民族の一つとされ、インド人(インダス川流域の住民)は第二〇州の民族とされている。またこの第二〇州は他のいかなる州よりも人口が多く、他のいずれの州をもしのぐ三六〇タラントンの砂金を毎年ペルシア王に献じていたという。前四八〇年、第三回のペルシア戦争に際しギリシアに侵入したクセルクセス王の軍隊には、ガンダーラ人とインド人の部隊も加わっていた。

アケメネス朝ペルシアによる西北インドの支配は、その後のインドの歴史にさまざまな影響を与えている。たとえば、この王朝の公用文字の一つであったアラム文字に起源するカローシュティー文字が、西暦紀元後にいたるまでこの地で用いられつづけた。またペルシアの貨幣の重量基準がこの地で発行された貨幣にも用いられている。マウリヤ朝で採用された属州制、詔勅を岩石にきざむという布告手段などにも、ペルシア帝国の政治の影響が認められる。

マケドニアのアレクサンドロスは前三三〇年にアケメネス朝ペルシアを滅ぼすと、引きつづき東方遠征を進め、まずヒンドゥークシュ山脈の北のバクトリアとソグディアナを征服した。彼はその後、南下して西北インドの峠道をこえ、前三二六年の春に三万の軍を率いてインダス川を渡りタクシャシラーに入城した。この地の王アーンビは戦わずして降伏したのである。アレクサンドロスはそこからさらに進軍し、ポーロス王の率いるインド軍を苦戦の末破るなどしてパンジャーブの東端近くにまでいたった。その東のガンジス川流域は、当時マガダ国ナンダ朝の支配下にあり、ギリシア軍にとどいた情報によると、その軍隊は歩兵二〇万、騎兵二万、戦車二〇〇〇、象三〇〇〇からなっていたという。アレクサンドロスはこの東方の大国への侵略を決意したのであるが、部下の将兵に反対されて撤退をよぎなくされた。その後アレクサンドロスの軍隊は、土着の部族勢力の抵抗に苦しみつつインダス川沿いに南下して河口付近にまで達し、一隊は海路を、残りは陸路をたどってメソポタミアに帰還した。なお、この東方遠征に従軍したギリシア人が書き残した記録は、今日、インド古代史研究の貴重な史料となっている。

アレクサンドロスは西北インドの征服地をいくつかの属領にわかち、ギリシア人の部将を太守に任じ、また従属を誓った土着の王侯に旧領の支配を委ねた。しかし彼が前三二三年にバビロンで急死すると、この態勢はたちまちくずれ、ギリシア人将兵は前三一七年までにインドを去った。

マウリヤ帝国の成立

マウリヤ朝の創始者チャンドラグプタは、非正統派思想の温床であるガンジス川中流域の有力部族の出身であったらしい。バラモンたちが伝えた文献では、彼を正統クシャトリヤの出身とは認めていない。古代のインドで広く知られた伝承によると、青年チャンドラグプタはバラモンのカウティリヤの指導のもとに挙兵してパータリプトラに攻め込み、ナンダ朝を倒し王朝を創始したのであるという。権力の座についたチャンドラグプタ(在位前三一七頃~前二九三頃)は、政治的混乱状態にあったインダス川流域を征服し、インド史上はじめて両大河の流域にまたがる帝国の建設に成功した。彼はさらに、ナンダ朝の約三倍(ギリシア史料による)という軍隊を擁してデカン方面の征服を進め、また前三〇五年ころアレクサンドロスの旧領の奪回をめざして侵入してきたシリア王セレウコス・ニカトールの軍を破った。シリア王との講和は、五〇〇頭の象とひきかえに今日のアフガニスタン東部の割譲を受けるというものであった。この講和を機に両王朝のあいだに使節の交換がおこなわれ、またセレウコスの娘がマウリヤ家に嫁いだ。このときセレウコス朝の使節としてパータリプトラの宮殿に派遣されたのが、見聞記『インド誌』の著者として名高いメガステネースである。この著書はすでに失われてしまったが、ギリシア・ローマの著述家たちに引用された断片を集め、ある程度復元されている。彼のやや誇張した記述によると、当時のパータリプトラは一辺約一五キロと約三キロの平行四辺形をした大都市で、川と濠で守られ、六四の門と五七〇の物見塔を備えた木壁で囲まれていたという。

カウティリヤは、チャンドラグプタの即位後に宰相として権謀《けんぼう》術数《じゅっすう》の腕をふるい、王朝の安定のために尽力したという。この人物はまた、政治論書『実利論(アルタシャーストラ)』の著者として名高い。この論書は「王にとっての実利である領土獲得とその維持」を説いた全一五巻の作品であり、そこには内政、外交、軍事の各分野にわたるさまざまな方策が記されている。すでに十六大国の時代に政治学が誕生していたが、『実利論』はこの学派の政治論を集大成したものである。古代インドの思想家たちは一般に「王が存在しなければ社会は弱肉強食の混乱状態に陥る」として王権の必要性を説いてきた。『実利論』においてもこうした立場が強調されている。この書が今日のかたちにまとめられたのは後三〜四世紀のことであるが、基本となる部分はカウティリヤ自身が著わしたと見られている。

アショーカ王のダルマの政治

チャンドラグプタは晩年に息子のビンドゥサーラに位をゆずり、出家してジャイナ教の行者となり、南インドで理想的な断食死をとげたという。第二代のビンドゥサーラ(在位前二九三頃〜前二六八頃)は、父の偉業を継いでデカン方面の征服事業を進めている。その子で第三代のアショーカ(在位前二六八頃〜前二三二頃)も、統治の初めは領土拡張策を推進した。そして即位後八年に多大の犠牲をはらってデカン東北部のカリンガ国を征服し、王子の一人を太守に任じて統治を委ねた。

このカリンガ国併合により、統一帝国建設の目的は一応達成された。インド半島南端部には、ドラヴィダ系民族の四勢力(チョーラ、パーンディヤ、サティヤプトラ、ケーラプトラ)が存在したが、いずれもマウリヤ朝と友好関係を結んでいた。また西隣のシリア王国とは、祖父以来の友好関係にあり、使節の交換も継続しておこなわれていた。カリンガ併合後のアショーカにとって、大きな犠牲と戦費をともなうあらたな征服事業の必要はなかった。ここにいたってアショーカは、巨大な帝国を維持するための方策として、不戦主義に立つダルマの政治というきわめてユニークな政策を打ち出した。アショーカ自身は碑文のなかで、カリンガ征服戦争の惨状をまのあたりにしてこの政策の大転換を決意したと述べている。

新政策の実施に踏み切ったアショーカは、即位後一二〜一三年にダルマの政治の理想を一四章の詔勅(法勅)として発布し、それを領内各地の岩石(摩崖《まがい》)にきざませた。また即位後二六〜二七年には六章の詔勅を発布し、ガンジス川流域の各地に立てた巨大な石柱にきざませている(一つの石柱では七章)。言語はマガダ地方の俗語で、西北インドの碑文はカローシュティー文字、その他のほとんどはブラーフミー文字で書かれている。また今日のアフガニスタン東部を含む帝国の西北辺境からは、短文ではあるが、アラム語・アラム文字、ギリシア語・ギリシア文字の詔勅断片も発見されており、アショーカが異民族対策に腐心していたことがうかがわれる。ブラーフミー文字の起源については明らかではないが、この文字はその後に亜大陸全域で用いられ、今日のインドで用いられている諸文字、チベット文字、東南アジア大陸部諸国の文字などを生んだ。

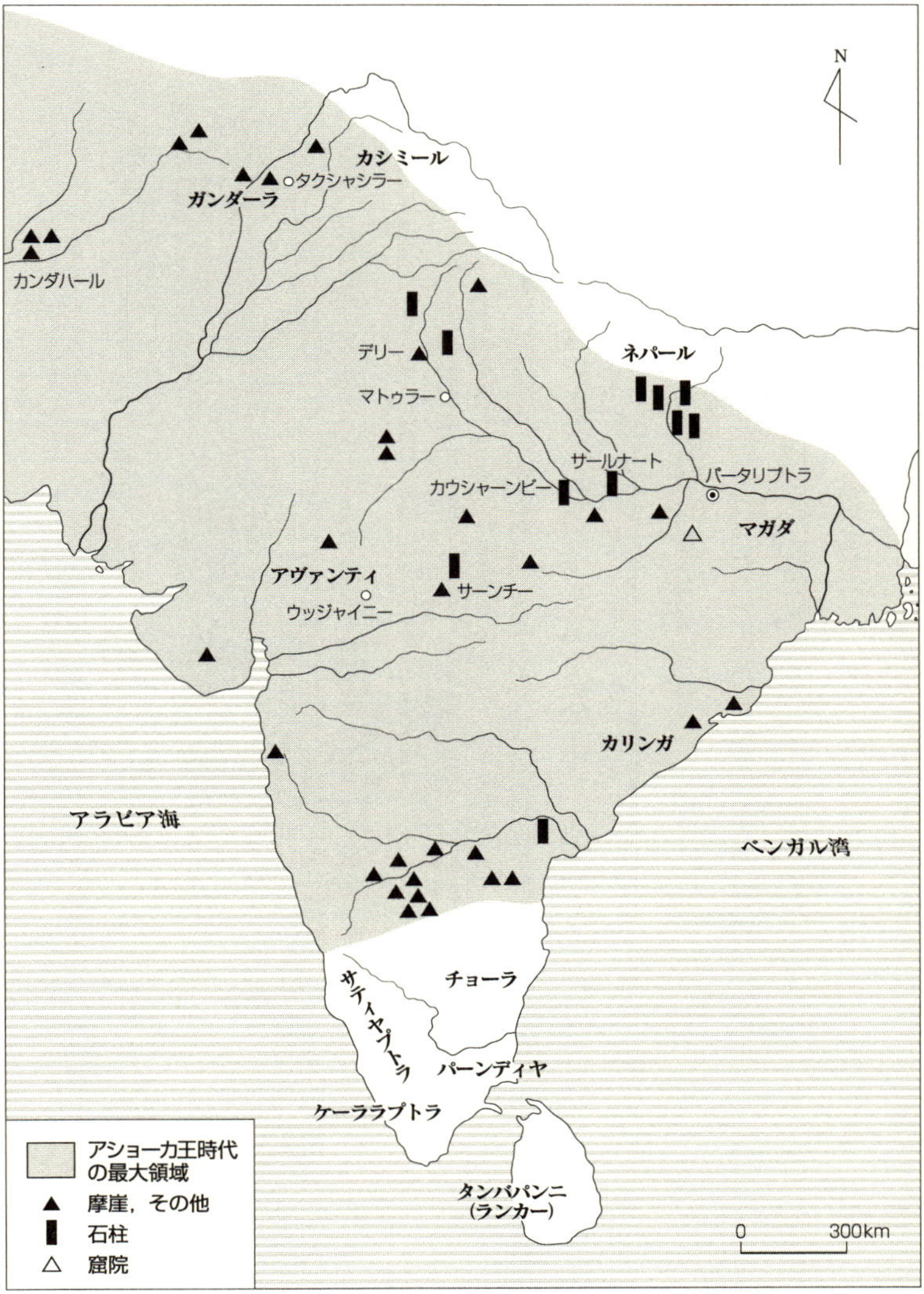
N
カシミール
タクシャシラー
ガンダーラ
カンダハール
デリー
マトゥラー
ネパール
サールナート
パータリプトラ
カウシャーンビー
マガダ
アヴァンティ
サーンチー
ウッジャイニー
カリンガ
アラビア海
ベンガル湾
チョーラ
サティヤプトラ
パーンディヤ
ケーララプトラ
タンバパンニ
(ランカー)
アショーカ王時代の最大領域
摩崖，その他
石柱
窟院
0
300km

アショーカ王の帝国

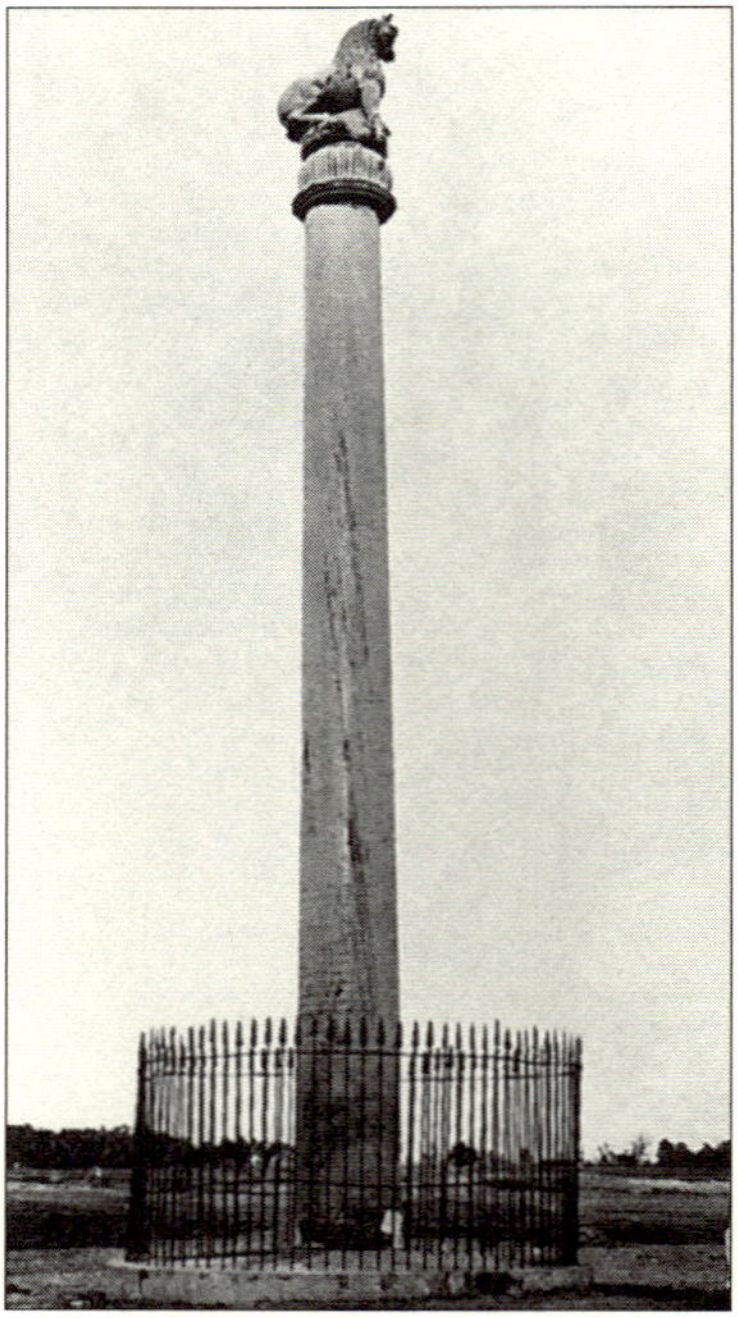

アショーカ王の石柱　ビハール州のラウリヤー村の近くに立てられている。砂岩の一本石で，柱頭にライオンの像をおく。

「ダルマ」とはインド思想の根本概念の一つで、理法、義務、正義、法律、規範など多様な意味に用いられる語である。仏教の教理もブッダのダルマ(仏法)であり、『マヌ法典』の法典はダルマの典籍のことである。アショーカの説くダルマも人間の守るべき基本的な義務を意味する。彼はこのダルマを帝国の結合原理とし、国家の基礎を安定させようとしたのである。

アショーカは「一切の人民はわが子である」と家父長的な姿勢を示しつつ、人民にダルマの遵守《じゅんしゅ》を求め、ダルマの実践によって現世・来世の幸福がえられると説いた。また役人たちにダルマの宣布と実践を命じるとともに、自らも進んでダルマを実践した。たとえば、動物の殺生を最小限にとどめること、人間と動物のための病院を建てること、街道沿いに樹木を植え、給水所を設けること、裁判の公平と刑罰の軽滅につとめること、などである。またダルマの理想を国外においても実現させるため、西方のギリシア人諸国や南方のドラヴィダ人諸国、さらにスリランカにまで使節を派遣している。

アショーカはカリンガ戦争のあとほどなく仏教の信者となったため、ダルマの政治には仏教の非暴力主義、博愛主義の影響が強く認められる。しかし彼が統治の理想としたダルマは特定の宗教の教理を意味するものではない。詔勅のなかでアショーカは、仏教をバラモン教、ジャイナ教などの有力諸宗教と並記しており、またいずれの宗教をも差別なく保護すると宣言している。しかし晩年にダルマの政治は行きづまり、王の死とともに終焉した。ほどなく帝国の分裂が始まり、諸勢力が争いを繰り返す時代が再来した。

帝国の統治機構

古代インドの王権は、前期ヴェーダ時代の首長権に発し、後期ヴェーダ時代の部族王権をへて、十六大国時代の専制的な王権へと展開した。マウリヤ朝の王権はその帰着点であり、古代の皇帝権といえるものであった。一方、後期ヴェーダ時代以来、正統派バラモンによって王の神聖化を目的の一つとした祭祀がとりおこなわれてきた。しかし、王よりもバラモンを上位におく宗教伝統のもとでは、王の神聖化には限界があった。非正統派であるジャイナ教や仏教に傾斜したマウリヤ朝の諸王は、バラモン教的な神聖王の観念を前面にだすことはしていない。またアショーカは詔勅のなかで帝王の称号を用いず「マガダ王」と称するにとどまった。一方、領土の拡大とともに王の政務は過剰となった。当時の状況をある程度伝えるカウティリヤの『実利論』やメガステネースの『インド誌』には、内政・外交・軍事の諸務に追われる王の日常が述べられており、またアショーカは詔勅のなかで場所や時間に関係なく政務を遂行する決意を表明している。

王を補佐する高官としては、官僚機構の頂点に立つ顧問官と大臣、宮廷司祭の長であるプローヒタ、四軍を率いる軍司令官が存在した。顧問官や大臣が組織する会議(パリシャド)は、王の諮問機関であり、国政を審議し、諸官庁に王命を通達した。メガステネースによれば、こうした高官群は当時のインドに存在した七つのカースト的集団のうちの一つを形成していたという。結婚を彼らのあいだでのみおこない、役職を世襲したのである。彼ら高官群は王権の無制限な行使を抑制する役割をはたしたが、最終決定権はあくまでも王がもっていた。

マウリヤ朝は広大な帝国を統治するために属州制といえる体制を採用している。アショーカの法勅から、当時少なくともつぎの四つの州が存在したことが知られる。

(1) 西北インド州　行政府所在地タクシャシラー
(2) 西インド州　ウッジャイニー
(3) 南インド州　スヴァルナギリ
(4) 新征服地カリンガ　トーサリー

中央集権的な統治をめざしたマウリヤ朝では、これら四州にマウリヤ家の王子を太守として派遣し、太守は州都において大官群に補佐されて政務を遂行した。中央と属州を結ぶ交通路の整備も特別な配慮をもって進められている。しかし広大な帝国の内部には独立・半独立の土着勢力や、マウリヤ朝への帰順を拒む森林の民も多く、中央集権にもおのずから限度があった。属州の太守は地方勢力の協力をえることに苦慮したものと思われる。

『実利論』によると、都市の政治は都市長官を中心とする機構を通じて、地方の政治は主税官を中心とする機構を通じておこなわれていた。また両機構の末端には徴税官が存在し、彼らが作成する戸籍台帳には、家族の構成員、所属ヴァルナ、職業、収入、支出などが詳しく記されていたという。ただし『実利論』のこうした記事がどの程度マウリヤ朝の現実を伝えるものであるかはわからない。

一方、メガステネースによれば、都市行政は三〇人の都市管理官を中心に運営されていたという。彼らは各五人のメンバーから構成される六組の委員会に分れ、各委員会は、(1)職人の作業の監視、(2)外国人の保護と接待、(3)出生・死亡の調査、(4)商業および度量衡の監視、(5)手工業製品の管理と販売、(6)売上税の徴収、をそれぞれ担当した。また公共建造物の補修、価格の調整、市場・港湾・寺院の管理などには、すべての委員会が共同してあたった。メガステネースはさらに、地方行政は地方官によっておこなわれたと伝えている。彼らの職務のうちの主要なものは、河川や水利施設の管理、土地の測量、徴税、道路の建設と整備、狩猟民・坑夫・職人の監視、刑罰の執行などである。

インドの軍隊は伝統的に四軍(歩兵、騎兵、戦車、象)から構成されていた。ギリシア側の史料によると、チャンドラグプタの軍隊は歩兵六〇万、騎兵三万、戦車数千、象九〇〇〇からなっていたという。ただしメガステネースはこの四軍にさらに海軍と兵站《へいたん》を加え、六軍編成であったと伝えている。また彼の伝えるところによると、戦士階級は一つのカースト的な集団を形成しており、国家から高給を受け戦闘にのみ従事し、平和時には享楽的な生活を送っていたという。さらにメガステネースは、都市・村落・軍隊などの監視にあたる一群の役人が一つのカースト的集団を形成していたと記している。一方、『実利論』によると、中央の統括下に大規模なスパイ組織が存在し、さまざまに変装した密偵が、民情の視察、汚職官吏の摘発、民衆の扇動、反国家分子の暗殺などにあたっていたという。

帝国の社会

マウリヤ朝の発展は、ガンジス川中・下流域の農業生産によって支えられていた。ギリシア人のメガステネースは、インドは河川や降雨にめぐまれ灌漑がゆきとどいており、年二回の収穫があって飢饉はないと、やや誇張した記述を残している。また農民については、最大の人口をもつカースト的集団を形成しており、町にでかけることもなく、また戦闘に巻き込まれることもなく、農業にのみ専念していると伝えている。農民のおさめる六分の一税(バーガ)は、緊急時には四分の一あるいはそれ以上に引き上げられた。納入された税の一部は各地に設けられた飢饉用の倉庫におさめられている。

マウリヤ朝ではさらに、一層の国家収入をえるため大規模な直営地経営や開拓事業を推進した。『実利論』によると、開拓には主としてシュードラ・ヴァルナに属する労働者があたり、彼らには納税を条件に開拓した耕地が一代にわたり貸与されたという。おそらくそうした権利は子孫に相続され、それがシュードラ農民の地位の向上をもたらした。小規模な灌漑施設が個人や村落によってつくられる一方、大規模な灌漑事業が国家によって推進された。二世紀なかばにきざまれたルドラダーマン碑文(八五〜八六頁参照)

から、チャンドラグプタの地方官によって西インドのカーティヤーワール半島に人造湖が建設され、その事業がアショーカの地方官によって継承されたことが知られる。私的な灌漑施設をつくった者には免税の特権が与えられ、国家の灌漑施設から水を供給された者には利水税が課せられている。

村落の周囲の牧草地や森林地帯には牧畜民と狩猟民が活動している。メガステネースは彼らを一括して一つのカースト的集団とみなしている。ヴェーダ時代の社会において、牧畜はアーリヤ人部族の成員が従事する高級な生業であった。しかし農業社会の発達とともに牧畜民の地位はしだいに低下した。メガステネースが彼らを狩猟民と同等に扱っているのは、そうした傾向を反映したものである。なお、メガステネースはインドに奴隷はいないと記しているが、これは彼の誤解である。ただし、当時のインドにおける奴隷の役割は、ギリシア世界における役割とは比較にならないくらい小さかった。

メガステネースが伝える六番目のカースト的集団は、都市に住む商人と職人である。前代以来盛んであった商業・交易活動は、マウリヤ朝による亜大陸の統一と交通路の整備によってさらに容易となった。また交易活動にともなって、ガンジス川中・下流域の思想や先進技術がインド亜大陸内の各地に伝えられ、それぞれの地の文化的・経済的な向上に貢献した。一方、マウリヤ朝の政府は、国庫収入を増大させるために生産と流通の部門に介入した。介入の第一は直接的な統制であり、度量衡の検査、公定価格の設定、商品取扱いの制限、関税・売上税の徴収などが厳しくおこなわれている。打刻印貨幣(主要通貨は銀貨)も大量に発行され亜大陸のほぼ全域で流通した。『実利論』によると、官吏には現金給与が支払われており、刑罰の多くは罰金とされている。介入の第二は官営企業を通じてである。『実利論』には、商業、手工業、鉱産業、林産業をはじめとする官営企業にかんする詳細な記述がある。国家のこうした介入は徐々に民間の経済活動を圧迫し、経済の停滞をもたらしたようである。

仏教の伝播

メガステネースが伝える七つのカースト的集団のうちの残りの一つは哲学者である。彼らは数は少ないが尊厳と名誉においてはもっとも高く、肉体労働をせず、税を免ぜられ、祭式など宗教関係の仕事に専念していたという。メガステネースはバラモンと沙門という正統派・非正統派を一括して一つのカースト的集団と見たようである。

仏教、ジャイナ教など新興の諸宗教は、非正統派の根拠地に興ったマウリヤ朝のもとで教勢を強めた。正統派バラモンによる伝統擁護の活動が見られ、宮廷においてもバラモンは司祭者や役人として活動したが、そうした努力にもかかわらず、マウリヤ朝の支配がつづいた約一世紀半のあいだ、非正統派の優位は保たれた。とくに仏教は、アショーカの特別な庇護のもとにインド亜大陸のほぼ全域に伝えられ、それぞれの地で根をおろした。

南方仏教(上座部仏教)の伝承によると、アショーカは仏教教団の混乱を終結させるため、異端派の比丘《びく》を教団から追放し、首都パータリプトラの僧院で開かれた第三回の仏典結集《けつじゅう》を援助したという。また同じ南方仏教の伝承によると、結集のあと当時の仏教世界の周縁にあたる九地域(カシミール、ガンダーラなど)に伝道師が派遣され、各地で大成功をおさめたという。このときアショーカの王子ですでに出家していたマヒンダがスリランカに渡り、同島の仏教の祖となった。スリランカに伝わった仏教(上座部仏教)は、歴代の王の庇護のもとに栄え、やがて東南アジアに伝道されることになる。なお、アショーカの時代に仏教が大発展したことは確かであるが、第三結集と伝道師派遣の伝承には上座部の宣伝色が強いため、その史実性を疑う学者もある。

仏塔(ストゥーパ)崇拝はブッダの没後に在家信者のあいだで始まり、アショーカの時代には比丘・比丘《びく》尼《に》のあいだでもおこなわれていた。北方仏教の伝承によると、アショーカは、ブッダの死後に建てられた八つの塔のうちの七塔から遺骨を取り出し、それを全土に建設した八万四〇〇〇の塔に分けおさめたという。八万四〇〇〇は誇張された数であるが、考古学の調査からも、アショーカの時代から亜大陸の各地で仏塔崇拝が盛んになった様子が知られる。

マウリヤ朝時代には、ペルシアの影響を受けて石彫技術が発達した。アショーカの詔勅がきざまれた一〇メートルをこえる巨大な石柱と、その頭部をかざる動物の彫刻は、インドの古代美術を代表する傑作である。アショーカが造営し、非正統派宗教の一つアージーヴィカ教に寄進したバラーバル丘の石窟僧院は、その後に亜大陸各地で開掘される窟院の先駆けとなった。

帝国の滅亡

バラモンたちの伝えたプラーナ文献(古伝承)によると、マウリヤ朝は一三七年つづいたのちシュンガ朝にとってかわられたという(前一八〇年頃)。チャンドラグプタからアショーカにいたる三代の在位期間が約八五年であるから、マウリヤ朝はアショーカのあと五〇年余り存続したことになる。この間の王位継承についてはいくつかの系譜が伝えられているが、混乱が著しい。これはアショーカの死後に帝国が分裂を重ねたことを意味する。マウリヤ帝国崩壊の原因については、(1)アショーカのダルマの政治が軍事力の弱体化をもたらした、(2)マウリヤ朝による非正統派保護やアショーカのダルマの政治がバラモン階級や保守派の反抗を招いた、(3)アショーカによる仏教への過度の寄進が国家財政を破綻させた、(4)帝国の維持に必要な財源を確保するための重税や統制が経済を混乱におとしいれた、(5)属州の太守たちが中央から離脱し独立した、などが考えられている。いずれにせよ、統一が維持された一世紀程のあいだに、亜大陸内の各地で経済、文化の向上が見られ、帝国形成期に存在したガンジス川流域の政治的、軍事的な優位は失われた。これ以後、インド古代の全時代を通じてマウリヤ帝国に匹敵する国家は出現せず、歴史は地方諸国家の興亡を軸として展開することになる。

マウリヤ朝最後の王ブリハドラタは、バラモン出身の将軍プシュヤミトラのクーデタによって殺されたという。この将軍は前王朝と同じパータリプトラに都をおくシュンガ朝を創始したが、マウリヤ帝国領のうち西北インドはすでにバクトリア系ギリシア人によって征服されており、デカンでは土着諸勢力が独立していた。シュンガ朝の支配がおよんだのはガンジス川流域から西インドにいたる地域で、版図はマウリヤ帝国領のほぼ三分の一にすぎず、その版図もしだいに縮小した。プシュヤミトラは即位後に、バラモン教で帝王のみがおこないうるとされる大祭祀アシュヴァメーダ(馬祀祭)を挙行した。アショーカが禁じた動物犠牲をともなう祭祀の復活である。仏教の伝説によるとプシュヤミトラは仏教を迫害したことになっているが、シュンガ朝時代にサーンチーやバールフートの大塔が拡張されたり建造されたりしているところをみると、迫害がおこなわれたとしても一時的なものであった。この王朝はのちに本拠を中西部インドに移したようである。

プラーナ文献の伝えるところによると、シュンガ朝は一〇代一一二年つづいたあと(前一八〇頃〜前六八年頃)、ヴァスデーヴァを創始者とするカーンヴァ朝にとってかわられた。カーンヴァ朝は弱小王朝で、四代四五年つづいたあと(前六八頃〜前二三年頃)滅亡した。この間の両王朝の歴史について、具体的な史実はほとんどわからない。これ以後グプタ朝が成立するまでの三五〇年間、ガンジス川流域に土着の強国はあらわれず、西北インドを支配した異民族王朝に服するか、小地方政権が興亡するにとどまった。

美術史のうえからは、先の二塔(サーンチー、バールフート)の門と欄楯《らんじゅん》に彫られた純インド的様式の彫刻群が重要である。これらは石彫技術の水準の高さを今日に伝えるものであるが、またそこに描かれた宮廷、都市、村落、戦闘などの場面は、当時の現実の様子を伝えるものとして貴重である。文学の分野では、このころ文法学者パタンジャリが『マハーバーシヤ(大注)』を著わし(前二世紀)、パーニニに始まるサンスクリット文法学を進展させた。

カリンガ国のカーラヴェーラ王

インド半島東北部、ベンガル湾に面したオリッサ地方の海岸地帯には、カリンガ国が存在した。この国へは、すでに前四世紀なかばにマガダ国のナンダ朝が軍を進め、一時支配したらしい。またすでに見たように、前三世紀なかばにマウリヤ朝のアショーカがこの国を征服し、帝国の一州として編入した。今日のオリッサ州の州都ブバネーシュワル近くのシシュパールガルから、一辺一・二キロの正方形をした城壁で囲まれた都市遺跡が発見されている。この都市は、前三世紀から四〇〇年以上にわたりこの地方の政治的、軍事的な拠点であった。

マウリヤ帝国崩壊後、カリンガは独立し、前一世紀(あるいは前二世紀)にチェーディ朝のカーラヴェーラのもとでおおいに栄えた。「カリンガの統王」「転輪王」と呼ばれたこの王の治績は、ブバネーシュワル郊外にあるジャイナ教の窟院(ハーティグンパー窟院)にきざまれた碑文から知られる。この碑文によると、カーラヴェーラは文武に秀で、法を守り、人民を愛護し、一切の宗派を敬い、また貯水池や運河を改修・建設するなど公共事業に尽力したという。彼は不殺生主義に立つジャイナ教の熱心な信者であったが、その一方で征服事業も積極的に進め、北はガンジス川流域に進軍してギリシア勢力(ヤヴァナ)と戦い、西はサータヴァーハナ朝の領土をおかし、南は半島南部のタミル民族の住地に軍隊を派遣し勝利している。カーラヴェーラ以後の王朝の運命については、ほとんどわからない。

2　異民族の侵入と北インド支配

インド・ギリシア人の王国

ヒンドゥークシュ山脈の北、アム川上流域のバクトリア地方には、すでにアケメネス朝ペルシアの時代

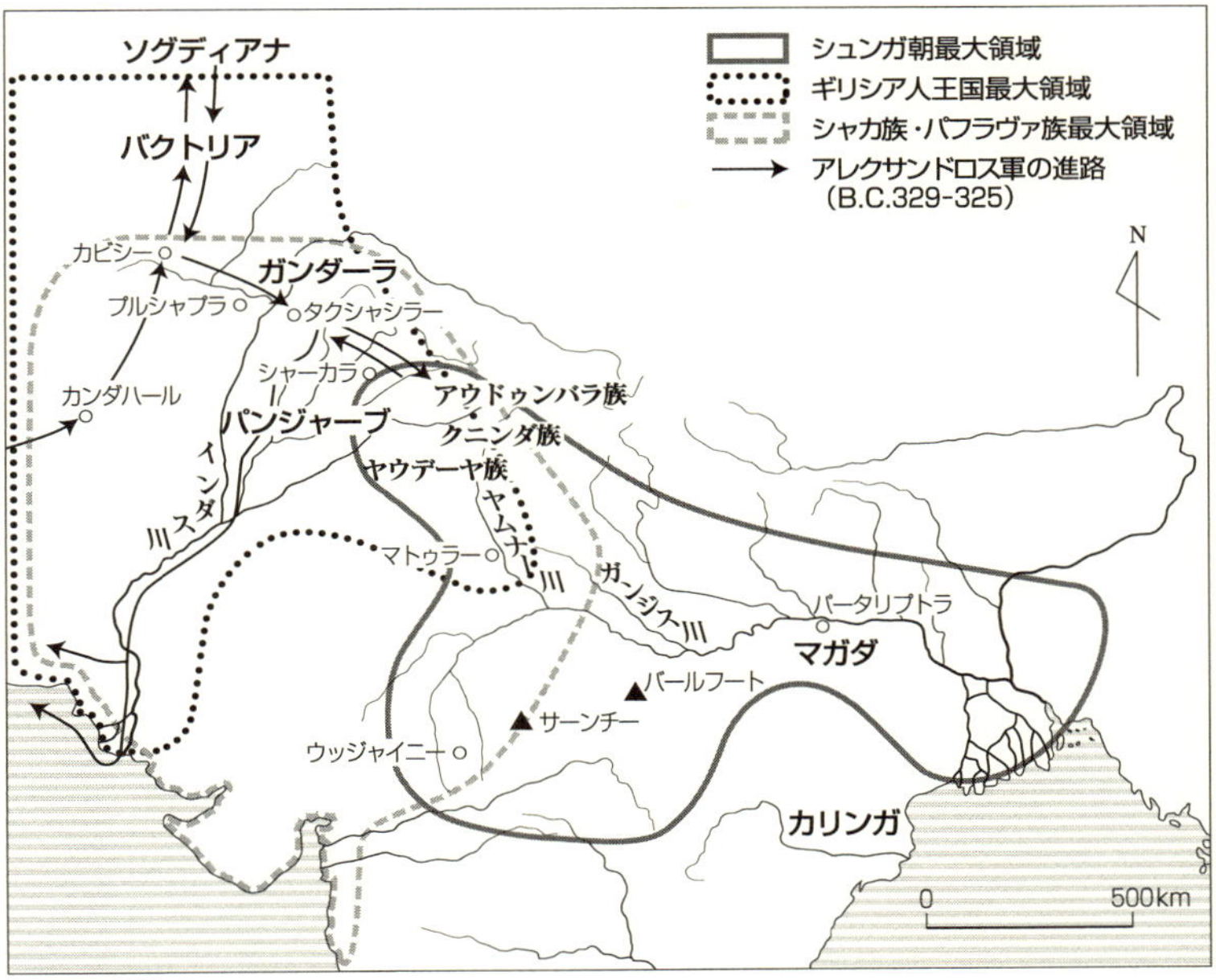
シュンガ朝最大領域
ギリシア人王国最大領域
シャカ族・パフラヴァ族最大領域
アレクサンドロス軍の進路
（B.C.329-325）
N
ソグディアナ
バクトリア
カピシー
プルシャプラ
ガンダーラ
タクシャシラー
シャーカラ
カンダハール
パンジャーブ
インダス川
アウドゥンバラ族
クニンダ族
ヤウデーヤ族
ヤムナー川
マトゥラー
ガンジス川
パータリプトラ
マガダ
バールフート
サーンチー
ウッジャイニー
カリンガ
0
500km

異民族の侵入

にギリシア人の植民があったらしい。その後アレクサンドロスに征服され、彼の死後にセレウコス朝シリアの最東端の領土となったが、前二五〇年ころギリシア人太守ディオドトスがこの地で独立して王国を建てた。同じころその西隣では、イラン系のパルティアが独立している。ディオドトスとその後継者は、しばらくバクトリアにとどまり、前二〇八年には失地回復をめざして到来したセレウコス朝アンティオコス三世の軍を撃退している。ギリシア勢力はその後(前二〇〇年頃)、マウリヤ帝国の衰退に乗じて南下し、パンジャーブ地方を支配下においた。彼らはやがて、バクトリアの本土に残った勢力とパンジャーブによった勢力とに分裂したが、前二世紀なかばすぎにバクトリア本土が遊牧民族に奪われたため、本拠を完全にパンジャーブに移した。当時のインドでギリシア人は、イオニアという民族名の訛《なま》ったヨーナ(ヤヴァナ)の名で呼ばれた。今日の歴史家は彼らをインド・ギリシア人と呼んでいる。

インド・ギリシア人の諸王は、ギリシア様式の円形銀貨とインドの打刻印貨幣に似た方形の銅貨を発行した。金貨はバクトリア時代には発行されたが、インドに入ってからはほとんど発行されていない。貨幣の表の面には王の肖像とギリシア語・ギリシア文字の銘(王名と称号)が、裏面にはギリシア神の像とインド語・インド文字(カローシュティー文字、まれにブラーフミー文字)の銘が打ち出されている。ギリシア語の「バシレオス・バシレオーン」、インド語の「マハーラージャーディラージャ」という称号は、いずれも「王中の王」を意味している。王たちはギリシア人と土着民族の有力者の上に最高君主として臨んだのである。

これらの貨幣から約四〇名のギリシア人の王の名が知られるが、そのうちギリシア・インド双方の文献に名の伝わる者は数人にすぎない。もっとも著名な王はメナンドロス(ミリンダ、在位前一五五頃〜前一三〇頃)で、ギリシア・ローマの文献に正義の王、偉大な征服者として伝えられている。またパーリ語で書かれた南方上座部の『ミリンダパンハー(ミリンダ王の問い)』と漢訳仏典『那先比丘経《なせんびくきょう》』では、仏僧ナーガセーナ(那先比丘)と宗教を論じて敗れ仏教に改宗した王とされている。彼はパンジャーブ地方のシャーカラ(サーガラ)に都をおき、アフガニスタン東部からガンジス川中流域にいたる広大な領土を支配した。メナンドロスの時代がインド・ギリシア王国の全盛期であった。彼の死後、王国は分裂・衰退し、前一世紀なかばころ中央アジア方面から南下してきたシャカ(サカ)族に滅ぼされた。

この時代の西北インドでは、インド文化とギリシア文化の接触と融合が見られた。先の仏典『ミリンダパンハー』にはギリシア思想とインド思想の交流が語られており、またヒンドゥー教に帰依《きえ》しヴィシュヌ信仰を告白したギリシア人の碑文(中西部インド、ベスナガルでギリシア人大使ヘリオドロスが立てた石柱の碑文)も残されている。ギリシア文化はインドの演劇、天文学、占星術の発達にも貢献した。サンスクリット語で占星術を意味するホーラーシャーストラ(ホーラー学)は、ギリシア語のホロスコープに由来する。インド・ギリシア人がインドに持ち込んだギリシア様式の貨幣は、その後のインド

インド・ギリシア王国の銀貨　(左)銘は「エウクラティデス大王」，裏は馬上の2戦士(神)。(右)銘は「護法者ヘリオクレス王」，裏は裸のヘラクレス神。

貨幣の様式に大きな影響を与えた。また西北インドのタクシャシラー(タクシラ)では、ギリシア式の都市計画を採用した新市街(シルカップ遺跡)が建設されている。

シャカ族・パフラヴァ族の侵入

前二世紀末から前一世紀の前半にかけて、中央アジア系遊牧民族のシャカ族が南下してアフガニスタンに入り、そこからさらに移動してインドに入った(インド・スキタイ族)。この民族は、前一世紀なかばにでたマウエスとアゼス(一世)のもとで強力となり、インド・ギリシア人勢力にかわって西インド・西北インドの広大な地を支配下においた。一説によると、前五八年に始まるヴィクラマ暦はアゼスの即位に始まるという。また別の説によると、西インドの王ヴィクラマーディティヤがシャカ族に勝利したことを記念して始めたものであるという。

後一世紀になると、パルティア系民族の一派であるパフラヴァ族(インド・パルティア族)が西北インドに移り、シャカ族にとってかわった。彼らの王のうちもっとも有力であったゴンドフェルネース(ゴンドファレス、在位二〇頃〜四六頃)は、キリスト教の十二使徒の一人聖トマスの教えを受けたと伝えられるグードナファルと同一人物らしい。パフラヴァ族は一世紀なかばころ、これもまた中央アジア方面から南下してきたクシャーナ族によって支配権を奪われた。クシャーナ族を加えたこれら中央アジア系の遊牧民族は、優れた騎馬技術とそれに関係した戦術・装備をインドに伝えた。これ以後、インドの軍隊における騎馬軍の重要性が一層高まり、戦車と象の役割は低下した。

シャカ族とパフラヴァ族は、インド・ギリシア人の王の貨幣にならった銀貨、銅貨を発行した。貨幣銘にも自民族の言語ではなくギリシア語とインド語を用い、文字もギリシア文字とカローシュティー文字を用いている。貨幣の銘から二〇人程の王が知られる。彼らのあいだでは親子や兄弟による共同統治もおこなわれたようであるが、それぞれの王の治績についてはほとんどわからない。インドに定着した両民族は、やがてインド化して民族の独自性をしだいに失った。彼らが仏教やヒンドゥー教(シヴァ、ヴィシュヌ信仰)を受容した証拠が、碑文や貨幣裏面の神像などのかたちで残されている。

シャカ族の王たちは、領土をいくつかの州にわかち、それぞれの支配をクシャトラパと称する軍人太守に委ねた。クシャトラパたちは、土着有力者を従属させ、彼らに地方支配を任せつつ征服者としての地位を保った。

クシャトラパとは、アケメネス朝ペルシアの属州知事クシャトラパーヴァン(サトラップ)に起源する官称である。彼らのなかには主家から独立しマハークシャトラパ(大クシャトラパ)と称する者もあり、パンジャーブによった主家が滅んだあとも各地で勢力を維持した。有力なクシャトラパ勢力に、ヤムナー河畔のマトゥラーを本拠とした一族、西インド、中央インド、デカン西北部を支配した諸勢力などがある。一世紀後半ないし二世紀初めにでたマハークシャトラパのナハパーナ(クシャハラータ朝)は、デカン西北部の支配をサータヴァーハナ朝と争い、一時優勢であったが、最後には敗れた。一方、西インドを支配したルドラダーマン(西クシャトラパ朝、在位一三〇頃〜一五〇頃)は、デカンのサータヴァーハナ朝と戦って勝ち、またマウリヤ朝のチャンドラグプタが建設した大貯水池スダルシャナ湖(カーティヤーワール半島)の堤防の改修を記念した碑文に名をとどめている。当時までほとんどの碑文は俗語(プラークリット語)で記されてきたが、この碑文はサンスクリット語で書かれた最初の長文の碑文として知られる。西インドのシャカ勢力は、五世紀初めにグプタ朝のチャンドラグプタ二世によって征服されるまで、支配権を維持した。

クシャーナ朝の成立と発展

遊牧民族の月氏は、初め中国の西隣にいたが、前二世紀後半に匈奴《きょうど》に敗れたため一部を残してバクトリア方面に移動し(大月氏)、この地に五諸侯(翕侯《きゅうこう》)をおいて統治させた。五諸侯については大月氏の一族と見る説と、土着のイラン系有力者と見る説とがある。一世紀のなかばころ、この五諸侯のうちのクシャーナ族が首長の丘就卻(クジューラ・カドフィセース)のもとで強力となった。彼はほかの四諸侯を滅ぼして自ら王と称し、つづいて南下し西北インドのガンダーラ地方を支配している。彼が八十余歳で没すると、その子の閻膏珍(ウィマ・カドフィセース、在位一世紀後半~二世紀初め)が王位を継ぎ、北インド中部にまで版図を広げ、一太守をおいてこの地を支配させた。以上は中国の史書『後漢書』の伝えるところであるが、最近(一九九三年)アフガニスタンのラバタクから発見されたバクトリア語碑文により、クジューラの子はウィマ・タクトゥ、その子がウィマ・カドフィセースであることが明らかになった。

インド側の文献にクシャーナ朝初期の王の名はあらわれないが、その存在は彼らが発行した貨幣から知られる。このうちクジューラ・カドフィセースはまず裏面に自分の名と称号(翕侯)をきざんだ銅貨(表の面には当時流通していた銅貨と同じインド・ギリシア人の王の像と銘)を発行し、のちに両面に自分の名と称号

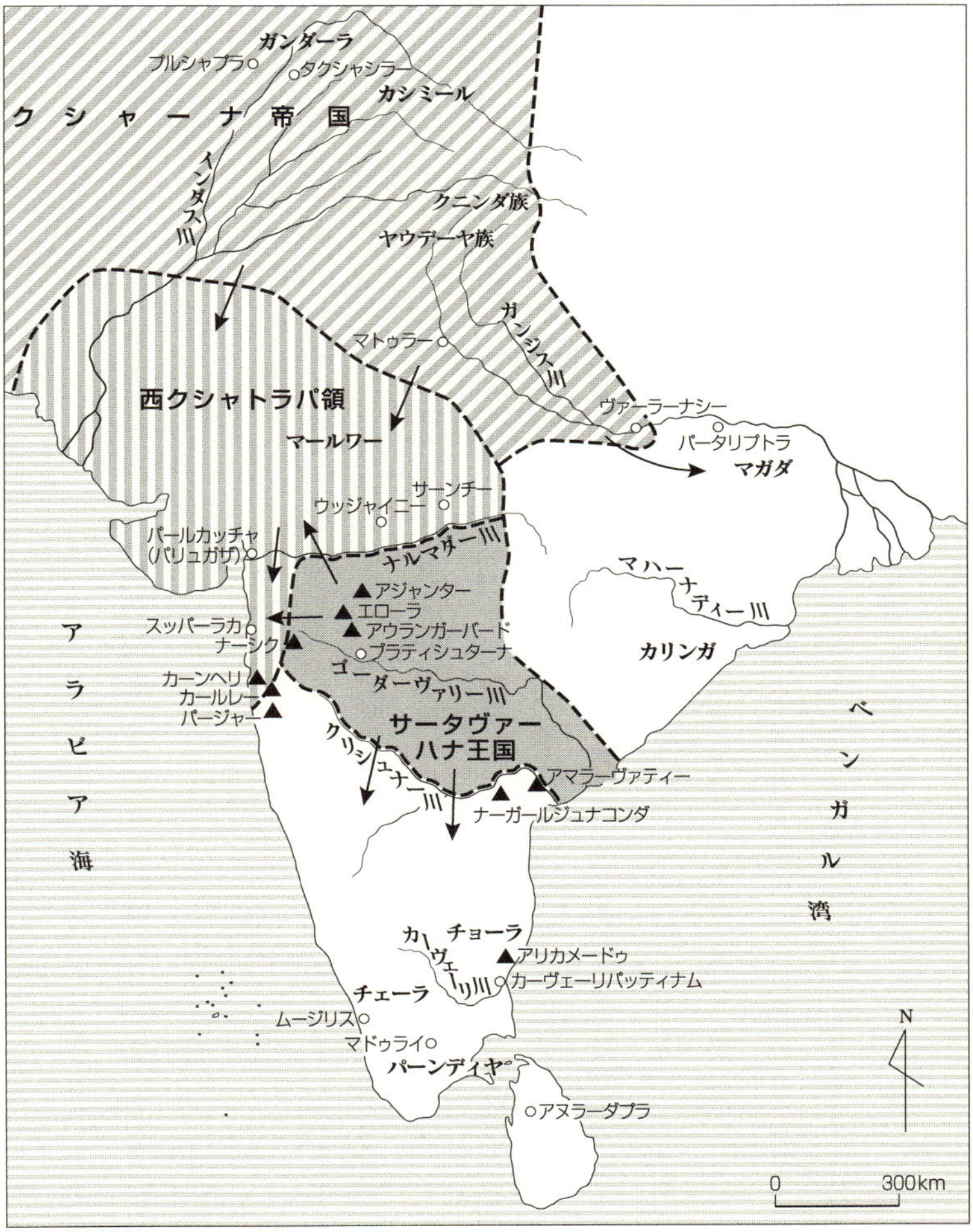

2世紀前後のインド亜大陸

(大王)をきざんだ銅貨を発行している。またソーテール・メガス(偉大な救済者)という称号のみをきざんだ銅貨は、ウィマ・タクトゥが発行したものらしい。第三代のウィマ・カドフィセースは、インド・ギリシア人王国以来の高額貨幣であった銀貨にかえて金貨を大量に発行した。彼はその表の面に堂々とした自分の像を打ち出し、また両面にギリシア語とインド語で「大王、王中の王、全世界の主、偉大な救済者」など尊大な称号をきざんでいる。

ウィマ・カドフィセースのあと、その子カニシュカが王位にのぼった。即位年については七八年とする説、一二八年ころとする説、一四四年ころとする説などがある。このうち七八年説は今日なお用いられているシャカ暦の紀元をカニシュカの即位年と推定するものであるが、疑問点も多い。あとの二つの説のうちのいずれかが妥当であろう。カニシュカはガンダーラ地方のプルシャプラに都をおき、中央アジアからガンジス川中流域(一説では下流域)にいたる広大な領土を支配した。その支配は先行の政権と同様に、地方の有力者を従属させ「王のなかの大王」として君臨するというものであった。クシャーナ朝は東部領支配のため、今日のデリー近くのマトゥラーを副都とした。マトゥラー近郊のマート遺跡からは、中央アジア風の外套を身につけフェルトの長靴をはいたカニシュカの立像(頭部を欠く)が出土している。

カニシュカもまたさまざまな意匠を凝らした金貨を大量に発行した。貨幣の表の面には王の肖像とイラン語(バクトリア語)・ギリシア文字の称号がきざまれ、裏面にはギリシア、ローマ、イラン、インドの神々が打ち出されている。なかでもイラン系の神が多く、王家がゾロアスター教を信奉していたことがわかる。クシャーナ朝発祥の地バクトリア地方のスルフ・コタル遺跡や、前記のマート遺跡からは、カニシュカの一族が建立したイラン風の大神殿の跡も発見されている。カニシュカはまた仏教にも関心を示し、カシミールで開かれた第四回の仏典結集を援助したと伝えられている。彼が首都の近郊に建立した大塔の壮麗さは、法顕《ほっけん》や玄奘《げんじょう》など後世の中国僧をも驚嘆させるほどであった。この大塔跡からはカニシュカの名のきざまれた舎利《しゃり》容器が出土している。数は少ないが、ブッダの名と肖像を打ち出したカニシュカの金貨も出土している。また仏教の伝承によれば、サンスクリット語作品『ブッダチャリタ』(漢訳『仏所行讃』)と『サウンダラナンダ(端正なるナンダ)』を著わした仏教詩人アシュヴァゴーシャ(馬鳴《めみょう》)と、古代インドを代表する医師チャラカが、カニシュカの王宮で活躍したという。後者が著わしたとされる『チャラカサンヒター』は、スシュルタが著わした『スシュルタサンヒター』(三/四世紀)とならび古代インドを代表する医学書として知られる。

クシャーナ朝の金貨　(左)表はウィマ・カドフィセースの坐像。裏は聖牛をともなったシヴァ神か。(右)表はカニシュカ1世の立像。裏は有翼の風神。

碑文と貨幣から、カニシュカのあとの七五年程のあいだにヴァーシシュカ、フヴィシュカ、カニシュカ二世、フヴィシュカ二世、ヴァースデーヴァといった五王が王位を継承したことが知られる。この間にクシャーナ族のインド化が着実に進んだ。最後の王の名はインド人の名であり、またこの王の貨幣の裏面の神像のほとんどがシヴァ神である。ヴァースデーヴァは、二二九(太和三)年に三国時代の魏《ぎ》に使節を送った大月氏王の波調と同一人物と見られている。

当時クシャーナ朝は、イランに興ったサーサーン朝ペルシアの攻撃を受けつつあった。ヴァースデーヴァの遣使はこうした政情と関係があったらしい。クシャーナ朝は西方領をサーサーン朝のために失い、地方政権の独立によってインド領を失って、三世紀なかばに滅亡した。その後クシャーナ族は、中央アジア・西北インドの地方勢力として残存し、五世紀に入ると一時的にバクトリア・ガンダーラ地方に王国(キダーラ朝)を建設している。

諸民族・諸文化の混在する大王国を支配したクシャーナ朝では、周辺諸民族の君主が用いた称号をそのまま採用している。すなわち、中央アジア系の称号であるヤブグ(翕侯)、イラン語のシャオ(王)、ギリシア語のバシレオス(王)、ローマ皇帝の称号カエサルの訛ったカイサラ、インド語のマハーラージャ(大王)、中国の「天子」の訳と見られるデーヴァプトラ(神の子)などである。ウィマ・カドフィセースはインド語で主宰神を意味する「イーシュヴァラ」という称号も用いている。さらにクシャーナ朝の諸王の彫像や貨幣面の像には、肩から火焔を発する王の姿を表現するものがあり、先のスルフ・コタルやマートの神殿からは、王や先王を神として祀った跡も発見されている。ローマやイランなど西方世界で見られた帝王神格化の影響をここに認めることができる。またクシャーナ朝の王たちは、東西の神々をほとんど無差別に貨幣の裏面に打ち出している。こうした混血的な性格をもったクシャーナ朝の領内で、インド文化とギリシア文化が融合したガンダーラ美術が興り栄えることになる。

貨幣経済の発展

マウリヤ帝国崩壊後の約五〇〇年間(前一八〇〜後三二〇年)のインド亜大陸では、政治的には分裂状態がつづいたが、経済的には活発な活動が見られた。マウリヤ帝国時代に整備された交通路を利用した内陸の交易と、インド半島の東西に存在する良港を拠点とするローマ帝国や東南アジアとの貿易が栄えたのである。こうした物的・人的な交流は、文化の交流をも意味していた。バラモン教(ヒンドゥー教)、仏教、ジャイナ教に代表される北インドの文化は、この時代に従来にも増して南インドに流れ込み、各地の伝統的な文化と接触・融合した。デカン西部の交通路沿いにほられた仏教の石窟僧院は、そうした文化の流れを今日に伝えている。また一〜二世紀には東南アジアでインド文化の影響のもとに国家が誕生している。

貨幣もまた、この時代の活発な経済活動の証拠を提供してくれる。とくにクシャーナ朝における金貨の発行は、インド貨幣史に転換期をもたらすものであった。この王朝が銀貨の発行をやめた理由については、国内産の銀の減少、世界的な銀不足による輸入銀の不足、それまでの諸王朝によって発行された銀貨の過剰流通やそれによる貨幣経済の混乱、などの理由が考えられているが、確かなことはわからない。一方、銅貨は大量に流通していた。

クシャーナ朝が興隆した時代に、その西方ではローマ帝国とパルティア王国が長年にわたる抗争をつづけていた。そのため、漢帝国とローマ帝国を結ぶ内陸交易路(いわゆるシルク・ロード)を東から西へと運ばれてきた商品は、しばしばパルティア領を避け、西北インドから西インドの諸港経由で海路ローマに向かうというコースをたどった。東西交易の大動脈をクシャーナ朝がおさえていたのである。ローマ帝国領からは、金貨・金塊が大量に流入し、クシャーナ朝ではこれらを用いて自己の金貨を製造した。クシャーナ金貨の重量基準はローマ金貨の基準に従っており、その金貨はローマ銀貨の呼称であるデナリウスの訛ったディーナーラの名で呼ばれた。

ガンジス川流域では、前一世紀前半にシュンガ朝が倒れたあと、四世紀にグプタ朝が興るまで有力な国家はあらわれなかった。しかし出土する貨幣(主として銅貨、一部に銀貨)から、この間この地域内の各地で中小の王国が興亡したことが知られる。「〜ミトラ」という語尾をもった王名を刻んだ多種多様な貨幣(ミトラ貨幣と総称される)はとくに重要である。また、ガンジス川上流域や西北インドの丘陵地帯によっていた諸部族のなかに、インド・ギリシア人王朝やクシャーナ朝の衰退時に独立を宣言するものもでた。それらはヤウデーヤ族、クニンダ族、アウドゥンバラ族などの十数部族であり、いずれも貨幣を発行して自己の存在を誇示した。部族貨幣と呼ばれる一群の貨幣(主として銅貨、一部に銀貨)は、神像と文字を貨幣面に打ち出した円形貨幣という点ではインド・ギリシア貨幣の様式を模倣し、また流通の便のため重量基準を外来民族王朝と同じにしている。しかし、外来民族王朝の貨幣ではギリシア文字が表の面にきざまれているのにたいし、部族貨幣では表面・裏面ともにインド語・インド文字(カローシュティー文字、ブラーフミー文字)のみをきざんでいる。人物像は王ではなく、ほとんどがシヴァ神などヒンドゥー教の神々であり、シンボル・マークも打刻印貨幣の伝統を引くものを用いている。

ミトラ貨幣や部族貨幣は、地方的な小経済圏の内部において貨幣の流通が見られたことを語っている。その一方、広い領域に支配権をおよぼした外来民族の諸王朝やデカンのサータヴァーハナ朝の貨幣は、版図をこえた地においても使用された。西部デカンのナーシク窟院にきざまれた寄進碑文によると、王侯により多額の貨幣が都市の織物業ギルドに預託され、その預託から生ずる利息で僧院に住む比丘たちの必要物が毎年購入されている。王侯や富裕市民によるこうした宗教的な金銭預託は、当時かなり一般的におこなわれたようである。経済活動の中心となった内陸都市や港市には、商人や手工業者のギルド的組織が栄え、時には都市行政を動かす力となることもあった。

仏教の新展開――大乗仏教の成立

仏教はマウリヤ朝のアショーカ王の時代に、カシミールやスリランカといったインド亜大陸の周縁部にまで伝えられた。マウリヤ帝国崩壊後の時代においても、亜大陸内における活発な交易と都市の繁栄を背景に、仏教の各部派は活動をつづけている。もともと仏教の経典や論書は俗語(プラークリット語)で著わされていた。南方上座部に今日伝わる経典の言語パーリ語はマガダ地方の俗語に起源をもつものである。一方、ガンジス川上流域で正統派バラモン教と競いつつ伝道せねばならなかった部派のなかに、聖典語・教養語としての権威をもつサンスクリット語で経典を編む傾向があらわれた。この傾向はその後ますます顕著となり、やがてほとんどの仏教部派に広がるにいたった。

各部派に所属する比丘たちの最終目的は、個人の宗教的完成(解脱《げだつ》)を達成することであり、彼らは在家信者の援助に支えられて、修行に明け暮れる日々を送っていた。前一世紀に入ると、こうした出家者中心の伝統仏教を批判し、在家の者にも解脱への道が開かれていると主張する運動が起こった。この運動を推進する人々は、伝統仏教(部派仏教)を利己的で劣った乗物(ヒーナヤーナ〈小乗〉)と批判し、自分たちの仏教を大きな優れた乗物(マハーヤーナ〈大乗〉)と呼んで誇った。この大乗仏教運動の起源については、諸部派のなかでも革新的な立場をとる大衆部《だいしゅぶ》に求める説と、仏塔のまわりに集まった在家・出家の讃仏者集団に求める説がある。

大乗仏教運動を推進する人々は、ブッダ(悟りに達した者)になる決意をした者をボーディ・サットヴァ、つまり悟り(ボーディ)を求めて努力する存在(サットヴァ)と呼んだ。「菩薩《ぼさつ》」とはこの音を漢字に写したものである。彼らは、そうした決意と努力に出家・在家や男女・身分の区別は関係ないと主張し、また、菩薩の努力(菩薩行《ぎょう》)とは自己を犠牲にして一切衆生の救済のためにつとめること(利他行)であると主張した。しかし大衆にとって、厳しい自己犠牲をともなう菩薩行は不可能に近い。そこで彼らは、衆生の救済のためにつとめる偉大な菩薩を思い描き、それにすがる道を選んだ。こうした要求に応えて出現したのが、弥《み》勒《ろく》(マイトレーヤ)、観音(アヴァローキテーシュヴァラ)といった大菩薩たちである。

大乗仏教徒は数々の菩薩のほかに、菩薩より一段高い存在であるブッダをも多数登場させた。宇宙には無数のブッダの世界(仏国土)があり、そこにいけば現在でもブッダの説法を聞くことができるというのである。そうしたブッダのひとりが極楽浄土に住む阿弥陀仏(アミターバ〈無量光〉、アミターユス〈無量寿〉)であり、この仏に救いを求めるならば死後ただちにその浄土にむかえ入れられると信じられた。

大乗仏教の信奉者たちはまた、宗教的情熱の赴くがままに多数の経典を著わした。「空」の理論を説いた『般若《はんにゃ》経』、諸仏・諸菩薩の救済の力の大きさを説いた『法華経』『阿弥陀経』、菩薩の修行の段階などを説いた『華厳経《けごん》』がそれらを代表するものである。これらの経典は中国や日本に伝えられ、それぞれの国の仏教に大きな影響を与えた。また大乗経典を誦し、聴き、書写することが、大きな功徳《くどく》をもたらす行為として奨励された。

大乗仏教運動の発祥の地がどこであったのかは明らかではないが、デカンの中部・東南部(アーンドラ地方)に求める説が有力である。この地には二～三世紀に、大乗仏教の理論の確立者として知られるナーガールジュナ(竜樹)がでた。しかし、大乗仏教運動の大きな展開が見られたのは、東西の諸文化がならび栄えた西北インドであった。一説によると、弥勒菩薩には西アジアのメシア(救済主)やイランのミスラ(ミトラ、太陽神)の影響が、観音菩薩にはイランのアナーヒター(水と関係する慈悲深い女神)の影響が、阿弥陀仏にはイランのミスラ信仰の影響が認められるという。他方、仏教などのインド思想も西方に伝えられ、マニ教や、グノーシス派・新プラトン派といった哲学に影響を与えた。

仏像の起源

インドではじめて仏像が彫られたのも西北インドであった。仏教徒はそれまでブッダを像に表現することを避け、ブッダの登場する場面を彫るときにも菩提樹、法輪、足跡などでその存在を暗示するにとどまっていた。一方、西北インドの地ではインド・ギリシア人の支配時代以来、西方起源の神々が像に表現され広く崇拝されていた。こうした文化的・宗教的な風土のなかで、クシャーナ朝時代の初期(一世紀末)に、王国の中心ガンダーラ地方で仏像がはじめて彫られた。緑灰色の硬い石に彫られたこれらの仏像の出現は、ギリシア(ヘレニズム)の造形思想・造形技術と仏教信仰の融合の結果である。あらたに興った仏教美術は、誕生の地の名をとってガンダーラ美術と呼ばれる。ここに始まった仏像崇拝は、急速にインド亜大陸の仏教徒によって受け入れられた。なお、ガンダーラ美術の誕生とほぼ同じころ、ヤムナー河畔のマトゥラーで、この地特産の赤砂岩を用いインド伝統の技術を駆使して彫られた仏像やジナ・マハーヴィーラの像が出現した。マトゥラーはクシャーナ朝時代に副都がおかれていた都市である。一部の学者は、このマトゥラー仏の出現をガンダーラ仏の出現より早いと見ている。

仏教はアショーカ王の時代(前三世紀)に西北インドに伝道された。その後、中央アジアをへて中国に伝わり、後一世紀のなかばには、わずかではあるが中国人貴族のなかから信者がでている。西北インドと中央アジアにまたがるクシャーナ帝国が成立すると、仏教伝播の流れは勢いを増し、西域諸国(東トルキスタン)は完全に仏教国と化した。またインドや中央アジア出身の僧が数多く中国をおとずれて経典の翻訳や布教につとめ、三国時代以後における仏教盛行のための基礎固めをした。

バラモン思想の抵抗

マウリヤ帝国崩壊以後の約五〇〇年を正統派バラモンの立場から眺めるならば、非正統派である仏教の攻勢に圧倒され、また異民族の支配に屈従しつつも、退勢の挽回につとめ、かなりの成功をおさめた時代であったといえよう。彼らの努力は、正統派の立場からヴァルナ社会に住む人々の生活法を定めた『マヌ法典』として結実した。この法典は、律法経に見られた各ヴァルナの生活規則をさらに充実させ、一二章二六八四条にまとめあげた作品である。人類の祖マヌの名を冠したこの法典は、これ以後、最高のヒンドゥー法典としての権威を長く保持しつづけた。

その『マヌ法典』のなかの王の義務を定めた章では、王の神聖性が強調されている。王は最高神が人類に秩序と安寧をもたらすために創造した神聖な存在であるというのである。そうした王はクシャトリヤ出身で、ヴァルナ制度を守護する者でなければならない。しかし現実にはインド人は異民族の支配下におかれている。こうした現実に直面したバラモンは、ヴラーティヤの理論を用いて難問に対処した。ギリシア人やシャカ族などは堕落したクシャトリヤ(ヴラーティヤ)であるから、バラモンの指導に従うならば本来のクシャトリヤ身分に復帰できるというのである。こうして外来民族は、それぞれの独自性を維持しつつ、インド社会に組み込まれた。

ガンダーラ派の菩薩像　彫りの深い顔，流れるような頭髪，衣のひだなどにギリシア彫刻の技法の影響が認められる。

マトゥラー派の仏像　インドの伝統的な技法で彫られている。古拙的な笑みを浮かべた表情もガンダーラ仏にはないものである。

『マヌ法典』やそれに先行する諸々の律法経には、司法にかんする規定が存在する。その定めるところによると、司法の最高権威である王は、聖法(ダルマ)に従って犯罪者を処罰せねばならない。しかしその聖法を伝持し教示する者はバラモンであるから、実際には学識あるバラモンが王にかわって法廷に臨むことになる。『マヌ法典』は王が定めた「国法」ではないが、司法の担当者が主としてバラモンであったため、現実の裁判においても大きな効力をもった。つづく時代には『ヤージュニャヴァルキヤ法典』(一〇〇〜三〇〇年頃成立)、『ナーラダ法典』(一〇〇〜四〇〇年頃成立)をはじめとする後期ヒンドゥー法典が編まれた。これらの法典は『マヌ法典』のような総合性に欠けるが、諸規定は現実に一層適合するよう整えられている。

バラモンたちの退勢挽回への努力はまた、バラモン教からヒンドゥー教への移行というかたちでも見られた。非正統派に圧倒されたバラモンたちは、それまで蔑視の対象としてきた非アーリヤ的な土着信仰を自己の信仰の世界に受け入れることにより、大衆の支持をえようとしたのである。その結果、インドラ神、アグニ神といったヴェーダの宗教(バラモン教)の神々にかわり、シヴァやヴィシュヌなど土着信仰の要素を多く取り込んだ神々への信仰(ヒンドゥー教)が広まった(一一三頁参照)。外来民族の支配者たちのなかからも、大衆に開かれたヒンドゥー教の神々を信奉する者がでた。またヒンドゥー教徒が聖典として尊ぶ『バガヴァッド・ギーター(神の歌)』も、このころつくられた。そこには、ヴィシュヌ神(およびその化身クリシュナ)に絶対的帰依を捧げつつ生得の義務を遂行せよというヴァルナ・カースト制度の理論が説かれている。この宗教詩は大叙事詩『マハーバーラタ』のなかに一章として挿入された。

3　南インドでの国家形成

南インドとデカン

はじめに、南インドということばの定義をしておこう。それは、広義、狭義両方に用いられるが、広義の場合には、ヴィンディヤ山脈以南の半島部インド全体をさしている。いわばそれは地理的な用法で、デカン高原西北部のマハーラーシュトラ州もそこに含まれることになる。デカン高原の「デカン」という語は、元来サンスクリット語のダクシナーパタ(南方の意)に由来し、ガンジス・ヤムナー平原に居住したアーリヤ民族が、自分たちの領域の外であるヴィンディヤ山脈以南の地をさして用いたことばである。したがって、広義の南インドとデカンとは、本来的には同じともいえるのであるが、今日では、デカンはデカン高原をさして用いるのが一般的で、その意味で両者は異なっている。

それにたいし、狭義の南インドは、カンナダ語の話されるカルナータカ州、テルグ語の話されるアーンドラ・プラデーシュ州、マラヤーラム語の話されるケーララ州、タミル語の話されるタミル・ナードゥ州の、いわゆる南部四州をさして用いられる。そこで話されるそれらの言語はすべてドラヴィダ系統の言語であり、北インドで話されるアーリヤ系統の言語とは異なっている。したがって、狭義の南インドは、そのような南北インドの言語文化的違いを含意して用いられることになる。なお、文中で「南インド」がどちらの意味で用いられているかは、個々のケースで判断されよう。

ブラフマギリで発掘された巨石文化の遺構　ストーンサークル(環状列石)のなかに石槨がつくられ，その一部に丸い穴があけられている。

巨石文化

南インドの先史時代を歴史時代につなぐものとして、まず巨石文化について記す必要がある。古代の埋葬で巨石を用いたかたちのものは、世界の各地で見られるが、南インドの巨石文化は、巨石を用いた埋葬形式を主体に、副葬品としての鉄器と赤色黒縁土器の存在を随伴的特徴とする文化複合である。そのような遺構の存在は、最近の研究で、南は半島南端部から北はヴィンディヤ山脈南麓のヴィダルバ地区(ナーグプル近郊)にまで広がっていることが明らかになっている。

年代的にはヴィダルバ地区の遺跡が一番古く前七世紀にまでさかのぼり、終わりの時期も前三世紀と早いようであるが、ほかの地区のものは、一部を除いて、ほぼ前五世紀から後一世紀にかけてのものであると考えられている。典型的な遺構は、板石や塊石などで築いた石室をもつ墳墓で、多くの場合、地表における環状列石や小石の堆積をともなっている。しかし、石室がなく、甕《かめ》棺や奇妙なかたちの陶土棺のみが埋められたもの、土壙墓の上に傘型の巨石をおくものなど、さまざまなヴァリエーションが見られる。石室をともなう形式のものは、カルナータカ州とアーンドラ・プラデーシュ州北部に始まり、しだいに南下してタ

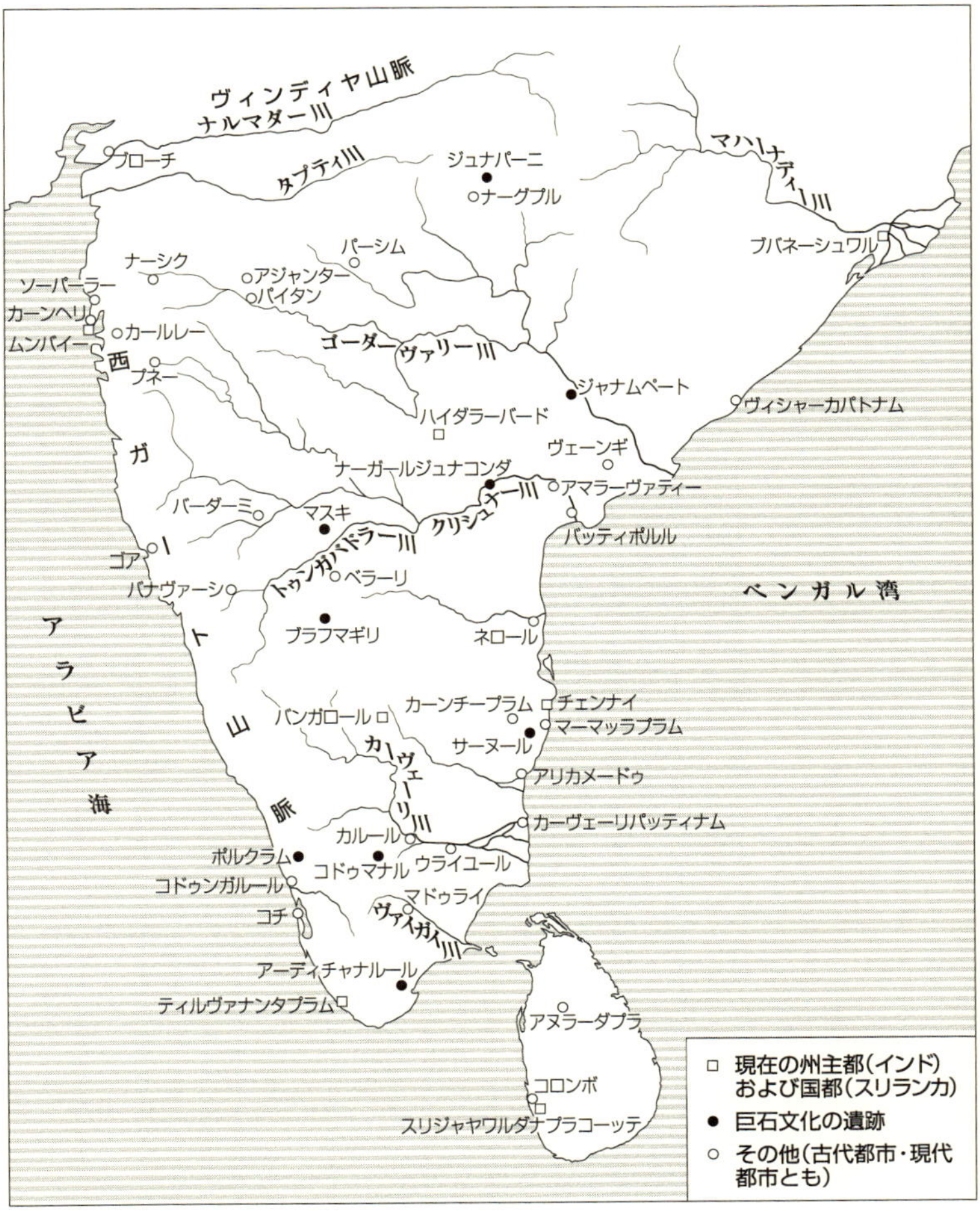

紀元前7世紀〜後5世紀の南インド・スリランカ

ミル・ナードゥ州へと広まっていったように想像される。

おもな遺跡として、カルナータカ州のマスキ、ブラフマギリ、アーンドラ・プラデーシュ州のジャナムペート、ナーガールジュナコンダ、タミル・ナードゥ州のサーヌールとアーディチャナルール、ケーララ州のポルクラムなどがあげられる。多くの遺跡で、人骨や土器のほかに、鏃《やじり》や剣にまじって鐙《あぶみ》など鉄製の馬具が出土することから、これらの遺構の構築者を騎馬民族であるとする見解もだされている。しかし、北インドに同様な遺構が発見されないこととあいまって、一体誰がこれらの巨石文化をつくりだしたのか、その担い手については不明なところが多い。なお、最近注目を集めている遺跡にタミル・ナードゥ西部のコドゥマナルがあり、そこでは近くに居住址も発見され、ローマの貨幣のほか、種々に加工された貴石装飾品も出土している。

巨石文化が見られた時期の南インドには、前四世紀のギリシア人メガステネースの記事によれば、女王に統治されたパーンディヤの国があり、デカンに残る前三世紀のアショーカ王碑文によれば、チョーラ、ケーララ、パーンディヤその他の王国があったことが判明する。後述するように、前一世紀のデカンにはサータヴァーハナ朝が勢力を確立し、後一世紀以降の南インドは、西方ローマ世界と活発な交易をおこなったことが文献史料からも明らかであり、巨石文化は、南インドの先史時代と歴史時代をつなぐものということができよう。

サータヴァーハナ朝

デカンに出現した最初の王朝はサータヴァーハナ朝である。その歴史は主としてサンスクリット語のプラーナ文献と貨幣および刻文によって知ることができる。しかし、種々のプラーナの記述には混乱が多く、その記述と貨幣や刻文から知られるところもまた整合しない。したがって、この王朝の年代（とくに初期の）については異説が多い。最初の王をシムカとするのには異論がないが、それにつづく三〇近い王名とその統治年を記すプラーナの記事を信じる研究者は、シムカの統治を前三世紀とする。しかし、多くの研究者は、その支配開始はおそらく前一世紀のことで、シムカはガンジス平原のカーンヴァ朝の影響力を排除して、デカンにはじめて独立の勢力を打ち立てたと考えている。ここでもシムカの年代を前一世紀として以下の記述を進める。王朝の滅亡が三世紀であることには異論がない。

王朝の支配開始地については、シムカをはじめとする初期の王たちの貨幣や刻文がナーシク、パイタンを中心としたデカン西北部に多く残ることから、これまでデカン西北部であろうと考えられてきた。しかし、最近ゴーダーヴァリー川中流域にあたるアーンドラ・プラデーシュ州北部の地でシムカの貨幣が発見され、そこが王朝の故地ではないかとする説も提出されている。また、ヴィンディヤ山脈に近いヴィダルバ地区である可能性も示唆される。この王朝はプラーナ文献でアーンドラという族名（ジャーティ）で呼ばれているが、地名としてのアーンドラはゴーダーヴァリー・クリシュナー両河下流域をさして用いられることが多いので、故地はそのアーンドラ地方であると考える研究者もいる。しかし、両河下流域がアーンドラ地方と呼ばれるようになったのは、逆に二世紀に王朝の中心地がその地に移動してからのことのように考えられる。なお、刻文に記されるサータヴァーハナは家名（クラ）である。

シムカの貨幣はかなりの広範囲から発見されるが、王朝の勢力を真に確立したのは、第三代で紀元前後に統治したと考えられるシャータカルニ王である。彼はその支配権を北方のマールワー地方におよぼし、東方ではオリッサのカーラヴェーラ王と領土を接し、アシュヴァメーダ（馬祀祭）を含むヴェーダの祭りをおこなったとされる。しかし、その後のサータヴァーハナ朝は、前一世紀にイラン東部から西北インドに侵入したシャカ族の勢力に圧迫されたらしい。その状況を打開したのは、刻文中に「サカ（シャカ）・ヤヴァナ（ギリシア人）・パフラヴァ（パルティア人）の粉砕者」と記される一世紀末（別説、二世紀初頭）のガウタミープトラ・シャータカルニ王である。彼はシャカ族の一派ナハパーナ王の手から西北デカンの地を奪回したものと推定され、その支配地は、北はマールワーとカーティヤーワール地方から南はクリシュナー河畔にまでいたったらしい。

しかし、その勝利はすぐにまた別派のシャカ族の王ルドラダーマンによって取り消され、領土はふたたび縮小した。そして、王朝の中心地は二世紀中葉までに東部デカンのクリシュナー川下流域に移っている。その後、二世紀末に統治したヤジュニャ・シュリー・シャータカルニ王は王朝最後の偉大な王で、王国の版図はふたたび西北インドに伸び、この王の貨幣はカーティヤーワール地方でも発見されている。その後もなお何人かの王が統治しているが、王朝の勢力は急速に弱まり、三世紀の中葉には、西北でアービーラ、西南でチュートゥ、東部でイクシュヴァークなどの地方勢力に取ってかわられた。

プラーナ文献によれば、アーンドラ族はアーリヤ民族の居住地の外にいたとされ、アーリヤ民族であるとは考えられていない。この王朝の王名には、ガウタミープトラ(ガウタマ姓をもつ女性の息子の意)の例に見られるように、母の姓をその一部につけることが多く、それはドラヴィダ民族に見られる母系制と関係があると考えられる。しかし、王朝は文化的にはアーリヤ文化の影響下におかれ、王たちはヴェーダの祭りをおこない、王の一人(ハーラ王)はプラークリット語抒情詩(『サッタサイー』)の作者に擬されている。この時代に仏教やジャイナ教もデカンで隆盛に向かい、西部のナーシク、カールレー、カーンヘリなどに多くの仏教・ジャイナ教石窟がほられ、東部ではアマラーヴァティー、バッティポルルなどに大きな仏教のストゥーパが建てられている。それらのストゥーパの彫刻で、ブッダは法輪などのシンボルであらわされると同時に、すでに仏像の姿でもあらわされるようになっている。

サータヴァーハナ朝の後継者

デカン北部でサータヴァーハナ朝を継いだのは、おそらく外来民族でヴィンディヤ山中から台頭したヴァーカータカ朝である。その支配は三世紀中葉から六世紀中葉までつづき、サータヴァーハナ朝滅亡後のデカンにおける中心的勢力となった。二代目の王で王国の版図を拡大したプラヴァラセーナ一世(在位二七五頃〜三三五頃)の支配地は、ヴィンディヤ山脈北方から南はハイダラーバードの地にまでおよんだ。彼はサムラージ(覇王)と称しアシュヴァメーダをおこなっている。しかし、つづく時代に王統は、現在のナーグプル地区を中心とする正統と、アコーラ地区のバーシムを中心とする傍系とに分裂した。

四世紀中葉にはグプタ朝のサムドラグプタに敗れ、領土は縮小するが、その後グプタ朝とは友好関係がつづき、正統王統のルドラセーナ二世(在位三八五頃~三九五頃)は妃としてチャンドラグプタ二世の王女をむかえている。ルドラセーナ二世がヴィシュヌ信仰を受け入れ、そのころから銅板刻文がサンスクリット語で書かれるようになるなど、グプタ朝の影響が強まったのには、この王妃の存在が力あったように推定される。その後の王は、今度は新興カダンバ朝から妃をむかえるなどしたが、正統王統の支配は、そのころから南方に台頭したナラ勢力と傍系王統の圧迫によって急速に弱まった。

他方、その時代に傍系王統の王位にあったハリシェーナは、アジャンターの刻文によれば、グジャラート、マールワー、クンタラ地方にまで勢力をおよぼしたとされる。しかし、その後はこの王統の勢力も衰え、デカンにおけるヴァーカータカ朝の支配は六世紀中葉で終わりを告げる。この王朝のもとではバラモンへの土地施与《せよ》が頻繁におこなわれるなど、グプタ朝に類似した政策が見られ、王朝が演じた歴史的役割は、北インドのグプタ朝文化を南インドに橋渡しすることであったといえよう。

東部デカンでサータヴァーハナ朝の支配を継いだのはイクシュヴァーク朝で、三世紀中葉からクリシュナー川下流のナーガールジュナ峡谷を中心に、ほぼ一世紀間その地で勢力を保った。初代の王はアシュヴァメーダをおこなっているが、王家の女性たちは仏教の信奉者であったらしく、ナーガールジュナコンダに多くの堂宇を建立し、数々の寄進をおこなっている。ナーガールジュナコンダの名は、大乗仏教の教義の確立者ナーガールジュナがその地で瞑想をおこなったという言い伝えによるものである。現在では当時の遺跡はダムに水没しているが、堂宇やストゥーパは別の場所に移されている。

西部デカンでは、アービーラ、チュートゥ両勢力の短い支配ののち、四世紀中葉にカダンバ朝の支配が始まり、バナヴァーシ(ヴァイジャヤンティー)を都に西南デカンを支配した。初代の王マユーラシャルマンは東南のパッラヴァ朝と戦って領土を拡大した。五世紀中葉のカークスタヴァルマンはグプタ朝と婚姻関係を結んでいるが、その後パッラヴァ朝との争いが続き、バーダーミにチャールキヤ朝の勢力が確立すると衰亡した。なお、この王家はバラモンであったとされ、ヴァーカータカ朝と同様に、グプタ朝期に成立したヒンドゥー教文化を南インドや東南アジアに伝える橋渡しの役割をはたしている。

なお、サータヴァーハナ朝がデカンを支配した時代、インドとローマ帝国のあいだで、さらに東南アジアとのあいだで、活発な海上交易が開始されたが、それについては後述する。

タミル三王国

サータヴァーハナ朝がデカンに覇を唱えていたころ、その南の半島南部の状況はどうだったのであろうか。アショーカ王碑文によれば、前三世紀にはその地にチョーラ、パーンディヤ、ケーララその他の王国があったことが知られるが、それらはタミル族の建てた国であった。ドラヴィダ語の一つであるタミル語を話す人々は、紀元前後のころにシャンガム(サンガム)文学と呼ばれるタミル語の古典文学を生み出していた。それによれば、そのころ半島南部には、チョーラ、パーンディヤ、チェーラの三王国があって、その他の勢力をも巻き込みながら、相争っていたという。チェーラはアショーカ王碑文のケーララに相当する。

半島南西部にあたるケーララ州では現在マラヤーラム語が話されているが、それは九世紀ころにサンスクリットの強い影響下にタミル語から分れて成立した言語で、それ以前には南部全域でタミル語が話されていた。その古典文学をシャンガム文学と呼ぶのは、パーンディヤ王国の首都マドゥライにシャンガムという文芸院があって多くの詩人が集まり、そこで数々の優れた作品が生み出されたという伝説に基づく。『シラパディガーラム』『マニメーガライ』という二大叙事詩のほか、多くの短編詩がのちに詞華集に編纂されて今日に伝えられている。

それらの詩の多くは男女の愛をうたうものであるが、戦いを主題とするものも残され、愛と戦いがシャンガムの詩の二大テーマとなっている。王は詩人の保護者であり、詩人たちは詩のなかで王を褒め称え、多くの詩を王に捧げている。詩の年代決定は容易でないが、これまでの研究によって、詞華集に残る中心的部分は一～三世紀のものとされ、二大叙事詩はそれよりくだって、四・五世紀の成立と考えられている。二大叙事詩と同じころに、『ティルックラル』と呼ばれる箴言《しんげん》詩集が成立し、タミル文学の真髄を示すものとして、今日でもよくタミル人の口にのぼる。

カーヴェーリ川デルタを支配したチョーラ王のなかでもっとも名高いのは、二世紀末に統治したとされるカリカーラ王で、伝説ではヒマラヤにいたる北インドを征服し、ヴェッラーラ部族を呼びよせてカーンチープラムを中心とする北部の開発にあたらせ、また、スリランカから捕虜をつれてきてカーヴェーリ川の堤防を築かせたという。パーンディヤ王のなかでは、多くの詩人によってうたわれ、三世紀初頭に統治したと思われるネドゥンジェリヤンが名高く、チェーラ王としては、二代目のネドゥンジェーラル・アーダンが有名で、七人の王と戦って勝利をおさめたという。

この時代はいわゆる「英雄時代」と考えられ、三王国のほかに多くの小勢力があって、それらが覇権を求めて相争った。多くの戦闘が家畜の略奪をめぐって起こされている。先に見たように、一世紀まではこの地に巨石文化が残存するのであるが、ちょうどそのころからローマ帝国とのあいだの海上交易が隆盛に向かっている。そのことと詩にうたわれたチョーラ王の活躍などをあわせて考えれば、この時代は、それまでの部族社会が、北インド文化の流入や海外貿易の展開などにより、国家を形成し大きく発展した時期であったといえよう。

チョーラ朝の都はカーヴェーリ河畔のウライユールにあったが、その河口の港町カーヴェーリパッティナム(プハール)も海上貿易で発展した。スリランカとのあいだのマンナール湾でとれる真珠で名高いパーンディヤ朝の都はヴァイガイ河畔のマドゥライにあり、チェーラ朝の都はヴァンジであった。ただし、ヴァンジが西海岸にあったのか、内陸部でチョーラ朝の領土に近いカルールにあったのかははっきりしない。カルールからはローマの金銀貨が大量に出土する。

西方ギリシア・ローマ世界との交易は紀元前の時代からおこなわれていたが、一世紀中葉に季節風を利用した航法の発見によって、アラビア半島とインドの半島部が直接に結ばれ、急速に発展した。シャンガムの詩には、金貨を積んだ西方の船が港に入り、胡椒を積んで戻っていくさまなどがうたわれている。チェーラ王の宮廷では、ローマからもたらされたぶどう酒が飲まれ、チョーラ王の宮殿には護衛としてギリシア人が雇われていたという。このローマ帝国との交易については、プトレマイオスの地理書など、西方の文献によっても確かめられる。とくに、一世紀のギリシア語の商業ガイドブック『エリュトラー海案内記』には、インド半島の港についての詳しい記述が残されている。

西海岸のムージリス(シャンガムの詩ではムジリで、現在のコドゥンガルールとされる)、最南端のコマレイ(コモリン岬)のほか、東海岸ではカベーリス(カーヴェーリパッティナム)、ポドゥーケー(ポンディシェリー)その他があげられ、そこでの取引のありさまが記されている。カベーリスとポドゥーケーの跡は、発掘によって確かめられているが、とりわけポンディシェリーでは、南郊のアリカメードゥで、ローマからもたらされた陶器、ガラス製品、ぶどう酒をいれたアンフォラなどが大量に出土した。そこではさらに、回転紋付の土器や首飾りのビーズなどが大量に発見され、それらの生産地であったとも想定されている。

注目すべきことは、それらの遺跡が南インドを西方ローマ世界と結びつけるだけでなく、東南アジアとも結びつけることである。アリカメードゥの遺跡で発見されるのと同様の組成をもつビーズが、マレー半島、タイなどの同時代の遺跡から発見されるだけではなく、回転紋付土器もジャワやベトナムで出土している。ローマからインドへは大量の金貨が輸入されているが、インド人は、東方の海上に黄金郷(スヴァルナブーミ)、黄金島(スヴァルナドヴィーパ)があると信じて東南アジアへと海を渡ったらしい。東南アジアからは、玳瑁《たいまい》などのほか、さまざまな香料がもたらされ、それらはケーララの地に産する胡椒とともにローマ世界に輸出された。

東南アジアとの交易には、デカンのサータヴァーハナ朝も関与していて、メコンデルタの遺跡からアマラーヴァティー様式の仏像が発見されている。当時の東南アジアではインド文化の影響下に各地で国家形成がおこなわれるようになっており、カリマンタンのクタイ、ジャワのボゴールで発見された五世紀のサンスクリット語刻文は、西部デカンのカダンバ朝に特有な文字できざまれている。

シャンガム文学のなかには、ヴェーダの神やバラモンへの言及など、北インドのアーリヤ文化の影響を見てとることもでき、また実際に、紀元前後のころジャイナ教徒の手によって岩にきざまれた刻文もタミル地方に残ってはいるが、人々のあいだで圧倒的信仰を集めていたのは、ムルガン、コットゥラヴァイなどのドラヴィダ民族に固有の神々であった。若い男性神ムルガンは後代にヒンドゥー教が南インドにもたらされると、シヴァ神の息子スブラマニヤ(スカンダ)としてヒンドゥー教のなかに取り込まれるが、今日でもタミル人のとくに崇拝する神である。その寺院は多く山の上に建立されている。『シラパディガーラム』のヒロインである貞女カンナギもやがてパッティニ女神として崇拝されるようになり、スリランカでは今日も人々の信仰を集めている。

ムルガン神　乗り物は孔雀で，手には槍をもつ。ティルブダイマルドゥールのシヴァ寺院門塔の装飾。

四・五世紀のタミル地方

活発におこなわれたローマとインド半島部との海上交易も、三世紀後半にはローマ帝国が紅海の出口をおさえられて、衰退に向かった。半島南部でも四・五世紀には、タミル三王国の繁栄が終わりを告げ、カラブラと呼ばれる勢力の支配が見られた。六世紀になるとグプタ朝のもとに北インドで成立したヒンドゥー教文化がもたらされ、バラモン優位の社会が築かれるが、その状況を反映した刻文のなかで、カラブラは「悪しき支配者」と呼ばれている。それは、彼らが仏教やジャイナ教を信奉していたからと思われる。

この時期に成立した二大叙事詩のうち、『シラパディガーラム』の作者はジャイナ教徒であったと考えられており、『マニメーガライ』は仏教叙事詩としての内容をもつ。なお、六世紀から隆盛に向かうパッラヴァ朝の支配開始年代と開始地については不明なところが多く、それについては後述(一五〇頁参照)するが、四・五世紀にその首都であったカーンチープラムには、当時数多くの仏教寺院やジャイナ教寺院が建立され、その地は南インドにおける仏教の一大センターであった。それらの寺院の多くはその後にヒンドゥー教寺院につくりかえられたものと想像される。

第三章　ヒンドゥー諸王国の興亡とヒンドゥー文化

1　グプタ朝とその文化

グプタ朝の成立と発展

マウリヤ帝国崩壊後の約五〇〇年間、シュンガ朝の初期を除いてガンジス川流域に強力な国家は興らず、インド亜大陸における政治の主導権は西北インドとデカンの諸王国に移った。三世紀末になると、ガンジス川中流域で、グプタ家が大王(マハーラージャ)と称したガトートカチャのもとで頭角をあらわし、三二〇年にその子チャンドラグプタ(一世、在位三二〇～三三五頃)が大王のなかの統王(マハーラージャーディラージャ)として即位し新王朝を開いた。この即位年に始まる暦(グプタ暦)が、その後の王たちによっても採用されている。グプタ朝の成立により、都のパータリプトラは往時の繁栄を取り戻した。

グプタ家の出自についてはバラモン説、ヴァイシャ説などがあるが、いずれにせよ正統なクシャトリヤ・ヴァルナに属してはいなかった。そこでチャンドラグプタは、名門クシャトリヤのリッチャヴィ族からクマーラデーヴィーを妃としてむかえ、王位の正統性の証とした。彼は金貨に妃とならんだ姿を打ち出し、そこに自分の名とともに妃の名とリッチャヴィという族名をきざんだ。ただしこの貨幣については、息子のサムドラグプタが即位後に両親を記念して発行したと見る説もある。後継の王たちも、碑文のなかでリッチャヴィ族の血統に属することを誇っている。

第二代のサムドラグプタ(在位三三五頃〜三七六頃)は、偉大な征服者であった。彼の治績は、ガンジス・ヤムナー両河の合流点の近くに立つアショーカ王の石柱に追刻された碑文から知ることができる。この碑文は将軍のハリシェーナが主君サムドラグプタに捧げたサンスクリット語の頌徳文《しょうとく》であるが、それによるとサムドラグプタは大軍をインド半島南端近くまで進めたという。しかし諸王の帰順と貢納を求めるにとどめ、諸国を併合することまではしなかった。これにたいし、王国の本拠であるガンジス川流域とその周辺に存在した諸国は、完全に滅ぼされグプタ領に加えられた。また、そのほかの遠方の諸王にたいしては南インドの王たちと同様に帰順と貢納を条件に旧領を安堵し、勢力圏外の西北インドやスリランカの王にたいしても来訪謁見や質子(王宮に送る王子や王女)を求めている。中国の資料によると、スリランカの王はサムドラグプタに使節を派遣し財宝をおくって、ブッダガヤーに自国の僧のための僧院を建てる許可をえたという。

右の碑文から知られるのは亜大陸的規模の封建的統治体制であり、遠方の属州に王子や高官を太守として派遣し中央集権的統治をめざしたマウリヤ朝とは性格を異にしている。またサムドラグプタは、マウリヤ朝のアショーカと違い「大王のなかの統王」「最高の帝王」といった尊大な称号を用い、臣下から「人

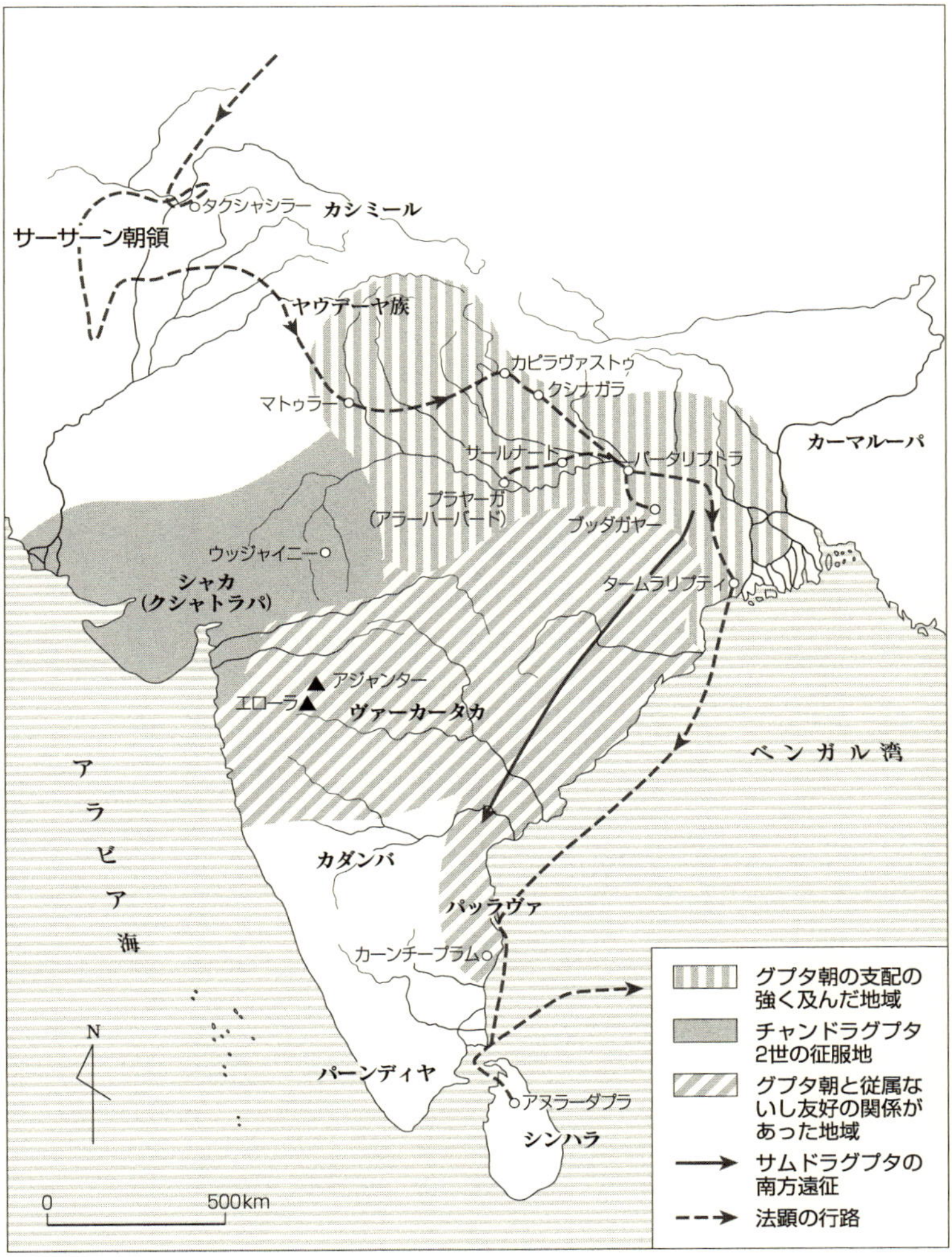

タクシャシラー
カシミール
サーサーン朝領
ヤウデーヤ族
カピラヴァストゥ
クシナガラ
マトゥラー
カーマルーパ
サールナート
パータリプトラ
プラヤーガ
(アラーハーバード)
ブッダガヤー
ウッジャイニー
シャカ
(クシャトラパ)
タームラリプティ
アジャンター
エローラ
ヴァーカータカ
ベンガル湾
アラビア海
カダンバ
パッラヴァ
カーンチープラム
N
パーンディヤ
アヌラーダプラ
シンハラ
0
500km
グプタ朝の支配の強く及んだ地域
チャンドラグプタ2世の征服地
グプタ朝と従属ないし友好の関係があった地域
サムドラグプタの南方遠征
法顕の行路

グプタ朝時代のインド

間の姿をした神」「神に等しい才能をもった人」として称えられている。

大国の建設に成功したサムドラグプタは、帝王のみがなしうるバラモン教の大供犠アシュヴァメーダ(馬祀祭)を挙行した。彼が発行した多種多様の金貨のなかには、この大供犠の成功を記念して発行したものがある。また碑文によると、王は武勇にひいでた戦士であると同時に、最高の詩人かつ文芸の保護者であったという。

グプタ朝の統治機構について詳しいことはわからないが、碑文などによると中央に各部門を統括する大臣(アマーティヤ)と武官が存在したことが知られる。たとえば、外務担当大臣(サーンディヴィグラヒカ・アマーティヤ、講和と戦争を司る大臣)、大将軍(マハーダンダナーヤカ)などである。地方行政機構としては、中央直轄の領土を州(ブクティ)にわかち、長官(ウパリカ)を任命して統治の任にあたらせた。州はさらに県(ヴィシャヤ)に分れ、これを県知事(ヴィシャヤパティ)が統括している。また村では村長(グラーミカ)が、都市ではギルドの長(シュレーシュティン)などに補佐された長官(アーユクタ)が、それぞれ行政の責任をはたした。

全盛期から衰退期へ

グプタ朝は、第三代のチャンドラグプタ二世(在位三七五頃~四一四頃)の時代に全盛期をむかえた。ヴィクラマーディティヤ(武勇の太陽、超日王)の称号をもつこの王は、ガンジス川上流域で有力であったナーガ族からクベーラナーガーを妃としてむかえていたが、この妃とのあいだに生まれた王女プラバーヴァティーを、サータヴァーハナ朝にかわってデカンの支配者になったヴァーカータカ朝のルドラセーナ二世に嫁がせている。この王女は夫の死後に摂政として実権を握り、グプタ朝との友好関係を維持した。チャンドラグプタ二世はまた父王の征服事業を継承し、西インドを長く支配していたシャカ(西部クシャトラパ)勢力を滅ぼし、中心都市ウッジャイニー(ウッジャイン)を副都とした。この征服によって西海岸の諸港が手に入ったため、グプタ朝には一層の経済的繁栄がもたらされた。チャンドラグプタ二世もまた自分の勇姿を表の面に、吉祥女神を裏面に打ち出した金貨を大量に発行している。彼は文芸の保護者としても知られ、宮殿には詩聖カーリダーサをはじめ詩人・文人が集まったという。中国僧の法顕《ほっけん》は、この王の時代にインドをおとずれ、『仏国記』のなかで国内の繁栄と安寧の様子を記している。

第四代のクマーラグプタ一世(在位四一四頃〜四五五頃)とつぎのスカンダグプタ(在位四五五頃〜四七〇頃)の時代にもグプタ朝は広大な領土を維持した。前者はサムドラグプタにならってアシュヴァメーダを挙行し、後者は西北インドに攻め込んだ中央アジア系遊牧民族フーナ(エフタル)の進出を阻止することに成功している。スカンダグプタ以後にもグプタ朝は一世紀近く存続したが、王位継承争いなどもあり、こ

グプタ朝の金貨
(上)チャンドラグプタ1世と王妃クマーラデーヴィー。(中)琵琶をひくサムドラグプタ王。(下)同王の馬祀祭記念貨。

の間に王朝は衰退の一途をたどった。そうした衰退をはやめたのが五世紀末に再度の進出をはかったフーナ族であり、トーラマーナとその子ミヒラクラ(ミヒラグラ)によって西インドが奪われている。また同じ五世紀末には王国最西端のサウラーシュトラで、地方長官がヴァラビーを都とするマイトラカ朝を創始している。さらに本拠のガンジス川流域でも諸侯の独立があいつぎ、六世紀なかばまでに大王朝としてのグプタ朝は滅んだ。グプタ朝の一族はその後も地方勢力として残存し、七世紀後半に一時強力となったが(後期グプタ朝)、八世紀に入ると消滅した。パータリプトラは北インドの中心都市としての地位を失い、やがてガンジス川上流のカナウジ(カーニヤクブジャ)がこれに取ってかわった。

フーナ族の二次にわたる侵入により北インドの各地で交通路が損なわれ、このころから都市経済の衰退が目立ち始める。フーナ族の王ミヒラクラは、五三三年ころ、中西部インド、マールワーの武将で自ら碑文(マンダソール碑文)のなかで「帝王」と称したヤショーダルマンと戦って敗れ、カシミールに逃れた。しかしヤショーダルマンの王統のその後の命運については、なにも知ることができない。ミヒラクラは後世の文献では、仏教を迫害し、殺戮《さつりく》と破壊に明け暮れた暴君ということになっている。彼が去ったあともフーナ族や彼らにともなってインドに入った遊牧民族の一部はそのまま西インドにとどまり、のちにラージプートと呼ばれる支配者カーストのなかに吸収された。

都市と村落の経済

グプタ時代のインド亜大陸における経済活動は、前代における活動を引き継ぐものであった。各地の都市では商業、金融業、手工業がギルド組織のもとに栄え、商人たちは安全となった内陸交通路を往来して商品を運んだ。ローマとの貿易は三世紀以後しだいに衰えたが、西アジア、東南アジアとの貿易は盛んで、港町は賑わった。東南アジア貿易の拠点となったベンガルはグプタ朝の直接支配のもとにおかれ、この時代に経済的、文化的な向上がもたらされた。

グプタ朝はクシャーナ朝とならび、インド古代の王朝のなかで金貨をもっとも多量に発行したことで知られる。またチャンドラグプタ二世の時代以後、西インドで流通していたシャカ族の銀貨を模倣した小型銀貨が発行されている。銅貨も発行されたが、その量は少ない。民間では貝貨がさかんに用いられ、また村落社会では物々交換が一般的であった。王朝の中期以後の経済的停滞期に入ると、国家財政に占める地租収入の比率が増大した。官吏の給与は初め現金支給であったが、しだいに土地給付へと変わり、この傾向はグプタ朝以後さらに一般化する。

村落の耕地は個々の農民によって保有されていた。それらの土地が売買や寄進の対象となることもあったが、その際には村落共同体の組織や地域の有力者、さらに地方官吏の認可が必要とされた。王がバラモンに村を施与するという慣行は、前代にも増して盛んであった。そうした施与について記した銅板文書は、当時の社会・経済を知る貴重な史料である。バラモンには村から諸税を徴収する権利、村の住民を処罰する権利、役人の立入りを拒む権利が与えられ、また村を通過する軍隊のための労役や食糧の提供が免除された。

文化の繁栄

グプタ朝時代のインドは、政治の安定と経済の繁栄を背景に、古典文化の黄金時代をむかえた。サンスクリット文学の世界では、すでに三世紀ころインド古典劇にかんする演劇理論書『ナーティヤシャーストラ』が編まれ、また劇作家バーサが活躍している。グプタ朝時代(四～五世紀)に入ると詩聖カーリダーサがでて、戯曲『シャクンタラー姫』、抒情詩『メーガドゥータ(雲の使者)』など優れた作品を書いた。またシュードラカはグプタ朝成立直前の西インドの都市ウッジャイニーを舞台とする戯曲『ムリッチャカティカー(土の小車)』を書き、ヴァーツヤーヤナは性愛文学書『カーマスートラ』のなかで上流市民の優雅な日常生活を描いている。ヴィシャーカダッタ作の『ムドラーラークシャサ(ラークシャサと印章)』はマウリヤ朝創始をめぐるバラモン・カウティリヤの謀略をテーマとした作品であり、歴史戯曲の傑作として知られる。またこのころ編まれた説話集『パンチャタントラ(五編の物語)』は、その後のインド文学に影響を与えただけでなく、西アジアや東南アジアに伝わり、これらの地の説話文学の発達に貢献した。

ヒンドゥー教の神話、伝説、儀礼、思想などを総合的にまとめたプラーナ(古伝承)文献群も、このころから書かれ始めた。二大叙事詩『マハーバーラタ』と『ラーマーヤナ』もこの時代の初期までに今日のかたちをとるにいたった。サンスクリット語学の分野ではアマラシンハがでて辞典『アマラコーシャ』を著わした。法学の分野では『マヌ法典』につづく数編の重要なヒンドゥー法典(九八頁参照)が編まれた。

正統派バラモンの学問としては、六学派の哲学体系(六派哲学)がほぼ成立している。すなわち、(1)物質的原理と精神的原理の存在を認める二元論のサーンキヤ学派、(2)解脱《げだつ》に達する手段としてヨーガの行を重視するヨーガ学派、(3) 論理学と認識論に立つニヤーヤ学派、(4) 原子論・多元論を説く自然哲学のヴァイシェーシカ学派、(5) 祭式・儀礼を哲学的に考究するミーマーンサー学派、(6) 一元論に立ち宇宙の根本原理ブラフマンを考究するヴェーダーンタ学派、の六学派である。最後のヴェーダーンタ学派は、後世にインド哲学の中核として発達することになる。

仏教はかつての勢いを失ったが、大乗・小乗の学僧たちによる教学の研究は盛んであった。大乗仏教哲学の唯識《ゆいしき》派の祖となったアサンガ(無着)とヴァスバンドゥ(世親)が活躍したのもこの時代である。また南インド出身のディグナーガ(陳那)は大乗仏教の論理学の確立者として知られ、ブッダゴーサ(仏音)はスリランカに渡りパーリ語で多くの仏典の注釈を書いている。また南インド出身の僧ボーディダルマ(菩提達磨)と西インド出身の僧パラマールタ(真諦)は、ともに海路中国に渡り、東アジアの仏教に大きな影響を

グプタ朝期マトゥラー仏　ひだの美しい薄い衣をまとったこの像は，61頁の像とともに，インド仏像彫刻の最高傑作とされる。

与えた。グプタ朝第四代のクマーラグプタ一世がマガダ国の古都ラージャグリハ近くに創建したナーランダー僧院は、やがて仏教教学の最大のセンターとなり、亜大陸内外の僧たちを引きつけた。七世紀には唐僧の玄奘《げんじょう》や義浄《ぎじょう》がこの僧院で学んでいる。一方、フーナ族の侵入により都市とその経済はかなり大きな打撃を受け、都市の住民によって支えられてきた西北インドの仏教にかげりが見え始めた。

グプタ朝時代には天文学、数学、物理学、医学などの諸科学も発達した。代表的な学者としては、数学・天文学の大家で『アーリヤバティーヤ』を著わしたアーリヤバタ、天文学書『ブリハット・サンヒター』を著わしたヴァラーハミヒラがいる。前者は日食・月食の原因を明らかにし、また円周率と太陽暦の一年をほぼ正確に計算した。後者は地球、月、惑星の運行を科学的に解明している。十進法、ゼロを用いた計算法、数字の表記法を特色とするインド数学は、のちにアラビアを経由してヨーロッパにまで伝えられた。工芸の分野における発達も著しかった。デリー郊外に立つ純度ほぼ一〇〇%の鉄柱は、製作時の光沢を今日まで保ち、当時の冶金《やきん》技術の高さを示している。

美術の分野では、サールナート仏、マトゥラー仏として知られる優雅なグプタ様式の仏像や、アジャンター窟院の壁画のような純インド的な仏教美術が完成を見ている。古代インド美術(彫刻、絵画、建築)の宝庫アジャンター窟院の開掘が始まったのは前一世紀のことであるが、もっとも優れた壁画はグプタ朝と縁戚関係にあったヴァーカータカ朝のもとで描かれている。西北インドからアフガニスタン東部にいたる地域では、四世紀末〜五世紀に、優雅な塑像彫刻を特色とする後期ガンダーラ美術が栄え、また時代はややくだるが(六〜九世紀)、中央アジアのバーミヤーン渓谷の岩壁に二体の巨大な仏像が彫られ、窟院に優れた壁画が描かれている。

ヒンドゥー教の成立

グプタ朝は宗教的には寛大であった。しかし、王が「最高のヴィシュヌ信者」の称号をもち、王家の紋章がヴィシュヌ神の乗物ガルダ鳥であるところから知られるように、諸王は熱心なヒンドゥー教の信者であり、この宗教の発展に大きく寄与した。ヒンドゥー教は、アーリヤ人の宗教であるバラモン教と先住民の宗教が長い年月をかけて融合することによって形成されたものであるが、この宗教の歴史のなかでグプタ朝時代は一つの画期となっている。

ヒンドゥー教で聖者と呼ばれる人物は数多いが、ブッダやキリストやムハンマドに相当する開祖は存在しない。また聖典と呼ばれるものは多いが、唯一最高の聖典も存在しない。ヒンドゥー教は、高度な哲学からアニミズム的な原始信仰にいたるあらゆる要素を包み込んだ渾然《こんぜん》一体とした宗教なのである。まず家の段階では祖先の霊や敷地の内外に棲《す》む精霊などが祀られ、村の段階では天然痘やコレラに関係する女神や境界の神などが祀られる。地域社会をこえて祀られる神も多いが、それらの神々の頂点に位置するのがブラフマー、シヴァ、ヴィシュヌである。この三大神のうち、大衆が信仰したのはシヴァとヴィシュヌであり、今日においてもヒンドゥー教徒を二分している。

シヴァ神の起源はインダス文明にまでさかのぼるようである。この土着の神は、ヴェーダの宗教の暴風神ルドラと同一視されることにより、バラモンの指導する正統派の宗教のなかに組み込まれた。三叉《さんさ》の戟《ほこ》をもつシヴァは凶暴な性格で知られ、宇宙を破壊する役割をはたすが、その一方で慈悲深い神でもあり、破壊した宇宙をふたたび創出したり、大洪水や猛毒から人類を守るなど、さまざまに恩恵を授けると信じられた。この神はまた舞踏の神、芸術の神でもあり、さらに創造のエネルギーを象徴するリンガ(男根)のかたちにあらわされ信仰されている。シヴァはさらに、地方的に信仰されていた多くの神々を自己の親族(眷属《けんぞく》)として抱え込んだ。たとえば、豊穣・繁殖の女神であったドゥルガーとカーリー、ヒマラヤ地方の山の女神であったパールヴァティーなどはシヴァの妃とされ、象頭・太鼓腹をした財宝・幸運の神ガネーシャや、六頭の軍神カールッティケーヤはシヴァの息子とされている。妃神の性的・創造的な力(シャクティ)にたいする信仰は、のちにタントリズム(密教)を生むことになる。

シヴァとならぶ最高神ヴィシュヌは、ヴェーダの宗教では太陽神の一つであったが、それほど目立つ存在ではなかった。その後、慈悲深い神として広く信仰を集めるようになり、ついには宇宙を創造し維持する神とされるにいたった。この神は多くの別名をもつことでも知られるが、それは地方的に人気のあった神々がヴィシュヌと同一視された結果である。これによって地方の大衆はヴィシュヌ信仰のなかに取り込まれた。さらにアヴァターラ(権化《ごんげ》、化身)の観念が、ヴィシュヌ信仰の広がりに貢献した。ヴィシュヌはさまざまに化身して地上世界にあらわれ、人類を救済すると信じられたのである。大衆に人気のあった『ラーマーヤナ』の英雄ラーマ、『マハーバーラタ』の英雄クリシュナはヴィシュヌの化身とされ、仏教の開祖ブッダまでもが十大化身の第九番目に位置づけられている。

ヒンドゥー教徒の最高神への憧れは、さらにヴィシュヌ(ハリ)とシヴァ(ハラ)を一体と見るハリハラの観念や、創造神ブラフマー、維持神ヴィシュヌ、破壊神シヴァを唯一神の三面と見るトリムールティ(三神一体)の観念を生んでいる。またこれら最高神の従者として象、牛、猿、孔雀、蛇をはじめとする動物が神格化され、ヤクシャ(夜叉)、ガンダルヴァ(半人半神の音楽神)、アプサラス(天女)といった想像上の半神や、川、樹木、石といった自然物までが崇拝の対象となっている。ヒンドゥー教の寺院は早くから存在したようであるが、多くは小規模かつ木造であったらしく、目立った遺跡は見あたらない。インド亜大陸の各地で石やレンガを用いた寺院の建築が始まるのはグプタ朝時代であり、つづく時代の大寺院建築への道が踏み出された。寺院の内外をかざる無数の偶像は、この宗教の渾然一体性を如実に示している。

ヒンドゥー教とバラモン

右のような混合宗教「ヒンドゥー教」の信仰は、ヴェーダの宗教を奉じる正統派バラモンには本来受け入れられない性質のものである。しかし仏教成立時代からつづく非正統派の攻勢に対抗し大衆の支持をえるために、バラモンたちは頑固なアーリヤ至上主義の態度を徐々に改め、非アーリヤ的な信仰の要素を取り込んだのである。

ヴェーダの宗教のもとでバラモンの司祭は、バラモン、クシャトリヤ、ヴァイシャという上位三ヴァルナに属する者(再生族)のために誕生式、結婚式、葬式、祖霊祭などの諸儀礼をおこなってきた。バラモン司祭はそうした儀礼執行の報酬によって自分の家族の生活を支えたのである。一方、シュードラ・ヴァルナに属する者は、バラモンのとりおこなう儀礼から排除されていた。ところがグプタ時代のころからヴァルナ制度の構造に徐々に変化が生じ、ヴァイシャは商人の属するヴァルナとされ、農民大衆は第四ヴァルナのシュードラに属するとみなされるようになった。村住みのバラモンは生活のため、本来のヴァルナ制度の定めに反し、シュードラ農民のために宗教儀礼をとりおこなうことをよぎなくされたのである。原則と現実との矛盾に直面したバラモンは、窮迫時にはシュードラのために儀礼をとりおこなうことができるという「窮迫時の法」(四四頁参照)を口実に用い、自分たちの生活を合法化した。またヒンドゥー教の聖典となった二大叙事詩『マハーバーラタ』と『ラーマーヤナ』や、古伝承プラーナ文献をシュードラにも開放し、それらに由来する祭詞を唱えつつシュードラのための祭式をとりおこなった。バラモンによるこうした現実への柔軟な対応は、宗教活動のさまざまな面で見られた。彼らはこのように自己を変質させることによって、ヒンドゥー教の指導者としての地位をこれ以後も独占的に保持することができたのである。

2　ヒンドゥー諸王国の興亡

ハルシャヴァルダナの時代

グプタ朝の滅亡後、北インドはふたたび諸王国がならび立つ時代に戻った。そのなかでも、西インドのマイトラカ朝(五世紀末～八世紀半ば)、北インド中部のマウカリ朝(六～七世紀初め)、今日のデリー北方のターネーサルに都をおくプシュヤブーティ朝、シャシャーンカ王が領するベンガルなどが有力であった。このうちのプシュヤブーティ朝は、六世紀末のプラバーカラヴァルダナのもとで頭角をあらわし、つづい

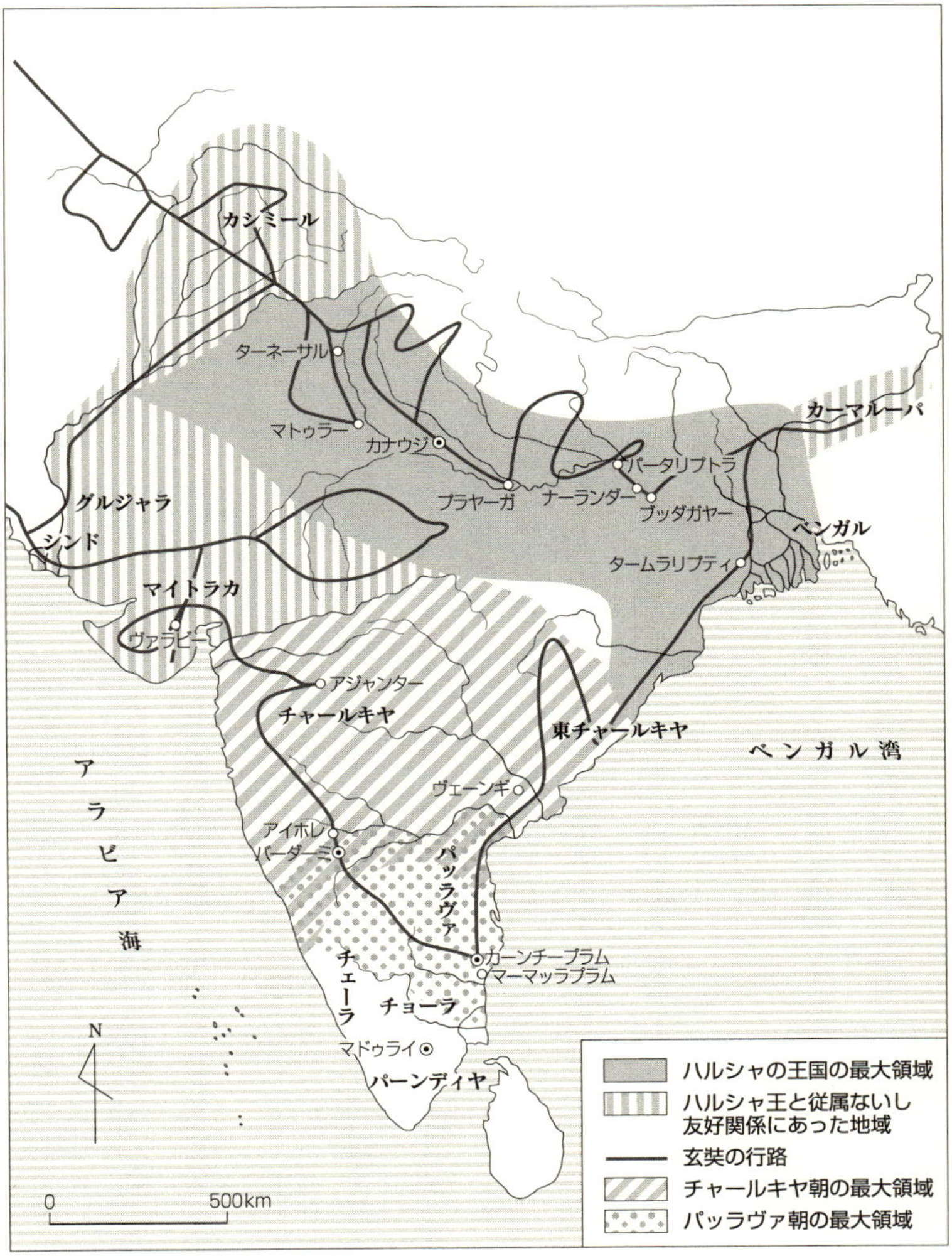
カシミール
ターネーサル
マトゥラー
カナウジ
プラヤーガ
パータリプトラ
ナーランダー
ブッダガヤー
カーマルーパ
ベンガル
タームラリプティ
グルジャラ
シンド
マイトラカ
ヴァラビー
アジャンター
チャールキヤ
東チャールキヤ
ベンガル湾
アラビア海
ヴェーンギ
アイホレ
バーダーミ
パッラヴァ
カーンチープラム
マーマッラプラム
チェーラ
チョーラ
マドゥライ
パーンディヤ
N
0
500km
ハルシャの王国の最大領域
ハルシャ王と従属ないし友好関係にあった地域
玄奘の行路
チャールキヤ朝の最大領域
パッラヴァ朝の最大領域

ハルシャヴァルダナ時代のインド亜大陸

て長子のラージュヤヴァルダナが王位を継いだ。しかしこの新王はシャシャーンカの奸計にあって非業の死をとげたため、弟のハルシャ(ハルシャヴァルダナ)が十七歳で王位を継ぐことになった(在位六〇六／七～六四六／七)。また同じころハルシャの妹の嫁ぎ先であったマウカリ朝の王が没し、適当な後継者のない事態が生じたため、ハルシャは労せずしてこの隣国をも手にいれた。その後ハルシャはガンジス河畔の要衝カナウジを都と定め、積極的な領土拡張政策と巧みな外交政策とによって北インドの覇者としての地位を確立した。彼はさらにデカンの征服をめざして南下したが、ナルマダー河畔でチャールキヤ朝(バーダーミ)のプラケーシン二世の軍に敗れ、南北にまたがる帝国を建設する野望は実らなかった(六三四年頃)。

ハルシャは広大な版図を、グプタ朝よりさらにゆるやかな封建的分権体制によって支配した。王国の中心であるガンジス川上・中流域を直接の支配下におき、その他の地域は忠誠を誓った地方君主に支配を委ねたのである。ハルシャとそうした地方君主との関係は強弱さまざまであったが、カシミール、シンド、グジャラート(ヴァラビー)といった遠国の王たちや、ヒンドゥー文化を受容し独立国を打ち立てたカーマルーパ(アッサム西部)の王も、ハルシャの優越を認めていた。ハルシャはまた封建諸侯の帰順を確実なものとするため、大軍を率いて頻繁に版図内を巡行している。商業活動が停滞していたため、国家財政は主として地租と貢納に頼っており、有力な家臣への給与は一般に土地の給付というかたちをとった。唐僧玄奘がインドに赴きナーランダー僧院で学んだのは、ハルシャの時代であった。彼が帰国後に著わした『大唐西域記』によると、当時のインドの王は領内の耕地を四つに分け、それぞれ政府支出、大臣などへの封与、文化事業、宗教的施与にあてていたという。

『大唐西域記』や玄奘の弟子が著わした伝記『大唐大慈恩寺三蔵法師伝』によると、王都カナウジはガンジス河畔に位置し、堅固な防壁で囲まれ、経済的におおいに繁栄していたという。玄奘と会見し中国に関心をもったハルシャは、六四一年に唐の太宗のもとへ使節を派遣した。太宗はこれに応え六四三年に王玄策(副使)らをハルシャのもとに派遣している。しかし、王玄策が第二回の使節(正使)としてインドをおとずれたとき(六四七年)、ハルシャはすでになく、王位をめぐる争いの最中であった。王玄策はチベットとネパールで兵を集め、王位簒奪者を捕え中国に連行している(第三回の遣使は六五八年)。ハルシャ個人の力で維持され、統治組織の基礎固めの不十分であった王国は、王の死後たちまち瓦解してしまったのである。

シーラーディティヤ(戒日王)の称号でも知られるハルシャは、ヒンドゥー教のシヴァ神を信仰していたが、宗教的には寛容であり、しばしば諸宗教に莫大な布施をおこなっている。玄奘が見た国家をあげての二回の大布施会は、諸宗教への布施と貧者救済の慈善事業をかねたものであった。『大唐西域記』にはまた、この王が仏教に強い関心を示し、仏教保護につとめた様子も詳しく記されている。ハルシャは文芸の愛好者であり、宮廷には多数の詩人・文人が集まった。王の伝記『ハルシャチャリタ(ハルシャ王の治績)』を技巧を凝らしたサンスクリット語で書いたバーナもその一人である。王自身も高名な文人であり、戯曲『ナーガーナンダ(竜王の喜び)』をはじめとする数編の作品を今日に伝えている。

ハルシャ以後の情勢

ハルシャヴァルダナ以後、ガンジス川流域には「帝王」と自称する王が何人もでたが、称号倒れに終わった。彼らのうち八世紀前半にでたヤショーヴァルマンは、カナウジに都をおいてベンガルから中央インドにいたる地を征服し、ハルシャの王国を再現する勢いを見せた。しかしカシミール王のラリターディティヤと戦って敗れたため、その野望は実現しなかった。

西インドではマイトラカ朝がかなり長期にわたり政権を維持した。この王朝はまずグプタ朝の衰退期にグジャラートで独立し、ハルシャの王国が強大化するとこれに従属して力をたくわえ、彼の死後にふたたび独立を回復している。しかし八世紀初めに西隣のシンドを征服したイスラーム勢力との戦いで疲弊し、同世紀なかばに滅んだ。首都ヴァラビーの僧院は、ナーランダー僧院につぐ仏教教学の中心として知られた。またこの都市で六世紀初めにジャイナ教経典の編集会議が開かれ、経典がほぼ今日のかたちにまとめられた。経典はプラークリット語(俗語)の一つアルダ・マーガディー語で書かれている。ジャイナ教徒がプラークリット語の発達のうえにはたした役割は大きく、つづく時代に西インドで発達する地方的俗語アパブランシャ語の作品も、初めは彼らによって書かれた。

ベンガルは、一部の地方を除き、グプタ朝時代には中央から派遣された知事によって支配されていた。同王朝が衰退すると各地で独立の動きが見られ、七世紀初めにシャシャーンカ王がでてガンジス川中流域への進出を企てたが、ハルシャヴァルダナなどによって阻まれた。つづく八世紀なかばに、この地にパーラ朝(八世紀半ば〜十二世紀)が興った。この王朝初代のゴーパーラは、無政府状態の混乱を終わらせるた

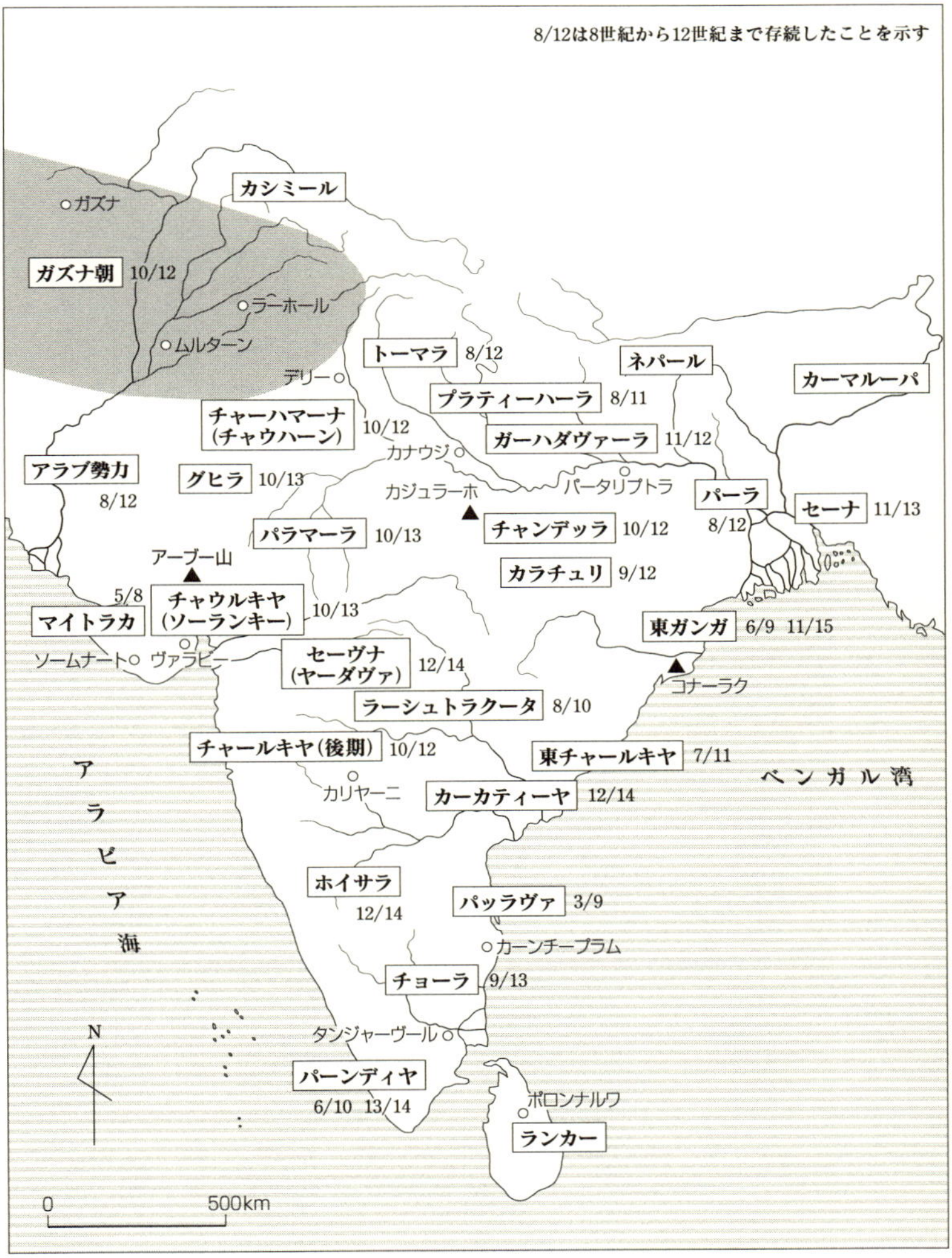

8/12は8世紀から12世紀まで存続したことを示す
ガズナ
ガズナ朝 10/12
カシミール
ラーホール
ムルターン
デリー
トーマラ 8/12
ネパール
カーマルーパ
プラティーハーラ 8/11
チャーハマーナ (チャウハーン) 10/12
ガーハダヴァーラ 11/12
カナウジ
アラブ勢力 8/12
グヒラ 10/13
カジュラーホ
パータリプトラ
パーラ 8/12
セーナ 11/13
パラマーラ 10/13
チャンデッラ 10/12
アーブー山
カラチュリ 9/12
5/8
マイトラカ
チャウルキヤ (ソーランキー) 10/13
東ガンガ 6/9 11/15
ソームナート
ヴァラビー
セーヴナ (ヤーダヴァ) 12/14
コナーラク
ラーシュトラクータ 8/10
チャールキヤ(後期) 10/12
東チャールキヤ 7/11
アラビア海
ベンガル湾
カリヤーニ
カーカティーヤ 12/14
ホイサラ 12/14
パッラヴァ 3/9
カーンチープラム
チョーラ 9/13
N
タンジャーヴール
パーンディヤ 6/10 13/14
ポロンナルワ
ランカー
0
500km

ハルシャヴァルダナ時代以後のインド亜大陸

め人民によって選ばれたという。パーラ朝は第二代のダルマパーラ(在位七七〇頃~八一〇頃)のとき強力となり、西隣のマガダ地方に進出してここに本拠を定めている。王はさらにガンジス川上流域に軍を進めカナウジを占領したが、彼とその後継者たちの北インド制覇の野望は、デカンのラーシュトラクータ朝と西インドに興ったプラティーハーラ朝によって断たれた。これ以後、ガンジス川流域とその支配の象徴としてのカナウジをめぐる三王朝間の戦いが、執拗に繰り返されることになる。

パーラ朝はガンジス平原の豊かな農業生産と、ガンジス河口の港を拠点とする東南アジア・南インドとの交易で栄えたが、九世紀後半から徐々に衰退に向かった。その後、十一世紀前半にマヒーパーラ(在位九九二頃~一〇四一頃)のもとで一時再興するが、南インドのチョーラ朝の侵攻(一〇二三年)などもあって力を失い、支配権はセーナ朝に移った。セーナ朝(十一世紀末~十三世紀半ば)はデカン南部のカルナータカ地方から移住してきた一族が創始した王朝で、十二世紀なかばにパーラ朝に取ってかわりベンガルの支配権を握った。しかし十三世紀初めにイスラーム軍の侵入をこうむって弱体化し、残存勢力も十三世紀なかばに滅亡した。

プラティーハーラ朝(八~十一世紀)は、五世紀なかばにフーナ族とともに中央アジアから移住し西インドに定着したグルジャラ族に起源する(この部族については土着起源と見る説もある)。グルジャラ族はラージャスタン地方でいくつかの小国を興したが、八世紀なかばにそのうちの一つから興ったプラティーハーラ家が強力となった。彼らは正統クシャトリヤの末裔《まつえい》と自称し、シンドを征服したアラブ勢力の拡大を阻止する一方、ガンジス川流域に進出してカナウジに都を移し、パーラ朝、ラーシュトラクータ朝と北インドの覇権を争った。両国との戦いは一進一退であったが、ボージャ一世(在位八三六頃〜八八五頃)とその子マヘーンドラパーラ一世(在位八八五頃〜九〇七頃)の時代に全盛期をむかえ、北インドをほぼ制覇する勢いを見せた。しかし、つづく衰退期に入ると、領内各地で有力諸侯、とりわけラージプート諸侯があいついで独立したため多くの領土を失い、また一〇一八年にはガズナ朝のマフムードによって首都カナウジを蹂躪《じゅうりん》され、ほどなく滅亡した。

ラージプート諸王朝とサーマンタ体制

プラティーハーラ朝と、その衰退後に西インド、中央インド、北インド中部で独立した諸王朝は、もともと中央アジアから移住してきた遊牧民族や、土着の有力家系・有力部族に属していた。しかし、その多くは権力を握ると自分たちをラージプート出身と称したため、八〜十二世紀の北インドはラージプート時代と呼ばれることがある。

ラージプートとはサンスクリット語で「王子」を意味する「ラージャプトラ」の訛《なま》りで、諸王家はこの呼称を採用することにより古代インドの王侯・武士階級「クシャトリヤ」の子孫であると主張したのである。彼らはバラモンの手を借りて神話上の英雄にまでさかのぼる系図を作成し、太陽王統(日種族)、月王統(月種族)、祭火王統(西インド、アーブー山の祭火)のいずれかに属すると誇っている。彼らはまた氏族的結合を強く守り、尚武の気質に富み、騎士道精神を尊んだ。女性にたいしては貞潔と夫への献身が求められ、戦死した夫の荼毘《だび》の火に身を投じるサティーの風習(寡婦殉死)がもてはやされた。またヒンドゥー文化の伝統の擁護者をもって任じ、バラモンの庇護、寺院の建立、ヴァルナ・カースト的社会秩序の維持につとめた。

ラージプート諸国は、たがいに領土をめぐる争いを繰り返し、十一世紀初頭から始まるムスリムの侵攻にたいしても、団結して抵抗する姿勢はあまり見られなかった。一一九一年、ゴール朝のムハンマドの軍の侵攻に際し、ラージプート諸国はチャーハマーナ朝のプリトゥヴィーラージャ三世のもとに連合して、デリー近くのタラーインの地でこれを撃退したが(第一次タラーインの戦い)、翌年の第二次タラーインの戦いでは、内部分裂のため敗北した。そしてここにムスリムによるインド支配の道が開かれた。

ラージプート諸国をはじめとするヒンドゥー諸王国では、サーマンタ体制と呼ばれる封建的・分権的な支配体制が採用された。サーマンタとはもともと「隣人」を意味する語であるが、ここでは封建諸侯(領主)の意味に用いられている。この体制のもとで諸国の王(マハーラージャ)は、一族の者や地方有力者に領地を与えたり旧領を安堵したりして、諸侯(マハーサーマンタ〈大サーマンタ〉)に任じ、また名誉の称号を用いることや公的な行列の際に象に乗ることなどを許可した。諸侯はこの恩寵に応えて貢納や戦時における軍隊の提供の義務をはたし、またしばしば王のもとに伺候している。したがって王国の強弱は、従属下のマハーサーマンタの数と、彼らの動向によって決まった。マハーサーマンタ、とりわけ遠隔地のマハーサーマンタには、隣国の王のもとにはしったり分離・独立したりする傾向が見られたため、王はさまざまな懐柔策を弄してその対策に腐心した。王たちの多くは敬虔なヒンドゥー教徒であり、しばしば巨費を投じてヒンドゥー寺院を建立した。大寺院の建立には、統治の正統性と権力の強大さを誇示する意味もこめられていたが、その一方で国家の財政を疲弊させ、また負担にあえぐマハーサーマンタの反抗を招いた。

一方、土地を媒介とする同じような主従関係が、マハーサーマンタと家臣(サーマンタ、ラウタ、タックラなどの名で呼ばれた)のあいだにも存在した。このような封建的支配体制の総体がサーマンタ体制である。この体制下で農民は、これまでにもまして土地に緊縛されることになり、また地租のほかにさまざまな口実で税や夫役を課せられた。当時、貨幣経済の衰退によって役人や兵士への現金給付が困難になっていた。サーマンタ体制採用の背景には、こうした経済事情が存在したのである。

ラージプートの有力諸王朝

代表的なラージプート王朝にはつぎのものがある。

チャーハマーナ朝(チャウハーン朝)　この一族は七世紀以後、数家に分れてラージャスタン地方の各地によっていた。その一つ、今日のジャイプル近くのシャーカンバリーによった王家は、プラティーハーラ朝に従属しつつ力をたくわえ、十世紀なかばに独立を達成した。十二世紀なかばになって勢力はさらに拡大し、デリーに進出したが、プリトゥヴィーラージャ三世(在位一一七七～九二)が第二次タラーインの戦いで敗れ処刑されたため、王朝は滅んだ。

チャンデッラ朝　月種族に属すると称した王朝。九世紀初め中央インドに興り、プラティーハーラ朝に従属していたが、十世紀なかばに独立した。その後、周囲のラージプート諸国と争いを繰り返し、十一世紀に全盛期をむかえた。しかし同世紀末からしだいに衰退し、十三世紀初めにデリーのムスリム政権に攻められて事実上滅んだ。都のカジュラーホにヒンドゥー寺院群を建立したことで名高い。

カラチュリ朝　月種のヤーダヴァ族の後裔であると自称した王朝で、⑴六世紀にグジャラートに興り、のちマールワーに進出した王朝、⑵中央インドのトリプリーに都をおき、九世紀なかばから十二世紀にかけて存在した王朝(チェーディ王国)、⑶十一世紀にガンジス川北方の支流ゴーグラー川の流域を支配した王朝、の三王朝が知られる。

パラマーラ朝　アーブー山の祭火に起源すると自称する王朝で、初めラーシュトラクータ朝に従属していたが、十世紀後半に独立し、都のダーラー(ダール)を中心にマールワー地方を支配した。東のカラチュリ朝、西のチャウルキヤ朝、南のチャールキヤ朝(カリヤーニ)と争いつつ勢力を維持したが、十三世紀後半に衰退し、一三〇五年にデリーのムスリム政権に攻められ滅んだ。

チャウルキヤ朝(ソーランキー朝)　十世紀なかばにプラティーハーラ朝の衰退に乗じて独立し、グジャラート地方のアナヒラパータカ(アナヒラプラ)に都をおいて西インドを支配した。十一世紀前半にガズナ朝のマフムード軍に領土を蹂躙され、ヒンドゥー寺院(ソームナート)の莫大な財宝が奪われたが、ほどなく復興して、同世紀末から約一世紀にわたり全盛期をむかえた。このころジャイナ教の大学者へーマチャンドラが活躍し、彼の教えを受けたクマーラパーラ王(在位一一四三～七二)がヒンドゥー教からジャイナ教に改宗している。これ以後、ジャイナ教は王家の庇護のもとに栄え、アーブー山の寺院群をはじめとする数々の寺院が建立された。王朝は十二世紀末から衰退し、十三世紀にはデリーのムスリム政権に攻められ、ほどなく滅んだ。

そのほか、トーマラ朝はプラティーハーラ朝の衰退後に独立して、十二世紀なかばにチャーハマーナ朝に滅ぼされるまでハリヤーナ地方を支配した。デリーの名は、この王朝が建設した首都ディッリカーに由来する。またガーハダヴァーラ朝はカナウジに都をおき、十一世紀末から十二世紀にかけてガンジス川上流域を支配した。この王朝最後の王ジャヤチャンド(在位一一七〇~九三)は、プリトゥヴィーラージャ三世への私怨からムスリム軍との戦い(第二次タラーインの戦い)に参加せず、ラージプート連合軍の敗北を傍観したといわれる。中央インドのメーワール地方では、七世紀ころからグヒラ族の諸王朝が興り、消長はあるものの、その後長期にわたりこの地方で勢力を維持した。

周辺諸国の情勢

オリッサ　インド半島東北部のオリッサ地方に興った諸王国は、北からはベンガルを支配した王朝、南からはドラヴィダ民族の王朝、西からはデカンを支配した王朝の進出の的となり、そのときどきの情勢に応じて独立と従属を繰り返した。六世紀なかばには南のアーンドラ地方に興った東ガンガ朝がオリッサ地方に進出し、三〇〇年以上にわたり両地方を支配している。十一世紀に入ると後期東ガンガ朝(後期ガンガ朝)がオリッサに政権を樹立し、周囲の諸国からの侵入を受けながらも長期にわたり独立を守った(~一四三四年)。この王朝のもとで、文化的にも充実期が出現している。ブバネーシュワルのリンガラージャ寺院(十一世紀半ば)、プリーのジャガンナート寺院(十二世紀半ば)、コナーラクのスーリヤ寺院(十三世紀半ば)に代表されるオリッサ様式と呼ばれる壮麗なヒンドゥー寺院が建立されたのもこの時代であり、またインド・アーリヤ語の東部グループに属するオリヤー語(現オリッサ州の公用語)の形成が進展したのもこの時代である。

アッサム　インド亜大陸東北辺境のブラフマプトラ川流域に広がるアッサム地方には、早くよりオーストロ・アジア系、チベット・ビルマ系の言語を話す民族が居住していた。その後、ベンガル地方を経由してアーリヤ系言語を話す民族が移住し、またガンジス平原に成立した文化が伝えられた。この地方に興った最初の王国はカーマルーパである。玄奘の『大唐西域記』によると、七世紀前半にこの国にでたクマーラ・バースカラヴァルマン王は、バラモン出身で、北インドの覇者ハルシャヴァルダナと友好関係を維持しつつ東インド方面への進出をうかがっていたという。この王はヒンドゥー教の信者であったが、仏教にも関心を示し、玄奘を自国に招いている。その後、アッサムは政治的に分裂するが、ヒンドゥー化は着実に進み、十一世紀ころインド・アーリヤ系言語としては最東端に位置するアッサム語の成立を見た。十三世紀ころには、バクティ信仰を吐露したヒンドゥー教の宗教詩などを含む初期アッサム文学も生まれている。この地方には十三世紀前半に、タイ系シャン族の一派アホム族が侵入しアホム王国を建設したが、彼ら新来民族もしだいにヒンドゥー化していく。

ネパール　ヒマラヤ山系南麓のネパール地方には、もともとチベット・ビルマ系の言語(今日のネワール語などはこの言語に属する)を話す民族が住んでいた。その後、ガンジス平原からインド系民族が移住し、両民族のあいだに血縁的・文化的な接触と融合が進んだ。前六ないし前五世紀に仏教を創始したゴータマ・ブッダは、今日のネパール・インド国境地帯によっていたシャーキヤ族(釈迦族)の出身である。また今日のカトマンズ盆地には、前三世紀なかばのアショーカ王時代にさかのぼると見られるストゥーパ(仏塔)遺跡も存在する。この地方の歴史における最初の確かな王朝はリッチャヴィ朝(四~九世紀)である。この王朝はグプタ朝の諸王やハルシャヴァルダナのような北インドの覇者の宗主権を認めつつ独立を維持したが、その一方で、ハルシャの死後の政治的混乱に乗じ北インドに侵攻するといった動きも見せている。つぎのタークリ王朝は弱小で、ネパールはチベット王国(吐蕃《とばん》)に従属した。九世紀末、ネパールはマッラ朝のもとチベットの軛《くびき》から脱して独立したが、その後ほどなく王朝は衰え分裂状態に陥った。しかし十四世紀後半に再興し、約一世紀にわたり統一を維持している。この間、ベンガルのパーラ朝やチベットから仏教(密教)が伝わり流行した。またヒンドゥー教が王家の庇護を受けて栄え、多くの寺院が建立された。こうした過程でネパール文化のヒンドゥー化、ネパール社会のカースト化が着実に進行し、またインド・アーリヤ系言語の一つネパール語(今日のネパールの国語)が形成された。

カシミール　インド亜大陸の西北部では、ヒマラヤ山系に囲まれた渓谷にカシミール王国が興り栄えた。この地方は、狭隘《きょうあい》な山道を通じて西はガンダーラ・アフガニスタン、北は中央アジア・中国西部辺境、南はインドの平原、東はチベットと結ばれており、早くから経済的・文化的な交流の要衝であった。この地に仏教が伝えられたのは前三世紀なかばのアショーカ王時代であるが、それ以来仏教の一中心地となり、二世紀のカニシュカ王の時代には第四回の仏典結集が開催されたという。またガンダーラの影響を受けた仏教美術も栄えたが、玄奘がこの地をおとずれた七世紀前半にはヒンドゥー教がやや優勢となっていた。これ以後、カシミールはヒンドゥー教とその教学の一中心地となり、九世紀にはシヴァ派の有力な一派(カシミール・シヴァ派)を生んだ。また王家の庇護を受けて、ピラミッド型の屋根をもった独自の様式のヒンドゥー寺院が各地に建立された。近年、カシミール・ガンダーラ地方から中央アジア・中国西部辺境に向かうカラコルム・ハイウェイにそった各地で、岩石にきざまれた仏教関係の碑文や線画(前一〜後八世紀頃)が多数発見され、仏教伝播の一端が明らかになった。

政治的に見ると、カシミールは、フーナ族のミヒラクラの支配を受けたあと(一一八頁参照)、七世紀にカールコータ朝(〜八世紀半ば)のもとで強力になり、ラリターディティヤ(八世紀)など有力な王は、しばしば北インドの平原(ガンジス川・インダス川流域)に兵をだし、この地の諸勢力と戦っている。つづく王朝のもとでも勢力は維持されたが、十一世紀には弱体化し、十四世紀にムスリムの支配下に入った。歴代の王のなかには、灌漑事業を推進し農業生産の向上につとめた者、ヒンドゥー教を保護し寺院の建立につとめた者、文芸の保護につとめた者なども多い。十世紀後半には女王ディッダー(在位九五〇頃〜一〇〇三頃)の長期にわたる統治もあった。カシミールの古代史は、十二世紀にカルハナが著わした史書『ラージャタランギニー(諸王の流れ)』から知られる。この作品は、カルハナが当時入手できたあらゆる資料を駆使し、神話時代から十二世紀までのカシミール史をサンスクリット語の韻文で書き記したものである。今日の歴史家が「史書なき古代インド」となげくように、古代のインド人は歴史書を書き伝えなかった。この作品は、インド人が著わした最初の本格的な歴史書として名高い。

なお、カシミールの西隣では九世紀後半にヒンドゥー・シャーヒー朝が興り、カーブル川流域からパンジャーブ北部にいたる地を支配している。この王朝は十一世紀初めにガズニ朝のマフムードに滅ぼされるまで、アフガン台地によったムスリム勢力の進出を防いだことで知られる。

3 社会と文化の再編成

都市の衰退と村落社会の再編成

グプタ朝末期(六世紀)以後の政治的な混乱時代に、北インドの各地で大都市間の交易活動が停滞し、都市の繁栄が失われた。都市衰退の実態は、この時代に発行された貨幣からもうかがわれる。たとえば、金貨はほとんど発行されなくなり、銀貨や銅貨は粗悪化し、発行量も減る。北インドを制覇したハルシャヴァルダナもまた貨幣製造には意欲的ではなく、わずかに小型銀貨を発行したにすぎない。王侯のもとに集められた富も、その多くは宮廷費や軍事費、また寺院建立の費用にあてられ、都市経済の活性化につながらず、交易活動の中心としての都市が衰え、政治都市、宗教都市が目立つようになった。インド亜大陸全体を眺めてみると、パーラ朝時代のベンガルの諸港、インド半島西海岸の諸港、パッラヴァ朝やチョーラ朝時代の南インド諸港のように、海上貿易で栄えたところもあるが、その貿易活動の利も、しだいにアラブ商人やペルシア商人の手に移った。

村落を基礎とする経済が支配的となったこの時代に、地域社会ではカースト制度の発達にともなうあらたな秩序の形成が進んだ。この時代においてもヴァルナ制度の大枠は維持されたが、先に見たように、第三ヴァルナのヴァイシャは、主として商人のヴァルナとなり、農民、牧畜生活者、職人など一般大衆は第四ヴァルナ「シュードラ」に属するとみなされるにいたった。その結果、シュードラ差別はしだいに解消したが、その一方で、第五のヴァルナとしての不可触民にたいする差別は拡大・強化され、不可触視される集団の数がふえ、また不可触民人口の割合もふえた。

こうしたヴァルナ制度の枠組みの内部で、この時代に多数のカーストが形成された。カーストの語源はポルトガル語で血統を意味するカスタにあり、したがってこの語の使用は十六世紀以後のことになる。インドでは「生まれ(を同じくする集団)」を意味するジャーティという語で呼ばれてきた。カースト(ジャーティ)は伝統的な職業を世襲する集団で、その成員は同じカーストに属する者と結婚した(内婚)。また職業、結婚、食事などにかんする煩瑣な掟を守り、違反者にはカーストの名で制裁が加えられた。それぞれのカーストのあいだにはヒンドゥー教の浄・不浄観を主たる基準とした上下の関係が存在し、その最上位にはバラモンが、最下位には不可触民の諸カーストがおかれた。ただし、政治的・経済的な要因によってカーストの上下関係に変動が生ずることもあった。古代以来、同職者のギルド的組織や、職業世襲の傾向は見られたが、グプタ時代以後に社会のあらゆる分野でカースト化がゆっくり進行した。

村落社会のカースト的再編成は、農民が自己の権利を守るためカースト集団化することによって進展した。つづいて、彼ら農業カーストを中心とする村落に、村人の冠婚葬祭をとりおこなうバラモンや、さまざまな職人カーストに属する者たち(鍛冶《かじ》工、陶工、大工などのカーストに属する者たち)が移り住み、それぞれの役割をはたすことによって村落の生産活動を支えた。彼らはまた、農繁期における農業労働の提供者としての役割を担っている。不浄視される仕事を分担する不可触民のあいだにも、職種によりいくつかのカーストが生まれたが、彼らもまた村の周縁に居住地を与えられ住み着いた。また村落秩序を維持するため、主要カーストに属する村長や長老を中心とする自治的な組織も形成された。このようにして、多数のカーストから構成され、カースト間の分業関係によって支えられた村落が、それぞれの地域性をともないつつ、数世紀あるいはそれ以上の年月をかけて、インド亜大陸のほぼ全域で成立することになった。

　カースト社会の形成は、民族宗教となりつつあったヒンドゥー教の指導者バラモンによって、イデオロギーの面からうながされた。彼らは、この世の生まれを宿命——前世の行為（業《ごう》）の結果——として受けとめ、それぞれのカーストの義務をはたすよう説いたのである。またヒンドゥー王国の支配者たちも、社会の安定のため政治の面からバラモンの主張を支持し、カースト社会の形成に一定の役割をはたした。

仏教の衰退とヒンドゥー教の新展開

　七世紀に玄奘が学んだ東インドのナーランダー僧院は、仏教教学の中心として数千人の学僧を集め、寄進された百余村からの収入によって運営されていた。またそこで学ばれる科目は、仏教教学に限らず、バラモンの伝統的な教学や哲学から、医学、天文学、数学にまでおよんでいた。全盛期のナーランダー僧院は、いわばインド最大の総合大学であった。しかし、その一方で玄奘は、仏教がインド各地で衰退に向かいつつあるとなげいている。

　インドにおける仏教の衰退には、いくつかの原因がある。まず都市の衰退が商人たちの経済力を低下させ、その結果、彼らの寄進に頼っていた仏教教団は経済的基盤を失うことになった。仏教教団が都市の政治や経済に積極的に介入したことを伝える資料もあるが、基本的には教団は世間とのつながりを断ち修行に励む僧たちからなる集団であり、在家信者の冠婚葬祭の儀礼には関係をもたなかった。そうした儀礼は民間で暮し地域社会に根をおろしたバラモンに任されていたのである。経済的援助を失い僧院の維持ができなくなった僧たちは、よりよい修行の地を求めて移動した。こうした動きが亜大陸の各地で進行し、仏教は徐々に衰退に向かった。

仏教衰退のもう一つの原因は、ヒンドゥー教との争いに最終的に敗れたことである。八世紀の南インドに興り北上したバクティ信仰(一五六頁参照)は、身分や性別をこえ大衆のあいだに広まり、やがて王侯たちの心もとらえた。さらに、ヒンドゥー教徒のあいだで仏教の開祖ブッダがヴィシュヌ神の化身と見られるようになり、これによって仏教のヒンドゥー教への吸収が進んだ。ヒンドゥー教徒と仏教徒のあいだに暴力をともなう衝突も発生はしたが、大局的に見ると、仏教は亜大陸の各地で自然消滅したといえるであろう。

教理の面でも、仏教は正統派バラモンの思想家たちからの攻撃にさらされた。そうした思想家を代表する人物が八世紀前半にでた南インド出身のシャンカラである。彼は前代に成立した六派哲学の一つで古代ウパニシャッド哲学の系統を引くヴェーダーンタ学派に属し、宇宙の根本原理ブラフマンを絶対視する不二一元論(アドヴァイタ)を説いた。また仏教哲学を激しく批判したが、彼の哲学のなかには仏教思想も一部取り込まれているという。さらに彼は亜大陸内を遍歴し、各地に仏教の僧院をまねたマタと呼ばれる修学の場を設立した。後世、シャンカラの哲学はインド哲学の主流を形成することになる。時代はややくだるが、同じく南インド出身のラーマーヌジャは、大衆のあいだに流行していたヴィシュヌ神への帰依《きえ》信仰と、特権意識の強い正統派バラモンの思想を結びつけることにより、バクティ信仰に哲学的な基礎を与えた。これによりバクティ運動は、一層広い層の信者を受け入れることが可能となった。

密教の成立

時代がくだると仏教の密教化が進行し、その結果、仏教自体のヒンドゥー教化がうながされた。密教(タントリズム)は、特別の聖所で、特別の姿勢をとり、特別の呪句(マントラ)を唱えつつ絶対者との一体化を求める秘密の儀礼を特色とする。また女性のもつ性的・創造的な力(シャクティ)が重視され、しばしば女性差別・カースト差別をこえて信仰された。民間信仰に起源するこうした秘密儀礼はヒンドゥー教によって採用されたが、大乗仏教にも取り込まれ、金剛乗(ヴァジュラヤーナ)と呼ばれる一派の成立を見た。この秘密仏教では、釈迦牟尼《しゃかむに》仏をはじめとする従来の諸仏にかわって、大日如来《だいにちにょらい》が信仰の中心とされた。根本経典『大日経』『金剛頂経』は七世紀に成立している。密教はその後、民間信仰の神々を取り込み、インド仏教の終末期にかけてベンガル地方を中心に栄えたが、仏教としての独自性は失われた。密教化した仏教は、インド亜大陸の外にあって大乗仏教が流行した中国、日本、チベットで栄えることになる。

こうした衰退期の仏教にとどめを刺したのは、ムスリムである。一二〇三年にインド仏教最後の砦であった東インドのヴィクラマシラー僧院が、アフガニスタンに本拠をおくゴール朝の軍によって破壊され、殺戮《さつりく》をまぬがれた僧たちはチベットや東南アジアに難を避けた。またこのころナーランダー僧院も破壊されている。両僧院の破壊は、インド仏教の最期を象徴する出来事であった。これにたいし、都市の商人たちに信仰されていたジャイナ教は、出家者と在家信者とのつながりを強固に維持しつつ、信者数は限られていたとはいえ、西インドを中心に存続した。

地方文化の発達

グプタ朝時代以後のヒンドゥー諸王国分立時代に国家間の争いは繰り返されたが、長期的な目で眺めると、そこには一種の勢力均衡状態が存在しており、その結果、それぞれの王国を単位とする地方文化の発達が見られた。そうした文化を代表するものに、パーラ朝のもとに発達した仏教文化がある。この王朝では第二代のダルマパーラ王がヴィクラマシラー僧院を創建している。この僧院はやがて密教教学の中心となり、近隣のナーランダー僧院とともに東南アジアやチベットの僧を集めた。ヴィクラマシラー僧院の出身者のなかには、座主であったアティーシャのように、布教のためチベットに赴き(一〇四二年)、この地の密教の発展に貢献した者も多い。仏教美術としては、パーラ様式と呼ばれる精緻かつ優雅な仏像彫刻(石、ブロンズ)がつくられた。パーラ様式は東南アジアやチベットの仏教美術に大きな影響を与えている。

ヒンドゥー教やジャイナ教も、それぞれの地方で王侯の保護下に特色ある文化を発達させた。建築の分野では、中央インドを支配したチャンデッラ朝の建立になるカジュラーホの寺院群、オリッサ地方の東ガンガ朝が建立したコナーラクの太陽神寺院、グジャラートのチャウルキヤ朝が建立したアーブー山のジャイナ教寺院などが名高い。これらは、南インドで発達したドラヴィダ様式(南方型)にたいする北インド様式(北方型)の代表的な寺院建築である。

文学作品としては、セーナ朝の宮廷詩人ジャヤデーヴァが書いたサンスクリット抒情詩『ギータゴーヴィンダ(牛飼いの歌)』がある。これは牧女ラーダーとクリシュナ神(ヴィシュヌ神の化身)の愛を官能的にうたった作品で、多くの人々に愛唱され、クリシュナにたいするバクティ信仰の流行に貢献した。またこの時代には、ヒンディー語、ベンガリー語、マラーティー語といった今日につながる地方語の発達を見た。武勇で名高いチャーハマーナ朝の王プリトゥヴィーラージャ三世を主人公とする『プリトゥヴィーラー

カジュラーホの寺院　チャンデッラ朝の古都カジュラーホには石積みのヒンドゥー教寺院群が存在する(10〜12世紀)。壁面を埋める官能的な彫像でも名高い。

コナーラクの寺院　オリッサ地方に建てられた石積みの大寺院(13世紀)。太陽神スーリヤを祀る。本殿の高塔は崩壊したままであるが，優れた彫刻は現存。

ジ・ラーソ』(チャンド・バルダーイー作)は、初期ヒンディー文学の傑作である。バクティ信仰の流行とともに、シヴァ神、ヴィシュヌ神にまつわる古伝承が口語で語られるようになり、これによって地方語の発達がさらにうながされた。時代がくだると、『マハーバーラタ』や『ラーマーヤナ』といった古典も、サンスクリット語からいくつかの地方語に訳されるようになる。

文字は、それまでほぼ共通のブラーフミー系文字がインド亜大陸の全域で用いられていたが、この時代以後それぞれの地方で、同じブラーフミー系ではあるが地方差の顕著な文字が発達することになる。ヒンドゥー法の分野では、『マヌ法典』をはじめとする法典の精緻な注釈が書かれ、そうしたなかからダーヤバーガ派、ミタークシャラー派というヒンドゥー法の二大学派が生まれた。前者はベンガルを中心に、後者はデカンを中心に発達し、後世に伝えられた。

地方の有力な神々がシヴァ神、ヴィシュヌ神という二大神信仰のなかに取り込まれたことについてはすでに記した。その過程で地方的信仰の聖地は二大神の聖地となり、寺院が建立され、門前町が生まれた。それぞれの地方に巡礼の道(交易の道でもある)が発達したが、巡礼圏は重なり合う部分をもつため、その結果として巡礼の道(交易の道)はインド亜大陸全体に張りめぐらされることになった。この時代は地方文化の発達した時代であったが、その一方で、こうした道を通じてインド亜大陸全体に共通するヒンドゥー文化の形成も進んだのである。

第四章　南インド社会の発展

1　三王国の抗争とバクティ信仰の展開

三王国の抗争

三王国とは、バーダーミを都に西部デカンを支配したチャールキヤ朝、カーンチープラムを中心に、タミル・ナードゥ北部からアーンドラ・プラデーシュ南部にかけてを支配したパッラヴァ朝、マドゥライを都に半島南端部に勢力を築いたパーンディヤ朝をさす。六世紀までにそれぞれの地で確固たる勢力を築いた彼らは、やがて領土のさらなる拡大を求めてたがいに争うようになる。この時期には、グプタ朝期に北インドで成立したヒンドゥー教的社会規範が南インドに持ち込まれたが、それと同時に、シヴァ神、ヴィシュヌ神などへの絶対帰依《きえ》を説くバクティ信仰があらたに展開した。

デカンでチャールキヤ朝の基礎を築いたのはプラケーシン一世(在位五四三/四~五六六)で、五四三年ころカルナータカ州北部のバーダーミを占拠し、カダンバ朝の支配から独立した。バーダーミは二つの丘に囲まれた要害の地であったが、その近くには、マハークータ、パッタダカル、アイホレなど、チャールキヤ朝初期の建造物をもつ遺跡が多く残り、その勢力の急速な発展を物語っている。パッタダカルは王朝の信仰と儀礼の中心であったらしく、多数のヒンドゥー教寺院が残されている。

つづく時代プラケーシン二世(在位六〇九／一〇～六四二)は、南部ではカダンバ朝を屈服させ、その東南に台頭していたガンガ勢力を封臣とし、北方ではグジャラート・マールワー地方にまで勢力を伸ばした。彼は北インドからのハルシャヴァルダナの軍を打ち破り、そのデカンへの侵入を阻止した。さらに東部では、アーンドラの地を征服して、弟ヴィシュヌヴァルダナをヴェーンギの支配者とした。それはその後五〇〇年程つづく東チャールキヤ朝の誕生を意味した。しかし、晩年にはパッラヴァ朝と争い、その侵入を受けてバーダーミを落とされ、自らの死を招いた。

三世紀末に台頭したパッラヴァ朝については、外来民族であるとする説や、カダンバ朝のように北インドから来住したとする説も見られるが、その出自についてはよくわからない。カーンチープラムを中心とするパッラヴァ朝の地はトンダイ・マンダラムと呼ばれるが、王朝名であるサンスクリット語のパッラヴァ(小枝の意)は、蔓《つる》草を意味するタミル語トンダイの代替であるとする説もあり、北インド・南インド両方の要素がまじりあっているものと想像される。

初期の王については、プラークリット語で書かれた三通の銅板刻文が残っていて、シンハヴァルマン、シヴァスカンダヴァルマン、スカンダヴァルマンという系譜をたどることができる。不思議なのは、そこに記された彼らの勅命はすべてカーンチープラムから発せられているのに、刻文の発見地はアーンドラ地方で、内容もすべてアーンドラ地方の行政にかんするものであることである。その点に謎は残るが、彼らはアーンドラの地でイクシュヴァーク朝と争ってその勢力を確立したらしい。

ところで、四世紀中葉にはグプタ朝のサムドラグプタが遠征軍を率いてカーンチープラムの近郊に達し、その支配者ヴィシュヌゴーパを打ち破っている。上記三名の王との関係は不明であるが、ヴィシュヌゴーパはパッラヴァ王で、スカンダヴァルマンの後継者であると想定する研究者が多い。これら初期の王を含めてパッラヴァ朝の王統については、その後のサンスクリット語の刻文によっても知ることができるが、それでも、四・五世紀の状況ははっきりしない。おそらく彼らはカラブラの勢力下におかれていたものと思われる。

その状態に終止符を打ち、パッラヴァ朝を再興したのは、シンハヴァルマンの子で六世紀後半に統治したシンハヴィシュヌ(在位五六〇〜五八〇)であった。父母はジャイナ教の信奉者であったが、彼はヒンドゥー教の信仰をもっていたらしく、刻文のなかで「カラブラの勢力を打ち破った」と記されている。さらに彼は、領土をカーヴェーリ川流域にまで広げ、パーンディヤ朝やスリランカの支配者とも争った。バーダーミのチャールキヤ朝との抗争が始まるのは後継者のマヘーンドラヴァルマン一世(在位五八〇〜六三〇)のときからである。

自身文人であったマヘーンドラヴァルマンの時代には、岩窟寺院に新しい建築様式が生み出されるなど、文化面で著しい発展を見た。その子ナラシンハヴァルマン一世(在位六三〇〜六六八)の治世にチャールキヤ朝のプラケーシン二世が首都カーンチープラムを攻撃したが、彼はそれを撃退し、その後は逆にバーダーミを攻め、プラケーシン二世はそれによって命を落とした。バーダーミには城を占拠したナラシンハヴァルマンの刻文が岩にきざまれて残っている。彼はスリランカの王位継承戦にも加わっているが、中国僧玄奘《げんじょう》が南インドを旅行したのはちょうどこの時期(バーダーミ陥落前)で、カーンチープラムやバーダーミについて記述を残している。

カラブラの勢力を打ち破ってパーンディヤ朝を再興したのは、六世紀末のカドゥンゴーン(在位五九〇~六二〇)とその子マーラヴァルマン(在位六二〇~六四五)である。その後継者たちは勢力をチェーラの地にまで拡大したが、七世紀末のアリケーサリ(在位六七〇~七〇〇)の時代にはパッラヴァ朝との抗争が激化した。

パッラヴァ朝に都を落とされたチャールキヤ朝では封臣の反乱など困難な状態がつづいたが、息子の一人ヴィクラマーディティヤ一世(在位六五四/五~六八一)はそれを再建し、逆にパッラヴァ朝の地に侵入し、カーヴェーリ河畔まで進出した。しかし、その後の時代はおおむね平和で、寺院建築などに見るべきものが多い。八世紀にはアラブ勢力がシンドに進出して南下を企てたが、ヴィクラマーディティヤ二世(在位七三三/四~七四四/五)はそれを防いだ。つづく時代、パッラヴァ朝およびパーンディヤ朝との争いが激化するが、その過程で封臣であったラーシュトラクータ家のダンティドゥルガが勢力を伸ばして七五二ないし七五三年ついに主君を破り、チャールキヤ朝は一時デカンから姿を消す。

パッラヴァ朝では七世紀末にチャールキヤ朝とパーンディヤ朝の挟撃を受けるが、ナラシンハヴァルマン二世(別名ラージャシンハ。在位七〇〇~七二八)の時代はおおむね平和で、マーマッラプラムの海岸寺院、カーンチープラムのカイラーサナータ寺院などの建築や文学に見るべきものが多い。つづくパラメーシュヴァラヴァルマン二世(在位七二八〜七三一)には子がなく、その戦死によって後継者の決定が問題となったが、大臣たちとバラモン教学院(ガティカー)の高僧たちの推挙により、傍系王統からナンディヴァルマン二世(在位七三一〜七九六)が入って王位に就いた。ただ、それまで彼がどこにいたのかは不明である。

カーンチープラムのカイラーサナータ寺院(正面)　手前はシヴァ神の乗り物ナンディ(牡牛)と，その堂であった建物の柱に彫られた獅子。

つづく時代、パーンディヤ朝との争いが激化し、その過程で、カーヴェーリ・デルタの地で封臣となっていたチョーラ家の勢力が伸び、九世紀末、そのアーディティヤ一世のために滅ぼされた。

パーンディヤ朝のジャティラ・パラーンタカ・ネドゥンジャダイヤン(ヴァラグナ一世、在位七五六〜八一五)はケーララを侵略し、北方でもカーヴェーリ・デルタまで勢力をおよぼした。つづいてシュリーヴァッラヴァ(在位八一五〜八六二)のときにはスリランカにまで侵略の手を伸ばし、その首都アヌラーダプラを落としたが、のちスリランカのセーナ二世とパッラヴァ朝に挟撃されて、マドゥライを落とされ、命を失った。その後継者たちは、パッラヴァ朝あるいはスリランカの勢力に従属し、十世紀初頭にチョーラ朝のために滅ぼされた。

西部デカンでチャールキヤ朝を倒したラーシュトラクータ朝は、クリシュナ一世(在位七五六~七七五)の時代にガンガ朝と東チャールキヤ朝を服属させ、つづく時代にはパッラヴァ朝をおさえ、北インドのガンジス平原に進出してベンガルのパーラ朝を破るまでに発展した。クリシュナ一世の時代には、エローラに有名なカイラーサナータ寺院が大きな岩盤を切り出してつくられている。九世紀のアモーガヴァルシャ王(在位八一四~八八〇)の長い治世は、東チャールキヤ朝とガンガ朝の反乱を見るなど波瀾にとんだが、王は文学の愛好者として知られ、あるジャイナ教作品の作者に擬せられている。首都マーニヤケータを築いたのもこの王といわれる。ラーシュトラクータ朝の勢力は、北方に伸びると同時に、ヴェーンギの東チャールキヤ朝と争い、また、ガンガ、ノランバなどのデカン南部の諸勢力をあいだに挟んでタミル地方のパッラヴァ朝と抗争したが、その形勢は九世紀末にパッラヴァ朝がチョーラ朝に取ってかわられたあともつづいた。

新しい支配体制

チャールキヤ朝やラーシュトラクータ朝においては、地方がいくつかのヴィシャヤやラーシュトラに分けられて、そこにヴィシャヤパティ、ラーシュトラパティなどの長官がおかれたらしい。カダンバ・ガンガなどの従属的勢力の地域は、カダンバ・マンダラ、ガンガ・マンダラのように、マンダラと呼ばれることが多かったようである。ヴィシャヤより小さい行政区分のナードゥや村落には、ガームンダ(ガーヴンダ)と呼ばれる在地の首長が存在したように推定される。なお、チャールキヤ朝統治の後半からは、プリゲレ三〇〇、キスカードゥ七〇のように、刻文中で行政区分の固有名詞につづけて数字が記されるようになり、ラーシュトラクータ朝のもとで一般化する。カダンバ朝の故地であるバナヴァーシには一万二〇〇〇という数がつけられている。この数字の意味は不明であるが、そこに含まれる村落数とも考えられている。そのような独自性は見られるものの、この時代のデカンの王朝は、北インドのグプタ朝の行政制度を範として統治したように思われる。

パッラヴァ朝の中心地であるトンダイ・マンダラムの内部はコーッタムという行政区分に分けられ、その下にナードゥがおかれていた。パッラヴァ朝では、王がバラモンに村落を寄進したことを記す銅板刻文が数多く残っているが、寄進された村落はブラフマデーヤと呼ばれ、バラモンたちはそこでサバーという共同組織をつくって村落の管理にあたった。ブラフマデーヤ村落の多くはチョーラ朝の時代まで存続し、サバーの活動を記す数多くの刻文が残っている。サバーには、水利委員会、耕地委員会などもおかれ、バラモンたちが農業生産の増大に意を用いている様子が読みとれる。

パッラヴァ朝が支配したトンダイ・マンダラムは中心部をパーラール川が流れるものの、その水量はわずかで、乾季には干上がって水がほとんど流れない。したがって、この地は、アーンドラ地方のゴーダーヴァリー・クリシュナー両河デルタ、タミル・ナードゥ中部のカーヴェーリ川デルタと異なって、年間をとおして河川から農業用水を確保することのできない半乾燥地帯なのである。そこでトンダイ・マンダラムで発達したのが溜池灌漑である。東に向かって低くなる地形を利用して、下方に堤防を築き、雨季にできるだけ多くの水を溜《た》めて、それを乾季に少しずつ流して用いるのである。タミル・ナードゥ州北部には、その構築がマヘーンドラヴァルマン一世に帰せられているマヘーンドラタターカのように、パッラヴァ朝期に築かれたと推定されるいくつもの大きな溜池が残っている。

バクティ信仰の展開

六世紀以降の三王国抗争の時代は、南インド社会が一つの新しい発展をとげた時代である。北インドのアーリヤ文化の南インドにたいする影響は、紀元前のアショーカ王の時代から見られ、それはデカンを経由して徐々にタミル地方にもおよんでいた。アーリヤ民族の文化は彼らがガンジス川流域に進出して以降、北インド自体において先住民文化の影響を強く受け、四・五世紀のグプタ朝期までには儀礼中心のバラモン教が徐々に変化し、新しいヒンドゥー教が生み出されていた。カースト(ヴァルナ)制度に基づくバラモンの社会的優位が確立すると同時に、シヴァ、ヴィシュヌなどの新しい神格が、生殖器(リンガ)崇拝や化身(アヴァターラ)思想と結びついて勢力を伸ばし、ヒンドゥー教の主神として登場するようになっていた。

そのような新しいヒンドゥー文化が南インドにもたらされ、それまでの仏教・ジャイナ教、あるいはドラヴィダ民族に固有の信仰にかわって、人々のあいだに浸透していった。それとともに、そこではその新しい文化が南インドに固有の伝統文化と融合することによって、さらに新しい文化が形成されていったのである。それがバクティ信仰の展開である。

それはシヴァ信仰、ヴィシュヌ信仰として展開したが、後代にまとめられたところによれば、ナーヤナール(ナーヤンマール)と呼ばれる六四人のシヴァ派聖人と、アールヴァールと呼ばれる一二人のヴィシュヌ派聖人が大きな役割を担っていた。彼らの多くは吟遊詩人として寺から寺、村から村へと神を称える詩をうたいながらめぐり歩いたが、カースト的にも職業的にも、彼らの身分はさまざまであった。バラモンの宰相であったり、女性であったり、また、仕事に精をだす不可触民であったりもした。

シヴァ派の三聖人として名高いのは、アッパル、サンバンダル、スンダラルの三人で、数多くの詩が十世紀ころに編纂された賛歌集『デーヴァーラム』に残されている。アッパルは誰にでもわかる平易なことばで詩を書き、寺から寺へと巡礼した。彼はまた、ジャイナ教徒であったパッラヴァ朝のマヘーンドラヴァルマン一世をシヴァ派に改宗させたという。サンバンダルはバラモンの生まれで、小さいころからシヴァ神の恩寵を受け、多くの詩を残しているが、優れた思想家であり、作曲家であった。彼はパーンディヤ王の病を治し、ジャイナ教から改宗させたといわれるが、ジャイナ教徒八〇〇〇人を串刺しにさせたという伝説も残る。スンダラルは「傲慢な帰依者」とも「神の友」ともいわれ、いろいろの要求を神に突きつけている。

いま一人彼らとならび称せられるのは、パーンディヤ王の宰相であったバラモンのマーニッカヴァーシャガルで、神秘的、思弁的な詩を多く書いているが、それらには、つまら

バクティ詩人マーニッカヴァーシャガルの像　チョーラ朝期のブロンズ像。マドゥライ博物館。

ない者でもただひたすらに神の恩寵を願うことによって救われるという、バクティ思想の真髄があらわれている。不可触民の聖人としては、チダンバラムの寺院への参詣を願いつつ仕事に追われ、「明日いこう、明日いこう」といいつづけたので、「明日いく者(ティルナーライポーヴァール)」と呼ばれたナンダナールが名高い。ヴィシュヌ派聖人のなかで名高いのは、子供のクリシュナ神を称える歌を書いたペリヤールヴァールと娘のアーンダールである。アーンダールはシュリーランガムのヴィシュヌ神の妃であると自認し、ヴィシュヌ神との結婚をうたう詩を書いたが、その詩は今日でもヴィシュヌ派信徒の結婚式に際してうたわれる。

バクティの詩は節をつけてうたわれるが、内容は慈悲深い神の姿をひたすら人間のように思い描いてその恩寵を乞《こ》うところに特徴がある。人間を縛りつける輪廻《りんね》を断ち切って解脱《げだつ》するために神の恩寵を乞うこのバクティの思想は、知識を積むこと、自己の務めをはたすことによって解脱する考えとならんで、それ以前に北インドで成立した『バガヴァッド・ギーター』のなかで説かれている。しかし、七・八世紀の南インド(タミル地方)では、それがタミルのシャンガム文学に見られた男女の愛をうたう伝統と結合することによって、神への愛、それもきわめて具体的で人間的な姿で描き出された神への愛を説く絶対帰依のバクティ信仰として展開したのである。

新しい社会規範

そのような新しい宗教運動の展開には寺院建築の新しい展開も一役かっていた。それまでの寺院は山上にレンガと木材でつくられるか、あるいは巨大な岩山に石窟としてほられるかであったが、この時代、切り出した石を積み重ねて寺院を構築するやり方が始まり、平地に多くのヒンドゥー教寺院が建立されるようになったのである。好例は先に述べた八世紀初頭のマーマッラプラムの海岸寺院、カーンチープラムのカイラーサナータ寺院である。巨岩のある港町マーマッラプラムには、海岸寺院のほか、この時代にほられたたくさんの石窟や、巨岩をほりだし山車に見たてた寺院(五つのラタ)などもあり、石窟には「水牛の悪鬼を退治するドゥルガー女神」のようなたくさんの優れたパネル彫刻が残されている。

デカンではバーダーミを中心に六～八世紀のヒンドゥー寺院群が今日に残る。なかでバーダーミの南の丘にほられた石窟群は年代的にやや古く、ヴィシュヌ神を祀る第三窟は、五七八年にキールティヴァルマン王の弟によってほられたことを記す刻文がある。シヴァ、ヴィシュヌを祀る第一窟と第二窟はそれより古く、ジャイナ教窟である第四窟はやや遅れてほられている。第三窟の「竜上に座すヴィシュヌ神」のパネルは力強く、見る者を圧倒する。

バーダーミ石窟第三窟の竜上に座すヴィシュヌ神　入って右側のパネル。

王国の宗教儀礼がおこなわれたパッタダカルには多くの寺院が残るが、そこにはパッラヴァ朝の寺院に見られる南方型(ドラヴィダ様式)の屋根(シカラ)をもつものと、オリッサの寺院に見られるようなトウモロコシ型のシカラをもつ北方型(北インド様式)の寺院が混在し、両者の様式がまじりあっている。ヴィルーパークシャ寺院とマッリカールジュナ寺院はヴィクラマーディティヤ二世がカーンチープラムを落した記念に二人の王妃によって建立されたといわれるが、カーンチープラムのカイラーサナータ寺院の影響が見られる。それはさらに、ラーシュトラクータ朝期にほられたエローラ第一六窟のカイラーサナータ寺院に影響をおよぼしている。

チャールキヤ朝期の大都市であったアイホレでは商人の活動が顕著であり、彼らの寄進によるたくさんのヒンドゥー寺院、ジャイナ寺院が残っている。なかでヴィハーラ型石窟に似たプランをもつラド・ハーン寺院は石造構築寺院としては最初期のものと考えられ、長半円型のドゥルガー寺院(一八二頁参照)もチャイティヤ型の石窟寺院から構築寺院への移行を示す例として興味深い。町を見おろす東南の小高い丘上に建つジャイナ教寺院には、プラケーシン二世の偉業を称える有名なアイホレ刻文が残っている。

半島南部マドゥライ周辺にはドラヴィダ民族の古い神ムルガンを祀る寺院が多く見られる。その一つティルパランクンドラムは岩山にほられた寺院で、聖地としてはすでにシャンガム文学の詩に言及されているが、寺院は八世紀のパーンディヤ王によって建立されたという。悪鬼を退治したムルガン神が褒美にインドラ神の娘デイヴァヤーナイを授かり、この地で婚礼をしたという伝説が残る。山頂にムルガン寺院のあるパラニの丘も古くからの聖地であるが、南インドにアーリヤ文化をもたらしたとされるアガスティヤ仙にまつわる伝説が残る。

バクティ信仰の時代に、それまでの寺院は、古代タミル民族の神観念を残しながらも、新しい信仰のための寺院へと変身していった。神自身も変身をとげ、ムルガン神はシヴァ神の息子スカンダとして、ヒンドゥー教のなかに取り込まれていった。マドゥライの有名なミーナークシ寺院の場合、現在の建物は十七世紀のナーヤカ時代の建立であるが、設立はこのパーンディヤ朝期にさかのぼり、そこでも土着の女神(ミーナークシ)がシヴァ神の妃とされ、元来ミーナークシ女神の配偶神であった男神(アリャハル)はミーナークシ女神の兄で、ヴィシュヌ神ということにされたのである。

シャンガムの時代には、詩人たちが王宮から王宮へとめぐっては王を称える詩をつくったが、このバクティの時代には、詩人たちが神を称える詩をうたいながら、寺から寺へとめぐり歩いたのである。これまでの研究では、そのような王を中心とした古代タミル人の世界から神を中心としたアーリヤ人の世界への転換が強調されると同時に、バクティ信仰のなかにカースト制の否定につながるような新しさをみいだそうとする傾向も強かった。しかし最近の研究では、バクティの思想はヒンドゥー教的な社会規範と結びついていて、南インドにバラモンと王権による支配をつくりだすのに役立ったとする見解のほうが強まってきている。バクティは階層性に基づく封建制を支えるイデオロギーであったという解釈も見られる。

2　二王国の拮抗と正統ヒンドゥー教

二王国の拮抗

九世紀の後半から十三世紀末にかけての四〇〇年間は、タミル地方を中心にトゥンガバドラー川以南の南インドを支配したチョーラ朝とデカンに覇をとなえたラーシュトラクータ朝およびそれにつづく後期チャールキヤ朝との対立と、それらの王朝のもとでの社会発展の時代であった。チョーラ朝のもとでは、デカンからバラモンの移住をうながすなど、正統ヒンドゥー教の理念が積極的に取り入れられ、十一世紀には中央集権化の試みもなされた。それは古代における専制国家的支配への最後の試みであった。しかし、それと同時に、海外交易の新しい発展は南インドの社会経済に大きな変動をもたらし、地方領主が成長するとともにチャールキヤ・チョーラ両朝は倒れ、十三世紀以降にはふたたび動乱の時代がおとずれる。

チョーラ朝の台頭をもたらしたのは九世紀中葉のヴィジャヤーラヤ(在位八五〇～八七一)である。その出自をカラブラと関係づける説も見られるが、彼は自らをシャンガム時代のチョーラ王家の末裔《まつえい》と称した。彼はパッラヴァ朝がパーンディヤ朝と抗争を繰り返す過程でその封臣として勢力を伸ばし、八五〇年ころ、同じくパッラヴァ朝の封臣でありながらパーンディヤ朝についたムッタライヤル家からタンジャーヴールの地を奪って地歩を固めた。息子のアーディティヤ一世(在位八七一～九〇七)はパッラヴァ朝の内紛に乗じてさらに勢力を増大し、九〇三年ついにトンダイ・マンダラムに侵入して主君のアパラージタを殺害し、その地を併合した。

つぎのパラーンタカ一世(在位九〇七～九五五)は王朝初期の偉大な王で、パーンディヤ朝の地に侵入し、パーンディヤ王は助けを求めてスリランカに逃れたが、それはその後長くつづくチョーラ朝とスリランカとの敵対関係のもととなった。パラーンタカの治世は半世紀近くつづいたが、晩年にはラーシュトラクータ朝との抗争が激化し、しばしばその侵入を受けた。王子ラージャーディティヤは、九四九年にタッコー

6 〜13世紀の南インド・スリランカ

ラムの戦いで命を落とし、かつてチョーラ朝がパッラヴァ朝から奪った地の大半はラーシュトラクータ朝のものとなった。

ラーシュトラクータ朝ではクリシュナ二世(在位八八〇～九一五)、インドラ三世(在位九一五～九二七)など有能な王がつづき、北方ではパラマーラ朝その他の勢力を破り、南方ではガンガその他の勢力を味方にしてチョーラ朝の地に侵入し、占領した。タッコーラムでの決戦を制したのは、ガンガ朝の軍をも従えたインドラ三世の皇太子、のちのクリシュナ三世であった。この時代、東チャールキヤ朝も実質的にラーシュトラクータ朝の支配下に入った。しかし、その後ラーシュトラクータ朝は北方での戦いに敗れ、十世紀末、ついに封臣チャールキヤ家のタイラ二世(在位九七三～九九七)によって滅ぼされた。

パラーンタカの統治末年から十世紀末のラージャラージャ一世(在位九八五～一〇一四)の出現にいたるまで、チョーラ朝にとっては困難な時代がつづいたが、スンダラチョーラ(在位九五七～九七三)は国力の回復をはかり、南方ではパーンディヤ朝と結ぶスリランカへの遠征をおこない、北方ではラーシュトラクータ朝に奪われていたトンダイ・マンダラムの地を回復した。つづくウッタマチョーラ(在位九七〇～九八五)の時代には、再興チャールキヤ朝のタイラ二世の攻撃を受けるが、彼を継いだラージャラージャ一世とその息子ラージェーンドラ一世(在位一〇一二～四四)は、チョーラ朝歴代の王のなかでもっとも偉大な王とされる。前者は、南方でパーンディヤ・ケーララ・スリランカの連合勢力を破って、ケーララの地をも含む半島南部とさらにスリランカ北半をもその支配下におき、北方でも東チャールキヤの地をめぐるチャールキヤ朝との戦いに勝ってクリシュナー川をこえて軍を進めた。彼は首都タンジャーヴールに壮大なシヴァ寺院を建立し、数多くの村落を寄進している。

ラージェーンドラ一世は南方とスリランカの領土を保ち、北方ではカリンガから遠くガンジス川流域にまで軍を進めた。それゆえ彼はガンガイコンダチョーラ(ガンジス川を手にいれたチョーラ王)という称号をもち、タンジャーヴールの北方に新首都ガンガイコンダチョーラプラムを建設した。そこにも壮大なシヴァ寺院が建立された。彼は一〇二五年ころ、当時ムラカ(マラッカ)海峡に大きな勢力を築いていたシュリーヴィジャヤ王国に遠征軍を送り、マレー半島中部にあった中心都市カダーラムを落としている。ラージャラージャ、ラージェーンドラ父子は中国に三回使節を送っており、『宋史』にはそれぞれが、注輦国王の羅茶羅乍、囉茶印俺囉と記されている。シュリーヴィジャヤ遠征は東西海上交易の覇権をかけての争いであり、ラージャラージャ一世は、当時海上交易に重要な役割をはたすようになってきたアラブ商人に対抗するために、マルディーヴ(モルディヴ)諸島をも攻略している。

タンジャーヴールのシヴァ寺院基壇の刻文　ラージャラージャ1世による村落寄進刻文をはじめとする多くの寄進刻文が刻まれている。

ラージェーンドラ一世の没後、東チャールキヤ朝の支配をめぐって、カリヤーニに都を移した後期チャールキヤ朝との戦いがつづいた。チョーラ朝では一〇七〇年、チャールキヤ朝のヴィクラマーディティヤ(六世)の支援を受けて王位に就いたアディラージェーンドラ(在位一〇六七/八～七〇)が暗殺されると、東チャールキヤ王家のラージェーンドラがチョーラ王家に入りチョーラ王クローットゥンガ一世(在位一〇七〇～一一二二)として即位した。これはそれまでにチョーラ家と東チャールキヤ家が婚姻を繰り返してきた結果であった。

クローットゥンガ一世の治世には、スリランカ、パーンディヤ、ケーララ、さらに東ガンガの地で反乱が起こり、それらの地が失われるなど、チョーラ朝にとって困難な状況がつづいた。しかし、内政には見るべきものがあり、彼は偉大な王の一人に数えられている。ラージャラージャ一世の時代に導入された地域行政区分のヴァラナードゥが王国北部のジャヤンコンダチョーラ・マンダラム(トンダイ・マンダラム)にまで適用されるようになったのは、彼の治世であった。

チャールキヤ朝では一〇四二年にソーメーシュヴァラ一世(在位一〇四二～六八)が即位した。彼は首都をラーシュトラクータ朝から引き継いだマーニヤケータからあらたにカリヤーニに遷し、北インドではパラマーラ朝のボージャ王を屈服させ、東部ではカリンガ地方をも制圧した。封臣であったカーカティーヤ家がのちの支配の中心地区を封土として与えられたのは、彼によってであった。南方ではチョーラ朝とのあいだで激しい攻防戦がつづいたが、彼の治世をとおしてヴェーンギの東チャールキヤ朝は、その影響下におかれていた。しかし、その死後、二人の息子ソーメーシュヴァラ(二世)とヴィクラマーディティヤ(六世)のあいだに争いが起こった。ソーメーシュヴァラ(在位一〇六八～七六)が即位し、ヴィクラマーディティヤは皇太子となったが、王国が二分されたような状況がつづいた。

ヴィクラマーディティヤ(六世)は、初めはチョーラ朝と友好関係を結んだが、クローットゥンガの即位とともにチョーラ朝に敵対した。彼は一〇七六年、ソーメーシュヴァラと結んだクローットゥンガ一世に敗れるが、カリヤーニではソーメーシュヴァラを廃して自ら王位(在位一〇七六〜一一二六)に就いた。その後の治世はおおむね平和で、宮廷にビルハナなどの文人が出入りし、文化の華が開いた。しかしこの時代、封臣たちの勢力が伸び、とくに、山間部族の出ともされるホイサラ家はカルナータカ州南部に勢力を確立し、チャールキヤ朝と対抗するようになる。そのほか、北方のセーヴナ(ヤーダヴァ)家、東方のカーカティーヤ家も力をたくわえてきた。

十二世紀になるとホイサラ家はドーラサムドラを首都として事実上独立し、チャールキヤ朝の本拠地では、カラチュリ家が一時都を占領する。しかし、その後まもなく北方のデーヴァギリを中心とするセーヴナ朝が南下してカラチュリ家を破り、チャールキヤ王国の北半を占領した。南方に逃れたチャールキヤ王ソーメーシュヴァラ四世は、今度はホイサラ朝のバッラーラ二世(在位一一七三〜一二二〇)に破られ、一一九〇年チャールキヤ朝はついに滅亡した。その後のデカンでは、セーヴナ・ホイサラの勢力に加えて東部のワランガルを中心としたカーカティーヤ朝の勢力が強くなり、たがいに覇を求めて争った。

他方、クローットゥンガ一世の統治につづくチョーラ朝の治世はおおむね平和で、寺院建築その他に見るべきものが多い。しかし、十二世紀の後半になると、王国各地に領主的存在が多く目につくようになってくる。十二世紀末のクローットゥンガ三世(在位一一七八〜一二一七/八)は、クローットゥンガ一世のとき兵を引いたスリランカとパーンディヤ朝の宗主権をめぐってふたたび争うが、王朝最後の偉大な王で、三度パーンディヤの地に遠征してマドゥライを落としている。その後さらに二人の王が統治しているが、中央権力の支配が弱まり新しい領主層の力が強くなるに従って、南方からはしだいに勢力を回復したパーンディヤ朝、北方からはカーカティーヤ朝、西方からはホイサラ朝の侵入を受け、十三世紀後半(一二七九年頃)ついに王国は滅亡した。

チョーラ朝によるスリランカ北部の占領は、スリランカ史の一つの転換点をなすものであった。ここでその歴史をさかのぼると、現在スリランカで約四分の三の人口が話しているシンハラ語はインド・アーリヤ系統の言語で、古代におけるアーリヤ民族の北インドからの来住に由来している。五世紀以降に仏教徒の手で編纂された歴史書『マハーヴァンサ』その他に見られる建国説話もそれを示しているが、その来住はおよそ前五世紀ころのことと考えられる。その後、前三世紀ころにインドから伝えられた長老派の上座部仏教を王権が受け入れ、その教えを遵守《じゅんしゅ》するマハーヴィハーラのような僧院がアヌラーダプラに建てられた。

紀元前後のころには、南インドのタミル諸王国とのあいだにスリランカを含む南部世界の覇権をめぐる抗争が繰り広げられ、たがいに攻防を繰り返した。その状況は南インドにおける三王国抗争の時代にもつづき、すでに見たように、パッラヴァ、パーンディヤの両朝は、アヌラーダプラの王統と手を結んだり、争ったりしている。チョーラ朝が攻め入ってアヌラーダプラを落とした(一〇一七年)直接の原因も、チョーラ朝と争ったパーンディヤ王がスリランカに逃げ込んだことによっている。

しかし、チョーラ朝は、シュリーヴィジャヤと争ったように、海上貿易の覇権を求め、スリランカ支配はその目的にそうものであった。すなわち、アヌラーダプラを落としたのちチョーラ朝は、その拠点を東南方のポロンナルワに遷しており、それは東海岸の港をも支配下におくことを意図していたように推定される。このチョーラ朝による支配を打ち破ったのは、東南のローハナ地区から興ったヴィジャヤバーフ一世(在位一〇五五～一一一〇)で、彼は一〇五五年にチョーラ朝の勢力を駆逐すると、ポロンナルワを首都として統治した。

アヌラーダプラやポロンナルワのあるスリランカ北部はサバンナ風土であり、スリランカでは古代から国家事業としての水利施設の建設が王朝の支配に大きな意味をもっていた。ヴィジャヤバーフ一世も、即位すると戦争で荒廃した水利施設を整備し、また、チョーラ時代に広まったヒンドゥー教の信仰にたいして、ポロンナルワに仏歯寺を建立し、ミャンマーから僧侶を招くなど、仏教の保護に力を注いだ。その後、パラークラマバーフ一世(在位一一五三～八六)は全島の統一と中央集権的支配をめざし、ポロンナルワの王国は繁栄をつづけるが、十三世紀にはインドのカリンガやマレー半島からの侵入があいつぎ、北部のジャフナにはタミル人の王国が築かれるなど、中央政権の力は弱まった。やがてポロンナルワは放棄され、王権はしだいに中部の山岳地帯へと移っていった。

国家構造をめぐる論争

中国やイスラーム諸国と異なって、編纂された歴史文献をほとんど残していないヒンドゥー王朝の場合、刻文がもっとも重要な史料となる。後期チャールキヤ朝とチョーラ朝はかなりの数の刻文を残しており、大半は石造寺院壁面や立石にきざまれた石刻文であるが、王の村落寄進などを記す銅板刻文も存在する。言語は、カンナダ語とタミル語が主体であるが、サンスクリット語も随時用いられている。刻文に加えて、この時代の南インドについては、海上交易の進展に呼応して中国やアラビアの文献に記述が見られるようになり、また、ヒンドゥー文化の新しい発展とともに、多数の壮大な寺院が建立されて今日に残る。したがって、それ以前の王朝に比べて、この時代の国家構造、社会の状態については、ある程度のことを知ることができる。

マドラス大学教授で南インド史の開拓者であったニーラカンタ・シャーストリーは、かつてこの時代の国家について、それまでの王の個人的能力に依存する単純な君主国と異なって、多数の官僚を擁し、数々の儀礼をともなったビザンチン・タイプの国家であるとした。その後アメリカの歴史学者バートン・シュタインは、そのような国家の誕生はイギリスの植民地支配以降のことであって、前近代の南インドに存在したのは、分節国家(セグメンタリー・ステイト)というタイプの国家であって、チョーラ朝もまさにそれに相当すると主張した。

彼は分節国家の概念を、アフリカ社会を研究した文化人類学者サウソールから借用し、それを南インドに適用したのであるが、その特徴はつぎのようであるという。国家の中心には一つの氏族的地域共同体があって、そこには国王である共同体の首長がいて政治的に支配している。そのまわりには、同様の共同体が数多く存在し、それぞれに別個の首長によって支配されている。それらの周囲の共同体は中心共同体の首長(国王)の政治的支配は受けないが、その宗教的権威を認め、それに儀礼的に服属する。共同体の一つ一つが分節(セグメント)であり、それらが儀礼的に統合されることによって、一つの国家(分節国家)が形成される。

したがってシュタインは、中央の共同体(たとえば、タンジャーヴール・デルタにおけるチョーラ朝一族)が整備した官僚機構をもち、他の地方にもその行政を推し進め、全体を政治的に支配するといった解釈には

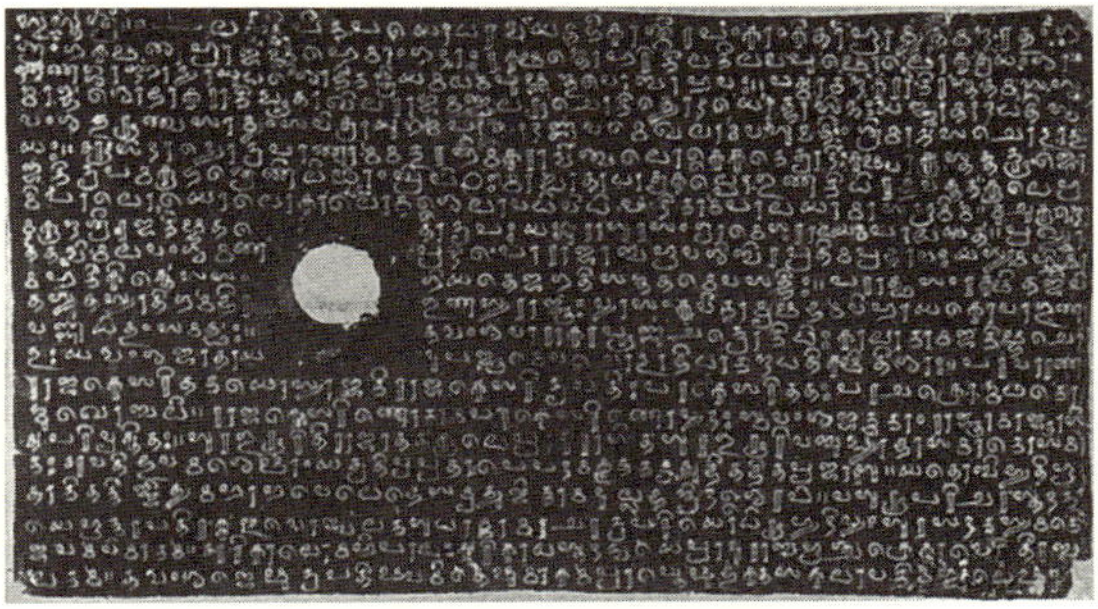

ラージェーンドラ1世によるカランダイ銅板文書(上)と，そのリングにつけられたチョーラ王家の紋章　1080人のバラモンへの土地寄進を記す57枚の銅板の1枚でサンスクリットで記された王家の頌文部分。紋章にはチョーラ王家をあらわす虎が中央に座っている。

真向うから反対し、シャーストリーを批判したのである。シュタインは、この説をチョーラ朝に適用しただけでなく、パッラヴァ朝期からヴィジャヤナガル王国にいたる南インドの諸王朝全体に適用したのであるが、この解釈にたいしては、主としてインド人研究者のあいだから反対があいついだ。反対のポイントはいろいろあげられるが、シュタイン説の最大の問題点は、統一的行政機構の存在を否定する点である。

というのも、事実はシュタインの解釈に反し、チョーラ朝が最盛期をむかえたラージャラージャ一世の統治には、中央集権国家建設への志向が明白に見られるからである。シュタインが分節としてとらえるのは、ナードゥと呼ばれる地域に存在する氏族的地域共同体であるが、ラージャラージャはそれを中央権力に組み込むべく、ナードゥの上にヴァラナードゥというあらたな行政区分を創設した。それに際しては、既存のナードゥを分断するなど、ナードゥの勢力を弱めるための改革を断行しているのである。租税の中心をなす米籾《もみ》をはかる「枡《ます》」の容量が地方によってまちまちであったのを統一し、租税高を決定するために検地をおこなうことなどをも実行している。

官僚機構としては、たとえば、王国全土での租税を扱うためにウッタマチョーラの時代からプラヴワリという役所がおかれ、最盛期にはその内部に数々の役職がおかれていたことが刻文から知られる。高位の役職者には、ムーヴェーンダヴェーラーンなどの称号が与えられ、アラヤンという称号には、それを与えた王名が組み込まれることが多かった。祐筆《ゆうひつ》のような側近の存在も知られる。ただし、一人の人間がいろいろの役職をこなすことも多かったようで、その意味では、多くの職能集団をかかえた近代的な官僚機構とはいいがたいが、かなり整備した機構が存在し、それによる行政が地方にもおよんでいたことは事実である。ラージャラージャ一世は首都のシヴァ大寺院に遠くカルナータカ地方やスリランカの村落をも寄進しており、クローットゥンガ一世がヴァラナードゥの組織をトンダイ・マンダラムにまで広げたことも、すでに述べたとおりである。

シヴァ寺院、ヴィシュヌ寺院が建立されるようになったのはパッラヴァ朝期からであったが、チョーラ朝の初期にはシヴァ寺院としての王家の墓廟寺院（パッリッパダイ）がつくられるようになった。死んだ王をリンガのかたちのシヴァ神として祀るもので、これは巨石文化の埋葬やその後の時代に見られたヒーロー・ストーン（勇敢に死んだ英雄を記念する石）の伝統を継ぐものともいわれている。その伝統に大きな転換が起こったのもラージャラージャ一世の時代であった。

すでに述べたように、彼は首都タンジャーヴールに壮大なシヴァ寺院を建立している。この寺院は元来ラージャラージェーシュヴァラという彼自身の名をもつリンガを祀るシヴァ寺院で、これまでの研究によれば、彼はそれによって自分を最高のシヴァ信徒として人々に印象づけようとしたとも、また生きている自分自身をシヴァ神として神格化したのだとも解釈されている。いずれにしても、これはそれまでの祖先崇拝的な墓廟寺院とはまったく異なって、一つの政治的意図をもって首都に構築された大寺院だったのである。息子ラージェーンドラ一世も、ラージェーンドレーシュヴァラという同規模のシヴァ大寺を新しい都ガンガイコンダチョーラプラムに建立しているが、この寺院建立政策転換の裏には、王に影響をおよぼすバラモン集団に変更があり、それまでのタミル文化の伝統を払拭《ふっしょく》して、北インドからもたらされた正統的なヒンドゥー教信仰を受容するようになったからであるという指摘もなされている。

社会経済の発展

ラージャラージャ・ラージェーンドラ父子は多数の村落や貴金属をそれぞれの寺院に寄進しているが、それによって寺院がえる収入は、中心地区での生産増大のために近隣の農村に貸し出されている。その記録を含めて両寺院の基壇や壁面には、すでに述べたように、数多くの刻文が残されている。刻文には普通「何々王の何年」というかたちで、統治している王への言及が見られるが、ラージャラージャ一世は、そこに「どこどこで勝利をおさめた(何王)」というように、その王の偉業(主として戦勝)を称える頌文《しょうぶん》をつけるやり方を創出し、それはのちの王によって踏襲されることになった。

以上から、ラージャラージャ・ラージェーンドラ父子が、それまでと異なったかたちで古代社会最後の輝きとして、新しい中央集権国家を築こうとしたことは明白である。彼らはそのために北方から多数のバラモンを招き、肥沃なカーヴェーリ・デルタを中心に多くの村落(ブラフマデーヤと呼ばれた)を施与《せよ》して、その力を利用しようとした。ヴェーダの学習を建前とするバラモンたちは、王権安泰のためのヒンドゥー教的イデオロギーを社会に広め、農村にあってはヴェッラーラ・カーストによる農業生産を組織し、宮廷にあっては王を補佐し、戦いに際しては軍隊の中心的存在として指揮をとるなど、王国の行政に深くかかわったのである。行政に関与した高位のバラモンにはブラフマラーヤンという称号が与えられている。

ただ、北インドから移住したバラモンたちは、南インドの伝統としての王の神格化(死後はまだしも、生きている王の)には反対し、あくまでバラモンの宗教的権威が国王より上位にあることを主張したものと思われる。ラージャラージャ・ラージェーンドラ父子建立のシヴァ寺院には、その妥協としての両面性が見られるが、その治世以降しだいに正統ヒンドゥー教の理念が力を増していった。チダンバラムのナタラージャ(踊るシヴァ神)寺院が王家の中心寺院として重きをなすようになったのは、そのことを示している。墓廟寺院もつくられつづけはするものの、その名称は、王の称号というよりは普通にシヴァ神をあらわすものとなって、墓廟としての意味はしだいに失われていったようである。

この最盛期におけるチョーラ朝の発展と中央集権化の努力は、社会経済上その後の社会に大きな影響を与えることになった。たとえば、村落における土地保有の状況を見てみると、チョーラ朝の初期には、ナードゥごとにヴェッラーラ・カーストを中心とする農業共同体が組織され、各村落においては土地がウールというヴェッラーラ・カーストの共同組織によって保有、耕作されていた。それが中期の経済発展に基づき農民層が土地保有者と耕作者に分解したことと、さらにバラモンや官僚へ施与された村落における個人保有の進展によって、一般村落においても個人による土地の個別保有が見られるようになり、末期にかけてそれが増大したのである。

チョーラ朝中期には見られなくなっていた地方領主の存在が、十二世紀以降ふたたび見られるようになってきているが、それは私的土地保有の進展によって、各地で成長した新しい地方領主の出現を意味していた。中期まではヴェッラーラが主体で組織されていたナードゥの共同体組織もそれに従って変質し、十三世紀には商人、職人階層が力をもつようになってきた。バラモンにも没落する者が多く見られた。十二世紀後半、チョーラ朝の支配が弱まるとともにカースト秩序も弛緩し、従来の上下の階層ではなく、それを「右手」「左手」といった横のつながりに組み直そうとする動きも出現した。

デカンにおけるラーシュトラクータ、チャールキヤ両王朝の国家構造と社会の状態についてはあまりはっきりしないが、最近の研究によると、七・八世紀にはバラモンへの土地寄進とならんで、ガームンダや徴税にかかわるペルガデ(ヘッガデ)など地方行政にたずさわった者へも土地が賜与され、そこに領主層が形成されている。カルナータカ南部では、カルナードと呼ばれる軍事目的の土地賜与も見られたらしい。そして九・十世紀には、寺院も含めてそれらの領主層のもとで、耕地拡大、水利施設の建設などによる生産の増大がはかられ、十一・十二世紀に商業が再活性化するとともに、大規模な商品生産がおこなわれるようになったという。ここでも商人・職人の力が増大した。

チョーラ朝の場合に比べると、中央集権化の度合は少なかったように思われるが、チャールキヤ朝では、タイラ二世を補佐したダッラ、ソーメーシュヴァラ一世を補佐したマドゥヴァラサ、ヴィクラマーディティヤ六世を補佐したソーメーシュヴァラのように、王の側近として、というよりもほとんど王の代理として国政を取り仕切った有力な高官の存在が目につく。また、八~十三世紀のカルナータカでは、バラモンをはじめとして、職人カーストなどの場合も、北インドからの移住が多く見られ、そのことと村落や地方の統治者、徴税役などが世襲化して職能集団となることによって、カーストが細分化し、その数が増大している。

宗教の状況としては、ラーシュトラクータ朝の領域各地に多くの仏教僧院が存在したものの、仏教は衰退し、ヒンドゥー教が隆盛に向かっていた。しかし、ジャイナ教はカルナータカの地でいぜんとして多くの信者をもち、アモーガヴァルシャ一世やその息子たちもジャイナ教を篤《あつ》く保護した。チャールキヤ朝の時代に入ると、ジャイナ教も人々の広い支持を受けてはいたが、主流をなしたのはヒンドゥー教シヴァ派(パーシュパタ派)の信仰であったようである。コッラープラのマハーラクシュミーの信仰に見られるように、シャークタ派の女神信仰も隆盛に向かった。女神信仰はチョーラ朝でも見られ、タンジャーヴールのシヴァ寺院のような大寺院の境内にも女神の神殿がつくられるようになっている。

チャールキヤ朝の都カリヤーニを占拠したカラチュリ朝の宰相であったシヴァ派の聖人バサヴァは、カーストを否定する新しい教えを説き、ヴィーラ・シヴァ派の祖となった。信者は首に小さなリンガをかけるのでリンガーヤト(派)とも呼ばれ、今日でもカルナータカ北部に多く見られる。その動きは、バラモン教的伝統を遵守する正統ヒンドゥー教にたいする抵抗運動であった。チョーラ朝では、チダンバラムのナタラージャ寺院が王家の特別の保護を受けるようになるとともに、宇宙の踊りを踊るシヴァ神としてのナタラージャにたいする信仰が強まり、その姿をあらわすブロンズ像が数多くつくられた。

ナタラージャの姿であらわされたシヴァ神　激しい宇宙のリズムを踊っている。12世紀のブロンズ像。ニューデリー国立博物館。

この時代はまた、地方語、地方文学の発展を見た時代であり、タミル地方ではカンバンによってヴァールミーキの『ラーマーヤナ』がサンスクリット語からタミル語に訳されたが、それはたんなる翻訳ではなく、タミル文化の伝統に基づく独自の解釈に満ちた新しい作品になっている。カンナダ語、テルグ語の文学作品が出現したのもこの時代であった。なお、ケーララでは十世紀のころ、ナンブーディリ・バラモンの北からの移住にともない、サンスクリット語の強い影響のもとに、タミル語から分れてマラヤーラム語が成立した。

3 海のシルクロードと南インド

東西海上交易の流れと商人ギルド

紀元一〜三世紀のころ活発におこなわれた南インドとローマ世界との海上交易、それと関連した東南アジアへのインド人の渡航についてはすでに言及した。インド人とインド文化の東南アジアへの進出はその後もつづき、八世紀のジャワでは、ボロブドゥールのようなインドでもなかった壮大な仏教寺院が建立され、十二世紀のカンボジアではアンコール・ワットのようなすばらしいヒンドゥー寺院が構築されている。それらはもちろん、東南アジアにおける社会と文化の発展を示すものであるが、インド文化の影響がたえることなく東南アジアにもたらされていたことの証拠ともなっている。

しかもその流れは、たんにインドと東南アジアのあいだだけでの文化輸出としておこなわれたのではなく、ローマ貿易時代以来の大きな東西交流の流れのなかでおこなわれたものである。八世紀バグダードにアッバース朝が成立すると、ムスリム商人の動きは活況を呈し、東アジアでも唐から宋の時代になると、中国の南方海上への進出が積極的におこなわれた。インド自体でも、十三世紀初頭デリーにムスリム政権が打ち立てられ、港町には大勢のムスリム商人が住み着くようになっていた。また、中国のジャンクも十二世紀にはインドの沿岸に姿を見せるようになってきた。

ここでは、そのような東西交流にかかわった南インド商人の活動に焦点をあててみよう。初めに取り上げるのは、マニ(ヴァニ)グラーマム(商人の村)およびアイニュールットゥルヴァル(五百人組)と呼ばれる二つの商人ギルドの組織である。両者の活動を記す刻文が、九世紀から十五世紀にかけて数多く残されている。それらのインド内部での活動範囲は、前者がケーララとタミル・ナードゥ、後者はカルナータカ、ケーララ、タミル・ナードゥ、アーンドラ・プラデーシュにおよんでいる。出発点では両者は異なっていたものの、十二世紀以降その活動は重なり合い、マニグラーマムは、五百人組の内部組織の一つということになって活動したらしい。彼らの海外での刻文は、スリランカ、ミャンマー、タイ(マレー半島)、インドネシア(スマトラ)で発見されている。かなりの数で残るカルナータカの刻文は主としてカンナダ語で書かれ、少数残るアーンドラの刻文はテルグ語で書かれているが、全体の半数以上は、海外に残るものを含めてタミル語で書かれていて、この活動にはタミル商人が重要な役割をはたしたことが推定される。

マニグラーマムに言及する刻文のうち一番古いとされるのは、ケーララの地方領主がコッラム(クイロン)のシリア派キリスト教会に与えた土地と家族(奴隷)を記す九世紀の銅板刻文である。刻文中で領主からこの教会の維持につとめるようにと要請されている二つの組織の一つにマニグラーマムがあげられており、他の一つはアンジュヴァンナムと呼ばれ、外国商人の組織と考えられるものである。さらに、その地のキリスト教徒組織と思われるものへの言及も見られるが、以上のことは、八・九世紀における東西交易の流れにのって、シリア派キリスト教徒のケーララへの来住が起こり、彼らがインドにおいても商業活動と深い関わりをもっていたことを示している。

いま一つ、コチ(コーチン)のユダヤ教会堂に残る十一世紀初頭の刻文で、マニグラーマムはでてこないが、領主がコドゥンガルール(ローマ貿易時代のムジリがあったと推定される港町)のアンジュヴァンナムに交易上の特権を与えたことを記すものがある。その長ヨーゼフ・ラッバーンはユダヤ人であったと思われる。マニグラーマムが主役となっているケーララの刻文では、さらに、コーッタヤムのシリア派キリスト教会に残る十三世紀のものがあり、そこでは地方領主から、港町コドゥンガルールの長であるラヴィコットゥランにマニグラーマムの称号と商業上の特権が与えられている。このように商人の活動に領主が絡むのが、ケーララの特徴となっている。

マニグラーマムの交易活動は外国人の商業活動とも関連してケーララで顕著であったが、別の中心は、東海岸のタミル・ナードゥにあった。刻文が多く残っているのは、チョーラ朝の都タンジャーヴールとパーンディヤ朝の都マドゥライの中間にあたるプドゥコーッタイ地区であるが、十一世紀以降の刻文には、その中心都市の一つコドゥンバルールを活動の拠点とするマニグラーマム商人によるヒンドゥー寺院への寄進を記すものが多い。また、十三世紀の五百人組の活動を記す刻文では、コドゥンバルールの町自体にマニグラーマムという呼称がつけられているが、その時期には、マニグラーマムが単独ではなく、五百人組の組織の一部として言及されるようになっている。

ケーララの地方領主からマニグラーマムに与えられた特権は、関税の減免が主であったが、彼らの居住区で犯罪がおこなわれた場合、自分たちで処理する権利も与えられていて、彼らの力がかなり強力であったことがうかがわれる。扱った商品としては、十二世紀のアラビア側ユダヤ商人の記録(カイロ・ゲニザ文書)に、鉄、カルダモン、胡椒、アリカナッツ、生姜、クベバ(ジャワ胡椒)、椰子の繊維、アロエなどがあげられている。

注目されるのは、彼らのインド外での活動である。ベンガル湾に面したタイ領マレー半島中部タクアパで発見された九世紀のタミル語刻文によると、南インド出身のある人物がそこに貯水池をつくり、それがマニグラーマムの保護下におかれたことが判明する。シュリー・アヴァニナーラナムという貯水池の名称はパッラヴァ王の称号に由来するとも考えられ、この刻文は、パッラヴァ朝の時代にマニグラーマム商人ギルドの活動が、遠くマレー半島にまでおよんでいたことを明白に示している。

商人ギルド「五百人組」

五百人組にかんする刻文は、分布がカルナータカ、タミル・ナードゥに加えて、アーンドラ地方にも見られ、マニグラーマムの刻文に比して、圧倒的に数が多い。その発祥の地は、これまでの研究で、カルナータカ州北部、チャールキヤ朝の首都バーダーミに近いアイホレであるとされているが、それは、その地に「アイヌール(五百)」に言及する最古の刻文が残ることと、さらに、各地でのかなりの数にのぼる後代の刻文に見られる五百人組の頌文(プラシャスティ)に、アイホレ(アイヤヴォーレ)がその発祥の地と記されているからである。

アイホレのドゥルガー寺院　7世紀末。仏教のチャイティヤ堂形式をとり，半長月形につくられ，回廊がめぐらされている。写真は後部から。

しかし、アイホレの刻文に見える「アイヌール」はバラモンの集団をさしていて、商人ギルドの誕生がアイホレであったかどうかについては疑問が残り、また、初期(十世紀)の刻文を見てみると、商人ギルドとしての五百人組に言及するものは、カルナータカよりタミル・ナードゥのほうが遥かに数が多い。頌文をもつ最古の刻文も十世紀中葉のタミル・ナードゥのもので、このギルドの形成はタミル・ナードゥでおこなわれたようにも推定されるが、今後に一層の研究が必要である。

五百人組の刻文から知られる興味深い事実は、その内部に多くの個別の商人組織が含まれていることである。五百人組に属する個人の寄進を記録する刻文ではなく、ある地方やある町の五百人組メンバー全員が集まってなにかの取決めをしたことを記す刻文では、初めに五百人組を称える頌文があり、それにつづいて、シェッティ、ガヴァレなどの一般の商人集団や、ガートゥリガル(キンマの葉商人)のように、ある一つの商品だけを扱う商人集団、さらには、商人を守る護衛兵士の集団など、いろいろのグループの名があげられて、彼らが全員で集会を開き、取決めをおこなったことが記される。

そこからわかるのは、五百人組とは、内部に個々の商人その他のグループを抱え込んだ大きな連合組織、あるいはネットワークであるということであろう。その含まれる集団は、金細工師のような職人集団を含む職種別であったり、また、個々の町の商人組織であるナガラムであったり、さまざまである。そして、彼らが集まっておこなう取決めの内容は、二つに大別される。一つは、護衛兵士たちの働きをめでて、彼らになんらかの名誉や特権を与える決定であり、いま一つは、全員が自分たちの収益の一部を割いて、ある寺院への寄進をおこなう取決めである。後者は、お祭りや寺院の修復などに際しておこなわれる。

この後者の内容を記す刻文では、商品ごとの寄進拠出額の割合が細かに定められており、それによって、商人たちが扱った商品を知ることができる。タミル・ナードゥのピラーンマライに残る十三世紀の刻文には、塩、米、豆、菜種、アリカナッツ、胡椒、ウコン、生姜、玉ネギ、辛子、ウイキョウ、ミロバラン(没食子《もっしょくし》)、鉄、綿、綿糸、綿布、蠟《ろう》、蜂蜜、ゴマ、白檀、アロエ、絹、薔薇水、ヤクの尾、麝香《じゃこう》、馬、象などが言及されている。上述の十二世紀ユダヤ商人の扱った商品は、ほとんどそこに含まれている。なお、十二世紀末のスリランカの刻文は、五百人組商人が国王にもたらす二つの重要な商品として、象と馬をあげている。

五百人組の名を記す海外の刻文は、スリランカに多数残るほか、スマトラ島西岸のバルスからも発見されている。十一世紀のその刻文では、町の五百人組の者たちが集まって、おそらく護衛兵士と思われる者たちに、船主や船長その他が、自分たちの取り分の一部を割いて与える決定をしたことを記している。バルスの町は、インドで一般に商業都市、それも多く港町をあらわすパッティナム(パッタナ)という接尾辞をともなったタミル語の別名をもち、そこでタミル商人たちが、南インドの町でと同じように商業活動をおこなっていたありさまを明らかにしてくれる。

ミャンマー(パガン)の十三世紀の刻文は、ケーララ出身の商人がナーナーデーシ・ヴィンナガルと呼ばれるヴィシュヌ寺院のなかに一つの堂を建てたことを記しており、五百人組の名はないが、実質的には五百人組を意味するナーナーデーシの名がヒンドゥー寺院につけられている。スリランカに多数の刻文が見られるのは、十一世紀のチョーラ朝によるスリランカ北部占拠と関連しているが、バルスやパガンの刻文も、先に記したチョーラ朝の海外への発展と深い関わりをもつものといえよう。

十一世紀の銅板刻文によると、チョーラ朝の港であったナーガパッティナムにシュリーヴィジャヤ王が仏教寺院を建立し、それにラージャラージャ一世が村落を寄進しているのだが、その寺院のものであるブロンズ製の仏像が見つかっている。台座にきざまれた刻文から、仏像は寺院の塔頭の一つであるアッカサーライ院のお祭りに際して引き回すもので、一八地域の全員がおがむものであったことが判明する。アッカサーライは貨幣の鋳造所を意味し、したがって、この仏像をおがんでいた「全員」とは金細工師たちであり、「一八の地域」という表現は、五百人組をさしている。したがってそこからも、金細工師が五百人組の一部をなしていたことがいえるのである。また、十三世紀からは、綿布の生産も盛んになり、チョーラ朝の刻文では、織機にかかる税への言及が支配末期に急増し、チョーラ朝の支配を引き継いだパーンディヤ朝の刻文でも、綿糸にたいする税が頻繁にでてくる。第五章第四節に述べるように、東西交易の拡大は南インドにおける職人層の台頭と連動しているのである。

外国の記録にあらわれる港町

マニグラーマムの活動に関連して記したように、ケーララではシリア派キリスト教徒、ユダヤ人なども商業活動の進展と深くかかわっていたが、八世紀におけるアッバース朝の成立以降、アラブのムスリム商人による活動が顕著になってくる。九・十世紀にはアラビアの航海者や商人がインドや中国について記した『インドの不思議』『シナ・インド物語』のようなアラビア語の作品も出現するようになっている。一方中国でも、唐代以降海外への発展が見られるようになり、十一世紀にチョーラ朝が宋朝に使節を送ったことはすでに記した。十二世紀初頭、南宋が成立すると、中国の南方への積極的進出が始まり、大きな中国のジャンクがインドの沿岸にまで姿を見せるようになる。

インドからの輸出品は、西方向けにせよ、東方向けにせよ、胡椒をはじめとする香辛料や真珠が主であったが、中国からは宋代以降、陶磁器の輸出が数を増した。東南アジア、西アジアでは九・十世紀の中国陶磁器の破片が数多く出土するが、インドで見られるのは、主として十三世紀以降の青磁片や十四世紀以降の染付片である。それはおそらく、十三世紀になってデリーにムスリム政権が出現し、沿岸諸都市にも大勢のムスリム商人が居住するようになったことと関連していよう。すなわち、ヒンドゥー教徒と異なって、食事に関連する穢《けが》れの観念をもたないムスリムが、食器としての中国陶磁器を珍重したことによるものと推定される。

九世紀初頭に著わされた賈耽《かたん》の『皇華四達記《こうかしたつき》』は、中国から安南《あんなん》、天竺《てんじく》をとおってバグダードにいく道程を記しているが、十三世紀になると中国人の南海(東南アジアからインド洋)についての知識は急激に増大する。趙汝适《ちょうじょかつ》の『諸蕃志《しょばんし》』は南海の諸国（実際には港町の場合が多い）とその物産について記しているが、インドについては、ベンガル（鵬茄囉国）、チョーラ（注輦国）、グジャラート（胡茶辣国）などにまじって、コッラム（故臨国）にかんする記事がある。物産としては、乳香、胡椒などの香辛料、真珠、象牙その他の奢《しゃ》侈《し》品が、数多くあげられている。十三世紀には、マルコ・ポーロの『東方見聞録』に中国からの帰路に立ち寄った南インドについての記述が見られ、十四世紀には、イブン・バットゥータの記録も残る。中国の記録としても、十四世紀には、著者汪大淵《おうたいえん》自身が航海をしたという『島夷誌略《とういしりゃく》』があり、そこにインドと思われる地名が数多くあげられている。

中国陶磁器片の発見

さて、スリランカの港町マンタイやパキスタンのバンボール（かつてのダイブルといわれる）からは、九・十世紀のものも含めて大量の中国陶磁器片が発見されているにもかかわらず、南インドの海岸部からは長いあいだ見つかっていなかった。しかし、一九八五年以降、発見があいついだ。そのきっかけは、スリランカに向かって伸びる小さな半島南岸のペリヤパッティナムでの発見であり、発掘と表採によって一五〇〇点の中国陶磁器片が採取された。それらは龍泉《りゅうせん》・福建《ふっけん》の青磁、徳化《とっか》・景徳鎮《けいとくちん》の白磁、景徳鎮の染付、広東《かんとん》の褐釉などからなり、ほとんどが十四世紀のものと考えられている。

この調査後におこなわれたマラバール海岸の調査では、『島夷誌略』の小唄喃と考えられ、イブン・バットゥータが「中国船が冬を過ごす」と記しているパンダライニ・コッラムで、十四世紀の染付片や龍泉の青磁片が出土した。ずっと南にくだって、コッラム(『諸蕃志』の故臨、『島夷誌略』の古里仏)でも、十四世紀から十八世紀にかけての中国陶磁器片が採取された。アーンドラ海岸地方南部のコッタパトナムでは、十三・十四世紀の中国陶磁器にまざって、十五世紀のタイやミャンマー製陶器片も多数発見されている。

これまでにインドでは、十三・十四世紀より古いと思われるもの、とくに、マンタイやバンボールで見つかっている越州窯《えっしゅうよう》や長沙窯《ちょうさよう》のような九・十世紀のものは出土していない。しかし、十一世紀にチョーラ朝の都がおかれたガンガイコンダチョーラプラムの発掘では、十一・十二世紀と考えられる景徳鎮の影《いん》沈《ちん》白磁片が採取されている。以上のように見てくると、インド洋を中心とした東西交易は、やはりチョーラ朝が海外に発展した十一世紀に一つの画期があったように推定されるが、しかし、中国陶磁器片の数が急増し、文献記録にも進展の見られる十三世紀に大きな展開があったといえよう。

ペリヤパッティナムより南の港町カーヤルの調査では、数多くの十三世紀の青磁片が採取されたが、マルコ・ポーロは『東方見聞録』のなかで、カーヤル(カイル)について、つぎのように述べている。

> カイルは立派な大都市で、兄弟五王の長兄アシャール王に属している。西方のコスモス・キシ・アデンその他アラビア各地から馬匹その他の商品を船載してくる

中国陶磁器片　デリーのフィールーズシャー・トゥグルクの宮殿庭から出土した元染付の大皿。南インドの港で陸揚げされた可能性も大きい。

海船は、どれも皆この地に寄港する。（愛宕松男訳）

十三世紀当時カーヤルはパーンディヤ王国の港で、アシャールとあるのはクラシェーカラ王のことかと思われるが、この時代ペルシア湾岸と南インドのあいだでは馬貿易が大変な活況を呈していた。アラビア側の史料によると、パーンディヤ王国に宰相として仕えていたのが、じつはペルシア湾にあるキーシュ(キシ)島領主の弟で、それゆえパーンディヤ王国は、キーシュ島から毎年一四〇〇〇頭もの馬を輸入していたという。

馬の輸入は、十三世紀におけるムスリム政権の成立によって、それまでの象と歩兵による戦闘から騎馬主体にと、南インドにおいて戦闘様式が転換したことによっている。十四世紀から南インドを支配したヴィジャヤナガル王国もたえず馬の輸入をつづけ、ポルトガル人の馬商人が活躍した。パーンディヤ王国の税目に綿糸にかんするものが見られるようになったことはすでに記したが、それも十三世紀からのことで、この時代から胡椒その他の香辛料や真珠などの奢侈品に加え、中国陶磁器、馬、さらには、インドで生産され東南アジアへ持ち込まれる綿布、アラビアへ輸出される短剣などまで、さまざまな商品が取引され、それをギルドの商人たちが取り仕切ったのである。

注目されるのは、十・十一世紀ころから南インドに東西貿易を取り仕切る商人組織がつくられるようになり、十三〜十五世紀にかけて彼らのあいだにすでに大きなネットワークが形成されていたことである。この東西交易の進展は、南インドに富をもたらしさらに生産を刺戟するなどして、社会を変容させ、そこから新しい社会体制がつくりだされていったのである。

第五章　イスラーム世界の拡大とインド亜大陸

1　インド洋交易の発展

ウマイヤ朝・アッバース朝のシンド支配

預言者ムハンマドに率いられたイスラーム教徒(ムスリム)軍がメッカを征服して、政権を確立したのは西暦六三〇年のことであった。それから一〇〇年たらずのうちに、ムスリムの勢力は、北はイラク、イランからアフガニスタン、中央アジア(西トルキスタン)まで、東はアラビア海岸をとおってインダス河口にまで達した。このようなムスリム勢力の急速な拡大は、当然、インド亜大陸にも広範な影響をおよぼし、その後の歴史の展開を規定する一つの大きな要因となった。

インド亜大陸へのムスリム勢力の拡大は二つの方向から進行した。一つはペルシア湾岸からアラビア海岸をとおって、インド西海岸へと拡大していく方向で、インダス河口のシンド地方がいち早くイスラーム化された。もう一つはイランからアフガニスタンをへて、北インドへと拡大していく方向で、十三世紀初頭には、デリー地域に都をおくムスリム政権が成立した。

七世紀前半、シンド地方を支配していたのはバラモンのチャチュが樹立した王朝であった。チャチュ王(在位六三二頃~六七九頃)はその勢力を西に伸ばし、アラビア海岸のマクラーン地方からイランのキルマーンまで支配を広げた。それにたいして、ムスリム軍は、六三九年イラクを征服して、クーファ市を建設し、さらに六四二年にはニハーヴァンドの戦いでサーサーン朝を破り、イランを征服するなど、急速に東方に勢力を伸ばしていった。ムスリム軍の進出はそこからさらにアラビア海岸にそって進められ、六四四年には、キルマーンからマクラーン地方へと遠征軍が送られた。六六一年、ウマイヤ朝が成立すると、ムスリム勢力の拡大は一層はやまり、六八〇年代にはマクラーン地方を征服して、シンド地方へと迫った。一方、シンド王国の側では、六七九年ころ、チャチュの子ダーハル(在位六七九頃~七一二)が即位し、ムスリム軍の進出に備えていた。

七一〇年、ウマイヤ朝のイラク総督ハッジャージュはムハンマド・イブン・アル・カーシムにシンド征服を命じた。ムハンマドはイラン支配の拠点として自ら建設したシーラーズから六〇〇〇人のシリア騎兵を率いて出軍し、陸路シンドに向かい、マクラーン地方のムスリム軍は海路をとってムハンマド軍に合流した。

このムスリム軍のシンド遠征の原因としては、つぎのような話が伝えられている。当時からアラビア海は繁栄する海上交易の舞台で、多くのアラブ商船が往来していた。アラビア海交易の主要な商品はインド亜大陸産の香料、綿布、絹、象牙、宝石などで、これらの商品はインドからエジプト、南欧へと運ばれて、

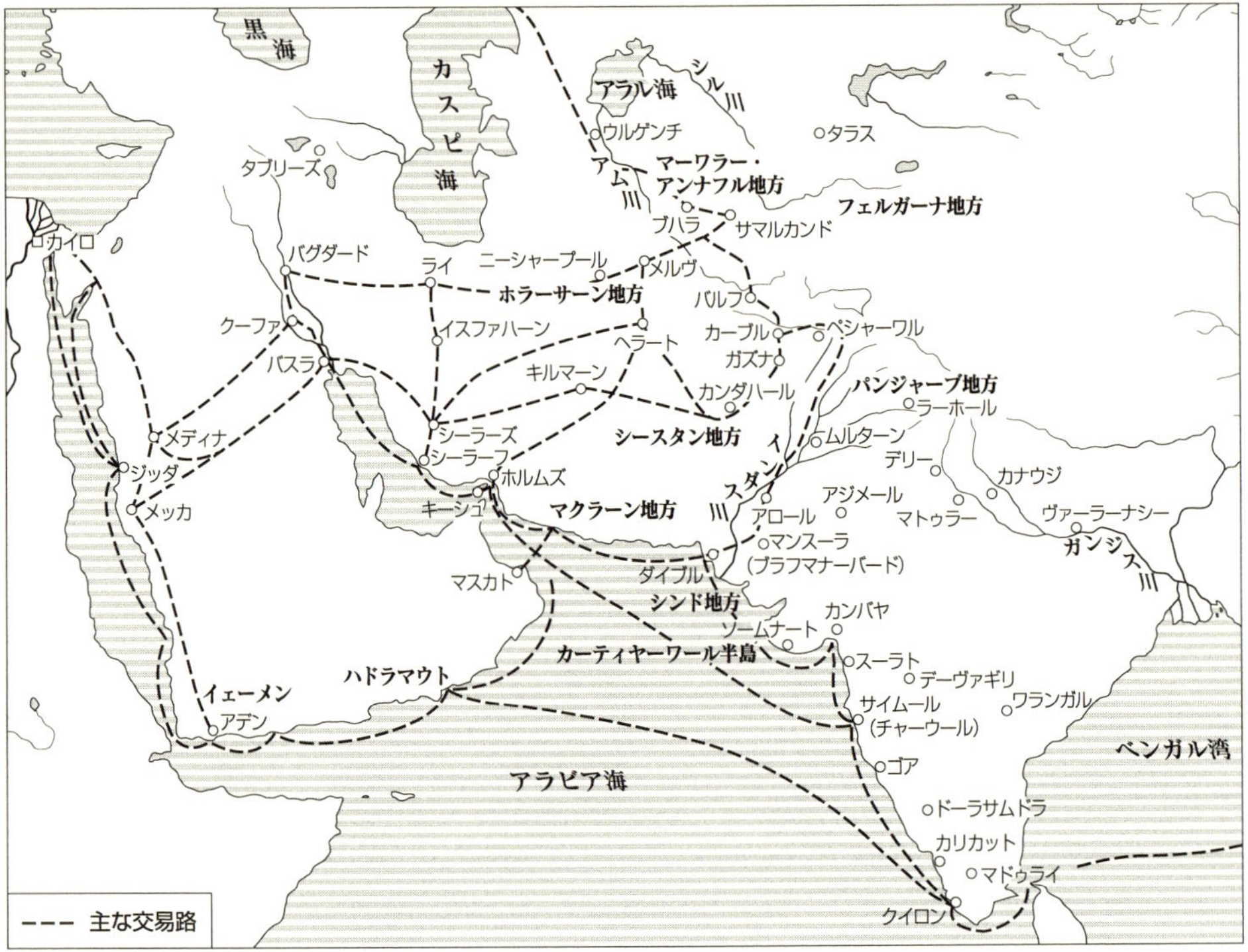

イスラーム世界の拡大とインド亜大陸

大きな収益をあげていた。それを目当に、この海域にはミード(マイド)族の海賊が跋扈《ばっこ》していた。彼らはシンド地方のダイブル(今日のカラーチー近郊)を拠点として、しばしば商船を襲撃し、商品を掠奪していた。そのころ、アラブ商人の夫が死亡したため、セイロン島からメッカに帰る途中のアラブ婦人とその子供がミード族に誘拐されるという事件が起こり、イラク総督ハッジャージュはシンド王ダーハルに彼らを救出するよう要求した。それにたいしてダーハルは、海賊を取り締まるのは困難と回答した。それで、ハッジャージュは「シンドとヒンド(インド)」にたいして聖戦(ジハード)を宣言したというわけである。

七一一年、ムハンマド・イブン・アル・カーシム軍はダイブルを占領、翌年にはシンド王ダーハルを戦死させてシンド地方を征服、さらにインダス川をさかのぼってムルターンを陥落させた。こうして、インダス川中流域までムスリム軍の支配下におかれることになったのであるが、七一四年、ハッジャージュが没すると、ムハンマドは失脚して本国に送還された。七五〇年、アッバース朝が成立すると、シンド地方もその支配下に入った。しかし、九世紀中葉、アッバース朝の権力が弱体化し始めると、シンド各地に世襲の地方政権が分立するようになった。これらの地方政権の首長はムタガッリブ(圧制者)と呼ばれていたが、なかでも有力だったのはムルターンとマンスーラ(ブラフマナーバード)の首長であった。

ムスリム・コミュニティの形成

ムスリム地方政権が分立していたシンド地方に手を伸ばしたのはイスラームのなかでもシーア分派に属するイスマーイール派であった。八八〇年代には、イェーメンの首長がイスマーイール派のダーイー(宣教員)を「シンドとヒンド」に派遣したことから、イスマーイール派はシンドからさらにムルターン方面へと広まっていった。九〇九年、イスマーイール派のダーイーたちによって、北アフリカにファーティマ朝が樹立されると、その影響力はさらに強まった。

こうして、シンド地方からインダス川中流域にかけては、イスマーイール派の教勢が伸張し、イスマーイール派の諸地方政権が成立したのであるが、それはスンナ派イスラームを奉じるムスリム政権との対立を引き起こした。次節で述べるように、アフガニスタンから北インドへと勢力を伸ばしたガズナ朝、ゴール朝のようなムスリム政権はいずれもスンナ派を奉じていた。シンド地方、ムルターンなどに成立したイスマーイール派の諸地方政権は、十一世紀に入ると、これらの北方から進出してくるスンナ派政権との対立、抗争に巻き込まれていったのである。

ウマイヤ朝、アッバース朝時代のアラビア海交易路は、イラクーペルシア湾岸ーアラビア海岸ーシンドーインド西海岸を結ぶ線であったが、ファーティマ朝の成立はそれに大きな変動をもたらした。エジプトを軸として、地中海ーエジプトー紅海ーアラビア半島ーシンドーインド西海岸をつなぐ交易路がアラビア海交易の大動脈として発展し始めたのである。このネットワークにのって、多くのアラブ人、ペルシア人商人がアラビア海上を往来したが、彼らのなかにはインド西海岸に住み着く者もいた。また、その影響を受けて、イスラームに改宗する者もでてきた。こうして、インド西海岸にそって、いくつものムスリム・コミュニティが形成されていった。

当時、インド西海岸のグジャラート地方やコンカン地方はラーシュトラクータ朝(七五〇年頃~九七〇年頃)の支配下にあったが、この王朝はムスリム商人にたいして寛容で、モスクの造営などを認めていた。また、ムスリム商人たちには、一種の「自治権」が与えられ、彼らのあいだからフナルマンと呼ばれる審判人が選ばれて、裁判や取引の監督にあたっていた。当時、最大のムスリム居住区があったのは、ボンベイ(現ムンバイー)の南にあたるサイムール(現チャャーウール)で、一万人程のムスリムが居住していたといわれる。

イスマーイール派の教勢はインド西海岸グジャラート地方にも伸張していき、そこにイスマーイール派のコミュニティが形成されていった。その代表的なものはボーラ(ボホラ)と呼ばれる商人コミュニティで、主として十一世紀に、イェーメンから派遣されたイスマーイール派(ムスターリー派)のダーイーたちの教導により改宗した人々である(二十世紀初頭で約一二万人)。彼らの多くは、紅海、アラビア半島とインド西海岸とを結ぶ交易に従事し、十九世紀以降イギリス植民地支配下には、ザンジバル島からアフリカ東海岸に進出して活躍した。グジャラート地方のもう一つのムスリム・コミュニティはホージャで、主として十三世紀に、イスマーイール派(ナザール派)のダーイーたちの教導により改宗した(二十世紀初頭で、約五万人)。彼らの多くもまたアラビア海交易に従事する商人であった。

インド西海岸をさらに南にくだったマラバール海岸地方には、マーピラ(マーピッラ、英語的表現としてはモプラー)と呼ばれる特異なムスリム・コミュニティが形成された。彼らはペルシア系、アラブ系のムスリム商人と現地女性とのあいだに生まれた子供たちの子孫とされている。ムスリム商人たちは、「ムトア」と呼ばれる「一時婚」の形式で、現地女性、とくに漁夫や水夫の娘と結婚し、マラバール現地社会にとけこんでいった。その子孫がマーピラと呼ばれるコミュニティを形成していったのであるが、彼らは十三世紀までには、カリカット(現コーリコード)、クイロン(現コッラム)などの主要な港に定着し、アラビア海交易に大きな力をもつようになった。彼らの扱った主要な商品の一つは馬で、アラブ産やペルシア産の馬が十四世紀にはインド西海岸の諸港市に大量に輸入されるようになった。それは、そのころ北インドに成立したスンナ派ムスリム諸政権がインドに騎馬戦術を普及させたため、それに対抗して南インドの諸王朝も大量の馬を必要とするようになったからである。マーピラはこのアラビア海をとおる馬貿易などを活躍の舞台として成長したのである。十六世紀、この地をおとずれたポルトガル人バルボサは、マーピラがマラバール人口の約二〇%を占める有力なコミュニティであったことを伝えている。

2　スンナ派ムスリム諸王朝の成立

ガズナ朝のマフムード

九世紀に入るとアッバース朝の支配力は徐々に弱体化し始め、イラン東部から中央アジアにかけては、地方的なムスリム政権がつぎつぎと自立していった。八二一年には、アッバース朝のホラーサーン総督、ターヒルが自立して、ニーシャープールを都とするターヒル朝を創始した。ターヒル朝からは銅細工師(サッファール)出身のヤアクーブ・イブン・アル・ライスが分立して、シースタン地方にサッファール朝を樹立した(八六七年)。サッファール朝は八七三年にはターヒル朝を倒して、ニーシャープールを占拠した。これに先立つ八七一年、アッバース朝カリフはヤアクーブをシンド総督に任命した。それはアッバース朝シンド支配の実質的な終焉を意味していた。

この当時、アフガニスタンのカーブルからガンダーラ、パンジャーブ地方にかけて支配していた王朝は、八六五年ころ、バラモンの宰相が王位を簒奪して創始した王朝だったので、ムスリム史書は「ヒンドゥー・シャーヒー(ヒンドゥーの王朝)」と呼んだ(ヒンドゥーということばはムスリム政権がインドの多様な非ムスリムたち、すなわち彼らにとっての異教徒たちをひとまとめにして呼ぶ総称である)。ターヒル朝を倒したヤアクーブ・イブン・アル・ライスがつぎに矛先を向けたのはこのヒンドゥー・シャーヒー朝であった。八七〇年代、ヤアクーブにカーブルから追われたヒンドゥー・シャーヒー朝はガンダーラ、パンジャーブ地方に拠点を移した。

八七五年、今度はアッバース朝に服属していたサーマーン家がマーワラー・アンナフル地方(「川の向こうの地」の意、西トルキスタンのシル川とアム川に挟まれた地域)に自立して、サーマーン朝を創始した。九〇〇年、サーマーン朝はサッファール朝を破って、ホラーサーン地方を征服、サッファール朝はシースタン地方の小政権となった。

九六五年ころ、サーマーン朝のトルコ人マムルーク(宮廷奴隷)、アルプテギンがガズナを占拠して独立の構えを見せ、九七七年にはそのあとを継いだセビュクテギンがサーマーン朝から自立して、ガズナ朝を創始した。ムスリムの政権が本格的にインドに侵入を開始したのは、このガズナ朝からである。

九九八年、セビュクテギンの子、マフムード(在位九九八〜一〇三〇)が即位すると、ガズナ朝は全盛期をむかえた。マフムードは、一〇〇一年には、ガンダーラ地方のペシャーワル近郊でヒンドゥー・シャーヒー朝軍を破り、その王ジャヤパーラを捕え、一〇〇八年には、パンジャーブ地方にまで進出し、ヒンドゥー・シャーヒー朝の都ワイハンドを落として、滅亡させた。

このスンナ派イスラームを奉じるムスリム政権の進出を前にして、ムルターンのイスマーイール派アミールはヒンドゥー・シャーヒー朝と結んで、その脅威に対抗しようとした。しかし、ガズナ朝のマフムードは、一〇一〇年、ムルターンを攻撃して、これを占拠、イスマーイール派に弾圧を加えた。

こうして、ガンダーラ地方からパンジャーブへと勢力を拡大したマフムードは、そこからさらに北インド各地や遠くグジャラート地方にまで軍勢を進めた。一〇一八年、マフムードはヤムナー河畔の有名な聖地、マトゥラーを占領し、さらに当時の有力な王朝、プラティーハーラ朝の都、カナウジを陥落させた。一〇二四年から二五年にかけては、グジャラート地方カーティヤーワール半島の大聖地、ソームナートにまで攻めよせ、徹底的に破壊、掠奪した。その帰路には、インド西海岸を北上してシンド地方に入り、征服をつづけながらガズナに帰った。

ガズナ朝マフムードによるヒンドゥー聖地の破壊、掠奪、とくにソームナートのそれはムスリム支配者による「歴史的不正」として、長く人々の記憶に残った。それは、十九世紀後半イギリス植民地支配下にナショナリズムが高揚して、ヒンドゥー意識が高まってくるとますます大きな問題となっていった。一九四七年、インド・パキスタンが分離独立すると、時のインド内務大臣パテールはソームナートをおとずれ、マフムードに破壊されたヒンドゥー寺院の再建を呼びかけた。それは、今日のインドでますます激しさを加えているヒンドゥー至上主義の出発点ともいうべき事件であった。

このように、ガズナ朝マフムードには野蛮な侵略者というイメージがつきまとっているのであるが、ガズナの彼の宮廷には、多くの文人が集まり、イスラーム文化の花が開いた。フィルダウシーはガズナの宮廷に滞在し、イランの国民的叙事詩として名高い、その著『シャー・ナーメ(王の書)』をマフムードに捧げている。

『シャー・ナーメ』挿絵　ペルシア神話の一場面。悪魔アクヴァーンが英雄ロスタムを地面ごと魔物の住む海に投げようとしている。

また、多彩な学識で有名な、ホラズム地方出身のビールーニーは、進攻してきたマフムードの軍に捕えられ、ガズナにつれてこられたが、ガズナ朝のインド進出にともない、長くインドにとどまった。その体験に基づいて著わされた『インド誌』は、当時のインド社会をリアルに描いたものとして、きわめて貴重である。

ガズナ朝は、マフムードの晩年になると、中央アジアで勢力を強めてきたトルコ系セルジューク族によって圧迫され始めた。マフムードが一〇三〇年に没すると、ガズナ朝は弱体化し、一〇三八年には、セルジューク勢力がホラーサーン地方のニーシャープールを占拠して、セルジューク朝を樹立した。一一四八年ころには、ゴール朝がガズナ朝から自立してアフガニスタンを支配し始めたため、ガズナ朝はパンジャーブ地方に拠点を移し、一一六〇年ころにはラーホールに都を移して余命を保つこととなった。

ゴール朝のムハンマド

一一七〇年代、のちにゴール朝のスルタンとなる有名なムハンマド(ムイズッディーン・ムハンマド。在位一二〇三～〇六)はインド亜大陸への進出を強力に推し進め始めた。一一七五年には、ムルターンを占領して、イスマーイール派ムスリムを弾圧し、八六年には、ガズナ朝を滅ぼして、パンジャーブ地方を支配下におさめた。そこからさらに北インドへ進出しようとするムハンマドに対抗したのは、チャーハマーナ朝(チャウハーン朝)のプリトゥヴィーラージャ三世であった。一一九一年、プリトゥヴィーラージャ率いるラージプート諸国連合軍はタラーインにムハンマド軍を迎え撃ち、これを破った。しかし、一度退却したムハンマド軍は翌一一九二年、ふたたびタラーインに進軍し、プリトゥヴィーラージャを盟主とするラージプート諸国連合軍と会戦して、これを破った。この戦いで、プリトゥヴィーラージ

クトゥブ・ミナール　奴隷王朝のクトゥブッディーン・アイバクが着工し，その死後完成。この上から，人々を礼拝に誘うアザーンの声が響いた。

ャは捕えられ、のちに処刑された。翌一一九三年、ムハンマドのマムルーク(宮廷奴隷)出身の部将、クトゥブッディーン・アイバクはチャーハマーナ朝の首都デリー(現在のニューデリーの南、ラーイー・ピタウラー城塞)を陥落させ、ここを拠点とした。アイバクはさらに一二〇二年、チャンデッラ朝の都、カーリンジャルを落として、中央インドにまで支配を拡大し、ついでベンガルにまで軍を進めて、これを占領した。このとき、アイバク軍はインド仏教の最後の拠点ヴィクラマシラー僧院を破壊した。こうして、ゴール朝のインド支配は大きく広がっていった。

一二〇六年、ムハンマドがガズナへの帰途、暗殺されると、アイバクはデリーに自立して新しい王朝を創始した。この王朝は、アイバクをはじめとして、その初期の王がマムルーク出身であったので、一般に奴隷王朝と呼ばれている。それはインド国内に都した、はじめての本格的なムスリム政権であり、これによって、インド亜大陸へのイスラームの影響はいちだんと強まった。

3 デリー・スルタン朝の時代

デリー・スルタン朝とモンゴル

一二〇六年に創始された奴隷王朝に始まり、ハルジー朝(一二九〇~一三二〇年)、トゥグルク朝(一三二〇~一四一三年)、サイイド朝(一四一四~五一年)、ローディー朝(一四五一~一五二六年)と五代にわたって、デリー地域に都をおくムスリム政権が継起した。これらを総称してデリー・スルタン朝と呼ぶ。デリー・

スルタン朝時代の歴史的動向を概観するならば、それは北辺をモンゴル勢力やティムール朝勢力によってつねに脅かされつづけたデリー政権が、それに対抗しつつインド亜大陸を南に向けて進出していった歴史ということができる。

奴隷王朝では、一二一一年、イルトゥトゥミッシュがスルタン位に就いた。彼の時代はまさにチンギス・ハンによるモンゴル帝国建設の時代にあたり、その影響は中央アジア、アフガニスタンをへて北インドにまでおよんできた。当時、中央アジア(西トルキスタン)を支配していたのはムスリムのホラズム・シャー国であった。この国は、一〇七七年にセルジューク朝のトルコ人マムルーク、アヌシュテギンがホラズム地方(アム川下流域)に自立して創始した王国で、その第七代スルタン、アラーウッディーン・ムハンマドの時代に残存していたゴール朝を滅ぼして(一二一五年)、最盛期をむかえた。チンギス・ハンの有名な大西征はこのホラズム・シャー国を直接的な攻撃目標とするものであった。

一二一九年、ホラズム征討に出発したモンゴル軍は、二〇年、ブハラ、サマルカンドを

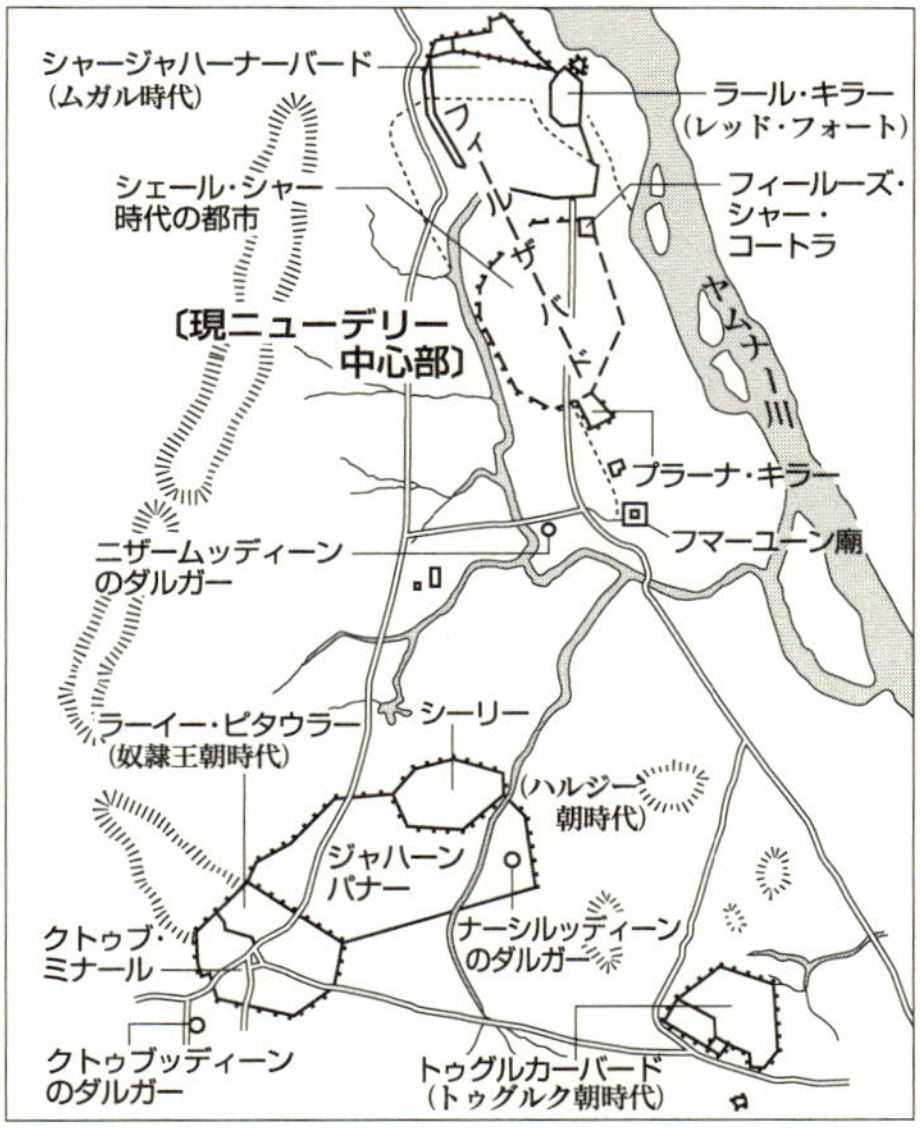

デリー都城の移動

占領、翌二一年にはホラズム・シャー国の首都、ウルゲンチを占領して、スルタン、アラーウッディーン・ムハンマドを逐った。このとき、ムハンマドの嗣子、ジャラールッディーンはインダス川をこえてインドに逃れ、奴隷王朝のイルトゥトゥミッシュに援助を要請した。しかし、イルトゥトゥミッシュは言を左右して、それに応えなかった。一方、モンゴル側では、チンギス・ハンの子、チャガタイ・ハン指揮下の一軍がジャラールッディーンを追ってインダス河畔に進出し、ラーホールを占拠した。ジャラールッディーンはアフガニスタンをとおってイラン方面に逃れ、それを追ってチャガタイ・ハン軍もインドから去った。こうしてモンゴル軍の脅威がうすらいだあいだに、イルトゥトゥミッシュはベンガル(一二二五年)、ムルターン・シンド地方(二六年)、マールワー地方(三四年)へと領土を拡大していった。

この間、中央アジアでは、チャガタイ・ハン国(チャガタイ・ウルス)が成立し、ガズナ地方へと勢力を伸ばしていた。一二四一年、チャガタイ・ハンとその孫、カラ・フレグ(のちに第三代王、在位一二四二〜四六)の軍がガズナからパンジャーブに侵入した。チャガタイ軍はムルターンを攻撃したあと、ラーホールに向かいここを占拠して、パンジャーブ地方を数年にわたって支配下においた。このとき、パンジャーブ地方の商人たちは、モンゴルの通行証をもってホラーサーンや中央アジアとの交易に従事していたので、モンゴル軍に抵抗することはなかったといわれる。

チャガタイ・モンゴル軍のインド侵入はその後もしばしば繰り返され、一二五七年にはムルターンが包囲された。これにたいして、バルバン指揮下の奴隷王朝軍が反撃にでたので、モンゴル軍はホラーサーンに戻った。一二六六年、このバルバンがスルタン位に就いて、モンゴル軍の脅威に備えた。

そのつぎにインドに攻撃をかけたのは、イランのイル・ハン国(フレグ・ウルス)のモンゴル軍であった。一二八五年、イル・ハン国第四代王、アルグーン(初代フレグの孫)の軍がガズナからパンジャーブに侵入した。一二八七年、イル・ハン国のモンゴル軍がふたたびパンジャーブに侵入し、ラーホールを掠奪した。この年、バルバンが没し、奴隷王朝は混乱に陥った。

一二九〇年、ジャラールッディーンが王位に就き、ハルジー朝を創始したが、翌九一年には、一〇万から一五万人といわれるイル・ハン国のモンゴル軍がインドに進出、ジャラールッディーンはこれと和議を結ばざるをえなかった。

一二九六年、伯父ジャラールッディーンを謀殺したアラーウッディーン(在位一二九六～一三一六)が王位に就いたが、その治世初期には、チャガタイ・ハン国第十代王、ドゥワー・ハーンの軍勢が連年のようにインドに侵入してきた。一二九七～九八年にかけては一〇万人、九九年には二〇万人といわれるモンゴル軍がデリーに迫った。一三〇二年、アラーウッディーンがラージャスタンのランタンボール城を落として帰途についたとき、一二万人のモンゴル軍がインドに侵入、デリー城(ラーイー・ピタウラー城塞)を包囲した。そのため、アラーウッディーンはデリー城に入ることができず、その東北にあたるシーリーの城塞を補修して、ここに拠点を移さざるをえなかった。一三〇五年にも、チャガタイ・モンゴル軍がインドに侵入したが、このときには、ギヤースッディーン・トゥグルクの率いるハルジー軍に敗れ、多くのモンゴル人が捕虜となった。

一三一六年、アラーウッディーンの死去によってハルジー朝は乱れ、一三二〇年、モンゴル軍撃退に功のあったギヤースッディーンが即位して、トゥグルク朝を創始した。一三二五年には、ギヤースッディーンの長子、ウルグ・ハーンがデカン・南インド遠征から帰って王位に就き、ムハンマド・トゥグルク(在位一三二五〜五一)を称した。一三二八年には、チャガタイ・ハン国第十七代王、タルマーシーリーンの軍がパンジャーブに侵入、ムルターンを占拠して、デリーなど北インド各地を掠奪した。ムハンマド・トゥグルクはこれにたいして、贖宥金《しょくゆう》を支払って和をこわざるをえなかった。しかし、このあとはチャガタイ・ハン、イル・ハン両国とも弱体化していき、北辺からのモンゴルの脅威はうすらいだ。つぎにインドに侵入してくるのは、サマルカンドを都として興起したティムール朝の勢力であった。

デリー・スルタン朝のデカン・南インド進出

その建国以来、つねに北辺をモンゴル勢力によって脅かされつづけたデリー・スルタン朝は、その領土をデカンから南インドへと拡大していくことに全力を注いだ。奴隷王朝のイルトゥトゥミッシュの時代に中央インド、マールワー地方にまで伸びたムスリムの勢力をさらに南方へと広げていったのはハルジー朝のアラーウッディーンであった。一二九六年、即位に先立って、デカン北部、セーヴナ朝(ヤーダヴァ朝)の都、デーヴァギリを攻撃した彼は、翌九七年、グジャラートを征服、一三〇五年には、パラマーラ朝を滅ぼしてマールワー地方を版図に加えた。その後、アラーウッディーンはその部将、マリク・カーフールを将とする遠征軍をデカン・南インドに送った。マリク・カーフールは、一三〇七年、デーヴァギリを陥落させ、さらに南下して、一〇年にはカーカティーヤ朝の首都、ワランガルとホイサラ朝の首都、ドーラサムドラを落とした。一三一一年には、マドゥライを占領して、パーンディヤ朝を攻撃し、パーンディヤ王を敗死させた。こうして、デリーを拠点とするムスリムの勢力は、ハルジー朝アラーウッディーンの時代に、ほとんどインド亜大陸の南端にまで達したのである(この間の南インドの状況については本章第四節参照)。

ハルジー朝を継いだトゥグルク朝のムハンマドは、このようにして南方に拡大した領土を支配するために、デカンにもう一つの都をおくことを考えた。一三二七年、ムハンマドはセーヴナ朝の旧都、デーヴァギリの地に都城を建設し、ダウラターバードと名づけた。ムハンマドはデリーの商人や職人をダウラターバードに移住させて、新都の繁栄をはかったが、その政策にはやはり無理があり、数年にして、デリーに戻らざるをえなかった。それは、ダウラターバードのみならず、デリーをも荒廃させることになった。

こうして、ムハンマド・トゥグルクの治世後半は政治が乱れ、そのなかで、インド亜大陸各地に独立のスルタン国がつぎつぎと生まれた。一三三〇年代の後半にはシンド、四〇年代にはベンガルにスルタン国が樹立され、四七年には、デカンに派遣されていたトゥグルク朝の部

ダウラターバード　「富の町」の名前に背いて，数年で廃都された。中央に巨大な城砦がそびえ，周辺の広大な地域を城壁が囲んでいる。中央左にはミナレットが見える。

将、ザファル・ハーン(またはハサン・ガングー。王としてはバフマン・シャーと称した)がグルバルガを都として自立し、バフマニー朝を創始した。この後、バフマニー朝はデカンから南インドまで支配する強国として、ヴィジャヤナガル王国と対峙した(この後の経緯については本章第四節参照)。

こうして、ハルジー朝、トゥグルク朝時代に、南インドにまで拡大したデリー・スルタン朝の勢力は、一三三〇年代以降、統一を失い、各地に独立の地方政権が分立するようになったのである。

ティムール帝国の成立と北インド

一三七〇年、チャガタイ・トルコ系のティムールがサマルカンドを都として、ティムール帝国を樹立した。東西トルキスタンを統合したティムールは、一三九八年、インド遠征に乗り出し、十二月、ほとんど抵抗を受けることなく、デリーに入城した。トゥグルク朝スルタンは逃亡し、デリー市民は掠奪と殺害にさらされた。翌一三九九年、ティムールはヒズル・ハーンをラーホール・ムルターン長官に任命して、サマルカンドに帰還した。これによってトゥグルク朝の弱体化は一層進み、マールワー(一四〇一年)、グジャラート(〇七年)の長官が自立してムスリム地方政権を樹立するなど、トゥグルク朝はほとんど解体状態になった。

一四一四年、ヒズル・ハーンはトゥグルク朝を最終的に滅ぼしてデリーに入り、サイイド朝を創始した。しかし、ティムール朝第三代王、シャー・ルフ(在位一四〇九~四七)はアフガニスタンのヘラートに都して、中央アジアとイランを支配する強力な政権を維持し、ヒズル・ハーンの創始したデリーのサイイド朝にも影響力をおよぼしていた。

シャー・ルフの死後、サイイド朝も弱体化し、一四五一年、ローディー朝がそれにかわった。ローディー朝はデリー・スルタン朝のなかでただ一つ、アフガン系の王朝で、アフガンの有力な諸部族の連合政権的な性格が強かった。ローディー朝の初代バフロールは、一三九四年にトゥグルク朝から独立して、ガンジス中流域を支配していたジャウンプル政権を滅ぼして併合するなど、領土を拡大させた。

このローディー朝に終止符を打ったのがティムール第六代の子孫、バーブルで、一五二六年、デリー北郊のパーニーパトでイブラーヒーム・ローディーを倒し、ムガル朝を創始した。

スーフィーとバクティ

十三世紀初頭、デリーに奴隷王朝が成立して以来、イスラームのインド亜大陸への浸透は本格化していった。しかし、それはムスリム支配者がその政治権力を行使して、強制的に改宗させるという方法で広がっていったのではけっしてなかった。インド亜大陸へのイスラームの拡大を担ったのは、主として、スーフィー（羊毛〈スーフ〉の粗衣をまとう人の意）と呼ばれる神秘主義教団の人々であった。デリー・スルタン朝期に活躍したスーフィーは、おもにチシュティー派（ヘラート近郊のチシュトで、イスハークが創始した教団）に属し、その初期の有名なスーフィーは、デリーに拠点をおいたクトゥブッディーンとアジメールを拠点としたムイーヌッディーンであった（いずれも一二三六年没）。

チシュティー派スーフィーとして大きな影響力をおよぼしたのはニザームッディーンである。彼の家はもともとブハラ出身で、チンギス・ハンの掠奪を逃れてラーホールに移住、そこからさらにバダーウンに移った。彼はクトゥブッディーンのハリーファ(代理人)の一人であったファリードゥッディーンに学び、のち、そのハリーファに任命されて、デリーを拠点として教派(シルシラ)の拡大につとめた。伝承によれば、ニザームッディーンはインド各地に七〇〇人のハリーファを送ったという。これは誇張としても、彼が有力なハリーファを各地に送り出したのは事実で、その代表的な者は、デリーの学統を継いだナーシルッディーン、デカンのブルハヌッディーン・ガーリブ、ベンガルのシラージュッディーン・オスマーンなどであった。

デリーの教派を継承したナーシルッディーンは一二七六年ころの生まれだが、彼の家はもともとはホラーサーン出身で、モンゴル軍の攻撃を避けてラーホールに移住してきていた。彼の父は富裕な綿布商人であった。彼はチラーゲ・デリー(デリーの光あるいは灯明)と通称されたように、人々に敬愛されたスーフィーであったが、ムハンマド・トゥグルクがスルタン位に就くと、この奇矯な性格をもつ政治権力者との関係で苦しんだ。一三二七年、前述のように、ムハンマドはデカンのダウラターバードに多くのデリー市民を強制的に移住させた。そのとき、多くのスーフィーも移住を強制されたが、ナーシルッディーンはこれを拒否したため、スルタンの怒りをかった。さらに、ムハンマドの死期が迫ったとき、つぎのスルタンにフィールーズシャーを推戴する企みに荷担したとして、一部の人々に非難された。ナーシルッディーンはそのフィールーズシャーの即位(一三五一年)ののち、五六年に死去した。

このように、デリー・スルタン朝時代初期、デリー地域には偉大なスーフィーが三代つづき、人々のあいだにイスラームを浸透させていくうえで大きな役割をはたしたのである。スーフィーの宗教運動には難解な教義があるわけではなく、神秘的な体験をとおして、神と直接的に合一することが目標とされていた。偉大なスーフィーたちは各地にハーンガーなどと呼ばれる修道場を開いたが、そこには非ムスリムも多く集まった。この点で、スーフィーの宗教活動は前章で述べられているヒンドゥー教のバクティ信仰にきわめてよく似ていた。信愛信仰と表現されるバクティの宗教運動は思弁(知)や立派な行為によってではなく、ただひたすら一心に神の名を唱えることだけをとおして救いにいたる道をさし示した(第四章第二節参照)。このバクティ信仰は南インドからデカン、ベンガル、北インドの各地に徐々に広がっていき、多くの人々を引きつけた。そのなかから、ラーマーヌジャ、ナーマデーヴァ、チャイタニヤなどがで、さらにはカビール、シク教の創始者グル・ナーナクのように、イスラームとヒンドゥー教をともにこえるものをめざす人々もあらわれた。このような動きはイスラームにおけるスーフィーの運動と呼応するものであり、庶民の信仰においては、両者のあいだにほとんど違いはなかった。それはこの時代の精神とでもいうべきものだったのである。

ムスリム支配者とヒンドゥー

インド亜大陸へのイスラームの拡大は、このように、スーフィー教団の活動やバクティ信仰の影響をとおして「平和に」おこなわれたのであるが、ムスリム支配者がヒンドゥーと呼んだ多様な異教徒にたいしてまったく政治的迫害を加えなかったわけではない。

ハルジー朝のアラーウッディーンはモンゴル軍の脅威に備えるためにも、強力な財政基盤を確立することを迫られ、さまざまな政策を実施した。その一つは物価統制策で、デリーに穀物市場、布市場など各種の市場を設置し、それぞれに監督官(シャーフナーイエ・マンディー)を任命した。彼らの任務はそれぞれの商人をそのもとに登録させ、商品の供給を約束させるとともに、価格を公定して、それを守らせることであった。とくに、小麦、米、豆、砂糖、精製バター油、油など主要な食品の価格が厳しく統制された。

この物価統制策とならぶ、もう一つの主要な政策は税制の改革で、ムスリム部将などがミルク、イナーム、ワクフなどの名目で封土化していた土地の国庫地化と、在地有力者層の排除が策された。このうち、在地有力者層はチョードリー(チャウドリー)、ムカッダム、フート(コウト)などと呼ばれていた人々で、その名称からいって、村落共同体やその上に存在した地域共同体の首長層であったと考えられる。彼らは農民たちから諸税を徴収して、それを国庫におさめる見返りとして、ハキーケ・フーティー(フートの諸役得)などと呼ばれる役得をとることができた。外来のムスリム政権にとって、農民などを一人一人、その官僚機構をとおして直接的に把握するということは困難であり、彼らのような在地の有力者層を媒介として支配するほかなかったのである。しかし、アラーウッディーン・ハルジーはこれら在地有力者層が役得をとるだけで、「ハラージュ(地税)、ジズヤ(非ムスリムに課せられる人頭税)、カリー(諸税)、チャラーイー(放牧税)を一ジータル(最小の貨幣単位)すら支払わない」存在であるとして非難し、彼らを税徴収から排除しようとしたのである。

これらの諸税のうち、ムスリム政治権力者とヒンドゥーとの関係でつねに問題となったのはジズヤである。ジズヤは非ムスリムに課せられた人頭税であるが、老人、女性、子供、心身障害者、極貧者には課せられなかったから、その対象は健常者の成人男子ということになる。一般に、ジズヤは対象者の財力に応じて、上層、中層、下層の三段階に分けて課せられ、デリー・スルタン朝期には、それぞれ年額四〇、二〇、一〇タンカーであったとされている。

このように、アラーウッディーン・ハルジーはヒンドゥーにジズヤを課し、その有力者の力をそぐという政策をとったのであるが、それはヒンドゥー迫害を目的としたのではなく、財政基盤確立のための現実的政策として実施されたものと考えられる。アラーウッディーンの時代を記述した、少しあとの年代記には、ある臣下が彼にたいして「ヒンドゥーはムハンマドの神と宗教にとって敵中の敵である」と進言したと記録されているが、このような発想は年代記作者のイスラーム主義的な姿勢の表明にすぎず、当時の政治権力者はもっと現実主義的な発想をしていたと考えられる。

デリー・スルタン朝期のスルタンのなかで、ヒンドゥーを迫害したことで知られているのはフィールーズシャー・トゥグルクとシカンダル・ローディーである。フィールーズシャーはジズヤをバラモンにも課するようにしたことで悪名高い(それまでは、一般にバラモンにはジズヤを課さなかった)のであるが、また、自伝のなかに、ヒンドゥー寺院を破壊したことなどを誇らしげに書き残したことでも知られている。その一例はつぎのようなものである。デリー郊外にヒンドゥーが寺院を建て、多くの人々が参拝にいきだした。門前にはさまざまな店もだされ、大賑わいになり、ムスリムまでがいくようになった。それを聞いて、フィールーズシャーは祭礼の日に自ら現地にいき、寺院の破壊とおもだったヒンドゥーの処刑を命令した。

フィールーズシャーはこの話を自らのイスラーム信仰の証として書き記したのであるが、しかし、これを逆の面からみれば、当時、ヒンドゥーの寺院にムスリムがお参りしたり、ヒンドゥーの祭礼にムスリムが参加したりということがごく一般的におこなわれていたということを示している。そして、それを許容できなかったのはフィールーズシャーなどごく少数のムスリム支配者だけだったのである。

4　ムスリム勢力の進出と南インド

四王国の抗争とデリーからの侵入

デカンと半島南部にあって南インドの覇権を競ったチャールキヤ朝とチョーラ朝が倒れたあとの南インドは、セーヴナ、カーカティーヤ、ホイサラ、パーンディヤの四王国による抗争の時代に突入した。その混乱に輪をかけたのは、十四世紀初頭デリーからのハルジー朝とトゥグルク朝による南インド半島部への侵入であった。その結果、南端に近いマドゥライにもムスリム政権が誕生した。

その南インドの動乱に一応の終止符を打ったのは、一三三六年トゥンガバドラー河畔に誕生したヴィジャヤナガル王国の出現であった。北方にはデリー・スルタンの手を離れて独立したムスリム諸王国が形成され、南方のヒンドゥー王国ヴィジャヤナガルと争った。しかし、文化的には両者の接触のなかから、イスラーム・ヒンドゥーを融合あるいは調和させる多くの試みが生まれている。

この時代、ユーラシアにおけるモンゴル帝国の支配とムスリムの東方への進出によって東西の海上交易

デーヴァギリ
ムンバイー
アフマドナガル
ゴーダーヴァリー川
ビーダル
アナムコンダ
ワランガル
シンハーチャラム
カリヤーニ
グルバルガ
ゴールコンダ
ハイダラーバード
ビージャプル
ターリコータ
ラージャマンドリ
クリシュナー川
コンダヴィードゥ
ライチュール
モートゥパッリ
ゴア
トゥンガバドラー川
カンピリ
ヴィジャヤナガル
ウダヤギリ
ベンガル湾
ラーヤドゥルガ
ホンナーヴァル
イケーリ
ネロール
ペヌゴンダ
アラビア海
シュリンゲーリ
ティルパティ
ドーラサムドラ
チャンドラギリ
プリカット
バンガロール
チェンナイ
マンガロール
シュリーランガパトナ
ヴェールール
カーンチープラム
マイソール
カーヴェーリ川
シェンジ
ウマットゥール
ポンディシェリー
コーリコード
コインバトール
カンナヌール
ティルチラーパッリ
タンジャーヴール
ナーガパッティナム
マドゥライ
ヴァイガイ川
ジャフナ
コチ
テンカーシ
コッラム
カーヤル
アヌラーダプラ
ティルヴァナンタプラム
ポロンナルワ
キャンディ
コロンボ
スリジャヤワルダナプラコーッテ
ゴール
□ 現在の州首都（インド）および国都（スリランカ）
○ その他の中世都市・現代都市

13〜17世紀の南インド・スリランカ

は一層進展し、南インドはその波に巻き込まれていった。十六世紀初頭ヴィジャヤナガル王国の盛時には、その交易ネットワークにポルトガル人が加わるようになり、綿布の生産も一層の拡大を見た。そのような状況は、南インドに新しい社会体制をもたらすこととなった。

デカンのチャールキヤ朝は、封臣であった北方のセーヴナ家と南方のホイサラ家に圧迫されて十二世紀の末に滅亡した。一方、タミル地方のチョーラ朝も、十三世紀に入ると、北方アーンドラの地でチャールキヤ朝から独立したカーカティーヤ朝と、南方で復興したパーンディヤ朝の侵攻を受けて世紀後半には衰亡した。十三世紀初頭から十四世紀の初頭にかけてのほぼ一世紀間は、これら新興の四王国がたがいに抗争を繰り返した。

セーヴナ朝(ヤーダヴァ朝とも呼ばれる)の勢力を確立したのは、十二世紀後半に統治したビッラマである。彼は、チャールキヤ朝の首都カリヤーニをおとしいれ(一一八五年頃)、南方のホイサラ朝と対峙して、バッラーラ二世と争った。その後、王朝の勢力はさらに伸張し、北方はグジャラート地方、南方ではホイサラ朝の地にまでおよんだが、一三〇七年、ハルジー朝のマリク・カーフールの軍に首都デーヴァギリを落とされ、その後も引きつづいてハルジー朝の圧迫を受けて滅亡した。デーヴァギリはその後デリーのムスリム勢力が南方に進出するための拠点とされた。

ホイサラ朝は、十二世紀前半、ヴィシュヌヴァルダナ(在位一一一〇~五二)の時代に勢力を伸張し、バッラーラ二世(在位一一七三~一二二〇)のときチャールキヤ朝を破って独立した。彼は新興セーヴナ朝とチャールキヤ朝の地を争い、その南半を獲得した。つづく時代に、南方ではチョーラ、パーンディヤ両朝の争いが激化し、ホイサラ朝はチョーラ朝を助けてパーンディヤ朝に対抗すべく、タミル地方に進出した。その結果、ソーメーシュヴァラ(在位一二三三～六七)の時代には、王国は北方のドーラサムドラを中心とする地区と、南方のカンナヌールを中心とする地区に事実上二分するにいたった。この分裂はバッラーラ三世(在位一二九一～一三四二)によって再統一されたが、一三一〇年、マリク・カーフールの軍にドーラサムドラを落とされて弱体化した。

デカン東部の地では、チャールキヤ朝からアナムコンダの地を与えられたカーカティーヤ家が封臣としての勢力を築いていたが、プローラ二世(在位一一一〇～五八)のとき独立した。その後、十三世紀前半のガナパティ王(在位一一九九～一二六二)の時代には、東方ではカリンガ、南方ではチョーラ朝の地に進出するなど、王朝の勢力はおおいに発展した。新首都ワランガルが築かれたのもその時代である。プラターパルドラ二世(在位一二九五～一三二三)は領土の四分の一を七七のナーヤカ領に分け、王国の行政と防衛をナーヤカたちに依存するなどの改革を断行したとされる。しかし、一三一〇年にはマリク・カーフールの侵攻にあい、二三年にはトゥグルク朝のウルグ・ハーン(のちのムハンマド・トゥグルク)に首都を落とされ、王国は滅亡した。

チョーラ朝に制圧されていたパーンディヤ朝の復興に力あったのはジャターヴァルマン・スンダラパーンディヤ(在位一二五一～八三)で、チョーラ・ホイサラの連合軍を破ってネロールにまで進出した。つづくマーラヴァルマン・クラシェーカラパーンディヤ(在位一二六八～一三一二)は、ついにチョーラ朝を滅ぼして、王国の勢力を確立した。しかしその二子、ヴィーラパーンディヤとスンダラパーンディヤのあいだに抗争が起こり、内乱状態となった。そこに、一三一一年、マリク・カーフールの侵入を受け、さらにその後、ケーララからラヴィヴァルマン、北方からカーカティーヤ朝の侵攻を受けて王朝は弱体化した。そして一三二三年には、デカン地方を席巻して南下したトゥグルク朝のウルグ・ハーンの軍に首都マドゥライを落とされた。その後、西南方のテンカーシに弱体化した政権は存続したものの、王朝は事実上滅亡した。

以上のように、この時代は前代のチョーラ、チャールキヤの二大勢力が姿を消し、辺境地帯からあらたに興ってそれにかわった四王国がたがいに争った動乱の時代であった。四王国のほかにも、地方地方には数多くの領主的存在が見られ、また、ナードゥの範囲をこえた領域でいくつものカーストが連合してペリヤナードゥ(大ナードゥ)という組織をつくるなど、各地で自衛的な活動が目につくようになっている。タミル語の刻文に、王(ラージャー)にたいする裏切り、神(シヴァ)にたいする裏切りとならんで、地域(ナードゥ)にたいする裏切り、カースト(イナ)にたいする裏切り、ということばが見られるようになったのも、この十三・十四世紀のことであった。

タミル地方では、従来のヴェッラーラ、バラモン両カーストによる支配がくずれたのと裏腹に、たとえば、カイコーラ(織布工)のような職人カーストや、チェッティのような商人カーストが力を伸ばし、また、軍事力としてチョーラ朝を支えたパッリ・カーストのように、従来は山地部族民であった者たちも勢力を伸張した。ペリヤナードゥはこのパッリその他の山地部族民が中心となり、ほかの職人・商人カーストを糾合してつくった組織であった。また、カイコーラが勢力を伸ばしたことの裏には、東西海上貿易の進展とともに南インド産の綿布にたいする需要が増大した事情があり、パーンディヤ朝の税目には綿布生産に関連するものがあらたに登場している。

ヴィジャヤナガル王国の登場

四王国のたえざる抗争と十四世紀初頭のデリーからのスルタン勢力の侵入によって混乱に陥った南インドをふたたび統一し、十七世紀初頭にいたるまでクリシュナー・トゥンガバドラー両河以南の地を支配したのがヴィジャヤナガル王国であった。他方、デカンの北部には、デリー・スルタンの手から独立したムスリム政権バフマニー朝が興り、やがてそれがビージャプル、ゴールコンダほかの五王国に分裂するが、ヴィジャヤナガル王国とこれらムスリム諸王国とのあいだには、たえず攻防が繰り返された。

ヴィジャヤナガルの王統は簒奪によって三度かわるが、第一王統は創始者ハリハラ、ブッカら五兄弟の父の名をとって、サンガマ朝と呼ばれる。研究者のあいだでこのハリハラをヴィジャヤナガル王国の創始者とすることには異論がないが、彼が王朝を創始した事情については異なった見解が見られる。そもそも、彼ら兄弟が元来カーカティーヤ朝に仕える身であったのか、ホイサラ朝の臣下であったのか、その出自についても二つの説が対立するが、それはさておき、問題は王朝創始にいたる事情である。

これまでに説かれてきた有力な見解によれば、ハリハラとブッカは、カーカティーヤ朝(あるいはホイサラ朝)に仕える身であったが、それを滅亡させたトゥグルク朝の遠征軍に捕えられ、デリーにつれていかれた。そこでスルタンに仕えイスラームに改宗したのだが、トゥンガバドラー川流域に不穏な状況が生まれると、彼らを信頼していたスルタンによって派遣され、その地の統治にあたった。しかし、その後ヒンドゥーの聖者ヴィディヤーラニヤの導きによってふたたびヒンドゥーに戻ると、一三三六年スルタンに反旗をひるがえし、ヴィジャヤナガルを都に新しい王朝を創始したという。

しかし、近年アメリカの歴史学者ワゴナーは、これはヴィジャヤナガル王国の歴史的役割を、デカン北方からのムスリムの侵入にたいして南方のヒンドゥー社会を三〇〇年にわたって防いだところにあるとするヒンドゥー至上主義者の解釈によるものであって、史料のなかには、ハリハラ・ブッカのイスラームへの改宗とヒンドゥーへの再改宗の事実をみいだすことができないと主張している。ワゴナーによれば、二人がデリーからこの地に遣わされたことを伝えるサンスクリット語史料でも、その重点は二人の統治がスルタンのお墨付きによって正統化されていた点にあるという。彼が強調するのは、宗教対立は近代の歴史解釈の投影にすぎないのであって、この時代にはイスラームとヒンドゥーのあいだにも融合的、調和的な相互作用が見られたという点である。

さて、一三三六年に王朝を創始したハリハラ(在位一三三六～五七)は、ホイサラ朝のバッラーラ三世がマドゥライのムスリム政権と争って命を落とすと、南進してホイサラ朝の地を併合した。しかしまもなく、一三四七年、トゥグルク朝のデカン長官であったザファル・ハーン(ハサン・ガングー)がデリーのスルタンに反旗をひるがえし、グルバルガを中心にバフマニー朝を創始すると、それとも抗争した。ハリハラのあとを継いだブッカ(在位一三四四～七七)の時代には、その息子クマーラ・カンパナによる南方遠征(一三七〇)がおこなわれ、一三三四年にトゥグルク朝から自立したマドゥライのムスリム政権を制圧している。

同時に北方では、この時代からクリシュナー・トゥンガバドラー両河間のライチュール地方の支配をめぐってバフマニー朝との本格的な抗争が始まった。つづくハリハラ二世(在位一三七七～一四〇四)の時代には、アーンドラ地方のレッディ勢力を屈服させ、その地の大部分が領域に加えられ、スリランカへの遠征もおこなわれた。十五世紀前半に王位にあったデーヴァラーヤ二世(在位一四二二～四六)の治世はサンガマ朝の最盛期で、その時代にケーララ地方の攻略もおこなわれ、当時王国をおとずれたペルシアの使節アブドゥル・ラッザークは、王国の版図を、南はスリランカから北はグルバルガ、東はベンガル(オリッサ)から西はマラバールに及ぶと述べている。デーヴァラーヤ二世は軍隊にムスリムを編入するなどの改革をおこない、バフマニー王国とのあいだには婚姻政策や貢納によって平和が維持された。

その後は凡庸な王がつづき、その間、オリッサの新興勢力ガジャパティのカピレーシュヴァラが南方に進出してティルチラーパッリ地区にまでいたり、さらにバフマニー朝も攻勢に転じた。タミル地方中部では反乱に近い状況が見られ、王国は危機に直面した。

それを救ったのはタミル地方北部のチャンドラギリ・ラージヤを統治していたサールヴァ家のナラシンハ(在位一四八六～九一)で、彼はガジャパティ勢力の侵入をくいとめるとともに、王位を簒奪し、第二王朝サールヴァ朝を創始した。彼はその過程でトゥルヴァ家のイーシュヴァラ・ナーヤカ、ナラサー・ナーヤカ父子に助けられたが、彼の死(一四九一年)後はナラサー・ナーヤカが、サールヴァ・ナラシンハの息子である幼王の摂政となって権力をふるった。ナラサー・ナーヤカ自身は簒奪者とはならなかったが、事実上の王として政治を司り、ライチュール地方を奪回し、また南方に遠征して反乱を鎮圧するなど、王国の勢力挽回につとめた。ポルトガルの西海岸進出が始められたのはこの時代であった。

ナラサー・ナーヤカの子の一人であるヴィーラ・ナラシンハは、父の死後一五〇五年、ついに王位を簒奪して第三王朝トゥルヴァ朝を誕生させた。しかしその治世は短く、一五〇九年には弟のクリシュナデーヴァラーヤ(在位一五〇九~二九)が王位を継いだ。彼はウンマットゥール(マイソールの地)の反乱者ガンガラーヤを征して南方を安定させたのち、今度はオリッサのガジャパティ勢力と対決してウダヤギリを落とした。その後も遠征を繰り返し、遠くシンハーチャラムにいたるまでの地を平定している。彼はポルトガル人とも友好関係を保ってアラビアからの軍馬の補給を確保し、北方では北西部デカンの支配的勢力となったビージャプルに対抗してライチュール地方を支配下におさめた。そのようにして彼の即位後一〇年間でヴィジャヤナガル王国の領土は広大なものとなった。

彼は文芸をも愛好し、テルグ語の作品『アームクタマールヤダ』は彼の手になるものとされるが、そこには実際の統治に基づく政治のあり方についての記述が見られる。桂冠詩人アッラサーニ・ペッダナが活躍したのも彼の宮廷においてであった。なお、クリシュナデーヴァラーヤ王の言行を述べる『ラーヤヴァーチャカム』は、十七世紀にヴィジャヤナガル王国の勢力が衰えてのち、マドゥライに出現したナーヤカ朝のもとで編纂された後代の記録である。彼自身はヴィシュヌ派の信仰をもっていて、その聖地ティルパティの寺院を篤《あつ》く保護したが、ほかの宗教についても寛大で、キリスト教、イスラームを含め、すべての宗教の信仰が許された。

デカン北部のムスリム諸王朝

ここでデカンのムスリム政権の消長について述べておくと、ヴィジャヤナガル王国が建国されてほどなく、一三四七年、トゥグルク朝の臣であったザファル・ハーン(在位一三四七〜五八)がグルバルガの地で反旗をひるがえし、バフマニー朝を樹立した。彼はペルシアの英雄バフマンの子孫と称したので、その名が王朝名とされた。王国はその後、北方でマールワー、グジャラートのスルタン国などと戦い、南方ではヴィジャヤナガル王国と戦いをつづけた。十五世紀前半、アフマド・シャー(在位一四二二〜三六)のときに首都が北東のビーダルに遷された。王国はペルシア人との結びつきが強く、宮廷にシーア派の外国人が多く入りこんで大きな勢力を築いていた。それにたいして、デカンに土着のムスリムはスンナ派の信仰をもち、デカン派として対抗した。この外国派とデカン派の争いは、しだいに激化した。

その後、十五世紀後半にはペルシア出身の有能な宰相マフムード・ガーワーンがでて、王国は発展した。西海岸ではゴアを掌握し、東海岸でもヴィジャヤナガルの弱体化に乗じて、カーンチープラムを攻略した。しかし、外国派、デカン派の争いのなかで、一四八一年に宰相ガーワーンが暗殺され、王国は急速に衰退した。地方統治者がつぎつぎと独立し、古のヴィダルバの地にベラール王国(イマード・シャーヒー朝)、その西南、西ガート山脈の地にアフマドナガル王国(ニザーム・シャーヒー朝)、その南にヴィジャヤナガル王国と境を接してビージャプル王国(アーディル・シャーヒー朝)、東部では、もとのカーカティーヤ朝の地にゴールコンダ王国(クトゥブ・シャーヒー朝)が誕生し、バフマニー王国は首都のまわりに狭い領域を保持するのみとなってしまった。そこでもバリード家がスルタン位を簒奪してビーダル王国(バリード・シャーヒー朝)が誕生し、十六世紀初頭にバフマニー王国は五王国に分裂してしまった。

ヴィジャヤナガル王国では、クリシュナデーヴァラーヤ王の統治晩年に宮廷の内紛とそれに乗じたビージャプルの進入があり、彼はその危機のなかに没し、王位を継いだのは弟のアチュタデーヴァラーヤ(在位一五二九～四二)であった。彼はまず、宰相ヴィーラ・ナラシンガラーヤが南方で起こした反乱を鎮圧し、その後北方に転じてビージャプルの軍と戦い、ライチュールの地を奪回した。しかしその後、クリシュナデーヴァラーヤの女婿にあたるラーマラージャの姦計に陥り、晩年には実権を奪われた。彼の没後、王位の継承をめぐって宮廷内でふたたび熾烈な争いがおこなわれたが、一五四三年、サダーシヴァ(在位一五四三～六九)が王位に就いた。しかしその統治は名目的で、実際の政治は摂政となったラーマラージャとその弟ティルマラとによって動かされた。ラーマラージャはマドゥライからケーララにいたる南方を安定させて北方のムスリム諸王国に対抗したが、その外交の基本はムスリム五王国をたがいに反目抗争させることであった。その試みは初めは成功したが、しだいに彼らの反感をかい、かえって五王国のあいだに連合が形成されるにいたった。彼は一五六五年その連合軍とクリシュナー川北岸のラークシャシ・タンガディ(ターリコータ)の地に戦って大敗し、命を落とした。首都ヴィジャヤナガルは連合軍の馬蹄に踏みにじられ、ティルマラはサダーシヴァを擁して東南方のペヌゴンダに退き、そこを都に統治をつづけた。彼は一五六九年ころサダーシヴァを廃して自ら王位(在位一五六九～七二)に就き、第四王朝のアーラヴィードゥ朝を興した。

彼はその三子を、ペヌゴンダ、シュリーランガパトナ、チャンドラギリに配し、それぞれアーンドラ地方、カルナータカ地方、タミル地方の統治にあたらせた。しかしそのころ、タミル地方ではシェンジ、タンジャーヴール、マドゥライに強力なナーヤカ政権が出現しつつあった。十六世紀末に統治を始めたヴェンカタ二世(在位一五八六～一六一四)は最後の偉大な王といわれ、ゴールコンダの進入をくいとめ、逆にクリシュナー川にいたるまでの地を回復した。しかし、その後ゴールコンダとビージャプルからの圧迫は強まり、彼は都をさらに東南方のチャンドラギリに遷している。彼はタミル地方のナーヤカの反乱を征圧し、当時進出してきたオランダ人とも修交を結んでいる。荒廃した農村の復興にも意を用い、文芸を保護し、宗教的にも寛大であったといわれる。

しかし彼の没後一六一四年、王位継承をめぐって大規模な内乱が起こり、王朝の勢力は急速に衰退した。

シェンジ・ナーヤカの城　三つの岩山を結んでつくられた堅固な城。中央の建物はカリヤーナ・マハル(婚礼殿)と呼ばれている。

シェンジ、マドゥライのナーヤカはほとんど独立し、王国の北部はビージャプルの領有するところとなった。ヴェンカタ三世(在位一六三〇～四二)の時代には、イギリスがマドラスの地をえて進出をはかっている。彼を継いだ甥のシュリーランガ三世(在位一六四二～四九)の時代には、ナーヤカたちの勢力がいちだんと強まり、王はそれに対抗するためにゴールコンダの力を借りるありさまであった。

これはゴールコンダとビージャプルの進出を誘うことになり、都が遷されていたヴェールールは包囲され、王はタンジャーヴール・ナーヤカのもとに身をよせた。しかし、一六四九年にはタンジャーヴールもビージャプルの軍に落とされた。シュリーランガはさらに逃げのびて、遠くマイソールの地で余命を保ったが、王国はタンジャーヴールの落ちた時点で事実上滅亡した。

デカン北部に成立したムスリム五王国のうち、ベラールは十六世紀後半アフマドナガルに併合され、ビーダルも十七世紀初頭にはビージャプルに併合された。残った三王国は、十六世紀末からムガル帝国の侵攻を受け、アフマドナガルは一六三六年に滅亡した。ゴールコンダはカーカティーヤ朝の地を引き継いだが、初代のスルタン、クリー・クトゥブ・シャー(在位一五一二〜四三)が都をゴールコンダに遷し、その名で呼ばれることになった。ラークシャシ・タンガディの戦いに参加したスルタン・イブラーヒーム(在位一五五〇〜八〇)はヒンドゥー教徒をも高官として王国行政に登用している。

ビージャプル王国を誕生させたユースフ・アーディル・シャー(在位一四九〇〜一五一〇)は、一五一〇年ポルトガルに奪われたゴアを一時取り戻している。彼はシーア派を国教と定めたが、その後は別のスルタンによってスンナ派に変更され、またヴィジャヤナガルにたいして友好政策をとるスルタンもあらわれた。しかし、ビージャプルとゴールコンダが一六四九年ころヴィジャヤナガル王国を滅亡させたのは、上述したとおりである。その後、今度は彼らがムガル帝国に攻められ、ビージャプルは一六八六年、ゴールコンダは八七年に滅ぼされるが、その過程はムガル帝国のデカン計略の節(第六章第二節)で述べる。

新しい支配体制──ナーヤカ制

ヴィジャヤナガル王国の国家構造と支配体制を考えるうえで大きな意味をもつのはナーヤカの存在である。最盛期のアチュタデーヴァラーヤの治世にヴィジャヤナガルに滞在したポルトガル人馬商人ヌーネスはつぎのような記述を残している。「ビズナーガ(ヴィジャヤナガル)王国はこのように二〇〇人以上の長官に配分されている。……彼らのおさめている土地と収入に応じて、王は彼らが王に仕えるため維持すべき兵力および毎月(年か)王におさめるべき額をきめる」(浜口乃二訳)。クリシュナデーヴァラーヤの治世に滞在したパイスも同様の記事を残している。

この「長官」は「ナーヤカ」に相当すると考えられていて、これまでの研究では、ヴィジャヤナガル王国の四分の三はこのようなナーヤカに知行地として割りあてられていたとされ、多くの研究者が、この「ナーヤカ(ナーヤンカラ)制」を西欧の封建制に似たものと考えてきた。しかし、ヴェンカタラマナイヤは、西欧の封建制の特徴をなす王とナーヤカ間の臣従の誓いとナーヤカ領内部でのさらなる封土の分与が見られないことから、似てはいるものの、西欧の封建制と同じとはいえないという見解を表明していた。

ところが、これにたいしてもバートン・シュタインが異論を提出した。彼はヴィジャヤナガル王国にたいしても前述の分節国家の概念を適用しようとして、王国の分節を構成することになる個々のナーヤカ(シュタインはナーヤカということばを用いずに領主〈チーフ〉といった表現をする)は、国王の政治的支配を受けずに、儀礼的に従っているだけであるとする。彼がナーヤカとして言及するのは、のちに独立するシェンジ、タンジャーヴール、マドゥライといった大ナーヤカだけであって、彼は国王によって各地に派遣され、一定の領域を知行する多数のナーヤカの存在を認めようとしない。したがって彼は、ヌーネスの記事をも西欧的理解の投影にすぎないとして退けるのである。

ここでもシュタインの理解は事実と大きく異なっている。ヴィジャヤナガル期のものであるカンナダ語、テルグ語、タミル語で残された数多くの刻文によれば、国王によって知行地を与えられ、その地の統治にあたる多数のナーヤカがいたことは、誰の目にも明らかである。タミル地域の刻文を史料とした最近の研究に基づいてナーヤカ制について考えられるところを整理してみると、つぎのようである。

まず、従来の研究ではナーヤカの存在を十四世紀中葉から十七世紀中葉にいたるヴィジャヤナガル王国支配の全時期について想定してきたが、刻文に現れるナーヤカの年代的分布を探ってみると、その存在がほぼ十五世紀末からであることが明らかになる。数が多いのは、クリシュナデーヴァラーヤ・アチュタデーヴァラーヤが統治した最盛期であるが、ラークシャシ・タンガディの敗戦ののちも、一定数のナーヤカは刻文に現れつづける。クリシュナデーヴァラーヤの治世にほぼ相当する一五〇一〜二五年のあいだにタミル地方で存在が確認されるナーヤカの数は一一〇人で、アチュタデーヴァラーヤの時期に相当する一五二六〜五〇年のあいだにおける数も、もちろん内容は異なるが、一一〇である。

カルナータカ地方、アーンドラ地方についてはそのような数を数えた研究がなく、数字はわからないが、かりに両地方をあわせて一〇〇とすれば、アチュタデーヴァラーヤの統治下で王国が二〇〇人の長官に分けられていたとするヌーネスの記事は、かなり正確なものということになろう。いずれにせよ、以上から導かれる結論は、ナーヤカに領地を与えて知行させ、収入と一定の軍事力の提供を求めるやり方が、十五世紀末から始められ、トゥルヴァ朝の時期に王国の新しい統治制度としておこなわれたということである。十六世紀後半からはしだいにナーヤカの数が減少し、アーラヴィードゥ朝はその方針を転換したという見解も見られるが、中央権力の弱体化とともに制度が機能しなくなった側面も考慮する必要があろう。

さて、ナーヤカたちが領地を実際にどのように知行したのか見てみよう。ナーヤカに言及する刻文の圧倒的多数は、領地内での彼らの課税、免税行為を記している。注目すべきは織布工、鍛冶《かじ》工などの職人にたいする税であるパッタダイ・ヌーラーヤム(パッタダイは職人の作業場を意味するが、そこに商人が含まれることもある)を免じる例の多く見られることで、これは海上交易の進展とともに重要性を増した職人たちを自分の領地に集めてその生産をコントロールしようとするナーヤカの意図を示すものといえよう。

海上交易の進展と商人・職人階層の台頭はすでに述べたように十三・十四世紀から見られたが、十四世紀にカルナータカ地方からタミル地方に侵入してきたヴィジャヤナガルの軍勢は、発展しつつあった商工業を搾取しようとして、地域住民と大きな摩擦を起こしていた。タミル地方中部で自衛のためのペリヤナードゥという組織が生まれたことは前述したが、商人・職人階層は、耕作者層と力をあわせ、ヴィジャヤナガルの圧制的支配とそれに協力する地主層にたいして、十五世紀の前半(一四二九年)に反乱を起こしている。十五世紀末におけるナーヤカ制の導入は、そのような状態に対処するものでもあったのである。

十六世紀になってナーヤカの地方支配が軌道にのると、そのような反乱は起こらなくなっている。ヌーネスの述べるところによると、ナーヤカたちは普段は首都にいて王宮に出仕し、任地には代官を派遣して知行にあたらせたという。タミル地方で、従来の有力者である在地領主が代官になった例も見られないわけではないが、代官のほとんどはカンナダ語あるいはテルグ語の名前をもっており、カルナータカあるいはアーンドラ地方からやってきたように推定される。そのような状況下で、チョーラ朝期以前からのナードゥを中心に形成されていた血縁的地域共同体はほとんど破壊されてしまった。

王権のあり方と社会

さて、ナーヤカと王との関係を見てみると、刻文からは、ナーヤカが領地を王から分与され、国家にたいして徴税の義務をおっていたのは明らかである。しかし、それだけでなく、彼らは王にたいして土地免税化の要請をしたり、寺領の免税などの慈善行為に際して王に功徳《くどく》を与えることを記すなど、つねに王と密接な関係を保ち、忠誠心を示そうと努力している。また、ナーヤカたちのあいだには、大小、あるいは上位下位などの差があったようで、上位のナーヤカと下位のナーヤカのあいだでは、王から与えられた領地のさらなる分与がおこなわれていた。下位のナーヤカは刻文のなかで上位のナーヤカにたいしても忠誠心を披瀝《ひれき》している。

以上のように見てくると、ヴェンカタラマナイヤが否定した、王とナーヤカ間の忠誠の誓いや領地の下封分与なども見られ、ヴィジャヤナガル王国の支配体制はかなり西欧の封建制に近いものとしてとらえることが可能である。チョーラ朝支配期に見られたかたちでの村落共同体はもはや崩壊し、耕作者と大土地保有者が向き合うかたちでの農業生産の組織化が一般化していることも、それを可能にしたように思われる。ただし、上述したように、この時代には海上交易の進展にともなって、綿布の生産や胡椒や甘蔗《かんしょ》など換金作物の栽培も大規模におこなわれている。この商業が発展していることは、ヴィジャヤナガルの封建制に独自の条件を生み出しているようにも思われる。

それと関連して、どのくらい頻繁にナーヤカの任地替えがおこなわれたかといった疑問は、ナーヤカの存在そのものをほとんど否定するシュタインからはでてこないし、従来の研究も刻文を史料にした詳細な検討をないがしろにしてきた結果、答えがだせないでいた。しかし、最近の研究はトゥルヴァ朝治下のカルナータカ、タミル両地方で、ナーヤカの任地替えがかなり頻繁におこなわれていた状況を明らかにしている。ただし、十七世紀に入ってからのアーラヴィードゥ朝の王にはその任地替えはもはや無理であった。その結果、地方に根をおろしたナーヤカの在地勢力としての成長が見られたが、デカンからの侵攻や内乱

ヴィッタラ寺院歌舞殿の石柱　ヤーリという想像上の動物にまたがった人物は，俗にクリシュナデーヴァラーヤといわれている。長い烏帽子をかぶっている。

ヴィジャヤナガルの象舎　王宮の一部にあり，ヒンドゥー・イスラーム両様式の結合が見られる。

レーパークシ寺院の天井画　長い烏帽子をかぶった王宮の高位者がシヴァ神を拝んでいるところ。ワゴナーはこの画のイスラーム風衣装に注目した。

の状況がまたそれを突きくずし、そこを生き残ったのがタミル地方においては、シェンジ、タンジャーヴール、マドゥライのナーヤカ政権なのであった。カルナータカ地方では、イッケーリ、チトラドゥルガその他にナーヤカ政権が誕生した。

この時代におけるヒンドゥー寺院の役割について述べておくと、今日南インドに残るヒンドゥー教大寺院のほとんどは、起源は古くても、一様にヴィジャヤナガル期に規模が拡大している。それは、海上交易を中心とした商業活動の拡大と、さらにナーヤカの支配とも関連している。クリシュナデーヴァラーヤがティルパティのヴェンカテーシュヴァラ寺院に篤い保護を与えたことは記したが、王やナーヤカに保護を与えられた大寺院は、大変な数の巡礼者を集め、儀礼の執り行いをとおして多大な消費をしただけでなく、寄進された多数の村落を対象にしてその水利施設への投資がおこなわれ、また、寺院自身がその周囲の通りに織布工を集めて綿布の生産を組織した。すなわち、当時のヒンドゥー寺院は大きな経済体として成長し、ナーヤカの支配はそれを助長し、またその経済活動に大きく依存したのである。

ヴィジャヤナガルの王たちはヴィシュヌ派の信仰をもっており、首都ヴィジャヤナガルにも、ヴィルーパークシャ寺院やヴィッタラ寺院のような大寺院が建てられたが、宗教的には寛容であった。すでに述べたように、デーヴァラーヤ二世は軍隊にムスリムを登用し、モスクの建設をも許している。ワゴナーの研究によれば、ヴィジャヤナガルの王宮では、王たちはイスラーム世界で用いられていたゆったりとしたワンピース状の衣装を身につけ、頭には、これもイスラーム世界で用いられた烏帽子《えぼし》のような長い帽子を載せていたという。それは、王たちがイスラーム教を受容したということではなく、当時の国際社会で一般的であった風習を身につけたことを意味する。また、王の称号のなかには、それまでなかった「ヒンドゥー王たちの(なかの)スルタン」というものが見られるが、このスルタンに宗教的な意味合いはなく、それは「王」を意味するこの時代の国際的な呼称にすぎなかったのだと、ワゴナーは述べている。イスラームの風習が文化として受け容れられていたのである。

この時代のいま一つの特徴は、近年の研究によると、伝統的価値観に一つの転換が起こったことだとされる。王権についていえば、儀礼などを通じて王個人の姿を公示する、またカースト制度にかんしては、シュードラであることに積極的価値を付与する、さらに道徳的には、官能的逸脱行為を認めるなど、それまでの正統ヒンドゥー教では考えられなかったようなことがおこなわれるようになってきた。その転換点は十六世紀にあり、ヴィジャヤナガル王国滅亡後の地方ナーヤカ政権のもとで顕著になったという。しかし、最近の研究によると、十七・十八世紀のマイソール王国では、中央集権化の動きとともに、ふたたび正統ヒンドゥー教的社会規範への回帰が見られたという。マハーラーシュトラでも同様の動きが見られており、この伝統的価値観の転換・再転換の問題は、今後の研究課題である。

第六章　ムガル帝国とマラーターの時代

1　ムガル帝国の成立

バーブルの軌跡

ムガル帝国初代皇帝バーブル(在位一五二六～三〇)は一四八三年、ティムールから数えて六代目の子孫として、中央アジアのフェルガーナ地方に生まれた。ティムール朝は一四七〇年、サマルカンドの政権とヘラート(現アフガニスタン)の政権とに分れたが、バーブルはサマルカンド政権に属していた。一四九七年、バーブルは第十代スルタンであった従兄弟のバイスングルを破って、サマルカンドに入り、第十一代スルタンとなった。しかし、抗争に敗れ、約一〇〇日でサマルカンドから撤退し、フェルガーナに戻った。一五〇〇年には、当時サマルカンドを占拠していたウズベク人のシャイバーニー・ハーンからサマルカンドを奪回した。しかし、翌一五〇一年には、シャイバーニー・ハーンに敗れタシケントに逃れた。

こうして、中央アジアにはティムール朝にかわって、ウズベク人のシャイバーン朝(一五〇〇～九九年)

が興起したのであるが、同じころ、イランではイラン中世を代表する王朝サファヴィー朝が成立していた。一五〇一年、サファヴィー教団の教主、イスマーイールがタブリーズに入って創始したこの王朝は、シーア派イスラームを奉じ、シャイバーン朝と激しく対立した。サマルカンドを追われたバーブルが、のちに、インドでムガル帝国を樹立するにいたる過程は、これら二つの王朝の対立抗争と深くかかわっていた。

一五〇四年、バーブルはカーブルを占拠して、そこを拠点とし、ヘラート政権のスルタン、フサインの二人の遺児と協力してシャイバーニー・ハーンに対抗しようとした。しかし、一五〇七年、ヘラート政権はシャイバーニー・ハーンによって滅ぼされてしまった。ところが、一五一〇年、今度はシャイバーニー・ハーンがサファヴィー朝のシャー・イスマーイールとの戦いで敗死したので、バーブルにたいする圧迫は弱まった。翌一五一一年、バーブルはシャー・イスマーイールの援助を

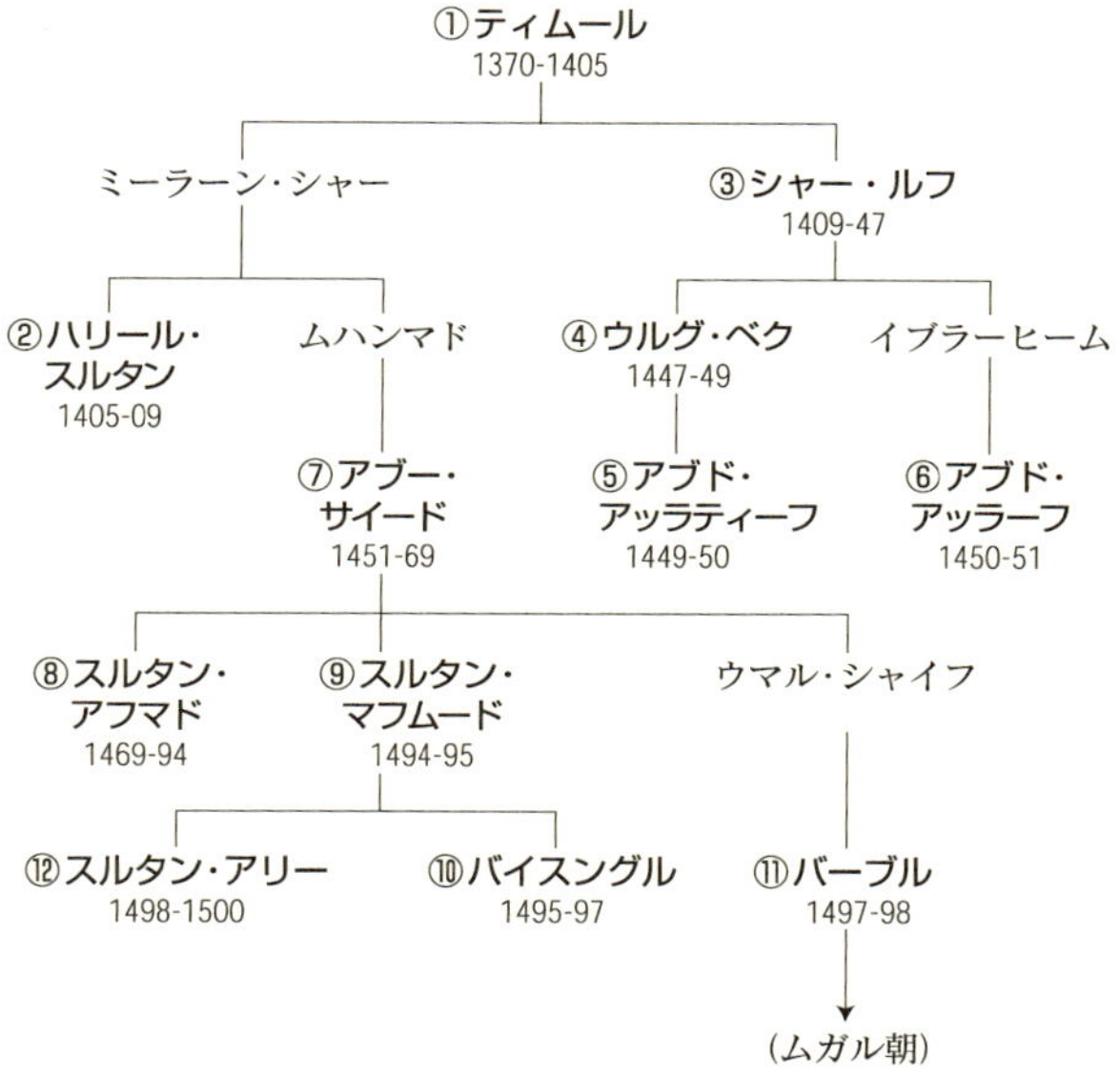

ティムール朝の系図(1370〜1500年)

受けて、ブハラに遠征、さらにサマルカンドに入り、スルタン位に復したことを宣言した。しかし、翌年にはシャイバーニー・ハーンの甥、ウベイドゥッラーに敗れ、サマルカンドを失った(前章一九一頁地図参照)。

一五一四年、失敗に終わった中央アジア遠征からカーブルに戻ったバーブルは、一七年にはカンダハールを攻めたが不成功に終わった。このころから、バーブルはその矛先をインドに向けることを考え始めたようで、一五一九年にはペシャーワルからさらにインダス川をこえてパンジャーブに入り、デリーのローディー朝にたいしてパンジャーブ領有を主張した。そのとき、バーブルはその主張の根拠をティムールによるパンジャーブ支配(二〇六〜二〇七頁参照)に求めたという。その後も、バーブルは一五二〇年にバダフシャン地方を占領、二二年には、カンダハールをとり、二五年には、サファヴィー朝のタフマースプ一世を助けて、ウズベク人と戦うために、ブハラに遠征しているのであるが、基本的な進出の方向はインドに定められていたと考えられる。

こうして、一五二六年、インダス川をこえて北インドに進軍したバーブルは、デリー北方のパーニーパトでローディー朝のイブラーヒームを破り、ムガル朝を創始するにいたったのである。

フマーユーンとサファヴィー朝

バーブルはその後、ヤムナー・ガンジス両河をこえて、ビハールからベンガル地方へと遠征を繰り返し、領土の拡大につとめた。しかし、彼の在位期間は短く、一五三〇年に死去したため、ムガル国家の基盤は弱体なままに残された。バーブルを継いだフマーユーンは各地に割拠する弟たちとの対立や、ベンガル・ビハール地方のアフガン系諸勢力によってなやまされた。一五三九年、フマーユーンはアフガン系部将シェール・ハーンとビハール地方のチャウサで戦って敗れ、翌四〇年には、ガンジス・ヤムナー両河地方のビルグラームにおいてふたたび敗れた。そのため、フマーユーンはデリーを保つことができなくなり、シンド地方のラーナー・プラサードのもとに逃れた。フマーユーンの長子、アクバルはこのシンドで一五四二年に生まれた。こうしてデリーには、アフガン系のスール朝が成立し、シェール・ハーンが初代のスルタン、シェール・シャーとなったのである。ただ、カーブルはフマーユーンの次弟のカームラーンが、カンダハールは三弟のアスカリーが支配しつづけていた。

一五四四年、フマーユーンはシンドからさらにカンダハールをへて、イランのサファヴィー朝のもとに亡命した。時のスルタン、タフマースプはシーア派イスラームの教義を受け入れることを条件として、フマーユーンを保護した。タフマースプの軍事的援助を受けたフマーユーンは、一五四五年三月、アスカリーからカンダハールをとった。その五月にはシェール・シャーが暴発事故で急死し、スール朝には混乱が起こり始めた。十一月、フマーユーンは弟カームラーンを逐ってカーブルに入り、そこで捕虜となっていたアクバルを救出した。

一五五四年、フマーユーンはインドに向けて進軍を始め、スール朝の弱体化に乗じて、翌五五年、デリーを奪還した。こうして、スール朝は滅び、ムガル朝が復活したのである。しかし、その翌一五五六年、フマーユーンは礼拝の時を知らせるアザーンの声を聞いて、急いでモスクに向かおうとして、階段を踏みはずして落ち、あっけなく死去してしまった。

アクバルの時代

フマーユーンを継いでアクバル(在位一五五六〜一六〇五)が第三代皇帝として即位したとき、彼はまだ十四歳であった。それで、イラン出身のバイラム・ハーンが摂政として政治にあたったが、スール朝の残存勢力の抵抗や同族のあいだの争いなどもあって、統治はなかなか安定しなかった。一五六〇年、アクバルはバイラム・ハーンを排して自ら政治にあたることとした。そのとき、アクバルにとってムガル領土の安定化がもっとも重要な課題であった。それには、ラージプートのラージャーたちとの関係、インド亜大陸内部のムスリムの諸政権との関係、それから、サファヴィー朝、シャイバーン朝との国境地域の問題が含まれていた。

アクバルは、ラージプートのラージャーたちにたいしては、基本的には宥和《ゆうわ》政策をとった。一五六二年、アクバルはアンベールのラージャー、ビハーリー・マルの娘と結婚することによって、この王家をムガル国家体制のなかに取り込んだ。この妃はつぎの皇帝ジャハーンギールの母となった。一五六九年には、ブンディーのスルジャン・ハーラーを攻めて、ランタンボール城を陥落させたが、この王家もムガルに服属した。一五七三年には、マールワール(ジョードプル)のラージャー、ウダイ・シングが服属し、アクバルはこのラージャーの妹とも結婚した。こうして大部分のラージプートのラージャーはムガル国家に帰属したのであるが、メーワールのラージャー(ラーナーという称号で呼ばれた)だけは抵抗をつづけた。一五六八年、アクバルはメーワールのラーナー、ウダイ・シングを攻め、その主城、チトールを落としたが、ウダイ・シングは逃れて、ゲリラ戦に入った。一五七二年には、プラタープ・シングがラーナーとなって、抵抗をつづけ、八六年には、その領土の多くを回復し、首都ウダイプルを建設した。このメーワールの王家が最終的にムガルと講和したのは、つぎの皇帝ジャハーンギールの時代になってからであった(一六一四年)。

一方、インド亜大陸各地に割拠していた独立のムスリム諸政権にたいしては、アクバルは征服して、その領土を直轄支配下におさめようとした。一五七〇年には、マールワー地方を征服して、州に編成し、七三年にはグジャラート・スルタン国を滅ぼして、州長官をおいた。一五七六年には、ベンガル州長官を任命し、ベンガル最後の独立スルタンを滅ぼした。一五九三年には、アフガン系勢力と戦いながら、オリッサのクルダー王国(これはムスリム政権ではないが)を服属させた。

ファテープル・シークリー　アクバルが尊崇するスーフィー聖者の住むシークリー村のそばに造営したこの新都は十数年で廃された。写真はその入口のボランド・ダルワーザー(高門)。

ムガルがティムールの血統を引く中央アジア出身の王朝であることからしても、またその地理的な条件からしても、アクバルにとって、北西インドからアフガニスタンにかけての地方はとりわけ重要な地域であった。その要衝カーブ

アクバル時代のムガル帝国

ルはアクバルの弟ハキームがおさえて、独立的な地位を保っていたが、一五八五年、ハキームが死ぬと、アンベールのラージャー、バグワーンダースとその子マーン・シングがカーブルに派遣されて、直轄統治が始まった。一五八六年には、カシミールのヤアクーブ・シャーを屈服させ、ムガルの一州とした。一五九一年には、シンドのジャーニー・ベクを服属させ、九三年、彼をシンド州長官に任命した。一五九五年には、五八年以来サファヴィー朝支配下に入っていた重要な拠点カンダハールを奪回、インダス川をこえて、バルーチスタン、さらにはマクラーン地方の一部をも併合した。こうして、一五九五年までには、カーブルからカンダハールにかけての地域をおさえることができ、ムガル帝国の北西国境は安定するにいたったのである(アクバルにとって、そのつぎの目標は中央インドからさらにデカン高原へと南下することであったが、この過程については次節でまとめて述べることにする)。

ジャハーンギールとシャー・アッバース　ムガル宮廷画家アブー・アル・ハッサン作。獅子の上に乗る前者が羊の上に乗る後者より大きく描かれている。ただし，両者は実際には会ったことがない。

タージ・マハル　シャー・ジャハーンが妃ムムターズ・マハルのために造営した白亜の墓廟。自らの子アウラングゼーブによってアーグラ城に幽閉された晩年のシャー・ジャハーンは城の窓から日夜この墓廟に見入っていたという。彼自身も，死後，ここに葬られた。

ジャハーンギールとシャー・ジャハーン

一六〇五年、アクバルのあとを継いで、ジャハーンギール(在位一六〇五～二七)が第四代皇帝となり、二七年ジャハーンギールが没すると、後継争いに勝ったシャー・ジャハーンが、二八年、第五代皇帝として即位した。この時代、ムガル帝国の北辺では、サファヴィー朝および中央アジア(ブハラ)のウズベク政権(ジャーン朝)との関係が緊張した。

サファヴィー朝のシャー・アッバース(在位一五八七～一六二九)はジャハーンギールの即位のころから、カンダハールをうかがっていたが、一六二二年、軍を送って、カンダハールを占領した。そのとき、のちの第五代皇帝シャー・ジャハーンは父ジャハーンギール帝と対立していたため、その命令に背いて、カンダハール救援に向かわなかった。こうして、カンダハールはふたたびムガル、サファヴィー両王朝の係争地となったのであるが、一六三七年、サファヴィー朝のカンダハール長官、アリー・マルダーン・ハーンがムガル側につき、カンダハールはムガル領となった。

他方、中央アジアでは、ブハラに遷都していたシャイバーン朝が、一五九九年、内紛から崩壊し、ジャーン朝がそのあとを継いだ。ムガル帝国とジャーン朝との関係は最初良好であったが、シャー・ジャハーンの時代になると、ブハラのハーン、イマーム・クリー(在位一六一一～四一)の兄弟、ナーディル・ムハンマドがムガル領カーブルを攻撃し始めた。一六四六年、アリー・マルダーン・ハーンがシャー・ジャハーンの子、ムラード・バフシュとともにバルフ、バダフシャン地方に遠征し、バルフを占領した。一六四七年には、のちの第六代皇帝、アウラングゼーブがバルフおよびバダフシャンの長官に任命されたが、ウ

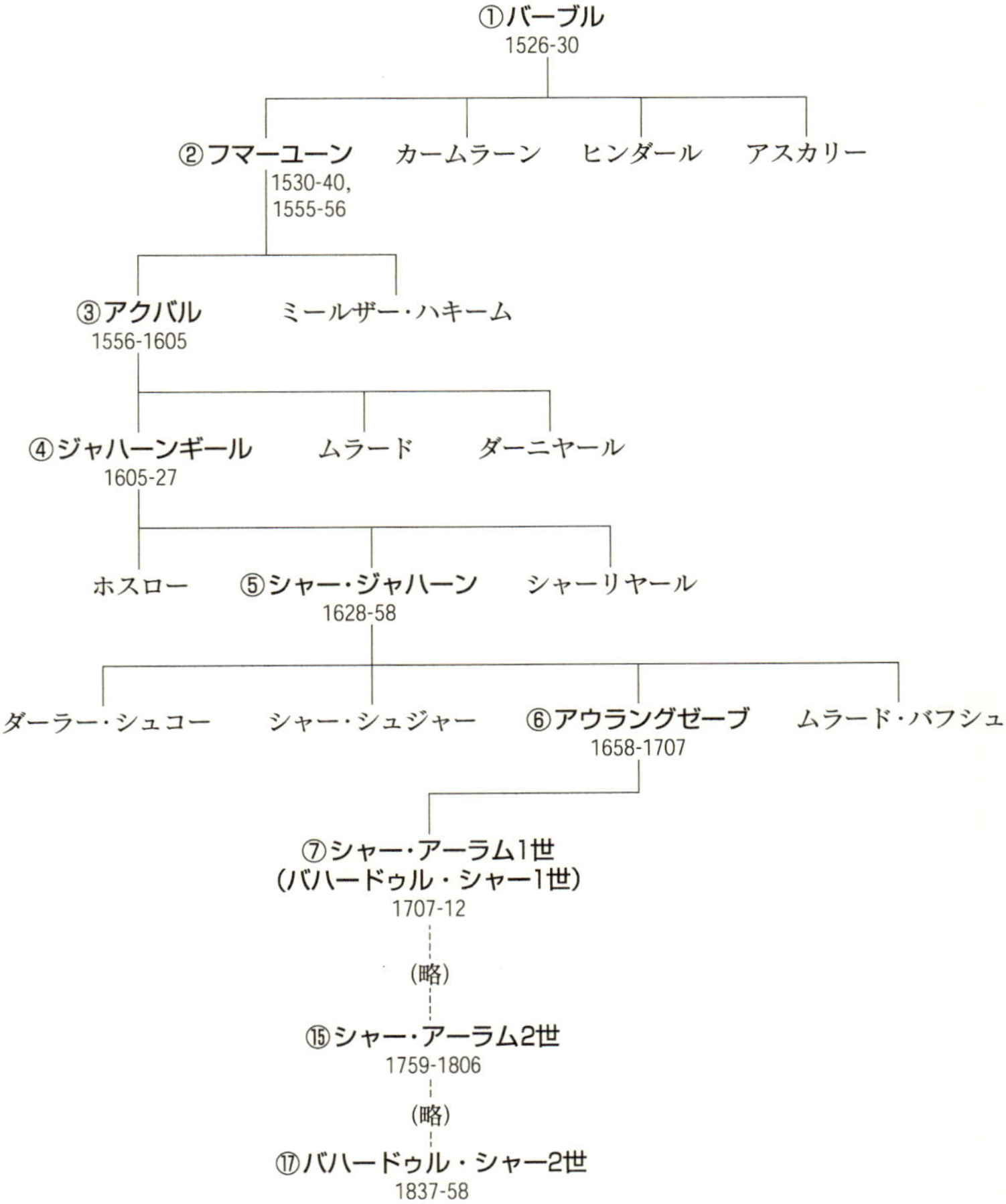
①バーブル
1526-30
②フマーユーン
1530-40,
1555-56
カームラーン
ヒンダール
アスカリー
③アクバル
1556-1605
ミールザー・ハキーム
④ジャハーンギール
1605-27
ムラード
ダーニヤール
ホスロー
⑤シャー・ジャハーン
1628-58
シャーリヤール
ダーラー・シュコー
シャー・シュジャー
⑥アウラングゼーブ
1658-1707
ムラード・バフシュ
⑦シャー・アーラム1世
(バハードゥル・シャー1世)
1707-12
(略)
⑮シャー・アーラム2世
1759-1806
(略)
⑰バハードゥル・シャー2世
1837-58

ムガル帝国系図

ズベク人の抵抗が強く、撤退をよぎなくされた。この機に乗じて、サファヴィー朝がカンダハールを攻撃して占領したので、その奪回のためにアウラングゼーブが軍をカンダハールに進めたが、不成功に終わった。ムガル帝国は、一六五二年、五三年にもカンダハール奪回を試みたが、結局失敗し、これ以後、カンダハールがムガル領に戻ることはなかった。

中央アジアを父祖の地とするムガル皇帝たちは、中央アジア支配の願望をもちつづけたのであろうが、この十七世紀中葉をもって、その可能性はほぼ閉ざされたといってよいであろう。一六五八年、その兄ダーラー・シュコーなどを倒し、病気の父帝シャー・ジャハーンをアーグラに幽閉して第六代皇帝となったアウラングゼーブ(在位一六五八～一七〇七)の目は、その後、もっぱらデカンに注がれることになったのである。

ムガル帝国の支配階級

ムガル帝国は、このように、中央アジア、イラン、北インドの諸政治勢力の複雑な関係のなかで生まれた国家であったから、その支配者階級の構成もきわめて特徴的であった。ムガル国家の支配者階級は、アクバルによって制定されたマンサブ制と呼ばれる位階制度によって組織されていた。マンサブ制における位階はザート数によって表示されたが、アクバル時代には最高位が五〇〇〇ザート、最低位が一〇ザートであった。アクバル時代末期(一五九〇年代)におけるマンサブダール(位階保有者)の数は約三〇〇〇人で、そのうちザート数五〇〇以上の高官(一般にアミールと呼ばれた)は約四五〇人であった。アミール層の最上層一〇〇人程の出身を見てみると、アクバル時代末期では、トルコ系(トゥーラーニー)が三三人、イラン

ザート数	人数	ザート数	人数
5,000	8	350	58
4,500	9	300	72
4,000	25	250	85
3,500	30	200	150
3,000	36	150	242
2,500	42	100	300
2,000	45	80	245
1,500	51	60	397
1,000	55	40	298
700	58	30	240
500	80	20	232
400	73	10	110
		総計	2,941

マンサブダールの人数(アクバル末期)

年　度	1595	1620	1656	1658-78	1679-1707
トルコ系	33	22	22	37	42
イラン系	23	33	33	67	65
アフガン系	2	8	5	15	18
インド・ムスリム	14	11	10	26	35
他のムスリム	4	4	3	14	34
ラージプート	21	21	21	27	28
マラーター	0	1	5	14	47
他のヒンドゥー	1	0	1	2	8
計	98	100	100	202	277

ムガル帝国上層マンサブダールの出自別内訳

系(イーラーニー)が二三人、ラージプートのラージャーが二一人などとなっている。トゥーラーニーは中央アジアからバーブルに従ってインドにやってきた者たちの子孫であり、イーラーニーは主としてフマーユーンのイラン亡命のあとにイランからやってきた者たちであった。この両者のあいだにはしばしば派閥的な抗争が起こった。もう一つの勢力は服属したラージプートのラージャーたちで、これら三つの勢力がほぼ均衡を保っていたのがムガル国家体制の特徴であった。この三者の構成比には、ジャハーンギール、シャー・ジャハーン時代になっても大きな変動はなく、シャー・ジャハーンの末年(一六五〇年代)で最上層アミールほぼ一〇〇人の構成は、トゥーラーニー二二人、イーラーニー三三人、ラージプートのラージャー二一人であった。それが大きく変わったのは、次節で述べるアウラングゼーブのデカン進出にともない、マラーターのマンサブダールが急増する十七世紀後半からである。

2　ムガル帝国とマラーター王国

ムガル帝国のデカン進出

一五九五年、北西国境を安定させたアクバルは、今度は南方デカン地方に勢力を拡大しようとした。当時、ムガル領マールワー州のすぐ南には、ニザーム・シャーヒー王朝(アフマドナガル王国)があった。この王朝は、バフマニー朝が分裂してできたデカン・ムスリム五王朝の一つで、アフマドナガルに都していた。一五九六年、アクバルはこのニザーム・シャーヒー朝を攻撃して、ベラール地方を割譲させ、さらに一六〇〇年には一時アフマドナガルを占領した。しかし、この王朝の有名なエティオピア出身の宰相、マリク・アンバルは抵抗をつづけ、一六一〇年にはカルキー(のちのアウランガーバード)に都を建てて、旧領の回復をはかった。これにたいして、ムガル側からは、一六一七年にのちのシャー・ジャハーンがデカンに派遣されて、マリク・アンバルと領土分割の協定を結んだ。マリク・アンバルは、一六二〇年、ふたたびムガルとの戦闘を開始し、領土の多くを回復したが、二六年死去した。これを機に弱体化したニザーム・シャーヒー朝は一六三三年、実質的には滅亡し、三六年、その領土はムガルとアーディル・シャーヒー朝(ビージャプル王国)によって分割された。

このあとは、デカン・ムスリム五王朝のうち残ったアーディル・シャーヒー、クトゥブ・シャーヒー(ゴールコンダ王国)両王朝と南下しようとするムガルとが相争うことになったが、ムガルによるデカン征服の動きを最終的に阻止したのは、これらのムスリム諸王朝ではなく、そのもとで成長してきたマラーターの勢力であった(デカンのムスリム諸王朝については前章第四節参照)。

アウラングゼーブとシヴァージー

マラーター王国建国の祖、シヴァージーは一六二七年(一説に一六三〇年)、ニザーム・シャーヒー朝の部将としてマリク・アンバルのもとで活躍したシャーハジー・ボーンスレーの子として生まれた。ボーンスレー家は、もともとはエローラ近郊の小村の村長であったが、ニザーム・シャーヒー朝に仕えるようになり、さらにシャーハジーがマラーターの名家ジャーダヴ家の娘(シヴァージーの母)と結婚したことによって家格をあげていった。ニザーム・シャーヒー朝の滅亡後、シャーハジーはアーディル・シャーヒー朝に仕えることになり、南方に移ったが、シヴァージーはその母とともにプネーの封土(ジャーギール)に残された。

シヴァージーは一六四五年ころから独立への動きを見せ始め、四八年には公然とアーディル・シャーヒー朝への反乱に立ち上がって、北コンカン地方をおさえた。そのため、彼の父シャーハジーはアーディル・シャーヒー朝政府によって逮捕された。それにもかかわらず、シヴァージーは独立への動きをやめなかった。一六五九年、アーディル・シャーヒー朝はその部将アフザル・ハーンを大軍とともにワーイに派遣して、シヴァージーを捕えようとした。シヴァージーはプラタープガド城下に設定された会見の場に臨み、アフザル・ハーンを「虎の爪」と称される武器で殺害したため、アーディル・シャーヒー軍は潰走《かいそう》した。それで、このあとはムガル軍がマラーター軍と直接に対峙することになったのである。一六六五年、アウラングゼーブによってデカンに派遣されたアンベールのラージャー、ジャイ・シングはたびたびの戦闘でシヴァージーを破り、ムガルに臣従することを約束させた。翌一六六六年、シヴァージーはアーグラに出向き、アウラングゼーブと会見したが、和解にいたらず、城内に軟禁状態となった。このときシヴァージーが洗濯物入れの籠に隠れて、ひそかにアーグラ城を脱出した話はよく知られている。こうしてラージュガド城に戻ったシヴァージーはふたたびムガルとの戦争を始め、ジャイ・シングによって奪われた城をつぎつぎと奪回していった。

一六七四年、シヴァージーはクシャトリヤの古式にのっとり、即位の灌頂《かんじょう》の儀式をラーイガド城で挙行して、初代マラーター国王となった。そのときのマラーター王国の領土(スヴァラージュヤ)は、デカン高原西部の山がちの地域とアラビア海岸の狭い平地であるコンカン地方だけであった。北からはムガルの圧力にさらされ、南と東には弱体化したとはいえ、アーディル・シャーヒー、クトゥブ・シャーヒー両王朝があって、シヴァージーはそれらとの戦いに明け暮れた。一六八〇年、シヴァージーは没し、その長子サンバージーがあとを継いだ。一六八一年、アウラングゼーブの皇子アクバルが父帝に背いてデカンにはしり、サンバージーに保護を求めた。そのため、アウラングゼーブは自らデカンに赴き、アウランガーバードに軍営を構えて、マラーター掃討に本腰をいれることにした。彼はこのあと、デカン征服のために戦

虎の爪　アフザル・ハーンとの会見に臨んだシヴァージーは挨拶の抱擁をするふりをして，手にはめたこの武器でアフザル・ハーンの腹を裂いた。この勝利によって，マラーターの優位が確立した。

シヴァージーのスヴァラージュヤ

いつづけて、死ぬまで北インドに帰ることはなかった。

一六八六年、アウラングゼーブはまずアーディル・シャーヒー朝を滅ぼし、翌八七年にはクトゥブ・シャーヒー朝を滅ぼした。こうしてマラーター王国を包囲したアウラングゼーブは、一六八九年、マラーター王国第二代王サンバージーをサンガムネールで捕えて、ビーマ河畔に処刑した。ラーイガド城をも落とし、サンバージーの長子シャーフーを捕虜とした。危機に陥ったマラーター王国では、サンバージーの異母弟、ラージャーラームが遠く南方のシェンジ(ジンジー)に逃れて、第三代王となった。ムガルによってシェンジをも圧迫されたラージャーラームはマラーターの拠点サーターラーに入り、ムガル軍に反撃した。一七〇〇年、ラージャーラームが没すると、その妃ターラーバーイーが実権を掌握し、その指揮のもとマラーター軍は逆に攻勢を強め、ムガル領のマールワー、グジャラート、ハーンデーシュ州などをあらし始めた。一七〇七年、たえまないマラーターとの戦闘のなかで、アウラングゼーブはその八九年の生涯を終えた。これを機に、シャーフーはムガル軍営を離れて、マラーターの故地に帰り、マラーター王位に就いたことを宣した。ターラーバーイーがそれに反対したため、混乱が起きたが、結局シャーフーの王位(在位一七〇八~四九)が認められることとなった。

ムガル帝国の解体

アウラングゼーブの死後、ムガル帝国は急速に解体への道をたどり始め、それにかわって、マラーター王国宰相(ペーシュワー)政府を中心としたマラーター諸侯のゆるやかな政治連合であるマラーター同盟がインド最大の政治勢力となっていった。

ムガル帝国の解体は、まず、各州の州長官などがそれぞれの州で自立して、事実上独立の王国を樹立するというかたちをとって進行した。早くも一七一〇年代に、ムルシド・クリー・ハーンがベンガルで独立の動きを見せ始め、二〇年代には、デカンでニザーム・ウル・ムルクが事実上独立的な地位を築いていった(ハイダラーバードのニザーム国)。さらに、ムガル帝国の中心部であるアワド州では、サアーダト・ハーンが事実上独立のアワド王国を建設することとなった。こうして、ムガル帝国の主要な州がつぎつぎとムガル皇帝の手から離れていってしまったのである。その間に、ムガル帝室に致命的ともいえる打撃を与えたのがイランのナーディル・シャーによるデリー略奪であった。一七三六年、サファヴィー朝を最終的に滅ぼして、アフシャール朝(一七三六～九六年)を創始したナーディル・シャーは、三九年、デリーを占領し、住民を虐殺したあと、「孔雀の玉座」を含む、大量の略奪品をもってイランに帰った。この事件によって、ムガル宮廷の権威は完全に失墜した。

ムガル帝国を解体に導いた、もう一つの要因は、シク教団やジャートといった非ムスリムの政治勢力の成長であった。ナーナク(グル・ナーナク)によって創始されたシク教は、第

マラーターの山城　プネー近郊のシンハガド城の上から，遥か遠方の山上にトールナー城(右)とラージュガド城(左)を望む。山城はテーブル状の岩山の上全体を城壁で囲んで造営された。

五代グル（教主）アルジュン（グル職在任一五八一〜一六〇六）の時代にその性格を変え始めた。アルジュンは、それまではグルにたいする信徒の喜捨であったものを明確な税に変えて、国家の体裁を整えるとともに、のちの聖典グラント・サーヘブの素材の収集につとめて、教義の整備にも着手した。アルジュンは、アクバル死後の後継争いに際して、皇子ホスローに荷担したとして、一六〇六年、ジャハーンギールによって処刑された。そのあとを継いだ第六代グル、ハルゴーヴィンドは、これを機にシク教徒を武装化して、ムガル帝国に対抗しようとした。一六三八年、第七代グルとなったハルラーイ（在任一六三八〜六〇）はシャー・ジャハーンの後継争いに際しては、ダーラー・シュコーを支持して、アウラングゼーブと対立した。一六七五年、第九代グル、テーグ・バハードゥルはムガルに捕えられ、イスラームへの改宗を強制されたが、その弟子に自分を殺すよう命じて、実行された。そのあとを継いだ第十代で最後のグル、ゴーヴィンド（在任一六七五〜一七〇八）はカールサー（武装軍団）を創設して、ムガルとの本格的な戦闘に入った。十八世紀中ごろ、シク勢力は一二の大軍団（ミサル）に編成され、その連合体が形成された。シク連合体（カールサジー）はたびたび侵入してきたアフガン軍と戦いながら勢力を強め、一七六五年にはパンジャーブに主権を確立したことを宣した。

一方、ジャートの勢力はデリー周辺というムガル帝国の心臓部を脅かし始めた。ジャートはデリー周辺からパンジャーブ地方にかけて、広く見られた農民カーストの総称であるが、そのなかには、ムスリムやシク教徒も数多く存在した。ジャートが本格的な反乱に立ち上がったのは一六六九年で、ヤムナー河畔のマトゥラーに始まり、アーグラにも広がったため、アウラングゼーブは自ら鎮圧に乗り出さざるをえなかった。一六九一年には、アーグラ周辺でチュラーマンの指揮下ジャートの反乱が起こり、アーグラの西、バラトプルを中心とする独立の王国のかたちを取り始めた。チュラーマンは、一七二〇年、ムガルとの戦闘で死んだが、そのあとをバダン・シングが継いで、反乱をつづけた。一七五〇年代から六〇年代にかけて、バラトプルのジャート王国はスーラジュマルのもと最盛期をむかえ、ムガル、マラーター、アフガン軍などと戦いながら完全に独立した政権を樹立した。

マラーター同盟の成立

こうして衰退していったムガル帝国にかわって、インドを代表する政治勢力となったのはマラーター同盟であった。マラーター王国では、一七一三年、コンカン地方出身のバラモン、バーラージー・ヴィシュヴァナートがペーシュワー(宰相)となり、その死後の二〇年、息子のバージーラーオがそのあとを継いだ。こうして、ペーシュワーの位はこのバラモン家系に世襲されるようになったのである。バージーラーオ・ペーシュワーは徐々にマラーター王国の実権を掌握していき、そのもとでマラーター王国はデカンをこえて、インド各地に進出していった。一七三七年には、バージーラーオの軍勢が遠く北インドにまで進出して、デリーを脅かした。このようなマラーターの攻勢の中心となったのは、建国以来の名門の家ではなく、バラモンの世襲ペーシュワーのもとで台頭した新興の勢力であった。北インドのグワーリヤルに拠点をおいたシンデー家、マールワー地方のインドールを拠点としたホールカル家、グジャラート地方ヴァドーダラー(バローダ)のガエクワード家、ナーグプルのボーンスレー家などがその代表的なものであった。これ

マラーター同盟諸侯

らのマラーター諸侯は、プネーのペーシュワー家を中心として、ゆるやかな政治連合を形成するようになっていったが、これを一般にマラーター同盟と呼んでいる(ただし、当時マラーター同盟にあたる現地語のことばがあったわけではない。十八世紀末、イギリス人がMaratha Confederacyと表現したことによる)。

一七四〇年、バージーラーオは没し、その子バーラージー・バージーラーオがそのあとを継いだ。この時代には、南方から北インドに進出しようとするマラーター同盟とアフガニスタンからデリーに向けて南下しようとするアフガン勢力とが激しく争った。アフガニスタンでは、一七四七年、当時、アフガニスタンをも支配していたイランのナーディル・シャーが暗殺されたあと、アブダーリー族の首長、アフマドシャー・ドゥッラーニーがカンダハールに入って王位に就いたことを宣言した(ドゥッラーニー朝、一七四七〜一八四二年)。彼は、翌一七四八年にはパンジャーブ地方に進出、ラーホールをとったが、このときはムガル軍の反撃にあって撤退した。一七五八年にはデリーにまで進出して、一時占領、北インド一帯を略奪した。他方、マラーター同盟の側では、シンデー、ホールカル両家がムガルの帝位継承まで左右する力をもつようになっていた。こうして、ムガル宮廷を挟んで対峙するにいたったマラーター同盟軍とアフマドシャー・ドゥッラーニーのアフガン軍は、一七六一年一月、デリー北方の古戦場、パーニーパトで対戦した。この戦いで、マラーター軍は大敗し、その約半年後、失意のうちにバーラージー・バージーラーオ・ペーシュワーは死去した。こうして、マラーターの北上は一時頓挫したのであるが、アフガン軍もパンジャーブ地方で独立の動きを強めていたシク軍やデリー南方をおさえていたジャート軍などに阻まれて、北インド占領をつづけることができず、アフガニスタンに引き返した。

3　インド洋交易の変容と東インド会社

インド洋交易の変容

ムガル帝国とマラーターの時代は、同時に、インド洋交易のあらたな展開の時代でもあった。ポルトガル王によって派遣されたヴァスコ・ダ・ガマの三隻の船団がアフリカ東海岸のマリンディ(現在はタンザニア領)から、インド洋(アラビア海)を横断してインド西海岸のカリカット(現コーリコード)付近に到着したのは一四九八年五月、のちのムガル初代皇帝バーブルがまだサマルカンドをめぐって戦っていたころのことである。こうしてポルトガルがインド洋交易の世界にあらたに加わり、それにつづいてオランダ、イギリス、フランスの各国東インド会社がインド洋に進出したことは、十六世紀以降、インド洋交易の構造を変質させることとなった。

ヴァスコ・ダ・ガマがマリンディで雇った水先案内人がアラブ人あるいはインドのムスリム商人であったとされていることからもわかるように、十五世紀のインド洋交易を支えていたのは、アラブ・ペルシア人商人とインド人商人であった。彼らは冬の北東モンスーンと夏の南西モンスーンの風を利用して、インドから東アフリカまでアラビア海を往来した。十五世紀、インド西海岸の主要な貿易港はグジャラート地方、キャンベイ(カンバヤ)湾奥のキャンベイと南インド、マラバール地方のカリカットであった。グジャラート地方は当時独立のスルタン国(前述のように、のち、一五七三年にムガル帝国のアクバルによって滅ぼされた)の領土であったが、このグジャラート・スルタン国はインド洋交易に従事するグジャラート商人の活動を制約したり、統制したりすることをほとんどしなかった。それで、前述のボーラ(ボホラ、一九四頁参照)などのムスリム商人やバニヤと称されるヒンドゥーあるいはジャイナ教徒の商人たちは競ってインド洋交易に進出していた。グジャラート地方は種々の綿織物の生産で有名なところであり、グジャラート産綿製品はアラビア海岸の諸地方だけではなく、東南アジアにも大量に輸出された。他方、マラバール地方のカリカットはザモリン(サンスクリット語で「海の王」をあらわすサームドリから転訛した語とされる)という称号で呼ばれたヒンドゥーの王の支配下にあったが、そこではグジャラート商人のほかに、前述のマーピラ(一九四〜一九五頁参照)の商人やシリア派キリスト教徒、ユダヤ教徒の商人たちも活躍していた。マラバール地方は胡椒、生姜、肉桂、白檀などの南方特産品を大量に産し、それらの商品はインド洋海域の各地からさらに地中海方面にも輸出されていた。

このインド洋交易に大きな変質をもたらしたのはポルトガルの登場であった。ヴァスコ・ダ・ガマは一五〇二年、ふたたびインドに来航し、コーチン(現コチ)に商館を建てた。その翌年にはコーチンに要塞が建設されて、インドにおけるポルトガルの拠点となった。一五〇五年には初代インド総督アルメイダがコーチンに赴任し、軍事力をもってインド洋交易を支配しようとし始めた。これにたいして、グジャラート・スルタン国、カリカットのザモリンそしてエジプトのマムルーク朝が連合して対抗したが、一五〇九年、グジャラート地方、カーティヤーワール半島沿岸、ディウ島沖の海戦でポルトガルに敗れた。同年、第二代インド総督となったアルブケルケは、一五一〇年、アーディル・シャーヒー朝(ビージャプル王国)

から要港ゴアを奪い、翌一一年には遠く東南アジアに遠征して、マラッカを占領した。一五一五年、アルブケルケは今度はペルシア湾岸に進出し、その重要な港町ホルムズを占領した。一五三〇年、ポルトガルはそのインド総督府をゴアに移した。こうしてポルトガルのインド洋全域にわたる海上覇権が確立したのである。

ポルトガルのインド洋海上覇権を象徴するのはカルタスと呼ばれた通行証であった。インド洋交易に従事する船はすべて、出港の際にはポルトガルの総督府あるいは諸要塞のどこかで関税をおさめてカルタスを取得しなければならなかった。カルタスには船長(ナーホダー)の氏名、船の大きさ、積荷、行先などが記載された。トルコ人やエティオピア人のムスリムを乗せることは禁止され、胡椒や香料(スパイス、とくにクローブとナツメグをさす)を積むことも禁じられていた。カルタスを保持していない船は拿捕《だほ》され、積荷は没収、乗組員は殺されるか、ガレー船の漕ぎ手(奴隷)とされた。また、カルタスをもっていても、その記載事項に反している場合には、不保持の場合と同様の取扱いをされた。さらに、帰港の際にも関税をおさめなければならなかった。たしかに、このカルタスの制度をくぐりぬける方法はいろいろとあったのであろうが、インド洋交易にはじめて権力的な統制あるいは制約がおよぼされるようになったことはインド洋交易の構造に変質をもたらさざるをえなかった。

一五八〇年、ポルトガルはスペインに併合され(〜一六四〇年)、そのインド洋交易もスペインに継承されたのであるが、十七世紀になると、オランダがスペインにかわって有力となっていった。十六世紀末、オランダではアジア貿易に従事する会社が数多く出現した。一六〇二年、これらの会社が合同して、オラ

インド洋交易要地

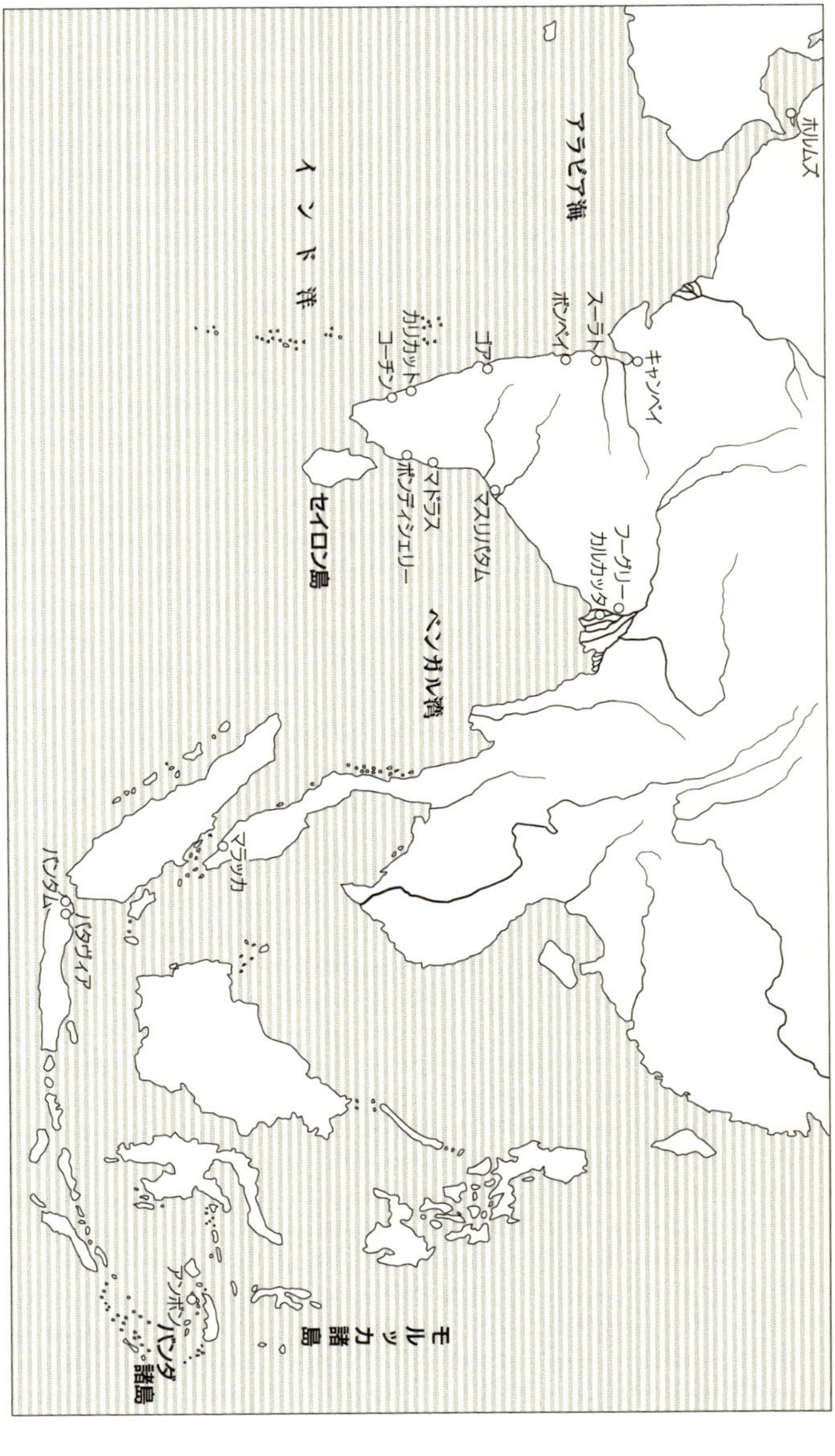
ホルムズ
アラビア海
インド洋
スーラト
ボンベイ
キャンベイ
ゴア
カリカット
コーチン
マドラス
ポンディシェリー
マスリパタム
セイロン島
フーグリー
カルカッタ
ベンガル湾
マラッカ
バンタム
バタヴィア
アンボン
モルッカ諸島
バンダ諸島

ンダ東インド会社が設立された。オランダ東インド会社の狙いは東南アジア産の香料と胡椒であった。胡椒はインドなどほかの地域でも産したが、香料(スパイス)は東南アジア、それも特定の地域に限られていた。クローブ(丁子)はモルッカ(マルク)諸島、ナツメグはその南のバンダ諸島でのみ産したのである。それで、香料の値段は胡椒のほぼ一〇倍という高値であった。これら二つの諸島のちょうど中間に位置していたのがアンボン(アンボイナ)島であった。この地域にはポルトガルが一五二二年から進出し、要塞を建設していた。一六〇五年、オランダ東インド会社はアンボンのポルトガル(スペイン)要塞を占領し、香料貿易を手中におさめた。オランダ東インド会社は、一六一一年にはジャカルタ(バタヴィア)に商館を建設して、ここを拠点とした。

一方、オランダ東インド会社に先立って一六〇〇年に設立されたイギリス東インド会社も東南アジア産の香料をねらい、一六一六年にはバンダ諸島のプラ・ルン島に進出した。しかし、一六二三年、いわゆるアンボン事件が起こり、イギリス東インド会社は大打撃を受けた。アンボン島のオランダ要塞のなかには英蘭両国政府の協定によってイギリスの商館がおかれていた。このイギリス商館員がオランダの傭兵であった日本人をだきこんで反乱を策しているという疑いをかけられ、イギリス人一〇人、日本人九人、ポルトガル人一人が処刑されたのである。この事件(オランダはのちに、英蘭戦争の結果、この事件にたいする賠償金を払わざるをえなくなったのだが)によって、イギリス東インド会社はアンボンから撤退し、ジャヴァ島西端のバンタム(バンテン)に後退した。こうして、東南アジアの香料(スパイス)はほぼオランダの独占するところとなり、イギリス東インド会社はバンタムで現地人商人から胡椒を買いつけることができただけであった。

オランダ東インド会社は、その後、一六四一年にはポルトガルからマラッカを奪い、五八年にはセイロン島（スリランカ）からポルトガル人を追放した。さらに、一六八二年にはバンタムからイギリス人を追い払った。こうして、オランダ東インド会社の東南アジア島嶼《とうしょ》部支配が確立されたのである。

イギリス東インド会社のインド進出

イギリス東インド会社は、すでに十七世紀初頭から、インド各地に商館を建設していたが、東南アジアの香料貿易においてオランダ東インド会社との競争に敗れたあとは、インドをそのアジア進出の主要な目標にすることとなった。一六一二年、イギリス東インド会社はムガル帝国のジャハーンギール帝から、グジャラート地方のスーラト、キャンベイなどに商館を建てる許可をえた。こうして建設されたスーラト商館はインド西海岸におけるイギリス東インド会社の拠点となった。インド東海岸では初めマスリパタム（マチリーパトナム）に拠点がおかれたが、一六四〇年、マドラスにセント・ジョージ要塞が建設され、五三年には、バンタム行政府から独立して、独自の管区（マドラス管区）となった。一六六一年、ボンベイ島がチャールズ二世に嫁したポルトガル王女の持参金がわりにイギリス王に譲渡され、六八年それが年額一〇ポンドという名目的な地代でイギリス東インド会社に貸与された。このあと、一六八五年にはインド西海岸の拠点がスーラトからボンベイに移され、ボンベイ管区が成立した。ベンガル地方では、一六五一年、フーグリーに商館を設置、一六九八年にはカーリーカタ（カルカッタ）など三村のザミーンダーリー（いわば領主権。二七六頁、三〇七~三一〇頁参照)を購入、ここにウィリアム要塞を建設して、拠点とした。一七〇〇年、この城を中心とするカルカッタ市を首府として、ベンガル管区が成立した。イギリスのインド支配の基礎をなす三管区体制はこうして形成されていったのである。

イギリス東インド会社は十八世紀なかば、オーストリア継承戦争、七年戦争という二度にわたる世界的規模での戦争のなか、インドではフランス東インド会社と戦い、その過程において、インド内にしだいに領土というべきものを獲得していった。一七四四年、オーストリア継承戦争との関連で南インドで始まった第一次カーナティック戦争では、デュプレックス率いるフランス軍が優勢で、イギリス東インド会社は一時その拠点であるマドラスを占領されたが、四八年のエクス・ラ・シャペルの和約(アーヘンの和約)で返還された。一七五〇年、アルコットのナワーブ(代官)位をめぐって起こった第二次カーナティック戦争には、英仏両東インド会社が介入して争い、五四年、デュプレックスが本国に召還されたこともあって、イギリス側の優勢のうちに停戦した。

一方、ベンガル地方では、一七五六年、ベンガル州長官、シラージュ・ウッダウラがイギリスの拠点カルカッタを攻撃、捕虜となったイギリス人など一〇〇人以上が獄死した。ちょうどそのとき、七年戦争が始まり、一七五七年、インドではフランス東インド会社軍の支援を受けたシラージュ・ウッダウラと、クライブ率いるイギリス東インド会社軍とのあいだに戦争(プラッシーの戦い)が起こったが、イギリス側が勝利し、ミール・ジャアファルをベンガル州長官位に就けた。一七六〇年には、ミール・ジャアファルにかえてミール・カーシムをベンガル州長官とした。一七六三年、パリ条約で七年戦争が終わり、それにともなって五八年から始まっていた第三次カーナティック戦争も終結し、イギリスのカーナティック地方での優位が確立した。

同年、イギリス東インド会社からの自立をはかったミール・カーシムにかえて、東インド会社がふたたびミール・ジャアファルをベンガル州長官としたため、イギリスとミール・カーシムとのあいだに戦争が起き、敗れたミール・カーシムはアワド地方に逃れた。一七六四年、アワド州長官、シュジャー・ウッダウラはミール・カーシムを支援し、ムガル皇帝シャー・アーラム二世をも巻き込んでイギリスと戦った(バクサールの戦い)が敗れた。その結果、翌一七六五年、ムガル皇帝はイギリス東インド会社にベンガル州(オリッサを含む)とビハール州のディーワーニー(徴税財政権。二七三頁参照)を授与した。それは、事実上、ベンガル・ビハール地方がイギリス東インド会社の領土となったことを意味していた。こうして、イギリスはインド植民地化への大きな一歩を踏み出したのである。

4　インド中世における国家と社会

ムガル国家とザミーンダールと農民

ムガル国家の財政的基盤は地税であったが、地税徴収の体制が本格的に整えられたのはアクバルの時代になってからであった。ただ、その場合も、広大なムガル領土全体にわたって、画一的な徴収方法で地税を徴収することは不可能で、地域の条件に応じてさまざまな徴税方法がとられた。もっとも単純な徴税方法はガッラ・バフシーあるいはバターイーと呼ばれた方法で、この場合には、収穫された作物を一対一あるいは一対二といった比率で、国家と生産者農民とのあいだで分割した。ただし、この徴税方法は収穫前の作物や収穫されたあとの作物を監視するために多くの人手を要し、徴税費用のかかる方法であったとされている。つぎに、カンクートあるいはダーナバンディーと呼ばれた徴税方法があり、この場合には、土地の検地丈量をおこなって、収穫量を確定したうえで、それを国家と農民のあいだで分割し、国家の徴収分を金納させた。もっとも完成された徴税方法はザブト制と呼ばれた制度で、スール朝のシェール・シャーから受け継ぎ、西はパンジャーブのラーホール州から東はアラーハーバード州にいたる、ムガル中心地とグジャラート、マールワー両州で実施された。シェール・シャーの徴税制度においては、ポーラチュ(ポーラジュ)と呼ばれた安定的な耕地を地味によって三つの等級に分け、各等級ごとに作物別の単位面積(ビーガー)あたり平均収穫量を確定し、その三分の一を地税とした。アクバルはこれを引き継いだが、地税を現物で徴収するのではなく、ダストゥール・アル・アマルと呼ばれる価格表を用いて貨幣に換算して、金納とした。最初、この価格表は全領土一律で、地域ごとの状況に適さない場合が多かったようだが、一五六五年ころから、在地世襲役人であるカーヌンゴーなどの提出した書類をもとに地域ごとの価格表が作成されるようになった。その後、一五七五年ころから、カローリーと呼ばれた役人が各地に派遣され、より詳細な収穫量、作物価格の調査がおこなわれるようになった。こうして、過去一〇年間の作物別単位面積当り平均収穫量と平均価格とが各地域ごとに確定され、その平均収穫量の三分の一を平均価格で現金に換算した額が税額とされた。この制度はダ・サール(文字どおりには「一〇年」の意)と呼ばれ、これがザブト制度の完成されたかたちであった。

このように、アクバルの時代からは、ザブト制度を中心として、ほかにもいくつかの地税徴収制度が実施されていたが、いずれの場合も、国家と農民のあいだには、チョードリー(あるいはチャウドリー、郡長)、カーヌンゴー(郡書記)と呼ばれた世襲の地方役人や、ムカッダム(村長)、パトワリー(村書記)と呼ばれた世襲の村役人が介在していた。彼らは、一般にザミーンダールと総称され、地域社会の代表者としての立場と国家の世襲役人としての立場とをかね備えていた。彼らは、ムガル国家にとって必要な存在ではあったが、同時に警戒を要する存在でもあった。彼らが国家と農民のあいだにあって、さまざまな役得を収取することのできる立場にあったからである。

このような状況がアウラングゼーブ帝の時代になっても基本的には変わっていなかったことは、一六六五年にアウラングゼーブが徴税役人宛に発行した勅令から明らかである。この勅令の第六条では、チョードリー、ムカッダム、パトワリーが税額の割当に際して、農民に重い負担を課することによって、不当な利得をえているならば、彼らムタガッリバーン(圧制者、ムタガッリブの複数形)の利得を没収し、農民が正当に扱われるようにせよと命じられている。また、第九条では、天災などのために税の減免がおこなわれるときには、村単位に全体として減免してはならず、個々の農民ごとに減免額を決めるように命じられている。それは、もし全体として減免すると、チョードリー、カーヌンゴー、ムカッダム、パトワリーすなわちムタガッリバーンが自分たちに有利なように減免額を割りあてて、農民がその恩恵を受けられなくなってしまうことを恐れたからである。さらに第一〇条では、チョードリー、カーヌンゴー、ムカッダムにたいして慣行以上の役得を農民から取り立てないように厳命せよとされている。

このように、ザミーンダールと総称された在地の各種の世襲役人たちは、ムガル国家の目からみれば、むしろ、農民にたいする「圧制者(ムタガッリブ)」に見えたのである。ムガル国家は農民を自己の官僚機構のみによって直接に支配し、彼らから徴税することができなかったから、ザミーンダール層に依拠せざるをえなかったのであるが、彼らが国家と農民とのあいだに介在し、不当な利得をえているのではないかという疑念をもちつづけていたのである。

村落共同体と地域共同体

インド社会の基礎には、自給自足性の高い村落共同体が存在したということがよくいわれてきた。ここでは、中世史料(十六〜十八世紀のマラーティー語史料)の豊富な西部デカン地方(だいたい現在のマハーラーシュトラ州)を具体例として、インド社会の共同体的構造について述べることにする。

この地方の村落の全構成員をあらわすことばとして「六〇人の農民と一二種類のバルテー職人」ということばがよく使われた。それは、農民六〇家族と大工(スタール)、鍛冶《かじ》屋(ローハール)、陶工(クンバール)、床屋(ナーヴィー)、洗濯人(パリート)、占星師(ジョーシー)など一二種類のバルテー職人(村落職人)たちから構成されるのが理想的な村落であるとする観念が当時存在したことを示している。したがって、一村の全家族数は約七〇家族、当時一般的には単婚小家族であったから、村の人口はだいたい三〇〇〜四〇〇人といったところであろう。このくらいの規模の村落が理想とされたのであるが、実際には、戦乱や飢饉、疫病などによって人口が減少することも多く、これよりも小さな村落が多かったと考えられる。

「一六〇人の農民と一二種類のバルテー職人」は村の正規の成員で、ワタンダール（ワタン保有者）と呼ばれた。それは、彼らがそれぞれのワタン、たとえば農民ワタン、大工ワタンなどといったワタンをもっていたからである。ワタンということばはアラビア語起源のことばで、村落や地域社会において、ある特定の職に世襲的に就く権利およびそれにともなう利得を意味した（ミラースということばも使われた。本来のサンスクリット語ではヴリッティという）。村大工などの村落職人がバルテー職人ともいわれたのは、彼らが村からバルテーと呼ばれる役得を与えられていたからである。バルテーは、村の収穫物の一部や現金あるいは免税地のかたちで与えられた。バルテー職人はバルテーダール（バルテー保有者）とも呼ばれた。バルテー職人には、上記のもののほかに、必ず、いくつかの不可触民カーストの者が含まれていた（二六七〜二七〇頁）。村落共同体内部の分業は、基本的には、これらのワタンダールたちのあいだの分業であった。村落の重要なワタンダールとして、これら以外に、村長（パーティール）と村書記（クルカルニー）がいた。彼らはそれぞれ村長職ワタン、村書記職ワタンをもっていたのであるが、これらのワタンは収益の大きなものであり、世襲されただけではなく、分割して売買したり、譲渡したりすることのできる物件となっていた。

このように、中世デカンの村落は、多種多様なワタンダールたちから構成される、かなり自立性の高いものであったということができる。しかし、村落はけっして孤立していたのではない。村落の上には、数十村程で構成される上位の共同体、ここでは地域共同体と名づける共同体が存在した。この地域共同体の範囲はパルガナなどと呼ばれた地方行政単位とほぼ一致していた。それは、国家の側が、この地域共同体を自らの地方行政単位として利用したからである。地域共同体には、その長である郷主(デーシュムク)と郷書記(デーシュパーンデー)が存在し、それぞれデーシュムク・ワタン、デーシュパーンデー・ワタンをもっていた。これらのワタンもきわめて利得の大きなものであった。地域共同体の内部で、村境紛争などが起こった場合や、ワタンの売買、譲渡を確認するために、地域共同体の集会が郷主によってしばしば開かれたが、それには各村落の村長や村書記、各カーストの長(メータル。二六八頁参照)などが参加し、集会の記録は郷書記が作成した。郷主や郷書記は、国家が各村落と村請の税額の取決めをする場合にも、そのあいだに立って両者の利害を調整した。

さまざまなワタンダールたちから構成される村落共同体と地域共同体は、このように、かなりの程度の自立性を有していたのであるが、そのことはこれらの共同体が内部に搾取や収奪の関係を含まない、なにか牧歌的な共同体であったことを意味するのではけっしてない。郷主や村長といった共同体の首長層、とくに郷主は実質的には在地の支配者階層で、共同体成員からさまざまな得分を取り立てていたし、無償労働を徴発することもできた。郷主は通常数百人程度の手兵を擁し、戦闘に参加した。彼らは、事実上、在地の領主といってもよいような存在だったのであり、マラーター王国建設の原動力になったのも郷主たちの武装力であった。しかし、彼らの権力の基盤は土地領有ではなく、あくまでも地域共同体の首長の職としてのデーシュムク・ワタンであった。だから、その領主的な成長にもかかわらず、彼らは地域共同体の首長としての役割をはたしつづけ、ワタン体制というべき在地の共同体的諸関係はくずれることなく、維持されたのである。

前述の北インドのザミーンダール層にしろ、デカン地方の郷主(デーシュムク)や村長(パーティール)にしろ、いずれも同様の性格の存在であり、彼らの共同体首長としての「職」はたんに世襲的であっただけではなく、譲渡したり、分割して売買することもできる物件となっていた。土地所有ではなく、これらの共同体的「職」を購入などの手段で集積していくことによって、在地の支配者になっていくことができたのがインドの中世社会の特徴であった。

カースト制度と不可触民

カースト集団の構造　インド社会の特質として、よくカースト制度の存在が指摘される。カースト制度はある特定の国家によって法的に制定されたというものではなく、社会内部からいわば自然成長的に形成されてきたものであったから、その形成過程については、よくわからない点が多い。ただ、少なくとも、紀元前の古代の時代から存在したといったものではないことは明らかで、だいたい八世紀ころからインド各地にカースト制度と呼ばれうるような社会制度が広がり始めたと考えられる。中世の西部デカン地方にも、村落共同体―地域共同体という、垂直的な共同体関係とならんで、カーストというネットワーク的な共同体がいわば重層的に存在していた。たとえば、大工(スタール)は各村に一家族かせいぜい二家族ぐらいしかいなかったのであるから、村単位ではカーストを構成することはできない。前述の地域共同体の範囲が、同時に、各カーストの第一次的な結集の単位だったのである。したがって、第一次集団としてのカーストは一〇〇家族ぐらいから構成されていたということになる。カースト集団の結集の紐帯《ちゅうたい》は婚姻関係とカースト共食で、他カーストの者とこれらの関係をもつことは禁じられていた。

この地域共同体を単位とするカースト集団には、メータルと称される長がいた。このメータルの職も一つのワタンで、特定の家に世襲された。カースト内部でなにか問題が起こったときには、メータルがカースト集会を開いて解決にあたった。たとえば、離婚の確認といったことはカースト集会でおこなわれた。前述のように、マラーター軍は一七六一年のパーニーパトの戦いでアフガン軍に大敗した。そのとき、多くの人々がアフガン軍の捕虜になった。そのなかに一人のテーリー(油屋)・カーストの者がいた。彼は一〇年後に許されて帰国したが、そのときには彼の妻は彼が死んだものと考えた父親によって再婚させられていた。結局、彼は妻を離縁することになり、カースト集会が開かれて、「離婚書」を作成した。

このような第一次集団としてのカーストは近隣の諸地域共同体の同種のカースト集団とつぎつぎとつながりあって、二次的なネットワークを広げていた。このカースト・ネットワークの範囲は最大限には同一言語集団の範囲にまで拡大しえたのであろうが、現実には、遠くなれば関係も薄くなっていったのであろう。第一次集団としてのカーストの範囲をこえる問題が生じた場合には、多数のメータルなどが集まって、広域的なカースト集会が開かれた。

カースト制度　各地域共同体の内部には、このようなカースト集団が数十存在した。これら多数のカースト集団を上下の序列関係に位置づけたものがカースト制度である。カースト制度の大枠をなしていたのはバラモン、クシャトリヤ、ヴァイシャ、シュードラという四種姓(ヴァルナ)区分であるが、これらはカーストそのものではなく、その内部に多くのカースト集団を含む社会階層概念である。したがって、これだけではすべてのカーストを序列づけることはできない。それぞれの種姓に含まれる多くのカーストをどう序列化するかという問題が残るからである。それを規定していたのは在地の慣習法的秩序であった。この慣習的序列はさまざまな、時に煩瑣とも思える方法で表示されていた。たとえば、上位カーストの者は下位カーストの女性を二番目以下の妻とすることができるが逆は不可であるとか、下位カーストの者は上位カーストの者から食べ物を受け取ることができるが逆は不可といった決りがあった。また、結婚式の行列の際、新郎が馬に乗るカーストは牛に乗るカーストよりも上位であるとする慣習があった。これらによってカースト間の上下関係がわかったのである。このカースト制度という在地の序列社会の秩序を支えていたのは、郷主やバラモンを中心として維持されていた在地の社会構造そのものの力であった。ただ、在地社会の秩序維持能力だけでは解決できない問題が起こった場合には、国家権力が発動されてカースト制的秩序を維持した。インド中世の諸国家は自前の身分制度をもたず、カースト制度でそれを代位させていたから、国家にとってもカースト制的秩序を維持することが必要だったのである。

不可触民　　カースト制的序列関係の底辺を支えていたのは不可触民という社会階層であった。不可触民は四つの種姓(ヴァルナ)の下に存在する「第五の種姓(パンチャマ)」とか「シュードラ以下の者(アティ・シュードラ)」と呼ばれた。この不可触民という種姓のなかにも、さまざまなカーストが含まれていた。中世デカンでは、代表的な不可触民カーストはマハール、マーング、チャーンバールであったが、そのほかにも一〇をこえる不可触民カーストが存在した。だから、不可触民カーストのあいだにも上下の序列関係が存在し、それをめぐって紛争が起こる場合もあったのである。

「一二種類のバルテー職人」の一つとして村落共同体に組み込まれた不可触民は、マハール・ワタンといったそれぞれのワタンをもっていたので、ワタンダールあるいはバルテーダールと呼ばれた。彼らは村に隣接しておかれ、一般にマハールワーダー(マハール居住区)と呼ばれた居住地に集まり住み、必要に応じて村の居住区に入って仕事をした。マハールは村で死んだ牛や水牛の皮剝《はぎ》、皮鞣《なめし》を主要な職務とし、マーングやチャーンバールがそれを農業用などの皮製品や履物に加工した。しかし、彼らは同時に、村の祭礼や儀式などにおいて固有の役割をはたした。当時、疫病の流行や地震などは地母神(デーヴィー)の怒りによって起こると考えられていたから、そのようなことが起こった場合には地母神の怒りを鎮めるために、「鎮め(シャーンティ)」の儀式がおこなわれた。「鎮め」の儀式の中心をなしたのは、動物の供犠で、水牛や山羊の喉を切り、その血を地母神の像にかけた。その際には、マハール、マーングといった不可触民が主導的な役目を担った。だから、中世においては、不可触民といっても、一義的に差別されるだけの存在だったわけではないのである。

ムスリム支配者とヒンドゥー

十四世紀以降、ムスリム支配がデカン地方にまで本格的に広がっていき、十六世紀末にはムガル帝国がデカンにまで進出した。このことはムスリム支配者と、彼らがヒンドゥーと総称した非ムスリム被支配者との関係が一層密接になってきたことを意味している。デカン・ムスリム諸王朝は一般にヒンドゥーにたいして「寛容」で、宗教的迫害はほとんど知られていない。ムガル帝国も同様で、とくにアクバルは宗教による差別を一切しなかった。一五六三年には、非ムスリムに課せられる聖地巡礼税を廃止し、翌六四年には、ジズヤを廃止した。これらはいずれもローディー朝のシカンダルによって導入されたものとされているが、その後つねに課せられていたとは考えられず、アクバルによるこれらの廃止は公的に廃止を宣言したものというべきであろう。ムガル帝国において、非ムスリムにたいする迫害が見られるようになるのはシャー・ジャハーンの時代からである。一六三二年、シャー・ジャハーンは新しく建てられたヒンドゥー寺院の破壊を命じ、また旧寺院の補修を禁じた。そのため、ヴァーラーナシー（ベナレス）では七六の寺院が破壊されたという。この時代、ムガル国家においては、ウラマー（イスラーム学者）の勢力が強まり、より厳格にシャリーア（イスラーム法）を守ることを要求するようになってきたことがこのような動きを生み出したのである。それをさらに一層推し進めたのはつぎのアウラングゼーブであった。彼は即位の翌年、一六五九年にはヴァーラーナシーの行政官に新しく建てられたヒンドゥー寺院を破壊するよう命じた。ただ、アウラングゼーブは、このとき同時に、ムスリムにたいしては、飲酒、賭事《かけごと》、大麻の吸飲を禁じているし、イスマーイール派のムスリムやスーフィーも弾圧しているのであるから、厳格な宗教政策をとったのであって、必ずしもヒンドゥーだけを弾圧したというわけではない。

しかし、その後、マラーター、ジャートなどのヒンドゥー勢力が急速に強大化して、ムガル支配を脅かすようになってくると、アウラングゼーブは反ヒンドゥー的な姿勢を強めていった。一六六九年、マトゥラー地方のジャート約二万人が反乱を起こすと、アウラングゼーブは自らその鎮圧に乗り出し、翌七〇年、マトゥラーのケーシャヴァ・デーヴァ・ラーイ寺院を破壊した。アウラングゼーブの反ヒンドゥー政策のなかでもとくに強い反発を引き起こしたのは一六七九年のジズヤの復活であった。ジズヤは前述のように非ムスリムに課せられる人頭税であるが、女性、子供、老人、心身障害者、極貧者には課せられなかった。また、富裕層、中間層、貧困層の三階層に分けて逓減的に課せられた。アウラングゼーブの場合、年額で、富裕層一三ルピー、中間層六・五ルピー、貧困層三・二五ルピーであった。ジズヤはこのような税であったから、正確な人口調査を必要とし、課する側にとっても負担の大きい税であった。

一六八〇年代、アウラングゼーブは北部デカンの大部分を直接に支配していたので、そこでも実際にジズヤを徴収した。ジズヤ徴収にかんするマラーティー語の史料が一部残っているが、そのうちネワーサー郡にかんする史料(一六八四〜八五年)によれば、この郡の状況はつぎのとおりであった。この郡全体の村落数は一四四村、うち荒廃村を除外してジズヤを課せられた村は七〇村、この七〇村の全男性人口は九五七人、うち老人二九人、子供一五九人、盲者一六人、ハンセン病者一〇人、足に障害をもつ者一一人、手に障害をもつ者七人、極貧者一六二人、計三九四人を除いて被課税者数は五六三人。この郡は当時戦乱で荒廃していたのであろうが、それにしても、惨憺たる状況をうかがうことができる。ジズヤはこのような状況のなかでも多大な労力を費やして課せられたのである。したがって、ジズヤは、税収そのものを目的としたというよりは、正統主義的なムスリム支配者がシャリーアに基づく正当な支配をおこなっていることを主張するために課したものであったといえよう。アウラングゼーブはそのようなイスラーム正統主義を代表する存在だったのである。

第七章　イギリス植民地支配の始まりとインド社会

1　イギリス植民地支配の始まり

インド統治法とベンガル管区体制

前章で述べたように、一七六五年、イギリス東インド会社はムガル皇帝からベンガル(オリッサを含む)、ビハール両州のディーワーニーを授与された。ディーワーニーとは、ムガル帝国の州の財務長官であるディーワーンの職およびそれに付随する権限などを意味する。それは主として、地税などの税を徴収し、それから軍事費、行政費など各種の支払いをする権限であった。したがって、実際上は、これをもって、この両州はイギリスの植民地となったということができる。しかし、この時点では、イギリス東インド会社はインドにおいて広大な領土を支配する経験をもっていなかったので、ただちにディーワーニーを自ら行使するのではなく、両州それぞれにインド人の「代理ディーワーン(ナーエブ・ディーワーン)」をおき、実務にあたらせることにした。いわば、間接統治のかたちをとったのである。

一七七一年、イギリス東インド会社理事会は代理ディーワーンの制度を廃して、直接統治に変えることを決定した。そのために、翌一七七二年、ウォーレン・ヘースティングズがベンガル管区知事に任命された。彼にとってもっとも大きな課題は税、とくに地税の徴収と司法制度の確立であった。諸税の徴収のために、各県《ディストリクト》には収税官《コレクター》がおかれた。司法制度改革にかんしては、ヘースティングズは自らを長とする「巡回委員会」を設置し、各地を巡回して、意見を聴取した。その結果として、「司法行政にかんする提案」が作成され、イギリス東インド会社理事会の認可をえて、実施された。各県には地方裁判所がおかれ、上級審(上訴裁判所)として、カルカッタに首位民事裁判所《サドル・ディーワーニー・アダーラト》と首位刑事裁判所《サドル・ニザーマト・アダーラト》が新設された。だが、問題は、とくに民事の領域において、どのような法を運用するかということであった。婚姻、相続などの、いわゆる家族法の分野においては、インド人のあいだでも、宗教や地域あるいはカーストの違いによって、さまざまに異なる慣習法が見られた。したがって、インド人全体に画一的に適用することのできる民法典を制定することはきわめて困難であった。

その結果、「司法行政にかんする提案」では、つぎの二点が提案され、承認された(同提案二三条)。すなわち、(1)「相続、結婚、カースト、その他の宗教的な慣習にかかわる訴訟においては、ムスリムにたいしてはコーランの法を、ヒンドゥーにたいしてはシャーストラの法をつねに適用すること」、(2)「(ムスリムとヒンドゥーの)それぞれの訴訟には、モウラヴィー(イスラーム法官)とバラモンが法の解釈にかんして助言するために出席し、法解釈書に署名し、判決をくだすのを助けること」。ここで、ムスリムにたいして適用するとされた「コーランの法」とはいわゆるシャリーア(イスラーム法)のことであり、ヒンドゥーにたいして適用するとされた「シャーストラ」とは、『マヌ法典』のようなインド古典の法典やその註釈書のことである。これによって、実際に、東インド会社が設置した各級の裁判所には、モウラヴィーとバラモンが法官《ロー・オフィサー》としておかれ(一八六〇年代初めまで)、それぞれの法の解釈に従事した。この司法制度は、その後、マドラス、ボンベイ両管区にもそのまま導入された。この制度のもと、それぞれの民法、とくに家族法の分野において判例が積み重ねられていき、それをとおして、一般に「アングロ・ムハンマダン法」「ヒンドゥー法(アングロ・ヒンドゥー法)」と呼ばれる慣習法ないしは判例法が一八三〇年ころまでには形成された。このことがインド人の生活にとってもった意味には大きなものがあった(本章第二節参照)。

一七七三年、財政難に苦しんでいたイギリス東インド会社はイギリス政府にたいして借款を申し入れた。インドで広大な領土を支配するようになったイギリス東インド会社を国家の統制下におきたいと考えていたイギリス政府は、この機をとらえて、イギリス議会にはかって「ノースの規制法」として知られる法律を制定した。これによって、東インド会社理事会の組織に法的な制約が加えられるようになった。それとともに、インドにおいては、ベンガル知事がベンガル総督に格上げされ、マドラス、ボンベイ両管区知事はベンガル総督に従属するものとされた。翌一七七四年、ウォーレン・ヘースティングズが初代のベンガル総督に任命された。同時に、カルカッタにイギリス王(実際にはイギリス政府)によって直接に任命される判事からなる最高法院《シュープリーム・コート》が設置され、司法行政においてはベンガル総督はその監督下におかれることになった。この制度は総督と最高法院とのあいだの対立を激化させて、大きな政治問題となった。結局、一七八一年の「東インド会社法」によって、最高法院の権限が大幅に縮小され、総督はその立法権を保証された。

イギリス議会がインド植民地を統治するために制定した諸種の法律は一般に「インド統治法」と総称されるが、「ノースの規制法」はその最初のものということができる。二番目のものが一七八四年に制定されたいわゆる「ピットのインド法」で、これによって東インド会社理事会を監督する監督局《ボード・オブ・コントロール》が設置され、東インド会社にたいする国家統制は一層強化された。一七九三年には、東インド会社特許状法(これもインド統治法に含まれる)の改定がおこなわれたが、それまでに整備されてきた体制と大きな違いはなかった。ただ、このとき、特許状の更新期間が二〇年と定められ、この体制が一八三三年の特許状更新までつづいた。

この一七九三年には、ベンガル管区の地租制度において大きな改革がおこなわれた。時のベンガル総督、コーンウォーリスが永代ザミーンダーリー制度と呼ばれる地租制度をベンガル管区に導入したのである。それまでは、毎年、ザミーンダール(ペルシア語で土地所有者の意)と呼ばれた人々に地租の納入を請け負わせてきたのであるが、永代ザミーンダーリー制度ではこの年の地租納入請負額を永久に固定し、年ごとに改定しないことにした。この永代ザミーンダーリー制度はベンガル農村に大きな変動をもたらすこととなった(三〇七～三一〇頁参照)。

こうして、イギリス東インド会社はしだいにインド植民地統治機関としての性格を強めていったのであるが、一八一三年の特許状法によって、その方向が一層顕著になった。この改定された特許状では、中国以外のアジア諸地域とヨーロッパを結ぶすべての交易が自由化され、東インド会社の貿易独占体制に大きな風穴があけられることになった。それは、重商主義から自由貿易への時代の転換を表現するものであった。また、この新しい特許状はインドにおけるキリスト教の布教活動を自由化した。それまで、イギリス東インド会社は、キリスト教の布教活動がインド人の宗教感情を傷つけることを恐れて、宣教師が東インド会社領内に入ることを禁じていた。しかし、十八世紀末にイギリスで高まった「宣教熱」がイギリス議会を動かして、東インド会社特許状のなかに、キリスト教宣教自由化の条項をつけ加えさせたのである。このののち、プロテスタント諸派による宣教活動が活発におこなわれるようになり、インド社会に大きな影響を与えることとなった。

南インドでの戦争とマドラス管区の形成

三〇〇年以上にわたったヴィジャヤナガル王国の南インド支配は、タンジャーヴールに逃げ込んだシュリーランガ三世がビージャプル王国の軍に破られた一六四九年をもって終わりを告げた。シェンジ・ナーヤカもビージャプルに制圧され、タミル・ナードゥの地方勢力として残ったのは、マドゥライのナーヤカだけとなったが、そのビージャプルは一六八六年、今度はムガル皇帝アウラングゼーブの手によって滅ぼされてしまった。ビージャプルと同様にヴィジャヤナガルの地を奪ったゴールコンダ王国も一六八七年ムガル帝国に滅ぼされた。デカン南部のマイソールによっていたオデヤ家はかろうじて独立を保ったが、その間マラーターのシヴァージーの弟でビージャプルに仕えていたヴィヤンコージー(エコージー)がタミル・ナードゥに侵入し、タンジャーヴールを占拠した。彼は一六七五年独立し、タンジャーヴールのマラーター政権が誕生した。他方ムガル帝国は、デカン制圧後ハイダラーバードにスーバダール(地方長官)をおき、タミル・ナードゥのアルコットにナワーブ(代官)をおいて、南インドの支配にあたらせたが、その後一七二四年にハイダラーバードのニザームが独自の権力を打ち立て、アルコット三代目のナワーブも独立した。その間イギリスは、一六四〇年にヴィジャヤナガルの支配者からマドラスの地をえて商館とセント・ジョージ要塞を建設し、フランスも七四年にポンディシェリーを獲得し、インド進出の拠点とした。一七四四年、カーナティック戦争が始まったときの南インド政治地図は、このようなものであった。

オーストリア継承戦争を機にフランスとイギリスがインドで戦った第一次カーナティック戦争(一七四四〜四八年)は、アルコットのナワーブがフランスの占領したマドラスを攻撃しただけで、現地政権は深く関与せずに終わったが、第二次戦争(一七五〇〜五四年)では、彼らが全面的に巻き込まれている。アルコットでは、ナワーブの地位をめぐってナワーヤット家とワッラージャ家が対立し、ハイダラーバードでは、初代ニザームの死後その地位をめぐって、息子と孫が争っていた。イギリスとフランスはこの二つの対立を利用して戦った。イギリスと結んだワッラージャ家のムハンマド・アリーがティルチラーパッリ要塞に逃げ込み、それをフランスと結んだナワーヤット家のチャンダー・サーヒブが攻めた戦いが山場であったが、戦争の長引くのを好まなかったフランスは総督のデュプレックスを本国に召還し、和議が成立した。ニザームの孫を助けたフランスは、のちにアーンドラ沿岸部に利権を獲得した。第三次戦争(一七五八〜六三年)はヨーロッパでの七年戦争と連動しており、カーナティック戦争はこのように、現地政権が巻き込まれてはいるものの、なお基本的にはインドにおけるイギリスとフランスの争いであった。

1750年前後の南インド

第３次マイソール戦争の壁画　マイソール軍が大勝し，イギリスの司令官を捕えたプッラルールの戦いを描く。シュリーランガパトナの夏の宮殿。

それに反し、一七六七年から九九年までのあいだに四回おこなわれたアングロ・マイソール戦争は、マラーター、ニザーム、トラヴァンコールなどがイギリスに荷担し、フランスもマイソール側に立ちはしたが、基本的にはマイソール王国とイギリスの戦いであった。カーナティック戦争（マイソール王国も加わった）に際して功を立てた騎兵隊長ハイダル・アリーは、その後王国の実権を握り、その拡大をはかった。それを恐れたイギリスは一七六七年マラーターとハイダラーバードのニザームを味方につけて戦いを挑んだが、逆にマドラスを落とされて講和した。一七八〇年に始まった第二次戦争では、途中でハイダル・アリーが病没し、息子のティプがオデヤ家の王を廃して自らスルタンとなって戦いを続行した。形勢は互角で決着がつかず、一七八四年に講和した。一七九〇年ティプのケーララ侵攻から始まった第三次の戦いは、巧みな外交政策でマラーター、ニザーム、トラヴァンコールを味方にしたイギリスの勝利に終わり、ティプは領土の半分を割譲し、賠償金支払いの保証に二人の息子を人質として差し出した。

カーナティック戦争との違いは、現地勢力とイギリスとの戦いであったというだけでなく、ティプ・スルタンが、当時のアジアの地方君主としてはめずらしく世界の情勢を把握して戦いを進めた点にある。ティプは船を建造して艦隊をつくり、イギリスと戦うイスラーム教国オスマン・トルコに同盟を求める使者を送り、また、遠くフランスにも使節を送って助力を求めている。内政面でも、フランスを模範に軍隊の近代化をはかり、一般行政においても中央集権化を進めるなど、種々の改革を断行している。しかし、トルコは南下をはかるロシアに対抗するためにイギリスと結び、フランスでは革命が起こってインドに兵を送るどころではなかった。マラーターをはじめとするインドの諸勢力はマイソールの分割をもくろんでイギリスに荷担した。

そのような状況下で一七九九年におこなわれた第四次の戦争で、ティプはシュリーランガパトナの城を落とされて戦死した。イギリスはハイダル・アリーとティプ・スルタンによって簒奪されたオデヤ家を復活させ、それと軍事保護条約を結んでマイソール藩王国を創出した。王国の一部(カナラとコインバトール)はイギリス領に編入された。ハイダラーバードはすでに一七九八年にイギリスと条約を結ばされていたが、アルコットのナワーブはティプ・スルタンとの内通をかどに、一八〇一年カーナティックの領土を奪われた。それより早くケーララでは、コーチン(コチ)とトラヴァンコールの王家がイギリスと条約を結んで保護下に入り(それぞれ一七九一年と九五年)、十九世紀初頭の南インドでは、カーナティックとマラバールの一部を直轄領とし、ハイダラーバード、マイソール、コーチン、トラヴァンコール、その他を藩王国とするイギリスのマドラス管区が誕生したのである。

マラーター戦争・シク戦争とボンベイ管区体制

マイソール王国が南インドでイギリス東インド会社と戦っていた十八世紀後半から十九世紀前半、北インド、中央インドではアワド王国やマラーター諸侯国がイギリスをも巻き込んで複雑な抗争をつづけていた。バクサールの戦い(一七六四年)でイギリス東インド会社に敗れたアワド王国は存続を認められたが、しだいにイギリスに従属するようになっていった。一七七二年、マラーター勢力がアワド王国の北に隣接するローヒルカンド地方を侵略すると、アワド王国はイギリス東インド会社の軍事援助を求め、七三年、両者のあいだに条約(ベナレス条約)が結ばれた。それによって、イギリス東インド会社軍(ヨーロッパ人大隊二、傭兵大隊六、砲兵中隊一)がアワドに駐留することになったが、その費用(月額二一万ルピー)はアワドの負担とされた。翌一七七四年、イギリス軍の支援を受けたアワド王国軍はローヒルカンドに攻め入り、これを併合した。しかし、イギリス東インド会社軍駐留費はその後増額されていき、一八〇一年、アワド王国はその支払いのかわりとして、ローヒルカンドと下ドアーブ地方(ガンジス、ヤムナー両河のあいだの地方)の領土をイギリスに割譲せざるをえなかった(いわゆる「割譲領土」)。こうして、アワド王国は完全にイギリスに従属する、いわゆる藩王国の地位に落とされていったのである(藩王国については二八八頁参照)。

ベンガル管区の西の境界に接するアワド藩王国は、その西辺と南辺をマラーター勢力に囲まれていた。マラーター勢力は、一七六一年、パーニーパトの戦いでアフガニスタンのアフマドシャー・ドゥッラーニー軍に大敗し、一時、北インドから撤退したが、その後すぐに、北インドへの進出を再開した。一七七一年、グワーリヤルを拠点とする有力なマラーター侯、マハーダジー・シンデーはムガル皇帝シャー・アーラム二世をデリーに迎え入れた。シャー・アーラム二世はバクサールの戦いでイギリス東インド会社軍に敗れたあと、アラーハーバードに小さな領土を与えられて、そこに滞在していた。この状況に不満をもっていたシャー・アーラムはマハーダジー・シンデーの誘いに喜んでのったのである。こうして、マラーター勢力はムガル宮廷の実権を掌握し、その北インド支配の正統性を確保したのであるが、それはマラーター勢力とイギリス東インド会社とのあいだの対立を不可避とした。

パーニーパトの敗戦の約半年後、マラーターのペーシュワー(宰相)、バーラージー・バージーラーオは死去し、その長子も戦闘で倒れていたので、次子マーダヴラーオがペーシュワー位に就いた。しかし、彼は病弱で、一七七二年、二十八歳の若さで死去してしまった。こののち、ペーシュワー位をめぐって長く紛争がつづき、マラーター諸勢力の結集はくずれていった。混乱の主因となったのは前ペーシュワー、マーダヴラーオの叔父、ラグナートラーオであった。一七七三年、マーダヴラーオのあとを継いだ、彼の弟ナーラーヤンラーオが暗殺されると、ラグナートラーオがペーシュワー位に就いた(この暗殺にはラグナートラーオが関与しているのではないかと疑われている)。しかし、ナーラーヤンラーオの死後、彼の息子が生まれたため、一七七四年、この幼児がマーダヴラーオ・ナーラーヤンという名前でペーシュワー位に就けられた。一七七五年、不利な情勢となったラグナートラーオはイギリス東インド会社(ボンベイ管区政府)と条約(スーラト条約)を結び、その軍事援助(ヨーロッパ人兵士五〇〇人、傭兵一〇〇〇人)を受けることにな

ベンガル管区(1805年)

った。一方、ペーシュワー政権の側では、ナーナー・ファドナヴィースが実権を掌握して、ラグナートラーオとボンベイ軍に対抗した。こうして、長々とした戦争が一七八二年までつづいた。これを一般に第一次マラーター戦争と呼んでいる。

一七九五年、ペーシュワー、マーダヴラーオ・ナーラーヤンが自殺したことを契機として、マラーター諸勢力のあいだでペーシュワー位をめぐる抗争が再燃した。結局、ラグナートラーオの息子がバージーラーオ二世としてペーシュワー位に就いたが、一八〇一年にホールカル家のヴィトージーを虐殺したことなどから、シンデー、ホールカル両家との対立が激化した。それで、一八〇二年、バージーラーオ二世はイギリス東インド会社(ベンガル総督政府)と条約(バセイン条約)を結び、その軍事援助を受けるかわりとして、領土の一部を割譲した。一八〇三年、プネーを追われていたバージーラーオ二世は、イギリス軍に助けられてプネーに戻った。このことはイギリス東インド会社とシンデー、ホールカル、ナーグプルのボーンスレーなどのマラーター諸侯とのあいだの戦争を引き起こした。しかし、一八〇三年十二月、まずボーンスレー家が和を結び、ついでシンデー家が和平条約を結んで、北インド、上ドアーブ地方の領土とジャイプル王国以北の領土をイギリス東インド会社に割譲した。一八〇五年にはホールカル家も条約を結んで、チャンバル川以北の領土を割譲した(これらは「征服領土」と呼ばれた)。この戦争を第二次マラーター戦争という。

こうして、一八〇五年までに、イギリス東インド会社は北インドに広大な領土(「割譲領土」と「征服領土」)を獲得して、それらをベンガル管区に編入した。しかし、ベンガル地方から遠く離れた北インドの領土を一元的な支配体制下におくことは困難であった。ベンガル管区はあまりにも広大になりすぎたのである。それで、これらの領土を統治するために、一八三六年、イギリス議会の法によって、準知事の管轄する北インドの州、すなわち北西州が設置された。

イギリス東インド会社とマラーター勢力との関係に戻ると、一八一五年、プネーでガエクワード家の使節がペーシュワー、バージーラーオ二世の家臣によって暗殺されたことが複雑な抗争を引き起こした。これを口実にイギリス側がペーシュワーに圧力をかけ始めたのである。一八一七年六月、イギリスはプーナ(プネー)条約をペーシュワーに押しつけた。それはペーシュワーにたいして、外国と外交関係をもつことを禁じ、さらには「形式においても、実質においても、マラーター同盟の解体」を認めさせるものであった。しかし、同年十一月、ペーシュワー、バージーラーオ二世はプーナ条約を破って、イギリス軍に攻撃を加え始めた(第三次マラーター戦争の始まり)。これには、マラーター諸侯も参加したが、短期間のうちにつぎつぎとイギリス東インド会社軍によって制圧された。まずシンデー家が屈服させられ、軍をベンガル総督の指示のもとにおくことを誓わされた。ペーシュワーを支持して立ち上がったナーグプルのボーンスレー家も、翌一八一八年一月にはイギリス東インド会社と条約を結んで、イギリス軍の駐留を認め、その費用にあてるために領土の一部を割譲した。同月、ホールカル家も同様に領土の一部を割譲せざるをえなくなった。こうして、マラーター諸侯がつぎつぎと降伏していくなか、ペーシュワー軍はイギリス東インド会社軍と戦いつづけたが、結局、一八一八年六月、ペーシュワーも降伏し、マラーター王国ペーシュワー政権は滅亡した。

イギリス東インド会社はこの戦争(第三次マラーター戦争)によって、西部デカン地方を中心とする広大な領土を獲得した。このあらたな領土は「征服領土」と呼ばれ、ボンベイ管区に編入された。「征服領土」を支配するためにプネーにデカン・コミッショナー職がおかれ、M・エルフィンストンが任命された。エルフィンストンは、翌一八一九年にはボンベイ管区知事に就任した。エルフィンストンにとって大きな課題は従来からの領土である「旧諸州」(主としてアラビア海沿岸の幅の狭い地域)と「征服領土」に統一的な行政・司法制度を導入することであった。そのためにエルフィンストンは、一八二七年一月一日付で二七の法令を制定した。これらの法令は一括してエルフィンストン法典と総称され、ボンベイ管区統治体制の土台となった。

エルフィンストンの政策でのちに大きな影響を与えたのは、いわゆる「カースト自治」政策である。エルフィンストン法典の一部である一八二七年ボンベイ法令第二号は「カースト問題」をイギリス東インド会社の裁判所(ボンベイ首位民事裁判所、地方裁判所など)の管轄外と規定した。カースト内部の問題はカースト自身で解決するべきであり、裁判所に提訴しても受理しないという原則を立てたのである。それは逆にいえば、カーストに大幅な自治的権限を認めたということである。この「カースト自治」政策は、程度の差はあれ、十九世紀後半には、ベンガル、マドラス両管区でも取り入れられ、これ以降のカーストとカースト制度のあり方に大きな影響を与えることとなった(この点については本章第二節参照)。

マラーター王国ペーシュワー政権が滅びると、イギリス東インド会社にとって残る敵対勢力はシク連合

シクの英雄ランジート・シング　12の大軍団(ミサル)のゆるやかな連合体であったシク勢力を統合して，シク王国を築いた。

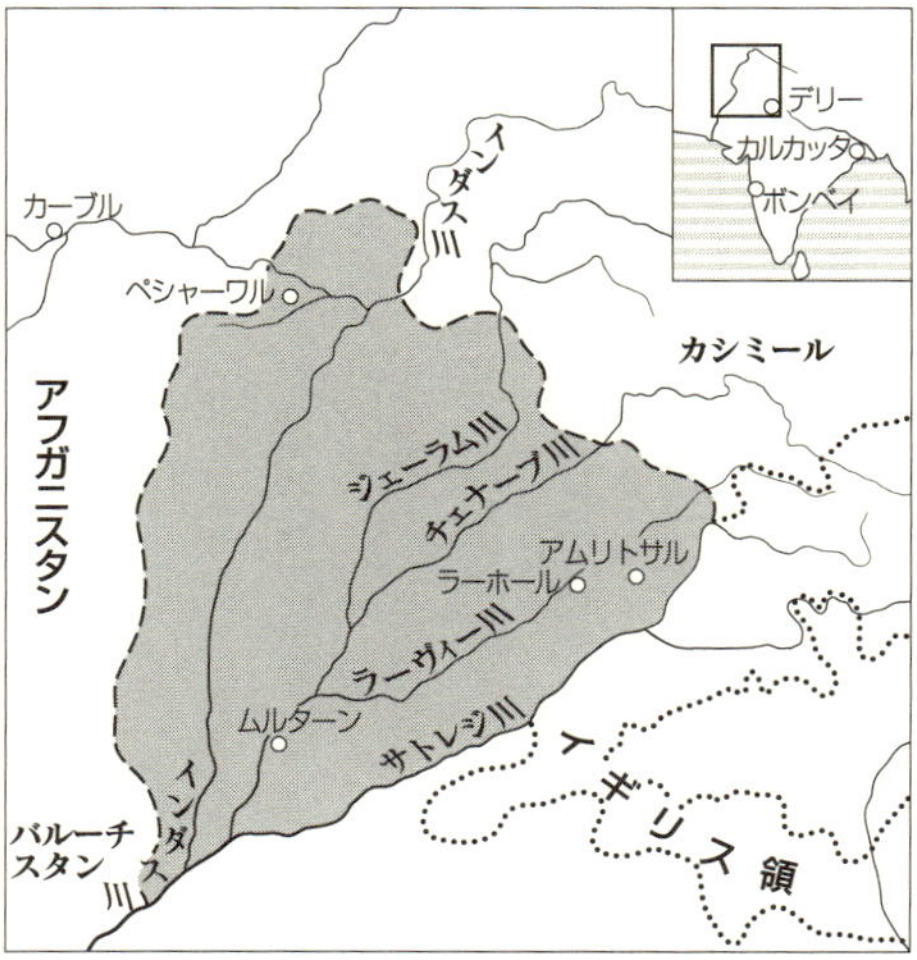

ランジート・シング時代のシク王国

体だけとなった。十八世紀末、シク連合体では一つの大軍団(ミサル)の長であったランジート・シングがほかの大軍団をおさえて有力になっていた。一七九八年、アフガニスタン、ドゥッラーニー朝のザマーン・シャーはラーホールにまで進出して、北インドをねらったが、ランジート・シングの率いるシク軍に阻まれた。これを契機として、ランジート・シングが権力基盤を固め、一八〇一年には自ら王位に就いた(シク王国の成立)。一八〇九年、ランジート・シングはイギリス側とアムリトサル条約を結び、インダス川の支流、サトレジ川を境として、相互に領土を侵犯しないことを約した。一八一九年には、ランジート・シングは、のちにバーラクザイ朝アフガニスタンを建てるドースト・ムハンマドからカシミール地方を奪取して、領土を拡大した。しかし、一八三九年、ランジート・シングが没すると、シク王国は内部分裂を起こして、急速に弱体化していった。一八四五年、イギリス東インド会社は、それに乗じてシク王国を攻撃し、四六年にはラーホールを占領した(第一次シク戦争)。一八四八年、ふたたびシク王国に戦争をしかけたイギリス東インド会社軍は、四九年、ついにシク王国を滅ぼした(第二次シク戦争)。

シク戦争によって獲得された広大なパンジャーブ地方には、初め行政責任者として地方長官《チーフ・コミッショナー》がおかれたが(一八五三年)、その後、準知事の管轄するパンジャーブ州が設置された(一八五九年)。

藩王国体制

シク王国の滅亡によって、イギリスのインド征服は完成したということができるが、それはインド全土をイギリス東インド会社が直接に統治したということではない。東インド会社領は、いわゆる藩王国領と複雑に入り組んでいたのである(一九四七年のインド独立の時点でも、藩王国の数は約五六〇、インド全体で、面積にして三分の一、人口にして四分の一が藩王国に属していた)。したがって、藩王国をどう統制するかということがイギリスのインド統治にとって重要な問題となっていた。

藩王国(ネイティブ・ステイト、プリンスリー・ステイト)というのは、国際法上は被保護国《プロテクテド・ステイト》の範疇《はんちゅう》に入るもので、被保護国とは内政権は保持しているが、外交権を宗主国(保護国)に委任している国家をいう。しかし、服属したインドの諸国家を被保護国としての藩王国に編成するという政策が最初から確立していたわけではなかった。藩王国体制は徐々にかたちづくられていったのである。ムガル帝国のデカン地方長官、ニザーム・ウル・ムルクが独立して、ハイダラーバードを首都として建国したニザーム国は藩王国というべきものとなった早い例である。一七六六年、ニザーム国はイギリス東インド会社とのあいだに「友好条約」を結んだ。その主たる内容は、(1)ニザーム国が必要とした場合、イギリス東インド会社は軍を派遣して援助する、(2)その費用にあてるために、ニザーム国は五つの郡(北サルカールと総称される)をイギリスに割譲する、(3)ただし、軍事行動がおこなわれなかった年には、イギリス東インド会社はこれら五郡の税収にあたる金額をニザーム国に支払う。このように、この初期の「友好条約」には、まだ、外交権の委任という条項はないのである。同様に、先に言及した一七七三年のアワド王国とイギリス東インド会社とのあいだの条約にも、外交権にかんする条項は含まれていない。

しかし、一八〇三年にマラーターのシンデー家がイギリス東インド会社とのあいだに結んだ「和平条約」では、シンデー家とペーシュワーとの争いに際しては、イギリス東インド会社が仲裁することという条項が含まれるなど、シンデー家の外交権に制約が加えられるようになっている。この点についてきわめて明確なのは、ペーシュワー、バージーラーオ二世とのあいだのプーナ(プネー)条約(一八一七年)で、そこでは、(1)ペーシュワーはいかなる国家《パワー》とも外交交渉をおこなってはならない、(2)それを保証するために、ペーシュワーが外交使節を他国に派遣すること、および、他国の外交使節を受け入れることを禁ずる、(3)外国との交渉は、イギリス東インド会社政府の駐在官《レジデント》をとおしてのみおこなうこと、などが定められている。このプーナ条約は典型的な保護条約だったのである。このようにして、インド内部の服属国は、しだいに、明確な被保護国としての藩王国に編成されていったのであるが、藩王国が受入れをよぎなくされたイギリス東インド会社の駐在官はたんに外交問題だけではなく、藩王国の内政にもしばしば干渉した。

藩王国にかんして大きな問題となったのは、養子、とくに末期養子あるいは死後養子による王位の継承を認めるか否かという問題であった。この点について、初めは明確な原則がなく、認められる場合もあれば、認められない場合もあったが、一八四〇年代になると、その基準がしだいに明確になっていった。一八四八年にインド総督(一八三三年の東インド会社特許状でベンガル総督がインド総督と改称された)となったダルフージーは藩王国を以下の三つの範疇に分け、一番目、二番目の範疇の藩王国については、養子による王位継承を拒否できるとした。(1)かつて、いかなる国にも従属したことがなかった国、(2)ムガル帝国などのインドの王国にではなく、イギリス東インド会社にはじめて従属した国、(3)イギリス政府によってつくりだされた、あるいは復活された国。この原則によって、一八四八年、サーターラー藩王国が末期養子による王位継承を認められず、取り潰された。サーターラー藩王国は、一八一八年、マラーター王国ペーシュワー政権が滅亡したあと、マラーター王国の創始者であるシヴァージーの子孫がサーターラー周辺に小領土を与えられて、存続したものだったからである。このサーターラー藩王国の旧領土はボンベイ管区に編入され、サーターラー県となった。一八五三年、今度はマラーター諸侯の一人であるナーグプルのボーンスレーが没し、そののちこの藩王国は取り潰しにあった。ナーグプル藩王国は、一八一八年、第三次マラーター戦争の結果、一度廃絶されたボーンスレー家が復活を許されたものだったからである。ナーグプル藩王国の旧領は中央州として、地方長官《チーフ・コミッショナー》の管轄下におかれた。同年には、北インド、ジャーンシーの藩王も没し、同じ理由でジャーンシー藩王国は廃絶され、その旧領は北西州に併合された。

このように藩王国の取り潰しは王位継承の際に多くおこなわれたのであるが、それ以外にも、内政紊乱《びんらん》などの理由で取り潰されることもあった。一八五六年に取り潰されたアワド藩王国の場合は、藩王がイギリス東インド会社の提示した条約を拒否したことによっていた。その条約は、内政紊乱を理由として、すべての内政権を東インド会社に譲渡して、藩王に年金受領者になることを強制するものであった。アワド藩王国の旧領はアワド州として地方長官の管轄下におかれたが、のちに北西州と合併して、「北西州とアワド」となり(一八七七年)、さらに一九〇一年には連合州と改称された。

このように、ダルフージー総督の時代(一八四八〜五六年)には、さまざまな理由をつけて藩王国の取り潰しが強行されたのである。しかし、これが一八五七年の「インド大反乱」(三二二頁参照)の一つの原因となったこともあって、インド大反乱後は藩王国の取り潰しはおこなわれなくなった。

総督政府と管区政府、州

藩王国領を除く、イギリス東インド会社の直轄領土は、既述のように、ベンガル、マドラス、ボンベイの三管区に分れていた。初期の段階では、これらの管区は相互に独立性がきわめて強かった。法律(法令)を制定する権限は各管区に帰属していたし、各管区の首位民事・刑事裁判所は最終審であって、それらの上に最高裁判所にあたるものはなかった(のちには、ロンドンの枢密院司法委員会がその役割をはたすようになったが)。軍隊もまた管区軍で、それぞれに最高司令官がいて、統一的な指揮下にはなかった(一八九五年に統合)。しかし、前述のように、一七七三年のノースの規制法によって、ベンガル管区知事はベンガル総督に格上げされ、マドラス、ボンベイ両管区はその管轄下におかれることになった。これにより、各管区の法律(法令)に加えて、ベンガル総督の制定する法律(中央政府の法律)が全管区で施行されることになったのである。一八三三年に改定、更新された東インド会社特許状はこの中央集権化の方向を一層押し進めた。これによって、ベンガル総督は明確にインド総督と改称され、マドラス、ボンベイ両管区は独立の立法権を剥奪されたのである。こうして、立法権はインド総督のもとに集中され、そこで制定された法は今までのように法令《レギュレーション》ではなく、法律《アクト》と称されることになった。さらに、立法を円滑化するために、総督は法律参事を任命することと定められた(東インド会社特許状法、五三、五五条。ただし、一八六一年のインド参事会法によって、マドラス、ボンベイ両管区の立法権は回復された。それは、インド大反乱以後の統治体制の変更によるものである)。一八三三年の特許状は、同時に、イギリス東インド会社に最後まで残されていた対中国交易の独占権を廃止した。イギリス東インド会社がインド統治機関として整備されていくのにともなって、東インド会社がアジア貿易に占める比重は低下していたが、これによってイギリス東インド会社は最終的に貿易会社であることをやめたのである。

数度にわたるインド統治法改定によって、三管区体制の矛盾は徐々に手直しされていったのであるが、問題がそれで解決されたわけではけっしてなかった。ベンガル総督(のちにインド総督)が全直轄領土にたいして統治権をもつと同時に、ベンガル管区の長でもあるという体制に、そもそも矛盾があったのである。そのうえ、既述のように、ベンガル管区はあまりにも広大になりすぎていた。それで、ベンガル管区をいくつかの行政単位(州)に分割し、それぞれに行政責任者(準知事あるいは地方長官)を任命する体制が徐々に形成されていった。前述のように、まず「割譲領土」「征服領土」が北西州として、準知事の管轄下におかれた(一八三六年)。一方、もともとのベンガル管区そのものにも準知事制度が徐々に導入されていった。一八三三年の東インド会社特許状で、ベンガルに代理知事をおくことができると定められ、最終的には、一八五三年に改定、更新された特許状によって、インド総督はベンガル管区行政から完全に切り離され、かわりにベンガル準知事がおかれることになったのである。また、既述のようにパンジャーブ州には初め地方長官が、ついで準知事が任命され(一八五三、五九年)、中央州にも地方長官職がおかれた。一八五三年には、中央州に隣接するベラール地方がニザーム国から駐留軍費用にあてるために東インド会社に割譲されたが、これは東インド会社のハイダラーバード駐在官の管轄下におかれた。

ボンベイ管区でも同じような問題が生じた。前述のように、西部デカンの「征服領土」の編入によって、ボンベイ管区体制は整ったのであるが、一八四七年にはインダス川下流域のシンド地方がボンベイ管区に

州・管区	行政責任者	成立年
ベンガル州	準知事	1853
北西州	準知事	1836
パンジャーブ州	準知事	1859
アワド州	地方長官	1856
中央州	地方長官	1853
ベラール	ハイダラーバード藩王国駐在官	1853
マドラス管区	知事	1653
ボンベイ管区とシンド	知事	1847

英領インドの州と管区(1876年)

編入された。シンド地方ではアミールと呼ばれる地方支配者たちが割拠していたが、一八四三年、イギリス東インド会社軍によって占領され、その後ボンベイ管区に統合されたのである。しかし、シンド地方は飛び地であったから、独立性の強い行政制度を導入しなければならなかった。

　こうして、イギリス東インド会社のインド領土は知事州(管区)、準知事州、地方長官州などがいりまじり、それぞれに独立性の度合が異なるという、きわめて複雑な体制になった。イギリス東インド会社のインド支配体制は、その形成過程に規定されて、整合性を欠いた、場当たり的な性格をどうしても払拭《ふっしょく》できなかったのである。そのうえ、イギリス国王の特許状によって特権を保証されているとはいえ、一私企業(株式会社)が植民地を支配するというのはやはり不自然なことであった。そのため、十九世紀なかばには、東インド会社にたいする風当りがきわめて強くなっていた。それは一八五三年の特許状更新に際して、一気に吹き出した。それまでは東インド会社特許状は二〇年ごとに改定、更新されてきたのであるが、このとき以降はいつでも更新することができるようになったのである。それは、東インド会社がいつ廃止されるかもしれないということを意味した。そして、実際、一八五八年、インド大反乱の責任を問われるかたちでイギリス東インド会社のインド統治は

英領インド全図（1858年）

廃絶され、インドはイギリスの直轄植民地となったのである。

インド亜大陸周辺の諸地域

イギリスがインドを植民地化していく過程においては、オランダ、フランス、ロシアなどのヨーロッパの諸国とのあいだにさまざまな抗争があったし、ネパール、ビルマ、アフガニスタンなどインドに隣接する諸国との関係も重要な意味をもった。これらの諸国との関わり合いのなかで、植民地インドの国境がしだいに確定されていったのである。

セイロン(スリランカ)　北方のポロンナルワが放棄されてからシンハラの王権は中部山地へと南下したが(一六九頁参照)、十四世紀中葉には西南海岸のコーッテに新しい政権が出現した。十五世紀初頭、来島した中国の鄭和と交戦したのはこの政権であったが、その後十五世紀におけるパラークラマバーフ六世の長い統治(一四一二〜六七年)をへて、十六世紀初頭ポルトガルと接触したのもこの政権であった。その間十五世紀末には中部山地のキャンディにも新しい勢力が誕生したが、十六世紀になってコーッテ王国に分裂が起こると、独立した。島の北端ジャフナにはタミル人の王国が形成されていた。シナモン貿易の独占をはかったポルトガルはコーッテ王国を傀儡《かいらい》化し、十六世紀末にはジャフナ王国をも被保護国とした。独立を保ったキャンディ王国は一六一七年ポルトガルと条約を結んだが、その後両者の関係は悪化し、キャンディ王ラージャシンハ二世は進出してきていたオランダと結んでポルトガルと戦うことになった。オランダは一六五六年にコロンボを、五八年にジャフナを占領し、ポルトガルの勢力を島から一掃した。

彼らは、ポルトガルを駆逐するかわりにシナモン貿易の独占権をえるというだけの条約(一六三八年)をキャンディ王国とのあいだに結んでいたが、それにもかかわらず、ポルトガルから奪った低地の占領をつづけ、キャンディ王国は高地を支配するにとどまった。その後オランダはしだいに沿岸部の支配を拡大し、キャンディ王国は独立を保ったものの一七六六年には従属的な条約を結ばされている。その間に直系の血筋がたえたキャンディ王家は、婚姻を繰り返してきていた南インドのナーヤッカル家から王をむかえ、新王ヴィジャヤ・ラージャシンハは仏教サンガの乱れを正し、タイから仏僧を招いている。

キャンディの仏歯寺　右手の建物。建立は16世紀にさかのぼるが，池をほり，仏歯寺を現在の形にしたのは，最後のキャンディ王スリー・ヴィクラマ・ラージャシンハ。

十八世紀末、フランスでの革命につづいてオランダにも革命が起こり、一七九五年にバタヴィア共和国が成立すると、イギリスは東南・南アジアにおけるオランダ領を占拠した。セイロンのオランダ領は一七九六年イギリス東インド会社マドラス管区の管轄下におかれた。その新しい領土にたいして、一七九八年から一八〇二年にかけては東インド会社とイギリス国王による二重統治がおこなわれたが、その後、国王政府による直接統治に移行した。

イギリスはそのセイロン沿岸部支配の正統性を、オランダが一七六六年の条約によってキャンディ王国から認められた地位の継承に求めたが、キャンディ王国とのあいだに争いが起こった。一八〇三年には一度キャンディを占領するが、その後駆逐され、キャンディ王国は独立を保った。しかし、キャンディでは国王と貴族のあいだに内紛がつづき、貴族と結んだイギリスは一八一五年再度キャンディをおとしいれ、貴族たちは王国を引き渡した。ここにキャンディ王国は滅亡し、国王スリー・ヴィクラマ・ラージャシンハは廃位され、南インドのヴェールールに幽閉されて生涯を終えた。一八一七年、ナーヤッカル家の遺族と称する者とそれをかついだ貴族たちが反乱を起こすが、翌年には鎮圧された。イギリスはその後しばらくこのキャンディ王国に特別の地位を与えていたが、一八三二年、先にオランダから獲得していた沿岸部とキャンディ王国の故地を統合し、セイロン全土を国王政府による直接統治のもとにおいた。

ネパール・シッキム・ブータン　ベンガル管区は北はネパールと、東はビルマと境を接していたが、まず問題となったのはネパールとの関係であった。十八世紀後半、ネパールではゴルカ王朝(一七六九〜　)が興隆し、現在のネパール王国の領域を確保し、さらに周辺地方にまで進出していた。一八〇六年には、西方、ヒマラヤ山麓のガルワール地方をも併合した。その結果、ネパール王国はベンガル管区と長い国境線で接することになったので、国境紛争が不可避となった。なかでも、ヒマラヤ山脈山麓の低地、タライ地方が紛争の焦点で、一八一四年、ここで散発的な戦闘が開始された。地勢の困難さもあって、イギリス東インド会社軍は苦戦し、結局、一八一六年、両者のあいだにサガウリ条約が結ばれた。これによって、ネパールはその最西端の領土、ガルワール地方を東インド会社に割譲した。タライ地方も年額二〇万ルピーの支払いとひきかえに、東インド会社に割譲されることになったが、のちにこの支払いは停止され、タライ地方はネパールに返還された。翌一八一七年には、ネパールの東に隣接するシッキムのラージャーとも条約が結ばれ、シッキムは事実上、東インド会社の被保護国となった。のちに避暑地、紅茶プランテーションで有名となるダージリンは一八三五年にシッキムのラージャーからイギリス東インド会社に譲渡されたものである。一八四〇年代末、シッキムでイギリス人が誘拐される事件などが起こり始め、六〇年、イギリスはシッキムの一部を占領した。結局、六一年あらたな条約が結ばれ、シッキムはイギリスへの従属を深めた。また、シッキムの東のブータンとは一八六四年に紛争が起こったが、翌六五年、和平条約(シンチュウ条約)が結ばれ、ベンガル(クーチ・ビハール藩王国)に接するドゥアール地方がイギリス領となった。

ビルマ　他方、ビルマでは、当時コンバウン王朝(一七五二～一八八五年)が強大になって、ベンガル湾岸のアラーカーン、テナーセリム両地方やアッサムなどをつぎつぎと征服していった。ビルマの攻勢はイギリス東インド会社領にも向けられ、一八二四年一月、ビルマ軍はチッタゴンに向けて進軍し始めた。それにたいして東インド会社も宣戦布告し、ビルマ軍を圧倒した。結局、一八二六年、停戦条約が結ばれ、ビルマはアラーカーン、テナーセリム両地方を割譲し、アッサム、マニプルの占領地を放棄した(第一次ビルマ戦争)。これでビルマとイギリス東インド会社領とのあいだの国境は確定したのであるが、一八五二年、ダルフージーの総督時代、さらなる領土の拡大を求めて、第二次ビルマ戦争を起こし、イラワジ川下流域の下ビルマ地方を占領し、五三年にはイギリス東インド会社領への併合を宣した。さらに、イギリスは一八八五年の第三次ビルマ戦争で、残った上ビルマ地方を併合、コンバウン朝ビルマは滅び、八六年英領インドに統合された。

アフガニスタン　インド亜大陸の西北辺境にかんしては、イギリス東インド会社はきわめて早くからアフガニスタンに強い関心をいだいていた。それは、最初、フランスとペルシアが連合してアフガニスタンからインドに進出しようとするのではないかと危惧していたからであり、のちには強大化しつつあったロシアの脅威に備えるためであった。それで、一八〇九年には、のちのボンベイ管区知事、M・エルフィンストンがペシャーワルに派遣され、ドゥッラーニー朝アフガニスタン王、シャー・シュジャーと会見、その後友好条約が結ばれた。しかし、翌一八一〇年、シャー・シュジャーは、その弟マフムード・シャーに敗れて、アフガニスタンを追われ、イギリス東インド会社から年金をもらう身となった。その後、イギリスはこのシャー・シュジャーをアフガニスタンで復位させ、傀儡として利用しようとすることになる。一八三八年、東インド会社軍はシンド地方をとおって、カンダハールに入り、シャー・シュジャーの復位を宣した。シャー・シュジャーを擁する東インド会社軍はさらにカーブルに進軍、一八四〇年、バーラクザイ朝のアフガニスタン王、ドースト・ムハンマドは降伏し、カルカッタに送られた。しかし、一八四一年になると、アフガン諸勢力が反撃にで、東インド会社軍はつぎつぎと敗れた。結局、一八四二年一月、東インド会社軍司令官、W・G・エルフィンストンは降伏し、六五万ルピーの賠償金を支払って、撤退することになった。こうして、兵士約五〇〇〇人、その他一万人以上がカーブルを撤退したのであるが、その途路アフガン人に襲われ、インドに帰り着いたのは数百人にすぎなかった。このいわゆる第一次アフガン戦争はイギリス側の敗北に終わったのである。その結果、バーラクザイ朝のドースト・ムハンマドはカーブルに帰り、復位した。その後、一八四九年、前述のように、イギリス東インド会社はシク王国を滅ぼ

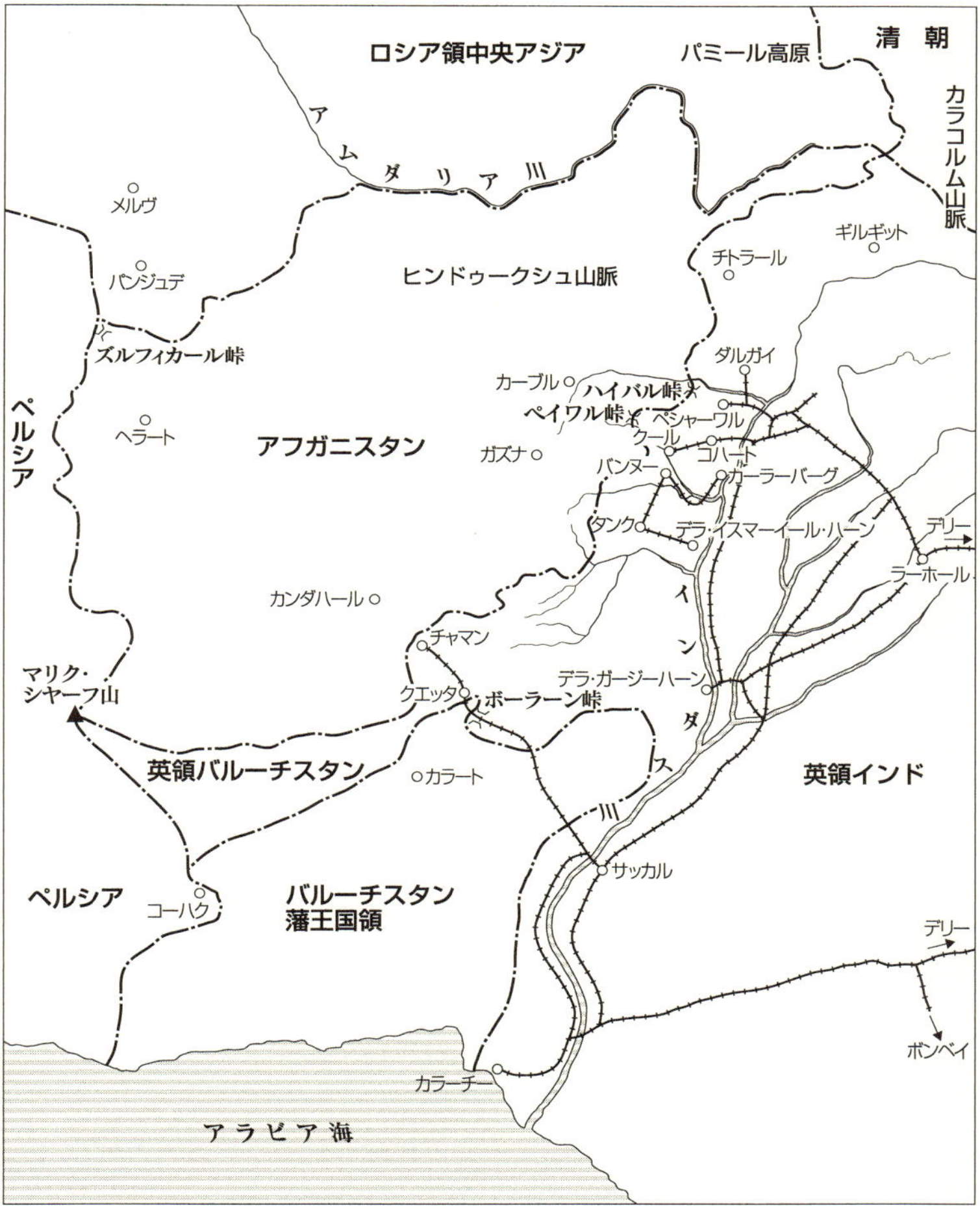

英領インド・アフガニスタン国境地帯

してパンジャーブ地方を併合したので、アフガニスタンと直接に境を接するようになった。一八五七年一月、両者のあいだにペシャーワル条約が結ばれ、イギリスはカージャール朝ペルシアとの戦いにアフガニスタンを支援することになった。同年五月、敗れたペルシアとイギリスとのあいだに和平条約が結ばれ、ペルシアはアフガニスタン領の保全を約した。

一八七六年、保守党のディズレーリ首相のもと、リットンがインド総督に就任すると、帝国主義的な内外政策を推し進め、アフガニスタンにたいしても圧力を強めた。一八七八年、リットンはカーブルにインド政府の外交使節をおくことを要求し、それを拒否されると、アフガニスタンに宣戦を布告した(第二次アフガン戦争)。一八八〇年八月には、アブドゥル・ラフマーンを王位に就け(在位一八八〇～一九〇一)、アフガニスタンを実質的にイギリス(インド帝国)の被保護国とした。一八八五年二月、ロシアがメルヴからパンジュデに進出して、その領有を宣言したために、英露関係は一挙に緊張した。しかし、十一月、ズルフィカール峠で国境画定委員会の会合が開かれ、緊張は収束に向かった。この年から一八八七年にかけて、イギリスとロシアとのあいだに数度の協定が結ばれ、ロシアとアフガニスタンの国境が画定された。一八九三年には、インド政府の使節、H・M・デュランドがカーブルに派遣され、英領インドとアフガニスタンとの国境協定を結んだ(デュランド・ライン。現在のパキスタン＝アフガニスタン国境)。一九〇一年、この国境地域の北半分(デラ・イスマーイール・ハーン以北)が北西辺境州として再編成された。この地方には、カーブル方面からのロシアの進出に備えるために鉄道網が張りめぐらされた。

バルーチスタン　アフガニスタンとペルシア(カージャール朝)に囲まれ、英領インドのシンド地方に隣接するバルーチスタンはイギリスのインド支配にとって重要な位置を占めていた。一八四一年、シャー・シュジャーをアフガニスタンの王位に就けたイギリスは、カラートに都するバルーチスタンの首長と協定を結び、シャー・シュジャーの封臣(ヴァッサル)になることを強要した。傀儡のアフガニスタン王を介して、バルーチスタンを間接的に支配しようとしたのである。しかし、翌一八四二年、ドースト・ムハンマドが復位したためこの政策は失敗した。それで、五四年には、この協定を破棄して、あらたな協定をバルーチスタンに押しつけ、軍隊の駐留などを認めさせた。この協定は一八七六年に改定され、これらによってバルーチスタンは実質的にはイギリス(英領インド)の藩王国となった。一八八〇年代、ロシアとの関係が緊張してくると、イギリスはロシアのもう一つの進出路をメルヴ—ヘラート—カンダハールの線と予想した。それに備えて、ボーラーン峠からクエッタ、さらにアフガニスタン国境のチャマンへと鉄道をとおすために、これらの地域の譲渡をバルーチスタンに強要した。一八九六年、マリク・シヤーフ山からコーハクまでのペルシア＝バルーチスタン国境(現在のイラン＝パキスタン国境の一部)が、在テヘランのイギリス大使とペルシア政府のあいだの合意によって画定されたことはバルーチスタンのおかれた状況をよく示している。

2　植民地支配下におけるインド社会の変容

国際商品市場とインド経済

前章で述べたように、もともと綿布などのインド織物はインド洋交易の重要な商品であったが、十七世

年	イギリスへのインド綿布輸出（枚）	インドへのイギリス綿布輸出（ヤード）
1814	1,266,608	818,208
1821	534,495	19,138,726
1828	422,504	42,822,077
1835	306,086	51,777,277

綿布輸出入の方向転換

紀なかばになると、ヨーロッパ市場にも大量に輸出されるようになった。そのころ、最終的に東南アジア島嶼《とうしょ》部から撤退したイギリス東インド会社は、従来の香料、胡椒《こしょう》にかわって、インド産綿布に重点を移したのである。その結果、一六七〇、八〇年代には、イギリスでキャラコ熱と呼ばれる、インド産綿布のブームが起こった。キャラコということばは、カリカットという地名からきたもので、インド西海岸マラバール地方の綿布をさしたのであるが、のちにはインド産のすべての綿布がこの名で知られるようになった。イギリスでは、キャラコは麻（リンネル）の安価な代替物として、急速に広まり、ブーム状態になったのである。それとともに、インド産綿布の輸入規制を求める声も大きくなり、一七〇〇年には「キャラコ輸入禁止法」が、一二〇年には「キャラコ使用禁止法」がイギリス下院を通過した。しかし、これらの法律には多くの抜け道があり、実際には、イギリスのインド綿布輸入は減少しなかったとされている。このような状況を一変させたのは十八世紀後半におけるイギリス「産業革命」であり、この進展によって綿布の流れはイギリスからインドの方向へと転換し、インドからは原料綿花がイギリスに輸出されるようになった。その転換点はイギリス議会に提出された報告書などから、一八二〇年ころと考えられる（上表参照）。綿布という輸出商品を失ったイギリス東インド会社は、そのかわりと

生産物	1748-49	1760-61	1770-71	1788-89	1794-95	1802-03
粗糖	482.50	331.50	421.00	199.75	203.25	174.50
バナナ	105.00	255.50	233.50	133.75	33.25	
マンゴー		101.00	182.00	259.50	44.00	
ココナッツ		27.50		8.25	12.00	
野菜類	29.50	103.75	43.75	116.50	8.25	
油菜				30.50	6.25	
米	40.25	57.00		60.50	35.75	74.50
豆		12.25		24.50	36.75	13.25
サトウキビの種	8.00	29.00	4.50			

ハーティーアワーディー農園の収入（単位：ルピー）

して、中国向けアヘンの生産を独占したり、藍《あい》（インディゴ）のプランテーションを奨励したりした。

以上の記述は概説書に必ずでてくるもので、それ自体は誤りではない。しかし、これは、あくまでも、インドとイギリスのあいだの輸出入商品の変遷についての記述であって、それがインド社会内部にどれほどの影響を与えたのかということとは別の問題である。ここでは、インド社会の側から綿布輸出入の転換がおよぼした影響の有無を考えてみたい。

イギリス向けインド綿布の一つの主要な輸出港であったボンベイとスーラトのあいだの地域（南グジャラート地方）に、デサーイーと呼ばれ、数十家族からなる地主コミュニティが存在する。かつて、デサーイー諸家はハリー（原義は「犂《す》く人」）と呼ばれる下人的労働者を多数使役して、何十ヘクタールという大規模な地主経営をおこなっていた。それは市場向けの商品作物栽培を中心とする大農業経営であった。一例として、ガンデヴィー・デサーイー家のある農場の経営帳簿（上表参照）を見てみると、主たる収入は粗糖（ゴール。甘蔗《かんしょ》の絞り汁を鉄鍋で煮つめて固めただけの、精製していない砂糖）、果物（バナナ、マンゴー、ココナッツ）、野菜（玉葱、ナス）、豆類、米などであった。これらはいずれも地方市場向けの商品であって、ヨーロッパに輸出するために買いつけられるというようなものではない。このことは、当時、在地において商品経済が大きく発達していたこと、しかし、その商品経済にとって、綿布の輸出といった「外的」刺激は大きな機能をはたしていなかったことを示していると考えられる。

このような商品経済の発達は、十八世紀のインドでは、グジャラート地方だけではなく、広く各地で見られた。マラーター王国の中心部、デカン高原西部の地方も例外ではなかった。そこでは、新しい市場（ペート、週市）がつぎつぎと建設されていたのである。市場を新設したいと思う者は、まず、その旨国家に申請して、市場地の指定を受ける。指定を受けたら、その土地を割地して、商人や職人を呼び集めて、それぞれに店地・居住地となる土地を分与する。こうして市場が新設された場合、普通七年間は営業税などの諸税が免除された。市場の新設を願い出たのは、主として、大商人や村長などの在地世襲役人層であった。彼らには、市場の長（シェート）の職（ワタン。前章参照）が与えられ、市場町に居住する人々や、市の立つ日に商品を売買する人々から、さまざまな得分をとることができた。また、市場で売買される商品の価格を統制し、それを記帳するために、市場書記（マハージャン）職のワタンも新設され、市場の新設にかかわった人々に授与された。これらの市場町には、たしかに、コーシュティー、モーミンなど織工カーストの人々も居住していたし、市の日（週一度）には、綿布・綿糸も売買された。しかし、綿布や綿糸が取り立てて重要だったわけではけっしてなく、穀物、野菜、油などとならぶ、ごく普通の商品にすぎなかった。

また、これらの市場で綿布がヨーロッパ市場向けに買い集められたことを示す史料も存在しない。

以上から、つぎのようにいうことができるであろう。十八世紀から十九世紀初めのインドでは、商品経済が広範に発達していた。しかし、この商品経済の発達はヨーロッパ向け商品輸出によって刺激されたものでもなければ、国際市場に直接リンクしたものでもなかった。たしかに、グジャラートやマラバールあるいはベンガルの海岸部諸都市にたいしては、綿布輸出入の方向転換はある程度の影響を与えたであろう。しかし、少なくとも十九世紀前半までは、そのような影響がインド農村部にまで深く進行したとは考えられないのである。

イギリス地租制度とインド農村

十九世紀前半までのインド農村に決定的な影響をおよぼしたのはイギリスが導入した地租制度であった。地租はイギリスのインド財政の根幹をなすもので、この時期、つねに全歳入の半分以上を占めていた(三〇九頁表参照)。地租制度には、(1)ザミーンダーリー制度、(2)ライーヤトワーリー制度、(3)マハールワーリー(マウザワーリー)制度の三種類があった。(1)ザミーンダーリー制度はザミーンダールと呼ばれる徴税請負人と毎年の納税額を取り決め、徴税を任せる制度で、本来のベンガル管区(ベンガル、ビハール、オリッサ)とマドラス管区の北サルカールに導入された。北西州の一部に導入されたマールグザール制度もこれに近似した制度である。(2)ライーヤトワーリー制度はライーヤトと呼ばれる農民から直接税を徴収する制度で、マドラス管区の大部分とボンベイ管区で実施された。(3)マハールワーリー制度はマハールと呼ばれる徴税区を単位として税が課せられる制度で、その徴税区が村の場合はマウザワーリー(マウザとは村のこと)と呼ばれた。この地租制度は、北西州、中央州、パンジャーブ州の一部に導入された。これらの地租制度のうち、とくに前二者はインド農村に大きな変動をもたらした。

前述のように、一七九三年、ベンガル管区に永代ザミーンダーリー制度が導入された。これは、この年の地租取決額をこれ以降永久に固定し、増額しないという制度であった。したがって、ザミーンダール層にとっては、農産物価格が上昇したり、未耕地が開墾されたりすれば、その分だけ収入がふえるという利点があった。しかし、現実には、このときの地租の額はザミーンダールの全収入の約九割を占め、取り決めた額を払いきれないザミーンダールが続出した。一方、農民のほうは、永代ザミーンダーリー制度によって、ザミーンダールに一物一件の近代法的土地所有権が法認されたため、ザミーンダールのたんなる借地人(小作人)の立場に落とされてしまった。農民のなかでも、フッドカーシュト・ライーヤト(「自分で耕す農民」の意)と呼ばれた自作農民は自分の耕す土地にたいして明確な土地所有権をもっていた(それをもたない小作農民はパーイカーシュト・ライーヤト、すなわち「足で耕す農民」と呼ばれた)。その農民的土地所有権を一片の法律によって一夜にして奪われ、いつ自分の土地から追い立てられるかもしれない状態におかれたのである。

永代ザミーンダーリー制度は、このように、ザミーンダールと農民(ライーヤト)の関係を一挙に変えてしまった。しかも、旧来のザミーンダールが地租滞納のためにザミーンダーリー(ザミーンダールとしての権利)を没収され、商人、高利貸しなどがザミーンダーリーを購入した場合には、法を盾に農民たちから仮借のない取立てをおこなった。そのうえ、従来からの慣習の名で、さまざまな名目の不法取立て(アブワーブ)もおこなった。ザミーンダールと農民層とのあいだには、もともとは多くの場合、なんらかの共同体的なつながりが存在していた。それで、共同の農業施設の維持費や共同体的な祭祀のための費用などが農民たちからザミーンダールに納入されていた。これらはザミーンダールの私的な利得ではなく、共同の目的のために支出されるべきものであり、そのかぎりでは、一概に不法取立てとはいえないものであった。ところが、在地の共同体的な社会とはなんの関係もない商人や高利貸しがザミーンダールになっても、それらの納入が強制された。こうして、農民たちはザミーンダールにたいする一方的な従属を強いられる

	地　租	全歳入
1793-94		
ベンガル	3,177,028	5,871,945
マドラス	789,050	2,110,089
ボンベイ	82,050	294,736
1799-1800		
ベンガル	3,213,230	6,498,473
マドラス	883,539	2,822,536
ボンベイ	31,364	415,663
1817-18		
ベンガル	7,639,154	11,692,068
マドラス	3,856,433	5,381,307
ボンベイ	868,047	1,302,445
1828-29		
ベンガル	8,200,779	14,833,840
マドラス	3,649,012	5,575,049
ボンベイ	1,722,335	2,331,802
1835-36		
ベンガル	3,304,294	8,286,287
北西州	4,217,981	4,838,133
マドラス	3,297,602	4,599,261
ボンベイ	1,719,895	2,424,444

地租収入と全歳入(単位：ポンド)

ようになったのである。その後、一八五九年にはベンガル地代法が、八五年にはベンガル借地法が制定され、農民たちの権利がある程度保護されるようになった。

一方、マドラス管区の大部分とボンベイ管区には、ザミーンダーリー制度とはまったく異なるライーヤトワーリー制度、すなわち個別の農民から直接に税を徴収する制度が導入された。このような変化をもたらした要因としては、(1)ベンガルではイギリス支配以前から、ザミーンダールによる徴税の制度が発達していたが、この両管区の支配地域ではそうではなかった、という現地側の条件の違い、(2)当時、イギリスで、古典派経済学、とくにリカード流の地代論が大きな影響力をもち始め、ザミーンダールのような中間階層を排除すべきであるとする考え方が強くなってきた、というイギリス側の条件の相違、これらの要因が考えられる。ただ、ライーヤトワーリー制度は、個々の農民の土地を一枚一枚測量し、地味や市場への遠近などによって等級分けし、それぞれの等級の土地ごとに単位面積当りの税額を決定するという、煩雑で手間のかかる作業を必要としたから、ただちに、かつ一気に導入することができるという性格の制度ではなかった。だから、マドラス管区では一八一〇年代初頭から、ボンベイ管区では、三〇年代初頭から導入が試みられ、長い年月をかけて拡大されていったのである。

前述のように、ライーヤトワーリー制度にはリカード流の地代論が大きな影響を与えていたのであるが、マドラス管区よりも後発のボンベイ管区ではとくにその影響が強かった。一八四〇年からボンベイ管区の地税行政を担当したプリングルは各等級の土地の地代すなわち純生産(粗生産から費用価格と平均利潤を引いた残り)を土地査定によって確定し、その五五%を地税として徴収するという原理を立てた。次頁の表

土地の種類	生産費100ルピーで耕作しうる面積	1エーカー当りの純生産	プリングルの地税率			ゴールドスミッドの地税率(エーカー当り)
			1エーカー当りの地税	地税総額	耕作者取得分	
	(エーカー)(ガンダ)(アンナ)	(ルピー)(アンナ)(パイ)	(ルピー)(アンナ)(パイ)	(ルピー)(アンナ)(パイ)	(ルピー)(アンナ)(パイ)	(ルピー)(アンナ)(パイ)
一等黒土地	28－36－0	2－8－0	1－6－0	39－11－9	32－8－3	0－12－0
二等黒土地	29－15－0	1－15－3	1－1－3	31－10－9	25－14－7	0－8－0
三等黒土地	34－33－0	1－7－9	0－13－0	28－4－9	23－2－5	0－7－7
一等赤土地	29－13－0	2－0－6	1－1－9	32－8－6	27－0－7	0－6－10
二等赤土地	35－1－0	1－5－3	0－11－9	25－11－6	20－16－9	0－5－2
三等赤土地	40－29－0	0－14－4	0－7－9	19－11－3	16－12－5	0－4－2
一等バラド地	40－14－4	1－2－1	0－10－0	25－3－6	20－6－1	0－3－0
二等バラド地	40－34－6	0－13－2	0－7－3	18－8－2	15－1－7	0－2－5
三等バラド地	43－33－1	0－10－0	0－5－6	15－1－0	12－5－3	0－1－0

注　(1)生産費＝費用価格＋平均利潤，純生産＝粗生産－生産費，耕作者取得分＝純生産－地税
　　(2)1エーカーは40ガンダ，1ガンダは16アンナ，1ルピーは16アンナ，1アンナは12パイ

ボンベイ管区の地税率

はその結果確定されたプリングルの地税額を示している。しかし、こうして「科学的」に確定されたはずの地税は、実際には、現実離れした重税となり、ボンベイ管区の農村を荒廃させてしまった。そのため、ゴールドスミッドがそのあとを受けて、マラーター王国時代に徴収されていた地税額を参考にして、便宜的な税額表を作成した。その税額は、あらゆる等級の土地において、プリングルの税額の半分以下であった(上表参照)。

ライーヤトワーリー制度においては、少なくとも形式的には、農民に近代法的な土地所有権が法認された。しかし、ライーヤトワーリー制度下、重い地税負担に苦しんだ農民は、しばしば、借金のかたに土地を高利貸しや商人に取り上げられてしまった。近代的土地所有権の法認は、むしろ、農民を土地から分離

することを容易にしただけだったのである。一八七五年のデカン農民反乱はそのような高利貸しや商人を攻撃目標としていた。

司法制度改革とカースト制度の変容

イギリス東インド会社は各管区ごとに首位民事裁判所と首位刑事裁判所を設置し、そのもとに地方裁判所、さらにその下にはムンシフ裁判所(インド人下級判事であるムンシフの裁判所)をおくという、審級制の裁判制度を導入した。これらの裁判所では、イギリス東インド会社政府の制定した法が運用された(ただし、カルカッタ、マドラス、ボンベイの三管区都市を管轄するそれぞれの最高法院はイギリス国王によって裁可された裁判所で、そこではイギリスの法が運用された)。しかし、民法とくに家族法の分野では、すべてのインド人に適用しうる画一的な法を制定することが困難だったので、前述のように、ヒンドゥーには「シャーストラの法」を適用するという原則がヘースティングズによって立てられた。また、カースト集団内部にかかわる諸問題は「カースト問題」と称され、民事裁判所の管轄外とされた。

まず第一の点であるが、「シャーストラの法」、すなわち『マヌ法典』(紀元前後に成立)や『ヤージュニャヴァルキヤ法典』(『マヌ法典』の少しあとに成立)をヒンドゥーの民法(家族法)の法源とするということは、とりもなおさず、十九世紀のインド社会をこれらの古典の法典にのっとって理解するということを意味した。『マヌ法典』によれば、インド社会は、バラモン、クシャトリヤ、ヴァイシャ、シュードラの四つのヴァルナ(種姓)からなり、第五のヴァルナは存在しないとされている(『マヌ法典』一〇章四節)。イギリス人はこのヴァルナを「カースト」と理解して、インド社会は四つの「カースト」からなると考えた(以下、カーストという言葉をヴァルナの意味で使う場合は「カースト」と表記する)。

しかし、現実のインド社会には、不可触民諸カーストを含む多種多様なカースト集団が存在した。そのため、イギリス人は、現に存在する多種多様なカーストは、これら四つの「カースト」のいずれかに属する、下位範疇としての「サブ・カースト」であると規定した。また、上位三「カースト」(いわゆる再生族《ドヴィジャーティ》。これらに属する者たちは、動物としての誕生のほかに、学問を始めるに際して受けるウパナヤナあるいはムンジー、すなわち入門式によって二度生まれるとされた)以外の者はみなシュードラ(一生族《エーカジャーティ》。動物としての誕生しかもたない者)に属するという『マヌ法典』の規定に従って、不可触民もシュードラに属するとみなした。イギリス植民地支配下、法的には、不可触民なる範疇は存在しないとされたのである。これらのことはあまりにも十九世紀インド社会の現実を無視したものというほかないが、このような考え方に基づいて、実際に、裁判がおこなわれたのである。

この「カースト」(ヴァルナ)帰属が法的な問題となったのは、上位三「カースト」(再生族)とシュードラでは、適用される法に相違があったからである。たとえば、再生族の場合には、自分の姉妹あるいは娘の息子を養子にとることはできないが、シュードラの場合にはできる、といった相違である。したがって、訴訟当事者の「カースト」がなにかによって、判決に相違が生まれることになる。この点が実際に争われたことで有名なのは北インドのカーヤスタ・カーストの事例である。このような養子縁組は無効であるという訴えを受けた裁判所は、判決をくだすために、カーヤスタが再生族なのかシュードラなのかを判断せざるをえなくなった。結局、十九世紀後半から二十世紀にかけてのいくつかの判決(アラーハーバード高裁とパトナ高裁)によって、北インドのカーヤスタは再生族であると判断された。カーヤスタはその起源を十世紀ころまでさかのぼることのできる古いカーストであるが、十九世紀になると、いわゆるサンスクリタイゼーション(バラモンなどの社会慣行を取り入れることによって、自らのカーストの社会的地位を上昇させようとする動き)傾向を強め、クシャトリヤであると主張し始めていた。それはバラモンなどの他カーストによってなかなか認められなかったのであるが、皮肉なことに、イギリス人の設立した裁判所によって認められるにいたったのである。

このように、イギリス植民地支配下、各カーストがどのヴァルナ(「カースト」)に属するかということが現実的に大きな問題となってきた。それは、一八七一年から英領インド全域で一〇年に一度の画一的な国勢調査(センサス)がおこなわれるようになり、その調査項目にカーストがいれられたことによって、さらに拍車がかかった。多くのカーストは国勢調査の度に、自らのカーストのヴァルナ帰属を強く意識させられるようになったのである。こうした状況は各カーストの広域的な結集を強める方向に作用し、十九世紀末になると、多くのカーストが地域社会の範囲をこえて、大きなカースト連合体(カースト協会《サバー》と称された)を形成し始めた。前出のカーヤスタはその典型的な事例で、北インドを中心としてカーヤスタ大連合を形成していった。

こうして、イギリス植民地支配下において、バラモン、クシャトリヤ、ヴァイシャ、シュードラという階層化されたカースト制的枠組みがより明確になってきたということができる。前述のように、そのなかで、不可触民という法的範疇は存在しないとされ、不可触民諸カーストはシュードラに属するとみなされた。しかし、このことは不可触民差別の撤廃につながるのではなく、かえって、不可触民差別を隠蔽し、これを撤廃するための施策をおこたらせるという結果を招いた(のちに、一九一九年のインド統治法において、はじめて、この問題が意識され、「被抑圧諸階級《ディプレスド・クラシズ》」という法的集団範疇が設けられ、ある程度の特別措置がとられるようになった)。

他方、「カースト自治」政策は、カーストがその成員におよぼす規制力を一層強めるという結果をもたらした。イギリス植民地支配下、カーストは一種の法人として認められ、カーストが制定する規則(カースト規則)は法に準ずる効力をもつとみなされた。とくに、ボンベイ管区では、正規の手続きをへて裁判所に登録されたカースト規則は法的強制力をもつとされた。

「カースト問題」というのは、このようなものとしてのカースト集団のみが決定しうる問題の領域で、それには裁判所は、原則として、介入することができなかった。「カースト問題」には、つぎのようなことがらにかんする紛争が含まれた。(1)カーストからの追放、(2)カースト財産の所有、(3)結婚式などへの招待や、贈り物の授受といったことがら、(4)カーストの長やカースト導師の職、その他。そのうちで、つねにもっとも問題となったのは、(1)カーストからの追放、であった。カーストがその成員を追放する場合には、追放の理由が正当であるとともに、追放の手続きも正当でなければならなかった。カーストの長が正規の方法で召集したカースト集会で、大多数の成員の賛成で決定することが必要だったのである。その際には、カースト追放の対象とされた成員も出席して反論する機会を与えられねばならなかった。それで、カースト追放は「カースト問題」なのであるが、その手続きの正当性をめぐって訴訟になる場合もあった。手続きが正当でないと裁判所に判断されれば、そのカースト追放は無効とされたのである(この点にかんして、カルカッタ・マドラス両高裁はボンベイ高裁よりも厳格であった)。(2) カースト財産というのは、とくにグジャラート地方海岸部の諸都市のカーストのあいだに見られたもので、カースト基金、カースト神殿、カースト会館、カースト共食用の調理道具、などであった。このカースト財産の所有権が問題になったのは、一つのカーストが分派に分裂したときなどで、その分配をめぐって紛争となることがあったのである。このような紛争も「カースト問題」とされ、それにかんする訴訟は受理されなかった。また、(3) カースト仲間の結婚式に自分だけ招待してもらえなかったといった問題は「社会的エチケット」の問題であって、法的救済を求めることのできる権利ではないとされ、民事裁判所の管轄外とされた。(4) カーストの長やカースト導師の職からの解任をめぐる紛争もまた「カースト問題」であったから、解任された者が裁判所に救済を求めることは原則的にはできなかった。

このように、イギリス植民地支配下、カーストはそれ以前よりも大きな規制力をその成員におよぼしうるようになったのであり、実際にも、多くのカーストがさまざまなカースト規則を制定した。広域的な連合体を結成したカーストの場合には、より上位のレヴェルのカースト規則も制定され、それぞれの地域単位のカースト集団を拘束した。

社会立法とヒンドゥー正統主義の形成

社会立法《ソーシャル・レジスレーション》というのは厳密な定義のあることばではないが、イギリス植民地支配下、インド人のあいだに見られた問題の多い慣習を改めるために制定された法のことを一般にこう呼ぶ。社会立法はインド人の宗教的慣習に干渉するものと受け取られ、インド人の側からの強い反発を受けることが多かった。それで、イギリス東インド会社は社会立法には慎重な姿勢をとっていたのであるが、本国からの圧力やインド国内に生まれてきた社会改良主義的な動きにおされて、いくつかの立法措置をとることになった。

最初の社会立法は一八二九年のサティー禁止法であった。サティーということばは貞節な女性を意味するのであるが、イギリス植民地支配期には、寡婦が亡夫の荼毘《だび》の火に身を投じて、殉死することをいうようになった。このサティーの慣習は、主として、クシャトリヤを誇るラージプートなど高位のカーストのあいだで見られたもので、一般庶民の階層にはほとんど関係ないことであった。十八世紀後半、イギリス人がベンガル地方を統治するようになると、サティーが実際におこなわれるのを見ることが多くなった。それは、ベンガル地方にはクリン・バラモンと呼ばれるカーストがいて、彼らのあいだではサティーの慣習が広く見られたからである。サティーにたいしては、とくにキリスト教宣教師のあいだから厳しい批判がだされ、そのことがイギリス本国にも知られたため、十九世紀に入ると、反対の声が高くなってきた。同時に、地元のベンガル地方でも、ラーム・モーハン・ローイのような思想家があらわれ、ヒンドゥー教やヒンドゥー社会の改良に取り組み始めた(彼はヒンドゥー教改革のために、一八二八年、ブラフマ・サマージを設立した)。一八一八年、彼はサティー反対の運動を開始し、そのためにインド古典文献を研究して、サティーがインドの本来の伝統ではないことを証明しようとした。

このような動きにおされて、時のベンガル総督ベンティンクは、一八二九年、サティーを禁止する法律を制定した。しかし、これにたいするインド人の側の反発は強く、ベンガル総督やイギリス議会に反対の請願がだされた。ラーム・モーハン・ローイらはそれに対抗して、サティー禁止賛成の請願を提出した。このように、サティーをめぐる問題は、植民地支配下のインドにおける最初の社会問題といってもよいものであった。サティー禁止法施行ののち、一時的にしろ、ベンガル地方でサティーの数がかなり増大したことはインド人の側の反発の強さを示している。

サティーのつぎに問題となったのは寡婦の再婚の問題であった。高位のカースト、とくにバラモンの諸カーストのあいだでは、寡婦は再婚することができなかった。そのため、寡婦は実家に帰るか、婚家にとどまって、強い抑圧のもとで家内労働に従事するか、いずれかをよぎなくされた。当時、女子の幼児結婚(形式だけにしろ、初潮前に結婚式をあげること)の風習があったから、実際の結婚生活に入る前に夫に死なれ、少女寡婦になってしまうケースも見られた。そんななかで、寡婦が私生児を生むといったこともあって、寡婦の問題が社会問題となっていた。その一つの解決策と考えられたのが寡婦の再婚だったのである。この寡婦再婚の問題を最初に取り上げたのはイーシュヴァル・チャンドラ・ヴィディヤサーガルで、一八五〇年代から寡婦の再婚を奨励する運動を始めた。カルカッタのサンスクリット・カレッジの校長ともなった彼は、そのサンスクリット語の能力をいかして、インド古典の文献では寡婦の再婚を禁止していないと主張した。それは、当時の状況においては、寡婦再婚運動を支えるための理論的根拠としてどうしても必要なことであった。そのころ、同様の運動はボンベイ管区でも広がり始めていた。その初期の指導者はローカヒタワーディー（本名、ゴーパール・ハリ・デーシュムク）で、彼はいくつかのマラーティー語紙に数多くの論説を書き、寡婦再婚の必要性を訴えた。女子教育や低カースト解放運動で有名なプネーのジョーティーラーオ・フレーも寡婦再婚運動に取り組んだ。

一八五六年、このようなさまざまな動きを受けて、ヒンドゥー寡婦再婚法が制定された。それは、「い

ラーム・モーハン・ローイ
インド最初の社会改革家，ヒンドゥー教改革者。ペルシア語・サンスクリット語・英語に精通し、サンスクリット古典の研究をとおしてサティー（寡婦殉死）反対の論陣をはった。

サティーの図（ベルニエ『ムガル帝国誌』の挿絵）　サティーは，亡夫の親族の強制によっておこなわれることも多く，アヘンを無理矢理飲ませるなど多くの問題があった。

かなるヒンドゥーの慣習あるいはヒンドゥー法解釈にもかかわらず、女性の側が以前に結婚したことがあるということを理由として、その結婚が無効とみなされてはならない」と定めたものであった。これによって、寡婦の再婚に法的障害はなくなったのであるが、寡婦が実際に再婚することは困難であった。それで、ボンベイでは寡婦の再婚を推進しようとして、一八六五年、寡婦再婚奨励協会が設立された。この協会がもっとも活動的であったのは一八七〇年代前半までで、実際に何組かの寡婦再婚をおこなうことができた。しかし、一八七一年、この協会の副会長であったモーローバー・カーノーバーが一人の寡婦と再婚した直後に、何者かに暗殺されたことは寡婦再婚への反発の強さをよく示している。

このような状況のなかで、寡婦再婚運動はしだいに力を失っていき、一八八〇年代になるとそれにかわって、幼児結婚の問題が社会改良の主要な問題となっていった。幼児結婚を阻止するための立法的措置としては、一般的には結婚年齢の制限が考えられるが、英領インドの場合、それ以前に「同意年齢《エージ・オブ・コンセント》」の引上げという手段(刑法の改定)がとられた。同意年齢とは女性が性的交渉に同意することのできる最低年齢を意味し、この年齢以下の女性との性的関係はすべて一律に同意に基づかない行為すなわち強姦とみなされた。一八八〇年代、幼児結婚にたいする反対の動きが強まり、ついに九一年、インド刑法が改定され、同意年齢が十歳から十二歳に引き上げられた。しかし、これをめぐっては、激しい抗議行動がインド各地で起こり、とくにボンベイ管区では、これをきっかけとしてのちにインドの代表的な民族主義運動指導者となるバール・ガンガーダル・ティラクが政治行動の前面に登場した。

このように、社会立法やそれを支えたヒンドゥー社会改良運動は多くのインド人の反発を招き、そのなかからのちのヒンドゥー主義(ヒンドゥー至上主義)につながるような動きがあらわれた。一八五〇年代までには、ヒンドゥー社会改良主義に反対するイデオロギーとして、サナータナ・ダルマという概念があらたにつくりだされた。サナータナというのは「永遠の」という意味で、サナータナ・ダルマとは「古代以来永遠につづく教え」「変わることなく継承されてきた正統の宗教」といった意味である。浸透してくる西欧近代的なるものに抗して、インドの「伝統」をサナータナ・ダルマということばで自覚化しようとしたのであるが、十九世紀末、それが民族主義的な政治的覚醒と結びついたとき、ヒンドゥー至上主義的な運動への道が開かれることになったのである。

第八章　英領インドの成立とインド民族運動の始まり

1　インド大反乱

インド大反乱とは

十九世紀のなかばから二十世紀なかばまでのインドは、イギリスによる植民地支配の時代である。インド人の側からそれを見れば、イギリス支配にたいする民族独立運動《ナショナリズム》の時代であった。そのナショナリズムの先駆けとなったのがインド大反乱である。

一八五七年五月十日、ムガル帝国の首都デリーに近いメーラト基地で、東インド会社の傭兵(シパーヒー)連隊が反乱した。駐屯していたインド人兵士たちは、ほぼ全員が反乱に加わり、イギリス人指揮官たちを殺害し、そのままデリーの都に「進軍」したのだった。転機がおとずれるのはこのときである。反乱軍はデリーの赤城《ラール・キラー》にかたちばかり存続していたムガル朝最後の皇帝バハードゥル・シャー二世(スンナ派ムスリム)を擁立した。年老いた皇帝はその夜、「ヒンドゥスタンの皇帝」として大英帝国へ宣戦する宣言文を発したのである。闇にとどろいた「王政復古」であった。このときから反乱は、「セポイ(シパーヒー)の反乱」すなわちたんなる「傭兵の群れの反乱」ではなく、「大英帝国」対「ムガル帝国」の闘いへとその性格を変えたのだった。

イギリスは鎮圧に躍起となったが、反乱はおさまらず、六月から九月にかけて、酷暑の北インドから中央インドへと闘いは広がっていった。インド各地におかれていたイギリス軍事基地では、シパーヒーがつぎつぎと蜂起し、首都デリーをめざして続々と集まってきた。最終的にはベンガル管区軍七四連隊のうち、六二連隊すなわち八四%が反乱した。イギリスが併合したばかりの旧アワド王国では、王妃がシーア派ムスリムの貴族や大地主層《タールクダール》を従えて、立ち上がった。ビハール地方でも、大領主のクンワル・シング(ヒンドゥー教徒)が果敢なゲリラ戦によってイギリス軍をなやませた。もっと衝撃を与えたのは、マラーター同盟の諸王家の末裔たちが反乱に呼応したことだった。彼らこそ、イギリスの征服戦に抵抗した最強のヒンドゥー勢力だったからである。マラーター同盟の盟主《ペーシュワー》の嗣子(養子)ナーナー・サーヒブとその武将ターントヤ・トペーは、カーンプルで蜂起した。

大反乱のシンボルは、インドのジャンヌ・ダルクと称えられる若き王妃ラクシュミー・バーイーである。彼女もまたマラーター同盟に属するジャーンシー王家の王妃であったが、後述するイギリスの併合政策に抗議して立ち上がったのだった。都市にも農村にも反乱は広がっていった。反乱の前には、町や村にヒンドゥーの聖者やムスリムのファキール(修行者)があらわれ、「イギリス支配は終わる」と予言をした。イギリス支配が終わるという噂はひそかにインドの町々に流れていき、ムスリムのファキールやウラマーに

年	イギリス人部隊	インド人部隊
1805	24,500人	130,000人
1855	38,502人	226,352人
1895	72,573人	133,663人

インドに駐屯するイギリス軍の構成

率いられた住民の集団がイギリスの庁舎を襲った。農村では大地主層にも、在地の農民にも、反英の動きが顕著にみえた。こうしてイギリス東インド会社は、インド人傭兵軍に頼ってきたイギリスの軍事支配がいかにもろくくずれさるか、を悟ったのである。

反乱が最高潮だったのは、反乱政府がデリーの都で活動していた六月から九月までである。このとき軍は皇帝を形式上の君主にまつりあげ、その下に執行機関として兵士六名・一般人四名を選んで「行政会議《コート・アドミニストレーション》」なる合議体を立ち上げ、軍事・行政を取りしきった。軍総司令官にバフト・ハーンが決定し、立憲政治にも似た政権が活動し始めていた。デリーの外には、ラクナウ、カーンプル、ジャーンシーなど地方反乱政権がゆるい連携を保ちながら動き出していた。農村からはデリーの皇帝に宛て「われわれ六〇村の住民たちは、クシャトリヤのカーストに属する者だが、陛下のために命を投げ出す覚悟である……」と上奏文が届いた。

しかしながらイギリス軍と反乱軍とのあいだには、圧倒的な軍事力・組織力の差があった。インド人傭兵のなかには指揮官としての訓練を受けた人物がいなかったのである。それに反してイギリス軍には一貫した戦略や補給網があった。それは民衆を支配するために近代的組織・制度・戦略をつくりあげてきた彼我の経験の差であり、要するに支配能力の差である。反乱軍のもっていたのは「正義《ダルマ》」と「信仰《ディーン》」だけであった。八月にはまだ勢いがあった反乱軍の戦略も、九月になると急速に齟齬《そご》が目立ち始め、戦闘を繰り

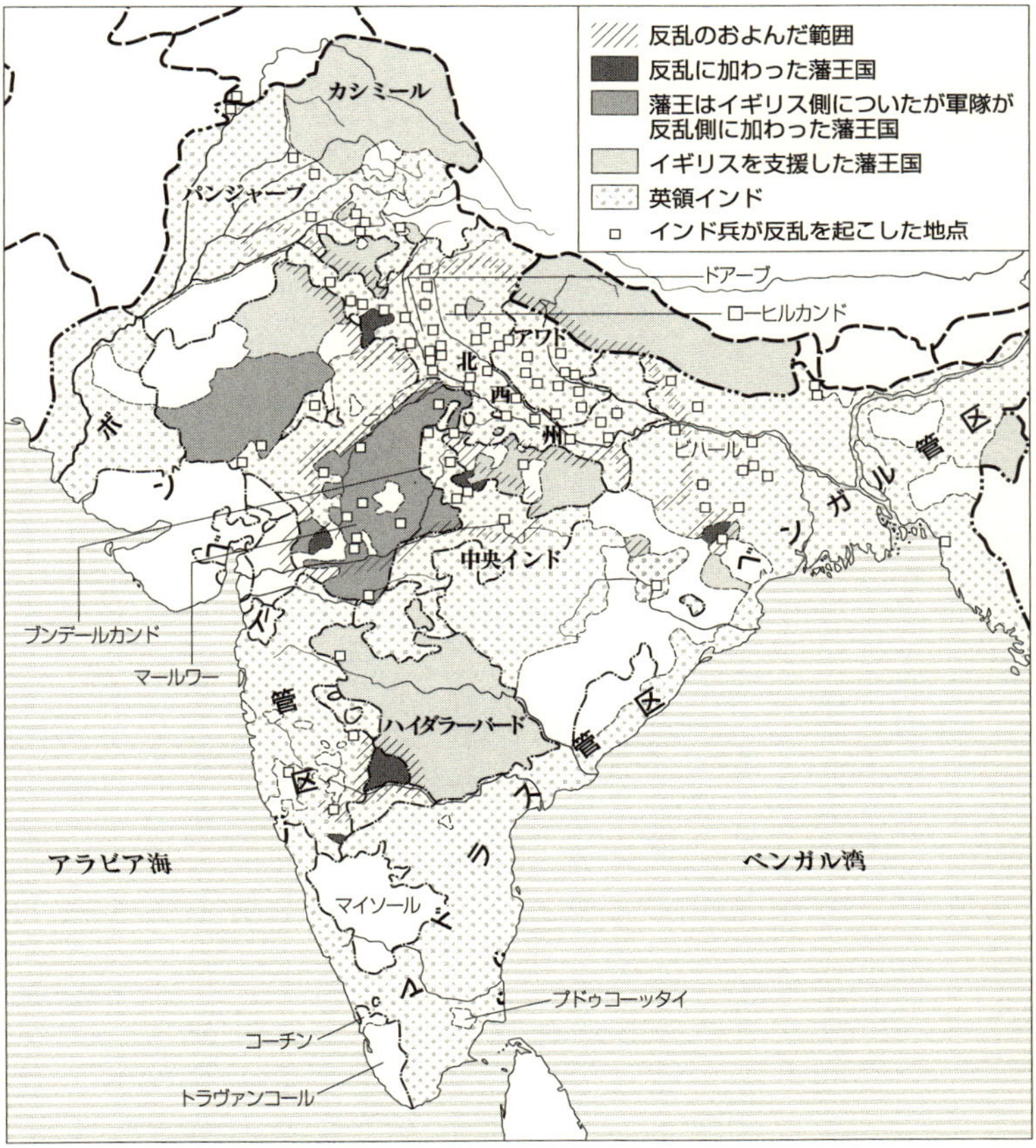
反乱のおよんだ範囲
反乱に加わった藩王国
藩王はイギリス側についたが軍隊が反乱側に加わった藩王国
イギリスを支援した藩王国
英領インド
インド兵が反乱を起こした地点
カシミール
パンジャーブ
ドアーブ
ローヒルカンド
アワド
北西州
ビハール
ベンガル管区
ボンベイ管区
中央インド
ブンデールカンド
マールワー
ハイダラーバード
マドラス管区
アラビア海
ベンガル湾
マイソール
プドゥコーッタイ
コーチン
トラヴァンコール

インド大反乱（1857～58年）の広まり

返してもイギリス軍に勝てなくなる。九月にはデリー市への総攻撃が始まり、混乱のなかで皇帝は戦列から離脱して捕えられる。そして裁判の結果、イギリス国王への反乱罪という奇妙な罪名を冠せられ、ビルマで流刑死した。

反乱はこのあと、アワドの古都ラクナウに移る。その陥落後はさらに地方的な闘いとなって一年以上も続いた。その中心は、マラーター同盟の残党ともいうべき人々の闘いであった。なかでもラクシュミー・バーイーは、たおやかなサリー姿から、凛々《りり》しい男装へと姿を変えてジャーンシー城にたてこもり、女性軍部隊を組織するなど、その印象的な闘いぶりはイギリス軍を驚嘆させた。城が陥落したあとも、脱出した彼女はもう一つの拠点であったグワーリヤル城に転戦して闘いをつづけた。そのときの彼女の姿は、養子を背負い馬にまたがり、剣を振りかざした銅像となって、グワーリヤルの町に残っている。その後、一年あまり、グワーリヤル城が陥落するときの乱戦のなかで人知れず戦死するまで、彼女は妥協のない闘いぶりをしたことで知られたのであった。

原因と背景

この壮大な反乱はなぜ起こったのだろうか。その背景には前章までにすでに述べられたように、ムガル帝国の崩壊という大きな時代の転換がある。商業機会、とりわけ綿製品などの交易を求めてやってきた東インド会社が、プラッシーの戦いに勝利して、インドでの主権の獲得に乗り出して以来、一〇〇年たった。その間会社は、シパーヒーを使って軍事的に支配領域を拡大し、十九世紀なかばにはほぼ征服を完成していた。他方ムガル帝国は衰退し、マラーター同盟、マイソール王国、シク王国などの諸後継国家も、いったんは台頭しながらイギリスとの戦いにつぎつぎと撃破されていった。

十九世紀なかばは、東インド会社の貿易独占は終わり、自由貿易の要求を掲げたイギリス帝国が、インドを植民地《フォーマル・エンパイア》へと再編しようとした時代である。植民地では、それまでの分権的な支配構造にかわり、

インド大反乱の戦闘図　旧アワド王国では，王妃など旧支配層のみならず，地主層が農民を率いて立ち上がったため，農民反乱の様相を呈し，イギリス軍は駐在官邸に孤立した。

インドのジャンヌ・ダルクと称えられるラクシュミー・バーイーの戦闘姿
王妃であったが，大反乱における若き指導者として闘い，戦死。

統一的支配を樹立しようとした。とくに総督ダルフージーは中央集権的国家をめざした。彼はジャーンシー、サーターラーのような藩王国には併合政策《ドクトリン・オブ・ラプス》(嫡子のない王家は取り潰す)を適用し、アワド王国にたいしては政治の紊乱《びんらん》を理由に一八五六年、取り潰しに成功した(二九一頁参照)。

産業革命後のイギリス商工業は、インドに機械製商品の輸出市場を求めた。かつて、手織り綿製品の輸出国として知られたインドは、一八三〇年までに、マンチェスタの機械製綿製品の輸入国へと逆転していた。インドからの輸出品はインディゴ、砂糖、原綿、アヘンなどの第一次産品に変わった。こうして「強制された自由貿易」の原則は、インドの農業社会や、手工業中心・共同体中心の社会を大きく変質させていった。交通・通信の大きな変化も起こり始めていた。鉄道計画が進められ、電信も英印間の情報伝達時間を一挙に縮めた。

この近代への大転換は、ヨーロッパ人に西欧優位の思想をいだかせた。彼らは啓蒙主義・功利主義の勃興とともに、インド社会を近代的に変革しようとし始めたのだった。一八三七年には公用語がペルシア語から英語になり、四四年には英学教育を受けた者を、政府に優先的に採用すると決定された。やがて東インド会社にはインド人を教育する責任があるという認識が芽生え、一八五四年には監督局総裁のチャールズ・ウッドが学校教育制度の樹立をうたった文書を発表した。それは「西洋の進歩した」知識の普及を目的とする教育であった。キリスト教会・伝道団も、一八三〇年代には政府との関係を改善し、西洋の知識と価値体系をインドに導入する媒介者として活発に機能した。彼らは寡婦の再婚を許さない風習や幼児婚など問題のあるインド社会の風習を見て、法改正などによって伝統を変えようと迫った。インド人のあいだにも独自の改革思想は広まるが、他方ではラーム・モーハン・ローイなどの努力で実現したカルカッタのヒンドゥー・カレッジが、イギリス人経営のプレジデンシー・カレッジに統合されるなどして、一八五五年にはインド人が経営するカレッジは一校も存在しなくなった。新しい資本主義的な体制を支える啓蒙主義・功利主義がインドの支配的原理になるべきだという風潮が一層蔓延《まんえん》していった。

大反乱のときの諸宣言文などから見るかぎり、皇帝や諸王家の人々などが反乱に参加した理由は、イギリス統治の「不正」である。十九世紀前半の功利主義時代のイギリス人は、インド人の信仰(ヒンドゥー教やイスラーム)を迷信だとして排除し、事実上キリスト教への改宗を押しつけているように見えた。こうした西欧的価値の押しつけが、旧支配層のみならず、反乱を民間で主導したムスリムのウラマーやヒンドゥーの聖者のような宗教的指導者、知識人までをも立ち上がらせたのであろう。

むろん、農村における経済的変動も大きな理由であった。前章で見たとおり、東インド会社は高額の地税を徴収するための種々の土地所有権設定を通じて、あるところでは大地主の排除、あるところでは直接耕作者にたいする高額地税の負担など、地主や農民の不満を引き起こす政策を施行していった。反乱の檄《げき》文《ぶん》にはイギリスが設定した土地所有権《ザミーンダーリー・セトルメント》のありよう、地税の高さ等々が告発されている。

傭兵軍の性格も転換されるときであった。インドの下層武士を東インド会社がシパーヒーとして使用して以来ほぼ一〇〇年間、その人数は拡大の一途をたどった。傭兵にとっても、衰亡していく領主・貴族に仕えるよりは、きちんきちんと現金給与を支払う東インド会社に勤務するほうが有利であった。その結果、インド人傭兵こそがイギリスのインド征服に貢献するという皮肉な事態が生まれた。だが十九世紀なかばになると、インド国内にはもはや打倒すべき支配者はほぼ消滅してしまった。傭兵は失業するか、雇用条件の悪化にたえるか、ビルマ遠征やアフガン戦争など、これまで抵抗し、ときには拒否してきた海外遠征にもでかけていくか、の選択を迫られたのである。一八五六年には海外勤務を受け入れなければ解雇、という通達もだされた。これも大反乱の原因の一つである。

直接のきっかけは、先述のアワド王国の理不尽な併合である。傭兵にはこの地方出身者が多く、併合はイギリスへの反感を高めた。そこへ追い討ちをかけたのが、新しいエンフィールド銃の導入である。先込め銃にかわり、元込めの旋条銃の導入は、軍事技術の変化にともなう必然的な措置であったが、問題はその火薬包《カートリッジ》みにあった。その火薬包みを銃に装塡するためには、薬包の端を嚙み切ってから装塡しなければならない仕組みだった。しかもその火薬包みの包み紙は、故意か偶然か、牛脂・豚脂を塗った油紙であった。つまりこれは、大部分の兵士(ヒンドゥー教徒かムスリム)に「牛脂・豚脂を嚙め」と命じたも同然だった。

長い歴史のあいだにつくられた習慣上、ヒンドゥー教徒にとって聖なる牛の肉を食べるのは禁忌であり、ムスリムにとっては穢《けが》れた豚肉を口にすることはできない。まして下層武士的な地位にあったバラモンや上層ムスリムには、守るべき社会的な規律や作法があった。その一つが食物にかんする規律である。その規律を破ることは、彼らが高い身分《カースト》の誇りをすてることを意味した。その命令は、踏み絵のような、宗教上のタブーをおかさせるためのシンボル的行為と思われたのだった。ゆずれない文化的対立である。それにもかかわらずイギリス当局者は、新銃の使用を拒否した兵士たち八五名を投獄した。これがシパーヒーを蜂起させる直接のきっかけとなったのである。直接のきっかけが文化的対立であったからこそ、民族対立に転化したのであった。

意義と影響

大反乱の影響は国際的にも大きかった。なぜならこれは、オスマン帝国、ムガル帝国、清朝とアジアの諸権力がつぎつぎと崩壊して、西欧諸国による植民地支配体制へと転換する世界的な流れのなかの事件だったからである。太平天国の乱、インド大反乱と西欧支配への抵抗があいついで起こり、かつ敗北したことは、アジアの人々に危機意識をいだかせ、種々の反応を引き起こした。日本の開国交渉にさえこの事件は影を落としている。いち早く大反乱勃発の情報を入手した佐久間象山《しょうざん》は、この情報を隠しているアメリカ側にたいして、なぜ隠すのかと迫り、交渉にもちだすことが日本側に有利になる、と意見を述べている。

すなわち大反乱の意義はまず、イギリス植民地支配は、出発点からその根幹をゆるがすほどの抵抗が起こったことにより、問題をはらんだシステムであることを世界に見せたことにある。その意味でこれは、敗北はしたものの植民地という支配形態への異議申し立てのモデル、やがて発生するインドのナショナリズムの原型を示したとも理解できよう。ナショナリズムをここではイギリスの哲学者アーネスト・ゲルナーの定義に従って、「政治的な単位と民族的な単位が一致しなければならないと主張する一つの政治的原理」と定義しておこう。反乱の文脈でいえば、「異民族の支配を許さない」運動である。インドに住むヒンドゥー教徒とムスリムなど、同じ文化を共有する人々を「インド民族」ととらえて、文化を共有しない「異民族」たるイギリス人にたいして闘ったのである。インドという政治的領域内では、「インド民族」が主権をもつのだ、という主張であり、インド人による政府をもつのだという意志の表明だった。

そして、この大反乱が敗北し、多くの人々が処刑されたあとも、この事件はひそかに民謡としてうたい継がれ、言い伝えとして語り継がれて、人々の胸裏にきざみこまれた。心にきざまれた記憶は繰り返しイギリス支配の正当性に疑問を投げかけた。こうしてイギリス支配の正当性へのたえざる疑問や「異民族」にたいして闘った記憶こそが、のちの民族運動の基層を形成していった。

イギリスの伝統的な見方のみならず最近の見方にも、セポイ(シパーヒー)の反乱だったとしてその意義を過小に評価したり、あるいは不満分子たちの反動的・封建的な反乱にすぎないという解釈をとるものがある。しかしその反動性を強調しすぎると、たとえば皇帝権力を制限しようとした行政会議の活動を無視したり、逆に帝国的性格をもっていたからこそ、ヒンドゥー・ムスリムなど多元的要素を容認できた積極性を見失うことになろう。この反乱の意味は、ヒンドゥーもムスリムもイギリス人に比べれば、生活・文化において同質性を共有する、その政治領域がインドだという自覚が生まれたことにある。それこそ五〇年後、一九〇七年にV・D・サーヴァルカルが『インドの独立戦争　一八五七年』において着目したインド・ナショナリズムであった。

残る問題は、その後の民族運動がヒンドゥーとムスリムの共闘をむずかしくした過程である。最終的にそれはインドとパキスタンという二つの国家の分離独立という悲劇を招いた。そのためにかえってこの協力モデルは、現在なお「見はてぬ夢」として長く追求される課題となったのだった。

反乱の構造という点でも、いくつか興味ある点が指摘できる。反乱部隊は皇帝を擁立しながらも、皇帝の権限を制限しようと試みた。また皇帝自らイギリス軍に投降した結果、その後のインド民族運動に皇帝が登場することは二度となかった。君主制からの離脱という点では大反乱はある種のブルジョア革命ともいえるのであり、ほかのアジア諸国が皇帝の権威をもちだそうとする傾向を示すのと比較するとき、注目すべき現象である。

カーストの政治的役割も興味深い。デリー周辺では、村落における中小の土地保有者であった支配的《ドミナント》カーストの人々が、その村を率いて立ち上がり、数十村のカースト組織に結びついた防衛軍的組織に結集し、さらにその上部組織につながる、という反英闘争の構図ができあがった。これは、その後の民族運動においても、団結組織としてのカースト組織が村組織や軍組織など、その他の組織に開かれながら、政治に活用される原型を示した。こうした、カースト、村々などの交差する連合組織の形成こそ、自立的な地域社会を形成していく重要な要素だったと考えられよう。

インドの民族運動は大反乱の失敗に学び、以後は武装闘争を主流としなくなった。彼らは軍事力では彼我に格段の差があることを、惨憺《さんたん》たる敗北のなかで学びとった。南アジアの独立運動が国民会議(派)主導の、非暴力的抵抗運動を主流とするようになったのには、この反乱の教訓があるといえよう。とはいえ、権力奪取の最終段階には軍隊の蜂起が必要だと考えた人間も多かった。第一次世界大戦期における反乱党《ガダル》の企て、シンガポールにおける英印軍インド兵士の反乱などは、大反乱モデルにつながる。また軍の反乱を独立につなげる構想は、第二次世界大戦期に日本軍と協力してインド独立のために戦ったインド国民軍の結成にも影響を与えた。国民軍のなかに「ラクシュミー・バーイー連隊」という女性部隊がつくられたことからも明らかであろう。

最後に、もっとも果敢に戦った指導者の一人がラクシュミー・バーイーという女性だったことは、その後の民族運動における女性の活動にはかりしれない影響を残した。ラクシュミー・バーイーは、騎馬姿の母という珍しい銅像とともに、もっともインド人に愛される歴史上の英雄として、人々の胸のなかに生きているのである。

ではイギリス側に与えた影響はどうだろうか。イギリスは反乱を深刻に受けとめ、統治方式に多くの変革をおこなった。自由貿易をはじめとするイギリスの目的の遂行にはむしろ統治の安定こそ必要だったからである。まず東インド会社は責任をとるかたちで終焉《しゅうえん》し、インドはイギリスの公式の植民地となった。もっと重要なのは、西欧的価値の優位は疑わないものの、これを押しつけ、インド社会を改革することを使命としなくなったことである。「法と秩序」は厳正に守らせるが、むしろ旧来の大土地所有者などを温存し、間接統治のかたちをとるようになった。藩王国も取り潰さずにその忠誠心を育て、イギリスの藩屏《はんぺい》とする方針に変わった。ヒンドゥーやムスリムなどの宗教にも非介入政策が採用された。

第三に軍の再編である。大反乱はイギリスから見ても軍のあり方に問題があることを教えた。調査委員会(ピール委員会)がつくられ、勧告をおこなったが、その勧告は第一に軍のなかのインド兵の比重を減らし、第二にインド軍は国内の治安用にのみ使用せよ、というものであった。しかしイギリス人兵士のみの軍隊は費用がかさみすぎ、インド兵はあまり減らせなかったし、第二の勧告も後述のように結果は逆になった。実行されたのは兵となる母集団を変革しただけである。この変更については次節で詳述しよう。

2　植民地としてのインド帝国の成立

公式帝国のかたち

インド大反乱の敗北により、主権は名実ともにイギリスの手に渡った。明治維新のちょうど一〇年前である。インド統治改善法(一八五八年)によって、インド帝国すなわち英領インドが成立した。帝国史家のギャラハーとロビンソンは、これを公式帝国《フォーマル・エンパイア》と呼ぶ。要するにこれは明確に領土的支配に頼って海外市場を確保する帝国であった。イギリス本国には、内閣の一員であるインド担当大臣とインド省がおかれ、インドにはその下部組織として五年任期のインド総督と参事会がインド政庁を統括して各州の知事を任命した。一八七七年、ヴィクトリア女王がインド皇帝を兼任して即位し、インド総督が副王《ヴァイスロイ》を兼任したときに、イギリス植民地支配《ラージ》は形式的にも完成する。すでに一八七〇年には英印間に直接の電信もしかれ、インドにかんするすべての政策は、遠いイギリス本国の内閣と議会・インド省が決定することになった。関税、通貨の交換比率に始まり、地税を含む税制や、鉄道・灌漑《かんがい》のための政府支出などの経済政策、義務教育か否か、教育言語を英語にするかなどの文教政策、さらにはいつ、どの国と戦争をするのかを決める軍事・外交政策などすべてであった。しかも、これらインド統治にかかった費用は「本国費《ホーム・チャージ》」としてインド人の税金から支払われるのが原則であった。

近代国家とは、明確な国境線で囲われた領土内に最高権力すなわち主権をもつことである。植民地インドはその点では「近代的」で、国境は画定され、出入する「国民」や資源・物資が管理された。その領土はムガル帝国の支配領域と微妙にずれていた。そもそもムガル朝はアフガニスタンをへてデリーに定着したのであったから、その拠点は現在のインド、パキスタンへ広がる北西インドだった。ところが海からの交易が支配につながった英領インドは、ボンベイ(現ムンバイー)、マドラス(現チェンナイ)、カルカッタ(現コルカタ)と港湾都市を拠点としながら、内陸支配へと征服を進めていき、現インド、パキスタン、バングラデシュを含むインド亜大陸を、不可分の政治的領域に変えたものである。

インド東部の国境が画定したのは、二回のビルマ戦争(一八二四〜二六年、五二〜五三年)につづき、フランスの影響が強まることに懸念をいだいたイギリスが、一八八五年にビルマをインド帝国に併合したことによる。インドの北西では、英露の角逐《グレート・ゲーム》のなかで、イギリス＝アフガニスタン関係がつくられた。イギリスは、アフガニスタンの頑強な抵抗にもかかわらず、第二次アフガン戦争(一八七八〜八〇年)によってその外交権を奪い、英露の緩衝国とした(一九一九年にアフガニスタンは独立)。

カーゾン総督の二十世紀初頭の外交政策も、インドにおけるイギリスの位置を不動にするため、ペルシア湾岸からロシア、ドイツ、フランスなど列強の影響を排除するのが目的だった。こうして現在のインド・パキスタン・バングラデシュの領土が安定的に確保され、「旧英領インド」という歴史的事実が現在の「南アジア」を特徴づける要素の一つとなった。やがてこれがインド人にも内面化され、「南アジア」

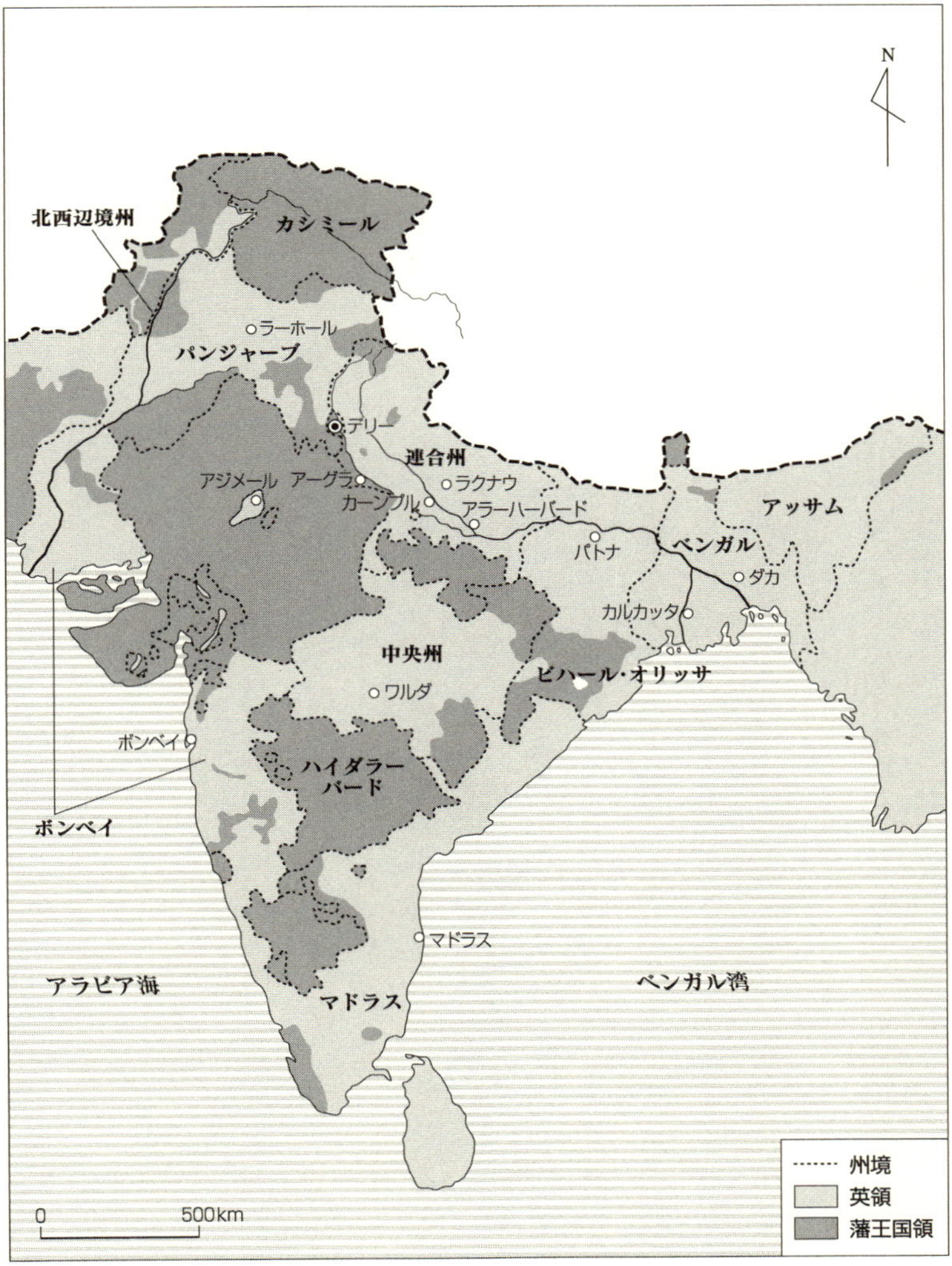
N
北西辺境州
カシミール
ラーホール
パンジャーブ
デリー
連合州
アジメール
アーグラ
ラクナウ
カーンプル
アラーハーバード
パトナ
アッサム
ベンガル
ダカ
カルカッタ
中央州
ビハール・オリッサ
ワルダ
ボンベイ
ハイダラーバード
ボンベイ
マドラス
アラビア海
マドラス
ベンガル湾
0
500km
州境
英領
藩王国領

インド帝国の構成

というまとまりをもった地域を想定するときの下敷きになった。

藩王国の取り潰しは大反乱後中止された。外交権・軍事権を剝奪されたハイダラーバード(ニザーム)、カシミール、マイソールなど、大小五六〇もの藩王国は温存され、イギリス人の駐在官を通じて間接統治がおこなわれた。藩王にはイギリスへの協力者《コラボレーター》の役割が期待され、英領インド内に反英運動が起こっても、英領インドのあいだにモザイクのように配置された藩王国がインド統治の継続のための安全弁として機能した。

支配の二つの柱――官僚制と軍隊

インド政庁を支えた第一の柱が官僚制度である。大反乱後のイギリス統治は、文化的ヘゲモニーをもつことを断念し、一元的な法と秩序の維持を強調する方針に変わった。イギリスは法機構や官僚制の整備には熱心で、刑法、契約法などの法もつぎつぎに定められた。その官僚制とは、キャリア組の高等文官の下に、ノン・キャリア組の膨大な一般官僚が働く文官制であった。そのうちインド総督―州知事《ガヴァナー》―県知事(多くの場合、徴税官《コレクター》＝治安判事《マジストレイト》が事実上の県知事。彼らは行政権・徴税権・裁判権をもっていた)までの職は、ほぼイギリス人が占有した。こうしてムガル帝国末期の地方分権的な傾向は、一転して中央集権的になったため、イギリスの歴史家ウォシュブルクはインド史上「東洋的専制《オリエンタル・デスポティズム》」に一番近い国家は、十九世紀なかばのイギリス支配だった、という。

インド高等文官制《インディアン・シヴィル・サーヴィス》(ICS)とは縁故採用を廃止し、一八五三年からロンドンでの公開試験によって高級

インド人の陳情を受けるイギリス人治安判事　上に翻っているのは紐を引いて風を送る大きい四角の団扇(うちわ)のようなもの。

官僚を採用する制度であり(一九二二年からインドでも試験)、オクスフォード大学、ケンブリッジ大学などの卒業生を想定してつくられていた。十九世紀中は毎年、ほぼ二、三〇人から六〇人くらいが任官し、この制度こそインドの統一を保障する「鉄枠」だと統治者は誇った。しかし、インド人も合格できるはずの文官試験は、事実上インド人に閉ざされており、一八六四年にサティエンドラナート・タゴール(詩人タゴールの兄)がインド人の初の合格者となったのちもその数は圧倒的少数だった。高等文官のインド人化を要求に掲げたのが、インド国民会議《インディアン・ナショナル・コングレス》(派)である。ちなみにこの制度は独立後もインド高等行政官制《インディアン・アドミニストレイティヴ・サーヴィス》(ＩＡＳ)と改名して存続している。イギリスの歴史家ポッターが、英領インドと独立インドとは行政的に「継続」している、と主張するゆえんである。

　支配のもう一つの柱はイギリス人を司令官とする英印軍である。軍は再編され、任務も変化した。変化したのは以下の三点である。まず兵を募集する母集団が変化した。イギリスは大反乱以後、反乱がふたたび起きないよう、従来採用してきた北インド地方の高いカーストや上層ムスリムの募集をやめた。彼らはインドの本流意識をもち、伝統文化にこだわる人々だった。かわって登場したのが従順で剛勇な「尚武の民《マーシャル・レイス》」なる人々である。その中心は十九世紀なかばのシク王国の滅亡以後、傭兵となり始めたパンジャーブ地方の人々だった。シク教団は、もともとヒンドゥー教の改革宗教であるため、カースト制やタブーもあまりなく、またムガル帝国とも闘ってきた歴史をもっている。彼らがマイノリティ集団であったために、ネパールのグルカ(ゴルカ)兵などと同様に大反乱の鎮圧に使われ、その前後からは急速に採用数が増加したのだった。つまり「尚武の民」と規定された諸社会集団《コミュニティ》は、当時のインドにおけるある種の傍流意識、下積み意識をもった人々であり、その彼らが兵士としてインドの治安や海外派兵を担ったのである。そして最終的にはそのなかでもパンジャーブ出身兵(シク教徒、ムスリム、ヒンドゥーを含む)が植民地軍のなかで圧倒的な割合を占めるようになった。これが軍のパンジャーブ化といわれる現象だった(一八七一年にはベンガル管区軍の三五%)。

第二には、大反乱の鎮圧にあたったロレンス将軍が「(軍が)団結《ブラザーフッド》しており、等質的《ホモジエニティ》なのが(反乱の誘因だ)」と見た結果、その後のインド人部隊には「分割統治」原則が採用された。部隊は、種々の言語、民族、カースト、宗教の異なる人々が入り組んで構成され、団結した反英活動をおこないにくい仕組みになった。

インド軍の数は平時では、ほぼ一三万から一五万人といわれ、それほど大規模ではない。英印軍の将校は二十世紀になるまではイギリス人、兵士はインド人とほぼ決まっており、インド人はずっとのちになるまで、空軍には配属されず、砲兵にさえなれなかった。そのかわり、報酬、年金は豊かに支給された。彼らの送金、年金、この地方への種々の経済的配慮が、パンジャーブの農村の豊かさにつながったかもしれない。またパンジャーブ化した軍隊が存在したことが、おそらく、のちにパンジャーブを中心とした軍政国家パキスタンを生み出す伏線になっているように思われる。

英印軍に起こった第三の変化は、海外派兵という重要な任務が加わったことであった。大反乱が敗北したことによって、インド軍の役割は一変した。植民地インドに本国が要求したのは、大英帝国が必要と認めるなら、インド軍は世界中どこへでも出動し、その費用の大半をインド政庁が負担することであった。従来のインド兵は、多少の例外を除けば、基本的にインドを征服するための東インド会社の傭兵であった。しかし公式植民地の軍隊となって以来、彼らはインド国内の治安・戦闘要員で終わらず、大英帝国の権益と通商ルートの安全を守るために派兵される軍に変質した。その最大任務はまず英露の角逐に対処することであり、具体的にはロシアの南下への警戒、つまり北西辺境(現アフガニスタン・パキスタン国境地方)の治安であった。現にインドは第二次アフガン戦争において膨大な人員と財政負担を強いられている。第二はスエズ運河を守り、アフリカをとおるインド・ルートの確保であった。エジプト出兵(一八八二年)はその事例である。しかしそれ以外にも、中国における義和団の乱の鎮圧をはじめ、イラン、中東、東アフリカ、南アフリカなどに数多く出兵した。インドは安価な兵隊貯蔵庫とみなされ、イギリス軍事力の一部としてパックス・ブリタニカの軍事・外交を支える任務をおびた。しかもその費用のほとんどはインド政庁の財源でまかなわれた。その結果、経済学者の金子勝《まさる》がいうように、イギリス本国の「安価な政府」と対照的に、インドの財政は膨張して「高価な政府」になやまされ、インドはつねに対英負債をかかえて第二次世界大戦のときまで、イギリスに負債を払いつづけたのである。逆にイギリスは列強に比べて世界の軍事的戦略配置図において圧倒的な有利さを誇るようになった。

地方分権と教育制度

英領インドにおいて地方分権化が顕著になるのは、早くも一八七〇年のメイヨー総督による財政の分権化からである。彼は財政が緊迫したため、教育、医療、道路などを州政府に移管し、わずかな税を割りあてた。またリポン総督は一八八二年に地方自治政府へ道を開いたとしてとくにインド人に尊敬されている総督である。

現在のインドにおいては、地方分権をインド民主主義の諸限界を解決する方策として語る論者もいる。しかし現実化された地方分権、とくに英領時代のそれをみると、事態はそれほど単純でない。それはまったく別の理由から志向されているからである。つまりインド財政は東インド会社時代からの軍事費の多くを引き受け、大反乱の鎮圧費などの負担もあいまって、拡大する負債とともに出発した。本国費、債権利子送金の負担も大きいのに、自由貿易の原則から関税はほとんど課せられない。重税はふたたび反乱を誘発する恐れがあり、しかも経済発展を保証しなくては、イギリスにとっても「資産」たりえない。この財政上の隘路《あいろ》を解決するための方策が地方レヴェルにおける「分権」制だったといわれているのである。

インドの地方分権とは、具体的には教育、とりわけ初等教育、道路、警察、刑務所、公衆衛生、住民の健康管理など、金のかかる業務の責任を州政府・都市自治体などに移管する結果になった。地方自治体には、わずかな地方税の徴収権が移管され、「選挙」の要素も導入されたが、教育、公衆衛生など社会資本の充実は、地方のインド人政治家に任された。このように「地方分権」は中央政府の責任回避となる余地をつねに残した。

地方分権とならぶ代表政府(選挙)制は、一八六一年のインド参事会法にさかのぼる。このときはじめてインド総督の立法参事会にインド人メンバーが任命された。これもインド大反乱に衝撃を受けたイギリスがつくり始めた制度といわれるが、まだ代表制には程遠い。選挙の原則は、一八九二年の参事会法により、部分的な選挙権と、州立法参事会における予算審議権、質問権(議決権はない)が認められたことが始まりであった。

マハラニーズ・スクール　1881年にマイソールに設立された上流階級の女子教育のための学校。

教育制度

インドの教育・知識体系を見て、日本人が一番驚くことは、(1)教育用言語に英語が広く使われ、知識が英語によって伝達されていること、(2)大学教育が普及しているわりに識字率が低いことである。その理由は歴史をさかのぼると理解できる。東インド会社時代には、地租行政や司法に熟達したインド人下級官吏の養成に重点がおかれていた。やがてイギリス統治が本格化する一八三五年には、「血と皮膚の色はインド人だが、趣味と意見と道徳、知においてはイギリス人であるような通訳的な階層」をつくろうという、マコーリーの有名な「覚え書」がだされ、英学教育が始まった。西欧教育のカリキュラムによる多くのカレッジが生まれ、英語の話せるキリスト教信者なる下級官僚インド人が増加することが期待された。

英領時代の教育政策は一八五四年にだされた監督局総裁ウッドの通達に基本的に従っている。その特徴を要約すると、初等教育を軽視し、中等学校教育以上は、私立学校に依存し、それに補助金を交付するものであった。高等教育は重視されており、一八五七年にはカルカッタ、ボンベイ、マドラスで英語を教授用語として西洋の文芸・科学を中心とする大学が発足した。大反乱後には、大衆の教育を考えるより、上流階級の教育を優先して考えるべきである、という通達がだされた。

一八八二年には教育諮問会議(ハンター委員会)が任命されたが、その報告書の基本は、初等教育の管轄権(管理・拡張・教育費などを含む)をあまり財政力のない地方自治体に委ねたことである。結局英領時代に初等教育は義務教育にならなかった。初等教育の財源は乏しくても、高等教育をおこなえばその効果が下方へ「滴下《トリックル・ダウン》」するという不思議な説がまかりとおった。中等教育は私立学校のかたちで発展したが、生徒の大部分は中・上流階級の子弟だった。問題は教員養成が圧倒的に不十分で、教員不足が中等教育の普及を妨げる結果になったことである。一八八二年まで、中等教員養成校は英領インド全体で二校しか存在しなかった。二十世紀初頭に日本の教育を視察したイギリス人シャープは、日本に比べ、インドでは国家が教育費をいかに少額しか負担しないか、を批判している。

	1881年	1891年	1901年
初等教育就学者数		3,121,500人	3,564,100人
初等学校数	84,000校		97,900校
初等教育費	7,087,000ルピー		11,876,000ルピー
中等学校生徒数			590,129人
中等学校数			5,124校

インドにおける初等・中等教育費

興味深いのは、一般には反動的とされる藩王国で、バローダ(ガエクワード)のように、インドではじめての義務教育制度が実施されて成功したことである。一八九三年、一部地域に試験的に導入され、一九〇六年からは藩王国全体に施行された。これは民族運動に大きな反応を呼び起こし、ゴーカレーを中心として義務教育の要求が澎湃《ほうはい》として巻き起こった。一九一一年、ゴーカレーはボンベイ立法参事会に義務教育法案を提出したが、州政府などの反対にあい、法案はほうむりさられた。これを見た民族運動の側からは国民教育運動が登場するのである。

結局英領時代の教育制度の結果は、一九四七年の独立時に識字率三五％という驚くべき数字にあらわれる。近代国家には、交通、通信などのインフラとならんで、初等教育が不可欠である。この点から考えると、植民地インドは近代国家としての要件をまったく備えていなかった。

教育関係の高級官僚はイギリス人の手に独占されており、ナショナリズムの影響を恐れたカーゾン総督が大学教育への行政の介入を強化する「教育改革」をおこなったため、エリート教育ではインド固有の文化・言語が軽視されたことも問題であった。しかし、他方では、英語で高等教育を受けた教師、弁護士、官吏など、西洋の知識・学問への接近が容易に可能な知識人・エリート層が出現した。これは東アジアとまったく異なった状況である。たしかに彼らは全体としてはイギリス統治の「協力者《コラボレーター》」であった。ただそのなかからは皮肉にもインド国民会議(派)の指導者たちが輩出し、彼らはその知識を使ってイギリス支配に対抗していくのである。

カーゾン総督の政策とモーリー・ミントー改革

十九世紀も終わるころ、インド政庁の歳入額は減少しつつあり、行政制度は見直しが迫られていた。一八九六〜九七年の飢饉につづきコレラなどの疫病が蔓延し、インド人の不満も高じていた。だからカーゾンのように広くアジアを旅行し、インド通で著作も多く、仕事熱心な総督の就任こそ、待ち望まれていた。期待どおり、彼はチベットや北西辺境に積極外交を展開し、国内でも数多くの委員会を設置して、経済改革(飢饉対策、地租改革、灌漑、鉄道路線の拡大)、警察改革、大学改革、インド軍の改革(司令官区の分割や文官優位を確保しようとして、キッチナー最高司令官と対立)、出版の規制などをつぎつぎと実行、またはおこなおうとした。農業省、商工省の設置、通貨法のみならず、カルカッタ市会法、歴史建造物保存法を通過させるなど、善政もおこなった総督であった。

問題は、彼の「改革」が効率を重んずる「上から」のものであり、インド人とくにカルカッタの法曹界やジャーナリストの「世論」を過小評価したことにある。彼はインド人を国民《ネイション》と認めず、国民会議(派)も潰してその「埋葬を手助けする希望」をいだいていた。だからこそ、上からの改革を実行しつづけた。だがカーゾンがその改革の一つとしてベンガル分割案を提出したとき、彼が大きな誤算をしていたことが判明したのである。

ベンガル分割法とは、ベンガルが行政的に広大すぎるので、能率化の観点から二分割・再編する案である。だがその背後の意図が国民会議(派)潰しと理解され、大反対運動を引き起こしたのである(三五五頁参照)。これは結局民族運動による反対に譲歩して分割取消しという結果に終わる。民族運動をまったく無視した政策の実行は不可能であることを明らかにしたはじめての事件となった。とはいえ、インド政庁側は、この過程で全インド・ムスリム連盟(一九〇六年成立)という国民会議(派)への最大の対抗勢力を生み出している。のみならず、この分割案は、さらに六六年後には東ベンガルにバングラデシュという国家が成立する、深刻な事態の伏線になった。

つづいておこなわれた一九〇九年の参事会法改定(モーリー・ミントー改革)は、ミントー総督とモーリー・インド担当大臣の名を冠し、選挙議員を参事会に参入させた「改革」である。だがこの改革は今ではムスリムに分離選挙制を与えたことで知られている。分離選挙制とは、この場合宗派別代表制を意味する。つまり、(1)ムスリム議員を選ぶ選挙権はムスリムのみがもつ、(2)少数派保護のため、ムスリム議員定数はその人口比よりやや多くする、という原則に立って特別の選挙区を設置したものだった。これは一九一九年にはシク教徒に適用され、三五年には在印ヨーロッパ人やキリスト教徒なども宗派別に代表を選ぶ制度に発展した。すなわち宗派紛争の原因だと批判されるものである。またこの「改革」は、藩王国にたいしても緊縛をゆるめ、かなりの自治を許した。つまり、ムスリムと、藩王を含む穏健派をインド政庁の味方につけ、会議派過激派を孤立させるのが目的であった、とされるのである。

3　インド国民会議(派)の成立と発展

西欧化した中産階級とインド国民会議

この時代のインド政治の流れの一方にはイギリス統治の歴史があり、他方にそれに対抗するインド人の民族運動がある。この二つの流れの交錯が、やがて二十世紀のなかばにインドとパキスタン(のちバングラデシュも独立)という二つの国民国家を生み出すことになる。そもそも国民国家制は十七世紀のヨーロッパに誕生し、第二次世界大戦後アジアに普及したシステムである。ではインドの民族運動はなぜ国民国家(独立)に結実していったのだろうか。この疑問を解く鍵は、十九世紀後半以降の運動のかたちにある。

それは一八八五年ボンベイに七二人の代表を集めて開催されたインド国民会議《インディアン・ナショナル・コングレス》に始まった。その最大の特徴は、暴力を排し、支配者への決議や請願のかたちをとって大英帝国の枠内での要求をだす、議会主義的な方法を採用したことであった。ここにはイギリスとの武力対決が影をひそめていた。これは大反乱に惨敗したことによって、武力による闘いを断念したインド人の智恵だったかもしれない。イギリス側から見ても、大反乱などに結びつかないよう、ガス抜きとしての役割をそれに期待した。国民会議の創設者と称えられるA・O・ヒュームの活動の背後にはインド総督ダファリンの承認があった、とさえささやかれている。

初期の国民会議の要求は二つに要約される。一つは選挙で選ばれたインド人が立法参事会や行政に参加することだった。またときにはインド財政の半分近くの額にのぼる軍費を節約して税負担額を軽減することを求め、当時のビルマへの出兵などにも憂慮を表明した。他方社会改革運動には手をださないという態度を貫いた。その態度にはおそらく問題が含まれていたのだが。

国民会議の担い手は西欧教育を受けたいわゆる中産階級《ミドル・クラス》であった。職業でみると、弁護士、高級官僚予備軍、ジャーナリスト、教師など、カルカッタやボンベイの都市の専門職が多い。カルカッタなどにおける英語を教授言語とする大学教育を受け、さらにイギリスにも留学してきた新しいエリート層であった。初期の国民会議指導者がイギリス本国の憲政の発展にならうことを考えたのは、明治時代の日本のエリー

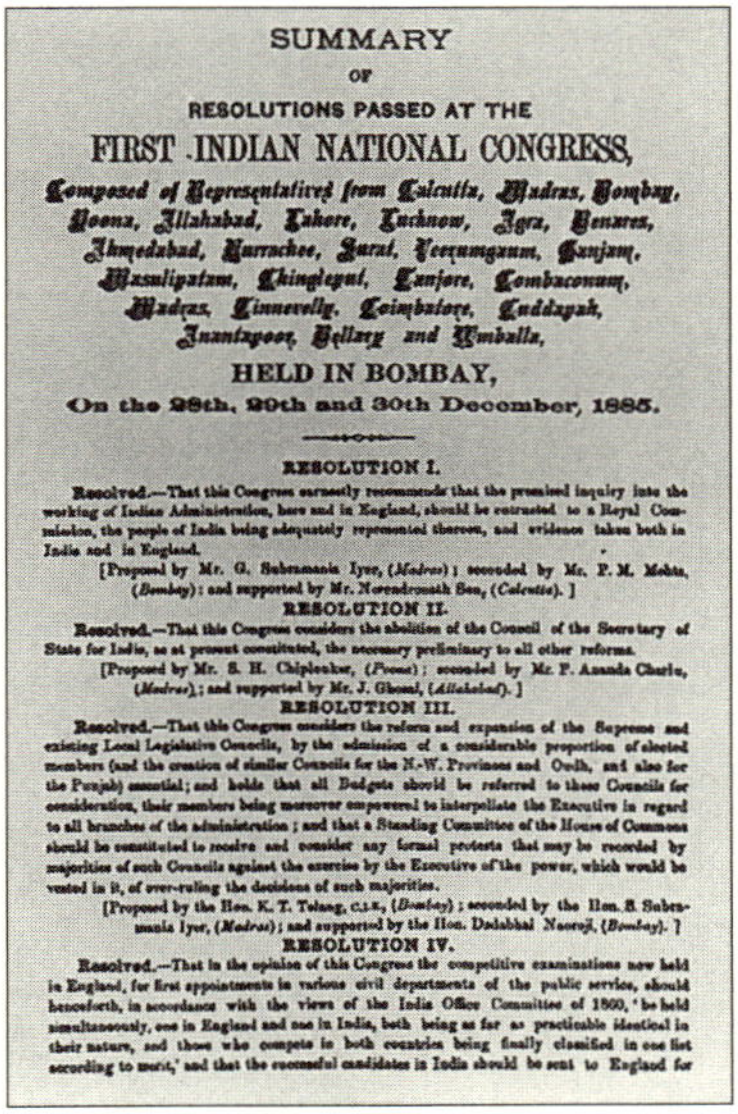
SUMMARY
OF
RESOLUTIONS PASSED AT THE
FIRST INDIAN NATIONAL CONGRESS,
Composed of Representatives from Calcutta, Madras, Bombay, Poona, Allahabad, Lahore, Lucknow, Agra, Benares, Ahmedabad, Kurrachee, Surat, Veerumgaum, Ganjam, Masulipatam, Chingleput, Tanjore, Combaconum, Madras, Tinnevelly, Coimbatore, Cuddapah, Anantapoor, Bellary and Umballa,
HELD IN BOMBAY,
On the 28th, 29th and 30th December, 1885.

RESOLUTION I.

Resolved.—That this Congress earnestly recommends that the promised inquiry into the working of Indian Administration, here and in England, should be entrusted to a Royal Commission, the people of India being adequately represented thereon, and evidence taken both in India and in England.

[Proposed by Mr. G. Subramania Iyer, (*Madras*); seconded by Mr. P. M. Mehta, (*Bombay*): and supported by Mr. Norendronath Sen, (*Calcutta*).]

RESOLUTION II.

Resolved.—That this Congress considers the abolition of the Council of the Secretary of State for India, as at present constituted, the necessary preliminary to all other reforms.

[Proposed by Mr. S. H. Chiplonkar, (*Poona*); seconded by Mr. P. Ananda Charlu, (*Madras*); and supported by Mr. J. Ghosal, (*Allahabad*).]

RESOLUTION III.

Resolved.—That this Congress considers the reform and expansion of the Supreme and existing Local Legislative Councils, by the admission of a considerable proportion of elected members (and the creation of similar Councils for the N.-W. Provinces and Oudh, and also for the Punjab) essential; and holds that all Budgets should be referred to these Councils for consideration, their members being moreover empowered to interpellate the Executive in regard to all branches of the administration; and that a Standing Committee of the House of Commons should be constituted to receive and consider any formal protests that may be recorded by majorities of such Councils against the exercise by the Executive of the power, which would be vested in it, of over-ruling the decisions of such majorities.

[Proposed by the Hon. K. T. Telang, C.I.E., (*Bombay*); seconded by the Hon. S. Subramania Iyer, (*Madras*); and supported by the Hon. Dadabhai Naoroji, (*Bombay*).]

RESOLUTION IV.

Resolved.—That in the opinion of this Congress the competitive examinations now held in England, for first appointments in various civil departments of the public service, should henceforth, in accordance with the views of the India Office Committee of 1860, 'be held simultaneously, one in England and one in India, both being as far as practicable identical in their nature, and those who compete in both countries being finally classified in one list according to merit,' and that the successful candidates in India should be sent to England for

第１回国民会議の決議要旨　個人の自由と法の支配が重要とする。自治はまだ要求せず，「増大するインドの貧困」も第２回大会ではじめて決議された。

トとよく似ている。彼らはイギリス紳士風に振る舞い、国民会議の席上、英語を操って議論した。それはベンガル語、ヒンディー語など多様なインド諸言語をこえた共通語《リンガ・フランカ》を誕生させたのだが、同時に植民地統治にたいする協力者となることをも意味した。

この時代には印刷技術の発展により、新聞など多くの出版物が刊行されて(一九〇五年までに一三〇〇紙、発行部数は英紙で約三〇万部、インド諸言語もあわせると二〇〇万部)、都市の中産階級が種々の社会組織、文化団体に組織化されていった。鉄道・郵便のネットワークの発達にともない、種々の文化団体《ヴォランタリー・アソシエーション》、結社などが地域内、あるいは地域をこえて数多く結成された。全インドの横断組織である国民会議はその頂点である。国民《ナショナル》という名前を冠したところが象徴的であった。皮肉にもイギリスのもたらした西欧近代化を土台にして、国民のアイデンティティが急速につくられていったのである。

初期国民会議の指導者には、W・C・ボンネルジー、P・N・メータらがいたが、とくに重要なのはパールシー(ゾロアスター教徒)社会集団《コミュニティ》出身のナオロージーである。彼は『インドの貧困と非イギリス統治』を著し、インドの貧困の原因はインドからイギリスへの「富の流出《ドレイン》」にあると主張した。この議論こそ国民会議(派)の思想的根幹をなした言説である。ほかにもR・C・ダットの『インド経済史』など、第一世代の人々は水準の高い研究によってイギリス統治の搾取的性格を明らかにした。これらを読んだつぎの世代は、非イギリス統治、すなわちインドの独立を当然求めるようになったと思われる。

インド民族運動とイギリス人の一部が相互に交流と影響をもちつづけた事実も運動の方向を考えるうえで重要である。たとえばナオロージーはイギリス下院にインド人初の自由党議員として当選し(一八九二

〜九五年）、九四年インド財政支出の増大を問題にする議会決議を提出した。それを受けてウェルビー委員会（インド軍海外派兵を検討する委員会）がつくられたという。逆に歴代国民会議議長のリストには、一九一七年までに四人のイギリス人名が記されている。ヒュームにしても、会議創設後一〇年程は事実上の書記長であり、彼の国民会議構想として知られる、⑴代表・責任政府の実現、⑵官僚のインド人化、⑶インド人選挙権の獲得などは、そのままインド国民会議の要求に等しかった。ほかにも、二度にわたって国民会議議長となったスコットランド人ウェダバーンや、大川周明《しゅうめい》にも影響を与えたヘンリー・コットンらの役割も忘れられない。こうしてインドの民族運動の目標は、国民国家の独立への方向すなわち代表責任政府の樹立へと早くも向かったのである。国民会議（派）の運動は、インド大反乱時代からは明らかに質的な変換をとげていた。

イギリス人はたんにインド民族運動に介入しただけではない。その急進派はイギリスでも一八八九年にインド国民会議イギリス委員会を設立するなどしてインドの運動を支えた。ほかにケア・ハーディやH・M・ハインドマンなどの政治家もインドの運動を支持した。インドの民族運動の主流は、イギリスの反体制勢力と対立しつつも、ネルーなどに見られるように協調の望みをすてず、その二律背反的態度を最後まで貫くが、その特徴はこの時代につくられたと思われる。ちなみにそれは朝鮮民族運動の日本にたいする関係と大きく異なっているように思われる。

さらに興味深いのは、すでにインドの女性たちがこうした政治問題を議論する公共の場に登場していることである。インドにおける「新しい女」の登場である。一八八九年のボンベイの年次大会には、教育者・サンスクリット学者としても有名なパンディター・ラマーバーイー、インド最初の女医だったK・ガングリー、雑誌『バーラト』(インドのヒンディー名)の編者・文筆家であったスヴォルナ・クマーリー・デヴィをはじめとして一〇人の女性が参加した。翌年のカルカッタ大会には上記のガングリー、デヴィの二人が正式代表に選ばれた。当時の女性たちはけっして組織の中枢にはいない。だがその活動は多彩である。一九〇四年のボンベイ大会では、サララ・デヴィが民族運動の英雄たちを称える展示会《エキジビション》を開いたり、〇五年の大会では、のちに民族歌のようになる「バンデー・マータラム」をうたうなど、健在ぶりを示している。ガングリーは一九〇六年の年次大会では、集まった活動家の妻たちを集めて女性会議《マヒラ・サムメーラン》を開催している。彼女はまた、一九〇八年には、当時アフリカでおこなわれていたガンディーの活動を支援するために女性委員会を組織した。

ただし、女性にかんする教育、幼児婚、一夫多妻制、女性隔離《パルダー》の制、寡婦の問題など、いわゆる社会改革はインド国民社会改革会議《インディアン・ナショナル・ソシアル・コンファレンス》に任され、国民会議(派)では基本的に扱わなかった。女性を大衆的に動員しようとする方針に国民会議(派)が転換するのも、ガンディーの登場以降であった。

自治要求の登場——ヒンドゥー・ムスリム宗派間摩擦の始まり

ところが十九世紀の終りころから、若い世代、いわゆる過激派《エクストレミスト》が登場してくる。彼らの新しさは自治《スワラージ》・独立を公然と運動の目標にしたことだった。その中心がB・G・ティラクであり、オロビンド・ゴーシュやラージパト・ライらであった。『バガヴァッド・ギーター』の解釈者としてもすでに知られてい

元来は商業の神ガネーシャ祭りの行列
現在はインド西部で盛大に祝われ，ヒンドゥーのアイデンティティを高めている。

たティラクは、「自治・独立は私の自然権《バース・ライト》だ」として、ゴーカレーら従来の穏健な指導層と分裂しても、急進的な運動を伝統的・土着的な大衆と結びついたものに組み替えようとした。

一八九三年、彼は家庭の祝祭だったガネーシャ（シヴァ神の息子、繁栄の神）の祭りを公共の場に引き出して地域共同体の祝祭に変えた。三年後にはマラーターの英雄シヴァージー祭りを始めて、外国支配者へのインド人の抵抗精神を称えた。マラーティー語の新聞『獅子《ケーサリー》』では「ヒンドゥー・ネイション」を称えている。しかし彼の問題は、それがムスリムを疎外し、閉鎖的な復古主義に終わる可能性をもっていたことであった。とはいえ復古主義的傾向をもったのはティラクだけではない。当時のインドの政治経済のシステムが西欧化していき、しかも西欧化したエリートがキリスト教や功利主義の影響を受けつつ、伝統的ヒンドゥー教を迷信だと批判し、インド社会の「西欧化」「近代化」をはかることへの反動もあった。インドの文化や伝統的な社会秩序、宗教的価値が崩壊していくことにたいし、伝統を守ろうとする牝牛保護運動などの動きが姿をあらわし始めていた。だが再構成されていく伝統はヒンドゥーとムスリムのそれぞれにおいて異なっていた。それまでなんとか協力関係を保ちえてきたヒンドゥーとムスリムとの宗教上の境界が、劇的なほどに浮かび上がってくるのは、十九世紀最後の一〇年のことである。

インド・ムスリムの運動

インドのムスリム上層はかつて、ムガル朝の貴族・軍人官僚・文人として栄華を誇っていた。イギリスが到来したあとも、ヒンドゥー中産階級が官僚などになりイギリス支配に適応していくのに比べて、ムスリムは抵抗の姿勢が顕著だった。彼らの活動、思想の特徴は、中東・西アジアのムスリム世界全体の動向と密接に関係しており、十八世紀後半からのキリスト教世界の進出にたいして、ムスリム世界全体が危機感を感じるという状況のなかであったから、その反応の仕方は一層複雑であった。追い込まれていくインドのムスリムの危機を見て、彼らの「近代化」をはかろうとしたのが、サイイド・アフマド・ハーンである。彼はムスリムの子弟に英語教育をほどこし、インド政庁のもとでムスリム中産階層を育てようとした。これはアリーガル運動と呼ばれ、一八七五年には、西洋の科学とイスラームとの双方を教えるムハメダン・アングロ・オリエンタル・カレッジ(のちの一九二〇年にアリーガル・ムスリム大学となる)が設立され、ムスリムの高等教育制度がここで整った。

この運動の重要な点は、神と最高主権が結びついていたイスラームを、国民国家の主権と妥協させたことである。パキスタンのエリートにアリーガル出身者の名前が見られるのはこのためであろう。ところが、彼らは「反英」ともみなされる国民会議(派)には、批判的であった。国民会議(派)が、インドの「国民《ネイション》」

を正面に掲げたのにたいし、アフマド・ハーンは、その「ネイション」は「ヒンドゥー・ネイション」にすぎない、として、国民会議(派)に参加することをひかえたのであった。

アリーガル派をかりに近代主義とすると、復古的改革主義ともいうべきデーオバンド学派は、英語や西欧文化教育を拒否する一方、コーランやハディース(預言者の言行録)を教育し、外国支配への抵抗を維持しようとする対照的な学派であった。連合州のデーオバンドを拠点とするため、こう呼ばれた彼らは、アリーガル派とは逆に、国民会議(派)の結成を歓迎した。彼らの教育は、政庁のもとで官僚をめざす世俗的なものでなく、宗教・道徳の力を再生させようとするものであり、インドのみならず、周辺国からも学生を集めたのである。

ムスリムにはこのほかにも種々の動きが見られるが、全体としていえば、一八八七年に国民会議(派)議長にもなったタイヤブジーなども存在してはいるものの、ムスリムが積極的に国民会議(派)中心の民族運動に協力していないことは明らかであった。

ベンガル分割反対運動

世紀末のインドは、飢饉の頻発、コレラの蔓延がしきりで社会不安はいつでも政治不安に転化しうる状態だった。そのとき一九〇四年に、カーゾンのベンガル分割案が発表された。その案は国民会議(派)から見ると、分割される東ベンガル(現バングラデシュ)はムスリム多住地域、西ベンガル(現インド西ベンガル州)はヒンドゥー多住地域と、宗教が行政区分の根拠であり、そのために、広大だが反英的なベンガルを

19世紀なかばのカルカッタ市街　英領インドの首都として，イギリス人(3000人程度)街と貧しいインド人(約20万人)街とに住み分けられた。

分断し、カルカッタを中心とする反英の政治的影響から、東ベンガルのムスリムを引き離そうとする処置に見えたのである。反対の声が巻き起こった。請願以外に手段のない穏健派《モデレイト》にたいし、過激派《エクストレミスト》は具体的行動を提案した。イギリス商品ボイコット、国産品愛用《スワデーシー》などである。のちにネルーは当時のことをこう振り返った、「例外なくわれわれはティラク主義、つまり過激派」であり、宗教的ナショナリストだった、と。おりから日露戦争で日本がロシアに勝利し、アジアの小国でもヨーロッパに勝てるとの自信を人々に与えた。数千の人々が寺院に集まり、イギリス商品をボイコットし国産品を買おうと誓いを立てた。人々は、スレンドラナート・バナジーの呼びかけで「降伏するなよ《サレンダー・ナット》、バナジーさん」と叫んだ。政府建物や酒店へピケットをはったり、テロもやむなしとする傾向も生まれた。インドには、その多くはヒンドゥーであったが、「国民《ネイションフッド》」の基盤が生まれたのだった。

　結局穏健派と過激派は一九〇七年に分裂する。だがティラクは投獄され、ふたたび穏健派が国民会議(派)を支配した。やがて一九一一年、ベンガル分割が廃止になったことは、ナショナリストに自らの力を自覚させた。しかし同時にイギリスは、カルカッタからデリーへ遷都すると発表し、カルカッタを全インドの政治の中心からはずしたのである。さらに一九一二年、ベンガルからはビハール、オリッサ、アッサム、チョーター・ナーグプルが分れて別の州となり、ベンガルは結局小さくなった。

全インド・ムスリム連盟の成立

ベンガル分割反対運動にたいするムスリムの反応は複雑であった。カルカッタの国民会議(派)の主導権のもとから自由になる機会かもしれないからであった。一九〇六年十月、ムハメダン・アングロ・オリエンタル・カレッジのイギリス人校長、アーチボルドの仲介で、アーガー・ハーンらムスリムの代表団がシムラに総督を訪問している。ちょうど、モーリー・ミントー改革が準備中のときであった。代表団は、インドのムスリムは人口的に少数派である以上、もし「選挙」制度がムスリムへの「留保《リザベーション》」なしに、進むなら、彼らの権益はどうなるのか、と懸念を表明した。彼らは、人口比でなく、政治的重要性、帝国を守る防衛努力の基盤のうえに、ムスリムへの留保がなされるべきだ、と主張した。結果はインドにおける分離選挙制となった(三四七頁参照)。

さらに、このシムラ代表団派遣をきっかけに、その結果として全インド・ムスリム連盟が一九〇六年十二月三十日に成立する。その目的は、インドの少数派《マイノリティ》としてのムスリムの政治的権利を守ること、彼らの要求を抑制のきいたことばで政府に伝えることであった。のちに国民会議(派)にとって、最大の対抗勢力となるムスリム連盟がここに姿をあらわしたのである。

4　インド資本主義の誕生と富の流出理論

富の流出と脱工業化

南アジアといえば貧しいというイメージがある。インド経済は「後進的」な農業経済が中心で工業化が遅れたために貧困のままなのだ、という。なぜそうなってしまったのか。これこそインド近代経済史の最大の論争点である。従来の争点は以下の二つに大別される。

(1)　産業革命後の安価な商品が自由貿易によって輸入された結果、インドは脱工業化され、植民地支配によってインドからは富が流出《ドレイン》し、貧しい状態にとどまった。

(2)　植民地支配に原因があるというより、インド経済にそもそも原因がある。

前者はナショナリストたちが主張する主流的見解である。先に述べたナオロージーらの「富の流出」論やR・C・ダットの「地税制度」論などの流れに属する。それによると、インドの貿易や手工業は十七〜十八世紀には非常に活発であり、インドの綿製品などは世界中から垂涎《すいぜん》の的であった。しかし産業革命後、イギリスの機械が製造した安価な商品が、インドにどっと入荷した。イギリス商品をインドに輸入するのはほぼ無関税で、逆にインド商品をイギリスに輸出するには種々の税が課せられたためである。こうしてイギリス綿製品は手工業製の上質インド綿製品市場を崩壊させた。統計上、工業に依存する人口は、十九世紀に明らかに減少した。これがいわゆる「強制された自由貿易」の実態であった。

しかもインドからは富の流出が起こっている、とナショナリストは主張した。そのメカニズムとは、貿易収支ではインドは黒字であるのに、イギリスへの利子支払いや本国費《ホーム・チャージ》(イギリスにおけるインド政庁の行政的・軍事的費用)などサーヴィスへの支払いをするためにその黒字が消えてしまうというものである。この支払いが基本的に富の流出である。ナオロージーはいう、「インドからの富の流出が資本の蓄積を阻み」、工業化が阻害された、と。

金融でもヨーロッパ人は独占的地位を保った。ベンガル銀行、マドラス銀行という二つの管区銀行《プレジデンシー・バンク》が一八七六年にできるが、インド人の頭取は結局一九二一年にインド帝国銀行に合併されるまで、一人も誕生しなかった。ボンベイ銀行だけにはかろうじてインド人重役がおり、やがて彼らが多数派となっていった。管区銀行は、政府などの公的な貯金を無利子で使用する権利をもっており、いわゆる為替銀行はむろんのこと、アラーハーバード銀行などのほかの商業銀行も、この時代にはインド人が創業しても、結局ヨーロッパ人が経営者となって終わるのであった。

富の流出や脱工業化論はインドのマルクス主義者たとえばパーム・ダットに受け継がれ、従属理論へとつながる。インドの代表的な経済史家であるA・K・バグチやビパン・チャンドラもほぼ同様の主張で、イギリスはインドに従属的な後進国経済を確立した、とする。自由貿易がインドの貧困をもたらしたという考えは、ネルーらの考えでもあり、独立後、外国貿易を避ける傾向を生むことになった。

これにたいして、T・モリソンやV・アンスティに代表されるイギリス人学者は、インドの支払いはイギリスが提供したサーヴィスや資本への利子であり、インド経済を利するものであると反論し、また十九世紀後半に国民所得はある程度ふえたのだが、社会的・宗教的障壁によって物質的進歩が起こらなかったのだとした。また、(2)の見解を代表するＭ・Ｄ・モリスは、インド経済構造の技術的後進性が大規模工業における投資の永続的な拡大を阻害し、インド経済の「離陸」を失敗させた、という。論争はまだ決着していない。

多角的貿易決済機構

従来は、こうしたインドの経済的遅滞を英印関係から見る方法が多かった。しかしインドからの富の流出は、英印の二国間関係だけを見ていたのではわからない。Ｂ・Ｓ・ソウル以後、実証が進んだ多角的貿易決済機構という枠組みで見るとその装置は容易に理解できる。つまりイギリスは十九世紀後半には、アメリカやドイツなど後進資本主義国からの追い上げにあい、北米やヨーロッパにたいしては圧倒的赤字をかかえるようになっていた。逆にインドはそれらの地域にたいして第一次産品を輸出して黒字をもっていた。その結果、イギリスの赤字の五分の二は、これらの地域に黒字をもつインドが、イギリスに支払う金額で相殺したのである。それが多角的貿易決済機構であった。まことに十九世紀後半から二十世紀の初めにかけて(一八七〇〜一九一四年)は、このようにパクス・ブリタニカを支えたのである。

ではインドはなぜそのような支払いをしたのか。それは第一にイギリスの投資にたいする利子支払いであった。一八五二年ころから始まる鉄道建設のため、イギリスのインドへの投資が始まった。問題はインド政庁が鉄道投資への利子支払いなどを保証したことである。鉄道はたしかに農産物などの輸送費を安くしたが、軍事目的の敷設も多く、経済発展に役立つとは限らなかった。しかもその投資の大半は機関車、車両などの輸入やイギリス人社員の給料などに消えてしまい、インドの鉄鋼業・機械工業など関連産業を刺激し、インドの工業化を発展させるものにならなかった。

第二が本国費である。インドはイギリスに軍隊を提供し、インド大反乱の鎮圧をはじめ、海外にも多く出兵していた。しかしその費用の大半はインド政庁が負担した。このほかに初期には本国インド省の費用、英印軍のイギリス人年金など、総称して「本国費」と呼ばれる莫大な額が多角的貿易決済機構によって支払われていく。こうしてインドから富が流出し、インドは貧しくなった、というのが、「富の流出」理論である。これこそ、国民会議(派)を支えた根幹の議論であった。

一八七〇年代以降、銀価下落にともなってルピーの対ポンド価値が下がり、イギリスの投資が減価することが問題になった。そこで一八九三年にルピーの価値をポンドに固定して、為替レートを安定させた。これが金為替本位制である。ルピーは高いレートでポンドにリンクさせられたので、インドから見ると輸出が困難になり、逆にイギリスからの輸入がふえた。そしてその輸入を上回る第一次産品の輸出というかたちでのイギリスへの「貢納」の支払いがますます火急のものとなった。それは一八九三年に造幣局の閉鎖という結果となり、第一次産品の輸出というかたちでイギリスへの「貢納」の支払いをせざるをえなくなった。換金作物が貿易港から、ヨーロッパへ積み出されていく姿は、たしかに商品経済の活発化を示すが、同時にインド経済発展が不均等でかつ部分的には破壊的だったことをも示すとナショナリストはいう。これらの結果、ロシア、日本などがとりえた工業化の道をインドはたどることができなかった、とラジャト・ライは主張する。

農業の商品経済化

第一次産品輸出経済化は、インド経済にどのような影響をおよぼしたのであろうか。一八六〇年代からインド農村が新しい力に支配されるようになったとB・R・トムリンソンはいう。ジュート、アヘン、皮革、油性種子、インディゴ、茶、砂糖、綿花、小麦など種々の第一次産品が新しく敷設された鉄道や道路網にのり、カルカッタ、ボンベイ、マドラスという三大輸出港をとおって輸出されていく、港市志向型の経済図ができあがった。綿花についていえば、アメリカの南北戦争の最中にボンベイに起こった綿花ブームは一時的だったものの、インドはのちに日本綿業の主要な原料供給地となったほどである。小麦も一九〇二〜一三年までイギリスの全小麦輸入量のほぼ一八％を占めるほどであった。

こうして海外市場のネットワークとインド農業の結びつきは十九世紀最後の四半世紀にはインド農村にある程度の利益をもたらし、一九二〇年代末の大恐慌によって世界市場が崩壊するまでつづく。あらたな作物の増大、輸送手段ネットワーク、市場の拡大などの結果、一九二〇年代後半には綿の六二％、ジュートの四五％、油性種子の二〇％が輸出されていた。パンジャーブ、西ウッタル・プラデーシュ州などでは灌漑面積も拡大し、一九二四〜二五年ころには、作付け面積の五分の一が灌漑されるようになった。

地租の金納に加えて、第一次産品の遠距離交易化によって農村の金融市場のあらたな需要が生まれた。その結果、一方で農民負債の増大が十九世紀の第三・四半期には明らかに見られたが、しかし負債の担保として非農業カーストが土地を購買するのを制限する法律ができたこともあって、都市に住む金貸しが大規模な農業経営に乗り出すことはなかった。農村に生まれた余剰のうちの若干は、金融、灌漑、市場や地域に関連する重要事項の決定権を掌握できる当該地域の名望家の手に残ったのである。

たしかに農業においても土地政策の主要関心は地税の確保であった。そこには一八七〇年代からインド政庁の行政費が高騰した事実がある。農民は、地税制度により土地保有が細分化し、人口も増大した結果、迫ってくる生存の危機を、農産物の商品化に乗り出すことによってある程度はしのいでいこうとした。

二十世紀なかばまでの農業生産は、基本的には雨量など自然条件に依存した停滞的なものであった。それはパンジャーブなどを除くと、インド政庁が灌漑、とくに小規模灌漑をあまり重要視しなかったことにも原因がある。とくに食糧生産は人口の増加に比べて増大するスピードが遅かった。したがってストークスによれば、インドの農業史は、「短期的なブームは起こるが、そのあとは、長期にわたり、地主が所得の源泉を多様化しておこうとする長い歴史が続く」。つまり、農村での余剰がなかったわけではないが、それをえた村落エリートはそれを投資するのでなく、社会的規制《コントロール》を増大する方向に投資したからである。

その結果が十九世紀後半の一八七〇年代と九〇年代に頻発した飢饉(六八〜六九年、七六〜七八年、九六〜一九〇〇年)であり、インド西部に発生した疫病だった。一八七六〜七七年のマドラス飢饉では五〇〇万人、九九〜一九〇〇年の飢饉だけで一〇〇万人以上の死者がでたといわれる。家畜も多く死に、畜力依存の井戸灌漑は大きな被害をこうむった。一八〇〇〜一九二一年の人口増加率が〇・四〜〇・五％だったというのもうなずける。

工業化

とはいえインドにも近代工業が起こってくる。それはどのようにして可能だったのか。

インドの近代工業は、かつての綿手工業の没落後に、ボンベイ周辺の綿工業とカルカッタのジュート工業を中心に一八五〇年代に起こってきた。まず一八五四年にはボンベイのパールシー(ゾロアスター教徒)であるダヴァールがインドで最初の近代的紡績工場を設立した。一八七〇年代以後はインド人実業家が綿業で活躍を始め、国民所得のなかに占める工業生産の比率はしだいにふえていった。

インドの工業が、(1)ボンベイ、アフマダーバードを中心としたインド西部、(2)カルカッタに代表されるインド東部、(3)マドラスに代表されるインド南部、すなわち港市から起こったのは、そこが交通の中心であり、またそこにはインド洋交易などに従事してきた商人が多く住むからであった。カルカッタなど東部インドでは、ヨーロッパ人の勢力が強く、西部インドでは彼らの勢力はそれほど強くなかった。なぜこれらの港市から他地域に工業が拡大しなかったか。モリスはインドの国内市場が狭隘《きょうあい》だったことを指摘するが、バグチはインド政庁の差別的政策を指摘する一方、ベンガルの土地所有制《パーマネント・セトルメント》に見られるように、土地に投資したほうが安全で有利とされ、資本市場がインド人のあいだに成長しなかったと示唆する。

インド工業の性格についていえば、ここでもビパン・チャンドラなどナショナリストの立場は、イギリスの脱工業化政策の結果、大規模な重工業が欠如したことを問題視する。他方、ケインとホプキンスのようにイギリス、とくにロンドンの金融業界《シティ》のはたした役割やそれとの協力関係も含め、世界市場に開かれた契機を発展の方向で見直そうとする見方もある。たとえばインドの近代工業はイギリスとの接触の結果

パールシーの家族（1867年，ボンベイ）　もともとペルシアから移住し，ボンベイに定着した小数社会集団。西欧近代化に順応して英領時代にもっとも成功した人々で，ターター財閥はその代表的存在である。

生まれたことを確認し、それが鉄道や電信と結びついていたのみならず、工場労働、労働移動、都市化などという新しい労働形態や概念も十九世紀後半のインドに生まれたことに注目するのである。

綿業についてみるなら、アメリカからイギリスへの綿花輸出が南北戦争の前後（一八六一〜六五年）にとだえたため、インドにいわゆる綿花ブームが起きる。そのころから、ボンベイ、アフマダーバードにはパールシーやグジャラートのナーガル・バラモンの企業家（元植民地官僚）などが先駆的な近代工場を経営し始めた。スエズ運河開通によってボンベイの経済的地位は一層上昇する。

工業化を担った企業家たちは、第一にホージャーなどのムスリム社会集団《コミュニティ》やマールワーリー社会集団など商人集団の出身だったことが特徴である。第二にパールシーは、プロテスタント的な禁欲主義であったことにバグチは注目している。第三に彼らの多くはイギリス人との協力のなかからその地位を勝ちとったのだった。ボンベイ市建設の初期から造船業にたずさわった船主も多く、中国とのアヘンや綿の取引で利益をあげて成功していった。なかには、大反乱のときに武器をイギリスに供給して財を築き、のちにデリーの綿業・糖業の大企業家となったラーラー・シュリー・ラームのような人物も存在する。最後に彼らは移動をいとわない集団だったことも重要である。マールワーリーの場合でいえば、ラージャスタン州から起こり、カルカッタ、ボンベイなどインド全土へ、さらにビルマ、マラヤなどへとそのネットワークを広げていった。経営の特徴としては、同族企業《ファミリー・ファーム》であることも忘れてはならない。

インド人による工場経営の規模は当初より紡錘数では日本を上回っており、小さくはない。しかし政庁の政策は日本と決定的に違っていた。たとえばマドラスで初期の官営アルミ工場が成功したとき、払い下げになったのはヨーロッパ人ノートンにたいしてであった。政府が手厚く保護した機械工業にインド人はほとんど参入できず、大規模な灌漑施設の建設や機械製造にかんする政府の契約相手も、やはりインド人の経営する会社ではなかった。政府の契約によらないとその機械製品の需要は限られていたから、インド人のみの会社は大きくなれない、つまりインド経済を、ヨーロッパ人による近代経済とインドの「非組織的」な後進的経済とに対比して語る、ある種の二重構造理論が従来はバグチなどによって語られてきた。

しかしここにもまた最近は土着経済、とりわけ「バザール経済」の精巧さに着目するラジャト・ライのような説も生まれている。インド経済を三重の構造と考える彼の「バザール」とは、農民や行商人などで構成されるバザールのイメージとは異なり、金融業者《シュロフ》や仲買人《アラティヤ》が為替手形などを通じて卸売り市場や先物取引にたいして資金を供給する組織化された金融・流通のネットワークである。そのバザールは、ある種のダイナミズムをもち、そこから、十九世紀後半にインドの資本主義が生まれてくる、とするのである。

さらに、最近のT・ロイなどの研究によれば、これまでの脱工業化論で前提にされてきた綿手工業の衰退がはっきり確認できるのは十九世紀中葉までで、十九世紀末以降にはむしろ在来産業は発展する傾向にあった。近代紡績業の発展にともない、手織布の素材が手紡糸から機械糸にかわり、近代工業と在来産業の共生が実現したことはよく知られているが、そればかりではなく、皮革製品、陶器、金属製の家庭用品、加工食品、木製品あるいはカーペット、ショールといった伝統的な商品の生産も増加した。欧米との競争のない農村での伝統的消費が、商品経済化の波のなかでほんのわずかずつではあれ、増加したことを重視するのである。

当然これらの産業の担い手も変化した。すなわち、女性の家庭内副業や村落内部の雑業層の比重が低下し、かわって従来の職人層や、都市における熟練工の新しい層の比重がふえていった。植民地期に工業化の基礎が破壊されたかどうかを見極めるには、近代工業とイギリスの利害との関係を論じるだけでは不十分である。インドの労働集約的産業は衰退するどころか、今日でも世界最大規模の雇用を誇っているのだから、この時期にも在来産業における熟練の蓄積があったことを見逃すべきではない、とロイはいう。

移民と印僑通商網

植民地化したインドは皮肉にも、世界に向かって開かれていった。その結果起こった顕著な変化は、インドからでていく移民労働者いわゆる印僑の流れである。「移民の世紀」といわれる十九世紀だが、その国際労働力移動には二つの流れがあった。一つはヨーロッパから北米を中心とする温帯地域への白人移民の流れだが、もう一つは十九世紀なかばの交通革命(蒸気船の就航)以後、アジアから主に熱帯地域に向かったアジア系移民の流れであった。十九世紀前半に奴隷貿易が廃止されて以来、黒人奴隷より機能的な代替労働力として求められたインド人労働者は、中国人労働者とともに、年季契約労働者《インデンチャード・レイバラー》として、この時代に発展した砂糖、茶、ゴムなど熱帯地域のプランテーションや、錫《すず》、金などの鉱山で第一次産品を生産するために移動していった。その背景には困窮し、飢饉が頻発するインド農村があった。彼らの行く先は、当初はカリブ海諸島や南米、東南アフリカ、モーリシャス、セイロン、マラヤなどであったが、十九世紀の終わりから二十世紀にかけてはセイロン、ビルマ、マラヤへの移民が急増した。彼らの動きは中国人移民と異なり、大英帝国の平和《パックス・ブリタニカ》のなかの通商網にのって加速されていった。

南アフリカのナタールでも、一八六〇年に砂糖プランテーションの労働力として、インド人年季契約労働者が導入されている。のちに民族運動の指導者となるマハートマ・ガンディーは、この地のインド人の人種差別と、「新しい奴隷制」と批判を受けた年季契約労働者の扱いの改善のために闘うことから、指導者としての第一歩を踏み出したのであった。

また、十九世紀後半、とくに一八八〇年代から、労働者の移民と密接に結びついて、インド人商業網が発展した。ムスリムが圧倒的に多いと信じられているが、経済史家のマルコヴィッツは、ヒンドゥーの多さも指摘している。シンド(ハイダラーバード)、カッチ、グジャラート、タミル・ナードゥ、ラージャスタンなどの地域から、メーモン、パティダール、チェッティヤール、マールワーリーなどと呼ばれる社会集団が、はじめは小商人として、東アフリカをはじめ、マラヤ、ビルマなど、これもイギリス支配地域を中心に急速に増加し、ネットワークを形成したのであった。ネットワークとは、それを通じて資本、信用、情報、商品、人間(とくに女性)が、配布されたり、交換されたりする網の目のような人間のつながりである。情報などは、ネットワークのなかでは無料とされたし、借入れも同じネットワークのなかでは金利の率が低かった。同じ社会集団の若者たちは、商店員として通商網に参入させられ、商店員としてはじめは短期的に出国していった。

有名な社会集団としては、カッチ出身のメーモンや、綿繰り工場を所有しつつ、ボンベイに原綿を売ったパティダール商人などがいる。タミル・ナードゥを基盤とするチェッティヤールと呼ばれる社会集団も、インドに本店をもち、ビルマの米作農民に金を貸すなど、セイロン、マラヤ、インドシナなどで高利の金貸し業を中心に成功した商人集団であった。同時に彼らの存在は、この地の農業の商品経済化の発展に欠かせないものであった。

インド社会の変化

第七章に詳述されたように、イギリス植民地支配によってインド社会は大きく変容したが、大反乱後に目立つのは、第一に、在印イギリス人がインド社会から疎遠になっていくことである。インドに「命令」と「管理」はするけれども、社会に介入したり、交流したり、文化的・社会的に融合をはかったりすることはなく、国家と社会は分離していった。

第二に統治者としての彼らは、インド社会とは種々の宗教・カーストなどの社会集団によるモザイク社会にすぎず、しかも不変である、という固定観念をいだいた。ちょうど十九世紀後半は、インドの各地にさまざまの文化団体《ヴォランタリー・アソシエーション》が結成され、地域言語が確立していった時代である。各地の文化団体に結集した知識人は新聞を発行したり、詩や小説、歴史小説やノン・フィクションなどを書き始め、地域の重要性が増大した。

社会改革運動も盛んであったが、一八八七年にラーナデーらによってつくられたインド国民社会改革会議《インディアン・ナショナル・ソシアル・コンファレンス》は、国民会議(派)と別々に活動することを決め、あまり成果をおさめることはなかった。社会改革運動は、政治運動よりも一層多方向で統一はむずかしかった。

とはいえ近代西欧の宗教・思想の影響を受け、ヒンドゥー、イスラームの双方においても社会・宗教改革運動が活発になり、それはさまざまな方向性をもった。たとえば、理性を重視し、キリスト教倫理を容認するブラフマ・サマージ(三二七頁参照)は十九世紀後半にもケーシャブ・チャンドラ・センなどによって活発な活動を展開した。他方、一八七五年にダヤーナンダによってボンベイに結成されたアーリヤ協会《サマージ》は「ヴェーダに還《かえ》れ」の標語を掲げ、むしろキリスト教を否定し、復古主義的傾向をもち、ヴェーダこそ真の知識体系であるとして、教育の普及にも熱心であった。

さらに一八九七年ヴィヴェカーナンダが設立したラーマクリシュナ教団《ミッション》は、ラーマ、クリシュナ、キリスト、アッラーは、同じ神に別の名前を与えたにすぎないという立場に立ち、近代インドの普遍主義の礎を築いた。とくにヴィヴェカーナンダは西洋の唯物主義と東洋の精神主義との調和を説いた。一八九三年にシカゴで開催された世界宗教会議において、彼はヒンドゥー教について講演し、西洋、日本においてヒンドゥー教への関心を呼び起こした。また彼は神への信仰とは人間への奉仕活動によるとして、社会奉仕活動を活発におこない、マハートマ・ガンディーに深い影響を与えた。

他方、国勢調査(センサス)が実行されるようになると、カーストについてはかえってその意識は明確化され、「実体化」されることになった。なぜなら、たとえば、インド軍は一八八三年、チャマールなど低カースト、不可触民の採用を禁ずるという命令をだすなど、カーストの帰属は就業機会にも関係したからである(カーストとセンサスについては三一四頁参照)。

カーストの認識が公文書で実体化されていくにつれて、多くのヒンドゥー教徒はセンサスにおける自分のカーストが、より上層の部類に記載されることを望んだ。カーストの記載は、就業機会や選挙の際の利益と結びついたからなおさらである。その結果、社会的地位の向上・維持を獲得するために、多くのカースト協会《サバー》が誕生することになった。彼らは菜食や禁酒や女性の生活への規制(男女隔離や「慎み深い」衣服を要求)など、それぞれの社会集団内の規範、とくに女性のそれを守らせる役割もはたした。そのカースト協会の規模も広域化していき(たとえば、タミル・ナードゥのナーダル・コミュニティ)、のちには全国横断的なカースト協会も生まれ、アイデンティティの形成に一役かったり、選挙の票田となっていった。

第九章　ガンディー時代

1　第一次世界大戦と植民地

戦争の影響と戦争協力

一九一四年八月四日、第一次世界大戦が始まった。戦争の惨禍は世界中に広がり、人々に衝撃と恐怖を与えた。インドはイギリスの戦争にただちに巻き込まれた。主権をもたない、とは、誰といつ、戦争するかを自ら決める交戦権をもたないことでもある。イギリスが参戦を決めた戦争に加わること、それが植民地の運命であった。

戦争の影響はまず増税にあらわれた。戦費のため、税は一九一六～一七年に前年比で一六％、一七～一八年にさらに一四％、一八～一九年にはそのうえにまたさらに一〇％というように急上昇していった。ついで顕著であったのはインフレである。とくに生活必需品が値上がりした。小麦、塩、スパイスなどの食糧価格が一九一七年には、戦前に比べると三一％上昇した。衣類などの一部が軍需にまわされたため、綿製品価格も上昇した。原因は軍需物資が多く輸出されたことだったが、それに加えて輸送手段の不足から砂糖、塩、ケロシン油など輸入物資の値上がりもはなはだしかった。小麦以外の雑穀を含めた三九品目の物価指数は、一四年から一九年のあいだにほぼ二倍となった。物価上昇は大衆の生活を直撃した。一〇年ぶりに飢饉や疫病も発生した。なかでも一八年のインフルエンザは膨大な数の罹災《りさい》者を生んだ。

逆に戦争のために国際市場から閉ざされた国内市場に向けて、綿、毛織物工業、製紙業などは発展をとげた。輸出の花形だったジュート産業には成長は見られなかったが、鉱物資源の生産も戦時中は増加した。

第一次世界大戦中に前線のインド兵を激励するロイド＝ジョージ首相　イギリスの戦争遂行に際し，植民地インドの協力は不可欠であった。

イギリスはインドの戦争協力を当然と考えていた。軍事的な締めつけが厳しかったわけではない。英領インド「防衛」の中核をなすイギリス兵はヨーロッパ戦線にかりだされていき、インドにいたイギリス兵が一五〇〇〇人以下だったときもある、と当時の総督レディングは回想している。当時の約三億一五〇〇万のインド人口を考慮するとき、イギリスの植民地支配は軍事的にも、むしろ手薄であった。

インドの側もイギリスの戦争に協力する立場をとった人が多かった。それは、第一次世界大戦が「民族自決」の戦争だという大義を信じ、戦争協力がインドの独立を生むと信じたからであった。具体的な戦争協力の数字を見ると、徴用されたインド人の数は一九一九年十二月三十一日までに一四四万四三七人に上る(戦闘員と非戦闘員)。提供した軍需物資は、皮革、綿織物、毛織物などの繊維製品、輸送用車両、船舶の修理、セメント、テント、ジュート、機械にいたるまであらゆる種類に上った。それに加えて一四億六二〇〇万ポンドという膨大な戦費(その多くは戦時公債であった)を負担したのだった。ターター鉄鋼会社の生産も管理された。インド経済は連合軍のために完全に戦争協力体制下におかれた。イギリスが戦争を戦う際に、植民地インドの軍事的な貢献はなくてはならないものになっていた。

しかし戦争協力をおこなうなかで、インド民族運動はしだいに核がつくられ、結集してくる。その中心にいたのが戦後の非暴力的不服従運動《サティヤーグラハ》を指導することになるガンディー(本名、モーハンダース・カラムチャンド・ガンディー。以下ガンディーと略記)であった。

ガンディーの登場とその思想形成

ガンディー時代とは、第一次世界大戦前後からインド・パキスタンの独立までの時期をさしている。この時代にインド民族運動の指導者としてガンディーが卓越した役割をはたした事実によっている。彼はマハートマ・ガンディーとも称されるが、マハートマとは、「マハー=偉大なる」「アートマ=魂」を意味し、ガンディーを称えた呼び名である。

第一次世界大戦後のインド民族運動は、それまでのものとは質的に大きく変化する。それまでのインド民族運動は、一八八五年に結成されたインド国民会議に集まるエリートを中心としたもので、インド統治政策を批判はしたものの、実効の裏付けのない批判が多かった。しかし、第一次世界大戦以降の運動は、イギリス統治政策に影響を与え、代案を提示し、少しずつ権力を獲得していく。イギリスの植民地政策も、民族運動にたいし、動揺と譲歩が見えはじめる。その結果として一九四七年にインドとパキスタン（七一年から東パキスタンはバングラデシュとなる）の独立が達成され、植民地統治は終わりを告げるにいたる。

　世界的規模で見るとこの時期は、第一次世界大戦、第二次世界大戦という二つの戦争が戦われ、ロシアに革命が起こり、暴力が未曾有の規模で世界中を支配した時代であった。暴力と恐怖が支配した二十世紀前半という時代にあって、ガンディー指導下のインド民族運動が「非暴力」を掲げたことがまた鮮烈な特色となって世界の注目を惹きつけたのであった。運動は、一九一九～二二年の非協力運動《ノン・コオペレーション》、三〇～三四年の不服従運動《シヴィル・ディスオベディエンス》（塩の行進）、四二年の「インドから出て行け《クイット・インディア》」運動と、三つの時期に高まりを見せた。そしてこの運動は、その後のアジア諸国の独立の引き金となることによって、「イギリスの平和《パックス・ブリタニカ》」に終わりをもたらしただけでなく、アジアに国民国家システムを成立させた。世界は、それまでの植民地体制から国民国家体制へと二十世紀なかばに大きく変化したのである。それを導いたガンディーとは一体どんな人物だったのだろうか。

　マハートマ・ガンディーとして、よく知られる彼は、インド西部のポールバンダルという藩王国の宰相の息子として生まれた。インドの大学をでたあとイギリスに留学し、弁護士の資格をえて帰国するが、インドでは弁護士として成功せず、アフリカのインド人ムスリムの訴訟の弁護を引き受けてアフリカに渡る。そこでの弁護士活動のなかで、アフリカにおける年季契約労働者をはじめとするインド人への諸差別反対運動を指導し、そのなかでいわゆる非暴力的不服従運動《サティヤーグラハ》の方法を編み出したのである。サティヤーグラハとはガンディーが非暴力的不服従運動をこう命名したもので、サティヤ＝真理、アーグラハ＝把握するという意味である。しかし彼は自らサティヤーグラハを魂の力《ソウル・フォース》とか愛の力《フォース・オブ・ラブ》だとも説明している。

さてアフリカにおいて、インド人の権利獲得運動の指導者として名声を博したガンディーは一九一五年にインドに帰国した。帰国後の彼は、一七～一八年には、ビハール州チャンパーラン県の藍プランテーション、アフマダーバード市の綿業労働者のストライキ、ボンベイ州ケーダー県農民の地租減額闘争とつづけざまに非暴力的不服従運動を指導した。その地域は東西インドに広がり、闘争の形態も多様であった。

ガンディーの運動は、それまでの国民会議(派)的運動方法をまったく変えてしまったのである。第一はエリートのものであった運動に大衆を参入させたこと、第二はムスリムのヒラーファト運動(オスマン帝国のカリフの地位とイスラームの聖地を含む領土の保全を擁護する運動)と協力関係をもったこと、第三は西欧近代を模倣し、「イギリス人ぬきのイギリスをつくる」方法をすてたことである。それまでの国民会議(派)の指導層の多くはエリート的で、西欧近代を肯定し、そのうえで議会や政府にインド人を参入させようとする要求が主流であった。しかし、ガンディーは、植民地支配の根本には、西欧近代がもつ問題性がよこたわっている、という主張を一九〇九年に著わした『インドの自治《ヒンドゥ・スワラージ》』において早くも展開したのである。彼は、西欧近代とは、肉体的欲望を解放し、肉体的幸福を人生の目的とするところに本質がある、と西欧近代文明そのものが問題をはらんでいることを指摘した。そのため、西欧近代は過剰な生産や、過剰な資源の消費を追求し、それが暴力を生み出している。つまり、西欧近代は進歩どころか「病理」だととらえた人物である。

彼はむしろ、自らの欲望を節制し、厳しい自己統御のなかに人間や動植物との共存関係を築いているヒンドゥーイズムや仏教・ジャイナ教のなかに、真の文明をみいだそうとした。真の文明とはグジャラート語で良き行い《スダーロ》のことであり、自分のはたすべき義務のありかを示してくれる行動の仕方である。それは自らの情欲のうえに支配力を確保し、自分を統御することであり、自分を統御するところに「インドの自治」がある、という。こうした真の文明の建設こそわれわれのめざすところだ、と主張した。この原著のグジャラート語版は発禁になったが、彼自身なにも所有せず、着るものといえば腰布だけ、と自らをシンボル化した姿で、それを大衆に伝えた。なにももたない貧しいインド人大衆に自らを同化し、大衆が自尊心をもって自らの正しさを訴える力を解放したのである。ロンドンに留学したことにより、かえってヒンドゥー文化や仏教・ジャイナ教などインドの諸宗教のなかにある不殺生《アヒンサー》の思想、自然との共生の思想を発見し、そこからそれらの文化の担い手である大衆にも可能な非暴力という方法を編み出したのであった。

ナショナリズムの胎動――ラクナウ協定

インド人にとって第一次世界大戦は三つの問題をはらんでいた。第一は、イギリス本国の戦いと植民地インドの戦いの関係である。第二はイギリスが敵としたオスマン帝国のカリフとインド・ムスリムの「敵」との関係であり、第三は、戦争や革命などのもつ暴力の問題である。

第一は、植民地インドは宗主国イギリスの戦争にどこまで協力すべきか、という問題である。第一次世界大戦は、民族自決のための戦争といわれながら、その大義名分は、「自決」すなわち独立を望むインドには適用されなかった。そのかわりに、大戦中の民族運動の展開を読み込んで、インド担当大臣モンタギューは、インドから戦争協力を確保するための政策、モンタギュー宣言を一九一七年八月に打ち出した。国際的には、ウィルソン大統領の民族自決宣言が同年一月に発表されたことに対応するものでもあった。モンタギュー宣言は、将来責任政府と自治機構を実現すると述べている。これを見たインド人は当然戦後には自治が約束されていると考えたのだった。

しかし、イギリスの意図は、この宣言によってティラクらの過激派を孤立させ、穏健派をイギリスの側に糾合しようとした試みにすぎなかった。したがって譲歩と見える宣言は曖昧な部分をもち、戦争終結とともに、約束と見えたものはたちまち後退を始めるのであった。たしかにイギリスのサンドハースト王立士官学校に一〇人のインド人を入学させるなど、軍隊のインド人化にも譲歩する態度を見せたが、これも戦後ははかばかしい進展を見せなくなるのだった。

第二には、オスマン帝国のカリフはイギリスの敵であっても(オスマン帝国は一九一四年十一月に参戦)、インドのムスリムの敵であるか、という問題である。オスマン帝国の崩壊過程は、イタリア・トルコ戦争(一九一一年)、バルカン戦争(一九一二～一三年)とつづき、第一次世界大戦によって一層促進された。かつてオスマン帝国領だったエジプトは、一九一四年十二月以降、イギリスの保護領となり、一六年には、英仏間のサイクス・ピコ協定で、オスマン帝国の分割が決められた。他方、ユダヤ人にはパレスチナに国土を保証するバルフォア宣言が発せられた。こうしてイギリスは、アフリカの背骨を貫き、中東をとおり、ペルシア湾にまでいたる、いわゆる「中東イギリス帝国」を事実上成立させたのである。

このとき、インドには「民族自決」は適用されないのに、アラブ諸国にはオスマン帝国からの「自決」が適用されるという、戦争の大義の矛盾がインド・ムスリムを一層不信におとしいれた。オスマン帝国のカリフは全世界のムスリム共同体《ウンマ》の教主だったため、インドに住むとはいえ彼らの反英感情は緊迫したものとならざるをえなかった。ムスリム連盟結成以来の親英的ムスリムの影響力はこの時期、急速に衰えていった。

新しいムスリム青年層の指導者のなかには、たとえばアーザードがいる。彼は機関紙『新月《アル・ヒラール》』(一九一二年発刊)において反英的な論考を打ち出してムスリムの政治的指導者として台頭した。連合州出身でアフラール(自由民)運動の担い手であったアリー兄弟も同様だった。彼らは第一次世界大戦後に事実上成立する「中東におけるイギリス帝国」の存在に反対し、ムスリムが広く団結するパン・イスラーム主義を信奉した。しかしこれは事実上、オスマン帝国を支援する内容と重なった。こうしてインド・ムスリムのあいだにヒラーファト運動という活発な反英運動が始まる。彼らのなかにもヒンドゥーとの統一の気運が台頭してきていた。

他方、ヒンドゥーの側でも運動はふたたび活発になっており、一九一五年には、アイルランド人アニー・ベザントらによる自治連盟《ホーム・ルール・リーグ》が結成され、釈放されたB・G・ティラクらと戦後の自治を要求するようになった。暴力革命派の活動も活発であった。インド人兵士が武装反乱を起こし、イギリス支配の転覆をはかるという、一八五七年の大反乱モデルにならった反乱党《ガダル》の計画も立てられた。この計画は一九一五年二月、政府に摘発されて国内では未遂に終わる。だがこの計画にかかわったラーシュ・ビハーリー・ボースは、日本に脱出し、日本での活動で知られることになる。すなわち第二次世界大戦中に日本が支援してインド国民軍が結成されるが、そのおりには、その指導者の一人となった。シンガポールでも一五年、反乱党の計画につながるインド兵士の反乱が起こり、イギリスは日英同盟を利用して、日本軍の援軍によってやっと鎮圧したほどであった。

これらの運動の高揚を背景に、穏健派ゴーカレーの死後、過激派の雄ティラクが一九一六年ラクナウ大会において穏健派との統一を成功させた。それればかりでない。当時まだ国民会議(派)のメンバーでもあったムハンマド・アリー・ジンナー(のち国民会議派を離れ、ムスリム連盟議長となる、パキスタン建国の父)と結んで、国民会議(派)とムスリム連盟とのあいだでも、ラクナウ協定《パクト》を結んだ。これはエリート間の協定とはいえ、分離選挙制(三四七頁参照)を認めたうえ、立法議会における議席配分を決定した選挙協定であった。しかも従来の分離選挙制ではムスリム側だけが少数者保護を受けていたが、この協定において、ヒンドゥーが少数派になった州では彼らにも人口比以上の議席が配分されることになった。こうして双方が自治政府を要求し、この間の宗派対立をはじめて政治的に解決する、画期的なものであった。

結局一九一六年のラクナウ大会では、穏健派と過激派、さらにムスリム連盟と国民会議派とのあいだの連携が成立した。このラクナウ協定の締結はあらたな時代の到来を予想させた。しかもこの大同団結が最終的には暴力をも辞さないティラクの手によらず、それまでアフリカのムスリムのなかで非暴力運動を展開してきたガンディーによる指導権掌握というかたちに終わったことが重要であった(ティラクは二〇年に病死)。それが、戦後のムスリムによるヒラーファト運動と非暴力大衆運動《サティヤーグラハ》の協力をもたらすからである。

2　第一次世界大戦後の改革と諸運動

イギリス統治の改革

第一次世界大戦は一九一八年に終わった。しかし大戦中、一七年に起こったロシア革命は植民地の統治者にも衝撃を与えた。人民と兵士が革命によって国家権力を掌握するモデルが眼前に実現されたからである。その結果、第一次世界大戦後の世界思潮は、これまで以上に理想主義を標榜《ひょうぼう》し、民族自決と国際協調を主張するようになった。ウィルソン大統領の「民族自決」宣言のように、アメリカをはじめとする国際世論も植民地問題に介入し始めた。加えて一九～二〇年は戦後の経済が混乱した時期であり、民族運動の高まる予兆が見えていた。英領インドの統治政策も質的に変わらざるをえなくなっていった。

モンタギュー宣言の「約束」は、戦後にモン・ファド改革(一九一九年インド統治法のこと。統治法の作成にかかわったインド担当大臣モンタギューとチェムズファド総督の二人の名前からこう呼ばれる)となってあらわれた。この時期にはほかにも軍制改革、経済改革など一連の改革案があらわれるが、モン・ファド改革は一九四七年の独立につながる権力移譲過程の第一歩だとイギリス側が自讃するものである。はたしてそうだろうか。検討してみよう。まずこの改革の枠組みは以下の諸点からなる。

(1)　地方分権の促進。州政府の行政権の一部をインド人(大臣)に移譲し、両頭政治《ダイアーキー》と呼ばれる体制が発足した。

(2) 中央政府と州政府による連邦制の原型が導入されたが、中央統治機構は実質上変わらなかった。

(3) 州議会(立法参事会)における選挙制の実質的な導入。州議会が拡大され、議員の少なくとも七〇%は被選挙議員であること、そのために人口の約三%が投票権をもつことが定められた。しかし分離選挙制の適用範囲はむしろ拡大した。

(4) インド政庁にある程度の財政自主権を導入。この勧告のあと、イギリス政府は一九二一年「インド関税自主権」を承認した。その結果、インド政庁は「自由貿易」政策の原則をすてることになる(第四節参照)。

では、モン・ファド改革は具体的にどのような変化をもたらしたのだろうか。第一の変化は、州政府大臣(インド人を含む)が州行政にゆずられた「移管事項」を担当するようになったことである。インド総督が任命する州知事が、州議会(立法参事会)議員のなかから州政府大臣を任命した。州「移管事項」とは、教育、図書館、博物館、地域の自治、医療、農業、漁業、協同組合、産業の開発、保健衛生などの権限の一部である。ただし州移管事項にも、「留保事項《リザーブド・サブジェクト》」があり、州行政のかなめである治安(警察)・司法・地租徴収、灌漑・飢饉対策などにかんしては、いぜんとして州知事とその行政参事会が管轄を握って離さなかった。

第二には、従来どおり、中央政府段階ではインド総督とその行政参事会(内閣に近い)が権限を掌握していた。中央政府は、軍事、外交、藩王国統括、関税、通貨、郵便などの重要な行政については、権限を保有して「留保事項」とした(しかも、「移管」と「留保」の区別は曖昧であった)。変化といえば、総督が任命するインド人参事が三人(八人中)に拡大され、インド人参事(事実上の大臣)が中央の行政参事会でも、教育、法務、労働、保健などを担当するようになったことである。

第三に、立法機構にかんしては、州議会には制限選挙制(有権者数五五〇万人)が導入された。中央では、総督の立法参事会を廃して、二院制の立法府(中央立法議会と中央立法参事会)が設置された(ただし、ここで起案される重要法案のほとんどは総督の事前認可を必要とした)。

一見してわかるとおり、この改革は複雑なわりには内容がない。自治を与えると高い理想を掲げているわりには実質に乏しかった。「民族自決」から見ると大幅な後退である。イギリスが譲歩し始めていたのは事実であるが、この新制度をそのまま権力移譲の第一歩と見るのはむずかしい。イギリス帝国を再編し、インド人協力者《コラボレーター》の地位をより強固にしようとする装置にすぎなかった、とジュディス・ブラウンのような正統派イギリス史家さえ批判するものであった。一種の二重政策《デュアル・ポリシー》である。

おそらくこの改革の実質はB・R・トムリンソンがいうように地方分権である。その本音は、インド政庁がイギリス政府の戦費を負担した結果、財政難に陥らないよう、政庁の財政再建を企てることにある。つまり地方分権によって財政的に自給的な州をつくり、中央政府の財政負担からはずすことである。中央政府の財源は、関税、所得税、塩税、アヘン税などとし、州政権には地租が移管された(四〇二〜四〇三頁表参照)。反英的な国民会議派の基盤を都市の専門職・中間層と考えたインド政庁は、農村の地主にイギリスの協力者となることを期待し、地主たちは自らに課税することになった。

インド軍についてもこの時期に改革されるべく、一九一九年にはエシャー委員会がつくられた。第一次世界大戦におけるオスマン帝国の敗北後、イギリスには中東支配を維持する必要が生まれていた。とくにイラクに駐屯するには年間三〇〇〇万ポンドの費用が見込まれ、イギリス軍を撤退させたい本国は、それにかわる安価な軍としてインド軍を駐留させてイギリス権力の存在を示すことを決定した。この費用は年間六〇〇〇万ポンド、インドの税収の四〇%にのぼった。エシャー委員会は、帝国の防衛のために中近東に、さらには東ヨーロッパにも派兵できるインド軍をつくることを提案した。

このときわずかな改革といえどもモン・ファド改革が効果を生んでいたことは注目に価する。中央立法議会が新税・増税を拒否するだろうと予想されたこと、総督が強行すれば、行政参事会のインド人たちが辞任するだろうと予想されたことなどの結果、イラク駐屯計画は破棄されたからである。エシャー委員会報告も一九二二年には拒否された。その結果、インド軍が帝国防衛の任務に就いた場合、インドに費用負担させることは簡単でないことが予想される事態となった。これはのちに第二次世界大戦中に帝国防衛のために働いたインド軍の戦費をめぐり、イギリスにとって重大な結果を生むことになる(四二三頁参照)。

これらの改革と同時にインド政庁は、戦後の国内情勢の安定化のために、ローラット法(一九一九年三月制定)という予防拘禁を含む弾圧法を同時に上程してきた。「飴と鞭」政策といわれるものである。この抜打ち的な弾圧法の制定に警戒心を強めたガンディーらインド民族運動の指導者たちは、逆に一九年三月から二二年にいたるまで、後述する大規模な運動を展開していくのである。ガンディー時代の幕開けであった。

ガンディーと非協力運動

第一次世界大戦後のインド民族運動はそれまでと質的に異なる五つの画期的な特徴をもっている。その第一はすでに述べたように、民族運動に大衆が参入してくることであるが、それは大衆が参入しやすい運動形態だったからである。

運動のきっかけとなったローラット法は、戦争終了とともに効力を失うインド防衛法にかわって登場したものであった。弾圧法が施行されるというニュースは、自治を待つインド民族運動の指導者たちを愕然とさせ、裏切られたという感情を強くいだかせた。ガンディーら二〇人程の人々は、ローラット法が立法化されるなら一握りの人間でも抵抗するという「サティヤーグラハの誓い」を起草し、署名し、サティヤーグラハ協会《サバー》をつくって運動を開始した。この人々が核となって、活動はムスリムにもまた南インドにも広がり、一九一九年三月三十日(のち四月六日に変更)から、非協力運動《サティヤーグラハ》が始められることになったのである。ガンディーはいった。「政府との協力を差しひかえるかどうかは、奪うべからざる民衆の権利である、私たちは政府に裏切られた場合は、政府に協力しない権利を与えられる」。

ガンディーは、悪法を施行しようとする政府への非協力運動を、逆に民衆の側からの「真理に忠実ならんとする行《ぎょう》・実践」と位置づけ、サティヤーグラハという名称を与えた。真理に忠実ならんとする具体的な行為として、自己を浄化するための断食と祈りの「行《ぎょう》」をおこなう一日、すなわち国中の一斉休業《ハルタール》を呼びかけたのである。「魂の力」の行使であった。一斉休業は全インドで整然とおこなわれた。イギリス

REGISTERED NO. A. 672.

The Independent

Vol. II—No. 57. ALLAHABAD TUESDAY APRIL 15 1919.

GANDHI'S MESSAGE TO PEOPLE.

"BE SATYAGRAHI NOT DURAGRAHI".

Mr. Gandhi on arriving in Bombay on Friday afternoon sent a message to the citizens of Bombay not to create disturbance of any sort.

"GOOD OUT OF EVIL."

HINDUS ADMITTED FOR THE FIRST TIME IN NAKHODA MOSQUE.

PRUSSIANISM IN PUNJAB.

PUBLICATION OF ACCOUNTS OF DISTURBANCES PROHIBITED.

SHOOTING IN CALCUTTA.

SEVERAL KILLED AND WOUNDED.

サティヤーグラハを呼びかける『インデペンデント』紙(アラーハーバード市)　運動を支持した唯一の英字新聞。ネルーの父が社主だった。

から見れば一斉罷業《ゼネスト》は許容できる範囲の行動であった。またそれは過激派と穏健派とのあいだの第三の道の提案でもあった。非暴力的《シヴィル》な不服従運動という点では、議会主義者の意図にそい、直接行動という点では、過激派の目標にも合致した。

運動が始まってまもなく、四月十三日、パンジャーブ州ではジャリアンワーラー広場《バーグ》事件といわれる虐殺事件が起こった。ダイヤー将軍率いるイギリス軍が、広場に集まった市民に機関銃などで無差別に発砲し、死者一二〇〇人(三七五人との説もある)、負傷者三六〇〇人をだす惨事を引き起こした弾圧事件である。それにつづいてパンジャーブ州には戒厳令がしかれ、無差別逮捕、公開鞭打ちなどが起こっているとの噂が広がった。ローラット法を地でいったような事件であった。抗議の声と不安は全インドに広がった。

五月三十日、タゴールは、彼のナイト爵を「名誉の印《しるし》が恥の徴《しるし》となってしまうときがきた」といって返上した。

この段階以降、インド政庁への非協力というなかに、多くの要素を包摂した運動が展開されていった。外国製布の使用をやめること、手織り布《カーディー》、手《て》紡《つむ》ぎ糸の生産を奨励すること、国産品使用などに始まり、政府公立学校のボイコット、一斉休業、税の不払い、公職や名誉職から辞任すること、名誉称号の返上など創意に満ちたさまざまの形態の運動が展開された。糸紡ぎ車《チャルカー》をシンボルとしたこの運動には、ヒンドゥーの神をもちだす宗教色などがなく、多様な大衆の参加を容易にした。これ以降、大衆が参加した政治運動というパターンは、インドの民主主義を特徴づける重要な要素となる。この運動はその決定的な契機となった。

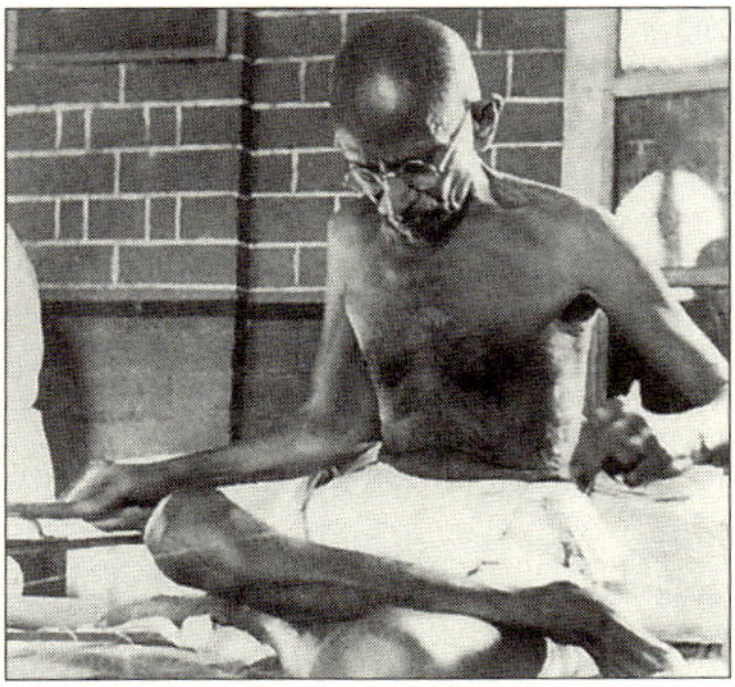

ガンディー　ガンディーは毎日糸を紡ぎ，労働の意味を軽視するカースト制，労働疎外を生む機械工業を行動で批判した。

第二の特徴はヒンドゥーとムスリムの運動の協調が実現したことである。しかも、多宗教・諸階層の共存をめざす運動の背後に、ある種の国民文化をつくろうとする活動がそれを支えていた。むろん、大衆運動の次元において、ガンディー率いる非協力運動と、アーザードやアリーらの率いるムスリムのヒラーファト運動(一九一九～二四年)が、協力関係を成立させた意味ははかりしれないほど重要である。

ガンディーは敬虔なヒンドゥー教徒でありながら南アフリカにおけるムスリムとの協力関係以来、その信頼の篤《あつ》い指導者であった。一九二〇年の国民会議には多くのムスリム、とりわけヒラーファト運動のメンバーが多く出席した。この時代はジンナーのようなムスリムのエリートの活動を見ても明らかに協調する姿勢である。彼は参事会を辞任する一方、ムスリム連盟の代表としてロンドンに渡り、モンタギューら本国政府にこの問題を直接訴えた。一八五七年の大反乱以来はじめて、ムスリムとヒンドゥーの共闘が幾重にもはたされたのである。しかもこの協調によって南アジアの運動は、西アジアのムスリムからの潜在的な支持をえることになった。二一年七月、全インド・ヒラーファト委員会は、ムスリムは英印軍に一切勤務してはならないという決議を採択した。

またこの運動には、非協力や拒否の側面だけでなく、「国民教育」運動を含めた「建設的」な側面が含まれていたことも注目に価する。一九二〇年十二月の国民会議大会は、子弟にインド政庁立の学校をボイコットさせるだけでなく、グジャラート、ヴァーラーナシー、ビハールなど各地に国民大学《ヴィディヤピート》を出現させ、そこで子弟の教育をおこなっていくことも決議した。同様にアリーガルにはイスラーム民族学校《ジャーミア・ミリヤ・イスラーミーヤ》が創設された。国民大学には、不可触民の入学を認める規則を設け、またアラーハーバードには女子大学もつくられた。こうした建設的な運動での協力が、おそらく、多様な地域・宗教・諸階層の協調を幾重にも成立させたと思われる。

第三に、国民会議がガンディーのイニシアティヴで組織改革をおこなったことも運動を全国的なものにした。一九二〇年末に国民会議は新しい規約を採択し、それによってはじめて全国大会を最高議決機関とし、全国委員会および執行委員会をおくという組織が整えられ、国民会議派《コングレス・パーティ》と呼ばれうる政党すなわち運動組織になった。英領インドの一一州は、会議派組織では、言語に応じて二〇州に分けられ、各州には会議派州委員会や県委員会から村(会議派党員が五人以上いること)にいたるまでの組織がつくられた。年間四アンナ(四分の一ルピー)の党費を払えば、誰でも党員になれるという党員資格も決められた。この指令系統の整備によって全国統一の運動が可能になった。

会議派の目標は「合法かつ平和的なあらゆる方法を用いてインド人民による自治を獲得すること」と定められた。ここに全インド的ナショナリスト政党としての会議派が成立した。とはいえ、地方の下部組織を見れば、保護・被保護《パトロン・クライアント》の関係や地方でのコネや、派閥の離合集散的な側面がいぜんとして存在してはいたのだが。

第四に、台頭しつつある商人・資本家層が民族運動を支援し始めたことである。大戦中にインドの商人・資本家層は莫大な利益をあげた。だが一方で彼らは、ルピー高、増税などインド政庁の政策に反対する声をあげ始めた。大戦前後から商人層とナショナリストの接近も活発になっており、とくにガンディーには「ボンベイの商人たちが必要以上の金を送ってくれる」(『ガンディー自伝』)ようになっていた。グジャラート地方の商人、ヒンドゥー教徒のマールワーリーという商人集団や、メーモンと呼ばれるムスリム商人集団などがこのころから運動を財政的に支援し始めたのである。そのことが逆に運動の会計上の透明性を増すことに役立ったことも興味深い。これらの四点を集約する働きの中心にいたのが、ガンディーであり、その結果ガンディーは、ならびなき全国指導者となっていったのである。

だが、こうした運動の盛り上がりに冷水をあびせる事件が起こった。それは一九二二年二月のこと、連合州で、群集がチャウリー・チャウラー警察署を襲い、二一人の警官を焼き殺してしまった事件である。ガンディーは非暴力を守る約束に反するとして運動の中止を命じた。ここに一九年から二二年にいたるインド民族運動の波は鎮静化されていったのだった。

沈滞期のさまざまの運動

一九二二年以降の政治状況のいくつかの特徴をあげると、まず第一に国民会議派の政治運動が沈滞したことが顕著だった。党員数も変化が激しく、会議派は何度目かの分裂の危機をむかえる。原因は運動組織として議会をボイコットしつづけようとする固守派《ノー・チェンジャー》（ガンディーは投獄中）と、議会政党としての活動を選んだC・R・ダースらの独立党《スワラージ》グループとの対立であった。固守派はいわゆる「建設的運動」と呼ばれる糸紡ぎ車《チャルカー》による手紡ぎ糸や手織り布の生産労働など、およびその消費の奨励、さらに宗派をこえ、とりわけ下層カーストのなかの奉仕活動、初等教育などの社会改革運動をおこなっていた。

しかし両者の一九二六年の合同は、議会活動と不服従運動の双方をおこなうという結論に会議派が到達したことを意味するであろう。インド民族運動はこうして、選挙（二〇～四六年までで六回）と大衆運動（一九～二二、三〇～三四、四二年）とに相互補完的な役割をはたさせながら、交互にそれらを展開するという弾力性を備えるようになった。議会活動の貢献も大きなものがあった。たとえば、中央立法議会で力をもつようになったインド人議員がインド軍の財源をインド負担にすることに反対した結果、インド軍の遠征費用にかんしてイギリスが応分の負担をはたすようになった。これも第二次世界大戦のインド軍の費用問題につながるのである。

この時期は、第二に政治の焦点が中央政府や会議派に収斂《しゅうれん》するよりは州・地域政治に拡散した。非会議派的な地域政党が州において選挙政治を展開するのも、ある意味ではモン・ファド改革の企図どおりともいえよう。この時期にはパンジャーブ州の連合党《ユニオニスト・パーティ》（一九二三年結成）、マドラス州の正義党《ジャスティス・パーティ》（一六年結成）、ベンガルの大衆党《プロジャ・パーティ》（二九年結成）などの地域政党が州政治をある程度握った。彼らは会議派ほど反英色が鮮明でなく、灌漑、道路、橋などをめぐって地方政治、ときには利権政治を展開するようになった。

たとえば正義党は、正式名を南インド自由連盟と呼ぶが、親英的で非バラモンの上層すなわちバラモンを除いた人々のなかでは上層の利害を代表するドラヴィダ的な地域政党であり、バラモンの多い反英的・北インド的な会議派に対抗して、教育機関や上級・下級の官僚機構に非バラモンを参入させよ、などと要求した。一九二〇年選挙では会議派が選挙をボイコットしたため、彼らが勝利し、三人のインド人大臣にはすべて非バラモンが任命された。二六年には正義党は独立党に敗北したが、独立党が内閣を組閣することを州知事に拒否されたため、正義党系の非バラモンが組閣している。こうして正義党は会議派との対抗関係のなかから非バラモンの地位向上をはかり、彼らの留保制を地方公共団体や高等教育に導入した。二〇年代後半には非バラモン運動のなかにも、カースト制度廃止を訴えるさらに急進的な自尊運動《セルフ・リスペクト》が登場する。のちに三七年には、自尊運動で知られたラーマスワミー・ナーイッカルが正義党総裁に選ばれるが、彼はヒンドゥーイズムをバラモン支配の道具にすぎない、と批判し、ヒンドゥーイズムをドラヴィダ民族に押しつけることに反対だとして南インドからの会議派批判をおこなった。つまりインド人側の政治は州と中央でも複雑に多方向化するかに見えた。

第三にヒンドゥー・ムスリムの離反もふたたび表面化した。ここにはヒンドゥー・ムスリム双方の問題が潜んでいる。ムスリムからいえば、カリフ制が崩壊したあとはヒラーファト運動の目標は見失われ、ムスリムの反英運動自体が沈滞せざるをえなかった。一九二〇年九月から二二年三月までつづいた「(ヒンドゥーとムスリムの)統一」運動も崩壊し、そのあとは、アーザードやM・A・アンサーリーなどの「民族派《ナショナリスト》ムスリム」つまり会議派支持派と、パキスタン支持へと流れる「分離派」とが分岐していったのだった。パンジャーブにおける二六年のヒンドゥー・ムスリムの紛争もこの傾向に拍車をかけた。

ヒンドゥー側にはさらに深刻な事態が生まれていた。いわゆるヒンドゥー・ナショナリズムの形成である。じつは一九一五年にすでにヒンドゥー大連合《マハー・サバー》が設立されたときから、ムスリムとの対抗運動がなかったわけではない。しかし当初は会議派内に座を占めていた彼らだが、ムスリム分離選挙を容認したり、ヒラーファト運動を支持したりする会議派の協調行為をムスリムへの偏重だとして、会議派への批判をしだいに強めるようになった。二三年、古くからの革命的テロリストだったV・D・サーヴァルカルが、『ヒンドゥトヴァ(ヒンドゥーであること)』なる著作を公刊し、「ヒンドゥーとは、このインドの大地《バーラッド・ブーミー》を自分の父祖の地であり同時に聖なる国である、と認めるものをさす」とした。これは裏を返せば、インドの大地に存在する国家とはヒンドゥーの国家であるという意味になる。つまり、インドという政治的単位とヒンドゥーという文化的・民族的単位を一致させようと主張するヒンドゥー・ナショナリズムの原理を打ち立てたのであった(三五三頁参照)。

これにつづいて彼の忠実な支持者であるK・B・ヘードゲーワールがナーグプルで一九二五年に民族奉仕団(RSS)を設立したとき、ヒンドゥー・ナショナリズムはさらに新しい段階をむかえる。この運動はここに組織的中核をもつようになったからである。この組織は当面、バラモンなど高いカーストの子弟を組織して各地の支部《シャーカー》に組み入れ、棒術演習などを中心とする集団活動、シヴァージーなど歴史上の人物にかんする説教《バウディク》、参加者全員による討論《チャルチャー》の三つを活動の三本柱とし、社会的・文化的活動をおこなった。だが当時はのちのインド人民党(BJP)のイデオロギー、組織に深い関わりをもつほど大きな組織に発展すると予想した者はいなかった。

以上の動きを見れば、地域や宗教、社会階層に応じた政治団体が選挙政治を契機に各地に台頭し、反英運動が必ずしも国民会議派に収斂しなくなったという意味ではモン・ファド改革の狙いは正鵠《せいこく》を射ていたといえる。だが他方では、方向は種々ながら、民族意識の覚醒が全国に広がりつつあったといえよう。会議派もしだいに農村の支配層に支持を広げていった。支持層はビハール、グジャラート、西ベンガル、連合州の一部においてまず獲得されていき、一九二〇年代後半には劇的に北西辺境州に広がり、三〇年代前半には、マドラスとマハーラーシュトラに、四〇年代までには藩王国にと、その支持範囲は広がっていった。会議派執行部はそれらの地方の活動を指令したり、あるいは州会議派の内紛に介入することで、なんとか運動の中央集権性を確保しようとしていた。その会議派の主導権が一挙に回復するのがつぎに述べる三〇年代の第二次不服従運動《サティヤーグラハ》の時期であった。

3 危機の時代

サイモン委員会

一九一九年のインド統治法によれば、さらなる責任政府をインドに導入すべきかどうかを評価するために、一〇年以内に評価委員会を派遣することが決まっていた。ところが当時のイギリス保守党のボールドウィン内閣は、つぎの選挙で勝利するかもしれない労働党のインド統治法改革にたいし先手を打つため、サイモンを長とする委員会を二年早い二七年に派遣すると決定したのである。問題はこの委員会にインド人委員が一人も任命されていなかったことにあった。インド諸党派(国民会議派、ムスリム連盟、インド自由連合)はこれにこぞって反発し、抗議行動が一挙に爆発したのであった。

サイモン委員会の一行は一九二八年、「サイモン帰れ」の黒旗デモや全インド規模の一斉休業《ハルタール》にむかえられながら、訪印し調査をおこない、インド将来の憲政改革について報告書を作成した。一方インド側もこれに対抗して、インド人自身の「憲法案」をつくろうとした。それがいわゆる「ネルー憲法」(ネルーの父、モーティーラール・ネルーが作成の中心にいたため)といわれるものである。それは人民主権、議会制民主主義、普通選挙などを示唆したが、インド人内部の意見を一致させることはできなかった。主要な争点の一つは自治領か完全独立かであり、もう一つは強い中央集権国家か、州に自治権のある連邦国家か、で

サイモン委員会反対のデモ　サイモン委員会をボイコットして，インド独立運動は最高潮となるが，アンベードカルらは逆に委員会聞き取りに出席して証言し，不可触民の存在を可視化した。

あった。父ネルーの案は自治領の提案であり、S・チャンドラ・ボースら左翼青年層からの批判をあびた。もう一つの反対はジンナーなどムスリムからのものであり、全体としてネルー憲法の「強い中央」でなく州に自治権のある、連邦制的傾向を望んでいた。そして、さらにその背後には社会主義思想の広がりがあり、労働組合や農民運動ばかりでなく、革命的テロリストの運動も復活の兆しを見せていたのである。事態の収拾はきわめて困難になりつつあった。

インド総督アーウィンは事態を収拾しようと、一九二九年十月に、「将来、インドに自治領《ドミニオン・ステイタス》を与える」こと、およびロンドンにおいて、統治法の改革を進めるため、円卓会議を開催するとの譲歩的な宣言をおこなった。アーウィン宣言は、将来の「自治領」を約束することで、インド側、とくにその穏健派を「大英帝国」内に引き戻そうとしたのだった。しかし会議派の青年層は「将来の自治領」には到底満足しなかった。最終的に会議派は、二九年十二月三十一日、二つの重要な決定をおこなった。一つは、今後会議派の目的は英連邦内の自治領ではなく完全独立《プールナ・スワラージ》にある、と。第二はガンディーにその指導下に非暴力的不服従運動《サティヤーグラハ》を開始する権限を与えたことであった。いわゆる第二次不服従運動の開始である。ガンディーはどちらかといえば、自治領派であったと思われるが、不服従運動を進めたのは、青年急進派をおさえるためばかりでなく、会議派がボイコットした円卓会議において憲政改革が進むことを恐れたのであろう。

イギリス本国でも、大恐慌の深刻な影響のため、経済政策をめぐって労働党が分裂し、労働党内閣は倒れ、マクドナルドを首班として保守党が支配的な挙国一致内閣が成立するなど、混迷の時期であった。

塩の行進——第二次不服従運動

一九三〇年三月、ガンディーはいよいよ第二次不服従運動《サティヤーグラハ》を開始した。このとき、一番人々を驚かせたのはガンディーの行動である。彼は「完全独立」を掲げることもせず、ただ、総督に一一項目の要求を提出した。それらは、(1)塩税(塩を専売とし、そこからの税収を中央政府のものとする法)の廃止、(2)軍事費の削減、(3)地租の減額、(4)ルピーの対スターリング換算比率の切下げ(一ルピーを一シリング四ペンスに切下げ)、(5)高級官僚の給与減額、(6)外国布への保護関税などの一一項目であった。そして、これらの要求が聞かれないのであれば、自分で海水から塩をつくり、塩税法をおかす行動を開始する、と伝えたのであった。

これに驚いたのは若いネルーたちである。「完全独立」も「自治」の文字もなく、塩の専売をやめろとは、と彼らはあきれた。ネルーは「われわれは当惑した、国民的闘争を塩の問題と調和させることはまったく不可能だった」と自伝で述べている。「塩だと？」とこの作戦はあらゆる人々にいかにも奇矯な行動に見えた。

しかし、一一項目をよく読むと、関税自主権（外国布に保護関税をかけるか）や、為替レートの切下げなどを要求している部分は、インド資本家の立場に立つ国家間交渉の内容である。軍事費の削減や塩税などの課税品目や課税率、官僚の給与額の決定などは、独立国家が当然もっている権限——税のかけ方とその配分——の諸代案を提示したものであった。地租の減額は大恐慌の打撃にあえぐ農民・地主の立場を代弁することを意味した。つまりガンディーは独立国家であれば当然インドという国家がおこなったであろう諸交渉事項を一方では代行したのだった。

他方で塩を取り上げることは、財政的打撃をインド政庁に与えるだけでなく、シンボル的重要性をもっていた。英領インドでは、塩は塩税法によって専売となっており、海岸に住む者でも勝手に塩をつくれない。どんな貧しい農民にも必需品の塩は、塩税付きのそれを買って間接税を払わざるをえない仕組みであった。しかも塩税はのちに示す表（四〇二～四〇三頁参照）に見られるように、中央政府の収入のほぼ第三位を占める重要な財源であった。

ガンディーの方法はたんに塩税法への反対を叫ぶのでなく、すべてのインド人に、塩税法をおかすことにはなるが、自ら海辺へいき、海水から塩をつくろうと訴えることであった。長い海岸線をもつインドでは、誰でも簡単に安く塩をつくることができる、その結果、専売法によって政府が罰するというなら、罰せられよう、という呼びかけである。これは高い塩を買わされている貧しいインドの人々にわかりやすい、宗教色もない《セキュラー》、ともに闘いやすい方法であった。

それ以上の意味も考えられる。そもそもイギリスは、近代国家とは「法と秩序」であるとして、インドに法の秩序をもたらしたことを自らの統治の根拠としてきたのである。だからガンディーが英領インドで施行されてきた塩税法という法の不当性をあばくことは、イギリス法秩序がインド社会にもたらした矛盾、不当性の構造を一瞬にして明らかにして見せる。その法をおかすことは、インド人がその法体系から自らを自由にするシンボル的な行為でもあった。

塩の行進　塩の行進には，もの(この場合は塩)をつくる労働のなかに人間形成の基本がある，とするガンディー思想が盛り込まれている。

ガンディーは同志とともにアフマダーバード市のサバルマティー河畔にあるガンディー道場《アーシュラム》から、ボンベイ近くのダンディーという海岸まで行進し、その海水から塩税法を破って塩を採取することを決定した。行進するといっても三月なかばのインドはすでに真夏である。炎天下の二四〇マイル(約三八〇キロ)の行程を、六十一歳の老人と七八人の同志が、独立《スワラージ》が勝ちとられるまでは生きて帰らないことを誓って、三月十二日に歩き出した。行進に女性詩人サロージニー・ナイドゥーが加わったことも新しい現象だった。これが一九三〇~三四年まで、三一年にいったん中断はしたものの、継続した第二次不服従運動《サティヤーグラハ》における塩の行進の始まりであった。

ガンディー・アーウィン協定

塩の行進が進んでいくにつれて、国中の興奮が少しずつ高まっていった。ガンディーは毎朝四時に起き、祈りを捧げ、一日一九キロの行程を誰よりも速く歩いた。休止する村ごとに、彼は短い演説をして、塩税と一一項目について説明した。村人に手織り布を着るように説き、衛生の改善、不可触民制廃止を訴えた。また、手織り布を生産することで働きながらの初等教育が可能なことなどを説明した。四月六日にダンディー海岸に着き、塩をつくってみせたガンディーに、人々は熱狂した。国中が突然法を破り、塩を製造し始めた。製造された粗塩は飛ぶように売れた。国民会議派が呼びかけた外国布ボイコットは全インドにまたがる強力な運動となった。ガンディーは五月五日逮捕されたが、運動はしずまらなかった。塩という基本的な食材のためにイギリス帝国主義と闘わねばならぬというガンディーの主張と行動は、世界的にも同情をかった。アメリカでは塩の行進によってはじめてガンディーの名が公衆に知られるようになった。

他方、ロンドンには第一回の円卓会議が召集されていた。インド人指導者とイギリス政府の代弁者がサイモン報告を審議するはずであったが、会議派はこれをボイコットしたまま、不服従運動《サティヤーグラハ》をつづけていた。アーウィン総督は、やむなくガンディーら指導者を釈放し、彼と会談し、一九三一年三月、ガンディー・アーウィン協定を結んだのである。その協定の内容は、自家消費のための塩の製造の許可、非暴力的政治犯の釈放、酒と外国布販売店へのピケットの許可、という総督側の譲歩にたいし、会議派は不服従運動を中止し、円卓会議に参加する、という内容であった。会議派の青年指導層は譲歩が少なすぎるとして、合意したガンディーへの不満が高まったのも、ある意味では当然だった。

だがおそらく協定の内容以上に重要だったのは、インド総督が、選挙の洗礼を受けたわけでもない会議派の指導者ガンディーを対等の交渉相手として選んだことである。このとき会議派は、円卓会議に集まった代表をよそに、インドを代表する交渉当事者として総督と協定を結んだのであり、総督はこれによってガンディーを「二重政権の長」(次期総督ウィリンダンのことば)として事実上扱ったのだった。

ガンディーはその結果、運動の中止を命じた。おそらくガンディーには運動の沈滞が見えていたのであろう。同年九月からの第二回円卓会議にはガンディーのみが出席することを決めた。しかしながら第二回円卓会議は、ガンディーにとって惨めな失敗に終わった。孤独なガンディーの声を聞く代表はおらず、会議派の要求はほぼなにも認められなかった。

第二回円卓会議ののち、ガンディーは「失敗」を認め、やむなく運動を再開する。しかし今回(一九三二〜三四年)の運動はまったく盛り上がらなかった。新総督ウィリンダンの厳しい弾圧のもと、三二年一月にはガンディーらは逮捕、会議派は非合法とされた。宗派紛争、B・R・アンベードカルを指導者とする不可触民からの会議派批判も高まっていた。彼らの分離選挙要求は実現されなかった。ガンディーは死にいたる断食を獄中で敢行することによって、やっとアンベードカルの分離選挙要求を留保議席にかえさせ、彼とのあいだにプネー協定(一九三二年九月)を結ぶことができたのだった。その間、第三回円卓会議は三二年十一月に会議派ぬきで開かれ、憲政討論がロンドンで進行するというありさまだった。だが対抗すべき運動には新味がなく、ネルーを中心とした小作料・地租不払い運動も鎮圧された。結局大衆運動は三三年なかば以降、しだいに下火になっていき、ふたたび高揚することはなかった。インド政庁は運動の鎮圧に成功したのである。しかしその結果、会議派が三〇年代のなかばまでに、いわゆる憲政政治にふたたび復帰していったところが、インドの運動家たちの驚くべき能力であった。

一九三五年インド統治法

国民会議派の大衆運動が崩壊していくのと並行するように、かたちのうえで円卓会議の審議をへてできたものが一九三五年インド統治法である。それは第一に、一九年法の精神を基本的に継続し、(1) 地方分権化、(2) インド人の行政への参加、(3) 選挙権の拡大を実現したものであった。州においては両頭政治《ダイアーキー》が廃止され、選挙によって州議会(州立法議会)に責任をおうインド人州内閣が一般行政のすべてを担当することになった。そのため、これもイギリスが構想した権力移譲への一段階だとする見方が存在する。

しかし第二に、このとき構想段階では、全インド連邦が樹立されるはずであった。その連邦議会では、「封建的な」藩王国代表とムスリムの議席などにより、けっして会議派が多数を握れない議席構成がつくられていた。とはいえ連邦構想は皮肉にも藩王たちの反対により実現しなかった(主要藩王の二分の一が賛成することが成立条件だったため)。だが、中央政府の財政、通貨、防衛(軍事)、外交の諸権限などはインド人にゆずらない権限として、そのまま維持された。とくに帝国の留保事項《セーフ・ガード》として、通貨・為替レートなどは議題に上らせることさえ禁じられていた。また州には総督の任命した州知事がお目付役として目をひからせており、非常事態と認定すれば、州知事が州内閣を罷免することができた。この第二の方向は、労

1938/39						
	中央政府		州政府		計	
歳入		%		%		%
関税・中央消費税	**49.2**	**23.90**	2.5	1.21	51.7	25.10
所得税・法人税	**15.8**	**7.66**	1.5	0.73	17.3	8.39
塩税	**8.1**	**3.93**	0	0	8.1	3.93
アヘン税	**0.5**	**0.24**	—	—	0.5	0.24
鉄道収入	**31.3**	**15.20**	0	0	31.3	15.20
地租	0.2	0.10	**26.0**	**12.60**	26.2	12.70
州消費税	0.3	0.15	**13.6**	**6.60**	13.9	6.74
印紙税	0.3	0.15	**9.8**	**4.75**	10.1	4.90
灌漑	0.0	0.00	**9.2**	**4.46**	9.2	4.46
計	121.1	58.70	85.1	41.30	206.2	100.00
歳出		%		%		%
防衛	**52.1**	**25.10**	—	—	52.1	25.10
鉄道利子支払い等	**29.9**	**14.40**	6.7	3.23	36.6	17.60
利子・債務支払い	**14.1**	**6.79**	1.8	0.87	15.9	7.66
歳入徴収費	4.2	2.02	**9.2**	**4.43**	13.4	6.45
教育	0.2	0.10	**12.2**	**5.88**	12.4	5.97
一般行政費	1.9	0.92	**10.3**	**4.96**	12.2	5.88
警察	0.3	0.14	**10.9**	**5.25**	11.2	5.39
公共事業	2.5	1.20	**7.6**	**3.66**	10.1	4.87
計	121.7	58.60	85.9	41.40	207.6	100.00

両大戦間期におけるインド財政構造の変化(単位：1000万ルピー) Revenue and Financial Accounts 各年版より作成。計には表に掲げたもの以外の項目も含む。

働党内閣の崩壊後にできた保守党内閣のインド担当大臣サミュエル・ホアがいみじくも述べたように、「インド人の眼には責任政府の装いをしながら、われわれが政府を指図するハンドルをもつ」装置を示している。ロウの研究によっても、本国内閣は、インド統治の将来が自治領《ドミニオン・ステイタス》だ、などとは考えていなかった、という。

むしろ第三に、このとき一九二九年ころから構想されてきたインド統治のための新しい戦略ができあがったと見るほうが三五年インド統治法体制を容易に理解できるのである。それは基本的に州権のかなりの部分をインド人に渡しながら、主権の決定的な機能を中央で総督を中心に保持するというものだった。露骨にいえば会議派に中央政府を渡さないということである。決定的な機能とは、防衛、外交であり、財政、通貨政策ならびに国家負債を管理する部分であった。そのことの意味は第四節において詳述

1925/26						
	中央		州		計	
歳入		%		%		%
関税	**47.8**	**22.30**	—	—	47.8	22.30
所得税	**16.2**	**7.55**	2.6	1.21	18.8	8.76
塩税	**6.3**	**2.93**	—	—	6.3	2.93
アヘン税	**4.1**	**1.91**	—	—	4.1	1.91
鉄道収入	**34.2**	**15.90**	0	0	34.2	15.90
地租	0.1	0.05	**35.5**	**16.50**	35.6	16.60
消費税	0.3	0.14	**19.6**	**9.13**	19.9	9.27
印紙税	0.1	0.05	**13.5**	**6.29**	13.6	6.33
灌漑	0	0	**7.6**	**3.54**	7.6	3.54
計	121.1	56.40	93.6	43.60	214.7	100.00
歳出		%		%		%
防衛	**47.2**	**26.80**	—	—	47.2	26.80
鉄道利子支払い等	**17.3**	**9.82**	0	0	17.3	9.82
利子・債務支払い	**10.6**	**6.02**	3.3	1.87	13.9	7.89
歳入徴収費	5.2	2.95	**10.4**	**5.90**	15.6	8.85
教育	0.5	0.28	**10.9**	**6.19**	11.4	6.47
一般行政費	2.1	1.19	**10.4**	**5.90**	12.5	7.09
警察	1.2	0.68	**10.9**	**6.19**	12.1	6.87
公共事業	1.9	1.08	**9.3**	**5.28**	11.2	6.36
計	93.2	52.90	83.0	47.10	176.2	100.00

するが、ここでは一九二五年度と三八年度のインドの財政構造を比較した表を上に掲げておこう。この表からわかるように、州に財源を移管したとはいえ、なおイギリスが掌握していた地方財政が、この時期までにインド人による州政府によって管理されることになった。にもかかわらず、中央政府と州政府の分担関係は維持されたのである。こうして植民地インドからイギリス本国への富の流れは、統治法改革以後においてもほとんど変わることがなく、保持されたのである。これは四二年までつづいていく。これを壊したのは第二次世界大戦であり、この戦略は四二年三月以後、転換するのである。

　つまり、チャーチルの強い反対にもかかわらず、ボールドウィン、アーウィン、サミュエル・ホアなど、保守党内の彼の反対者たちは、もし憲政改革がより巧みになされたら、州政府は会議派に渡しても、中央におけるイギリスのコントロールは強化できるという信念をもっていたといわれる。実際一九三五年の憲政改革は、第四節で述べるとおり、イギリス金融・サーヴィス利害を中心とした大英帝国を基本的に守りとおしたのであった。

会議派州政権時代へ

大衆運動の敗北のあと、一九三〇年代なかばまでに国民会議派はふたたび選挙政治への道に戻っていった。その結果は意外にもなかなか良好であった。まず三四年の中央立法議会選挙において彼らは実質的に勝利した。つづいて三五年インド統治法に基づき三七年に州選挙がおこなわれた。会議派はその際、一一州のうち、九州において、議会の過半数もしくは第一党を獲得し、その結果マドラス、ボンベイ、中央州、ビハール、連合州を含む七州において会議派単独の州政権を成立させた。会議派と他党との連立政権はその他の二州においても実現した。

会議派は、モン・ファド改革後の選挙とは異なり、今回は選挙政党としても強力であることを内外に示して見せた。選挙を通じて会議派のメンバーシップは増大し、州政権の樹立によってその権力も増大した。この圧倒的な勝利こそ、本国内閣の政治的目論見《もくろみ》を完全に打ち破ったものであった。一九三八年六月二十四日、イギリスのクリップス邸において、労働党のクリップス、アトリーなどと、ネルーなどとのあいだに、労働党が政権をとったらインドに完全に権力を移譲するという驚くべき約束がひそかに交わされたというが、それもこの勝利結果を背景にしているであろう。

反対にムスリム連盟は衝撃的な敗北をきっした。もともとマイノリティのムスリムを基盤とした連盟で

ネルー(左)とジンナー　仲良く散歩する二人だが，1947年，初代インド首相(ネルー)，初代パキスタン総督(ジンナー)と分かれることになった。

あるが、連盟はその分離選挙によるムスリム票全体の五％以下を獲得したにすぎなかった。ムスリム多住地域でも、パンジャーブでは連合党《ユニオニスト》、ベンガルでは農民大衆党《クリショク・プロジャ・パーティ》とどちらもムスリム主導の地域政党が勝利し、それぞれが政権を担当した。不幸なことにこれが会議派の驕《おご》りという深刻な結果を生むことになった。逆に、危機感をいだいたムスリム連盟の回生への活動につながるのであった。

ところでインド人州政権時代にはなにが新しく実現されたのだろうか。それが独立後を占う重要な試金石であった。まずイギリス人が権力をもっていた時代からインド人州内閣への移行は円滑におこなわれた。これは州政府の財政規模やその内容が表（四〇二～四〇三頁参照）のように、その前後においてほとんど変化がないことからわかる。混乱がほとんど生じなかったという意味では、会議派をはじめとするインド人は政権担当能力があることを示した。

他方、一九三六年の会議派のファイズプル大会決議などで、土地制度の根本的な改革、地租と小作料の大幅な軽減、農業労働者への生活賃金の確保などがうたわれていたが、負債の救済策などを除けば、根本的な土地改革はおこなわれなかった。州政府の管轄事項である地租は二〇年代からゆるやかに減少してはいるが、劇的に軽減されたわけではなかった。

このころ社会主義思想は、ネルーやボースら青年層を中心とした左翼グループにより、会議派の内外に急速に広まっていた。一九二九年の会議派大会では、ネルーが貧困と不平等に終止符を打つとすれば、社会主義への方向をたどらなければならない、と主張している。三一年のカラーチー大会でもネルーの勧告により人民の基本権の獲得と大衆の搾取を終わらせるための経済的解放を決議し、「重要産業の国有化または統制」を決議した。前記のファイズプル大会決議でも急進的な農業・農村の改革を採択しているし、州政権時代の三八年にはさらに大胆な国家計画委員会を発足させている。しかし州財政から見るかぎり、これらの急進的な社会主義建設の計画を、七州のいずれかの州政府が現実化する努力をおこなったとは考えられない。問題は独立後にもちこされたのであろうか。また、教育費用の配分もそれ以前とほとんど変わらない。ガンディーの「ベーシック・エデュケーション」構想が訴えられていくのは、この時代であるが、会議派州内閣が教育にあらたな施策をおこなったとは思えない。それらは今後さらに研究されねばならないだろう。

むしろ表面化したのは、宗派対立であった。たとえば連合州においてムスリム連盟の指導者ハリフッザーマンが、会議派との連立政権を申し出たとき、新州政府に参加するには、ムスリム連盟を解組し、会議派の政策を受け入れること、という連盟指導者には受け入れがたい条件を告げられた。政権発足後も、会議派は「大衆のなか《マス・コンタクト》へ」運動をおこない、ムスリム指導者をとびこしてムスリムへの宣伝活動をおこなった。それはかえって彼らの反感をかい、逆にムスリム指導者層の支持が連盟に集まるという結果を生んだ。一九三九年十一月に会議派州政権が総辞職したとき、これを「解　放の日《デリヴァランス》」だとして祝ったのはジンナーらムスリム連盟と不可触民代表のアンベードカルだった、というのはじつに重い事実である。この時期にムスリムを取り込めなかったことが、のちにパキスタンとインドの分断を生む一因となるのだった。

4　経済関係の転換――自由貿易政策の放棄とインド工業化の進展

差別的保護貿易とルピー高の意味

インド経済史の従来の理解は、戦間期においても資本主義の中心イギリスがインドに市場と原料を求め、自由貿易を強制し、植民地インドの工業化の発展を阻止し、停滞を維持させていた、インドのナショナリズムはこれとの闘いである、というものであった。しかし近年の理解はそれと異なり、第一次世界大戦以後の二つの大きな変化に注目する。第一は、戦間期にインド工業が発展をとげ始めたこと、第二は、第一次世界大戦後にインド政庁が完全な自由貿易政策を捨てたこと、である。近年の推計ではインドの製造業所得の指数は、一九〇〇～〇一年を一〇〇とした場合、一〇～一一年に一九二、二〇～二一年に二四四、三〇～三一年に三二八、四〇～四一年に五八七、四六～四七年に七二八で、一九〇〇～〇一年から四八～四九年の年平均製造業成長率は、四・四一％であり、日本やソ連にはおよばないものの、世界の平均やイギリス・アメリカ・ドイツの製造業成長率を大幅にこえていると柳沢悠はいう。

また自由貿易を部分的に放棄する理由は以下のように理解される。すなわち第一次世界大戦においては、イギリスの戦時経済にたいしてインド政庁が大きな貢献をしたことはすでに本章第一節で述べた。こうしたイギリスの戦債一億ポンドをはじめとする戦争協力費用を引き受ける際、インド政庁はそのコストをまかなうために関税をかけざるをえなかったのである。一九一六年には関税一般を五％から七・五％に引き上げ、その後一七年にはついに輸入綿製品にまで一般関税同様の七・五％がかけられるようになった。二一年にはさらに一一％に引き上げられ、三一年には二五％までになった。完全な自由貿易から、選択的保護貿易への転換である。

この政策はインド人には好評であったが、ランカシャなどイギリス綿業資本は怒り、インド担当大臣に抗議したが、聞き入れられなかった。つまりインド政庁と中央立法議会は本国の第一次世界大戦中の戦費を負担するかわりに、ランカシャなどイギリス綿業資本の圧力をおさえ、ある程度の「財政自主権」をもったということであった。

部分的な保護関税は、一九二三年から三九年までのあいだに、鉄鋼、綿工業、砂糖、塩、金糸などの一部門の産業に与えられた。二五年からはインドの綿製品への相殺消費税も撤廃されたため、イギリス綿製品は一層打撃を受けた。このことと、大戦後のインド経済の躍進はある程度関係しているだろうと思われる。その結果、イギリスの工業製品の市場としてのインドは、かつてほど死活的な重要性をもつ市場ではなくなった。イギリスからの直接の貿易、投資とも戦間期には減少する。一四年にインドの輸入の三分の二がイギリスからのものであったのに、四〇年代には八％に減ってしまった。

なぜこのようなことが起こったのか。イギリスにとって植民地インドの市場価値はもうなかったのか。これを説明する新しい見解が、ケインとホプキンスのジェントルマン資本主義論を中心とした諸見解である。すなわち従来のインド史の問題点は、イギリスの利益とランカシャなど製造業の利益とを事実上同一視してきたところにある。しかしイギリスの政策を決定してきた勢力はランカシャでなく、むしろイギリス金融・サーヴィス利害(シティ)の力である、とする。それは結果的に、自由貿易を求めるランカシャ製造業者の利益と矛盾する、保護貿易さえ実現させたのである、と。ではイギリス金融・サーヴィス利害とはなんであり、インドには自由貿易市場にかわるなにが求められていたのだろうか。

改めて戦間期のインド政庁の経済政策を検討すると、もっとも重要だったのはむしろ金融(通貨)政策であったことがわかる。第一次世界大戦は、金兌換制度を崩壊させ、一九一九〜二〇年のインド経済はルピーの交換比率が乱高下して危機的な状況に立ちいたるが、結局二四年に一ルピー＝一シリング六ペンスの換算率で金でなくポンドに固定的にリンクすることを、インド政庁が決定した。

このルピー・ポンド換算レートは、インド人とりわけボンベイの綿業界からはルピー高にすぎるとの非難があいついだ。なぜなら、ルピー高は輸入を促進するが、輸出を阻害するからである。しかしインド政庁はすでに述べたように外国商品(イギリス商品も含め)に選択的な保護関税をかけることによってインド工業界をなだめ、その批判を乗りきった。その後もインド・ナショナリストとの激しい論戦にもかかわらず、固定した換算率は独立のときまで、変更されることがなかった。

では、インド政庁にとってなぜそれほどルピー高が大事だったのだろうか。それはルピー高が本国費《ホーム・チャージ》を払い、スターリング債を安全に決済することを可能にしたからであり、それこそがイギリス金融・サーヴィス利害の利益と合致したからであった。第一次世界大戦後のインド政庁の財政は先の表(四〇二〜四〇三頁参照)の示すとおり、関税収入が第一位を占めている。歳出を見ると莫大な防衛費のほかには鉄道その他の利子・債務など、イギリス本国に送金するべきものが圧倒的割合を占める。

つまり、インド政庁は、第一次世界大戦後、予算の中央・州配分や為替レートの決定、さらに保護貿易への転換など一連の政策を採用したが、その目的はインドという植民地からイギリス本国に送金される防衛費、さらに利子・債務の支払いを円滑に進めることであった。またそのためのポンド通貨価値の維持という金融・サーヴィス利害の擁護を主たる課題として政策はつくられたのである。ルピー安はインドに資産をもつ人々や退職した高級官僚たちの年金額を減らす可能性もあった。

金融・サーヴィス部門に経済の比重を移したイギリス本国にとっては、本国債務の回収が重要であり、そのためにはランカシャの抗議にもかかわらず、関税引上げさえインド政庁に許した。要するに第一次世界大戦後のインド政庁の政策は、イギリス産業資本、つまりランカシャの利益を代表していたのではなく、イギリス経済の健全化と本国費の支払いを助け、イギリスのスターリング・バランスの支払いを考慮してルピー・ポンドの換算率の固定に固執したのであった。インド政庁財政にとっては関税が確実な収入源であり、関税をあげることによってインドが工業化することさえいとわなかった。その結果インド工業はある程度の進展をとげたのであった。ただし、ルピー高という縛《しば》りがかかっている以上、無限定な工業化の振興ではなく、その範囲内でのことであった。

ではこの事態にインドのナショナリストはどのように対応したのだろうか。一九〇五年以来の外国商品(この場合は事実上イギリス商品)のボイコット、国産品愛用運動《スワデーシー》が、別のかたちの保護関税となり、イギリス商品の輸入にたいする大きな障壁となったことに疑問の余地はない。第一次世界大戦後は、インド人が中央立法議会にも参加できる場が生まれたため、彼らの発言が中央立法議会において効力を発揮する場面もあらわれてきた。中央立法議会（のちには父ネルーも加わった）は、その権力を発生期にあるインド工業のために使い、財政関連法案を通過させたこともあった。二五年にインド綿製品の相殺消費税が廃止される際にも、ボンベイの運動が激化する可能性が背景にあった。とはいえ保護関税でえた譲歩は、ルピー・ポンドの固定相場制、つまり、ルピー高（日本商品などと比較して）で相殺されてしまう。それは明らかであったが、それについてはナショナリストの激しい抗議にもかかわらず、変更されることはなかった。

また、インドの工業化全般にかんして見ると、たしかに大戦中からインド工業振興の声は急速に大きくなるが、戦争が終わると、工業振興局も労働者の保護以外の権限はなくなるなど、工業振興政策はほかの改革同様、かけ声ほどには進まなかった。

世界大恐慌と帝国特恵関税障壁の形成

一九二九年に始まる世界大恐慌はインドにも大きな打撃を与えた。二九〜三四年のあいだに、世界の貿易額は六八億ポンドから三七億ポンドに縮小した。輸出価格は下落し、貿易部門の利益率はさがった。一九〇〇年ころから拡大してきた輸出のための農産物は、大恐慌によって需要がとまり、インド農村経済も打撃を受けた。

インド政庁の予算、とくに本国送金を守る問題は再現された。イギリスは、一九三一年に金本位制から離脱し、いわゆるスターリング圏を形成する。すなわち、金本位制離脱以降、イギリスは植民地・自治領に金ではなくポンドで、しかもロンドンに準備金をもたせるシステムを構築し、インドを、有無をいわせず組み入れた。すべてはポンドの国際的信用を高め、本国債務その他の送金を確保するためであった。

インド政庁の予算を守るため、インドの関税障壁は高くなり、輸入代替工業化は進んだ。不況はインド農民の所得に打撃を与え、その結果、歳入上の地租の重要性が低下したばかりでなく、インド政庁は地主に協力者《コラボレーター》としての役割をもはや期待できなくなった。ここに会議派の農村への支持基盤の拡大の理由があった。のみならず、一九二九～三一年に不況にあえいだ農民は、貯蔵していた金を放出し、金はロンドンに集積することになった。インドには、三〇～三二年にルピー危機がおとずれる。インド政庁は三一年、一ルピーを一シリング四ペンスへとルピーを切り下げる認可をロンドンに求めた。しかしロンドンはこの提案を拒否している。

その一方で、イギリスは一九三二年のオタワ協定によって関税ブロックを成立させた。通説では、それは日本からの綿製品輸入を押しとどめ、ヨーロッパからの鉄鋼の輸入を制約するための高関税を設定し、インドの工業資本を一定の範囲内で保護かつ制限しつつ、イギリスからの輸入を保障するため、帝国経済を形成することが目的だったとされる。おそらくこれはインド工業自身の成長や、経営代理制度のような英印の合同による企業の発展、インド銀行における貯蓄の増大を見て、会議派、とりわけ、ガンディーらとの同盟関係の現実的可能性を考えたものであった(それはルピー高、円安という他方での抜け穴のために十分機能しなかったのであるが)。

もし、この可能性が現実化するのであれば、インドの政治的独立の障害は経済の観点から見るなら、インドの対英債務のみであった。これを帳消しにされるという恐れがインド統治法によってさらなる憲政改革をとめおいたのである。とするなら、のちに述べるように、戦後その障害が除かれたとき、独立を妨げるものはなくなった、とするのが、ケインとホプキンスの説を踏まえた政治史的解釈としては妥当であるように思われる。

5　第二次世界大戦の影響

第二次世界大戦とパキスタン決議

第二次世界大戦は、インド近代史にいくつかの大きな転換をもたらした。まず、戦後のインド独立に向けて大きな弾みとなったことはいうまでもないが、第二には、パキスタン誕生を生み出す促進要因としても機能した。第三にいえることは、インド軍のイギリスにたいする忠誠心を大きくゆるがせたことであり、第四には、英印関係の経済上の地位、すなわち債務関係の逆転を引き起こした。これらの現象は世界的レヴェルにおけるパックス・ブリタニカの崩壊とパックス・アメリカーナへの移行と密接に関係しながら起こっている。ただ、これらの事態、とくに第二から第四にいたっては、大戦の開始時には予想だにされなかったことであった。

そもそも第二次世界大戦への参戦は、第一次世界大戦と同様にインドから発したものではない。イギリスがドイツに宣戦布告したことによって、一九三九年九月、植民地として自動的に参戦させられたにすぎない。しかし、第一次世界大戦のときと異なり、パンジャーブとベンガルを除く大多数の州政権をすでに掌握していた国民会議派は、彼らに一言の相談もなく、インド総督が参戦を決定したことに抗議して諸州政府を総辞職し、同時に戦争の目的を明らかにせよ、と質《ただ》した。

第二次世界大戦における連合軍側の戦争目的は一般に、「大西洋憲章」において明らかにされたものをさしている。これはチャーチル首相とローズヴェルト大統領が、一九四一年八月に大西洋で会談した結果表明されたもので、「自由を奪われた人々に自由を回復すること」と誇らかにうたっていた。それなのにこの憲章はインドには適用されない、とチャーチルは付言したのであった。

会議派のなかでもネルーは、イギリスが帝国主義をすてれば連合国側を支持すると明言していたし、ガンディーも疑いなく連合国側を支持していた。しかしながら、このイギリスの頑迷な態度は、会議派を戦争非協力へと追いやった。総辞職につづいて、一九四〇年十月からはガンディーの指導による個人的不服従運動《サティヤーグラハ》が開始される。ただこれはあくまで、「選ばれた個人による抵抗運動」であり、大衆化しないよう、この段階ではインド政庁との全面対決を避ける姿勢が注意深くとられていた。

他方、総辞職せずに戦争協力を表明したかたちになったのが、パンジャーブとベンガルの州政権であった。政権を担当していたのは連合党《ユニオニスト》と農民大衆党《クリショク・プロジャ・パーティ》といういずれもムスリム主導の政党である。第二次世界大戦におけるインドの戦略的位置は、第一次世界大戦と同様、大英帝国のアジアにおける防衛体制のなかで、兵士を供給し、軍需物資と資金を提供する、兵站《へいたん》基地の中心を占めるものである。一九四一年十二月に日米が参戦して以降は、中国を後方支援する抗日戦の主要兵站基地として、アメリカから見てもインドの戦略的重要性は一層増加していき、アメリカはインド工業を発展させるためのクレイギー調査団を派遣するほどであった。

パンジャーブがインドのなかでも軍事上重要な州だったことはすでに述べた。この地域は多くのインド軍兵士の出身地だったから、戦争協力姿勢をとる政治勢力が政権を維持することが求められていた。一九三九年初頭以来、そのパンジャーブにおいてすら兵士募集に反対運動が起こるなど、危険な兆候も見られていたため、一層その親英姿勢の維持が求められていた。インド政庁の態度にしだいに会議派離れが起こり、ムスリムへの譲歩と接近が顕著なかたちをとり始めていたのである。

一九四〇年三月二十二日にムスリム連盟によって採択された「パキスタン決議」とは、こうした背景のなかで採択されたものであった。それはインドのムスリムが、パキスタンというあらたな国家を構成しうると宣言した最初の公的な機会となった。その骨子は以下の二つである。

(1)　インド亜大陸の北西部や東部のようなムスリム多住地域は独立諸国家をつくるよう結びつけられる。

(2)　その構成単位は自治権と主権をもつ。

ここではパキスタンということばは使われていない。しかしこの宣言はインドとは分離した別国家、すなわちパキスタンが成立する重要な第一歩となった。しかも、イギリスがさっそく「少数派が同意しない勢力に権力を移譲することはありえない」と約束した結果、ムスリム連盟が同意しないままでのインド独立はありえないことになったのである。インドのナショナリストがイギリスの分割統治《ディバイド・アンド・ルール》政策として批判するのはこのような態度であった。チャーチル首相はその直前、一九四〇年二月の閣議で「もしも

（ヒンドゥーとムスリムの）統一がもたらされたら、団結した両派は、一緒になってわれわれに（インドからの）出口を指し示すだろう」と述べたといわれている。実際、ムスリム連盟をはじめとする非会議派勢力の支持こそ、このときのイギリスにとって大戦を乗りきる防波堤となっていたのである。

しかし一方で戦費はかさみ、スターリング債はすでにイギリスの債務となってロンドンに蓄積されつつあった。戦争開始時の一九三九年には約一八万人といわれたインド軍も、終了時の四五年には二五〇万人近くにまで増強されていく。彼らのイギリスへの忠誠心が維持できるかどうか、もまた、チャーチルのひそかな心配の種であった。

「インドから出て行け《クイット・インディア》」運動

大戦は二年をこえてもおさまらず、一九四一年十二月八日、日米の参戦とともに、戦火はアジアにおいても一挙に拡大し、インドにも近づいてきた。緒戦において勢いのあった日本軍は、香港、フィリピン、インドネシア、マラヤをたちまち占領し、翌年二月にはイギリスのアジア最大の基地シンガポールを陥落させた。三月にはラングーンも陥落させ、五月にはビルマを席巻してインド国境に接近しつつあった。東南アジアで起こったようにインドでも、もしかするとイギリス軍は日本軍に敗北するかもしれない、と人々は想像し始めていた。しかも日本軍と一緒にインド国民軍《インディアン・ナショナル・アーミー》という一種の義勇軍が進軍している、という噂が広がり始めていた。

インド国民軍とはなにか。それはインド人戦争捕虜や在日インド人を、日本軍の援助のもとにインド独立のために闘う軍隊として結成されたものである。一九四二年初頭に公称ほぼ五万人といわれた。この指導者が三年前に国民会議派の大会議長であったS・チャンドラ・ボースであったことが軍の信頼性を高めていた。彼はインドの牢獄から仮釈放中にドイツに逃亡し、この部隊を指導するべく(四三年十月からはインド仮政府を樹立、政府の首班となる)、インドへ向けて地下放送をおこなっていた。この放送をおそらくインドの人々は聞いていたと思われる。この前後の会議派の秘密の委員会報告には「インド国民軍が日本軍とともにいるから、われわれは日本軍とは闘わない」という発言が記されている。大英帝国にとって最大の危機が迫りつつあった。

インドの戦争協力的態度がはかばかしくないのを憂慮して、アメリカのローズヴェルトが介入に乗り出し、中国の蔣介石《しょうかいせき》も訪印して抗日戦への積極的参加を要請した。イギリスは事態の改善のために三月にはクリップス使節をインドに派遣し、戦後の自治(ただし諸州がその自治領に参加しない権利も与える)を条件にインドの戦争協力を勝ちとろうとした。このときのネルーの態度は、ただちに独立を与えてくれれば連合国側に立って参戦する、という従来の立場を固守したものであった。これまでになかったほど、反英的な態度に変わっていたのはガンディーである。彼はイギリスがインドにとどまっているからインドと日本は戦わざるをえなくなるとして、イギリスにインドから出て行ってくれ、と強硬に要求した。ちなみに、彼の本心は、このすぐあとに委員会に提出される決議草案から見るかぎり、「独立を与えられたら、日本と講和する」というものであった。

結局クリップス側も、将来の自治を約束する以上の譲歩は本国政府が許さず、現在にかんしては事実上なんの譲歩もしなかったため、この英印交渉はまた決裂に終わった。決裂の結果、会議派はインド・ビルマ国境に迫っている日本軍を前に、八月九日からイギリスにたいする抗議「インドから出て行け《クイット・インディア》」という大衆運動を開始したのであった。

この運動は、開始直前すでにガンディー、ネルーも含めて指導者が全員逮捕されるという異例の弾圧体制のなかで始まった。しかし運動はわずかに残った地下指導部によって、西はボンベイから東はベンガルまで、全インド的に広がった。各地での学生デモに始まり、鉄道・電信・電話線など交通・通信妨害を引き起こし、あるいは農民運動的色彩をおびたもの、さらには二重政権《プラティ・サルカール》を設立したサーターラー地方の活動まで、運動形態としても多様なものであった。しかし、二万人余りの会議派党員は裁判なしに拘禁されたままであり、運動は厳しい弾圧のもとでしだいに鎮静化していった。

一方海外から独立を求めたインド国民軍は、一九四四年二月から日本軍のインパール作戦に参加し、インド・ビルマ国境をこえていったんはインパールにまで入った。しかし結局は戦線を保持できずに六月には日本軍とともにビルマからタイへと撤退していった。ガンディーが「インドから出て行け」運動の終結宣言をおこなったのもこの前後であった。ボース自身はその後ソ連に向かおうとして、途中、四五年八月十八日、台北において飛行機事故でなくなった。

第一次世界大戦において全面的に戦争協力したインドは、第二次世界大戦では、国内でイギリスに「インドから出て行け」運動をおこない、さらにインド国民軍の兵士たちは、ついには敵であるはずの日本軍とともにインドに進軍するという、衝撃的な態度の変化を見せた。

ただ、インド人内部の連帯という点から見ると、一九四二年の運動にはムスリム勢力が参加せず、距離を保ちつづけた事態が異様なほど目立っている。大衆運動においてさえ、共同行動ができなくなった、という事実が、戦後のインドとパキスタンという二つの「国民」の境界となっていくのであった。

戦争の終わりと分離独立

一九四五年八月十五日、第二次世界大戦は終結した。イギリスでは労働党が総選挙に勝ち、アトリー政権が誕生した。新政権のインド政策は戦中のクリップス提案を継承しつつ、交渉路線に戻った。まだこのときのイギリスでは、基本的に戦前の地位の継続が予想されている。インド政庁はまず、四五〜四六年に三七年以来施行されずにいた選挙を施行することを決定した。

だが、選挙は意外な結果を生んだ。選挙の論点の一つに国民会議派がインド国民軍の裁判問題を選んだからである。このころイギリスに降伏して再度捕虜となったインド国民軍の将校・兵士は、イギリス国王への反逆罪などで告発され、インド国民軍裁判がちょうどデリーで開始されようとしていた。そこで会議派は選挙運動中、インド国民軍将兵の無罪を訴えたのだった。選挙と並行し、ネルーはこの裁判に久方ぶりに弁護士として出廷した。それを見ていた人々はインド国民軍将兵を愛国者として熱狂的に支持するようになっていった。反裁判運動、将兵釈放運動は、一九四五年十一〜十二月ころ、最高の盛り上がりを見せた。数十万のデモが各地で渦巻くその熱狂ぶりは、民衆にとどまらず、カルカッタでの空軍兵士のデモなどインド軍にまで影響がおよび始めた。四六年二月、ボンベイ港においては、ついにインド海軍の反乱

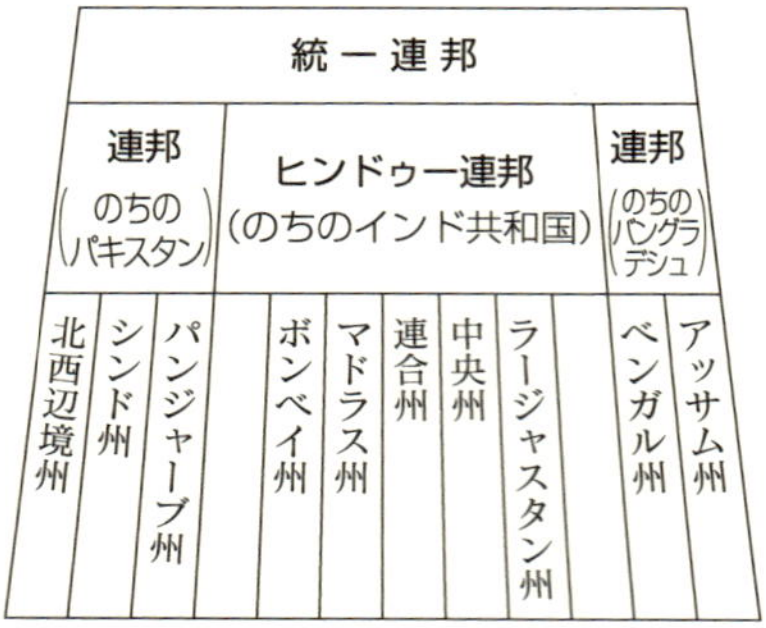

閣僚使節団案（のちのインド・パキスタン・バングラデシュ統一連邦案）

が勃発する。それは総計七八隻の軍艦、二〇の軍事施設、二万人の水兵が影響を受けるほどのインド海軍史上最大の反乱となった。イギリスによるインド支配の根幹は真にゆるぎ始めたのである。

ちなみに選挙の結果を見ると、会議派は一般議席区の票の九〇%を獲得し、八州で州政権を確立して、圧倒的な勝利をおさめることができた。ヒンドゥー大連合は敗北し、アンベードカル率いる独立労働党の候補者もほとんど落選して不可触民運動に大きな打撃となった。他方、劇的な変化を見せたのはムスリム票であった。一九三七年の惨敗と打って変わって、ムスリム議席区のすべてを獲得したのは「パキスタンか、死か」を訴えたムスリム連盟であり、連盟こそムスリムの利益を代表するというジンナーの公言を四六年選挙は実証して見せたのであった。

イギリス政府に、明らかな動揺が見られ、あらたな動きが始まるのは一九四五年十一月ころからである。その動きは閣僚使節団の派遣として具体化される。翌年三月、閣僚使節団は長引く交渉案ではなく、権力移譲にかんするこれまでなかった新しい具体案をインドにもたらしたのであった。

閣僚使節団案とは、のちのインド・パキスタン・バングラデシュの統一連邦案であった(右図参照)。現在のインド、パキスタン、バングラデシュにほぼグループ分けされた諸州(ただしパンジャーブ、ベンガルの両州は分割されずにパキスタンとバングラデシュにそれぞれグループ分けされる)が、外交、防衛、コミュニケーションを担当する統一政府《ユニオン・ガヴァメント》をいただく連邦を構成しようとするものであった。さらに驚くべきことに、複雑な交渉の結果、会議派、ムスリム連盟ともにいったんはこれを受諾したのであった。

　従来の理解、とくにインド側の理解は、統一インドの独立を壊したのはムスリム連盟側である、というものであった。しかし、最近、とりわけジャラールに代表される修正主義の説以降、印パ分離を望んだのは、むしろネルーら会議派側だという理解が有力になりつつある。すなわち、印パ・バングラデシュの三国統一連邦案が実現されるかに見えたのも束の間、七月には、ネルーがこれを事実上拒否(グループ分けはありえない、とする新解釈を打ち出す)することによって、あっけなくこの案が崩壊することになったからである。その原因は、ネルーら会議派左派が閣僚使節団案では、統一政府の権限が弱すぎるのではないかと危惧し、むしろ社会主義的志向をもつ強い政府主導型国家を望んだこと、またアンベードカルらも分離独立を支持しており、インドの実業界も強力な中央政府を望んだからではないか、と推測されている。

　こうして追いつめられたジンナーは、パキスタンを獲得するためにムスリムによる「直接行動」を一九四六年八月十六日におこなうことを提案した。「直接行動」はしかし、カルカッタをはじめとして、ベンガル、ビハール、パンジャーブでつぎつぎにヒンドゥーとムスリムの大宗派紛争を引き起こしていった。カルカッタなどでは、むしろムスリムのほうに被害者が多かったといわれている。ガンディーは殺し合いをおさめようと、ベンガル、ビハールをまわって孤独な努力をつづけるが、惨劇はなかなかやまなかった。同年九月にネルーを首班とする中間政府が組閣され、ムスリム連盟も十月には中間政府に加わるが、これも紛争の解決には役立たず、「閣議」さえ円滑に機能しないことが明らかになっていった。十二月に開催された制憲議会さえムスリム連盟にボイコットされたままであった。

一方、イギリス首相アトリーはこうしたインドの混乱状態を前に、一九四七年二月、四八年六月までにイギリスはインドを去るという驚くべき声明を発した。三月に着任した最後の総督マウントバトンもイギリス政府からの同じ指令を公表した(しかも間もなく、その期日はもっと早められ、同年八月十五日になった)。これまでイギリスは何度も「将来」インドに権力移譲すると約束しながら、それがいつなのか明らかにせず、インド側の不満をかってきた。だが今回は、はじめてその日程を決めて公表して見せている。それは権力移譲の意志の確かさを示し、事態の収拾をはかろうとした決意の表明ではあった。

だが、イギリスが権力移譲を急いだ理由はおそらくそれだけではなかった。じつはイギリスは戦勝国であるにもかかわらず、戦争のあいだにインドにたいして莫大な負債をかかえていたのである。十九世紀後半に英領インドが成立して以来、対英負債をかかえてきたのはつねにインドである。その負債を帳消しにされることを恐れて、イギリスはインドを手放さなかったのである。だが、第二次世界大戦は長いあいだの債務関係を一挙に逆転させ、今度はイギリスが、一九四五年に一三億ポンドという膨大な負債をインドにたいしてもつ債務国となったのだった。これは誰ひとり予想しなかった事態であった。

それだけではない。イギリスはアメリカにたいしても戦中に大きな負債を背負っており、戦後になってもイギリスの経済状態は悪化するばかりであった。もはやイギリスはできるだけ早く権力を譲渡し、後継国家に秩序の維持を期待する以外に方法がなかったのである。

着任したマウントバトンの行動はすばやかった。最初に、それぞれの州に権力を移譲するという「バル

難民列車　数百万の難民がインドからパキスタンへ，逆にパキスタンからインドへと逃げまどった。国家の独立の問題点をはじめて，大衆に知らせる事件だった。

カン計画」なるインド細分化案をネルーに示したが、これは拒否された。ついで印パの分割独立案をネルーらに示して受諾させた。そのうえに、二国家の分割が円滑に進むよう、さらに藩王国が印パに所属する過程が円滑に進むように、英連邦にも加盟することまでも、ネルーらに受諾させることに成功したのだった。こうしてムスリム多住地域は東西パキスタンとなり(一九七一年に東パキスタンはバングラデシュとして独立)、ヒンドゥー多住地域はインドに所属することが決定された。ベンガルもパンジャーブもこの原則に従って州が分割された。

あとに残されたのは、パキスタンから難民となってインドに移動するヒンドゥーやシク教徒たち、インドからは、パキスタンへ移動するムスリムの難民たちの問題であった。難民の移動につれて殺戮《さつりく》や略奪、さらに家族の分割や誘拐など数え切れない悲劇が起こった。祝われるべき印パの独立は一方で「分割」にともなう多くの悲劇によって記憶されることになった。国境に横たわるムスリム多住地域の藩王国カシミールでは、その帰属をめぐって、十月、早くも第一次インド・パキスタン(印パ)戦争が起こっていた。

第十章　独立後の国家と国民

1　独立インドのかたち

新しい制度と法

一九四七年八月十五日にインドは独立した。異民族間で政治的支配＝従属の構造をもつ「帝国＝植民地支配」は二〇〇年近くつづいたあと、去っていった。では、独立したインドでは、それまでの英領時代となにが変わったのだろうか。

まず領土から見よう。インドの独立ははたされたが、統一した独立国家とはならずに、東西パキスタンがインドと切り離され、二つの独立国家をつくってしまった。それは双方から数百万の難民を生み出しただけでなく、水利系の分断など多くのあらたな問題を生み出した。しかも「会議派」対「ムスリム連盟」という、これまでの国内対立は、両国の国家間の外交・軍事関係となり、両国の外交関係に負の影響をもたらすことになった。

第二に英領インドのあいだにモザイクのように配置され、イギリス統治の協力者《コラボレーター》であった五六〇余りの藩王国は印パの領土に併合された。その際インドは、パキスタンへの併合を宣言したジュナガル藩王国に武力進攻して併合した。ムスリムが藩王《ニザーム》であったことも原因して独立を求めたハイダラーバード藩王国にも、一九四八年九月に武力介入して併合した。パキスタンとの国境地帯にあったカシミールだけは、人

レッド・フォート前で独立記念演説をするネルー　ガンディーは祝典をよそに，印パ独立と同時に勃発した宗派紛争，難民略奪などをやめさせるため村々に孤独な行脚をつづけていた。

THE REPUBLIC OF INDIA
26th January 1950

WE, THE PEOPLE OF INDIA, having solemnly resolved to constitute India into a SOVEREIGN DEMOCRATIC REPUBLIC and to secure to all its citizens:

JUSTICE, social, economic and political;

LIBERTY of thought, expression, belief, faith and worship;

EQUALITY of status and of opportunity; and to promote among them all

FRATERNITY assuring the dignity of the individual and the unity of the Nation;

IN OUR CONSTITUENT ASSEMBLY DO HEREBY ADOPT, ENACT AND GIVE TO OURSELVES THIS CONSTITUTION.

インド憲法　前文冒頭の「われらインド人民」(We, the People of India)が憲法を制定する旨が明記してあるのが見える。

口の約四分の三がムスリムでありながら、藩王がヒンドゥーであり、インドへの編入に傾いたため、四七年十月から武力衝突が発生し(第一次インド・パキスタン〈印パ〉戦争)、パキスタンとのあいだで現在にいたるまで係争地域として残ってしまった。

つぎに国家の構造としては、中央政府—州という国家の構造が明確にされ、州の再編・統合がはかられた。英領時代の州は行政などの便宜からつくられており、行政州が言語人口分布地域と対応していないことが問題だった。そのために、州再編運動は一九五〇年代の最大の民衆運動となった。ネルーはこれがインドからの分離運動につながるのを恐れて原則的に反対だったが、テルグ語(アーンドラ州)とオリヤ語(オリッサ州)を含めた南インドにおける言語問題はとくに深刻で、アーンドラ州設立運動の指導者ポッティ・シュリーラームルは五二年には断食をおこなって死にいたり、その死の衝撃はついにネルーをしてアーンドラ州設立に同意させるにいたった。

その結果、言語州再編委員会が設立され、一九五六年には言語を基礎にした一四州(当時)の設立が決定された。つぎつぎとケーララ州(マラヤーラム語)、マイソール州(カンナダ語、七三年からカルナータカ州)、マドラス州(タミル語、のちタミル・ナードゥ州に)などが成立した。グジャラート州(グジャラーティー語)がマハーラーシュトラ州(マラーティー語)から分離するのは六〇年であり、複雑な過程をたどったパンジャーブのような場合もあるが、宗教・文化ではなく言語を基礎にした要求の場合、州の再編は基本的に認められる傾向にあった。

インドの独立を象徴するのが一九四九年十一月二十五日に成立したインド憲法である(五〇年一月二十六

日発布)。憲法起草委員会の議長は不可触民出身のB・R・アンベードカルであった。憲法の特徴を見ると、英領インド時代の三五年統治法をはじめイギリスの統治体制の影響を大きく受けてはいるが、新しい理想を求めた部分も明らかに見える。まずインドは共和国であると宣言し(英連邦に所属したが、イギリス国王への忠誠義務は認めなかった)、条文には基本的人権の保持がうたわれ、不可触民制のような差別を禁止した。差別を受けてきた人々にたいする留保措置《リザベーション》(次頁参照)を憲法に明記したのもその大きな特色である。ついで上下二院制の国会、下院《ローク・サバー》の多数派によって選ばれる首相、形式上の元首である大統領という、議院内閣型の政体が採用された。逆に三五年統治法体制が維持されたのは、連邦と州とで権力を分担する方式だった。その結果、危機の際には大統領(かつては総督)が直轄統治をおこなう制度が存続し、独立後の中央集権的な性格を支えることになった。英領インドを支える鋼鉄枠《スティール・フレーム》と称せられたインド高等文官制《インディアン・シヴィル・サーヴィス》(ICS)も、インド高等行政官制度《インディアン・アドミニストレイティヴ・サーヴィス》(IAS)と名前を変えて存続し、新政府の安定を支える制度となった。法を検討する最高裁判所《シュプリーム・コート》の導入はアメリカのあらたな影響であった。

最大の変化は普通選挙制の導入である。やっとインド人の手に主権が渡ったのである。その後のインドでは、いかなる政党も選挙で勝利することなしに人々の代表としての正当性を獲得することはできなくなった。ネルーをはじめインド人指導層のほとんどが、英米流の議会主義、言論・出版の自由、個人的自由主義などの伝統を尊重し、文官優位を保ってきたことは、軍部との密接な関係や軍事クーデタが起こりがちな中国を含めたほかのアジア諸国と比するとき、際立った特徴となっている。

新しい選挙制の特徴は、従来の分離選挙制を否定し、イギリス型の一般選挙区すなわち小選挙区制を採用したことだった。パキスタンとの分離の影響もあって、独立前に第二党であったムスリム連盟はこれによって事実上政治の舞台から姿を消した。また小選挙区制は政権交替を引き起こしやすいとしばしばいわれるが、インドでも、とくに州政権の交替はかなりの頻度で起こっている。

新選挙制はまた、旧不可触民(憲法上、指定リストに記載されたカーストであることから、指定カーストと呼ばれる)には議会における留保措置《リザベーション》(アファーマティヴ・アクション、クォータ制などの呼び方もある)を導入して、ある種の保護を加えた。部族民(＝指定部族)にたいしても同様の留保措置が採用された。具体的には、彼らだけが立候補できる選挙区を設けたのである。その後、留保措置は選挙のみならず、公共機関の雇用・昇進、大学などの入学にも適用され、インドのカースト差別を解消する重要な手段とみなされた。それに刺激されて、社会的、教育水準的には同様に後進的だとされる社会集団も「その他の後進諸階級《アザー・バックワード・クラシス》」(不可触民よりは上層だが、バラモンなどの上層カーストに比べると後進的だという意味。ムスリムを含む)としてさまざまな留保制を要求するようになった。

ネルー時代のイデオロギー――政教分離主義と社会主義

独立インドのモデルは「近代国家」を模索する新首相ネルーの強い指導力によってかたちづくられた。独立以来最初の二〇年間を支配したイデオロギーは、国内的には政教分離主義《セキュラリズム》と社会主義であり、対外的には非同盟主義であった。これらのスローガンは、新しい近代的なアジアの到来を感じさせるものであった。ネルーはソヴィエト・モデルに影響を受け、あるいはイギリス労働党のフェビアン社会主義の伝統に影響されていた。彼のめざしたものは大きな政府であり、介入型国家といえよう。民族独立運動時代の「非暴力」は影を潜め、ガンディー的な、自立的村落に基づく小さな中央政府といった構想も否定された。

政教分離主義とはそもそも一九三一年の会議派カラーチー大会ではじめて国家は宗教的に中立であるべきだと決議したことに由来する。のちには憲法にも七六年の第四二次改正によって、前文に「政教分離主義」ということばが挿入されるなど、非常に重要な思想であるとされてきた。それにしてもなぜそれほど重要であったのか。

すでに述べたように、インドは独立を獲得することに決まったものの、最後まで決まらなかったものがあった。それは独立国家が一つの「(統一)インド」となるのか、「ヒンドゥスタン」と「パキスタン」の二つに分裂するのか、であった。結果は印パ分割となり、会議派は独立という成果を獲得するために、印パ分割を受け入れ、インド亜大陸全体を統一国家とする理想を失うことになった。

問題を複雑にしたのが分離した理由である。それは独立後の国家の支配領域とも関係したため一層深刻だった。というのは国家が成立した以上、そこには国民がいなければならない。ジンナーらはインド亜大陸にはヒンドゥーとムスリムの二つの「ネイション」がいるという「二民族《ネイション》=国民論」を根拠として、パキスタンをインドから分離させた。ネイションには日本語でいえば、民族の意味も国民の意味も含まれる。もともとはある種の自治を欲した「民族」だったかもしれないが、さまざまの経過をたどり(四二〇~四二三頁、四六七~四六九頁参照)、パキスタンが最終的に成立すると、このムスリムはパキスタン国家を構成する国民《ネイション》を意味するものとなった。イギリスの解釈もほぼこれに近い。だがネルーらは国家の分断という事実を受け入れはしたが、インド亜大陸のムスリムが「国民」を構成するという原理を認めることはできなかった。とくに住民の四分の三がムスリムからなるカシミール藩王国にたいするインドの主権を主張するためには、この原理を認めるわけにはいかない。ラジニ・コタリによれば、ネルーらの解釈ではパキスタンは近代以前の政教一致《テオクラシー》を主張しており、インドは近代的な政教分離主義《セキュラリズム》の国家建設を主張しているとしたのであった。つまり政教分離主義はインドとそのカシミール領有を正当化しうる重要な根拠になった。

第二に独立インドでは、独立運動時代の「反英」ではもはや国民をまとめるのに不十分であり、ガンディーの「非暴力」では印パ戦争を合理化することはできなかった。ガンディー暗殺(一九四八年)後は大衆運動を推進する意志もまた会議派から失われていた。したがって国民を統合するイデオロギーとして政教分離主義《セキュラリズム》が前面に登場したのである。ネルーは、ヒンドゥーやイスラームなどの宗教のありようを近代以前のものとみなしていたから、その政教分離主義は、宗教を個人的信条とすることによって、社会からできるだけ宗教色をうすめて、その社会の近代化・世俗化をはかるものであった。

一九四〇年代後半にパキスタンとの分割の際に起こった難民・殺戮《さつりく》・宗派紛争やガンディーの暗殺という事態を眼前にした人々は、この政教分離主義に公然と反対する者はおらず、むしろ宗派紛争を否定し、諸宗教への寛容な態度へつながるとして知識人は歓迎した。

第三にこれは、国家の分断という傷をおったインドの、いかなる分離運動をも許さない決意を示すものであった。つまり、ムスリムはいうにおよばず、シク教徒のような少数派《マイノリティ》でも、そのコミュニティが宗教を基盤とするアイデンティティを形成してそれを基礎に政治的自治権《オートノミー》要求をすることに、譲歩しない姿勢こそが政教分離主義であった。とはいうものの、セキュラリズムは公式イデオロギーにすぎず、一般大衆が政教分離主義にどこまで賛成していたかは疑わしいものがあった。この問題はやがてヒンドゥー・ナショナリズムの発生と密接にからむことになる。

社会主義と混合経済

ネルー時代を象徴するもう一つのスローガンが社会主義と計画経済である。これらもまた独立以前から会議派左派をとらえた思想だった。一九二九年にネルーが貧困を解決するためには社会主義以外にないと主張して以来、三八年にはネルーを委員長とする国家計画委員会が任命されるなど、社会主義的計画経済への志向は高まり、第二次世界大戦における戦争統制経済がこれに拍車をかけた。独立後、高い人口増加率のもとで、一人当り所得を増加するために経済発展計画を立てた。それは五〇年以後の二〇年間に実質国民所得を二倍にすることを目標にしたのである。五〇年には計画委員会が発足した。実際は中央政府による計画経済と市場経済との混合経済であったが、五一年から第一次五カ年計画が始まる。これは農業生産をかなり重視し、比較的好調であったことから、五六年に本格的に「社会主義型社会」化をめざす決議を採択し、第一次の二倍以上の投資計画のもとにネルー＝マハラノビス型のモデルによる第二次五カ年計画が始まった。

その特徴は第一に、鉄鋼など重工業へ莫大な公共投資をおこない、その発展を急速な工業化の推進力にしようとしたものであり、農業や灌漑施設のための費用の比重は著しく低下した。第二に、公共部門拡大を優先する原則が確立され、民間企業には規制が加えられた。産業許認可《ライセンス》によって新規企業の設立、新規商品の生産、既存企業の規模拡張などに規制が加えられた。第三には輸入代替工業化という保護主義が採用された。輸入品は国産品と競合してはならないとする「国産品入手不可能原則」に基づき、厳格な輸入制限が実施され、高い関税率、輸入許可制が採用され、外資の流入にも厳しい態度がとられた(一九七一年には外資出資比率の上限が四一%となった)。最後に、初等教育への投資も軽視されたままであった。

この経済運営は当時途上国の開発モデルとしてもてはやされたが、現在は全体として否定的に評価されている。重工業を軽工業に優先させて先端産業への大規模な投資をおこなう一方、農業投資や伝統的綿工業など、いわゆる基礎産業《ベーシック・インダストリー》への投資をおろそかにした結果、インドでもっとも輸出競争力のあるはずの綿工業などが伸びず、貧困や失業、所得の不平等も未解決のままであった。農業投資よりは制度改革すなわち地主制(ザミーンダーリー)廃止などが生産の増大に結びつくと考えられたが、それも州の担当事項となり、徹底しなかった。

この計画は発足直後から、重大な困難に直面した。まず外貨危機である。総支出額四八〇億ルピーのうち、一二〇億ルピーの赤字は紙幣増刷など、貨幣供給の増大によってまかなわれることになった。それはインフレーションを招き、たちまち、一九五八年の外貨危機となった。インドのスターリング保有高も四六年三月から五〇年にいたる四年間に早くも一七七億三〇〇〇万ルピーから八五億九〇〇〇万ルピーに減少した。さらなる困難は食糧不足の再発である。批判の声は、すでに六一年ころからシェノイ、P・T・バウア、コリン・クラークなど有力な経済学者から発せられていたのだが。また六〇年代に経済危機を発生

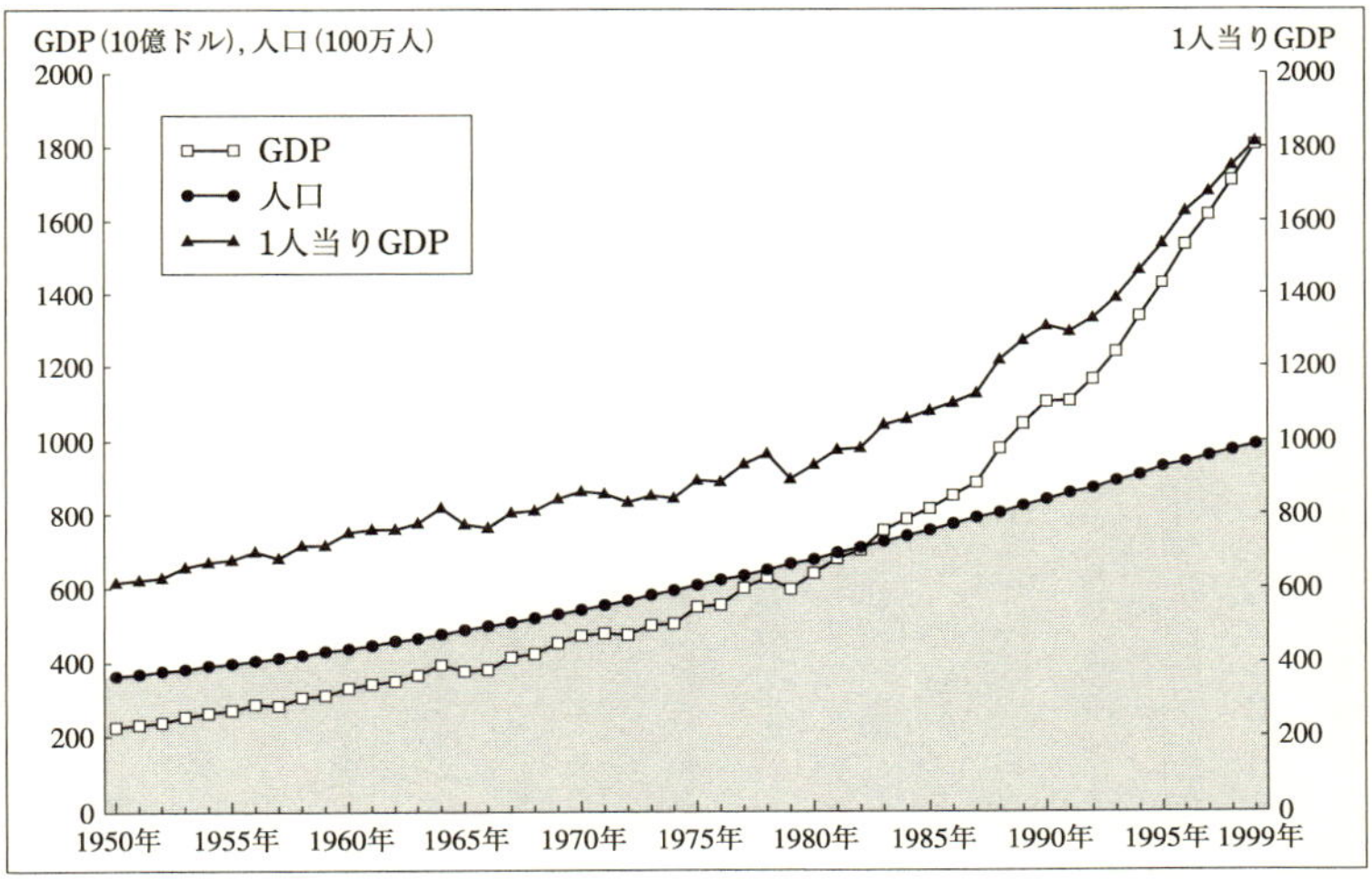

インド GDP・人口の趨勢(1950〜99年)　経済発展のもっとも伝統的な指標は一人当り GDP の成長率である。インド人口の増加が続いたにもかかわらず，80年代後半以降，同成長率が加速したことがわかる。Angus Maddison, *The World Economy : A Millennial Perspective,* OECD, Paris, 2001, pp.292, 298, 304 より作成。購買力平価に換算した1990年ドル。

させた一つの要因として、初等教育制度の遅れを指摘する意見が近年は大きくなっている。

外貨危機や食糧危機は一九六一年に第三次計画に入ってますます深刻化し、中印国境紛争をへて、六四年にネルーが死去すると危機が顕在化してきた。六五年、六六年と旱魃《かんばつ》がつづき、六五年には第二次インド・パキスタン(印パ)戦争が起こり、事態は一層困難になった。さらにアメリカがベトナム戦争批判をするインドにたいして、対印援助の中止をおこなったため、食糧危機、財政危機、インフレの高進という三重危機のなかで、六〇年代後半のインドは未曾有の政治・経済危機をむかえたのだった。

インド工業は、第一次五カ年計画から第三次五カ年計画にかけて、計画投資額が三倍になり、援助額も一八倍に急増したにもかかわらず、国際競争力を失い、関税回避をしたり、輸入・投資の許可を求めるためのレント・シーキング活動(規制に寄生した経済活動。競争的に見えるが、効率や厚生にマイナスの影響をおよぼす)が増加し、国民生産の停滞、農業生産の弱々しい発展と大量の輸入を必要とする食糧不足、物価上昇、慢性的外貨不足、株式市場の暴落、富者と貧者の格差を拡大するような逆転した所得移転が起こった。六〇年代中ごろ以降も、九〇年代の経済改革期にいたるまでは、なかなか停滞期をぬけだすことができず(前頁図参照)、日本、NIES、中国など、東アジア、東南アジアの奇跡的発展に大きな遅れをとることになった。

一党優位体制の成立

第一回の総選挙は、一九五一／五二年であった。会議派は新首相ネルーに率いられ、下院では四八九議席のうち三六四議席、すなわち議席の七四%を獲得して(ただし得票率四五%)、圧倒的優位のうちに勝利した。会議派は、下院での圧倒的な勝利のみならず、ほとんどの州議会でも安定過半数議席を獲得して、会議派系州政権を樹立した。その結果、六〇年代なかばまでのインド政治はラジニ・コタリなどによって「一党優位体制」または「会議派システム」と呼ばれる、政権交替を想定しない無競争政治がつづいた。会議派は総意《コンセンシュアル》政党であって、政策は党内での派閥の争いとなる。共産党をはじめとする野党は批判政党であっても、中央政府の政権交替を予想する者はいなかった。

この一党優位制が成立した第一の理由は、会議派が民族運動を闘い、独立をもたらした歴史的事実による。献身的に闘うなかで獲得した権威と正統性、そして全国組織のネットワークである。独立以前に、全

北インドの村を遊説中のパンディット夫人　パンディット夫人はネルーの妹で，独立前のインド人州内閣の閣僚，国連大使などを歴任した。遊説はインドの誇る議会制民主主義の重要な活動の一環である。

国的な組織といえば、インド政庁、会議派、ムスリム連盟の三つであったから、イギリスが去り、ムスリム連盟がパキスタンへ去った以上、会議派への支持は政策への支持というより、独立インドへの支持とほとんど同義語であった。

第二に、これまでに大衆運動のみならず二回の選挙（一九三七年および四五〜四六年）をすでに闘いぬいてきた会議派の中央執行部は、全インドの総意を団結させ、あるいは諸州における対立勢力の調整役としても機能してきた経験と組織構造をもっており、また、ネルーの清潔で理想主義的、反対者にも融和的というイメージやその個性は、会議派党内の異なる意見を包摂することができた。

第三には、ネルーのリーダーシップは諸州の会議派ボスとの協力関係のうえに成り立っており、ボスたちはまた州において利権《パトロネジ》ネットワークを築いたからである。三〇年代後半から州政権を獲得した会議派は保護・被保護《パトロン・クライアント》関係というかたちをとって政権党のもたらす利得を支持者に分配できたのであった。

第四に、インドの小選挙区制は全国的な大政党に有利であり、全国的に強力な二大政党を引き出す制度となるには、まだ時間が必要であった。理由の最後は会議派の公式イデオロギーは政教分離主義《セキュラリズム》であるが、八〇年代までは現実にはヒンドゥーイズムに依拠するところも多く、多数派のヒンドゥーから支持をえていたことである。

野党としては、会議派社会党を前身とする人民社会党《プラジャ・ソシアリスト・パーティ》のほかに、戦中・戦後に勢力を拡大した共産党がケーララ、西ベンガルなどで強さを見せて州政権を獲得したが、一九六四年につづく、六八年の小分裂などで、全国政党というよりは、地域政党として確立する方向を見せた。

一九五九年にはラージャーゴーパーラチャーリに率いられてスワタントラ党が誕生し、ネルーの社会主義や非同盟政策に反対の実業家、官僚などを組織したが、のちのインド人民党(BJP)の蔵相、外相を歴任するジャスワント・シングを生むことになる程度で、大きな伸びは見せなかった。不可触民も、五六年に「インド共和党」の成立を宣言したが、指導者であるアンベードカルの死(一九五六年十二月)のため、期待されたほどの成長は見せなかった。

そのなかで、インド大衆連盟《バーラティーヤ・ジャン・サング》(BJS)が一九五一年に結成されたことは注目に値する。のちにインド人民党として九〇年代後半に政権を獲得する党にまで成長するからである。この組織は、四八年にガンディーの暗殺に関係したために非合法となっていた民族奉仕団(RSS)の政治的ウイングとして結成されたものであり、会議派から離脱したS・P・ムケルジーを党首とした。これはアカンド・ヒンドゥスタン(分割されないヒンドゥスタン)に目標をおくヒンドゥー大連合《マハー・サバー》の流れもくみ、インドを「一つの国土」「一つの民族」「一つの文化」と規定した。会議派の政教分離主義に反対し、党の綱領を「インドの文化と規範に基づくインドの再建」と規定し、「強い中央」と「強い地方」の両立を説くものであった。独立直後のインドでは、パキスタンとは本来統合されるべき国であるという意識が強く、逆にまたインド国内にあって、四三〇〇万人のムスリムを国民統合の阻害要因と考える風潮が消えなかったのである。インド大衆連盟の支持基盤はムガル朝以来ムスリム上層の拠点でもあった北部諸州にあったが、パキスタンからの難民にも支持者は多かった。

いずれにせよ、第一回選挙以来、二億人の有権者がほぼ混乱なく投票するという驚異的な成功をおさめた選挙制度は、その後五〇年以上つづき、中央・州の双方とも選挙による政権交替がほぼ平穏におこなわれ、危機に際しても、軍事クーデタも起こらないというアジアにまれなインドの議会制民主主義がここに始まったのである。ただし、それはエリート民主主義と揶揄《やゆ》されるエリートを中心としたものであった。

非同盟・中立外交

第二次世界大戦後、インドをはじめとする独立諸国家が続々と誕生してアジアにも国民国家システムを成立させたことは、世界に大きな変化をもたらした。とくにインドが、ネルー首相(外相を兼任、一九四七〜六四年)のリーダーシップのもとに、非同盟・中立政策として知られる独自な外交を展開したことは世界的に大きな意義をもった。非同盟とは、冷戦が展開されるなか、米ソどちらの陣営にも同盟しないという原則に立ち、新興独立諸国の国益を追求しようとしたものである。

一九五四年、中印両国は領土主権の尊重、相互不可侵、内政不干渉、平等互恵、平和共存という「平和五原則」を宣言した。つづいて五五年四月、「最初の有色人種の会議」といわれたバンドン会議ではネルー、スカルノ、ナセル、周恩来を含めアジア・アフリカの二九カ国の代表が一堂に会し、民族主義の尊重、植民地主義の排除、国際紛争の平和的解決などからなる十原則に合意した。新興独立国の連携はあなどれない役割をはたした。

しかし、インドから見ると非同盟の原則は二つの方向で、はじめから矛盾を見せていた。第一にカシミールを焦点とする対パキスタン関係であり、第二に中国との国境紛争に起因する中印関係である。カシミールをめぐっては前述のとおりインド・パキスタン(以下印パと略記)両国の独立直後の十月から戦争となり、国連決議により一九四九年一月に休戦したが、インドはカシミール住民投票による帰属の決定という国連決議の内容を受け入れることができなかった。その結果、休戦ラインが事実上の国境となったまま係争は現在までつづき(現在の管理ラインは七一年第三次印パ戦争における停戦ライン)、国際紛争の平和的解決のための非同盟政策という本来の目的について大きな疑問が投げかけられた。印パ両国はその後二回も戦端を開くなど、けっして良好な関係を保ちえず、独立国家間の関係は早くもつまずきを見せたのであった。

また中印国境紛争の由来は、イギリスによる国境の画定を中国が認めないところに端を発しているが、一九五一年、中国軍によるチベット進駐がおこなわれて以来、チベット問題での中印対立にも原因がある。中印両国はこのころアメリカとパキスタンの軍事協力が急速に進んだことから、いったんは歩み寄りを見せ、五四年には前述の平和五原則に合意した。しかし五九年にチベット反乱が起こり、ダライ・ラマがインドに亡命したころからふたたび問題は表面化した。五九年夏に発生した国境紛争は六二年九月には東部国境付近での軍隊による衝突となり、十月には戦線が国境全体に拡大した。戦闘はインド軍が各地で敗退する結果となり、中国側の一方的停戦によって十一月下旬には終結したが、中国は占領したアクサイチンから撤退しようとはしなかった。

この中印紛争の結果、中印対立は、一九七五年前後までつづいた。この中印国境紛争の結果は、一方でインドはソ連からミグ戦闘機などの援助を受けつつも、米印関係を緊密化させた。他方では、中国とパキスタンの関係が緊密化するという国際政治上の変化を生んだ。六二年十一月十四日、インドとアメリカとのあいだには、軍事援助協定が締結された。インドの軍事化も、のちの核武装化も、この中印紛争による敗北から始まっていく。インドの非同盟外交・軍事政策は、このとき内実では大きな転換をむかえたのである。インドの防衛は、それまで外交によって支えられると信じられていたが、それ以降は、外交は強い軍事力に支えられるという信念に転換したのだった。その結果、非同盟とは結局、南アジア地域(とくに印パ関係)への超大国の介入を防ぐこと、そして大国間のバランス・オブ・パワーをはかるにすぎない、とみなされかねないことになったのである。

ネルー時代の評価

ネルー時代には、藩王国の統合、憲法制定、普通選挙制の導入、言語州の再編など、国家創設に必要な大規模な制度の樹立が国家の存立をゆるがすことなく、比較的平穏におこなわれた。植民地支配者でなくとも政治的安定を達成しうることを示し、アジアにおける国民国家を維持することによって植民地制度を粉砕し、ほぼ二〇〇〇年にわたるヨーロッパ優位の世界をくつがえしたこと、さらにインドとインド洋周辺における政治的安定を、ネルー流の「民主主義」と「現実主義」のバランスによって確保したことこそ、その最大の成果である。

また先進資本主義諸国にたいして、新興国民国家の合法性をうたう、非同盟・中立の推進者としての役割も重要であった。しかし肝心の新興国家間に円滑な国際関係を必ずしも築けず、中印戦争と印パ戦争を引き起こすことになったのはなぜか、それは今後の重要な研究課題の一つであろう。最後にネルーの政策、とくに第二次五カ年計画に代表される経済政策についても今後議論はつづくであろうが、肯定的評価をくだすのはむずかしいかもしれない。土地改革を徹底化しなかった、という従来からの批判に加えて、最近では識字率を上昇させなかったのはエリート民主主義の構造的欠陥だとする批判も厳しい。すなわち建国初期の五カ年計画の経費配分では、教育発展の中心を中等・高等教育においた結果、初等教育、とくに十一～十四歳の後期過程では、就学率が一九五〇～六五年の一五年間に、一三％から三一％にしか、上昇しなかったからである。これらの政策の失敗は深刻な結果をネルー死後にもちこすことになった。

2　会議派一党優位体制の衰退

インディラ・ガンディー政権の誕生

一九六四年に初代首相のネルーが病没した。つづいて後継者シャーストリー首相も六六年に急死し、ネルーの娘であるインディラ・ガンディー（以下インディラと略記、マハートマ・ガンディー家とは縁戚関係なし）が同年に首相に就任した。しかし、インディラの時代は希望に満ちたネルーの出発と異なり、経済危機、食糧危機、戦争の繰り返しのなかで、会議派の一党優位体制が緩慢に衰退していく時代であった。

インディラの就任前後にあった深刻な事態とはまず食糧危機に始まる。一九六五年から旱魃が二年つづき、飢饉寸前の状態をアメリカからの緊急輸入の穀物でやっと切り抜けたものの、南インドでは、ヒンディー語の国語化に反対するタミル・ナードゥの人々が自治を要求して暴動を起こしていた（四五四頁参照）。そのうえ、六五年九月には第二次印パ戦争が始まっている。加えて、両国の戦争を契機にアメリカが印パ両国への軍事・経済援助を停止したため、五カ年計画の行きづまりによる経済危機が高進するなかで経済再建は頓挫し、国際的圧力により、ルピーの切下げが断行される、というありさまであった。

会議派の衰退は一九六七年の第四次選挙の結果から顕在化し始める。この選挙において、会議派は大敗した。副首相のモラルジー・デサーイーの落選をはじめ、デリー、マドラス、西ベンガル、ケーララ、パンジャーブ、オリッサ、ビハールで会議派は州政権を一挙に喪失した。選挙後も、ハリヤーナ、ウッタル・プラデーシュ、マディヤ・プラデーシュの三州で会議派政権が崩壊してしまう。右派つまりインド大衆連盟《バーラティーヤ・ジャン・サング》も、左派つまり共産党も議席をふやした。結局これまで中央・州とも、圧倒的な一党優位体制を誇ってきた会議派は、これ以降、中央政府と対立する州政権・地方政党にどう対処するか、という深刻な課題につきあたることになった。

敗北の事態に重ねて、銀行国有化問題といういわばイデオロギー上の対立が絡み、一九六九年に会議派はじめての大分裂を起こした。党内長老派とインディラ派の分裂である。州政権の多数を失ったため、州政治の会議派ボスたちの力は弱まっていたものの、インディラ派は少数派になった。

インディラのとった危機対応策は、後述する「緑の革命」（四四七頁参照）によって食糧危機を切り抜ける一方、有権者にたいしては銀行国有化などの「社会主義的政策」を示すことであった。組織・体制面では、中央政府の統制を強化する一方、地方政治では、ドラヴィダ進歩連盟（DMK）とインド共産党という二つの非会議派政党が握る州政府に支持されながら、議会運営をおこなうという綱渡り的な道を歩んだ。

驚いたことにこれらが功を奏して、インディラ会議派は甦《よみがえ》っていく。彼女は一九七一年三月の下院選挙において、「貧乏追放《ガリービー・ハターオー》」のスローガンをうたい、民衆のあいだにインディラ・ウエーブを巻き起こした。その結果、下院において三分の二の多数を獲得して勝利し、六七年の会議派の劣勢を逆転したのである。そのうえさらに七一年に起こした第三次印パ戦争（四五〇頁参照）にも勝利する。その勢いをかって七二年三月の州選挙でも主要な州で過半数を獲得し、インディラはネルーの後継者としての地盤を固め、安定した政局運営が可能になったかに見えた。

しかし、この事態は構造的な問題を解決していたわけではなかった。経済成長は四三三頁の図に示すとおり、停滞したままであった。緑の革命などで食糧危機からは脱したものの、豊かになっていく富農たちを横目にしながら、依然として貧しい下層のカースト、不可触民、ムスリムなど圧倒的多数の大衆を彼女は選挙の主たる支持基盤としていたのである。そうした大衆の不満に向けて、彼女は「貧乏追放」などの大衆受け《ポピュリズム》するスローガンを、直接呼びかけて集票をはかった。

一九七一年選挙で大勝利した結果、彼女はその左翼的姿勢を一層貫いていく。その方法は、会議派の州ボスたちを集票力のない守旧派とみなして疎外し、党を彼女個人に頼るものに変えていくものだった。ネルー譲りの社会主義的な理念は左翼的な人々をある程度惹《ひ》きつけ、選挙はまるで国民投票のようになった。だが、国内の政治機構は州首相も彼女自身が決定するなどしだいに中央集権化していった。会議派の党内でも彼女に反対する指導者を疎外し、その結果、多くの地方リーダーを反対党に追い込んだりした。党組織からは中間指導者グループや草の根の下部指導者がしだいに消えていき、インディラ会議派の党組織は崩壊し、組織政党とは名ばかりのものになった。

非常事態宣言と会議派初の政権喪失

一九七二年、七三年とふたたびインドを旱魃が襲い、あいつぐ戦争の戦費や難民救済の負担が重なったうえに、七三年には石油危機のあおりを受けて、年間インフレ率が二〇%をこえた。七四年にはインフレを背景に、独立後はじめての全国的な反政府運動が起こり始めた。その中心にはガンディー主義者として知られる社会党のJ・P・ナーラーヤンがいた。彼は、独立後、かえりみられなかったガンディーの思想・手法にのっとって、少数エリートによる支配体制を批判し、民主主義の回復を訴え、全国民的な非協力的大衆運動を展開した。彼の思想の中核には教育改革が位置づけられており、その教育思想もまた、ガンディーの基礎教育《ベーシック・エデュケーション》を重視する思想に基づいていた。

この反政府運動のさなか、一九七五年六月十二日にアラーハーバードの高等裁判所で、四年前のインディラの選挙に不正行為があったとして、当選無効の有罪判決(議席剥奪。六年間公職追放)がくだされた。反対派は活気づいた。

これに対抗してインディラは六月二十六日、非常事態宣言をおこなう。それ以来、一九カ月つづいた非常事態体制のあいだに、野党の党首モラルジー・デサーイーをはじめ、七〇〇人以上が投獄されてしまうことになった。それに加えて彼女は、自分の選挙を無効とした選挙法にかわる新選挙法を通過させ、高等裁判所の違憲審理権さえも剝奪したのである。

このような強硬な方策をとった彼女の大義名分は、ネルー同様の「社会主義」である。一九七六年には憲法を改正して、その前文に「インドが社会主義をめざす」と改めて書きいれ、貧困追放や公平を追求した社会主義的な「二〇項目プログラム」を掲げ、左翼・下層民への傾斜を見せた。

しかしネルーとの違いはそのやり方であった。その強引さは、そのころおこなわれた産児制限諸法の執行やスラム撤去運動に際しても変わらず、この強制執行が災いして、彼女の最大の支持者であったはずのムスリムや下層民からの不満までもが高まっていった。

この混乱状態を救ったのは、結局はインドの民主主義である。一九七七年に総選挙の時期をむかえたインディラは、規定どおり、選挙をおこなうと発表すると同時にモラルジー・デサーイーら野党指導者を釈放して、非常事態を緩和した。反対する側も、同じ一月、選挙に向けて大同団結して人民党《ジャナター・パーティ》を結成し、民主主義の回復と反インディラを唱えた。

そしてむかえた一九七七年の第六次連邦下院選挙においては、インディラ会議派が惨敗し、独立以来はじめて会議派以外の野党が勝利する、という事態をむかえたのである。インディラ会議派は野にくだった。ここに異常な政治事態は終わりを告げ、議会制民主主義の正常な状態にインドは復帰した。ただ、独立インドの建設という国民の合意を代表していたはずの会議派の一党優位体制は崩壊を始めたのだった。

人民党政権の誕生と崩壊

人民党《ジャナター・パーティ》政権は、独立以来はじめての非会議派政権である。首相となったのは、同党の総裁モラルジー・デサーイーだった。外相にのちに首相となるA・B・ヴァージペーイー、国防相に不可触民出身のJ・ラームが就任した。

だが、首相本人がかつては会議派長老派の一員だったことからわかるように、ガンディー主義の流れをくむといわれた同政権の特徴は、内容的には、右翼も左翼も含めた諸党派の連合体であった。大まかに分ければ、(1)旧会議派内の保守派、(2)北インド、西インドに基盤をもつヒンドゥー主義政党のインド大衆連盟グループ、(3)北インドの貧農や労働者に支持された社会主義勢力、(4)北インドの富農層を基盤とするチャラン・シング主導のインド民衆党《バーラティーヤ・ローク・ダル》(BLD)などであった。

政策としての特徴は、(1)ソ連よりだった会議派時代よりは、中国との関係がやや改善されたこと、(2)会議派政権と異なって政権の発足直後から教育改革、とくに大衆教育に着手したこと、(3)農業重視、小規模工業優遇政策をおこなったこと、(4)地方分権、とりわけパンチャーヤット制度(五人程の長老からなる会議で村落行政を運営するという意)の整備を促進したこと、などであろう。ガンディー主義の復権をめざし、大衆教育、すなわち成人教育と初等教育の普及に重点をおいたことは、一九七八年四月に発表された第六次五カ年計画の草案と七九年の教育政策が端的に示している。また、小規模工業優遇政策は具体的には中・大企業が製造できない品目を拡充指定したことであった。

だが反インディラで集まった同党の問題は、権力を獲得するやたちまち解体を始めたことであった。一九七九年六月にはチャラン・シングなどの旧インド民衆党(BLD)系勢力が離脱して、新党すなわち民衆党(LD)を結成した。それにとどまらず、チャラン・シング自身は七月、デサーイー内閣を辞任に追い込み、自ら首相となった。はじめての非バラモン首相である。しかしそれもひと月ともたず、七九年の第二次石油危機を契機に、インドは、インフレ、外貨危機、食糧危機にみまわれ、同政権は自己崩壊し、八月に連邦下院は解散した。その結果八〇年一月にはまたもや選挙がおこなわれ、インディラ会議派がふたたび政権の座に戻ってきたのだった。人民党はさらに内部崩壊し、結局は会議派にかわる政権党になりえないままに自壊したのだった。

しかし注目すべきは、のちに政権党となるインド人民党(BJP)の誕生である。一九八〇年四月、人民党から離脱したインド大衆連盟系の人々は、インド人民党を結成して再出発する。この組織がいわゆる、ヒンドゥー・ナショナリズムの運動を生んでいくのである。それは七〇年代後半の中東のイスラーム原理主義《ファンダメンタリズム》に影響を受けた大衆政治の出現でもあった。同様の影響を受けたシク教原理主義も活動を開始していた。

緑の革命——インディラ時代の経済政策

インディラ時代の経済政策でもっとも成果をあげたのは緑の革命であろう。そのきっかけは一九六〇年代なかばの食糧危機であった。アメリカからの穀物の緊急輸入によってやっと最悪の事態を回避したインド政府は、ネルー時代の農業軽視や重工業優先発展経済路線の破綻を悟った。またその結果、従来のような土地改革などの「制度」改革重視路線から、第四次五カ年計画(六九年四月〜七四年三月)では、新技術の導入による農業開発・食糧増産政策へと大きく転換した。パンジャーブを中心とした北西インドに地域的に限定されてはいたが、高収量品種の種子(小麦)と化学肥料、それに電動ポンプ井戸灌漑を組み合わせて生産性をあげるという方式である。いわゆる緑の革命の始まりであった。また数年遅れて小麦の裏作として米の高収量品種が普及し、生産性の高い、米麦二毛作体系が確立した。不安定で生産性の低い伝統的な作付け体系が一変し、七〇年代末までにインドは食糧輸入がゼロという意味での食糧自給を達成した。

一九八〇年代には緑の革命の第二の波が、もっとも貧しかった東部インドの稲作部門にも本格的に浸透した。藤田幸一によれば、インドの農業・農村経済は幅広く底上げされただけでなく、深部にまで影響を受け、さらに所得・需要効果などにより、農業関連産業をはじめ、他産業の成長も刺激された。農業が経済開発の足を引っぱる存在でなくなったことは大きな収穫であった。ただ、この結果は緑の革命だけでなく、六七年以後、西ベンガルやカルナータカなどで、ある程度土地改革が進んだことも影響していよう。

一九七〇年代からは東アジア・東南アジアにはいわゆる奇跡的経済発展が、自由貿易体制を利用しつつ起こり始める。だがインドはむしろその反対に、六〇年代後半から、ほかのアジア世界の発展に背を向けたかたちの経済の停滞期をむかえるのである。それはどうしてだろうか。

農業を除くと、インディラの政策の特徴は、急進的ネルー主義《ミリタント・ネルーヴィアン》だとコーエンが呼んだように、理念的にはネルーの「社会主義」を踏襲したものだった。彼女の経済政策は、旧藩王への年金廃止に始まり、主要一四銀行の国有化(一九六九年)のみならず、石油や保険会社の国有化、外国為替規制法の強化、独占・制限的取引慣行法の強化など、経済にたいする国家のコントロールを強化し、構造的赤字部門の公共部門への編入など、公共部門の肥大化を一層進めるものであった。この時期は、市場メカニズムがもっとも機能しなかった時期であった。また一九八〇年代の中ごろつまりインディラの死までは、一貫して機械的な「輸入代替工業化」政策が採用されつづけ、閉鎖的な経済運営がつづいた時代であった。杉原薫によれば、インド経済の停滞の原因は、たんに閉鎖的かどうかだけでなく、どの国とのあいだに貿易をおこなっているかという視点から考えることも必要であり、インド経済がこの時期に技術や経営のノウハウの移転をともないそうな、発展するＮＩＥＳ、ＡＳＥＡＮなどのアジア諸国に注目せず、それ以外のアジア諸国およびソ連や社会主義国とのあいだに密接な関係をもっていったことも問題であった。また後述のように、たび重なる周辺諸国との戦争や紛争への介入・出兵、核兵器の開発など、軍事費の高騰もインド経済には大きな負担となった。結局「貧乏追放《ガリービー・ハターオー》」プログラムも全体的な経済開発戦略のなかの補助的な部分にとどまった。近年は前述のように初等教育への投資を軽視したとする批判がますます大きくなっている。

南アジア地域権力をめざして――対外関係・外交

インディラ時代には、外交政策目標も事実上転換した。ネルー時代のように、世界的視野から非同盟外交を展開するよりは、地域権力《リージョナル・パワー》としての優位の確保を政策目標にするようになった。その理由の一つは中国との敵対関係、とりわけ中パの接近である。

中印紛争以後、それまでパキスタンだけであったインドの「敵」に中国が加わり、「二つの敵」にふえた。その中国は一九六四年核爆発実験に成功し、早くも核保有国の仲間入りをした。一方、パキスタンは、中印国境紛争において中立を守ったものの、その結果カシミール問題を解決する絶好の機会を逸した、と考えるようになったとされる。さらに、中印紛争がアメリカの援助を誘発してインドの軍備が増強されることに警戒心を高めたという。パキスタンと中国は接近して六三年に貿易協定を締結し、国境画定に合意した。これに対応して、中国はカシミールにかんするパキスタンの立場を支持した。インドも六四年にジャンムー・カシミールの完全統合を宣言するなどむしろ強硬姿勢を見せた。六五年の第二次印パ戦争の原因としては、軍事増強の進むインドにたいしてパキスタンが予防的にカシミール問題の解決をはかったとするのが通説だが、小競り合いから西部戦線での本格的戦闘となり、九月十六日には、中国の対インド最後通告までもでるにおよび、ソ連のコスイギン首相の仲介をアメリカが支持するかたちで国連の要請による停戦となった。

インドにとってはこれを機会に米英の印パ軍事・経済援助が中止されたことも大きな問題であった。アメリカは印パ双方への武器援助が相互の対立に使用されることをきらったといわれている。だがインドに援助すると中パがより以上接近する可能性が大きいことや、もっと深刻にはベトナム戦争の負担が増大し、一九六〇年代には東南アジアの重要性が南アジアを凌駕したことも原因であろう。

世界的に見ると一九七〇年代は大きな転換が起こった時代である。七一年の七月にはキッシンジャーが秘密のうちにパキスタンから中国へはいり、ニクソン大統領の訪中が発表されて、インドに大きな衝撃をもたらした。米中接近は、「米英」対「ソ中」の対立であった冷戦構造それ自体が、六〇年代後半から七〇年代初めに、米ソデタント、米中和解と、グローバルなレヴェルでは変容したことを示すものであった。しかし南アジアでは、むしろあらたな対立ともいえる中ソ対立を基底に、「ソ連」対「米中」の対立軸を冷戦構造と見る見方が一般的であった。インディラ政権は米中(およびパキスタン)接近に対抗し、かつ第三次印パ戦争に備えて、七一年八月九日、印ソ平和友好協力条約の締結をおこなった。

一方一九七一年三月ころから、東パキスタンにおいては内戦が発生していた。そもそも、これは独立の仕方そのものから発生した矛盾である(第九章参照)。ムスリムが多数派であることを共通点として、東西パキスタンからなるパキスタンは成立したが、言語・民族的には、東パキスタンではベンガル語を共通に使用し、西パキスタンでは、ウルドゥー語やパンジャービー語が共通に使用されていた。

ベンガル系の東パキスタン人は、パンジャーブ系の西パキスタン人に差別的扱いを受けているとして独立を求め、その運動をインドが助けていることは公然の秘密であった。内戦が激しくなり、数百万の避難民が東パキスタン領からインドへと逃れてくると、インドは避難民受入れが困難であることを理由に、一九七一年十二月三日、東パキスタン領に進軍し、第三次印パ戦争が始まった。この戦争ではインドは圧倒的に勝利し、一方的停戦をおこない、ここに東パキスタンはバングラデシュとして独立することになった。その意味でインドは、バングラデシュ独立をもたらすに重要な要素であった。

中国はこの問題では、パキスタンを一貫して支持しており、姫鵬飛《きほうひ》外交部長は十一月、「パキスタンが外国の侵略を受けたら、その国家主権と民族独立を守る闘いを支持する」との声明をだしたが、それ以上はコミットせずに終わった。

このとき、アメリカ戦艦エンタープライズが、ベンガル湾の南に出動したため、インドの反米感情はおおいに高まった。インド人の眼にはアメリカが、米中パの枢軸を守りにきたと見えたのである。アメリカ側の言い分は、インドがそれ以上西パキスタンやカシミールに進軍する可能性をとめるための出動だったとしている。結局、一九七二年六月シムラにおける印パ首脳会談において終戦処理がおこなわれ、以後、カシミールの管理ラインは七一年十二月十七日の第三次印パ戦争の停戦ラインを尊重することになった。

バングラデシュの独立は、パキスタンの片翼を失わせ、南アジア地域における地域権力《ドミナント・パワー》としてのインドの優位性を決定的にした。アメリカの軍事戦略研究家コーエンによれば、インディラ時代の外交目標は、パキスタンに「インドと対等《パリティ》」願望をすてさせ、南アジア地域にインドの優位性を確立することであったから、この目標は成功裏に達成されたといえよう。

それ以後のインド外交にはインディラ・ドクトリンが顕著にあらわれてくる。それは一九七五年のシッキム併合など、一方で近隣諸国への強硬で非妥協的な態度であり、他方で南アジアから外部勢力の存在や影響力を排除しようとするものだった。だがインド以外の南アジア諸国にとっては、これは逆に大国イン

1971年	ネパールとのあいだに貿易・通過条約(Trade and Transit Treaty)
1971年8月	インド・ソ連平和友好協力条約締結
1971年12月	第三次印パ戦争(バングラデシュ独立)
1972年	バングラデシュとのあいだに友好・協力・平和条約(Treaty of Friendship, Cooperation and Peace)
1975年	シッキム併合(an Assorted State of the Union of India となる)
1985年	SAARC(南アジア地域協力連合)設立
1987〜90年	インド軍がスリランカ内戦に軍事介入
1988年	モルディヴにおけるクーデタ鎮圧のための派兵
1989年3月	ネパールにたいする経済封鎖

地域権力としての周辺国との関係の変化

ドにたいする警戒心を呼び起こすことにもなる。「地域主義なき地域」と呼ばれていた南アジアでも八〇年代初頭から新しい動きが始まり、バングラデシュの故ジアウル・ラフマン大統領の提案に始まるSAARC(南アジア地域協力連合)が一九八五年に誕生し、南アジア七カ国(バングラデシュ、ブータン、インド、モルディヴ、ネパール、パキスタン、スリランカ)が参加した。

総じて一九八〇年代のインド外交は、地域権力の樹立をめざしたインドが軍事力を積極的に、ときには先制的に使用した時代だった。八七年にスリランカに介入したのはその一例である(四九三頁参照)。スリランカにおける多数派である仏教徒のシンハラ人と少数民族のタミル人との対立が激化したとき、タミル人の一部が難民となってインドへ逃れたのをきっかけに、スリランカへインド平和維持軍を派遣し、域外大国(アメリカや中国など)の干渉を防ごうとしたのである。だが、戦いは泥沼となり、九〇年までにスリランカから撤退しただけでなく、選挙のために遊説中のラジーヴ・ガンディー元首相の暗殺(九一年)さえ引き起こすことになった。こうした軍事力の行使は、結局九〇年代には行きづまり、転換することになった。コーエンによればその主たる理由は、ソ連からの外交・軍事援助が弱まったからである。

反対諸党の性格

一九六七年の選挙以降、会議派への反対は州政権を基盤にして顕在化してくる。したがってこれ以降は、中央政府(会議派)と州政府(非会議派)の関係が、政治の焦点の一つとなってくる。六七年前後に登場した反対党や非会議派州政権は、会議派批判の中心に会議派による諸政策の失敗をあげてはいるが、その出現の状況を見てみると、つぎの三つの特徴を備えていることがわかる。

第一は地域主義の台頭である。一九六七年選挙でタミル・ナードゥにおいて会議派に勝利したのは、ドラヴィダ進歩連盟(DMK)であった。これは、反ヒンディー語、反北インド、反バラモンのサブ・ナショナリズム的感情に根ざしており、言語・文化の独自性を主張し、ある程度の自治を要求する地域文化型政権である。この党は、遠く一九一七年に非バラモンの上層カーストの人々によって結成された正義党に源を発する。自尊《セルフ・リスペクト》運動の指導者ナーイッカル(ペリヤール)は、第二次世界大戦中に、反英の態度を明らかにしてドラヴィダ連盟(DK)を結成した。しかしその反妥協的傾向を批判して、ナーイッカルと袂をわかち、四九年にはより現実的なアンナードゥライの率いる上記の政党(DMK)が結成されたのであった。

多民族・多言語国家インドにおいて、南インド諸州から見ると独立後の政治的争点の一つは、言語州再編に見られたように、彼らの言語・文化を守る問題であり、北インドのヒンドゥー対ムスリムのような、宗教間の対立が基本ではない。そもそもインドの公用語は、一九五〇年制定の憲法に英語とヒンディー語の併用と規定されたが、一五年後にはヒンディー語に一本化することがうたわれていた。それにたいしてタミル語を母語とする同州では、一九三七年の反ヒンディー語闘争以来ヒンディー語への一本化反対キャンペーンが張られていた。中印紛争以来中央政府は、州をインドから分離独立させよと主張することを犯罪と規定したため、同州をインドから分離せよとの主張はやんだが、タミル語・ドラヴィダ文化を擁護せよ、との動きは六五年を前にして一層強まった。この反北インド的心情が同党の勝利につながり、かつ中央政府のヒンディー語一本化の断念へとつながったのである。

この地域主義のもう一つの特徴は、カースト制度との関係である。ドラヴィダ進歩連盟の運動が、そもそもバラモンの特権を打破せんとする非バラモン運動に端を発したことからわかるように、ドラヴィダ運動は、非バラモン上層カーストとされるいくつかのカーストが共同して最高位のバラモン支配をくつがえそうという性格をもっていた。一九五〇年代以降はそれが下層の非バラモンへと拡大されていく。すなわち、ドラヴィダ運動もまたカースト社会の変動の枠のなかでとらえることができるのである。ドラヴィダ進歩連盟と同州の会議派との最大の違いは、前者の支持基盤がバラモンになく、後進非バラモン(下層中産階層)の農民、職人などであり、指導者も半分は農民や下層カースト出身だったことである。そのイデオロギーは、上述のドラヴィダ(といっても事実上タミル)文化の擁護のほかに、社会改革、カースト差別反対、とりわけ下層カーストの経済的発展であり、これが人々の支持をえたのだった。

ちなみに、同州におけるバラモン・非バラモン間の抗争は、一九六七年におけるドラヴィダ進歩連盟

(DMK)の州政権掌握によって、事実上終了した。アンナードゥライの死(六九年)後に、それを引き継いだカルナーニディ政権は汚職容疑で倒れ、七一年には、DMKからアンナー・ドラヴィダ進歩連盟(アンナードゥライを正統に引き継ぐものとしてADMK、のちに「全インド」を冠してAIADMK)が分かれて設立されるが、基本的な政治姿勢は、そのまま受け継がれている。

こうした地域の独自性を主張する政党は、アーンドラ・プラデーシュ州のテルグ・デーサム、アッサム州のアッサム人民党などがあり、多民族・多言語国家が連邦制をもつ以上、このような地域文化型政権の出現は、程度の差はあれ、多くの州がかかえる問題であった。だがそれはいわゆるエスニック問題として、中央政府の対応の仕方によってはインドからの分離・独立要求まで内包して深刻化・暴動化する可能性をもっていた。事態を深刻化させた例としては、地域の文化的・経済的特性に加え、シク教という宗教が絡むかたちで自治を要求した、後述するパンジャーブの場合がある。

第二には社会主義志向型の政権の誕生である。西ベンガルの共産党政権やケーララの例がそれである。ケーララでは一九五七年に共産党政権が誕生し、六七年には西ベンガルでインド共産党(マルクス主義)を中心とする統一戦線政府が成立した。ただ、インド共産党は、六七年以降は、全インドの革命政党となってあらたなパラダイムを提示するというよりは、地域政権化する現実的な道を歩んだ。その結果、西ベンガルの共産党政権はインディラ中央政府に協力し、州政権を存続させることに成功した。ケーララでも政権の一部となることが多かった。

第三には中農カーストの政治組織化である。一九六〇年代後半の北インドでは、富農・中農に多いジャート、クルミー、アヒールなどと呼ばれる中間・後進のカーストグループが、経済的にも上昇して、上層カーストに政治的挑戦を始めた。これが最初に徴候を見せたのが六七年選挙であった。ウッタル・プラデーシュ州では、州農業大臣だったチャラン・シングに率いられて、諸党連合である統一議会党(SVD)内閣が発足した。つづいておこなわれた六九年州選挙でも彼を指導者とするインド革命党(BKD、一九六七年結成)が躍進し、七〇年二月から十月まで、会議派の支持をえて、州政権を担当した。彼らは自らを農業的「インド(バーラト)」の代表者であるとして、工業的「インド」に対抗するとし、独立運動時代のガンディー的な農業重視思想が独立後軽視されたことを批判した。緑の革命によって利益をえた後進のカーストを中心とする中農層が政治の舞台に登場してきたわけだが、これらがはっきりあらわれるのは、七〇年代後半からである。

中層・下層の彼らにとっては、一九六〇年代は、インド民主主義の確立以来はじめて民主化の波が訪れた時代であった。選挙分析で有名なY・ヤーダヴによれば、六七年の選挙では会議派の一党優位体制にたいして、待望の政権交替の可能性が見えたからこそ、政治参加、とくに下層カーストの政治参加が増大したのである。民主主義的理想の広まり、競争的政治の広まりによって、かつて発言しなかった社会グループが政治的に発言を始めたといえよう。

古いタイプの政治家に頼ることなく直接に政治化される人々は、富農を飛びこえ、さらに下層の不可触民、ムスリム、後進のカーストなどのグループにも広がった。それによって、会議派の利権《パトロネジ》ネットワークが変化し、弱体化した。村における政治のパターンの変化が政治の頂点をも変化させていく。

総じて見れば一九六七年の選挙における会議派のはじめての敗北は、上層エリートによる会議派支配にたいして、より下層からの反乱が地域政権の掌握というかたちをとったと見られよう。

インディラの再登場からラジーヴへ——一九八〇年代のインド政治

いったん、政権を喪失したインディラは、一九八〇年の第六次下院選挙では三分の二の議席を獲得して不死鳥のように返り咲いた。だが復活したインディラは、野党とも党内でも安定した関係をつくることはできず、彼女の個人的人気や息子たちなど家族の紐帯《ちゅうたい》に頼りつつ、政治体制としては中央集権化に向かう政治方式を採用していった。はじめは次男のサンジェイへ、彼の飛行機事故死以後は、長男のラジーヴへと彼女は依存していく。

インディラ・ガンディーと長男ラジーヴ(左)と次男サンジェイ(右)　ネルーの娘と孫たちでもある。ラジーヴの妻ソニアも含め，ネルー王朝と揶揄される。

もっと深刻だったのは、政策の一貫性を失い、初期にもっていた弱者・下層に向けた政策という原則からはずれ、多数派、すなわちヒンドゥーイズムに依拠して宗教的少数派をはじめとする種々の少数派を政権運営の犠牲にすることもいとわなくなったことだった。しかも八〇年代にカシミール、アッサム、パンジャーブなどで起こった問題は、いずれも五〇年代のときと異なり、暴力をともなった。

その典型的な例がパンジャーブ問題だった。緑の革命後豊かになった富農層が地方分権を要求するのにたいし、これをおさえようとしたインディラのやり方が逆に「カリスタン(シク教徒の独立国)」を要求する強硬派の台頭をうながした。シク教徒の強硬派はまたこのころ台頭してきた中東のイスラーム原理主義の刺激をも受けていた。最終的には一九八四年六月にシク教の本山であるアムリトサルの黄金寺院にたてこもる強硬派を、政府軍隊が武力排除するという結果を生む。しかも事はそれだけで終わらず、同年のインディラ暗殺という結果につながり、つづいてシク教徒への大量報復とエスカレートしていき、暴力政治が顕在化するきっかけにもなった。

インディラの暗殺後の一九八四年選挙は、同情票を集めた息子ラジーヴ率いる会議派の圧倒的な勝利となって終わった。ラジーヴ・ガンディー政権は母親と逆にパンジャーブにおいてシク穏健派のアカーリー・ダルと合意にこぎつけるなど柔軟な対応に転換したものの、結局これは実施されず、九二年にいたるまで、軍がパンジャーブ州に展開するという不幸な結果を生むことになった。これだけでなくシャー・バノー事件(貧しいムスリム女性に前夫は扶養料を払えとした判決にムスリム保守層が反対。ラジーヴ政権が介入した結果、今度はヒンドゥーから反発を受けた事件)などにも見られるように、この時代は宗教問題が頻繁に大きな紛争の焦点になった。その核をなしたのは、しだいに大きくなった「ヒンドゥーの統一と優位を守れ」という声であった。その背景には七〇年代後半から不可触民や後進階層が政治力を増大させるにともなって起こった大衆政治の出現があり、それに対処する方策として、エリート政治を立て直すべく会議派も「ヒンドゥー・カード」を使うようになったのだった。

しかし、一九八九年の第九回総選挙では、「ヒンドゥー・カード」も会議派の退潮をとどめることはできず、ラジーヴ会議派は下院の四〇％をとることもできずに政権を明け渡した。結局、この年に、独立以来の会議派一党優位体制は、完全に終わりを告げ、これ以降は弱体政権が一九九八年のインド人民党(BJP)による連合政権までつづくのである。

外交的には、ラジーヴも母インディラと基本的に変わらず、一九八七年のスリランカ出兵に見られるように、軍事力を積極的に、ときには先制的に使用する方策をとったが、これが彼の命まで奪うことになった。

3　成長の胎動――政治の季節から経済改革の時代へ

流動期・多党化と自由化――民主化の第二の波

一九八九年選挙の敗北は、長期凋落《ちょうらく》傾向にあった会議派がもはや多数派をとることができなくなったことを示していた。それは勢力としての会議派だけでなく、会議派イデオロギーによる長期支配に終止符が打たれたことを意味していた。このときから九〇年代の地域政党の台頭および多党化・連立の時代にはいる。その混迷のなかからしだいに明瞭に浮かび上がってきたのは、会議派とならびつつもそれにかわり、「強いインド」を訴え、より露骨なヒンドゥー・ナショナリズムを掲げるインド人民党(BJP)という政党の存在であり、経済面においては閉鎖的な社会主義型計画経済にかわる自由化、すなわち経済改革であった。

一九八九年以来、連立の弱体政権や閣外勢力をあてにする政権などがつぎつぎと交替する事態が、この時期のインド政治の特徴となる。まず八九年選挙の結果、第二党ながら政権をとったＶ・Ｐ・シングの国民戦線政権は、下層のカースト・農民を主要支持基盤とするジャナター・ダルという政党を中心とした、少数党政権であった。この党は「民主化の第二の波」すなわち下層のカースト、不可触民などの政治的台頭を背景にして八八年に成立した中道左派政党である。だが政権としては、「右翼的」なインド人民党、「左翼的」な共産党の二派（ＣＰＩとＣＰＩ〈Ｍ〉）と、反会議派のために連立を組んだ奇妙な政権であった。この連立がいかに無理なものだったかは、この政府のカースト政策をめぐってたちまち明らかになった。すなわち、この政府が九〇年八月、下層のカーストへの留保政策の拡大・強化をはかるマンダル委員会の勧告を実施すると発表したときである。この勧告とは、中央政府の公的雇用、および高等教育において二七％は、「その他の後進諸カースト（ＯＢＣ）」の候補者に留保される、とするものだった。しかし、連立の一端を担うインド人民党は、逆に都市中心の上層カーストを主要支持基盤としているため、政府への支持を撤回し、あっけなくこの政権は崩壊した。

一九九一年第一〇回選挙では、選挙運動中のラジーヴ元首相がタミル人によって暗殺され、同情票を集めた会議派が第一党となり、ナラシンハ・ラオ会議派政権が誕生する。この政権は、九六年までつづくが、じつはその後のインド政治に大きな変化をもたらした政権である。

最大の転換は、一九九一年七月、マンモーハン・シング蔵相のもとに、従来の会議派の閉鎖的社会主義型経済をくつがえす経済自由化政策を採用したことであった。その直接のきっかけは、深刻な政治経済危機である。これは一般には湾岸戦争によって中東からインド人出稼ぎ者が引き揚げたため送金が停止される一方、世界的な原油価格が高騰したこと、在外インド人預金の資本逃避が起こったことなどによって引き起こされたといわれている。だが、経済危機の発生の一因として、コーエンのように、一〇年にわたる軍事冒険主義と目に見える戦略的利益のない高額な軍事支出、具体的には、スリランカでの「平和維持作戦」(八七〜九〇年)やパキスタンとの紛争などをあげる者もいる。いずれにせよ外貨準備が一二億ドルすなわち輸入の二週間分しかないというほど払底し、インドは債務危機寸前にまで追い込まれたのであった。

ＩＭＦおよび世界銀行からの借款に依存するためには、経済改革が不可欠であった。これまでネルー以来の社会主義型経済建設を支持して自由化に反対してきた識者たちの声も、冷戦の終結(一九八九年)と社会主義ソ連の崩壊によって小さな反対の声をあげるだけになった。とはいえ、自由化を公然と主張することははばかられ、新経済政策時代は「経済自由化隠し政策」(ヤーダヴのことば)のなかで始まったのである。

ナラシンハ・ラオ政権は、外交上も大きな転換をおこなった。それはまず対米・対イスラエル関係の改善であり、ついでＡＳＥＡＮなど東南・東アジア諸国への接近をはかる「ルック・イースト」政策の開始である。対米関係の好転はアフガニスタン内戦の終結前後、一九八〇年代後半から著しいが、イスラエルとの国交正常化は、もともとはインド人民党が主張したものであった。ラオ政権は、一九九二年にイスラエルとのあいだに大使交換をおこない、関係の改善をはかった。ＡＳＥＡＮとの関係も好転し、九五年にはＡＳＥＡＮの「対話国」に格上げされた。しかし、ラジーヴなきあとの魅力ある指導者の不足、組織の崩壊、腐敗、会議派イデオロギーの腐朽化は、党の凋落をとめることができなかった。

むしろ人々の注目を集め始めたのは、ヒンドゥー・ナショナリストのインド人民党であった。この党は政党ではあるが同時に運動組織でもあり、その組織力と行動力が強みである。兄弟組織である文化団体としての民族奉仕団(RSS)や宗教的組織としての世界ヒンドゥー協会(VHP)が不即不離の関係を保ちつつ、活発な行動を繰り広げており、印パ分離独立のときの避難民の救済活動以来、初等教育や女性の雇用など多岐にわたる分野で実績を積み上げてきた。

だが、その指導部は基本的には上層のカースト出身者によって握られている。そのため、一九八〇年代には下層のカーストの台頭への危機感や周辺国におけるイスラーム原理主義《ファンダメンタリズム》への対抗意識をひとつのバネにして、タカ派の指導者アドヴァーニーを中心にヒンドゥーイズムの復興や統一のための運動を繰り広げた。その頂点は、九二年、神話上のラーマ王生誕の地、アヨーディヤーに建っている「バーブルのモスク」を破壊し、ラーマ寺院《マンディル》を建設しようとする大行進となった。これは「マンダル(マンダル委員会)対マンディル(ヒンドゥー寺院のこと)」の闘いだと当時いわれたものである。つまり、下層カーストの向上にともなう上層カーストとの対立を象徴するマンダル委員会勧告実施を政治課題とするのか、ヒンドゥー・ムスリムの対立を政治の焦点とするのか、の争いだとされた。

結局、ラーマ寺院のための行進が最高潮をむかえ、イスラームのモスクが破壊された時点で、大きな暴動事件が起こった。事件は世界中に衝撃を与え、インドの世論からも大きな反発をかった。一九九三年の州選挙では、マディヤ・プラデーシュ、ウッタル・プラデーシュなどでインド人民党は大きく敗退し、比較的穏健な指導者をもつラージャスタン州だけでかろうじて同党による州政権を維持することができた。その結果インド人民党は、九三年六月の全国委員会において、方針を転換し、経済の開放と腐敗の終焉に焦点をあて、会議派の代替をめざすことを決定した。その後の九五年の州選挙ではこれが功を奏し、また現政権批判《オポジショナリズム》の傾向をもつインド選挙の特徴も幸いして、インド人民党はこれまで政権をもっていなかった二州でも勝利した。

それでもなお一方で、インド人民党への反発は強かった。一九九六年選挙の段階では注目の同党が第一党となり、ヴァージペーイーが大統領からの組閣指名を受けるが、反発があいつぎ、連合工作に失敗している。その結果、インド人民党政権は一三日間という短命政権に終わり、六月一日には一転して、H・デーヴェ・ガウダ統一戦線《ユナイテッド・フロント》政府が成立した。これは、反インド人民党の一四党の連合に加えて、会議派が閣外協力するというものだった。だが、会議派が協力を拒否して一八カ月もたずして政府は倒れ、翌年四月二十一日には、I・K・グジュラール統一戦線政権が発足する。このように、九一年からわずか七年のあいだに三度の総選挙、四度の政権交替が起こるほど、不安定な時代が出現した。

結局、これらにある種の安定をもたらすのは一九九八年の選挙におけるインド人民党の勝利と会議派の決定的

インド人民党(BJP)の選挙運動
穏健派のヴァージペーイー党首(左)とタカ派のアドヴァーニー副党首(中)との絶妙な役割分担も，同党の強みである。

な敗北であった。州においてはカーストに基盤をおいた諸政党が勝利をえた。その結果九九年十月に成立した国民民主連合《ナショナル・デモクラティック・アライアンス》(NDA)はインド人民党を中心に二〇以上の政党が参加する連立政権となった。インド人民党の成功の秘密は、「有能な指導者」を選挙スローガンとして、穏健派のヴァージペーイーを首相候補に掲げ、州・地域の諸政党との連携に成功したところにあった。同党は、九〇年代初期の戦闘的な戦略を、九〇年代後半には変更していたのである。たとえば、九六年には、地盤が弱い南インドと東インドで票をとるために、ヒンディー語を国語《ナショナル・ランゲージ》とする主張をすてている。あるいは九七年には、中央政府は知事を任命するとき、州と相談せよとの要求をだしている。つまり、「強い中央」をうたっていた時代から現実的に種々の地域政党との連立・共闘のなかで、地方・州政権の強化と州・中央関係の円滑化をはかる連邦政治型の政治を身につけていったのである。これを連邦政治化と呼び、時代を画する政治の型だと考える識者もいる。

ただし、インド人民党にはまだ多くの問題点がある。多数派によるムスリムなど少数派への迫害はあとをたたないし、選挙その他の場合の暴力事件は消えていない。基本的にその指導部は、上層のカーストの手に握られていることから、人々のこの党への警戒心が消えたわけでないことにも注意しておくべきであろう。

新経済政策の始まり

一九九一年七月、「産業政策声明」に基づいていわゆる自由化、すなわち新経済政策が始まった。それはこれまで六六年、八〇年代と部分的に試みられた自由化とはまったく次元を異にする圧倒的な範囲と程度の深さをもっていた。改革はまず公共部門拡大優先の原則さらに産業許認可制度が事実上撤廃されることに始まる。公共部門に留保された産業リストは縮小され、また産業許認可制度の適用対象となる産業が従来の三八産業から六産業に縮小された結果、大方の民間企業は品目や生産能力を記載した産業許可証の拘束から解放された。ここにネルー以来のインド経済の計画的側面が有名無実化し、市場経済化に向けた流れがつくられた。

第二にこれまでの閉鎖的な輸入代替政策はすてられ、対外経済開放に向かって貿易の大幅な自由化措置がつぎつぎと打ち出された。輸入関税率は大幅に引き下げられ、最高税率も九〇・九一年の三五五％から九八・九九年の四五％にまでさがった。為替レートは九一年七月に、一八〜一九％切り下げられ、輸出補助金は削減されて、貿易自由化が着実に進行するようになった。さらにこれまでのような商品の質をほとんど問うことのなかった社会主義圏への輸出にかわり、成長するアジア・太平洋経済圏との結合度が高まり、競争にさらされる一方、輸出競争力をもつようになってきた。

第三に外資政策についても方向転換がはかられ、それまで外資出資比率の上限は四〇％に設定されていたものが、一九九一年以降、高度優先事業には、五一％に、さらに場合によっては、一〇〇％にまで引き上げられる産業も生まれた。

さらに新経済政策の一環としての金融改革は、これまで、一九六九年の主要銀行国有化以来、国有化拡大の歴史であった金融諸機関も大きな転換期をむかえていることを示しているが、銀行改革と資本市場の改革ともその成果はまだ限定的である。

こうして自由化の波は一九九〇年代に確実にインド経済のあり方を変えた。その経済パフォーマンスは「順調かつ安定的な成長経路」を示しているとされ、四三三頁の図もそれを示している。重要な事実は二つある。第一はたんにGDPが伸びているだけでなく、一人当りのGDPが確実に伸びていることである。第二は八〇年代初頭まで低下傾向にあった世界のGDPに占めるインドの比重が、その後上昇に転じ、九〇年代には、比重を大きく上げたことである。こうした成長を象徴するものが、第一にITソフトウェア産業である。九〇年代を通じて輸出面で躍進したソフトウェア産業は、インド経済のあらたな可能性を開くものとして注目されている。第二には八〇年代以降、「新中間層」と呼ばれる、乗用車や電化製品、住宅などを購入できる層が生まれ、大きな消費市場を形成していることである。

ただ、こうした自由化による変化は絵所秀紀によれば「まだら模様」であるという。インド経済の困難さは、たとえば、電力・道路などインフラの絶対的な供給不足に始まり、州間の格差が広がっていることも問題である。改革の成果はマハーラーシュトラ、グジャラート、カルナータカ、タミル・ナードゥ、アーンドラ・プラデーシュなど、比較的発展している州に集中しており、他方でビハール、ウッタル・プラデーシュなど北部諸州は多くの問題を残している。豊かな「新中間層」をよそに、貧困問題や識字率の低さは、給食などによって学校への出席率を高めるなど、改善の兆しは見られるものの、解決の見通しはまだ遠いといわねばならない。

4　パキスタンの軍政と「イスラーム化」

パキスタンの建国

英領インド植民地は、結局、インドとパキスタンという二つの国として分離独立《パーティッション》することになった。そのとき、インドという国名はいわば自明であったとして、もう一つの独立国はどうしてパキスタンという国名になったのであろうか。

パキスタンということばは、一九三二年、英印円卓会議が開かれていたロンドンで、ムスリム国家の樹立を呼びかけた留学生たちによってはじめて用いられた「パクスタン」ということばに淵源がある。それは、インド北西部のムスリム多住地域であるパンジャーブ、北西辺境州(アフガン州)、カシミール、シンドの各頭文字にバルーチスタンのタンをつけてつくられたことばで、この範囲の領域にムスリム国家を建国するというのが彼らの主張であった。さらに、このことばの音がペルシア語(ウルドゥー語)の「清浄な国(パーキスタン)」に似かよっていたので、のちに、この意味をもこめて、パキスタンという国名が用いられることになったのである。

しかし、パキスタン構想はインド・ムスリムによってはじめから受け入れられたわけではなかった。一般に、パキスタン建国の出発点となったとされているのは、一九四〇年の全インド・ムスリム連盟、ラーホール大会の決議(ラーホール決議)である。しかし、そこでは、インド「北西部」および「東部」という

演説するジンナー　カラーチーで生まれ，ロンドンで弁護士資格取得後，ボンベイで開業。20年代はロンドンに滞在したが，34年帰国，ムスリム連盟の指導者となる。

ムスリム多住地域（ゾーン）を統合して「独立した諸国家（ステイツ）」をつくることが要求されているだけで、パキスタンということばは使われていない（この決議が「パキスタン決議」と呼ばれるようになるのはあとになってからである）。しかも、この「独立した諸国家」という語は「独立した諸州」とも読むことのできる曖昧な語であった。パキスタンということばがムスリム連盟によって明確に用いられるようになるのは、四二年、インド国民会議派が「インドから出て行け《クイット・インディア》」運動を展開し始めてからである。

ムスリム連盟はこの反英運動に強く反対して、イギリスの戦争努力を支援する姿勢を鮮明にした。同年八月に開かれたムスリム連盟運営委員会は、「インドから出て行け」運動を「ヒンドゥー・ラージ（ヒンドゥーによる支配）」を確立し「パキスタンというムスリムの目標」に致命的打撃を与えることを目的とするものだと激しく非難した。運営委員会は、そのうえで、パキスタンの樹立のみがインドの国制問題を解決する唯一の道であり、「ムスリムとヒンドゥー」という「二つの偉大なネイション」に「正義と公正」を保証することにもなると主張した。こうして、ジンナーの提唱した「二民族《ネイション》＝国民」理論に基づくパキスタンの樹立という目標が正式に掲げられるにいたったのである。

一九四六年四月、ムスリム連盟所属の中央立法議会議員および各州立法議会議員の会議がデリーで開かれた。パキスタン国家構想は、この会議で採決された決議(デリー決議)によって最終的に明確なかたちをとることになった。そこでは、インド「北西部」と「北東部」(ベンガル、アッサム)のムスリム多住地域をパキスタンという「一つの独立した主権国家」とすることが目標とされている。

一九四七年八月十四日、西パキスタンと東パキスタンという二つの領域からなるパキスタン国家が成立したのはこのような過程をへてであった。

カシミール問題と第一次インド・パキスタン戦争

インド・パキスタン両国が分離独立したとき、両国のあいだでもっとも激しく争われたのは、ジャンムー・カシミール藩王国の帰属問題であった。ジャンムー・カシミール藩王国は、一八四六年、第一次シク戦争が終結する過程で形成された。同年三月九日、イギリス東インド会社とシク王国のあいだで和平条約(ラーホール条約)が結ばれた。その第一二条では、シク王国に従属していたジャンムーのラージャー、グラーブ・シングが和平に努力したことを多として、グラーブ・シングを独立の支配者として認め、別にイギリスと彼とのあいだで定める協定によってその領土を確定するとされた。この別協定は三月十六日に結ばれ、ラーホール条約によって賠償金がわりにシク王国からイギリスに譲渡されたカシミールとももとの領地ジャンムーがグラーブ・シングの領土となった(第一条)。そのかわりとして、グラーブ・シングは賠償金の半額、七五〇万ルピーをイギリスに支払い(第三条)、さらにイギリスの宗主権(シュープリマシ)

を認めることとなった(第一〇条)。こうして、インド・パキスタン分離独立まで続くジャンムー・カシミール藩王国が成立したのである。ジャンムー・カシミール藩王国はインド大反乱(一八五七年)の際にはイギリスに協力し、第一次世界大戦のときにはメソポタミア戦線に出兵するなど、イギリスに忠実な藩王国であった。

ジャンムー・カシミール藩王国の藩王はグラーブ・シング以来、代々ヒンドゥーであったが、カシミール地方を中心にその住民の八〇%近くがムスリムであった(ジャンムー地方はヒンドゥー多住地域)。ここにカシミール問題の一つの大きな根源がある。インド・パキスタン分離独立の前後、カシミール地方では、パキスタンへの帰属を求めるムスリムの動きが強まり、情勢は急速に悪化した。まず、イギリスが直轄地区としていたギルギット地方で、ムスリム兵士が立ち上がり、パキスタンへの帰属を宣言した。一九四七年十月には、パキスタンの支援を受けたパシュトゥン人(アフガニスタンからパキスタンにかけて居住する民族)義勇兵がカシミールに入り、スリーナガルに向かった。このため、ジャンムー・カシミール藩王はインド政府に軍事援助を求めるとともに、インドへの帰属を決定した。インド軍はジャンムー・カシミールに入り、その領土のほぼ三分の二を支配下においた。翌四八年になると、パキスタンも正規軍を投入して戦闘をつづけたが、結局、両国は国連決議を受け入れ、四九年一月一日、第一次インド・パキスタン(印パ)戦争は終結した。

軍政の開始と第二次・第三次インド・パキスタン戦争

この第一次インド・パキスタン戦争のさなか、一九四八年九月には、パキスタン建国の父と称されたジンナーが死去した。五一年には、ジンナーの後継者であったリヤーカト・アリー・ハーン首相も暗殺されてしまった。こうしてパキスタン・ムスリム連盟が求心力を失っていくと、それにかわって軍部が政治の前面にでてきた。五四年には、グラーム・ムハンマド総督によって、官僚・軍人中心の内閣がつくられた。このとき国防大臣として入閣したアユーブ・ハーンは、五八年、軍事クーデタを起こして、大統領に就任、最初の軍政をしいた。このあと、軍事クーデタと軍政はパキスタン政治の大きな特徴となっていった。

一九五九年三月、チベットのラサでは反中国運動が激化したが、中国軍によって制圧され、ダライ・ラマはインドに亡命した。これによって、インドと中国との関係が緊張し、六二年十月には、インド・中国北西部国境のラダク地域でも交戦状態に入った（中印国境紛争）。十一月、優勢のうちに一方的停戦を宣した中国はラダク地方の一部(アクサイチン地方)を占領しつづけた。他方、中国に接近していたパキスタンは、六三年三月、中国とのあいだでギルギット地方の国境にかんする協定を結んだ。ジャンムー・カシミール全土の領有を主張するインドはこの国境協定に抗議し、そのあともこの国境線を認めていない。

こうして、インド・パキスタン両国の対立がふたたび激化し、一九六五年四月から両国軍の衝突が始まった(第二次インド・パキスタン戦争)。九月、パキスタン軍がジャンムー付近に兵を進めると、インド軍はラーホールに攻撃を加え、全面戦争となった。しかし、九月二十二日、両国は国連安保理の停戦決議を受諾、第二次インド・パキスタン戦争は終結した。

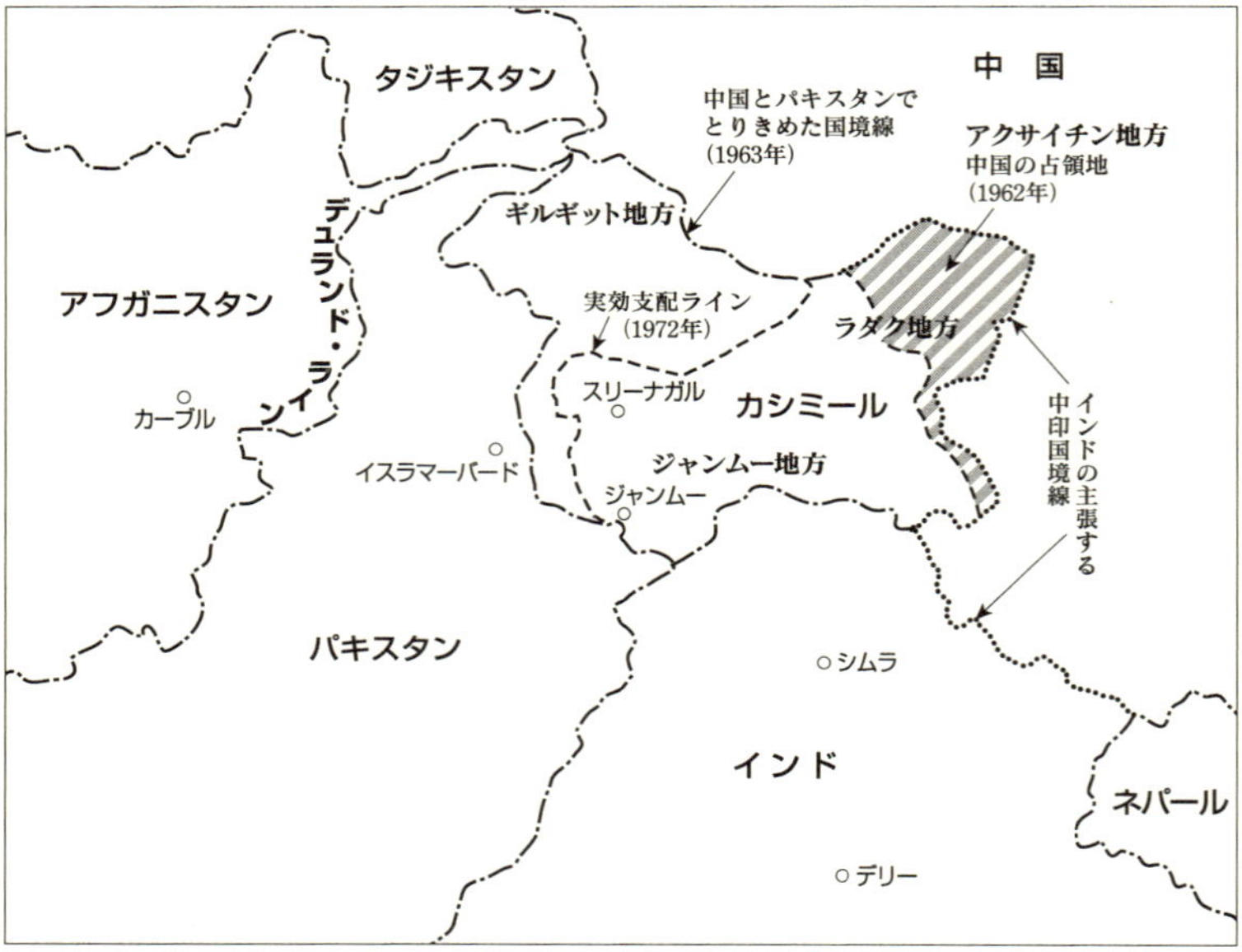

カシミール問題関係地図

第二次インド・パキスタン戦争のあと、パキスタンではアユーブ・ハーン大統領にたいする批判が強まった。東パキスタンでは、ムジブル・ラフマン率いるアワミ連盟が勢力を伸ばしていった。一九六八年、アユーブ・ハーンはムジブル・ラフマンらを逮捕したが、それによって反政府運動は一層広がった。結局、六九年三月、アユーブ・ハーンは失脚し、ヤヒヤー・ハーン陸軍参謀長が大統領となって、軍政を継続した。

一九七〇年十二月、パキスタンでは建国以来はじめて成人普通選挙制による総選挙がおこなわれ、東パキスタンではアワミ連盟が、西パキスタンではズルフィカール・ブットー率いるパキスタン人民党が第一党になった。しかし、ヤヒヤー・ハーンが民政移行を延期したために、東・西パキスタンで反政府運動が広がった。それにたいして、七一年三月、ヤヒヤー・ハーンが軍を投入して弾圧しようとしたため、東パキスタンでは内戦状態になった。四月、アワミ連盟はバングラデシュの独立を宣した。この過程で大量の難民がインドに流入したことを理由として、インドが軍事介入、七一年十二月三日には、パキスタン軍がインド西部国境地帯に攻撃をかけたことから第三次インド・パキスタン戦争が始まった。結局、十二月十六日、パキスタン軍は東パキスタンで無条件降伏し、ここにバングラデシュの独立が達成された(バングラデシュのその後については本章第五節参照)。翌十七日、西パキスタンでもインド優勢のうちに停戦となり、第三次インド・パキスタン戦争は終結した。

パキスタンでは、ヤヒヤー・ハーン大統領が敗戦の責任をとって辞任し、ズルフィカール・ブットーが大統領となって、民政移管が実現した。一九七二年七月二日、シムラで開かれたインド・パキスタン首脳会議で、戦後処理のためのシムラ協定が締結された。ジャンムー・カシミール地方については、七一年十二月の停戦ラインを両国間の実効支配ラインとすることになった。このシムラ協定は今日でも有効なのであるが、カシミール地方では両国間の対立が今なおつづいている。

ヒンドゥー・コミュナリズムの高揚

コミュナリズムというのは「インド製」英語であるが、ヒンドゥー、インド・ムスリム、シクといった宗教集団をそれぞれ一体としてのコミュニティととらえ、各コミュニティの利害を最優先するような考え方や、それに基づく言動を意味する。したがって、コミュナリズムの高揚は諸コミュニティ間の対立や抗争、すなわちコミュナル・コンフリクトを必然的に激化させることになった。

コミュナリズムは、まずはじめ、ヒンドゥー・コミュナリズムとして、一八九〇年代から表面化し、ベンガル分割反対闘争(一九〇五〜〇六年)の過程で、それに対抗するムスリムのコミュナリズムが姿をあらわした。この両者の関係が激しいコミュナル対立のかたちをとるようになったのは、一九二〇年代前半、第一次非協力運動《サティヤーグラハ》とヒラーファト運動がともに崩壊したあとのことで、それが結局、インド・パキスタン分離独立に帰結したのである(以上、第八、第九章参照)。

インド・パキスタン分離独立後の三次にわたるインド・パキスタン戦争はインドにおけるヒンドゥー・コミュナリズムを一層あおり立てた。ヒンドゥー・コミュナリズムの最初のスローガンは「牝牛保護」であった。ゴー・マーター(母なる牝牛)と称されるインドの聖なる牝牛を異教徒の食欲から守ろうというわけである。前述のように、牝牛保護運動は一八八〇年代にアーリヤ協会《サマージ》などを中心として開始されたが、独立後のインドにおいては、牝牛保護問題は政治問題化していった。一九五一/五二年、最初の連邦下院選挙で、インド人民党の前身であるインド大衆連盟は牝牛保護をその選挙スローガンに掲げた。インド大衆連盟は、その後、中央や州の議会に何度も牝牛保護法案を提出した。その結果、その内容はさまざまであるが、ほとんどの州で牝牛保護法が制定された(連邦議会では未制定)。

しかし、一九八〇年、インド大衆連盟がインド人民党として再出発しようとしたとき、牝牛保護問題はかつてのようなインパクトをもたなくなっていた。それにかわってヒンドゥー・コミュナリズムのスローガンとなったのは、ムスリム支配者によって破壊されたヒンドゥー寺院の再建という問題であった。はじめその格好の対象とされたのは、一〇二五年にガズナ朝のマフムードによって破壊されたカーティヤーワール半島のソームナート寺院と、ムガル朝のアウラングゼーブによって一六七〇年に破壊されたマトゥラーのケーシャヴァ・デーヴァ・ラーイ寺院であった。しかし、そのあとは、アヨーディヤーにラーマ誕生地寺院を再建するという運動が焦点となっていった。ラーマはインド古代の有名な大叙事詩『ラーマーヤナ』の主人公で、神格化され、ヴィシュヌ神の化身とみなされた。このラーマの生誕地とされているのがアヨーディヤーであるが、そこには、「バーブルのモスク」と呼ばれるモスクがあった。このモスクはムガル帝国初代皇帝バーブルの部将ミール・バーキーによって一五二八〜二九年に建てられたものである。ヒンドゥー至上主義者たちはこのモスクに標的を定め、このモスクはもとそこにあったラーマ誕生地寺院を破壊して、その上に建てられたものだと主張し始めた。彼らは、このモスクを破壊してラーマ誕生地寺院を再建することによって、ムスリム支配者たちによる「歴史的不正」を正そうというスローガンを掲げて、政治的キャンペーンを始めたのである。この運動はインド人民党の躍進とともに暴力的な様相を呈し、一九九二年十二月六日、数千人のヒンドゥー至上主義者たちによってこのモスクは破壊されてしまった。ヒンドゥー至上主義者の政治勢力は、その後、インド国民会議派にかわって急速に伸長し、一九九八年には、インド人民党を中心とする中央政府が成立するにまでいたった(四五九〜四六四頁参照)。

パキスタンの「イスラーム化」

インドのヒンドゥー・コミュナリズムに対抗するパキスタンのムスリム・コミュナリズムはパキスタン

国家の「イスラーム化」というかたちをとって進行した。「イスラーム化」とは、イスラーム的な政治理念を司法等の国家制度のなかに制度化していく動きをいう。それにともなって、たとえば、ラマザーン月の断食の遵守《じゅんしゅ》など、イスラームの規範を社会全体がより厳しく守るようになっていく傾向も顕著になってくる。このような動向はムスリム社会の「再イスラーム化」と表現されたりしている。

一九五六年、パキスタンで最初に制定された憲法が「パキスタン・イスラーム共和国憲法」とされていたように、パキスタンはイスラーム国家を標榜していた。しかし、この憲法は実際には政教分離主義《セキュラリズム》を原則とするもので、そこでめざされていたのは近代的なムスリム国家であった。このパキスタン国制のセキュラーで立憲主義的な基本的性格は、五八年、アユーブ・ハーンが最初の軍事クーデタで大統領になったあとも変わらなかった。この時期のパキスタンのナショナリズムは「イスラーム原理主義《ファンダメンタリズム》」的なものではなく、近代主義的なムスリムのナショナリズムだったのである。

このパキスタン国家の基本的性格が変化し始めたのは、一九七一年の第三次インド・パキスタン戦争とバングラデシュの独立をへたのち、とくに七七年、ジアウル・ハック陸軍参謀長が軍事クーデタを起こして、ズルフィカール・ブットー大統領を逮捕、権力を掌握してからであった(ブットーはその後七九年に、国際世論の激しい反対にもかかわらず、処刑されてしまった)。ジアウル・ハックは戒厳令を発して、憲法を停止し、八八年、飛行機事故で死去するまでの一一年間、軍政をしいた。このジアウル・ハック政権下で、パキスタン国家の「イスラーム化」が急速に進行したのである。それはとくに司法制度の面で顕著であった。

一九七九年には、イスラーム刑法令が施行され、飲酒、姦通、窃盗などをハッド(コーランに処罰の規定された犯罪)と定めた。ハッドにたいする刑罰は石打ち、はりつけ、手足の切断、鞭打ちで、実際に執行された例もあった。八〇年には、司法のイスラーム化が一層進み、預言者ムハンマドとその子孫を冒瀆《ぼうとく》する罪(イスラーム冒瀆罪)にたいして死刑もしくは終身刑を科すことになった。ザカート(喜捨)・ウシュル(十分の一税)令も出された。これによって、ザカートとしては預金などに二・五%の税が課せられ、ウシュルとしては灌漑地の農作物に五%、非灌漑地の農作物には一〇%の税が課せられることになった。これらの税収は救貧のために支出されると定められている。また、同年、イスラーム法にかかわる訴訟を審理する裁判所としてシャリーア裁判所が設置された。八五年には、すべての利子つき預金が廃止され、原則として利子という概念が否定された。ただし、これらの法律は憲法やその他の実定法に優越する司法権をもっていたわけではなく、運用上は休眠状態というものもある。司法における「イスラーム化」が一方的に進行したというわけではなかったのである。

一九八八年、ジアウル・ハックが死去したあと、国際的な軍政反対の圧力もあって総選挙がおこなわれ、ズルフィカール・ブットーの娘、ベーナジール・ブットーが首相となった。こうして、九九年までつづくいわゆる民政期が始まったのである。ベーナジール・ブットーは九〇年の総選挙で敗れて、政権を去り、イスラーム民主連合ジャトイ政権、ついでパキスタン・ムスリム連盟のシャリーフ政権が成立した。そのもとで、「イスラーム化」路線の最後の仕上げともいうべき「シャリーア施行法」が九一年に制定された。この法律は「シャリーア、すなわち、コーランとスンナに定められた諸規定をパキスタンの最高法規《シュープリーム・ロー》とする」と定めた。ただ、この「最高法規」という語は内容のきわめて曖昧なもので、それなりに近代的なパキスタン憲法との関係も明確ではない。「イスラーム化」と立憲主義的なパキスタン国制の基本とのあいだの矛盾はいぜんとして残されたままだったのである。この矛盾は、その後、九三年から九六年までつづいた第二次ベーナジール・ブットー政権とその後の第二次シャリーフ政権(九九年まで)のもとにおいても解決されなかった。

このように、インドでヒンドゥー・コミュナリズムに立つ政党が政治の中枢に進出したのとほぼ同時期に、パキスタンでは「イスラーム化」が進行したのである。これらの二つの動きのあいだに緊密な関係があることは明らかであろう。そして、これらの二つの動きがそれぞれに固有の矛盾を含み込んだものであることもまた否定できないであろう。

一九九八年五月十一・十三の両日、インド人民党政権下のインドは核実験を強行した。それに対抗して、パキスタンも五月二十八・三十の両日、核実験をおこなった。こうして、両国の対立抗争は核戦争の脅威を含むようなあらたな段階に入ったのである。こうしたなか、九九年十月、パキスタンではムシャラフ陸軍参謀長が軍事クーデタによって権力を掌握し、パキスタンはまた軍政に逆戻りしてしまった。ムシャラフは、二〇〇一年六月には、大統領に就任して軍政をつづけた。同年九月のいわゆる同時多発テロのあと、ムシャラフはアフガニスタンのターリバーン政権とアメリカとのあいだで揺れ動いたが、結局、アメリカに与《くみ》した。しかし、それはパキスタンの「イスラーム化」の過程で強まった「イスラーム原理主義的」勢力との矛盾を激しくすることとなった。同年十二月には、武装したムスリムの集団がインドの国会(中央議会)を襲撃するという事件も起こり、インド・パキスタン関係はさらに緊張することとなった。

5　インド亜大陸北東部の国家間関係

イギリス＝インド帝国はインド亜大陸北東部の諸国、具体的にはシッキム、ブータン、ネパールとのあいだに程度の異なる保護＝被保護関係を取り結んでいた。それは、この地域がもともと中国(清朝)の領土と接していたうえに、十九世紀末になればロシアがチベットに進出しようとしていたからである。それで、イギリスはこれらの国々を緩衝国としてイギリス＝インド帝国のもとにつなぎとめておくことに腐心したのである。一九四七年、独立を達成したインドはこの地域にイギリスが築いてきたこのような国家間関係をイギリス＝インド帝国の遺産として継承することになった。独立後のインドとこれらの国々との関係は、多かれ少なかれ、この遺産によって規定されてきたのである。一九七一年、バングラデシュが独立したことは、この地域を含むインド亜大陸東部の地域にあらたな政治的状況をもたらすことになった。

シッキム

インド亜大陸北東部の三国のうちで、イギリスへの従属性がもっとも強かったのはシッキム王国であった。前述のように(第七章第一節参照)、一八一七年および六一年の条約によってシッキムはイギリスの被保護国となっていたが、八七年、チベット(中国)軍がシッキムに侵攻したために、両国の国境地帯が緊張

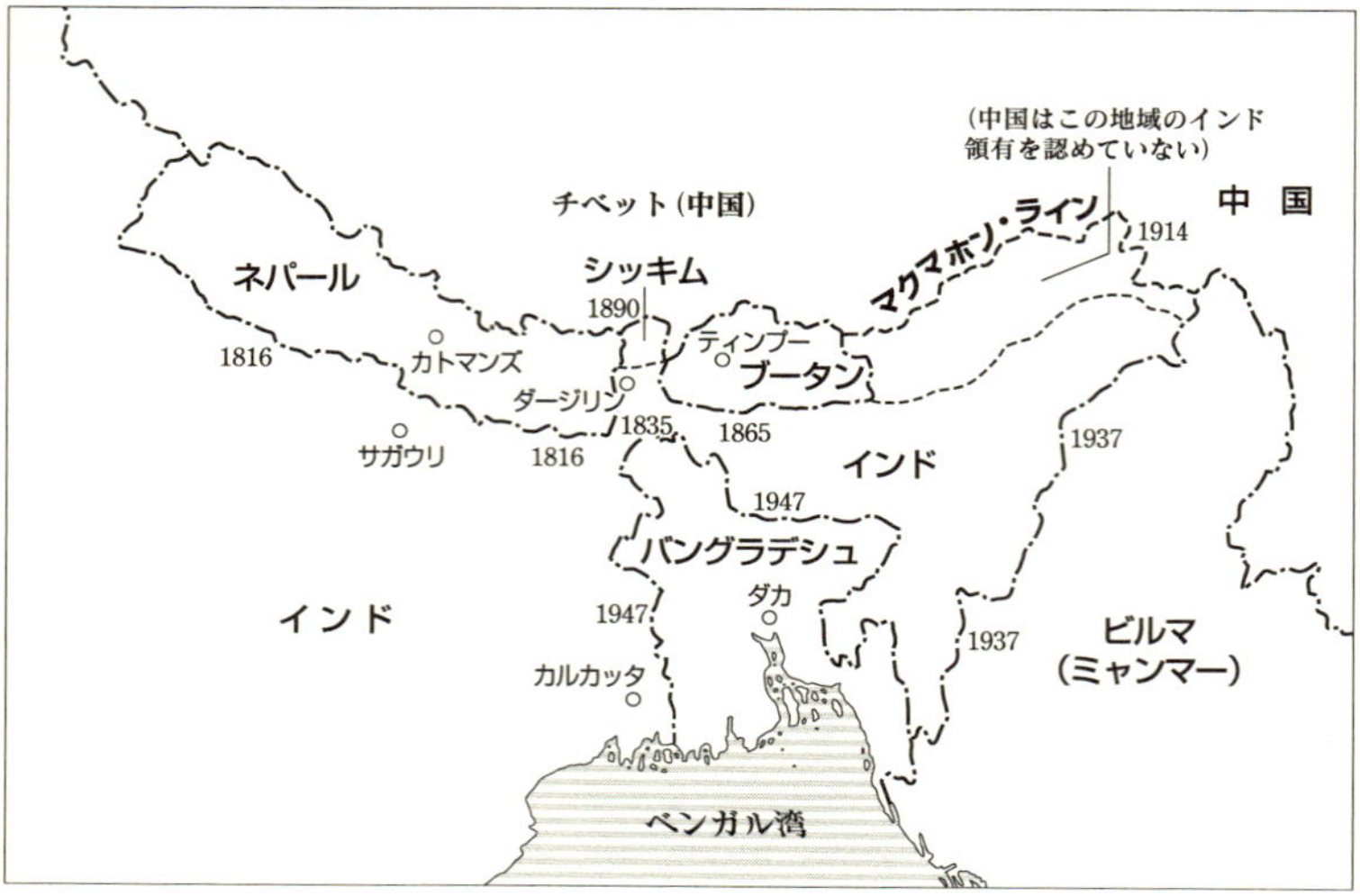

インド亜大陸北東部国境線

した。それで、一八九〇年三月、カルカッタで、チベット・シッキム間の国境を定める条約がイギリスと中国(清朝)のあいだで締結された。この条約の第二条で、中国は、シッキムがイギリスの被保護国(プロテクトレイト)であること、そしてシッキムの内政・外交がイギリスの直接的・排他的な統制下にあることを認めた。シッキムは藩王国以上に強くイギリスに従属することになったのである。この条約に基づき、一八九五年には、国境画定委員会が設立されたが、中国側が協力せず、不調に終わった。そのため、イギリスが国境周辺のチベット陣地を破壊するなど、紛争がつづいた。このことが一九〇三年のヤングハズバンドによるチベット遠征につながったのであるが、そのときシッキムはヤングハズバンド軍の行軍に協力するほかなかった。結局、一九〇四年、イギリスとチベットのあいだにラサ条約が結ばれ、その第一条で、チベットは一八九〇年のイギリス・中国(清朝)条約によって定められたチベット・シッキム国境を尊重することを約した。一九〇七年には、いわゆる英露協商によって、英露両国はチベットにたいする中国の宗主権を認めたうえで、チベットの領土保全と内政不干渉を約した。

　こうして、チベット問題が一応結着したので、イギリスとシッキムの関係は安定し、ネパール系ヒンドゥー教徒のシッキムへの移住が進んで、シッキムは「ヒンドゥー化」していった。

　インド独立後の一九四八年、ヒンドゥー系の人々を中心に、インド国民会議《インディアン・ナショナル・コングレス》派の影響を受けたシッキム・ステイト・コングレスが結成され、シッキムをインド連邦共和国に加入させることを綱領に掲げて運動し始めた。翌四九年、シッキム・ステイト・コングレスは納税拒否運動を展開、王国政府がそれを弾圧したため、政治的混乱が起こった。

　一九五〇年十二月五日、インドはシッキムと平和友好条約を結んだ。この条約の具体的内容は一八九〇年のイギリス・中国(清朝)条約を引き継ぐものであったから、シッキムは今度はインドの被保護国になったのである。その後、一九六〇年代、シッキム王国はインドからの独立を求めて画策した。しかし、一九七三年から政治的混乱がつづき、結局、七五年、インドに併合された。インド・パキスタン分離独立に際して、五六〇余りあった藩王国はインドかパキスタンに併合されたのであるが、インドへのシッキムの併合はその最後のケースということもできるであろう。

ブータン

ブータンも、前述のように(第七章第一節参照)、一八六五年のシンチュウ条約でイギリスの被保護国となっていた。一九〇三年、ヤングハズバンドがチベットに遠征した際、諸勢力が分立していたブータンでは、それにたいする対応が分れたが、ウゲン・ワンチュックはヤングハズバンド軍に協力した。これを契機として、ウゲン・ワンチュックはブータンに割拠していた諸勢力をおさえ、全土をほぼ統一した。〇七年、こうして、今日までつづく世襲制のブータン王朝、ワンチュック朝が成立したのである。一〇年、ウゲン・ワンチュックはイギリスと条約を結び、その外交政策においてイギリスの指導を受け入れることを約した。ブータンはイギリスのゆるやかな被保護国といった立場におかれたのである。それは、イギリスがチベットへの道として、ブータンよりもシッキムのほうを重要視していたからであった。

インド独立後の一九四九年八月八日、インドとブータンのあいだに友好条約が結ばれた。この条約は一九一〇年のイギリス・ブータン条約を受け継ぐもので、インドがブータンの独立を認める一方、ブータンはその外交政策においてインドの指導を受け入れることを約するものであった。ただ、この「指導を受け入れる」ということについては、微妙な解釈の相違の余地があり、ブータン側では、それによってブータンの外交関係が全面的に規制されるとは考えていなかったようである。五九年三月、チベットのラサで反中国運動が激化し、結局、中国軍がラサを占領、ダライ・ラマはインドに亡命した。これによって中国・インド関係が緊張し、六二年十月、チベットとインドの国境線(いわゆるマクマホン・ライン。一九一四年シムラ会議で決定されたが、中国は不承認)をめぐって戦闘が起こった(中印国境紛争)。このとき、ブータンは両国のあいだに挟まれて、微妙な立場に立たされたが、インドとの友好関係を維持した。

　このあと、インドはブータンが各種の国際機関に加盟することを認め、一九七〇年の国連総会では、ブータンの国連加盟を提案した。翌七一年、ブータンは国連への加盟を認められた。このように、ブータンはインドとの関係を損なうことなく、その外交権を拡大していったのである。

ネパール

　インドとネパールとの関係もイギリス＝インド帝国がつくりだした枠組みによって規定されている。ネパールでは、一八四六年、ラナ一族が実権を奪取し、いわゆるラナ専制時代が始まった。第一次世界大戦に際して、ネパールは兵員や物資の提供などイギリスに多大な協力をおこなった。大戦後、ネパールはその見返りとして、イギリスがネパールを独立した主権国家であると認めることを強く求めた。その結果、一九二三年、両国のあいだに友好条約が結ばれ、その第一条において、相互の独立の尊重がうたわれた。また、第五条ではネパールがイギリスから、あるいはイギリスをとおして第三国から武器を輸入する権利が認められた。ただし、これには、イギリス政府がそれをインドへの危険とならないと判断するかぎりにおいて、という但し書きがついていた。

　一九四七年、インド・パキスタン分離独立に先立って、イギリス、インド(ネルー中間政府)、ネパールのあいだでイギリスとネパールとの関係の現状を維持するという合意ができた。これによって、イギリスとネパールのあいだの条約・取決めなどは独立インドによって継承されることになったのである。その結果、五〇年七月三十一日に締結されたインド・ネパール平和友好条約は、二三年のイギリス・ネパール条約をほとんどそのまま継承するものとなった。すなわち、第一条で相互の独立と主権の尊重を約し、第五条でネパールはインドから、あるいはインドをとおって第三国から武器を輸入することができると定めている。この第五条には但し書きがついていないのであるが、のちに明らかになったように附随文書があり、そこでは、インドを通過して輸入される武器はインド政府の同意のもとに輸入される、とされている。その点で、二三年条約の但し書きとほぼ一致しているのである。この平和友好条約の特徴は第六・七条にあり、両国は相互に相手国の国民が自国内に移動すること、自国内で商業などを営んだり、財産を取得することなどを承認した(自国民待遇の承認)。これは両国が相互に国境を開放しあうことを意味した(開放国境)。

このあと、一九五〇年十一月には、トリブバン国王(在位一九一一〜五五)がインドに亡命したが、翌五一年、王とラナ政権との妥協が成立して帰国、ラナ専制は終わり、王政が復活した。六〇年には、マヘンドラ国王(在位一九五五〜七二)が非常事態宣言をだして、全政党の活動を禁止した(国王クーデタ)。国王親政下、五九年憲法によって制定された立法・行政制度であるパンチャーヤト体制が強化された。この間、国連への加盟(一九五五年)、中国との平和友好条約締結(六〇年)など、ネパールはインドとの関係にかたよらない多角的な国際関係の樹立をも追求してきた。

一九八九年、通商・貿易問題をめぐってインドとネパールの関係が悪化し、三月、インドは国境の経済封鎖に踏み切った。これはネパール経済に大きな悪影響を与え、ひいては国王親政という政治形態にたいする批判につながった。九〇年、こうして民主化運動が激化し、四月にはパンチャーヤト体制に終止符が打たれ、五月には暫定内閣が成立、十一月には新憲法が制定された。それに先立つ六月、インドはこの暫定政権と交渉をもち、五〇年平和友好条約の有効性を確認するという合意をとりつけた。この間の四〇年の両国間交渉において、平和友好条約の内実はかなり変質してきたとはいえ、五〇年平和友好条約がいぜんとして有効であるということは、イギリス＝インド帝国の遺産がなお両国のあいだの関係に影響をおよぼしているということを意味している。

バングラデシュ

前節で述べたように、一九七一年のバングラデシュ独立にはインドが深く関与していた。バングラデシュ臨時政府大統領となったアワミ連盟(バングラデシュ・アワミ連盟)のムジブル・ラフマンは政教分離主義《セキュラリズム》と社会主義型の経済建設を政策として掲げ、七一年憲法にもそれが明記された。そこにはネルー的な政治・経済理念が強く反映されていたのである。しかし、本章第三節で述べられているように、もうこの時代にはネルー的な政策、とくに社会主義型の経済建設はインドそのものにおいて破綻を示していた。そのうえ、アワミ連盟のこのような親インド的な姿勢にたいする反発は、イスラーム的なものにアイデンティティの根拠を求める動きを触発した。バングラデシュにおいてもパキスタンと同様に政治の「イスラーム化」の傾向が生まれてきたのである。このような政治的対抗関係のなか、汚職問題などもあって、ムジブル・ラフマン政権にたいする国民の不満が大きくなっていった。

一九七五年八月、軍事クーデタが起こり、ムジブル・ラフマンは殺害された。それにたいして、ムジブル派の軍人がクーデタを起こすなど、混乱がつづいたが、結局、一九七七年四月、ジアウル・ラフマン陸軍参謀長が大統領となり実権を掌握した。ジアウル・ラフマンは戒厳令下、軍政をしいたが、同時に、自らの支持母体としてバングラデシュ民族主義党(BNP)を結成して、政党政治家をも組織しようとした。この政権下、憲法の改定がおこなわれ、社会主義型の経済建設が放棄され、イスラーム色が強まった。ジアウル・ラフマンは一九七八年には大統領選挙をおこなって勝利し、翌七九年には国民議会選挙でバングラデシュ民族主義党が圧勝した。こうして体制を整えたジアウル・ラフマンは同年十一月戒厳令を解除し、民政に移管した。

一九八一年五月、ふたたび軍事クーデタが起こり、ジアウル・ラフマンは殺害された。その後、八二年三月のクーデタでエルシャド陸軍参謀長が全権を掌握し、軍政をしいた。エルシャドも自らの政党を組織し、それを支持基盤として民政に移管しようとした。しかし、アワミ連盟やバングラデシュ民族主義党の抵抗にあって、成功しなかった。九〇年になると、この両政党に学生、知識人などが加わって、反エルシャドの動きが激化した。結局、九〇年十二月、エルシャドは辞任に追い込まれ、総選挙が実施されることになった。

こうして、一九九一年二月におこなわれた総選挙では、ジアウル・ラフマンの未亡人カレダ・ジア率いるバングラデシュ民族主義党と、ムジブル・ラフマンの娘ハシナ・ワゼド率いるアワミ連盟とが対立したが、バングラデシュ民族主義党が勝利し、カレダ・ジア政権が誕生した。これ以降、バングラデシュでは議会制に基づく民政が機能することとなったが、議会運営は必ずしも順調ではなかった。カレダ・ジアの議会軽視に反発して、アワミ連盟などが議会審議をボイコットするといったこともあって、議会が長く空転したのである。結局、九六年六月、総選挙がおこなわれ、今度はアワミ連盟が勝利して、ハシナ・ワゼド政権が成立した。

こうして、バングラデシュの政治はアワミ連盟とバングラデシュ民族主義党のあいだの対抗を軸として進むこととなった。両党はムジブル・ラフマン暗殺の事実関係調査やエルシャドのクーデタにたいする責任問題などをめぐっても激しく対立した(二〇〇一年十月の第八回総選挙では、今度は、カレダ・ジアのバングラデシュ民族主義党が勝利した)。

バングラデシュは海岸線を除くほとんど全国境でインドと接しているから、インドとの関係がきわめて重要な意味をもっている。前述のように、アワミ連盟は親インド的な姿勢が強かったが、一九七〇年代なかば以降、「イスラーム化」が進むと、インドとの関係が悪化していった。そのとき、問題の焦点となったのはインドがガンジス川本流に設けたファラッカ堰《ぜき》であった。七五年、インドはバングラデシュとの国境からわずかに一七キロしか離れていないファラッカの地に約二キロの堰を築いて、カルカッタ(現コルカタ)の横を流れるフーグリー川に導水した。そのため、とくに乾季になると、バングラデシュ領に流れる水量が減少して、バングラデシュに被害をもたらす恐れが生じたのである。それで、同年四月、両国は暫定的な水配分協定を結んだのであるが、八月、前述のようにムジブル・ラフマンが暗殺され、両国関係は悪化した。七七年、インドで国民会議派インディラ・ガンディー政権にかわって、人民《ジャナター・パーティ》党の政権が成立すると、両国のあいだに、ガンジス川水利権分配協定が調印された。しかし、この協定は八四年に最終的に失効し、その後、両国はネパールをも巻き込んで、争いつづけた。インドはバングラデシュにたいして、水量の豊富なブラフマプトラ川からガンジス川に分水するよう提案した。他方、バングラデシュはネパール領内にいくつかのダムを建設することによって、水量を調節することを提案した。ガンジス水資源問題はこの地域の国際問題となったのである。この問題は解決困難かと思われたが、前述のように、九六

インディラと談笑するムジブル・ラフマン　独立以前から学生運動にかかわり，独立後はベンガリー語擁護運動に取り組む。アワミ連盟(1949年結成)に参加，66年以降はその指導者となる。

ファラッカ堰

年、アワミ連盟のハシナ・ワゼド政権が誕生すると解決に向かい、同年十二月、有効期限三〇年のガンジス川水配分協定が締結された。この条約締結には、直接にバングラデシュと境を接するインド西ベンガル州政府も支持を表明していた。こうして、インド・バングラデシュ間の懸案は一応の解決を見たのである。

6　スリランカと民族紛争

与えられた独立とシンハラ・オンリー政策

スリランカ独立から現在にいたる最大の問題はシンハラ・タミルの民族紛争である。ここではその問題に焦点をあてながら独立以後の状況を述べよう。

スリランカは独立前にインド帝国とは別個にイギリスの直接統治下におかれていた。キャンディ王国によって保護されていた仏教は、その植民地行政の影響と宣教師によるキリスト教布教活動とによって、急速に衰退へと向かった。それにたいしては、出家者のサンガ組織を改革し、仏教を復興しようとする運動が始められ、アナガーリカ・ダルマパーラのような指導者もあらわれた。さらに二十世紀初頭には、インドでの独立運動の高まりに刺激されて人々のあいだに政治的意識も芽生えるようになり、一九一九年にインドにならいセイロン国民会議(派)(CNC)が結成された。しかしその主力メンバーは、早くから西欧の影響を受けた「低地」(四九〇~四九一頁参照)で植民地行政に協力し、自らも椰子園、茶園を経営するようなエリート層で、その運動はインドの場合と異なって、きわめておだやかなものであった。

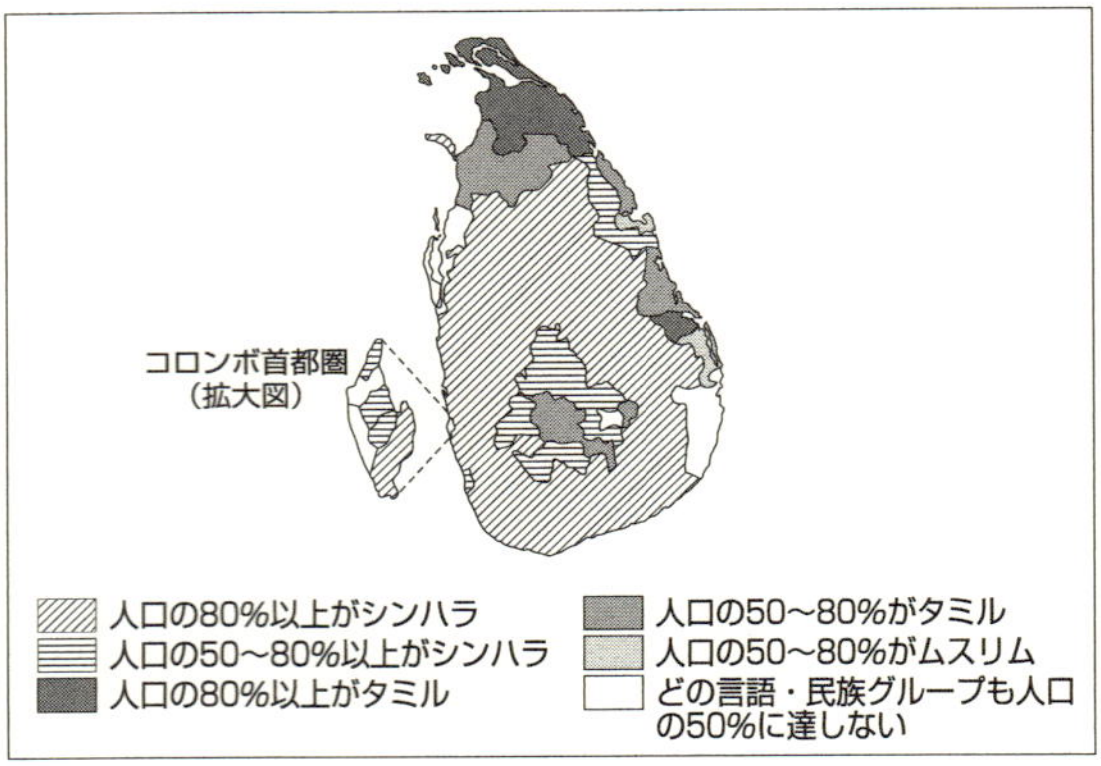

スリランカの言語・民族グループ地図　K.M. de Silvaによる。

一九三〇年代には世界的な経済不況に影響され、ワルポラ・ラーフラのような急進左派仏教徒が政治運動へ身を投じ、独立運動にもやや激しさが見られるようになってきた。時あたかも三一年、スリランカ人に多少の自治を認める統治法「ダナモア憲法」が施行され、国家評議会議員選挙にはなんとアジアではじめて二十一歳以上の男女に選挙権を与える「普通選挙」が導入された。しかし、ＣＮＣを中心とするエリート政治家は、自分たちが不利になる結果を恐れるあまり、その導入に反対したのである。そのことは、当時のスリランカのエリート政治家が、自らの利益につながる自治権拡大以上の要求をもちえなかった限界性をよく示している。スリランカは四八年イギリス自治領の一つセイロンとして独立を達成するが、その意味からすれば、独立は自ら勝ちとったものではなく、第二次世界大戦後の世界情勢のなかで与えられたものにすぎなかった。また、この普通選挙は「票数」に意味をもたせ、逆にその後の保護・被保護《パトロン・クライアント》関係で動く政治を招くことになった。

独立後の政権は、一九四六年にＣＮＣその他の政党を合併して統一国民党（ＵＮＰ）を設立したＤ・Ｓ・セーナーナーヤカが担当した。当時のスリランカ社会では、植民地経済の波にのって発展する「低地」

(西海岸平野で、シンハラ・タミル両民族を含む富裕商人・エリート政治家が居住した)と旧キャンディ王国の地で、農業に依存する経済的に遅れたゴイガマ・カースト(シンハラ仏教徒)の居住する「高地」とが対比的に存在し、社会にはさらに、宗教、言語、カースト(インドのものとは異なる)などに基づくさまざまな分断が見られた。セーナーナーヤカはそのように分断されたスリランカ社会を統合する新しい国民国家の建設をめざしたが、社会の動きはそれと異なっていた。

それは仏教の復興とも連動したシンハラ人の動きで、政治におけるシンハラ化は一九三〇年代、四〇年代から見られはしたものの、発展から取り残された高地シンハラ人の不満をすくいあげ、それをシンハラ・ナショナリズムにまで高めたのが、五一年にUNPから分れてスリランカ自由党(SLFP)を創立したバンダーラナーヤカであった。彼は、五六年の選挙でシンハラ語を唯一の公用語とするシンハラ・オンリー政策を掲げ、急進的仏教徒と連携して圧勝した。

人口の四分の一を占めるタミル人は、ジャフナを中心に古くから住み着いているスリランカ・タミル(コロンボを中心に西海岸にも多く居住した)と十九世紀以降に中央高地でのプランテーション労働者として南インドから来島したインド・タミルの両者に分れるが、前者の一部は独立後、連邦党(FP)をつくってタミル人の自治権を主張してきた。彼らは、タミル人を平等に扱わず、タミル語の公用語からの排除によって教育や就職などに際して不利をもたらすバンダーラナーヤカの政策に反対し、一九五七年に最初の民族暴動が起こったのである。

バンダーラナーヤカは多少の譲歩をおこなおうとしたが、一九五九年に暗殺され、その後は夫人シュリマウォが政権を引き継ぎ、シンハラ・ナショナリズムと社会主義的経済政策を遂行した。バンダーラナーヤカ夫妻は共産党をはじめとする左派とも手を結んで、コメの無償配布などの福祉政策を推し進め、外に向かっては非同盟外交を展開した。しかしその間、茶、ゴム、椰子などの輸出にのみ依存するスリランカの経済は悪化し、失業者が増大した。その結果七一年にはシンハラ青年層の左翼過激派によって組織された人民解放戦線(JVP)の反政府暴動が起こっている。

新憲法の制定と民族紛争の激化

一九六五～七〇年のあいだ、政権はUNPの手に移ったが、シュリマウォは七〇年政権に復帰し、七二年に新憲法を制定した。それによって政体は自治領から共和国に、国名はセイロンからスリランカに改められたが、それと同時に、シンハラ語が唯一の公用語と規定され、仏教には特別の地位が与えられた。また、四七年の憲法に存在した少数民族保護の特別規定が廃止され、この新憲法制定は、シンハラ・タミル両民族の対立を決定的なものとした。

これによって、それまで社会的身分を異にするスリランカ・タミルとインド・タミルに二分されていたタミル人たち(大部分はヒンドゥー教徒)はタミル統一戦線(TUF)をつくって勢力を結集し、同時に、武力でタミル人の独立国家イーラム(スリランカにたいする古くからのタミル語の呼称)を打ち立てようというゲリラ組織(LTTE〈タミル・イーラム解放の虎〉ほか)も誕生した。以後、シンハラ人とタミル人の民族抗争がエスカレートしていく。一九七〇年代に政府のおこなったタミル人の大学入学資格制限やタミル人の多いマハウェリ川流域へシンハラ人を入植させるなどの政策も、タミル人を暴発へと追いやった。

社会主義的経済政策の行きづまりとタミル人による反政府運動の激化から、一九七七年の選挙でＵＮＰのジャヤワルダナが政権を奪還したが、同年ジャフナで大きな衝突が起こっている。ジャヤワルダナは翌年憲法を改正し、政体をフランス型の大統領制に移行させ、八二年自らが大統領に就任した。その憲法ではタミル語に国語の地位が与えられたが、公用語とはされず、仏教にはひきつづき特別な地位が与えられた。彼は、過激派にたいしてはテロリズム防止法を制定して弾圧しつつ、経済の自由化を推進した。

しかし、急激な自由化によってインフレが進行すると、シンハラ農村の青年層は不満を富裕なタミル人に向け、民族紛争が激化した。ジャヤワルダナは一九八二年の選挙を避け、憲法改正によって議員の任期を延長したが、これもタミル人との関係を悪化させ、八三年にコロンボを中心にした大暴動が起こり、民族紛争はさらに激化した。それ以降、シンハラ政府軍とタミル・ゲリラ組織は全面的戦闘状態に突入した。

一九八七年にはインド政府が仲介に乗り出し、選挙・言語・自治問題における前進的政策の実行を条件に、インド平和維持軍がスリランカに派遣され、北部地域の治安維持にあたった。平和維持軍は九〇年まで駐留したが、事態は改善されずに撤退し、政府軍とタミル・ゲリラ組織のあいだで戦闘が再開した。その間、八七年には憲法が修正され、翌年タミル語も公用語とされた。八八年にはまた、政権がＵＮＰのプレマダーサに引き継がれ、彼はそれまでのエリート政治を廃しポピュリズムの政治をめざしたが、九三年暗殺された。その間九一年には、平和維持軍を派遣したインドの元首相ラジーヴ・ガンディーが選挙遊説中に南インドで暗殺されたが、これもゲリラの手によるものとされている。

襲われるラジーヴ・ガンディー元首相(1990年)　コロンボのスリランカ大統領官邸で，儀仗兵の一人に殴りかかられた。屈折するスリランカ・インド関係を示す事件である。

一九九四年の選挙では、シュリマウォの娘チャンドリカ・クマーラトゥンガが大統領に選出され、シュリマウォが首相となって、バンダーラナーヤカ家の母娘がスリランカの政治を動かす体制が出現した。クマーラトゥンガは紛争の解決に乗り出し、国全体をいくつかの地区に分け、地区評議会に権限を委譲するかたちで、北部、東部に居住するタミル民族の自治を実現させる方策を打ち出すと同時に、軍事的には強力なゲリラ掃討作戦を展開し、九五年にジャフナを奪回した。ゲリラ側もコロンボの中央銀行や空港を爆破するなどテロを繰り返した。九九年にはクマーラトゥンガ自身が爆破事件に遭遇して左目を失明している。その直後の大統領選挙では彼女が再選されたが、その後与党内部での対立が激化し、議会は解散された。二〇〇一年の総選挙ではＵＮＰが勝ち、党首ラニル・ウィクラマシンハが首相に任命された。これによって大統領と首相とが野党と与党に分れることになり、その後の政権運営にひとつの影を落とす状態が出現した。

その間、民族紛争の平和的解決へ向けては国際的な仲介活動がおこなわれ、新内閣の成立を契機に政府軍とLTTEが停戦し、二〇〇二年二月にはノルウェーを仲介者として両者のあいだで無期限停戦が実現した。その後両者の交渉がバンコク、箱根、パリなどでおこなわれ、合意に向けての多少の進展は見られるものの、前途はなおほど遠い。交渉を積極的に進めてきている首相と、政党的立場を異にし、自身テロ行為の被害者となっている大統領との関係が注目されるところである。

民族紛争の影響と要因

スリランカ経済はいまだに茶、ゴム、椰子の輸出に頼るモノカルチャー的状況をぬけきれずにはいるが、一九八〇年代後半以降の民営化が功を奏し、既製服の縫製業が発展を見せ、女性を中心とした海外への出稼ぎ労働とともに、外貨の獲得に貢献してきている。しかし、スリランカの国防費は政府通常支出の二五%にも上り、紛争に関連する軍事費の算定は容易でないが、外国からの多額の開発援助を受けるスリランカにとって、紛争が経済におよぼす影響ははかりしれないものがある。

以上に述べた紛争を引き起こした直接的要因としては、一九五六年のバンダーラナーヤカによる「シンハラ・オンリー政策」をあげることができる。また、全般的状況として、スリランカで話される言語がシンハラ語とタミル語に二大別され(比率は三対一)、かつ、キリスト教徒、ムスリムの両者を除いておおざっぱにいえば、シンハラ語を話すのは仏教徒、タミル語を話すのはヒンドゥー教徒と、言語と宗教の別が重なり合う状況も紛争を引き起こす要因となっていた。しかし、シンハラ仏教徒にも人気のあるカタラガマ神(タミルのムルガン神)の信仰に象徴されるように、シンハラ民族とタミル民族は長い歴史を通じて両文化を融合させながら共存してきたのであり、紛争の根は別のところに存在する。

すなわち、スリランカにおける独立運動は、インドでガンディーが組織したような「大衆化」の局面をもちえず、それゆえ大衆のもつエネルギーが独立後のシンハラ・ナショナリズムとしてほとばしりでたのだともいえるであろうし、また、独立前後のシンハラ・タミル双方のエリート政治家が「低地」「高地」など、自分たちの利害にかかわる対立にとらわれて、民族問題を正面から取り上げてこなかったことをも要因としてあげえよう。さらに、シンハラ仏教徒を味方につける「シンハラ・オンリー政策」が、先に述べたキリスト教に対抗しようとするアナガーリカ・ダルマパーラらによる仏教復興運動に連動したものであることも注目に値する。

そのことは、十九世紀に始まったインドでのヒンドゥー教復興運動が今日のヒンドゥー至上主義台頭の背景となっているのと同様であり、また、スリランカの紛争を一民族による強力な中央集権的政治支配が紛争を引き起こすというポスト植民地的状況の好例とみなしうることからも、その紛争には植民地支配が大きな影を投げているというべきであろう。

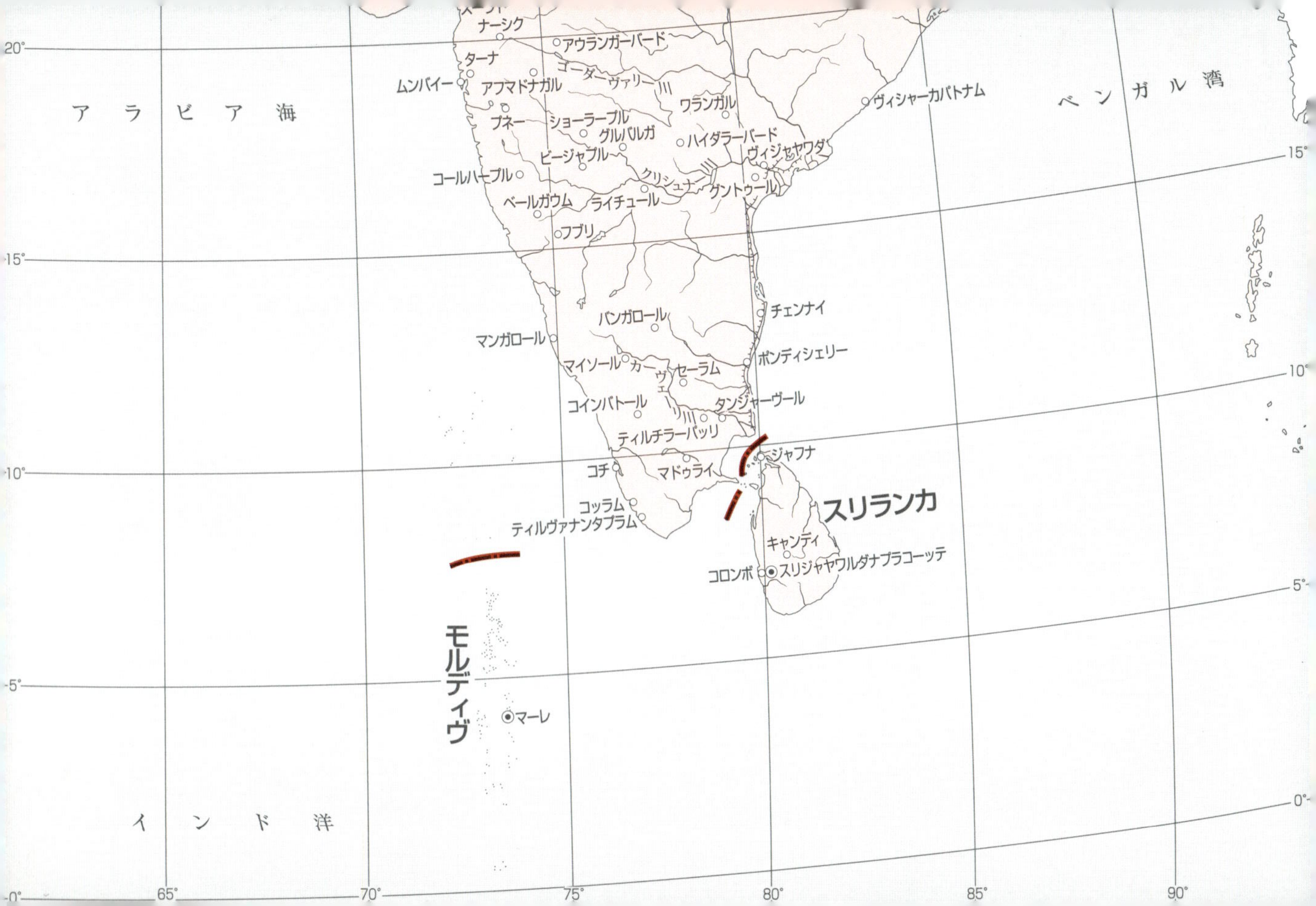
アラビア海
ベンガル湾
インド洋
ナーシク
アウランガーバード
ターナ
ムンバイー
アフマドナガル
ゴーダーヴァリー川
ワランガル
ヴィシャーカパトナム
プネー
ショーラープル
グルバルガ
ハイダラーバード
ヴィジャヤワダ
ビージャプル
コールハープル
クリシュナー川
グントゥール
ベールガウム
ライチュール
フブリ
チェンナイ
バンガロール
マンガロール
ポンディシェリー
マイソール
カーヴェーリ川
セーラム
コインバトール
タンジャーヴール
ティルチラーパッリ
ジャフナ
コチ
マドゥライ
スリランカ
コッラム
ティルヴァナンタプラム
キャンディ
コロンボ
スリジャヤワルダナプラコーッテ
モルディヴ
マーレ
20°
15°
10°
5°
0°
65°
70°
75°
80°
85°
90°

新版《しんぱん》 世界各国史《せかいかっこくし》 7
南《みなみ》アジア史《し》

2004年3月30日　1版1刷　発行
2011年10月30日　1版2刷　発行

編　者　辛島《からしま》 昇《のぼる》

発行者　野澤伸平

発行所　株式会社 山川出版社
〒101-0047　東京都千代田区内神田 1-13-13
電話　03(3293)8131(営業)　8134(編集)
http://www.yamakawa.co.jp/
振替　00120-9-43993

印刷所　図書印刷株式会社

製本所　株式会社ブロケード

装　幀　菊地信義

*

 ISBN 978-4-634-41370-2

執筆者紹介(執筆順)

辛島 昇　からしま のぼる
1933年生まれ。東京大学大学院人文科学研究科博士課程中退。博士(文学)
現在，東京大学名誉教授，大正大学名誉教授
主要著書：『南アジアの文化を学ぶ』(放送大学テキスト，2000)，*History and Society in South India: The Cholas to Vijayanagar* (Oxford University Press, New Delhi, 2001)，*A Concordance of Nayakas: The Vijayanagar Inscriptions in South India* (Oxford University Press, New Delhi, 2002)
執筆担当：序章，第２章第３節，第４章，第５章第４節，第７章(南インド・スリランカ)，第10章６節

山崎 元一　やまざき げんいち
1935年生まれ。東京大学大学院人文科学研究科博士課程修了。博士(文学)
現在，国学院大学文学部教授
主要著書：『古代インド社会の研究』(刀水書房，1987)，『古代インドの王権と宗教』(刀水書房，1994)，『古代インドの文明と社会』(中央公論社，1997)
執筆担当：第１章，第２章第１・２節，第３章

小谷 汪之　こたに ひろゆき
1942年生まれ。東京大学大学院人文科学研究科博士課程中退。博士(史学)
現在，日本学術会議(第一部)会員，東京都立大学名誉教授
主要著書：『マルクスとアジア』(青木書店，1979)，『インドの中世社会』(岩波書店，1989)，『大地の子――インドの近代における抵抗と背理』(東京大学出版会，1986)，*Western India in Historical Transition: Seventeenth to Early Twentieth Centuries* (New Delhi, 2002)
執筆担当：第５章第１～３節，第６章，第７章，第10章４・５節

長崎 暢子　ながさき のぶこ
1937年生まれ。東京大学大学院人文科学研究科博士課程中退。博士(文学)
現在，龍谷大学現代インド研究センター長，東京大学名誉教授
主要著書：『インド大反乱』(中公新書，1981)，『インド独立――逆光の中のチャンドラ・ボース』(朝日新聞社，1989)，『ガンディー――反近代の実験』(現代アジアの肖像8)(岩波書店，1996)，『地域研究への招待』(現代南アジア１)(東京大学出版会，2002)
執筆担当：第８章，第９章，第10章１～３節

付　録

索　引　2
年　表　30
参考文献　49
王朝系図　80
歴代総督一覧　99
歴代元首・首相一覧　101
議会選挙結果一覧　108
行政区分図　113
写真引用一覧　118

■索　引

人名索引

●ア—オ

アイバク　200
Quṭb al-Dīn Aybak　位1206-10
アーウィン　399,403
Baron Irwin, Edward Frederick Lindley Wood　1881-1959
アウラングゼーブ　240,242,244-248,250,263,271,272,277
Muḥyī al-Dīn Muḥammad Aurangzeb　1618-1707(位1658-1707)
アーガー・ハーン　357
Aga Khan III　1877-1957
アクバル　235-238,240,242,244,262,263,270,271
Jalāl al-Dīn Muḥammad Akbar　1542-1605(位1556-1605)
アーザード　379,392
Abul Kalam Azad　1888-1958
アサンガ(無着)　121
Asaṅga
アジャータシャトル〔カーシ国〕　45
Ajātaśatru
アジャータシャトル〔マガダ国〕　48,50-52
Ajātaśatru
アシュヴァゴーシャ(馬鳴)　89
Aśvaghoṣa
アショーカ　67,68,70-72,75-78,80,93,96,139
Aśoka　位前268頃-前232頃
アゼス1世　84
Azes I　位前5-30頃
アーチボルド　357
W. A. J. Archbold　1865-1929
アチュタデーヴァラーヤ　222,226
Acyutadevarāya　位1529-42
アッパル　157
Appar
アッラサーニ・ペッダナ　220
Allasāni Peddana　1470-1535
アティーシャ　146
Atīśa　982-1054
アーディティヤ1世　153,162
Āditya I　位871-907
アディラージェーンドラ　165
Adhirājendra　位1067/8-70
アドヴァーニー　462
Lal Krishna Advani　1927-
アトリー　404,419,422
Clement Richard Attlee　1883-1967
アナガーリカ・ダルマパーラ　489,496
Anagarika Dharmapala　1864-1933
アパラージタ　162
Aparājita　位885-903
アフザル・ハーン　246,247
Afḍar Khān　?-1659
アブドゥル・ラッザーク　219
'Abd al-Razzāq　1413-82
アブドゥル・ラフマーン　302
Abdul Rahman　位1880-1901
アフマド・シャー・ドゥッラーニー　253
Aḥmad Shāh Durrānī　1722-72(位1747-72)
アマラシンハ　120
Amarasiṃha
アモーガヴァルシャ　154,176
Amoghavarṣa　位814-880
アユーブ・ハーン　471,472
Mohammad Ayub Khan　1907-74
アラーウッディーン・ハルジー　203,204,210,211
'Alā' al-Dīn Khaljī　位1296-1316
アラーウッディーン・ムハンマド　201
'Alā' al-Dīn Muḥammad　位1200-20
アリケーサリ　152
Arikesari　位670-700
アリー・マルダーン・ハーン　240
'Alī Mardān Khān
アーリヤバタ　122

Āryabhaṭa
アルジュン　250
Arjun　1563-1606
アルブケルケ　255,256
Affonso de Albuquerque　1456-1515
アルプテギン　196
Alptegin　位955/6-963
アルメイダ　255
Dom Francisco de Almeida　1450-1510
アレクサンドロス　6,65,66,82
Alexandros　前356-前323(位前336-前323)
アンサーリー　392
Mukhtar Ahmad Ansari　1880-1936
アーンダール　158
Āṇḍāḷ
アンティオコス3世　82
Antiochus III　前243/2-前187(位前223-前187)
アンナードゥライ　453,455
Conchepuram Natarajan Annadurai 1909-69
アーンビ　65
Āmbhi
アンベードカル　400,406,427
Bhimrao Ramji Ambedkar　1891-1956
イーシュヴァラ・ナーヤカ　219
Īśvara Nāyaka
イブラーヒーム・ローディー　207,234
Ibrāhīm Lodī　位1517-1526
イブン・バットゥータ　186
Ibn Baṭṭūṭa　1304-68/9
イマーム・クリー　240
Imām Qulī　位1611-41
イルトゥトゥミッシュ　201,202,204
Shams al-Dīn Iltutumish　位1211-36
インドラ3世　164
Indra III　位915-927
ヴァーシシュカ　89
Vāsiṣka
ヴァージペーイー　445,463,464
Atal Behari Vajpayee　1926-
ヴァスコ・ダ・ガマ　254,255
Vasco da Gama　1469-1524
ヴァスデーヴァ　79
Vasudeva　位前68頃-前59頃
ヴァースデーヴァ(波調)　89,90
Vāsudeva
ヴァスバンドゥ(世親)　121
Vasubandhu
ヴァーツヤーヤナ　120
Vātsyāyana
ヴァラグナ1世──→ジャティラ・パラーンタカ・ネドゥンジャダイヤン
ヴァラーハミヒラ　122
Varāhamihira
ヴァルダマーナ(ジナ，マハーヴィーラ)　59,61
Vardhamāna (Jina, Mahāvīra)　前549頃-前477頃
ヴァールミーキ　177
Vālmīki
ヴィヴェーカーナンダ　370
Vivekananda　1862/3-1902
ヴィクトリア女王　335
Victoria　1819-1901(位1837-1901)
ウィクラマシンハ　494
Ranil Wickremesinghe　1949-
ヴィクラマーディティヤ(超日王)──→チャンドラグプタ2世
ヴィクラマーディティヤ1世　152
Vikramāditya I　位654/5-681
ヴィクラマーディティヤ2世　152,160
Vikramāditya II　位733/4-744/5
ヴィクラマーディティヤ6世　165,166,176
Vikramāditya VI　位1076-1126
ヴィシャーカダッタ　120
Viśākhadatta
ヴィジャヤバーフ1世　169
Vijayabāhu I　位1055-1110
ヴィジャヤ・ラージャシンハ　297
Vijaya Rājasiṃha　位1739-47
ヴィジャヤーラヤ　162
Vijayālaya　位850-871
ヴィシュヌヴァルダナ〔東チャールキヤ朝〕　150
Viṣṇuvardhana　位624-641
ヴィシュヌヴァルダナ〔ホイサラ朝〕

214
Viṣṇuvardhana　位1110-52
ヴィシュヌゴーパ　151
Viṣṇugopa
ヴィディヤサーガル　318
Iswar Chandra Vidyasagar　1820-91
ヴィディヤーラニヤ　218
Vidyāraṇya
ウィマ・カドフィセース(閻膏珍)　86,88,90
Vima Kadhises
ウィマ・タクトゥ　86,88
Vima Taktu
ヴィヤンコージー　277
Vyankojī　1629-84頃
ヴィーラ・ナラシンハ　220
Vīra Narasiṃha　位1505-09
ヴィーラパーンディヤ　215
Vīra Pāṇḍya
ウィリンダン　400
Marquess of Willingdon, F. Freeman-Thomas　1866-1941
ウィルソン　378,381
Thomas Woodrow Wilson　1856-1924
ウェダバーン　351
William Wedderburn　1838-1918
ヴェンカタ2世　223
Veṅkaṭa II　位1586-1614
ヴェンカタ3世　223
Veṅkaṭa III　位1630-41
ウダイ・シング〔マールワール〕　236
Uday Siṅgh
ウダイ・シング〔メーワール〕　237
Uday Siṅgh　位1537-72
ウダーイン　52
Udāyin
ウダヤナ　50
Udayana
ウッタマチョーラ　164,172
Uttamacoḻa　位970-985
ウッド　328,343
Charles Wood　1800-85
ウベイドゥッラー　234
'Ubaydallāh　位1534-39
ウルグ・ハーン──→ムハンマド・トゥグルク
エルシャド　486,487
Hossain Mohammad Ershad　1930-
エルフィンストン，M.　286,300
Mountstuart Elphinstone　1779-1859
エルフィンストン，W.G.　300
William George Keith Elphinstone　1782-1842
王玄策　129
汪大淵　186
大川周明　351
1886-1957

●カ―コ

ガウタマ・シッダールタ(ブッダ，シャーキヤムニ)　47,48,50,51,58,60-63,70,89,94,95,105,124,138
Gautama Śiddhārtha (Buddha)　前566頃-前486頃
ガウタミープトラ・シャータカルニ　104,105
Gautamīputra Śātakarṇi
カウティリヤ　66,67,71,120
Kauṭilya
カークスタヴァルマン　107
Kākusthavarman　位425頃-450頃
カーゾン　336,345,346,355
George Nathaniel Curzon　1859-1925
賈耽　185
730-805
カドゥンゴーン　152
Kaḍuṅgōn　位590-620
ガトートカチャ　113
Ghaṭotkaca
ガナパティ　215
Gaṇapati　位1199-1262
カニシュカ　88,89,139
Kaniṣka　位128頃-155頃
カニシュカ2世　89
Kaniṣka II
カビール　209
Kabīr　1440-1518頃
カピレーシュヴァラ　219

Kapileśvara　位1434頃-1468頃
カーラヴェーラ　79,81
Khāravela
カリカーラ　108
Karikāla
カーリダーサ　117,120
Kālidāsa
カルハナ　140
Kalhaṇa
カレダ・ジア　486,487
Begum Khaleda Zia　1945-
ガングリー　352
Kadambini Ganguly　1861-1923
ガンディー，I．　440-444,446-451,455,457-459,487,488
Indira Gandhi　1917-84
ガンディー，M.（モーハンダース・カラムチャンド）　368,371,374-377,380,384-390,396-400,406,414,417,418,421,429,430,440,443,445
Mahatma Gandhi (Mohandas Karamchand Gandhi)　1869-1948
ガンディー，R．　452,457-460,462,493
Rajiv Gandhi　1944-91
ガンディー，S．　457
Sanjay Gandhi　1946-80
カンバン　177
Kambaṇ
義浄　122
635-715
キッシンジャー　450
Henry Alfred Kissinger　1923-
キッチナー　346
Horatio Herbert Kitchener　1850-1916
姫鵬飛　451
ギャースッディーン・トゥグルク　203
Ghiyāth al-Dīn Tughluq　位1320-25
キールティヴァルマン　159
Kīrtivarman I　位566/7-597/8
クジューラ・カドフィセース（丘就卻）　86
Kujūla Kadphises　位30頃-91頃
クトゥブッディーン　207,208
Shaykh Quṭb al-Dīn　?-1236
グードナファル──→ゴンドフェルネース
クベーラナーガー　116
Kuberanāgā
クマーラ・カンパナ　218
Kumāra Kampaṇa
クマーラグプタ１世　117,122
Kumāragupta I　位414頃-455頃
クマーラデーヴィー　114
Kumāradevī
クマーラトゥンガ　494
Chandrika Bandaranaike Kumaratunga　1945-
クマーラ・バースカラヴァルマン　138
Kumāra Bhāskaravarman
クマーラパーラ　136
Kumārapāla　位1143-1172
クライヴ　260
Robert Clive　1725-74
クリー・クトゥブ・シャー　224
Qulī Quṭb Shāh　位1512-43
クリシュナ１世　154
Kṛṣṇa I　位756-775
クリシュナ２世　164
Kṛṣṇa II　位880-915
クリシュナ３世　164
Kṛṣṇa III　位939-966
クリシュナデーヴァラーヤ　220,222,225,226,229,230
Kṛṣṇadevarāya　位1509-29
クリップス　404,417,419
Richard Stafford Cripps　1889-1952
クローットゥンガ１世　166,167,173
Kulottuṅga　位1070-1122
クローットゥンガ３世　167
Kulottuṅga　位1178-1217/8
クンワル・シング　323
Kunwar Singh　1778頃-1858
玄奘　89,122,128,129,138,143,152
602頃-664
ゴーヴィンド　250
Guru Govind Siṅgh　1666-1708
ゴーカレー　345,353
Gopal Krishna Gokhale　1866-1915
ゴーシュ　352
Aurobindo Ghosh　1872-1950
コスイギン　449

Aleksei Nikolaevich Kosygin
1904-80
ゴータマ・ブッダ──→ガウタマ・シッダールタ
コットン　351
Henry Cotton　1845-1915
ゴーパーラ　130
Gopāla
ゴーパール・ハリ・デーシュムク──→ローカヒタワーディー
コーンウォーリス　276
Charles Cornwallis　1738-1805
ゴンドフェルネース(グードナファル)
84
Gondphernes(Gūdnaphar)　位21頃-46頃

●サ－ソ

サアーダト・ハーン　249　Sa'ādat Khān　?-1739
サイイド・アフマド・ハーン　354
Syyid Ahmad Khan　1817-98
サイモン　394
John Allsebrook Simon　1873-1954
サーヴァルカル　332,392
Vinayak Damodr Savarkar　1883-1966
佐久間象山　331
1811-64
サダーシヴァ　222
Sadāśiva　位1543-69
サティエンドラナート・タゴール　339
Satyendranath Tagore　1842-1923
ザファル・ハーン──→バフマン・シャー
ザマーン・シャー　288
Zamān Shāh　位1793-1800
サムドラグプタ　7,114,116,151
Samudragupta　位335頃-376頃
サララ・デヴィ　352
Sarala Devi　1904-?
サールヴァ・ナラシンハ　219
Sāḷuva Narasiṃha　位1486-91
サンバージー　247,248
Sambhājī　1657-89(位1680-89)
サンバンダル　157
Sambandar
ジアウル・ハック　476,477
Mohammad Zia-ul-Haq　1924-88
シヴァージー　245-247,277,353,393
Śivājī　1627-80(位1674-80)
シヴァスカンダヴァルマン　150
Śivaskandavarman
シェール・シャー(シェール・ハーン)
235,262
Shēr Shāh　1472-1545(位1538-45)
シカンダル・ローディー　211,271
Sikandar Lodī　位1489-1517
シシュナーガ　52
Śiśunāga
ジナ──→ヴァルダマーナ
シムカ　103,104
Simuka
シャー・アッバース　239,240
Shāh 'Abbās　1571-1629(位1587-1629)
シャー・アーラム2世　261,283
Shāh 'Ālam II　位1759-1806
ジャイ・シング　246
Jay Siṅgh　1609-67(位1622-67)
シャー・イスマーイール　233
Shāh Ismā'īl　位1501-24
シャイバーニー・ハーン　232,233
Shaybānī Khān　1451-1510(位1500-10)
シャーキヤムニ(釈迦牟尼)──→ガウタマ・シッダールタ
シャー・ジャハーン　239,240,244,245,271
Shāh Jahān　1592-1666(位1628-58)
シャシャーンカ　126,128,130
Śaśāṅka
シャーストリー　440
Lal Bahadur Shastri　1904-66
ジャターヴァルマン・スンダラパーンディヤ　215
Jaṭāvarman Sundara Pāṇḍya　位1251-83
シャータカルニ　104
Śātakarṇi
ジャティラ・パラーンタカ・ネドゥンジャ

ダイヤン(ヴァラグナ1世)　153
Jaṭila Parāntaka Neḍunjaḍaiyan (Varaguṇa I)　位756-815
ジャナカ　45
Janaka
シャーハジー　245,246
Śāhajī　1594-1664
ジャハーンギール　236,237,239,240,250
Nūr al-Dīn Muḥammad Jahāngīr　1569-1627(位1605-27)
シャーフー　248
Śāhū　1682-1749(位1708-49)
ジャヤーチャンド　137
Jayācand　位1170-1193
ジャヤデーヴァ　147
Jayadeva
ジャヤパーラ　197
Jayapāla
ジャヤワルダナ　493
Junius Rechard Jayewardene　1906-96
ジャラールッディーン　203
Jalāl al-Dīn Fīrūz　位1290-96
シャー・ルフ　206
Shāh Rukh　1377-1447(位1409-47)
シャンカラ　144
Śaṅkara
シュジャー・ウッダウラ　261
Shujā' al-Daulah　1732-75(位1754-75)
シュードラカ　120
Śūdraka
シュリーヴァッラヴァ　153
Śrīvallabha　位815-862
シュリマウォ　491,492,494
Sirimavo Ratwatte Dias Bandaranaike　1916-2000
シュリーラームル　426
Potti Sriramulu　1901-52
シュリーランガ3世　223,277
Śrīraṅga III　位1642-49
蔣介石　417
1887-1975
シラージュ・ウッダウラ　260
Sirāj al-Daulah　1728頃-57(位1756-57)
シーラーディティヤ(戒日王)──→ハルシャ
シング，C.　445
Charan Singh　1902-87
シング，G.　469
Gulab Singh　1792-1858(位1822-58)
シング，M.　461
Manmohan Singh　1932-
シング，V.P.　460
Vishwanath Pratap Singh　1931-
ジンナー　380,420,421,429,468
Mohammad Ali Jinnah　1876-1948
シンハヴァルマン　150
Siṃhavarman
シンハヴァルマン〔パッラヴァ朝〕　151
Siṃhavarman　位550-560
シンハヴィシュヌ　151
Siṃhaviṣṇu　位555-590
スヴォルナ・クマーリー・デヴィ　352
Swarna Kumari Devi　1885-1932
スカンダヴァルマン　150,151
Skandavarman
スカンダグプタ　117
Skandagupta　位455頃-470頃
スシュルタ　89
Suśruta
スーラジュマル　251
Sūrajmal　1706頃-1763
スリー・ヴィクラマ・ラージャシンハ　298
Śrī Vikrama Rājasiṃha　位1798-1815
スレンドラナード・バナジー　356
Surendranath Banerji　1848-1925
スンダラチョーラ　164
Sundaracoḻa　位957-973
スンダラパーンディヤ　215
Sundara Pāṇḍya
スンダラル　157
Sundarar
聖トマス　84
Saint Thomas
セーナ2世　153
Sena II　位851-855
セーナーナーヤカ　490,491

Don Stephen Senanayake 1884-1952
セビュクテギン 196
Nāṣir al-Dīn Sebüktegin 位977-997
セン 370
Keshab Chandra Sen 1838-84
ソーメーシュヴァラ〔チャールキヤ朝〕 176
Someśvara
ソーメーシュヴァラ〔ホイサラ朝〕 215
Someśvara 位1233-67
ソーメーシュヴァラ1世 166,176
Someśvara I 位1042-68
ソーメーシュヴァラ2世 166,167
Someśvara II 位1068-76
ソーメーシュヴァラ4世 167
Someśvara IV 位1182-90

●ター卜

太宗〔唐〕 129
598-649(位626-649)
ダイヤー 386
Reginald Edward Harry Dyer 1864-1927
タイヤブジー 355
Badruddin Tyabji 1844-1906
タイラ2世 164,176
Taila II 位973-997
ダヴァール 364
Cawasji N. Dewar
タゴール 387
Rabindranath Tagore 1861-1941
ダース 390
Chitta Ranjan Das 1870-1925
ダット 350,358
Romesh Chandra Dutt 1848-1909
ダッラ 176
Dhalla
ダーハル 190,192
Dāhar 位679頃-712
ターヒル 195
Ṭāhir 位821-822
ダファリン 348
Marquess of Dufferin, Frederick Temple Hamilton-Temple Blackwood 1826-1902
タフマースプ 235
Ṭahmāsb 1514-76(位1524-76)
ダヤーナンダ 370
Dayananda Sarasvati 1824-83
ダーラー・シュコー 242,250
Dārā Shukoh 1615-59
ターラーバーイー 248
Tārābāī 1675頃-1761
ダルフージー 290,291,299,328
James Andrew Broun Ramsay Dalhousie 1812-60
ダルマパーラ 132,146
Dharmapāla 位770頃-810頃
ダレイオス1世 64
Dareios I 位前522-前486
ダンティドゥルガ 152
Dantidurga 位752/3-756頃
ターントヤ・トペー 323
Tantya Tope 1819頃-59
チェムズファド 381
Viscount Chelmsford, Frederick John Napier Thesiger 1868-1933
チャイタニヤ 209
Caitanya 1485-1533
チャチュ 190
Cac 位632頃-679頃
チャーチル 403,414,415
Winston Leonard Spencer Churchill 1874-1965
チャラカ 89
Caraka
チャンド・バルダーイー 148 Cand Bardāī
チャンドラグプタ〔マウリヤ朝〕 66,67,73,75,85
Candragupta 位前317頃-前293
チャンドラグプタ1世 113
Candragupta I 位320-335頃
チャンドラグプタ2世(ヴィクラマーディティヤ) 86,106,116,117,119
Candragupta II (Vikramā ditya) 位375頃-414頃
チュラーマン 251
Curāman
趙汝适 186
ディオドトス 82

Diodotus
ディグナーガ(陳那)　121
Dignāga
ディズレーリ　302
Benjamin Disraeli　1804-81
ディッダー　140
Diddā　位950頃-1003頃
ティプ・スルタン　280,281
Tipu Sulṭān　1753-99
ティムール　206,234
Timūr　1336-1405(位1370-1405)
ティラク　320,352-353,356,378-380
Bal Gangadhar Tilak　1844-1920
ティルナーライポーヴァール──→ナンダナール
ティルマラ　222
Tirumala　位1569-72
鄭和　296
1371頃-1434頃
デーヴァラーヤ2世　219
Devarāya II　位1422-46
テーグ・バハードゥル　250
Tegh Bahādur　1621-75
デサーイー　441,444,445
Morarji Ranchhodji Desai　1896-1995
デュプレックス　260,278
Joseph Francois Dupleix　1697-1763
デュランド　302
Henry Mortimer Durand　1850-1924
ドースト・ムハンマド　288,300,303
Dōst Muḥammad　位1826-40,1843-63
トーラマーナ　118
Toramāṇa
トリブバン　484
Tribhuvan Bir Bikram Shah Deva 1906-55(位1911-55)

●ナーノ

ナーイッカル　391
E. V. Ramaswami Naicker　1879-1973
ナイドゥー　398
Sarojini Naidu　1879-1949
ナオロージー　350,358,359
Dadabhai Naoroji　1825-1917
ナーガセーナ(那先比丘)　83
Nāgasena
ナーガールジュナ(竜樹)　95,106
Nāgārjuna
ナーシルッディーン　208
Nāṣir al Dīn　1276頃-1356
ナーディル・シャー　249
Nādir Shāh　1688-1747(位1736-47)
ナーディル・ムハンマド　240
Nādir Muḥammad　位1641-45
ナーナク　209,249
Guru Nānak　1469-1538
ナーナー・サーヒブ　323
Nana Sahib　1825頃-1860頃
ナーナー・ファドナヴィース　284
Nānā Phaḍṇavīs　1742-1800
ナハパーナ　85,104
Nahapāna　位119頃-125頃
ナーマデーヴァ　209
Nāmadeva　1270-1350
ナラサー・ナーヤカ　219
Narasā Nāyaka
ナラシンハヴァルマン1世　151,152
Narasiṃhavarman　位630-668
ナラシンハヴァルマン2世(ラージャシンハ)　152
Narasiṃhavarman II (Rājasiṃha) 位700-728
ナーラーヤン　443
Jay Prakash Narayan　1902-79
ナーラーヤンラーオ　283
Nārāyaṇrāv　1755-1773
ナンダナール(ティルナーライポーヴァール)　158
Nandaṉār(Tirunāḷaippōvār)
ナンディヴァルマン2世　153
Nandivarman　位731-796
ニカトール　66
Nikator　前358-前281(位前305-281)
ニクソン　450
Richard Milhous Nixon　1913-94
ニザーム・ウル・ムルク　249,289

Niẓām al-Mulk　1671-1748
ニザームッディーン　207,208
Niẓām al-Dīn Auliyā'　1243/4-1325
ヌーネス　225-227
Ferñao Nunes
ネドゥンジェーラル・アーダン　108
Neduñjēral Ādan
ネドゥンジェリヤン　108
Neḍuñjeḻiyaṉ
ネルー，J.　351,356,359,394,396,400,404-406,414,417-421,427-433,434-440,443,444,447-449
Jawaharlal Nehru　1889-1964
ネルー，M.　394,395,411
Motilal Nehru　1861-1931

●ハ―ホ

パイス　225
Domingos Paes
バイスングル　232
Baysunghur　位1495-97
ハイダル・アリー　280
Ḥaydar 'Alī　1722-82
バイラム・ハーン　236
Bairam Bēg Khān　?-1561
ハインドマン　351
Henry Mayers Hyndman　1842-1921
バーサ　120
Bhāsa
バサヴァ　177
Basava
ハサン・ガングー──→バフマン・シャー
バージーラーオ　251
Bājīrāv　1700-1740
バージーラーオ2世　284,285
Bājīrāv II　1775-1851
ハシナ・ワゼド　486,487,489
Sheikh Hasina Wajed　1947-
パタンジャリ　79
Patañjali
バダン・シング　251
Badan Siṅgh　-1756
波調──→ヴァースデーヴァ
ハーディ　351
James Keir Hardie　1856-1915
ハッジャージュ　190,192
Ḥajjāj ibn Yūsuf　661-714
バッラーラ2世　167,214
Ballāḷa II　位1173-1220
バッラーラ3世　215,218
Ballāḷa III　位1291-1342
パテール　197
Vallabhbhai Jhaverbhai Patel　1875-1950
バーナ　129　Bāṇa
パーニニ　57　Pāṇini
バハードゥル・シャー2世　322,326,333
Bahadur Shah II　1775-1862(位1837-58)
バフマン・シャー(ザファル・ハーン，ハサン・ガングー)　206,218,221
Bahman Shāh(Ẓafar Khān, Ḥasan Gangū)　位1347-58
バーブル　6,207,232-235
Ẓahīr al-Dīn Muḥammad Bābur　1483-1530(位1526-30)
バフロール　207
Bahlūl　位1451-89
ハーラ　105
Hāla
パラークラマバーフ1世　169
Parākramabāhu I　位1153-86
パラークラマバーフ6世　296
Parākramabāhu VI　位1412-67
バーラージー・ヴィシュヴァナート　251
Bālājī Viśvanāth　?-1720
バーラージー・バージーラーオ　252,253,283
Bālājī Bājīrāv　1721-61
パラマールタ(真諦)　112
Paramārtha
パラメーシュヴァラヴァルマン2世　153
Parameśvaravarman　位728-731
パラーンタカ1世　162,164
Parāntaka I　位907-955
ハリフッザーマン　406
Chaudhry Khaliquzzaman　1889-?

ハリシェーナ〔グプタ朝〕　114
Harisena
ハリシェーナ〔サータヴァーハナ朝〕　106
Harisena
ハリハラ　217,218
Harihara　位1336-57
ハリハラ２世　219
Harihara II　位1377-1404
ハルゴーヴィンド　250
Hargovind　1595-1644
ハルシャ(ハルシャヴァルダナ)　126,128,129,138,139,141,150
Harṣavardhana　位606/7-646-7
バルバン　202,203
Balban　位1266-87
バルボサ　195
Duarte Barbosa　1480頃-1521
ハルラーイ　250
Har Rāi　1630-61
バンダーラナーヤカ　491,492,495
Solomon West Ridgeway Dias Bandaranaike　1916-2000
ヒズル・ハーン　206
Khiḍr Khān　位1414-1421
ビッラマ　214
Bhillama V　位1173頃-92頃
ビハーリー・マル　236
Bihārī Mal　位1547-73
ヒューム　348,351
Allan Octavian Hume　1829-1912
ビールーニー　198
Bīrūnī　973-1048
ビルハナ　167
Bilhaṇa
ビンドゥサーラ　67
Bindusāra　位前293-前268頃
ビンビサーラ　48,51,52
Bimbisāra　位前546頃-前494頃
フィールーズシャー　208,211
Fīrūz Shāh　1307/8-1388(位1351-88)
フィルダウシー　198
Firdausī　934-1025
フヴィシュカ　89
Huviṣka
フヴィシュカ２世　89
Huviṣka II
プシュヤミトラ　78
Puṣyamitra　位前180頃-前144頃
ブッカ　217,218
Bukka　位1344-77
ブッダ(仏陀)──→ガウタマ・シッダールタ
ブッダゴーサ(仏音)　121
Buddhaghosa
ブットー，Ｂ．　477,478
Benazir Bhutto　1953-
ブットー，Ｚ．　472,473,476,477
Zulfikar Ali Bhutto　1927-79
プトレマイオス　109
Ptolemaios Klaudios
フマーユーン　235,236
Muḥammad Humāyūn　1508-56(位1530-40,1555-56)
プラヴァーハナ・ジャイヴァリ　45
Pravāhana-Jaivali
プラヴァラセーナ１世　105
Pravarasena I　位275頃-335頃
プラケーシン１世　149
Pulakeśin I　位543/4-566
プラケーシン２世　128,150-152,160
Pulakeśin II　位609/10-642
プラセーナジット　48
Prasenajit
プラターパルドラ２世　215
Pratāparudra II　位1295-1323
プラタープ・シング　237
Pratāp Siṅgh　位1572-97
プラディヨータ　50
Pradyota
プラバーヴァティー　116
Prabhāvatī
プラバーカラヴァルダナ　126
Prabhākaravardhana
プリトゥヴィーラージャ３世　134,135,137,147,199
Pṛthvīrāja III　位1177-1192
ブリハドラタ　78
Bṛhadratha　位前187頃-前180頃
プリングル　310,311
Robert Keith Pringle
フレー　319
Jotirao Govindrao Phule　1827-90

プレマダーサ 493
Ranasinghe Premadasa 1924-93
プローラ2世 215
Prola II 位1110-58
ベザント 379
Annie Besant 1847-1933
ヘースティングズ 274,275,312
Warren Hastings 1732-1818
ヘードゲーワール 393
Keshavrao Baliram Hedgewar 1889-1940
ヘーマチャンドラ 136
Hemacandra 1089-1172
ヘリオドロス 83
Heliodorus
ペリヤールヴァール 158
Periyāḻvār
ヘロドトス 64
Hērodotos
ベンティンク 318
William Henry Cavendish Bentinck 1774-1839
ホア 402,403
Samuel John Gurney Hoare 1880-1959
ボージャ〔パラマーラ朝〕 166
Bhoja 位1000頃-1055頃
ボージャ1世〔プラティーハーラ朝〕 133
Bhoja I 位836頃-885頃
ボース，R.B. 379,380
Rash Bihari Bose 1886-1944
ボース，S.C. 395,405,417,418
Subhas Chandra Bose 1897-1945
法顕 89,117
337頃-422頃
ボーディダルマ(菩提達磨) 121
Bodhidharma
ボールドウィン 394,403
Stanley Baldwin 1867-1947
ポーロス 65
Porus
ボンネルジー 350
Woomesh Chandra Bonnerjee 1844-1906

●マーモ

マウエス 84
Maues 位前20頃-22頃
マウントバトン 422
Earl Mountbatten of Burma, Louis Mountbatten 1900-79
マクドナルド 396
James Ramsay MacDonald 1866-1937
マコーリー 344
Thomas Babington Macaulay 1800-59
マーダヴラーオ 283
Mādhavrāv 1745-72
マーダヴラーオ・ナーラーヤン 283,284
Mādhavrāv Nārāyaṇ 1774-95
マドゥヴァラサ 176
Madhvarasa
マーニッカヴァーシャガル 157
Māṇikkavācakar
マヌ 97
Manu
マハーヴィーラ──→ヴァルダマーナ
マハーダジー・シンデー 283
Mahādajī Śinde ?-1794
マハーパドマ 52
Mahāpadma
マハラノビス 431
Prasanta Chandra Mahalanobis 1893-1972
マヒーパーラ 132
Mahīpāla 位992頃-1041頃
マヒンダ 77
Mahinda
マフムード 133,136,140,196-198
Maḥmūd 971-1030(位998-1030)
マフムード・ガーワーン 221
Maḥmūd Gāvān 1408-1481
マヘンドラ 484
Mahendra Vir Vikram Shah Deva 1920-72(位1955-72)
マヘーンドラヴァルマン1世 151,156,157
Mahendravarman I 位580-630
マヘーンドラパーラ1世 133

Mahendrapāla　位885頃-907頃
マユーラシャルマン　107
Mayūraśarman　位345頃-360頃
マーラヴァルマン　152
Māṟavarman　位620-645
マーラヴァルマン・クラシェーカラパーンディヤ　215
Māṟavarman Kulaśekhara Pāṇḍya　位1268-1312
マリク・アンバル　245
Malik ‘Ambar
マリク・カーフール　204,214,215
Malik Kāfūr　?-1316
マルコ・ポーロ　186,187
Marco Polo　1254-1324
ミヒラクラ(ミヒラグラ)　118,140
Mihirakula (Mihiragula)　位515頃-550頃
ミール・カーシム　260,261
Mīr Qāsim　?-1777(位1760-63)
ミール・ジャアファル　260,261
Mīr Ja‘far　?-1765(位1757-60, 1763-65)
ミントー　247
Earl of Minto, Gilbert John Elliot-Murray-Kynynmond　1845-1914
ムイズッディーン・ムハンマンド　134, 199,200
Mu‘izz al-Dīn Muḥammad　位1203-06
ムイーヌッディーン　207
Shaykh Mu‘īn al-Dīn　1142頃-1236
ムケルジー　436
Shyama Prasad Mookerji　1901-53
ムハンマド・イブン・アル・カーシム　190,192
Muḥammad ibn al-Qāsim　694頃-715
ムハンマド・トゥグルク(ウルグ・ハーン)　204,205,208,215
Muḥammad Tughluq(Ulugh Khān)　1290頃-1351(位1325-51)
ムラード・バフシュ　240
Murād Bakhsh
ムルシド・クリー・ハーン　249
Murshid Qulī Khān　?-1727
メイヨー　342
Earl of Mayo, Richard Southwell Bourke　1822-72
メガステネース　66,71-76,102
Megasthenēs
メータ　350
Phirozshah Mehta　1845-1915
メナンドロス(ミリンダ)　83
Menandros (Milinda)　位前155頃-前130頃
モーリー　347
John Morley　1838-1923
モーローバー・カーノーバー　320
Moroba Kanhoba
モンタギュー　378,381
Edwin Samuel Montagu　1879-1924

●ヤ―ヨ

ヤアクーブ・イブン・アル・ライス　195,196
Ya‘qūb ibn al-Layth　位861-879
ヤショーヴァルマン　130
Yaśovarman
ヤショーダルマン　118
Yaśodharman
ヤヒヤー・ハーン　472,473
Agha Mohammad Yahya Khan　1917-80
ヤングハズバンド　480
Francis Edward Younghusband　1863-1942
ユースフ・アーディル・シャー　224　Yūsuf ‘Ādil Shāh　位1490-1510

●ラ―ロ・ワ

ラヴィヴァルマン　216
Ravivarman
ラオ　460
Pamulaparti Venkata Narasimha Rao　1921-
ラクシュミー・バーイー　323,326,327, 334

Lakshmi Bai　?-1858
ラグナートラーオ　283
Raghunāthrāv　1734-83
ラージェーンドラ１世　164,165,173,174
Rājendra I　位1012-44
ラージパト・ライ　352
Lala Lajpat Rai　1865-1928
テージャシンハ⟶ナラシンハヴァルマン２世
ラージャシンハ２世　296
Rājasiṃha II　位1635-87
ラージャーディティヤ　162
Rājāditya　?-949
ラージャラージャ１世　164-166,172-174,184
Rājarāja I　位985-1014
ラージャーラーム　284
Rājārām　1670-1700(位1689-1700)
ラージュヤヴァルダナ　128
Rājyavardhana
ラーナデー　370
Mahadev Govind Ranade　1842-1901
ラフマン，M.　472,483,486-488
Mujibur Rahman　1920-75
ラフマン，Z.　452,486
Ziaur Rahman　1936-81
ラーフラ　490
Walpola Rahula　1910-97
ラーマーヌジャ　145,209
Rāmānuja　1017?-1137?
ラマーバーイー　352
Pandita Ramabai　1858-1922
ラーマラージャ　222
Rāmarāja
ラーム　445
Jagjivan Ram　1908-86
ラーム・モーハン・ローイ　317-319,329
Ram Mohan Roy　1774-1833
ラーラー・シュリー・ラーム　365
Lala Shri Ram
ラリターディティヤ　130,140
Lalitāditya　位724頃-760頃
ランジート・シング　287,288
Rañjīt Siṅgh　位1801-39
リットン　302
Edward Robert Bulwer-Lytton　1831-91
リポン　342
Marquess of Ripon, George Frederick Samuel Robinson　1827-1909
ルドラセーナ２世　106,117
Rudrasena II　位385頃-395頃
ルドラダーマン　74,85
Rudradāman　位130-150頃
レディング　373
Marquess of Reading, Rufus Daniel Isaacs　1860-1935
ローカヒタワーディー(ゴーパール・ハリ・デーシュムク)　319
Lokahitawadi(Gopal Hari Deshumukh)　1823-92
ローズヴェルト　414,417
Franklin Delano Roosevelt　1882-1945
ロレンス　340
John Lawrence　1811-79
ワンチュック　482
Ugyen Wangchuk　1860-1926(位1907-26)

※前近代(前植民地期)の人名については，発音符号をつけたが，その方式については角川書店版『世界史辞典』７～８頁を参照。近代以降の人名については，慣用的な表記を用いた。

事項索引

●ア―オ

藍(インディゴ)　305,328,362
アイホレ(アイヤヴォーレ)　150,160,181,182
アヴァンティ(王)国　48,50,54
『アヴェスター』　31
アウドゥンバラ族　92
アウランガーバード(カルキー)　245,247
アガスティヤ仙　160
アクサイチン　439,471,472
アグニ(神)　34,98
アーグラ　242,251
アケメネス朝(ペルシア)　64,65,81,85
アコーラ　105
アージーヴィカ教　77
アジメール　207
アジャンター窟院　122
アシュヴァメーダ(馬祀祭)　39,78,104-106,116,117
『アシュターディヤーイー(八章頌)』　57
『アタルヴァ・ヴェーダ』　35
アッサム(地方)　7,8,138,299,357
アッバース朝　178,185,192,193,195
アーディチャナルール　102
アーディル・シャーヒー朝──→ビージャプル(王国)
アートマン(我)　46
アナヒラパータカ(アナヒラプラ)　136
アナムコンダ　215
アヌラーダプラ　153,168,169
アパブランシャ語　130
アハール文化　29
アービーラ　104,106
アフガニスタン　3,8,26,66,83,84,139,189,193,199,201,237,300-303,336,341
アフガン戦争　300-302,330,336,341
アーブー山　133,136,146
アフシャール朝　249
アフマダーバード　364,365,398
アフマドナガル(王国，ニザーム・シャーヒー朝)　221,224,245
アヘン　305,328,362,365
アホム(族・王国)　138
アマラーヴァティー　87,101,105
『アマラコーシャ』　120
アミール　242,244
アム川　81,201
『アームクタマールヤダ』　220
アムリトサル条約　288
アメリカ　415,422,427,441,449,452,461
アヨーディヤー　40,48,462,475
アーラヴィードゥ朝　222,227,229
アラーカーン地方　299
アーラニヤカ(森林書)　35
アラーハーバード　262,283,314,359,388,443
アラビア(海)　170,188,190,193,195,220,254,255
アラブ　132,141,152,165,185,190,193,195,254
アラム語(文字)　65,68
アリカメードゥ　110
アリーガル派　354,355
アリーガル・ムスリム大学　354
アーリヤ(人)　3,15,29-33,35-43,47,50,56,75,123,125,138,161
アーリヤ協会(サマージ)　370,474
『アーリヤバティーヤ』　122
アーリヤ文化　41,42,111,156,160
アールヴァール　157
アルコット　260,278,281
アルダ・マーガディー語　130
『新月(アル・ヒラール)』　379
アワド(王国・藩王国)　249,261,282,291,323,326-328,330
アワミ連盟　472,485-489
アングロ・マイソール戦争　280
アングロ・ムハンマダン法　275
アンコール・ワット　178
アーンドラ(地方・族)　95,103,104,137,150,151,219,228
アーンドラ州　426
アンベール　236,238,246
アンボン事件　258
イェーメン　192,194
移管事項　382
イギリス東インド会社　254,258-261,273-277,282-294,297-300,324,326-

329,334,341,469
イクシュヴァーク(朝)　104,106,151
イスマーイール派　192,193,194,197,199,271
イスラエル　461
イスラーム　16,192,200,207,209,212,220,231,354,475-478,485-487
イスラーム(勢力・軍)　3,16,130,132,189
イスラーム刑法令　477
イスラーム法──→シャリーア
イスラーム冒瀆罪　477
イスラーム民族学校　388
イッケーリ　230
一斉休業(ハルタール)　385,387,394
一生族　43,313
一党優位体制　434,440,441,445,459
イナームガーオン　23
イマード・シャーヒー朝──→ベラール(王国)
移民　367
イーラーニー　244
イラン　30,31,54,88-90,95,104,189,190,233,235,236,244,249
イラン系言語　7,8
イラン高原・台地　21,22,29,30
イル・ハン国　203,204
印僑　367
印章〔インダス文明〕　26
インダス川　4,6,10,19,24,27-30,31,65,66,189,192
インダス文明(ハラッパー文化)　6,8,19,23,24,27-29,32,37,123
インダス文字　8,26,27
インド・アーリヤ系言語(人)　7,8,10,30,138,139
「インドから出て行け(クイット・インディア)」運動　375,416,418,468
インド仮政府　417
インド関税自主権　382
インド・ギリシア(人・王国)　82-84,88,95
インド憲法　426
インド工業　364,365,367,407,410,411,415,432
インド皇帝　332,335
インド高等行政官制　339,427
インド高等文官(制)　338,339,349,427
インド国民会議(派)　333,339,346-352,354,357,361,370,374,376,380,388-393,398-406,414,415,418,420,421,428,434-436,440-446,450,453,456-464
インド国民軍　334,416-419
インド国民社会改革会議　352,370
インド参事会法　292,343
『インド誌』　66,71,198
インド省　335
インド人民党　393,436,446,459,460,462,463,474,475,478
インド・スキタイ族──→シャカ族
インド総督〔イギリス〕(副王)　290,292,293,335
インド総督〔ポルトガル〕　255
インド大衆連盟(ジャン・サング)　436,441,445
インド大反乱　14,291,292,294,322,331-335,340,342,351,361,470
インド担当大臣　335,347,378,381,402,408
インド帝国　335
インド帝国銀行　359
インド統治改善法(1858年)　335
インド統治法　276,293,394,395,401,403
インド・ネパール平和友好条約　484
『インドの自治(ヒンドゥ・スワラージ)』　376
『インドの不思議』　185
インド・パキスタン(印パ)戦争
第1次　426,469-471
第2次　433,441,449,471,472
第3次　442,450,451,471,473,476
インド・パルティア族──→パフラヴァ族
インドラ(神)　33,34,98
インドール　251
インパール作戦　418
ヴァイシャ　34,42,53,56,113,126,141
ヴァイシャーリー　47,53,63
ヴァーカータカ朝　105-107,117,122
ヴァージャペーヤ　39
ヴァツァ王国　48
ヴァドーダラー(バローダ，ガエクワード家)　251,345

ヴァーユ(神)　34
ヴァーラーナシー(ベナレス)　45,48,53,271
ヴァラビー　118,128,130
ヴァルナ(神)　34
ヴァルナ(制度)　32,34,40-46,54,56-58,96-98,125,126,134,141,142,156,268,312,313
ヴァンジ　109
ヴィクラマシラー僧院　145,146,200
ヴィクラマ暦　84
ヴィジャヤナガル〔都市名〕　222,229
ヴィジャヤナガル王国　6,12,172,188,206,212,217,218,221,224,225,228,231,277
ヴィシュヌ(神・信仰)　34,40,83,85,98,106,123-125,144,145,147-149,156,158,159,161,173
ヴィダルバ地区　100,103
ヴィデーハ国　40,45
ヴィーラ・シヴァ派(リンガーヤト派)　177
ウィリアム要塞　260
ヴィンディヤ山脈　99,103,105
ヴェーダ　35,36,41,43,45,46,56-58,98,104,105,111,125
ヴェーダーンタ学派　121,144
ウェルビー委員会　351
ヴェールール　224
ヴェーンギ　150
ウダイプル　237
ウッジャイニー(ウッジャイン)　50,53,54,72,117,120
ウパニシャッド(奥義書)　35,45,46
ウパニシャッド哲学　45,144
馬　28,32,183,188,195,220
ウマイヤ朝　190,193
ウライユール　109
ウラマー　271,323,329
ヴリジ(ヴァッジ)連合　47
英語　328,343,345,349,354
永代ザミーンダーリー制度　13,276,308-310
疫病　346,363
エシャー委員会　384
『エリュトラー海案内記』　109
エルフィンストン法典　286
エローラ　154,160
円卓会議　399,400
エンフィールド銃　330
黄金寺院　458
オーストリア継承戦争　260,278
オーストロ・アジア(系言語)　7,8,10,138
オスマン帝国(トルコ)　281,331,378
オタワ協定　412
オランダ(人)　223,254,256,258,296,297
オランダ東インド会社　254,256,258,259
オリッサ(地方)　6,80,137,146,147,219,237,357
オリッサ様式　137
穏健派(モデレイト)　356

●カ－コ

会議派──→インド国民会議(派)
カイロ・ゲニザ文書　181
カーヴェーリ(川)　4,108,109,151,152,155,174
カーヴェーリパッティナム(プハール)　109
カウシャーンビー　48,53
ガエクワード家──→ヴァドーダラー
カーカティーヤ朝(家)　166-168,204,212
閣僚使節団　420
過激派(エクストレミスト)　352,356
カーシ国　45,48
カシミール(地方)　21,76,89,93,130,139,140,238,288,338,425,430,438,449,469
カシミール・シヴァ派　140
ガジャパティ　219
カージャール朝　302
カジュラーホ　136,146
カースト(制度，ジャーティ)　13,16,34,44,45,72-76,134,139,141-143,145,156,161,175-177,231,266-269,274,286,287,312-316,330,333,339,340,369,371,454,456,491
カースト協会(サバー)　314,371
ガズナ(朝・地方)　133,193,196-200,202

カダーラム　165
カダンバ朝　106,111,149,150,155
割譲領土　282,285,293
カーティヤーワール(半島・地方，サウラーシュトラ)　29,75,85,104,118,197,475
カトマンズ(盆地)　139
カナウジ(カーニヤクブジャ)　118,128-130,132,133,137,197
カーナティック戦争　260,278,281
ガネーシャ(神)　124,353
ガーハダヴァーラ朝　137
カピラヴァストゥ　60
寡婦再婚(問題・運動)　318-320,328,352
寡婦再婚奨励協会　320
カーブル　140,196,233-235,237,238,240,300,302
貨幣　39,53,65,75,82-86,88,89,91-94,102,103,114,135,141,184
『カーマスートラ』　120
カーマルーパ　128,138
カーヤスタ　313,314
カーヤル　187,188
カラーチー　192,406,429
カラチュリ(家・朝)　136,167,177
カラート　303
カラブラ　112,151,152,162
カーリー(神)　124
カーリーカタ──→カルカッタ
カリカット(コーリコード)　195,254,255,304
カーリーバンガン　28
カリフ(制)　378,392
カリヤーニ　165-167,177
カリンガ(地方・国)　52,68,71,72,79,81
カーリンジャル　200
カルカッタ(コルカタ)　260,329,344,346,349,352,356,357,362,364,366
カルキー──→アウランガーバード
カールコータ朝　140
カルタス　256
ガルダ鳥　123
カールッティケーヤ(神)　124
カルール　109
カールレー　105
ガルワール地方　298
カローシュティー文字　65,68,82,85,92
漢　91
カーンヴァ朝　79,103
灌漑　74,75,140,155,335,346,362,363,366
ガンガイコンダチョーラプラム　165,173,187
ガンジス(川)　4,6-9,21,22,35-39,41,42,45,47,48,50-55,57-59,62,64-66,75,78,81,83,88,92,113,114,165
ガンジス川水利権分配協定　487
ガンジス・ヤムナー両河地帯──→ドアーブ
完全独立(プールナ・スワラージ)　396
カンダハール　234,235,238,240,242,253
ガンダーラ(国・地方)　64,65,76,86,88,90,95,139,142,196
ガンダーラ美術　90,96
カーンチープラム　108,112,149-151,153,159,160,221
ガンディー・アーウィン協定　399
監督局(ボード・オブ・コントロール)　276,328
カンナヌール　215
カーンプル　323,324
カーンヘリ　105
カンボジア　178
祇園精舎　62
飢饉　346,355,363
キーシュ(キシ)島　188
季節風──→モンスーン
北インド　6,15,37,47,64,80,86,112,118,128,139,141,155,156,173,176,189,201,204,291,339
北インド様式(北方型，寺院建築)　146,160
『ギータゴーヴィンダ(牛飼いの歌)』　147
北サルカール　289,307
キダーラ朝　90
キャラコ　304
キャンディ(王国)　296-298,489,491
キャンベイ(カンバヤ)　254,259
巨石文化　100,102
ギリシア(人・語・文化，ヤヴァナ)　52,64-66,68,71,73,78,81-85,88,90,

92,97,109
キリスト教　84,220,277,317,328,329,344,347,353,354,370,489,495,496
ギルギット地方　470,471
ギルド　28,93,119,142,178,179,181,182,188
金為替本位制　361
銀行国有化(問題)　442
金兌換制度　409
クイット・インディア──→「インドから出て行け」運動
クシャトラパ(マハークシャトラパ)　85
クシャトリヤ　34,39-42,45-47,52,56,59,66,97,113,132,133,246,312,324
クシャーナ(族・朝)　84,86,88-92,95,96,119
クシャハラータ朝　85
グジャラート　28,130,136,146,193,194,197,204,206,237,255,305,306,368
クトゥブ・シャーヒー朝──→ゴールコンダ(王国)
クニンダ族　92
グヒラ族　137
グプタ朝　7,15,12,86,105-107,112-114,116-120,122,123,126,127,142,151,155
グプタ様式(仏像)　122
グプタ暦　113
グラント・サーヘブ　250
クリシュナ(神)　98,124,147,158
クリシュナー川　4,103,104,106,155,217
グリハパティ(ガハパティ)　53,54
クル(族・国)　38,40
グルカ(ゴルカ)兵　340
クル・クシェートラ　40
グルジャラ族　132
クルダー王国　237
グルバルガ　206,218,221
クレイギー調査団　415
グワーリヤル　251,283,326
計画経済　431
啓蒙主義　328,329
毛織物　27
ケーシャヴァ・デーヴァ・ラーイ寺院　271,475
ケーダー(県)　376
ケートリ鉱床　23,26
ケーララ(チェーラ)　110,152,153,179,180,185
ケーララ州　99,102,107,436,455
ケーララプトラ　68
言語州再編委員会　426
ゴア　221,224,256
業(カルマ)　46,59,143
『皇華四達記』　185
後期ヴェーダ時代　35,38,39,41,43,45,57,71
後期ガンダーラ美術　122
後期グプタ朝　118
後期チャールキヤ朝　165
後期(レイト)ハラッパー文化　29
後期東ガンガ朝(後期ガンガ朝)　137
香辛料　27,185,186,188
紅茶　299
交通革命　367
功利主義　328,329,353
五カ年計画　431,433
『後漢書』　86
国産品愛用(スワデーシー)運動　356,410
国勢調査(センサス)　314,371
国民会議(派)──→インド国民会議(派)
国民大学(ヴィディヤピート)　388
コーサラ(国)　40,48,51,53,60,62
胡椒　110,181,183,185,188,228,255,256,258,304
個人的不服従運動──→サティヤーグラハ
ゴーダーヴァリー川　4,103,155
コチ(コーチン)　180,255,281
国家計画委員会　406,431
コッタパトナム　187
コーッタヤム　180
コーッテ(王国)　296
コッラープラ　177
コッラム(クイロン)　179,186,187,195
コドゥマナル　102
コドゥンガルール　180
コドゥンバルール　180
コナーラク　137,146
コミュナリズム　473-475
ゴルカ王朝　298
ゴールコンダ(王国，クトゥブ・シャーヒ

一朝)　217,221,223,224,245
ゴール朝　145,193,199,201
コロンボ　296
コンカン地方　193,246,247,251
金剛乗(ヴァジュラヤーナ)　145
『金剛頂経』　145
コンバウン朝　299

●サ―ソ

サイイド朝　200,206
最高法院　275,312
再生族　43,56,125,313,314
サイムール(チャーウール)　194
サイモン委員会　394
サウラーシュトラ──→カーティヤーワール(半島・地方)
サガウリ条約　298
サカ族──→シャカ族
ザカート・ウシュル令　477
サーサーン朝(ペルシア)　90
サータヴァーハナ朝　81,85,92,102-107,110,117
サーターラー(町，藩王国)　248,290,291,328
サッファール朝　195,196
サティー(寡婦殉死)　133,317,318
サティー禁止法　318
サティヤーグラハ　386,414
　第1次(非協力運動)　375,385,387
　第2次(不服従運動)　375,396,398,399
サティヤプトラ　68
ザート　242
サトレジ川　288
サナータナ・ダルマ　321
サーヌール　102
サバー　31,155
サバルタン研究　15,17
サファヴィー朝　233,235,240,242,249
サブ・カースト　313
ザブト制　262
『サーマ・ヴェーダ』　35,41
サマルカンド　201,204,206,232-234,254
サーマンタ制　12,15
サーマーン朝(家)　196
サミティ　31
ザミーンダーリー制度　16,307,432
ザミーンダール　12,259,261-264,267,276,307-310
ザモリン　255
沙門──→シュラマナ
サラスヴァティー川　31
サールヴァ朝　219
サンガ　297
サンガマ朝　217
サンガム──→シャンガム
産業許認可制度　465
サンスクリタイゼーション　314
サンスクリット語　10,57,86,89,93,99,106,107,110,114,120,151,170,177
サーンチー　63,79
サンヒター──→本集
シーア派　192,221,224,233,235,323
シヴァ(神・信仰)　28,34,85,89,92,98,111,123-125,129,148,149,156,173,177,178,353
シェンジ(ジンジー)　223,225,230,248,277
塩の行進　396,398,399
シク(教・王国)　209,249,250,253,287,288,327,340,458,469
シク戦争　288,469
『獅子(ケーサリー)』　353
シシュパールガル　81
シースタン地方　195,196
ジズヤ　210,211,271,272
自尊(セルフ・リスペクト)運動　391
シーター　40
七年戦争　260,278
自治連盟　379
シッキム(王国)　298,299,479-481
『実利論(アルタシャーストラ)』　67,71,73-75
シティ　409
指定カースト　428
指定部族　428
『シナ・インド物語』　185
シパーヒー　322,323,326,329,330,332
シムラ協定　451,473
シャイシュナーガ朝　52
ジャイナ教　46,54,58-61,67,71,76,81,91,105,111,112,130,136,146,151,

154,156,157,159,160,176,177,255,377
シャイバーン朝　232,233,240
ジャウンプル　207
社会主義　405,406,421,428,431,444,448,455,485,492,493
シャカ族(サカ族，インド・スキタイ族)　83-86,97,104,117
シャーカラ(サーガラ)　83
シャカ暦　88
シャーカンバリー　135
シャーキヤ(釈迦)族　8,47,48,60,138
シャークタ派　177
シャクティ　124,145
『シャクンタラー姫』　120
ジャーティ──→カースト
ジャート　249-251,253,271
ジャナター・ダル　460
ジャナター・パーティ──→人民党
ジャナムペート　102
『シャー・ナーメ(王の書)』　198
シャー・バノー事件　458
ジャフナ(王国)　169,296
シャリーア(イスラーム法)　271,272,274,477
ジャリアンワーラー広場事件　386
ジャワ　178
シャンガム(文学・時代，サンガム)　107,108,111,158,160,162
ジャンク　179,185
ジャン・サング──→インド大衆連盟
ジャーンシー(藩王国)　291,323,324,326,328
ジャーン朝(ブハラ・ハン国)　240
ジャンムー・カシミール藩王国　469
首位刑事裁判所　274,292,312
首位民事裁判所　274,292,312
収税官(コレクター)　274
自由貿易　407
十六大国　47,48,50,67,71
シュードラ　34,42-44,46,52,57,74,125,126,142,312
ジュナガル藩王国　425
シュラーヴァスティー(舎衛城)　48,53,62
シュラマナ(沙門)　58,76
シュリーヴィジャヤ　165,184
シュリーランガパトナ　222,281
シュリーランガム　158
シュレーシュティン(セッティ)　53
シュンガ朝　77-79,92
準知事(レフテナント・ガバナー)　285,288,293,294
上座部仏教　62,76,77,93,168
尚武の民(マーシャル・レイス)　340
ジョードプル　236
『諸蕃志』　186,187
ジョールウェー文化　23,29
『シラパディガーラム』　108,111,112
シリア(王国)　66,68
シリア派(キリスト教)　179,180,185,255
シルカップ遺跡　84
シルク・ロード　91,178
シンデー家　251,253,284,285,289
シンド(地方)　23,130,152,189,190,192,193,196,197,205,235,238,293,294,368
シンハラ(人・語)　489,491,492,495,496,
シンハラ・ナショナリズム　491,492,496
人民解放戦線(JVP)　492
人民党(ジャナター・パーティ)　445,446,487
水利施設　29,169,176,230
スヴァルナギリ　72
枢密院司法委員会　292
スエズ運河　341,365
スカンダ(神)　161
『スシュルタサンヒター』　89
スターリング圏　411
スダルシャナ湖　85
ストゥーパ──→仏塔
スーフィー　207-209,271
スブラマニヤ(神)　111
スーラト　259
スーラト条約　283
スーリヤ(神)　34
スリランカ(島)　40,62,71,77,93,108,109,111,114,121,151-153,162-164,168,169,183,184,186,192,219,257-259,296-298,368,369,452,459,461,489-496
スリランカ自由党(SLFP)　491
スール朝　235,262
スルフ・コタル(遺跡)　88,90

スレイマーン山脈 4, 30
スワデーシー──→国産品愛用運動
スワラージ 352
スンナ派 193, 195, 197, 221, 224, 322
正義党(南インド自由連盟) 391
政教分離主義(セキュラリズム) 428-431, 476
聖仙(リシ) 36
征服領土(北インド) 285, 293
征服領土(ボンベイ管区) 286
西北インド 64-66, 68, 72, 78, 79, 83, 84, 90-92, 95, 96, 104, 113, 114, 122
セイロン(島)──→スリランカ
セイロン国民会議(派)(CNC) 489, 490
セーヴナ(ヤーダヴァ)朝 167, 204, 212, 214
世界システム論 12, 14, 16
世界大恐慌 411
世界ヒンドゥー協会 462
石油危機 443, 446
セーナ朝 132, 147
セルジューク朝 198, 201
セレウコス(朝) 66, 82
全インド・ムスリム連盟 347, 357, 379, 380, 388, 404-406, 415, 421, 422, 424, 428, 435, 467-469
前期ヴェーダ時代 31, 33, 38, 39, 71
1919年インド統治法 381
1935年インド統治法 401, 402, 404, 427
セント・ジョージ要塞 259, 278
先ハラッパー文化 23, 24
ソーアン川 19
『宋史』 165
ソグディアナ 65
「その他の後進諸階級(OBC)」 428, 460
ソームナート(寺院) 136, 197, 475
ソ連 449, 450, 453, 461
ゾロアスター教 31, 88
ソーン川 51
村落共同体 119, 210, 228, 264, 266, 267

●ター ト

ダーイー(宣教員) 192-194
第一次世界大戦 372, 373
大学 344-346, 349
大月氏 86, 89
大衆党(プロジャ・パーティ) 391
大乗仏教 93-95, 121, 145
大西洋憲章 414
『大唐西域記』 128, 129, 138
『大唐大慈恩寺三蔵法師伝』 129
第二次世界大戦 413
『大日経』 145
大日如来 145
ダイブル 192
ダイマーバード 23
ダウラターバード 205, 208
タクアパ 181
タクシャシラー(タクシラ) 53, 64, 65, 72, 84
タークリ朝 139
ダージリン 299
タッコーラム 162, 164
ダナモア憲法 490
ターネーサル 126
ターヒル朝 195
タミル(語・人・民族) 10, 11, 81, 107, 108, 111, 161, 177, 178, 215, 226, 426, 489, 491, 496
タミル・イーラム解放の虎(LTTE) 492
タミル・ゲリラ 492-494
タミル統一戦線(TUF) 492
タミル・ナードゥ(州) 6, 99, 101, 102, 149, 155, 179-183, 277, 278, 368, 369, 371, 426, 453
ダーヤーバーガ派 148
ダーラー(ダール) 136
タライ地方 298
タラーイン 134, 135, 137, 199
ターリコータ──→ラークシャシ・タンガディ
ダルマ 67, 68, 70, 71, 78, 98
タルマスートラ──→律法経
タンジャーヴール 162, 164, 173, 177, 223, 225, 230, 277
タントリズム(密教) 124, 139, 145, 146
地域共同体 210, 228, 265-268
チェッティヤール 368, 369
チェーディ王国 136
チェーディ朝 80
チェーラ(ケーララ)王国 102, 107-109

竹林精舎　62
チシュティー派　207
チダンバラム　158,175,177
チトラドゥルガ　229
チトール　237
チベット　139,145,146
チベット・ビルマ(系言語)　7,8,47,138
チベット文字　68
地方長官(チーフ・コミッショナー)　288,291,293,294
地母神　28,34,270
チャウリー・チャウラー警察署　390
チャウルキヤ朝(ソーランキー朝)　136,146
チャガタイ・ハン国　202-204
チャーハマーナ朝(チャウハーン朝)　134,135,137,147,199
『チャラカサンヒター』　89
チャールキヤ朝　6,107,128,146,149-152,154,160,162,166,167,169,176,177,181,212,214-216
チャンダーラ　43
チャンデッラ朝　135,146,200
チャンドラギリ　222,223
チャンパー　51,53
チャンパーラン　376
中印国境紛争　433,438,439,471
中央アジア　27,30,54,64,83,84,88,90,96,122,139,201,240,242
中央州　291,293,308
中間政府　422,483
中国　95,96,121,145,165,170,178,185,186,276,365,449,451
駐在官(レジデント)　290,293,338
チュートゥ　104,106
チョーラ(朝)　7,68,102,107-109,132,141,153,155,162,164,166-173,175,177,180,185,187,212,214-216
チランド遺跡　22
ディウ島沖の海戦　255
ディーナーラ　92
ティムール(朝・帝国)　201,204,206,232,234
『ティルックラル』　108
ティルパティ　220,230
ディーワーニー　13,261,273
デーヴァギリ　167,204,205,214
『デーヴァーラム』　157
デーオバンド(学派)　355
デカン(高原)　4,6,21,23,37,47,50,52,54,66,67,78,85,91,92,95,99,102,103,105,106,110,111,113,117,128,137,148,149,159,176,204,205,212,214-216,221,242,244-247,249
デカン・コミッショナー　286
デカン農民反乱　312
鉄　36,181
鉄道　328,335,346,350,360,362,365
テナーセリム地方　299
デュランド・ライン　301
デリー　40,122,135,136,137,190,200,203,205-208,210,211,235,249,250,253,322-324,326,333,336,356,366
デリー・スルタン朝　7,12,200,204,206-208,211
電信　328,335,365
ドアーブ(ガンジス・ヤムナー両河地帯)　6,36,37,39,40,45,282,285
ドイツ　336,360,413
ドゥアール地方　299
『島夷誌略』　186,187
統一国民党(UNP)　490-494
同意年齢　320
トゥグルク朝　200,203-207,212,215-218
ドゥッラーニー朝　253,288,300
東南アジア　54,68,77,91,107,110,119,120,132,145,146,178,185,188,255,256,258,259
『東方見聞録』　186,187
トゥーラーニー　242,244
トゥルヴァ朝　219,227,229
ドゥルガー(神)　124
トゥンガバドラー川　161,212,217
独立(スワラージ)党　390,391
トーサリー　72
トーマラ朝　137
富の流出　350,358-361
トラヴァンコール　9,281
ドラヴィダ(系言語・民族)　7,8,10,27,33,68,71,99,105,107,111,156,160
ドラヴィダ進歩連盟(DMK)　453-455
ドラヴィダ様式(南方型，寺院建築)　146,159

ドーラーヴィラー遺跡　29
ドーラサムドラ　167,204,215
トリプリー　136
トリムールティ　125
奴隷王朝　200-204,207

●ナーノ

ナーガ族　116
『ナーガーナンダ(竜王の喜び)』　129
ナーガパッティナム　184
ナーガールジュナコンダ　106
ナーガル・バラモン　365
ナーグプル(藩王国)　105,251,291
ナーシク(窟院)　93,105
『那先比丘経』　83
ナタール　368
『ナーティヤシャーストラ』　120
ナーヤカ(朝・政権・制)　15,220,222-231,277
ナーヤナール(ナーヤンマール)　156
ナーランダー僧院　122,128,143,145,146
ナルマダー川　19,128
ナワーヤット家　278
ナンダ朝　52,65,66,79
ナンブーディリ・バラモン　178
南方仏教──→上座部仏教
南北戦争　362,365
ニザーム(国・藩王国，ハイダラーバード〈王国・藩王国〉)　249,278-280,289,293,338,368,419,425
ニザーム・シャーヒー朝──→アフマドナガル(王国)
西アジア　27,29,30,64,95,119,120,185,354
西インド　23,72,75,78,84-86,91,126,146
西クシャトラパ朝　85
西ベンガル州　393,436,455
ニーシャープール　195,198
日露戦争　356
日本　95,145,331,344,351,356,361,362,370
二民族＝国民論　17,429,468
ネパール(地方・王国)　138,298,483,484,488
ネルー憲法　394
年季契約労働者　368
農民大衆党(クリショク・プロジャ・パーティ)　405,414
ノースの規制法　275,276,292

●ハーホ

ハイダラーバード(王国・藩王国)──→ニザーム(国・藩王国)
『バガヴァッド・ギーター(神の歌)』　98,158
パガン　184
パキスタン　332,336,341,348,354
パキスタン決議　415,468
パキスタン人民党　472
パキスタン・ムスリム連盟　471,477
バクサールの戦い　261,282
バクティ(信仰・運動・思想)　138,144,145,147,148,149,156,158,160,161,209
バクトリア(地方)　65,78,81,82,86,88,90
バクトリア語　86,88
バザール経済　366
パーシム　105
パーシュパタ派　177
ハスティナープラ　38
バセイン条約　284
バタヴィア共和国　297
バダフシャン(地方)　234,240
バーダーミ　107,149,152,159
パータリプトラ(華子城)　52,66,67,76,78,113,118
パッタダカル　150,159
パッティニ(神)　111
バッティポルル　105
ハッド　477
パッラヴァ朝　6,15,107,112,141,149-156,159,162,172,173,181
ハーティグンパー窟院　81
パティダール　368,369
バナヴァーシ(ヴァイジャヤンティー)　107,155
パーニーパト　207,234,253
バニヤ　255
バフマニー(朝・王国)　206,217-219,

221
パフラヴァ族　84,85
バーブルのモスク　475
バーミヤーン　122
バーラクザイ朝　288,300
バラタ族　31,40
パーラ朝　130,132,139,141,146,154
ハラッパー(遺跡)　23-25,28
バラトプル　251
パラニ　160
バラーバル丘　77
パラマーラ朝　136,166,204
バラモン(ブラーフマナ)　31,34,36,40-42,44-46,50,52,54-58,71,76,78,96-98,106,107,111,113,119,120,125,126,133,134,142,143,145,155-157,161,162,173,174-176,216,251,269,274,275,312,314,330,453,454
バラモン教　34,41,43,45,57,58,71,91,93,98,123,153,156
パーラ様式(仏教美術)　146
パーラール川　155
パーリ語　83,93,121
ハリード・シャーヒー朝──→ビーダル(王国)
ハリハラ(神)　124
ハリヤーナ(地方)　137
パールヴァティー(神)　124
パールシー　350,364,365
ハルジー朝　200,203,204,209,212,214
『ハルシャチャリタ(ハルシャ王の治績)』　129
バルス　183
バルーチスタン　8,238,302,303
パルティア(王国)　82,84,91
バルフ　240
バールフート　63,79
バローダ(ガエクワード)──→ヴァドーダラー
藩王国　288-292,338,344,347,425
バングラデシュ民族主義党(BNP)　486,487
パンジャーブ(地方・州)　6,23,30,33,35,37,65,82,83,85,196,197,199,202-204,234,250,288,293,308,340,341,362,363,414,415,420,447,457
ハンター委員会　344
パンダライニ・コッラム　186
『パンチャタントラ(五編の物語)』　120
パンチャーラ国　38,40,45
パーンディヤ(朝・王国)　68,102,107-109,149,151-153,157,160-162,164,168,188,205,212,215
バンデー・マータラム　352
バンドン会議　438
パンボール　186,187,192
反乱(ガダル)党　333,379
東インド会社特許状(法)　276,290,292,293
東ガンガ朝　137,146
東チャールキヤ朝　150,154,164-166
非協力運動──→サティヤーグラハ(第1次)
ピクリーハル遺跡　21
ビージャプル(王国, アーディル・シャーヒー朝)　217,220,221,223,224,245-248,277
非常事態(体制)　401,443,444,484
ビーダル(王国, バリード・シャーヒー朝)　221,224
ヒッタイト民族　30
ピットのインド法　276
非同盟・中立　437
非暴力　377,429
ヒマラヤ　36,47,124,139
ビームベートカー　20
被抑圧諸階級(ディプレスド・クラシズ)　315
ヒラーファト運動　379,381,387
ピラーンマライ　183
ピール委員会　334
ビルマ　299,326,330,349,366,368
ビルマ戦争　299,337
ヒンディー語　10,454
ヒンドゥー寡婦再婚法　320
ヒンドゥー・カレッジ　329
ヒンドゥー教(教徒)　13,28,34,40,58,83,85,91,92,98,111,112,120,123-125,126,138-140,142-146,149,151,156,162,169,173-177,197,209-211,231,270,271,274,317,323,330,332,340,352-356,368,370,371,392,429,430,436,453,492,495,496
ヒンドゥークシュ山脈　4,30,65,81
ヒンドゥー・コミュナリズム　473-475

ヒンドゥー至上主義　15,17,198,218,321,496
ヒンドゥー・シャーヒー朝　140,196,197
ヒンドゥー大連合(マハー・サバー)　392,393,436
『ヒンドゥトヴァ』　392
ヒンドゥー・ナショナリズム　392,393,446,459
ヒンドゥー文化　42,112,133,148,156,377
ヒンドゥー法(アングロ・ヒンドゥー法)　148,275
ヒンドゥー法典　56,97,98,120
「貧乏追放」　442,444,448
ファーティマ朝　193
フェルガーナ(地方)　232
不可触民　43,44,142,157,158,269,270,313,315,427,428
副王(ヴァイスロイ)──→インド総督
フーグリー　259
プシュヤブーティ朝　126
不殺生(アヒンサー)　377
部族貨幣　92
ブータン　298,482,483
普通選挙制　427
仏教(徒)　13,46,54,58,71,76-78,83,85,89,91,95,96,105,112,118,121,122,125,129,138-140,143-146,156,169,176,200,377,489,491,492,495,496
『仏国記』　117
ブッダガヤー　60,63,114
仏典結集　63,76,89,139
仏塔(ストゥーパ)　62,63,77,94,105,106,139
プドゥコーッタイ　180
フーナ(エフタル)　117,118,122,132,140
プーナ(プネー)条約　285,290
プネー　246,252,284-286
プネー協定　400
ブバネーシュワル　137
部派仏教　63,94
ブハラ　234,240
不服従運動──→サティヤーグラハ(第2次)
プラークリット語　86,93,105,130,150
プラタープガド城　246
プラッシーの戦い　260,326
プラティーハーラ朝　132,135-137,197
プラーナ(古伝承)　52,77,79,103,104,120,126
ブラフマー(神)　123,125
ブラフマギリ　102
ブラフマ・サマージ　317,370
ブラフマデーヤ　155,174
ブラーフマナ(祭儀書)　35,41
ブラーフマナ──→バラモン
ブラフマプトラ川　138
ブラフマン(梵)　41,46,144
ブラーフミー文字　68,82,92,148
フランス(人)　254,278,280,281,336
フランス東インド会社　254,260
プランテーション　299,305,368,491
プリー　137
『プリトゥヴィーラージ・ラーソ』　147
『ブリハット・サンヒター』　122
ブルザホム遺跡　21
プルシャプラ　88
プール族　31,40
プレジデンシー・カレッジ　329
プローヒタ　72
分割統治(ディバイド・アンド・ルール)政策　415
ブンディー　236
分離選挙制　347,380,382
平和五原則　437
ペシャーワル条約　302
ペーシュワー(政権)　248,251,252,283-287,290
ベスナガル　83
ベナレス条約　282
ペヌコンダ　222
ヘラート　206,232,233
ベラール(王国・地方，イマード・シャーヒー朝)　221,224,244,293
ペリヤパッティナム　186
ペルシア　65,77,141,193,221,254
ペルシア湾　27
ベンガル(地方)　13,119,126,130,132,141,145,148,200,205,237,249,259,260,285,299,310,317,347,357,420
ベンガル管区　260,274,276,282,285,287,292,293,298,307,308,323,340

ベンガル銀行　359
ベンガル借地法　310
ベンガル総督　275,284,290,292,293
ベンガル地代法　310
ベンガル分割　346,355-357
ホイサラ朝　167,168,204,212,214,215
北西州　285,291,293,307,308
北西辺境州　302
母系制　105
ホージャ　194,365
墓廟寺院(パッリッパダイ)　173,175
ボーラ(ボホラ)　194,255
ホラーサーン(地方)　194,196,202,208
ホラズム・シャー(国)　201
ホラズム地方　198,201
ホールカル家　251,253,284-286
ポルクラム　102
ポルトガル(人)　188,195,214,220,254-256,258,259,296,297
ポールバンダル(藩王国)　375
ホルムズ　256
ボロブドゥール　178
ポロンナルワ　169
本国費(ホーム・チャージ)　335,342,359,361,409
本集(サンヒター)　35
ボーンスレー家　245
ボーンスレー家〔ナーグプル〕　251,285,291
ポンディシェリー　278
ボンベイ(ムンバイー)　259,336,344,348,349,351,362,364-366,369,370
ボンベイ管区　259,275,283,286,292,293,307,310,311
ボンベイ銀行　359

●マ―モ

マイソール(王国・藩王国)　224,231,277,280,281,327,338
マイトラカ朝　118,126,130
マウカリ朝　126,128
マウザワーリー(制度)　307,308
マウリヤ(帝国・朝)　7,52,65,66,68,71-78,80,85,91,93,114,120
マガダ(国)　47,48,50-53,59,60,62,64,65,68,79,132
マクラーン地方　190,238
マスキ　102
マスリパタム(マチリーパトナム)　259
マタ　144
マッラ朝　139
マート(遺跡)　88,90
マトゥラー　85,88,96,197,250,271,475
マドゥライ　108,109,149,153,160,161,168,205,216,218,220,222,223,225,230,277
マドラス(チェンナイ)　223,259,260,278,337,344,362-364,366,393
マドラス管区　259,275,280,282,287,292,307,310
マドラス銀行　359
マニプル　299
『マニメーガライ』　108,112
マーニヤケータ　154,166
『マヌ法典』　45,56,57,70,96-98,120,148,275,312,313
『マハーヴァンサ』　168
マハークシャトラパ──→クシャトラパ
マハークータ　150
『マハーバーシヤ(大注)』　79
『マハーバーラタ』　38-40,98,120,124,126,148
マハーラーシュトラ(州)　99,264,393,436,466
マハーラーシュトラ地方　7,231
マハールワーリー制度　307
マーピラ(モプラー)　194,195,255
マーマッラプラム　152,159
マムルーク(宮廷奴隷)　196,200,201
マムルーク朝　255
マラーター　244,245,247,251,271,277,280-286,353
マラーター王国　245,246,248,251,266,286,306
マラーター戦争　282,285,286
マラーター同盟　248,251-253,285,323,327
マラバール　194,195,254,255,304,307
マールグザール制度　307
マルディーヴ(モルディヴ)諸島　165
マールワー(地方・州)　50,104,118,136,204,206,237,244
マールワー文化　23,29

マールワーリー　368
マールワール(地方)　236
マーワラー・アンナフル地方　196
マンサブ制　242
マンスーラ(ブラフマナーバード)　192
マンタイ　186,187
マンダソール碑文　118
マンダル委員会　462
マンナール湾　109
ミタークシャラー派　148
ミタンニ民族　30
密教──→タントリズム
ミード(マイド)族　192
ミトラ貨幣　92
緑の革命　442,447,456
南アジア地域協力連合(SAARC)　3
南インド　23,67,72,91,99,100,102,106,107,110-112,114,132,141,149,156,161,162,178,204,212,278,281
南インド自由連盟──→正義党
ミャンマー　6,169
『ミリンダパンハー(ミリンダ王の問い)』　83
民族奉仕団(ＲＳＳ)　393,436,462
ムガル(朝・帝国)　6,7,12,14,207,224,232,233,242,246,248,249,261,270,271,273,278,322,323,327,331,340
ムジリ　180
ムスターリー派　194
ムスリム　134-137,140,141,145,178,179,185,189,190,192-194,197,200,205,209,211,219,270,323,329,330,332,340,347,353-357,365,368,406,414,420,425,429,430,437,450,453,458,460,464,467,474,475
ムスリム連盟──→全インド・ムスリム連盟
『ムドラーラークシャサ(ラークシャサと印章)』　120
ムハマダン・アングロ・オリエンタル・カレッジ　354,357
『ムリッチャカティカー(土の小車)』　120
ムルガン(神)　111,160
ムルターン　192,197,199,202,204,206
ムンダ　33
牝牛　28,474
牝牛保護運動　353,474
牝牛保護(法)　474
『メーガドゥータ(雲の使者)』　120
メソポタミア　27,30,54
メータル　266,268
メヘルガル遺跡　21-23
メーモン　368,369
メーラト　322
メーワール(地方)　137,236,237
綿(綿布・綿織物・綿製品)　21,27,183,184,188,190,214,228,230,255,304-307,326,328,358,362,365,366
綿花ブーム　362,365
モウラヴィー(イスラーム法官)　274,275
モエンジョ・ダーロ(モヘンジョ・ダロ)　24,28
モプラー──→マーピラ
モーリー・ミントー改革　346,347,357
モンゴル(帝国)　200-204,212
モンスーン(季節風)　27,254
モンタギュー宣言　378
モン・ファド改革　381,382,384

●ヤ―ヨ

ヤヴァナ──→ギリシア
ヤウデーヤ族　92
『ヤージュニャヴァルキヤ法典』　98,312
『ヤジュル・ヴェーダ』　35
ヤーダヴァ族　136
ヤムナー川　6,36,37,48
遊牧民　29
ユダヤ(教・人)　180,181,185,255
幼児結婚　318,320,332
傭兵──→シパーヒー
ヨーナ──→ギリシア
四大国　48

●ラ―ロ

ラーイガド城　246,248
ライチュール地方　219,220,222
ラーイー・ピタウラー城塞　200,203
ライーヤトワーリー制度　16,307,310,311
ラークシャシ・タンガディ(ターリコータ)　222,224

ラクナウ　326
ラクナウ協定　380
ラサ条約　480
ラージプート　118,133,134,135,199,236,244
ラージャグリハ(王舎城)　48,50,51,53,62,122
ラージャスタン(地方)　23,29,135,366,368
ラージャスーヤ　39
『ラージャタランギニー(諸王の流れ)』　140
ラージャン(ラージャー)　31,38,39
ラージュガド城　246
ラーシュトラクータ(朝・家)　132,136,152,154,155,162,164,176,193
ラバタク　86
ラーホール　199,202,206,208,253,288
ラーホール決議　467
ラーマ　40,48,124,475
ラーマクリシュナ・ミッション　370
ラーマ(誕生地)寺院　462,475
『ラーマーヤナ』　38-40,48,120,124,126,148,177,475
『ラーヤヴァーチャカム』　220
ランカシャ　408,409
ランタンボール城　203,236
『リグ・ヴェーダ』　30,31,33-35,56
リッチャヴィ(族・朝)　47,48,51,114,139
律法経(ダルマスートラ)　56,96
留保事項　382,401
留保措置(リザベーション)　427,428
両頭政治(ダイアーキー)　381,401
リンガ　10,124,156,177
リンガーヤト(派)──→ヴィーラ・シヴァ派
輪廻(転生・サンサーラ)　46,59
ルドラ(神)　34,123
ルピー　361
連合州　291
連合党(ユニオニスト・パーティ)　391,405,414
連邦党(FP)　491
六派哲学　120
ロシア　281,300,302,336,341,356,361
ロータル(遺跡)　27
ローディー朝　200,207,234
ローヒルカンド(地方)　282
ローマ　66,83,88,90-92,102,107,109-111,119,178
ローラット法　385

●ワ

ワーイ　246
ワイハンド　197
ワタン　265,266,268,270,302,304,306
ワタンダール　265,266,270
ワッラージャ家　278
ワランガル　167,204,215
湾岸戦争　461
ワンチュック朝　482

(太田信宏)

■年　表

年代	事　　　項
前25～18世紀	インダス文明
前15世紀	アーリヤ人の西北インド進入
前15～11世紀	前期ヴェーダ時代。『リグ・ヴェーダ』成立(前1100/1000頃)
前10世紀	アーリヤ人の一部がガンジス川流域へ移住
前10～7世紀	後期ヴェーダ時代。ヴァルナ制度成立(前8世紀頃)。ウパニシャッド哲学成立(前8世紀頃)。クル国，パンチャーラ国，コーサラ国，ヴィデーハ国などの部族王制国家が割拠
前6世紀	コーサラ国，マガダ国などの十六大国が割拠。文字・貨幣の使用始まる
前566頃	仏教の開祖ブッダ生誕(～前486頃。異説，前463～383頃)
前549頃	ジャイナ教の教祖ヴァルダマーナ生誕(～前477頃。異説，前444～372頃)
前518頃	アケメネス朝ペルシアがインダス川流域を属州とする
前5世紀	南インドで巨石文化が興隆に向かう(～後1世紀)
前4世紀中頃	マガダ国ナンダ朝，ガンジス川流域をほぼ統一
前4世紀	パーニニ，『アシュターディヤーイー』を著す
前326	マケドニアのアレクサンドロス，西北インドに侵入(～前325)
前317頃	チャンドラグプタ，ナンダ朝を倒しマウリヤ朝を興す
前4世紀末頃	カウティリヤ，『実利論』を著す
前300頃	メガステネース，パータリプトラを訪れる
前268頃	マウリヤ朝アショーカ王即位
前260頃	アショーカ王，カリンガ国を征服
前250頃	バクトリア王国成立(前200頃よりインド侵入)
前3世紀中頃	スリランカでデーヴァナンピヤティッサ王が仏教を受け入れる
前180頃	プシュヤミトラ，マウリヤ朝を倒しシュンガ朝を興す
前155頃	メナンドロス(ミリンダ)王即位，パンジャーブ地方に拠るインド・ギリシア王国の全盛期
前2世紀	パタンジャリ，『マハーバーシヤ』を著す
前2世紀中頃	スリランカでドゥッタガーマニ王の統治。アヌラーダプラに仏塔建立
前2～前1世紀	サーンチー，バールフートの仏塔建造。チェーディ朝カーラヴェーラ王のもとで，カリンガ国が繁栄
前2～2世紀	『マヌ法典』成立
前68頃	ヴァスデーヴァ，シュンガ朝を倒しカーンヴァ朝を興す
前1世紀	シムカ，カーンヴァ朝の勢力を排しデカン地方にサータヴァーハナ朝を興す(異説，前3世紀)。アジャンター窟院の開掘始まる(第Ⅰ期)。大乗仏教運動の興隆
前1世紀中頃	シャカ(インド・スキタイ)族がパンジャーブ地方に進入，インド・ギリシア王国を滅ぼす
前58	ヴィクラマ暦元年
前23頃	カーンヴァ朝滅亡，ガンジス川流域における小王国の興亡

1〜3世紀	チョーラ・パーンディヤ・チェーラのタミル三王国のもとでシャンガム(サンガム)文学が興隆
21頃	パフラヴァ(インド・パルティア)族のゴンドフェルネース王即位，全盛期をむかえる
1世紀中頃	クシャーナ族，パフラヴァ族にかわり西北インドを支配
1世紀中頃〜	モンスーンを利用した南インドとローマ世界との海上交易が活発化，『エリュトラー海案内記』が書かれる
78	シャカ暦元年
1世紀末	クシャトラパ勢力の一つクシャハラータ朝ナハパーナ，サータヴァーハナ朝とデカン西北部支配を争う。仏像彫刻を含むガンダーラ美術の誕生
1世紀頃	ジャイナ教，裸形派と白衣派に分裂
128頃	クシャーナ朝カニシュカ王即位(〜155頃。異説，144頃〜)
2世紀中頃	最初の長文サンスクリット語碑文，西クシャトラパ朝ルドラダーマン王碑文
2〜3世紀	ナーガールジュナ，大乗仏教理論を確立
229	大月氏波調(クシャーナ朝ヴァースデーヴァ)，魏に遣使
3世紀中頃	サータヴァーハナ朝滅亡。デカン北部にヴァーカータカ朝，デカン東部にイクシュヴァーク朝が興る。クシャーナ朝滅亡
320	チャンドラグプタ1世，グプタ朝を興す(グプタ暦元年)
335頃	グプタ朝サムドラグプタ即位
4世紀	ネパールにリッチャヴィ王朝成立。デカン西部にカダンバ朝，デカン南部に(西)ガンガ朝が興る
4〜6世紀	プラーナ編纂が開始され，『マハーバーラタ』『ラーマーヤナ』が現在の形に成立。六派哲学の成立
375頃	グプタ朝チャンドラグプタ2世(ヴィクラマーディティヤ)即位，王朝全盛期を築く
399	法顕，インド求法の旅に出発(〜412 帰国)
4世紀後半	シュードラカ，『ムリッチャカティカー』を著す
4〜5世紀	詩聖カーリダーサ，『シャクンタラー姫』『メーガドゥータ』を著す。ヴァーツヤーヤナ，『カーマスートラ』を著す。後期ガンダーラ美術の繁栄。タミル二大叙事詩『シラパディガーラム』『マニメーガライ』，箴言詩集『ティルックラル』成立。衰退したタミル三王国にかわり，カラブラ勢力が半島南部を支配。スリランカ編年史『ディーパヴァンサ』成立
5世紀前半	グプタ朝クマーラグプタ1世，ナーランダー僧院を創建
5世紀後半	グプタ朝スカンダグプタ，フーナ(エフタル)族の進出を阻止
5世紀末〜7世紀	アジャンター窟院の開掘(第II期)
5〜6世紀	スリランカ編年史『マハーヴァンサ』成立
6世紀前半	ジャイナ教プラークリット語経典が現在の形に成立。フーナ族再進出と諸侯独立(マイトラカ朝など)により，グプタ朝が実質的に滅亡。都市経済も衰退へ
6世紀中頃	ヴァーカータカ朝滅亡
543頃	プラケーシン1世，チャールキヤ朝を興す
560	シンハヴィシュヌ，パッラヴァ朝を再興

578	バーダーミ石窟群の第3窟完成
590	カドゥンゴーン，パーンディヤ朝を再興
606頃	プシュヤブーティ朝ハルシャ即位，北インドにたいする覇権を確立
629	玄奘，インド求法の旅に出発(～645 帰国)
632頃	バラモンのチャチュ，シンド国の王位を簒奪
634頃	チャールキヤ朝プラケーシン2世，ナルマダー河畔の戦いでハルシャを破る
641	ハルシャ，唐に遣使。唐は王玄策を派遣(643，647，657)
671	義浄，インド求法の旅に出発(～689 滞在)
697頃	チャチュの子ダーハル，王位に就く
700	パッラヴァ朝ナラシンハヴァルマン2世の即位(～728)
7世紀	密教の根本経典『大日経』『金剛頂経』成立
7～8世紀	南インドにバクティ信仰が興隆する
7～8世紀中頃	カシミール地方にカールコータ朝が興隆
710	ウマイヤ朝イラン総督ハッジャージュの命により，ムハンマド・イブン・アル・カーシム，シンド地方に遠征。翌年，ダイブルを落とす
712	ダーハル敗死。ムハンマド，翌年までにムルターンなど，インダス川中流域まで征服
8世紀初頭	マーマッラプラムに海岸寺院建立
8世紀中頃	ベンガル地方にパーラ朝が興る
750	アッバース朝成立，シンド支配を引き継ぐ
752頃	ダンティドゥルガ，チャールキヤ朝を倒しラーシュトラクータ朝を興す
756	ラーシュトラクータ朝クリシュナ1世即位(～775)
770頃	パーラ朝ダルマパーラ即位，ヴィクラマシラー僧院を創建。パーラ様式仏教美術の発達
8世紀	シャンカラ，不二一元論を説く
8世紀～	グルジャラ族のプラティーハーラ朝を初めとするラージプート諸王朝の勃興
8世紀末	エローラにカイラーサナータ寺院開掘
8～9世紀	プラティーハーラ朝・パーラ朝・ラーシュトラクータ朝による北インド覇権争い
836頃	ボージャ1世即位，プラティーハーラ朝の全盛期を築く
840	パーンディヤ朝シュリーヴァッラバ，アヌラーダプラを攻略
865頃	パンジャーブ地方にヒンドゥー・シャーヒー朝が興り，カーブルにかけての領域を支配
867	ヤアクーブ・イブン・アル・ライス，イラン東部シースタン地方にサッファール朝樹立(～903)。その後シンド地方をも支配し，ヒンドゥー・シャーヒー朝を圧迫
875	サーマーン朝，マーワラー・アンナフル地方に成立(～999)
9世紀頃	カンバンによるタミル語訳『ラーマーヤナ』成立。ネパールのリッチャヴィ王朝衰退
903	チョーラ朝アーディティヤ1世，パッラヴァ朝を滅ぼす
909	北アフリカにファーティマ朝成立。イスマーイール派のダーイー(宣教員)をシンド地方，ムルターンなどに派遣

920頃	チョーラ朝パーランタカ1世，パーンディヤ朝を滅ぼす
949	ラーシュトラクータ朝，タッコーラムの戦いでチョーラ朝を破る
965頃	サーマーン朝のトルコ人マムルーク，アルプテギン，ガズナを占拠
970頃	パラマーラ朝シーヤカ2世即位，ラーシュトラクータ朝から事実上独立
973	タイラ2世，ラーシュトラクータ朝を倒しチャールキヤ朝を再興(後期チャールキヤ朝)
977	セビュクテギン，ガズナ朝を創始
985	チョーラ朝ラージャラージャ1世即位(～1014)。その治世にタンジャーヴールに大シヴァ寺院を建立
998	ガズナ朝マフムード即位
1000	マフムード，インド進出開始
10世紀頃	タミル・バクティ聖人の詩集『デーヴァーラム』編纂
1008	ガズナ朝マフムード，ヒンドゥー・シャーヒー朝を滅ぼす
1010	マフムード，ムルターンを占拠して，イスマーイール派を弾圧
1012	チョーラ朝ラージェーンドラ1世即位(～44)
1017	チョーラ朝，シンハラ王ミヒンドゥ5世を捕えポロンナルワに政権樹立
1018	ガズナ朝マフムード，プラティーハーラ朝の都カナウジを占拠。この頃，パラマーラ朝ボージャ(～55頃)即位，文芸を保護
1023	チョーラ朝，ベンガル地方に侵攻
1025	マフムード，カーティヤーワール半島の聖地ソームナートを略奪。この頃，チョーラ朝，シュリーヴィジャヤ王国に遠征。カダーラムを落とす
1030	マフムード死去。この後，ガズナ朝はセルジューク朝に圧迫されて，弱体化。かわって，ゴール族の勢力強まる
1042	チャールキヤ朝ソーメーシュヴァラ1世即位(～68)，カリヤーニに遷都
1055	シンハラ王ヴィジャヤバーフ1世即位，チョーラ朝からポロンナルワ奪回
1070	チョーラ朝クローットゥンガ1世即位(～1122)
1076	チャールキヤ朝ヴィクラマーディティヤ6世即位(～1126)，詩人ビルハナを庇護
11世紀	チャンデッラ朝の全盛期。都カジュラーホのヒンドゥー寺院群建立。オリッサ地方に後期(東)ガンガ朝が興る。オリッサ様式のヒンドゥー寺院群建立
11～12世紀	シュリー・ヴァイシュナヴァ派の開祖ラーマーヌジャ，バクティ信仰を哲学的に体系化
1110	ホイサラ朝ヴィシュヌヴァルダナ即位(～52)，チャールキヤ朝から事実上独立。カーカティーヤ朝プローラ2世即位(～58)，チャールキヤ朝から事実上独立
1143	クマーラパーラ即位，チャウルキヤ(ソーランキー)朝の全盛期を築く。アーブー山のジャイナ寺院群建立
1148頃	ガズナ朝から自立して，ゴール朝成立
1153頃	カラチュリ朝ビッジャラ2世，カリヤーニ占拠
1162頃	セーナ朝，ベンガル地方にたいする覇権確立(パーラ朝滅亡)
1163	ギヤースッディーン・ムハンマド，ゴール朝のスルタンに

1172	ジャイナ教学匠ヘーマチャンドラ没
1173	ギヤースッディーンの弟，ムイズッディーン・ムハンマド(「ゴール朝のムハンマド」)，ガズナの支配者となる。この頃，セーヴナ(ヤーダヴァ)朝ビッラマ4世即位(～92頃)，チャールキヤ朝から事実上独立
1186	「ゴール朝のムハンマド」，ガズナ朝を滅ぼしパンジャーブ地方を支配
1190	ホイサラ朝バッラーラ2世，チャールキヤ朝を滅ぼす
1191	「ゴール朝のムハンマド」軍，チャーハマーナ(チャウハーン)朝プリトゥヴィーラージャ3世を盟主とするラージプート連合軍とタラーインで戦い，敗れる
1192	「ゴール朝のムハンマド」軍，再びタラーインでラージプート連合軍と戦い，勝利。プリトゥヴィーラージャ捕虜となり，のちに処刑
1193	アイバク率いるゴール朝遠征軍，デリーを占拠して，インド支配の拠点に
12世紀	バサヴァ，ヴィーラ・シヴァ派の礎を築く。セーナ朝宮廷詩人ジャヤデーヴァ，『ギータゴーヴィンダ』を著す。カルハナ，『ラージャタランギニー』を著す
1203	ムイズッディーン・ムハンマド(「ゴール朝のムハンマド」)，ゴール朝スルタン位に就く。その部将アイバク，ベンガル地方を占領，仏教のヴィクラマシラー僧院を破壊
1206	「ゴール朝のムハンマド」暗殺。アイバク，デリーに自立して，デリー・スルタン朝最初の王朝，奴隷王朝を創始(～90)
1211	奴隷王朝イルトゥトゥミッシュ即位，勢力圏を拡大
1215頃	アッサム地方にアホム王国成立
1216	マーラヴァルマン・スンダラ・パーンディヤ，パーンディヤ朝を再興
1221	モンゴル遠征軍の一隊，インダス川を越えて北インドに侵入
1236	チシュティー派スーフィー，クトゥブッディーン，デリーで，ムイーヌッディーン，アジメールで没
1241	チャガタイ・モンゴル軍，パンジャーブ地方に侵入，数年間にわたって支配する。その後，14世紀前半まで，しばしば北インドに侵入
13世紀中頃	セーナ朝滅亡
1266	奴隷王朝で，バルバン，スルタン位に就く
1279	パーンディヤ朝のマーラヴァルマン・クラシェーカラ・パーンディヤ，チョーラ朝のラージェーンドラ3世を破る。チョーラ朝滅亡
1285	イル・ハン国のモンゴル軍，パンジャーブ地方に侵入。その後，14世紀前半まで，しばしば侵入を繰り返す
1290	ジャラールッディーン，ハルジー朝を興す(～1320)
1296	ハルジー朝アラーウッディーン即位(～1316)
1297	ハルジー朝，グジャラート地方を征服
13世紀末	シンハラ王朝，最終的にポロンナルワを放棄。以後都は西南方へ移る
1305	ハルジー朝，パラマーラ朝を滅ぼす
1307	マリク・カーフール率いるハルジー朝遠征軍，セーヴナ(ヤーダヴァ)朝の都デーヴァギリを攻略
1310	マリク・カーフール，カーカティーヤ朝の都ワランガルとホイサラ朝の都ドーラサムドラを攻略

1311	マリク・カーフール，パーンディヤ朝の都マドゥライを攻略
1312	マリク・カーフール，セーヴナ朝を滅ぼす
1317	マーダヴァ派の開祖マドヴァ没
1320	ギヤースッディーン・トゥグルク，トゥグルク朝を興す(～1414)
1323	ウルグ・ハーン(のちのムハンマド・トゥグルク)率いるトゥグルク朝遠征軍，カーカティーヤ朝とパーンディヤ朝を滅ぼす
1324	ムハンマド・トゥグルク，スルタン位に就く
1325	プローラヤ・ヴェーマ，アーンドラ地方に拠りコンダヴィードゥ・レッディ王国を興す。チシュティー派スーフィー，ニザームッディーン没。ペルシア語・ウルドゥー語詩人アミール・ホスロー没
1327	ムハンマド・トゥグルク，旧デーヴァギリの地に新都ダウラターバードを造営
1333	イブン・バットゥータ，デリーに到着(～42 滞在)
1334	トゥグルク朝から独立して，マドゥライ・スルタン国成立
1336	ハリハラ１世，ヴィジャヤナガル王国第１王朝サンガマ朝を興す
1345頃	トゥグルク朝から独立して，ベンガル・スルタン国成立
1346頃	ヴィジャヤナガル王はホイサラ朝を滅ぼす
1347	ザファル・ハーン(ハサン・ガングー)，トゥグルク朝から独立しデカン地方にバフマニー朝を興し，バフマン・シャーを称する
1350	宗教詩人ナーマデーヴァ没
1351	フィールーズ・シャー，トゥグルク朝のスルタン位に就く
1356	チシュティー派スーフィー，ナーシルッディーン，デリーで没
1370	ティムール，サマルカンドを都としてティムール朝創始(～1507)。クマーラ・カンパナ率いるヴィジャヤナガル王国軍，マドゥライ・スルタン国を滅ぼす
1394	トゥグルク朝から独立して，ジャウンプル・スルタン国(シャルキー朝)成立
1396	トゥグルク朝から独立して，グジャラート・スルタン国(アフマド・シャーヒー朝)成立
1398	ティムール，デリーを略奪
14世紀	ケーララ地方にカリカット王国が興る。歴代の王はザモリンと呼ばれる。スリランカ北部にジャフナ王国成立。マッラ王朝，ネパールの覇権確立
14世紀末	シンハラ王朝，コーッテに遷都(コーッテ王国成立)
1401	トゥグルク朝から独立して，マールワー・スルタン国(ゴール朝)成立
1410	鄭和，スリランカに来航し，コーッテの支配者を捕虜とする
1414	ティムールの部将ヒズル・ハーン，サイイド朝を興す
1424	コンダヴィードゥ・レッディ王国滅亡
1434頃	カピレーシュヴァラ即位(～68頃)，後期(東)ガンガ朝を倒しガジャパティ朝を興す
1441	ティムール朝シャー・ルフ，ラッザークを使節として南インドに派遣
1451	バフロール，ローディー朝を興す(～1526)
1464	ガジャパティ朝遠征軍，カーヴェーリ川流域に到達
1479	ローディー朝バフロール，ジャウンプル・スルタン国(シャルキー朝)を滅

	ぼす
1486	ナラシンハ，ヴィジャヤナガル王位を簒奪し第2王朝サールヴァ朝を興す
1489	シカンダル・ローディー，スルタン位に就く
1490	バフマニー朝の3地方長官が独立しベラール王国，アフマドナガル王国，ビージャプル王国を興す
1497	バーブル，サマルカンドに入り，ティムール朝第11代スルタンになるが，翌年サマルカンドを撤退
1498	ヴァスコ・ダ・ガマ，カリカット(コーリコード)に来航
1500	バーブル，再びサマルカンドを取るが，ウズベクのシャイバーニー・ハーンに敗れて，撤退。シャイバーン朝成立
15世紀頃	ラーマーナンディー派の開祖ラーマーナンド，北インドにラーマ崇拝を布教
15世紀末	スリランカ中部山地にキャンディ王国興隆
1501	サファヴィー教団の教主イスマーイール，タブリーズにサファヴィー朝を樹立
1504	バーブル，カーブルに入り，拠点とする
1505	ポルトガルの初代インド総督アルメイダ，コチ(コーチン)に赴任。ポルトガル，スリランカに来航しコーッテ王国と接触。ヴィーラ・ナラシンハ，ヴィジャヤナガル王位を簒奪し第3王朝トゥルヴァ朝を興す
1509	ディウ島沖の海戦で，ポルトガル軍がグジャラート・スルタン国とマムルーク朝連合軍を撃破
1510	シャイバーニー・ハーン，サファヴィー朝のイスマーイールと戦い，敗死。ポルトガル・インド総督アルブケルケ，ビージャプル王国からゴアを奪取
1511	バーブル，3度サマルカンドを取るが，翌年シャイバーン朝のウベイドゥッラーに敗れて，撤退
1512	バフマニー朝の地方長官クリー・クトゥブ・シャーが独立しゴールコンダ王国を興す
1517	ポルトガル，コロンボに商館開設
1518頃	宗教詩人カビール没
1519	バーブル，インダス川を越えて，北インドに進出
1522	バーブル，カンダハールを取る
1526	バーブル，パーニーパトの戦いでローディー朝を倒しムガル朝を興す(～1858)
1528	バフマニー朝の宰相バリード，事実上自立してビーダル王国を創始。バフマニー朝滅亡
1528～29	バーブルの部将ミール・バーキー，アヨーディヤーにモスク造営。のち，19世紀になると「バーブルのモスク」と呼ばれ，政治問題化
1530	ポルトガル，インド総督府をゴアに移動
1531	ヴァッラバ派の開祖ヴァッラバ没
1533	チャイタニヤ没
1538	シク教の創始者グル・ナーナク没
1540	スール朝シェール・シャー，ビルグラームの戦いでムガル朝フマーユーンを破り，北インドにたいする覇権を確立。フマーユーンはデリーを放棄し

	て，サファヴィー朝に亡命
1545	シェール・シャー事故死
1555	フマーユーン，スール朝を破りデリー奪回(ムガル朝の再興)
1556	ムガル朝フマーユーン，急死。アクバル第3代皇帝に即位(～1605)
1558	サファヴィー朝，カンダハールを奪回
1560	アクバル，親政を開始
1563	アクバル，非イスラーム教徒にたいする聖地巡礼税を廃止
1564	アクバル，ジズヤを廃止
1565	ラークシャシ・タンガディ(ターリコータ)の戦いで，デカン・ムスリム五王国連合軍がヴィジャヤナガル王国軍を破る
1567頃	ヴィジャヤナガル王国，ペヌコンダに遷都
1568	ムガル朝アクバル，メーワール王国の首城チトールを攻略。ガジャパティ朝滅亡，ベンガルに拠るアフガン勢力のオリッサ地方進出
1569	ティルマラ，ヴィジャヤナガル王位を簒奪し第4王朝アーラヴィードゥ朝を興す
1570	オリッサ地方にクルダー王国興る。ムガル朝，マールワー地方を併合
1573	ムガル朝，グジャラート地方を併合(グジャラート・スルタン国滅亡)
1576	ムガル朝，ベンガル地方を併合(ベンガル・スルタン国滅亡)
1586	ムガル朝，カシミール地方を併合(カシミール・スルタン国滅亡)
1587	サファヴィー朝，シャー・アッバース即位(～1629)
1590	ヴリンダーヴァンにゴーヴィンドデーヴ寺院建立
1593	ムガル朝，オリッサ地方のクルダー王国を征服
1595	ムガル朝，カンダハールを奪回，シンドを服属させる
1596	ムガル朝，アフマドナガル王国を破りベラール地方を獲得
1597	スリランカのコーッテ王国滅亡
1599	シャイバーン朝にかわって，ブハラにジャーン朝成立
1600	イギリス東インド会社設立(～1858 機能停止)
1602	『アクバル・ナーマ』の著者アブル・ファズル暗殺。オランダ東インド会社設立
1605	アクバル死去し，ジャハーンギール第4代皇帝に即位
1606	ジャハーンギール，皇子ホスローの反乱に荷担したとしてシク教第5代グル・アルジュンを処刑。シク教団武装を開始
1610	ラージャ・オデヤ即位，マイソール王国を興す。オランダ東インド会社，プリカットに商館開設
1611	イギリス東インド会社，マスリパタム(マチリーパトナム)に商館開設
1612	イギリス東インド会社，スーラトに商館開設
1614	ムガル朝ジャハーンギール，メーワールのラーナーと講和
1617	ポルトガル，キャンディ王国と条約を結ぶ。その後両者の関係悪化。この頃，ヴィジャヤナガル王位継承をめぐるトップールの戦い。アーラヴィードゥ朝が衰退し，各地のナーヤカ政権が事実上独立
1619	ポルトガル，ジャフナ王国を滅ぼす
1622	サファヴィー朝のシャー・アッバース，カンダハールを奪取
1623	アンボン(アンボイナ)事件。イギリス東インド会社，香料諸島から撤退。

	この頃，『ラーム・チャリット・マーナス』の著者トゥルシーダース没
1627	ジャハーンギール死去。後継争いの末，翌年，シャー・ジャハーン即位
1632	シャー・ジャハーン，タージ・マハル造営に着手
1633	シャー・ジャハーン，ヒンドゥー寺院の新設と旧寺院の補修を禁止。アフマドナガル王国，ムガル軍に敗れ，実質的には滅亡
1637	カンダハールの長官アリー・マルダーン・ハーン，ムガルに服属
1638	オランダ，セイロン(スリランカ)のキャンディ王国と条約を結んで，ポルトガル(スペイン)に対抗
1640	イギリス東インド会社，マドラスにセント・ジョージ要塞を建設
1645	のちのマラーター王シヴァージー，ビージャプル王国に反旗を翻す
1648	シヴァージー，北コンカン地方を獲得
1649	ムガル朝，サファヴィー朝に敗れカンダハールを失う。ビージャプル王国軍に攻められ，ヴィジャヤナガル王国が事実上滅亡
1651	イギリス東インド会社，フーグリーに商館開設
1653	イギリス東インド会社，マドラス管区を編成
1658	アウラングゼーブ，兄弟を倒し，父帝を幽閉して，ムガル第6代皇帝に。オランダ東インド会社，セイロンからポルトガル勢力を駆逐
1659	シヴァージー，ビージャプル王国の部将アフザル・ハーンを殺害。ムガル朝アウラングゼーブ，ヴァーラーナシーに新たに建立されたヒンドゥー寺院の破壊を命令。ビージャプルのゴール・グンバズ完成
1661	ボンベイ島，ポルトガル王よりイギリス王に譲渡
1664	シヴァージー，スーラトを略奪。フランス東インド会社再建
1665	ジャイ・シング，シヴァージーを破り，ムガルに臣従させる
1666	シヴァージー，アウラングゼーブ帝に会うためにアーグラ城に行き一時軟禁されるが，脱出
1668	ボンベイ島，イギリス東インド会社に貸与
1669	マトゥラー地方のジャート反乱
1673	マイソール王チッカ・デーヴァ・ラージャ即位(～1704)，中央集権化を推進
1674	フランス東インド会社，ポンディシェリーを獲得。シヴァージー即位(～80)，マラーター王国を興す。
1675	シヴァージーの異母弟ヴィヤンコージー(エコージー)，タンジャーヴールを占拠し実質的に独立。ゴーヴィンド，シク教第10代グルに就任，武装軍団(カールサー)を創設
1679	ムガル朝アウラングゼーブ，ジズヤを復活
1680	シヴァージー死去。サンバージー，マラーター王国第2代王に即位
1681	ムガル朝アウラングゼーブ，デカン地方親征を開始
1685	イギリス東インド会社，ボンベイ管区を編成
1686	ムガル朝，ビージャプル王国を併合
1687	ムガル朝，ゴールコンダ王国を併合
1689	マラーター王サンバージー，ムガル軍に捕まり処刑。その子シャーフーも捕虜となる。サンバージーの異母弟ラージャーラーム，第3代王に即位
1691	ジャート反乱を率いたチュラーマン，バラトプルに拠りジャート王国興す
17世紀後半	イギリスにインド産綿布ブーム(「キャラコ熱」)起こる

1700		イギリス東インド会社，カルカッタ(ウィリアム要塞)を首府としてベンガル管区を設置。ウルドゥー語詩人ワリー，デリー来訪
1707	——	ムガル朝アウラングゼーブ没。シャーフー，ムガル陣営を離れ，翌年マラーター王位に就く
1708	***10***-*7*	シク教第10代グル・ゴーヴィンド暗殺され，シク教徒反乱
1713	***11***-*17*	バーラージー・ヴィシュヴァナート，マラーター王国ペーシュワー(宰相)位に就く
	——	ベンガル州長官ムルシド・クリー・ハーン，ムガル朝から実質的に独立。アルコットの代官，ムガル朝から実質的に独立
1717	***1***-*6*	イギリス東インド会社，ムガル朝から関税免除の勅令を取得
1719	***3***-*3/15*	ムガル朝，マラーター王シャーフーにデカンにおけるチャウタ・サルデーシュムキー徴収権を授与
1720	***4***-*17*	バージーラーオ，マラーター王国ペーシュワー(宰相)位を世襲
1724	***10***-*1*	ニザーム・ウル・ムルク，ムガル朝から実質的に独立(ニザーム国の起源)
	——	ムガルのアワド州長官サアーダト・ハーン，実質的に独立(のちのアワド藩王国)
1728	***11***-*29*	マラーター軍，ムガル朝マールワー州長官軍を撃破
1736	——	タフマースプ・クリー・ハーン，アフシャール朝を創始し(～96)，ナーディル・シャーを名乗る。サファヴィー朝滅亡。アルコットの代官，マドゥライ・ナーヤカを滅ぼす
1737	***3***-*28*	マラーター王国ペーシュワー(宰相)のバージーラーオ，デリーを強襲
1738	***1***-*7*	ニザーム，バージーラーオに敗れマールワーを譲渡
1739	***3***-*20*	アフシャール朝ナーディル・シャーによるデリー略奪
	——	マドゥライ・ナーヤカ家出身のヴィジャヤ・ラージャシンハ，キャンディ王として即位
1740	***6***-*25*	バーラージー・バージーラーオ，マラーター王国ペーシュワー(宰相)位に就く
1744	——	第1次カーナティック戦争(～48)
1747	——	ナーディル・シャー暗殺され，そのアフガニスタンの領土ではアフマド・シャー・ドゥッラーニーがドゥッラーニー朝を創始(～1842)
1749	***12***-*15*	マラーター王シャーフー死去。王国の実権は完全にペーシュワー(宰相)の手に
1750	——	第2次カーナティック戦争(～54)
1753	——	キャンディ王キールティ・ラージャシンハ，タイから僧侶を招聘し仏教サンガ再建
1754	——	フランスのインド総督デュプレックス，本国に召還
1757	***6***-*23*	プラッシーの戦いで，イギリス東インド会社軍がベンガル州長官シラージュ・ウッダウラに勝利。ミール・ジャアファルを新長官に擁立
1758	——	ドゥッラーニー朝アフマド・シャー，デリー占領。第3次カーナティック戦争(～63)

1761	——	イギリス東インド会社軍，ポンディシェリーを攻略。***1-12*** パーニーパトの戦いで，マラーター軍がアフマド・シャー・ドゥッラーニー軍に大敗。***6-12*** ペーシュワー(宰相)，バーラージー・バージーラーオ死去。ハイダル・アリー，マイソール王国の実権掌握
1764	***10-22***	バクサールの戦いで，イギリス東インド会社軍が前ベンガル州長官・アワド州長官連合軍を破る
1765	***8-12***	ムガル朝シャー・アーラム２世，イギリス東インド会社にベンガル・ビハール両州のディーワーニーを授与。シク連合体，パンジャーブ地方に対する主権を確立
1766	***11-12***	ニザーム国，イギリス東インド会社と友好条約を締結し「北サルカール」を割譲。オランダ，セイロンのキャンディ王国と条約を結び，従属させる
1767	——	第１次アングロ・マイソール戦争(～69)
1769	——	ネパールのゴルカ王朝，全土を統一してカトマンズに都する
1771	——	ムガル朝シャー・アーラム２世，マラーターのマハーダジー・シンデーに招請されデリー入城
1772	***4-13***	ウォーレン・ヘースティングズ，ベンガル管区知事に就任
1773	***9-7***	イギリス東インド会社，アワド王国とベナレス条約を締結。「ノースの規制法」制定
1774	***10-20***	ウォーレン・ヘースティングズ，初代ベンガル総督に就任。カルカッタ最高法院開設
1775	——	第１次マラーター戦争(～82)
1780	——	第２次アングロ・マイソール戦争(～84)
1781	——	「東インド会社法」制定
1784	***1-15***	ウィリアム・ジョーンズ，ベンガル・アジア協会を創立。***8-13***「ピットのインド法」制定
1790	——	第３次アングロ・マイソール戦争(～92)
1793	***8-12***	ベンガル総督コーンウォーリス，永代ザミーンダーリー制度をベンガル管区に導入
1795	——	イギリス，対ナポレオン戦争の一環として，セイロン・マラッカ・バンダ諸島・アンボンのオランダ領を占領
1798	***9-1***	イギリス，ハイダラーバードのニザーム国と軍事保護条約を締結
1799	——	第４次アングロ・マイソール戦争。ティプ・スルタン敗死
1801	***4-12***	ランジート・シング即位(～39)，シク王国を興す。***7-31*** イギリス，アルコットの代官からカーナティック地方を獲得。***9-4*** マドラス最高法院開設。***11-10*** イギリス，アワド王から「割譲領土」を獲得
1802	***3-27***	イギリス，アミアンの和約によりセイロンの旧オランダ東インド会社領にたいする一元的支配権を確立。***12-31*** イギリス，マラーター王国ペーシュワー(宰相)とバセイン条約締結
1803	***8-28***	第２次マラーター戦争開始(～05)
1806	***7-24***	ヴェールールでインド兵の反乱が起こる
1809	***4-25***	イギリス，シク王ランジート・シングとアムリトサル条約を締結
1810	***9-20***	ウルドゥー語詩人ミール没
1813	***7-21***	東インド会社特許状法改定，東インド会社のアジア貿易独占体制，対中国

		貿易を除いて廃止
1814	11	タライ地方をめぐり，イギリス東インド会社軍とゴルカ王国軍が衝突(ゴルカ戦争開始)
1815	3-2	イギリス，キャンディ王を廃して，その故地を英領に。キャンディ王国滅亡
1816	3-3	イギリス，ゴルカ朝ネパール王とサガウリ条約を締結(ゴルカ戦争終結)
1817	2-10	イギリス，シッキム王国と条約を結び，「被保護国」化。11-5 第3次マラーター戦争開始
1818	5-31	ベンガル語紙『サマーチャール・ダルパン』創刊。6-3 マラーター王国ペーシュワー(宰相)降伏，第3次マラーター戦争終結して，マラーター王国滅亡
	——	イギリス，セイロン全体にたいする統治権確立を宣言
1820	6-10	マンロー，マドラス管区知事に就任，ライーヤトワーリー制度を本格的に実施
1823	5-8	ボンベイ最高法院開設
1824	3-5	第1次ビルマ戦争(～26.2-24)
1826	——	アフガニスタンで，ドースト・ムハンマド，バーラクザイ朝を創始(～1973.7-17)
1827	1-1	ボンベイ管区知事エルフィンストン，「エルフィンストン法典」制定
1828	8-20	ラーム・モーハン・ローイらがブラフマ・サマージ設立
1829	12-4	サティー禁止法制定
1831	10-3	イギリス，マイソール藩王国の内政権を接収
1832	——	セイロン全土，イギリス政府の直接統治下に
1833	8-28	東インド会社特許状法改定，対中国交易独占権も廃止
1834	5-7	イギリス，コダグ(クールグ)藩王国を併合
1835	2-1	シッキム王，イギリスにダージリンを割譲。2-2 マコーリー覚え書
1836	——	イギリス，北西州を設置。ボンベイ管区においてライーヤトワーリー制度が本格的に実施
1838	10-1	第1次アフガン戦争開始(～42)
	——	『タイムズ・オブ・インディア』紙がボンベイで創刊
1840	11-8	アフガニスタン(バーラクザイ朝)のドースト・ムハンマド，イギリス軍に降伏
1842	1-1	アフガン諸勢力の攻撃を受け，カーブルのイギリス軍降伏(第1次アフガン戦争終結)。翌年，ドースト・ムハンマド復位，ドゥッラーニー朝最終的に滅亡
1843	8	イギリス，シンド地方を占領
1845	12-11	イギリス軍とシク王国軍が交戦状態に入る(第1次シク戦争開始)
1846	3-9	第1次シク戦争終結(ラーホール条約)
	——	ラナ家，ゴルカ王朝の実権掌握(ラナ専制時代へ)
1847	——	イギリス，シンド地方をボンベイ管区に編入
1848	5-18	イギリス軍とシク王国軍が衝突(第2次シク戦争開始)
1849	3-29	シク王国軍がイギリス軍に降伏(第2次シク戦争終結)，シク王国滅亡
1850	——	ダージリンで茶のプランテーション栽培開始
1852	4	第2次ビルマ戦争(～53.3)

1853	***4-16***	ボンベイーターナ間にインド最初の鉄道開通。***5-1*** 東インド会社特許状法改定，インド高等文官職(ICS)公開試験選抜制度の導入。***5-21*** イギリス，ニザーム国からベラール地方を獲得
1854	***2-27***	ジャーンシー藩王国廃絶。***3-13*** ナーグプル藩王国廃絶。***7-7*** ボンベイに最初のインド人経営の綿紡績工場創業
1855	***2-1***	ハウラー駅開業，東インド鉄道正式発足。***6-30*** ベンガル地方でサンタル人の反乱が起こる(～***12***)
1856	***2-13***	イギリス，アワド藩王国を悪政を理由に廃絶。***3-24*** カルカッターアーグラ間にインド最初の長距離電信線が開通。***7-16*** ヒンドゥー寡婦再婚法制定
1857	***1-24***	カルカッタ大学開設，引き続きボンベイ大学(***7-18***)，マドラス大学(***9***)開設。***1-26*** イギリス，アフガニスタンのドースト・ムハンマドとペシャーワル条約。***5-10*** メーラトでインド兵の反乱が起こる(インド大反乱開始)
1858	***11-1***	インド大反乱ほぼ鎮圧，ヴィクトリア女王，インドのイギリス直轄植民地化を宣言(ムガル朝滅亡)
1859	——	イギリス，パンジャーブ州を設置。ベンガル藍一揆(～61)。ベンガル地代法制定
1860	***10-6***	インド刑法・刑事訴訟法制定
1861	***3-28***	イギリス，シッキムと新条約締結。***4-12*** アメリカ南北戦争勃発，インドに綿花ブームをもたらす。***8-1*** インド参事会法制定。***8-6*** インド高等裁判所法制定。***12-27*** カルカッタで最初の茶の競売
1864	——	サティエンドラナート・タゴール，インド人として初めてインド高等文官職(ICS)試験に合格
1865	***3-2***	カルカッターロンドン間に電信開通。***11-11*** イギリス，ブータンとシンチュウ条約を締結しドゥアール地方を獲得
1866	***5-6***	英領インド協会創立
1867	***3-31***	ラーナデーらがボンベイにプラールタナー・サマージ設立。***5-30*** デーオバンドにイスラーム学院開設
1868	***2-20***	『アムリト・バザール・パトリカー』紙がベンガルで創刊
1869	***2-15***	ペルシア語・ウルドゥー語詩人ガーリブ没
1870	***12-30***	カルカッターボンベイ間に鉄道開通
1871	——	インドで最初の国勢調査実施
1874	***6-1***	イギリス東インド会社解散(1600～)
1875	***4-10***	ダヤーナンダがボンベイでアーリヤ協会(サマージ)設立。***5-24*** ムハマダン・アングロ・オリエンタル・カレッジ(アリーガル・ムスリム大学の前身)設立。***5*** デカン農民反乱が起こる(～***9***)
1877	***1-1***	ヴィクトリア女王，インド皇帝即位(インド帝国成立)。「北西州とアワド」成立。
1878	***3-13***	インドで現地諸語出版規制法・武器取締法制定。***4-27*** カルカッタ大学，入学試験受験資格を女子に解放。***9-20*** マドラスで『ザ・ヒンドゥー』紙創刊。***11-21*** イギリス，アフガニスタンに宣戦布告(第２次アフガン戦争開始)
1880	***8-10***	イギリス，アブドゥル・ラフマーンを王位に即け，カーブルを撤退(第２

		次アフガン戦争終結)。アフガニスタンを実質的に「被保護国」化する
1881	***1-4***	『獅子(ケーサリー)』紙がプネーで創刊。***3-25*** マイソール藩王チャーマラージェーンドラ即位，藩王国内政権を回復。***3*** インドで最初の工場法制定
1882	***12-12***	バンキムチャンドラ『アーナンド・マト』出版。***12*** 神智学協会，マドラス近郊アディヤールに本部を移転
1883	***12-28***	カルカッタでインド国民協議会が開催(〜*30*)
1884	***1-25***	イルバート法案，修正可決
1885	***3-11***	ベンガル借地法制定。***10-17*** 第3次ビルマ戦争(〜86)。***12-28*** ボンベイで第1回インド国民会議(インド国民会議派の前身)開催(〜*30*)
	——	英露，ロシアとアフガニスタンの国境を画定(〜95)
1886	***8-16***	宗教家ラーマクリシュナ没
1890	***3-17***	シッキムにかんする英・清朝間の条約成立
	——	ボンベイで工場労働者連盟結成
1891	***3-19***	インドで同意年齢法(刑法改定)と第2次工場法成立
	——	ダルマパーラが大菩提会を設立
1893	***8-13***	牛屠殺問題をめぐって北インド各地で暴動が起こる。***11-16*** 神智学協会活動家ベサント，インドに到着。***11-23*** 英領インドとアフガニスタンの国境協定(デュランド・ライン)締結
	——	ティラク，ガナパティ祭を開始
1895	***4-15***	ティラク，シヴァージー祭を開始
1896	——	北インドに飢饉発生(〜97)
1897	***5-1***	ヴィヴェーカーナンダがラーマクリシュナ・ミッション設立
	——	ペスト流行
1899	***7-25***	インドの金本位制移行発表
	——	西部インド，デカンに大飢饉発生(〜1900)
1901	***10***	パンジャーブ州から分れて，北西辺境州成立。「北西州とアワド」を連合州と改称
1904	***3-21***	インド大学法成立。***5-19*** ターター財閥創立者ジャムシェトジー・ターター没。***9-7*** イギリスとチベットの間にラサ条約
	——	インドで協同組合運動高揚
1905	***10-16***	インド総督カーゾン，ベンガル分割令発令
1906	***12-26***	インド国民会議派第22回カルカッタ大会開催(〜*29*)，四大決議採択。***12-30*** ダッカで全インド・ムスリム連盟設立
1907	***12-17***	ブータンに世襲王朝(ワンチュック朝)成立(〜現在)。***12-26*** インド国民会議派第23回スーラト大会開催(〜*27*)，穏健派と過激派分裂
1908	***3-1***	ターター鉄鋼会社創業。***6-24*** ティラク，扇動罪容疑で逮捕
1909	***5-25***	インド参事会法改正(モーリー・ミントー改革)。オーロビンド・ゴーシュ，ポンディシェリーに移り，宗教活動に従事
1910	***2-9***	インド出版法成立
	——	イギリス，ブータンと条約を結び，「被保護国」化する
1911	***12-12***	イギリス国王ジョージ5世，デリーの謁見式(ダルバール)でベンガル分割令撤回とデリー遷都を宣言

1912	***4-1***	英領インド，カルカッタからデリーに遷都
1913	***5-3***	最初の本格的インド映画『ハリシュチャンドラ王』公開。***10-13*** シムラ会議始まる。***11-13*** R・タゴール，詩集『ギーターンジャリ』(1910 出版)でノーベル文学賞受賞
1914	***7-3***	シムラ会議でインド・チベット間国境線(マクマホン・ライン)画定。***7-28*** 第一次世界大戦勃発
1915	***1-9***	ガンディー，南アフリカからボンベイに到着。***3-18*** インド防衛法公布。***4*** ヒンドゥー大連合(マハーサバー)設立
1916	***2-3***	ベナレス・ヒンドゥー大学開設。***8-1*** ティラクらが自治連盟結成。***12-20***「非バラモン宣言」，『ザ・ヒンドゥー』紙ほかに発表される。***12-26*** ラクナウでインド国民会議派第31回大会とムスリム連盟第 9 回大会が開催(～*31*)，「ラクナウ協定」成立
1917	***4-15***	ガンディー，チャンパーランの藍小作争議を開始。***8-20*** モンタギュー宣言。***8*** 南インド自由連盟(通称正義党)設立
1918	***4-27***	マドラス繊維労働組合結成。***7-8*** モンタギュー・チェムズファド報告発表。***7-19*** ローラット委員会報告書発表。***11-11*** 第一次世界大戦終結
1919	***3-15***	ハイダラーバードにオスマニア大学開設。***3-18*** ローラット法成立。***4-6*** 第 1 次サティヤーグラハ運動開始。***4-13*** アムリトサル虐殺事件。***11-23*** 全インド・ヒラーファト会議開催(～*24*)。***12-23*** インド統治法(モンタギュー・チェムズファド改革)制定
1920	***9-4***	インド国民会議派カルカッタ特別大会開催(～*8*)，非協力運動方針を採択。***10-30*** 全インド労働組合会議結成。***12-26*** インド国民会議派第35回ナーグプル大会開催(～*31*)，地方組織を言語別に再編
	——	アカーリー・ダル結成
1921	***1-1***	1919年インド統治法発効。***8-20*** マラバール地方でマーピラ反乱が起こる(～***12***-*6*)。***11-21*** イギリス皇太子(のちのエドワード 8 世)，ボンベイ到着
	——	インド帝国銀行創業。タミルの愛国詩人スブラマニヤ・バーラティ早逝
1922	***2-12***	ガンディー，チャウリー・チャウラー事件(***2***-*5*)を受けて第 1 次サティヤーグラハ運動停止を決定
1923	***1-1***	M・ネルーらが独立(スワラージ)党結成。***12-21*** イギリス，ネパールと友好条約を結び，ネパールを独立国と認める
	——	モエンジョ・ダーロ遺跡の発掘開始
1925	***10-17***	ナーグプルで民族奉仕団(RSS)結成
	——	ラーマスワーミ・ナーイッカル，国民会議派を脱党し，自尊運動を開始
1926	***2-8***	インド最初の労働組合法成立。***2-15*** インド農業調査委員会任命
1927	***2-1***	ボンベイにインド商工会議所連合(FICCI)設立。***12-11*** アラーハーバードで開催のインド全政党会議，サイモン委員会ボイコットを決議
1928	***2-3***	サイモン委員会，ボンベイに到着。***11-17*** ラージパト・ライ没。***12-27*** カルカッタで全インド労農党結成大会開催(～*29*)
1929	***3-20***	メーラト共同謀議事件。***12-29*** インド国民会議派第44回ラーホール大会開催(～*31*)，完全独立(プールナ・スワラージ)決議を採択
1930	***1-26***	インド国民会議派，「独立の誓約」を採択，第 2 次サティヤーグラハ運動開始。***3-12*** ガンディー，「塩の行進」を開始。***6-13*** サイモン委員会報

		告発表。***11-12*** ロンドンで第1回イギリス・インド円卓会議開催(〜31.***1-19***)
1931	***3-5***	ガンディー・アーウィン協定成立，第2次サティヤーグラハ運動一時停止。***3-29*** インド国民会議派第45回カラーチー大会開催(〜*31*)，計画経済大綱方針を採択。***9-7*** ロンドンで第2回イギリス・インド円卓会議開催(〜***12-1***)
1932	***1-4***	インド国民会議派運営委員会非合法化，第2次サティヤーグラハ運動再開。***8-16*** コミュナル裁定。***8-20*** オタワ協定締結。***9-25*** プネー協定成立。***11-17*** ロンドンで第3回イギリス・インド円卓会議開催(〜***12-24***)
1933	***2-11***	『ハリジャン』誌創刊
1934	***4-7***	第2次サティヤーグラハ運動停止。***5-15*** インド国民会議派社会党結成。***8-14*** インド工場法成立。***11-17*** ガンディー，インド国民会議派からの引退を表明
1935	***4-1***	インド準備銀行(RBI)設立。***8-4*** 新インド統治法成立
1936	***4-11***	ラクナウで全インド農民組合(AIKS)結成大会開催
1937	***4-1***	1935年インド統治法施行。***7*** インド国民会議派，州議会選挙で大勝
	——	マドラス州でヒンディー語の導入に反対する運動が暴動化
1938	***8-21***	ネルー，初の中国訪問
1939	***9-1***	第二次世界大戦勃発。***9-14*** インド国民会議派，イギリスにたいする戦争協力拒否方針を決定
1940	***3-22***	ムスリム連盟第27回ラーホール大会開催(〜*24*)，ムスリム国家(パキスタン)要求決議を採択
1941	***3-28***	S・チャンドラ・ボース，ベルリンに到着。***12-30*** インド国民会議派，バールドーリー決議採択
1942	***3-22***	クリップス使節団のインド訪問。***8-8*** インド国民会議派，「インドから出て行け(クイット・インディア)」決議採択
1943	***10-21***	S・チャンドラ・ボース，シンガポールで自由インド仮政府樹立
	——	ベンガル飢饉発生(〜44)
1944	***8-27***	ドラヴィダ連盟結成。***9-9*** ボンベイでガンディー・ジンナー会談開催(〜*27*)
1945	***8-15***	日本，ポツダム宣言受諾を発表，第二次世界大戦終結。***8-18*** S・チャンドラ・ボース，台北で飛行機事故死
1946	***2-18***	ボンベイを中心にインド海軍の反乱が起こる(〜*23*)。***5-5*** チベット自治に関するシムラ会議開始。***7-4*** アーンドラ地方のテランガーナー農民闘争が始まる。***7-11*** インド制憲議会選挙。***8-16*** ムスリム連盟，「直接行動」を展開，カルカッタで大暴動発生。***9-2*** ネルー首班中間政府発足。***12-9*** 第1回制憲議会開催
1947	***7-18***	インド独立法成立。***8-14*** イギリス連邦自治領パキスタン成立。***8-15*** イギリス連邦自治領インド連邦成立。***10-2*** インド軍，カシミール地方で軍事作戦を開始
1948	***1-30***	ガンディー暗殺。***2-4*** イギリス連邦自治領セイロン成立。***5*** 第1次インド・パキスタン戦争勃発(〜***12***)。***9-11*** ジンナー没。***9-17*** インド，ハイダラーバード(ニザーム)藩王国を併合
1949	***1-1***	カシミールで停戦成立。インド準備銀行，中央銀行として新発足。***8-8***

	インド・ブータン友好条約締結。9-1 ドラヴィダ進歩連盟結成。11-25 インド憲法採択
1950	1-26 インド憲法制定，インド共和国として完全独立。7-31 インドとネパール間に平和友好条約。12-5 インド，シッキムと平和友好条約
1951	1-16 ウッタル・プラデーシュ州政府，土地改革法制定。2-18 ネパール王(ゴルカ朝)トリブバンの王政復古。4-1 インド，第1次五カ年計画開始。10-25 インド第1回総選挙実施(～52.2-21)，インド国民会議派大勝
1953	2-16 ネルー，「第三世界」結集を提唱。10-1 インド初の言語州アーンドラ州発足。12-2 インド・ソ連五カ年通商協定調印
1954	4-29 ネルー・周恩来会談で平和五原則が表明される。10-19 北京でネルー・毛沢東会談開催。11-1 インド，フランス領ポンディシェリー・マーヘーを併合
1955	1-21 インド国民会議派第60回アヴァディ大会開催(～23)，社会主義型社会建設を決議。4-24 バンドン開催のアジア・アフリカ会議で平和十原則が表明される
1956	3-23 パキスタン新憲法発布，完全に独立し国名をパキスタン・イスラーム共和国に変更。4 セイロン総選挙で自由党勝利，バンダーラナーヤカ政権誕生。11-1 インドで言語別州再編成法施行
1957	2-24 インド総選挙実施(～3-15)，ケーララ州で共産党政権誕生
1958	10-27 パキスタンでクーデタによりアユーブ・ハーン軍事政権成立
1959	7-31 インド，ケーララ州に大統領統治を導入。9-25 セイロン首相バンダーラナーヤカ暗殺
1960	2-12 ニューデリーでネルー・フルシチョフ会談開催。9-19 インド・パキスタン間でインダス川水利条約締結。12-25 ネパールのマヘンドラ国王，非常事態を宣言し，全権を掌握(国王クーデタ)
1961	12-20 インド，ポルトガル領ゴア・ダマン・ディウを併合
1962	3-1 パキスタン新憲法発布。10-20 中印国境紛争勃発(～11-21)。12 ネパールで新憲法発布，パンチャーヤト体制成立
1963	3-2 パキスタンと中国，国境画定に合意。4-27 インド，公用語法可決
1964	5-27 ネルー没。8-19 ボンベイで世界ヒンドゥー協会(VHP)結成。9-11 インド・ソ連間で軍事協定調印
1965	1-26 インドで公用語法施行，マドラスを中心に各地で反ヒンディー語暴動を惹起。7-26 モルディヴがイギリスから独立。9-6 第2次インド・パキスタン戦争勃発(～22)
1966	1-10 タシケント宣言。1-24 インドでインディラ・ガンディー首班内閣発足。8-30 インド，ビハール州で大洪水発生
1967	3-2 インドでナクサライトの武装闘争開始。3-6 インド，マドラス州にドラヴィダ進歩連盟政権誕生
1968	1-8 改正インド公用語法制定
1969	3-20 パキスタンでヤヒヤー・ハーンの軍事クーデタ発生。7-19 インド，主要14銀行国有化。11-12 インド国民会議派，インディラ派と長老派に分裂
1970	12-7 パキスタン総選挙実施，東パキスタンでアワミ連盟が圧勝
1971	4-17 バングラデシュ民主共和国独立宣言。8-9 インド・ソ連平和友好協力条

	約締結。***8***-*13* インドとネパール，貿易・通過条約締結。***9***-*21* ブータン，国際連合に加盟。***12***-*3* 第3次インド・パキスタン戦争勃発(〜*17*)。***12***-*20* ズルフィカール・ブットー，パキスタン大統領に就任
1972	***1***-*12* ムジブル・ラフマン，バングラデシュ首相に就任。***3***-*19* インド・バングラデシュ友好平和協力条約締結。***5***-*22* セイロンで新憲法発布，完全に独立し国名をスリランカ共和国に改称。***7***-*2* インド・パキスタン首脳会議でシムラ協定締結
1973	***8***-*10* パキスタン新憲法発布，ズルフィカール・ブットーが首相に就任
1974	***5***-*18* インド，初の地下核実験に成功。***6***-*5* インド，ビハール州でJ・P・ナーラーヤン率いる大衆デモ
1975	***5***-*16* シッキム王国，インドに吸収・併合(シッキム州成立)。***6***-*26* インド首相インディラ・ガンディー，非常事態を宣言。***8***-*15* バングラデシュでクーデタ発生，ムジブル・ラフマン暗殺
1976	***1***-*24* インド，石油会社国有化。***5***-*14* スリランカにタミル統一解放戦線(「タミル・イーラム解放の虎」の母体)成立
1977	***1***-*18* インド首相インディラ・ガンディー，総選挙実施を発表。***3***-*16* インド総選挙実施で人民党(ジャナター・パーティ)党圧勝，デサーイー首班内閣発足(***3***-*25*)。***7***-*5* パキスタンでジアウル・ハック首謀の軍事クーデタ発生。***7***-*22* スリランカ総選挙で統一国民党(UNP)勝利，ジャヤワルダナ政権誕生(*23*)
1980	***1***-*3* インド総選挙実施(〜*6*)，インディラ・ガンディー首班内閣発足(***1***-*14*)。***4***-*6* インド人民党(BJP)結成。***12***-*31* 後進諸階級委員会が報告書(マンダル報告)をインド政府に提出
1981	***5***-*30* バングラデシュでジアウル・ラフマン大統領暗殺
1982	***3***-*24* バングラデシュでエルシャドの軍事クーデタ発生。***10***-*2* インド国営自動車会社マールティ・ウドヨーグ社，鈴木自動車と小型乗用車製造協定を締結
1983	***2***-*2* インド，アッサム州で民族暴動発生。***7***-*23* タミル・ゲリラがスリランカ政府軍兵士を爆殺，シンハラ・タミル紛争が激化
1984	***6***-*5* インド政府軍，アムリトサルのシク教黄金寺院を制圧。***10***-*31* インディラ・ガンディー首相暗殺。***11***-*1* インドでニューデリーを中心に反シク教徒暴動発生。***12***-*3* インド，ボーパールの化学工場で毒ガス流出事故発生，死傷者多数
1985	***5***-*24* インドでテロリスト・破壊活動(防止)法成立。***10***-*2* インドで改正ダウリー禁止法発効。***12***-*8* 南アジア地域協力連合(SAARC)発足
1987	***4***-*16* インド首相ラジーヴ・ガンディーを巻き込むボフォールズ疑獄発覚。***7***-*29* インド・スリランカ和平合意協定締結，インド平和維持軍のスリランカ派遣決定
1988	***2***-*25* インド，短距離地対地戦術ミサイル「プリトヴィ」発射実験成功。***8***-*17* パキスタン大統領ジアウル・ハック事故死。***10***-*11* ジャナター・ダル結成。***11***-*16* パキスタン総選挙で勝利したパキスタン人民党ベーナジール・ブットー首班内閣発足。***12***-*19* スリランカ大統領選挙でプレーマダーサ当選
1989	***5***-*22* インド，中距離地対地弾道ミサイル「アグニ」発射実験成功。***11***-*9* イ

		ンド首相ラジーヴ・ガンディー，アヨーディヤーのラーマ寺院建立定礎式容認を表明。***12-6*** インド総選挙(***11-22〜26***)で勝利したV・P・シング首班国民戦線内閣発足
1990	***3-10***	インド，ビハール州にジャナター・ダルL・P・ヤーダヴ首班内閣発足。***4-6*** カトマンズで民主化を要求するデモ隊と警察が衝突。***8-2*** イラクのクウェート侵攻，インドの経済危機が深刻化。***8-7*** インド首相V・P・シング，マンダル報告中の勧告実施を発表。***10-30*** アヨーディヤーでラーマ寺院建立定礎式が強行される。***11-9*** ネパールで新憲法公布，パンチャーヤト体制終焉。***12-6*** バングラデシュ大統領エルシャド辞任
1991	***5-21***	インド元首相ラジーヴ・ガンディー暗殺。***5-12*** ネパール総選挙で勝利したネパール会議派コイララ首班内閣発足(*29*)。***6-21*** インド総選挙(***5-20〜6-15***)の結果，インド国民会議ナラシンハ・ラオ首班内閣発足。***7-24*** インド，経済自由化・新産業政策発表
1992	***5-14***	インド政府,「タミル・イーラム解放の虎」を非合法化。***12-6*** アヨーディヤーのバーブルのモスク破壊，各地でヒンドゥー・ムスリム間暴動が起こる
1993	***12-4***	インド，ウッタル・プラデーシュ州に社会党(SP)・大衆社会党(BSP)連立政権誕生
1995	***12***	インド，東南アジア諸国連合(ASEAN)の全面的対話相手国となる
1996	***5-16***	インド人民党A・B・ヴァージペーイー首班内閣発足。***6-1*** インドでジャナター・ダルのD・ガウダを首班とする統一戦線内閣発足。***6-19*** インド，包括的核実験禁止条約(CTBT)拒否。***7-23*** インド，アジア地域フォーラム会議(ARF)に参加
1998	***3-19***	インド総選挙(***2-16〜28***)の結果，インド人民党A・B・ヴァージペーイー首班連立内閣発足。***5-11*** インド，地下核実験成功。***5-14*** 国際連合安全保障理事会，インドの核実験非難決議を採択。***5-28*** パキスタン，地下核実験成功
1999	***5-9***	カシミール地方で，インド・パキスタン間の大規模局地戦が勃発。***10-11*** インド総選挙(***9-4〜10-3***)の結果，インド人民党A・B・ヴァージペーイー首班国民民主連合内閣発足。***10-15*** パキスタン，ムシャラフ陸軍参謀長，非常事態を宣言し，首相就任
2001	***1-26***	インド，グジャラート州で大地震発生。***6-1*** ネパール王宮銃乱射事件により，ビレンドラ国王はじめ王族多数死亡。***9-11*** アメリカで同時多発テロ事件発生。***10-11*** V・S・ナイポール，ノーベル文学賞受賞。***12-9*** スリランカ総選挙(***12-5***)で勝利した統一国民党ウィクラマシンハ首相就任。***12-13*** イスラーム過激派グループがインド国会議事堂を襲撃
2002	***2-22***	スリランカ政府と「タミル・イーラム解放の虎」との間で無期限停戦合意成立。***2-27*** インド，グジャラート州のゴードラーで列車焼討ち事件発生，各地でヒンドゥー・ムスリム間暴動が起こる

(太田信宏)

■ 参考文献

Ⅰ　南アジア全体に関するもの

A　通史・歴史概説

(1)　山本達郎編『インド史』(世界各国史10) 山川出版社　1960
(2)　ロミラ・ターパル，辛島昇・小西正捷・山崎元一訳『インド史』(1)(2) みすず書房　1971・72
(3)　パーシヴァル・スピア，大内稔・李素玲・笠原立晃訳『インド史』(3) みすず書房　1973
(4)　田中於菟彌・荒松雄・中村平治・小谷汪之『変貌のインド亜大陸』(世界の歴史24) 講談社　1978
(5)　山崎利男『ビジュアル版世界の歴史 4　悠久のインド』講談社　1985
(6)　辛島昇『南アジア』(地域からの世界史 5) 朝日新聞社　1992
(7)　辛島昇『南アジアの歴史と文化』(放送大学テキスト) 放送大学教育振興会　1996
(8)　Vincent A. Smith, *The Oxford History of India,* 3rd ed. by Percival Spear, Clarendon Press, Oxford, 1958
(9)　R. C. Majumdar (Gen. Ed.), *The History and Culture of the Indian People,* 11 vols., Bharatiya Vidya Bhavan, Bombay, 1951-69.
(10)　H. Kulke and D. Rothermund, *A History of India,* Croom Helm, London, 1986.
(11)　Burton Stein, *A History of India,* Blackwell Publishers, Oxford, 1998
(12)　Peter Robb, *A History of India,* Palgrave, Hampshire; New York, 2002

ここでは南アジア(インド)通史として書かれた著作をあげる。(1)の古代を執筆した和田久徳は東南アジア古代・中世史が専門であったが，中世史には荒松雄，近現代史には松井透というインド史の専門家をえて，共同執筆されたはじめてのインド通史。松井氏の執筆部分は分量も多く，今日でも十分役に立つ。(2)(3)は，それまでのケンブリッジ大学・オクスフォード大学のインド史概説と異なって，新しい立場から執筆されたものとして意

味をもった。(4)は，1970年代の新しい世界史シリーズでのインド中世・近現代史。古代は中村元執筆の第５巻『ガンジスの文明』。(5)は，多くのカラー図版を入れたインド通史。(6)は，世界史を世紀ごとに輪切りにして見る「週刊朝日百科・世界の歴史」展望編に３年にわたって執筆した南アジア部分を１冊にまとめたもの。(7)は，放送大学の教材としてつくられ，1996年から99年にかけて，テレビ番組(一部は現地ロケ)も放映された。(8)は，1919年に出版されたスミスの著書を，1958年スピアが編者となって大幅に改訂増補したもの。植民地主義的史観を抜け出ておらず，新しい研究は取り入れられていないが，政治史概説としては手堅く，便利である。(9)は，独立後にインド人研究者を総動員して書かれた通史的概説で，内容的に古くなった点も多いが，詳細で基本的な文献としての意味を失っていない。(10)は，ドイツ人の古代中世史家と近現代史家が執筆した簡便な通史。(11)は，南インド史を例に分節国家論を展開したシュタインによるインド通史。独自の論が展開されている。(12)はヨーロッパ中心史観を抜けだしてはいないが，最近の研究を十分に踏まえたうえで，あえてやさしい歴史叙述を試みている。近現代史が主だが，一応古代からの歴史を記述している。

B　歴史・文化・社会の全般的概説

(1)　辛島昇・奈良康明『インドの顔』(生活の世界歴史５) 河出書房新社　1976 (河出文庫版　1990)
(2)　辛島昇編『インド入門』東京大学出版会　1977
(3)　小西正捷編『多様のインド世界』(人間の世界歴史８) 三省堂　1981
(4)　辛島昇編『インド世界の歴史像』(民族の世界史７) 山川出版社　1985
(5)　石井溥編『もっと知りたいネパール』弘文堂　1986
(6)　小西正捷編『もっと知りたいパキスタン』弘文堂　1987
(7)　杉本良男編『もっと知りたいスリランカ』弘文堂　1987
(8)　佐藤宏・内藤雅雄・柳沢悠編『もっと知りたいインド』(1)　弘文堂　1988
(9)　臼田雅之・押川文子・小谷汪之編『もっと知りたいインド』(2)　弘文堂　1988
(10)　臼田雅之・佐藤宏・谷口晋吉編『もっと知りたいバングラデシュ』弘文堂　1993
(11)　辛島昇監修『インド』(読んで旅する世界の歴史と文化) 新潮社

1992
⑿ 小西正捷編『インド』(暮らしがわかるアジア読本) 河出書房新社 1997
⒀ 石井溥編『ネパール』(暮らしがわかるアジア読本) 河出書房新社 1997
⒁ 杉本良男編『スリランカ』(暮らしがわかるアジア読本) 河出書房新社 1998
⒂ 辛島昇・坂田貞二編『北インド』(世界歴史の旅) 山川出版社 1999
⒃ 辛島昇・坂田貞二編『南インド』(世界歴史の旅) 山川出版社 1999
⒄ 辛島昇『南アジアの文化を学ぶ』(放送大学テキスト) 放送大学教育振興会 2000
⒅ 小谷汪之監訳『図説世界文化地理大百科 インド』朝倉書店 2001
⒆ 日本ネパール協会編『ネパールを知るための60章』明石書店 2000
⒇ 重松伸司・三田昌彦編『インドを知るための50章』明石書店 2003
(21) 大橋正明・村山真弓編『バングラデシュを知るための60章』明石書店 2003
(22) 広瀬崇子・山根聡・小田尚也編『パキスタンを知るための60章』明石書店 2003
(23) A. L. Basham (ed.), *A Cultural History of India,* Clarendon Press, Oxford, 1975.
(24) Francis Robinson (ed.), *The Cambridge Encyclopedia of India, Pakistan, Bangladesh, Sri Lanka, Nepal, Bhutan and the Maldives,* Cambridge University Press, 1989.

⑴⑵は新しい立場からインドの歴史・文化・社会をトータルに捉えようとしたはじめての試み。⑴は今日でも，インドをはじめて勉強しようという読者に意味をもつ。⑶⑷もそれぞれの視点から，インドの歴史・文化・社会をトータルに捉えようとしている。⑸〜⑽は，「もっと知りたい」シリーズとして各国別につくられた歴史・文化・社会の概説書。⑾もインドについての概説だが，都市ガイド，人物事典などがつけられている。⑿〜⒁は，「人々の暮らし」に重点をおいた，各国別の概説。⒂⒃はガイドブック風につくられているが，「北インド」と「南インド」を別巻にしたため，非常に詳しい情報が盛り込まれている。「南インド」の巻は，スリランカをも含む。⒄はトピック別に南アジアの歴史・文化・社会を紹介する放送大学の教材としてつくられたもの。2000年から2003年にかけて，テ

レビ番組が放映された。⒅は，Gordon Johnson, *Cultural Atlas of India*, Time-Life Books, 1995 の翻訳で，南アジアの地理と歴史について多元的に扱っている。カラー図版が美しい。⒆〜㉒は「エリア・スタディーズ」シリーズとしてつくられた各国別の概説。㉓は，イギリスでつくられたインドの歴史・文化・社会の概説で，細部にまで目の行き届いたしっかりした内容をもっている。㉔は英語の信頼できる概説として，大変に便利である。

C　歴史・文化・社会の個別分野（時代・地域・テーマ）についての全般的研究・概説

⑴　松井透・山崎利男編『インド史における土地制度と権力構造』東京大学出版会　1969

⑵　松井透『インド土地制度史研究』東京大学出版会　1971

⑶　辛島昇編『インド史における村落共同体の研究』東京大学出版会　1976

⑷　山崎元一『古代インドの文明と社会』（世界の歴史 3）中央公論社　1997

⑸　佐藤正哲・中里成章・水島司『ムガル帝国から英領インドへ』（世界の歴史14）中央公論社　1998

⑹　狭間直樹・長崎暢子『自立に向かうアジア』（世界の歴史27）中央公論社　1999

⑺　R. S. シャルマ，山崎利男・山崎元一訳『古代インドの歴史』山川出版社　1985

⑻　ロミラ・ターパル，山崎元一・成沢光訳『国家の起源と伝承——古代インド社会史論』法政大学出版局　1986

⑼　サティーシュ・チャンドラ，小名康之・長島弘訳『中世インドの歴史』山川出版社　1999

⑽　ビパン・チャンドラ，粟屋利江訳『近代インドの歴史』山川出版社　2001

⑾　ルイ・デュモン，田中雅一・渡辺公三訳『ホモ・ヒエラルキクス——カースト体系とその意味』みすず書房　2001

⑿　小谷汪之ほか編『叢書カースト制度と被差別民』全 5 巻　明石書店　1994-95

⒀　辛島昇編『ドラヴィダの世界——インド入門II』東京大学出版会

1994
⒁ 早島鏡正・高崎直道・原実・前田専学『インド思想史』東京大学出版会 1982
⒂ 森本達雄『ヒンドゥー教――インドの聖と俗』(中公新書) 中央公論新社 2003
⒃ 田中於莵弥・坂田貞二『インドの文学』ピタカ 1978
⒄ ヴィディヤ・デヘージア，宮治昭・平岡美保子訳『インド美術』(岩波・世界の美術) 岩波書店 2002
⒅ 神谷武夫『インド建築案内』TOTO 出版 1996
⒆ V. ラーガヴァン，井上貴子・田中多佳子訳『楽聖たちの肖像――インド音楽史を彩る11人』(アジア文化叢書13) 穂高書店 2001
⒇ P. L. グプタ，山崎元一他訳『インド貨幣史――古代から現代まで』刀水書房 2001
(21) Claude Markovits (ed.), *A History of Modern India: 1480-1950,* Anthem Press, London, 2002 (First published in French by Librairie Artheme Fayard in 1994).
(22) Sugata Bose and Ayesha Jalal, *Modern South Asia: History, Culture, Political Economy,* Routledge (First published by Oxford University Press, 1997), London and New York, 1998.
(23) Barbara D. Metcalf and Thomas R. Metcalf, *A Concise History of India,* Cambridge University Press, 2002.
(24) K. A. Nilakanta Sastri, *A History of South India from Prehistoric Times to the Fall of Vijayanagar,* Oxford University Press, New Delhi, 1955.
(25) K. M. de Silva, *A History of Sri Lanka,* Oxford University Press, Delhi, 1981.
(26) Gordon Johnson (Gen. Ed.), *The New Cambridge History of India Series,* Cambridge University Press, 1989-.
(27) Hiroyuki Kotani (ed.), *Caste System, Untouchability and the Depressed,* Manohar, New Delhi, 1997.
(28) Noboru Karashima (ed.), *Kingship in Indian History,* Manohar, New Delhi, 1999.
(29) Sengaku Mayeda (ed.), *The Way to Libaration,* Vol.1, Manohar, New Delhi, 2000.

(1)〜(3)は，戦後日本における実証的インド史研究の充実ぶりを反映しており，ここを出発点としてその後のインド史研究は一層多彩に発展してきた。(4)〜(6)は，1990年代の世界史シリーズにおける南アジア部分。「インド大反乱」は第25巻で簡単に扱われている。(7)〜(10)は，インドの高校，大学予科の教科書として執筆されたもので，代表的研究者によって書かれたものだけに，平明な内容ながら，高い水準の概説となっている。

思想・文化については，数多くの著作があり，以下日本語のものについては，分野別に，代表的なものほぼ1点ずつをあげるにとどめる。デュモンのカースト論に対しては近年多くの批判が見られるが，(11)がカースト研究の基本的文献であることに変わりはない。(12)は，不可触民制研究会の5年以上に及ぶ研究活動をまとめたもので，第1巻「歴史・思想・構造」(山崎元一・佐藤正哲編)，第2巻「西欧近代との出会い」(小谷汪之編)，第3巻「解放の思想と運動」(内藤雅雄編)，第4巻「暮らしと経済」(柳沢悠編)，第5巻「フィールドからの現状報告」(押川文子編)の全5巻からなっている。(13)は，南インドの歴史と文化を扱う36論文を収める。(14)は，近代にまで至るインド思想の流れを簡略にまとめている。より詳しくは，その後，岩波書店から「岩波講座・東洋思想」が刊行され，そこに6巻ほど，インド思想，インド仏教，チベット仏教を扱った巻がある。(15)はヒンドゥー教についての手頃な入門書。(16)はインド文学の流れを手際よく解説する。(17)は，インド美術についてのバランスのとれた概説の翻訳。(18)は，インド各地に数多く残る建築を実地調査してまとめあげたガイドブックとして出色。綺麗な写真が豊富。(19)は，11人の楽聖を述べることによって，格好のインド音楽史となっている。(20)は，インド貨幣学の権威によって書かれた定評あるインド貨幣史の翻訳。(21)は，フランス語で出版されたインド近代史の英訳版。ムガル期と英領期についてフランス学界での理解が見られる。(22)は，サバルタン研究の成果を取り入れながら，南アジア近代史の全体像を提示しようとする試み。(23)は，通史的表題にもかかわらず，ムガル以降の歴史を扱う。サバルタン研究を意識しながら，あえて政治的事件の意味を問う。(24)は，ヴィジャヤナガル時代までしか扱っていないが，最良の南インド史概説。(25)は，信頼の出来るスリランカ史概説。(26)は，いろいろの主題を扱うケンブリッジ大学の南インド史シリーズで，時代・地域がばらばらに現在まで約15巻が出版されている。インド版は，Orient Longmanから出版されていて，安価である。(27)〜(29)は，日本南アジア学会がインドで出版している英文研究叢書で，それぞれのテーマについて，

現在日本の高い研究水準を示すもの。

D　事典・工具類

⑴　辛島昇・前田専学ほか監修『南アジアを知る事典』（新訂増補）平凡社　2002
⑵　S. Bhattacharya, *A Dictionary of Indian History,* University of Calcutta, 1967.
⑶　Surjit Mansingh, *Historical Dictionary of India,* Vision Books, New Delhi, 1998.
⑷　J. E. Schwartzberg (ed.), *A Historical Atlas of South Asia,* University of Chicago Press, 1978.
⑸　*Imperial Gazetteer of India,* 26 vols., London, 1909.
⑹　James Burgess, *The Chronology of Indian History: Medieval and Modern,* Cosmo Publications, Delhi, 1972.

⑴は，1992年に出版された事典の新訂増補版。まだ足りない項目や記述の不足も見られるが，きわめて便利で，事項を知りたいときには，まずこの事典を見るのがよい。⑵⑶は，インド史についての事典で，⑵の方がやや詳しいが，⑶には新しい点も見られ，両方を参照するのがよい。⑷は大判の本で，取り扱いに苦労はするが，内容はきわめて詳細で，座右に置くべき歴史地図帳。⑸は英領期に出版された英領インドの地誌であり，その時代，このほかにプロヴィンスごとのシリーズやディストリクト単位のGazetteerやManualが多数つくられていた。独立後にはディストリクトごとの新しいシリーズが多数出版されている。これらの地誌は歴史記述を含み，地方史の研究には欠かすことのできない資料である。⑹は1492年から1894年までのインド史年表。だいたい信頼できる。

II　各章に関するもの

第１章　インダス文明からガンジス文明へ

⑴　中村元『インド史』Ⅰ～Ⅲ（決定版　中村元選集５～７）春秋社　1997-98
⑵　D．D．コーサンビー，山崎利男訳『インド古代史』岩波書店　1966
⑶　R．S．シャルマ，山崎利男・山崎元一訳『古代インドの歴史』山川出版社　1985

(4)　山崎元一『古代インドの文明と社会』（世界の歴史 3）中央公論社　1997
(5)　山崎元一『古代インド社会の研究——社会の構造と庶民・下層民』刀水書房　1987
(6)　山崎元一『古代インドの王権と宗教——王とバラモン』刀水書房　1994
(7)　M. ウィーラー，小谷仲男訳『インダス文明の流れ』創元社　1971
(8)　辛島昇・桑山正進・小西正捷・山崎元一『インダス文明，インド文化の源流をなすもの』（NHKブックス）日本放送出版協会　1980
(9)　近藤英夫編『四大文明——インダス』日本放送出版協会　2000
(10)　B．K．ターパル，小西正捷・小磯学訳『インド考古学の新発見』雄山閣　1990
(11)　A．H．ダーニー，小西正捷・宗臺秀明訳『パキスタン考古学の新発見』雄山閣　1995
(12)　辻直四郎『インド文明の曙』（岩波新書）岩波書店　1967
(13)　辻直四郎訳『リグヴェーダ讃歌』（岩波文庫）岩波書店　1970
(14)　ロミラ・ターパル，山崎元一・成沢光訳『国家の起源と伝承——古代インド社会史論』法政大学出版局　1986
(15)　中村元『ゴータマ・ブッダ』Ⅰ・Ⅱ（決定版　中村元選集11・12）春秋社　1992
(16)　中村元・奈良康明・佐藤良純『ブッダの世界』学習研究社　1980
(17)　中村元監修・補註『ジャータカ全集』全10巻　春秋社　1982-91
(18)　中村元『ヒンドゥー教史』（世界宗教史叢書 6）山川出版社　1979
(19)　奈良康明『仏教史——インド・東南アジア』（世界宗教史叢書7）山川出版社　1979
(20)　早島鏡正・高崎直道・原実・前田専学『インド思想史』東京大学出版会　1982
(21)　J. R. Kenoyer, *Ancient Cities of the Indus Valley Civilization,* Oxford University Press, Karachi, 1998.
(22)　Asko Parpola, *Deciphering the Indus Script,* Cambridge University Press, 1994.
(23)　B. Allchin and R. Allchin, *The Rise of Civilization in India and Pakistan,* Cambridge University Press, 1982.
(24)　V. Smith, *The Early History of India, from 600B.C. to the Muham-*

madan Conquest, Clarendon Press, London, 1924.
(25) H. Rychaudhuri, *Political History of Ancient India,*(1st ed., 1923), 7th ed., University of Calcutta, 1972.
(26) A. L. Basham, *The Wonder that was India,* Sidgwick and Jackson, London, 1954.
(27) D. D. Kosambi, *An Introduction to the Study of Indian History,* Popular Book Depot, Bombay, 1956.
(28) E. Lamotte, *Histoire du bouddhisme indien, des origenes a l'ere saka,* Institut orientaliste, Louvain, 1958, (English tr., History of the Buddhism in India)
(29) R. S. Sharma, *Aspects of Political Ideas and Institutions in Ancient India,* 2nd ed., Motilal Banarsidass, Delhi, 1968.
(30) R. S. Sharma, *Perspectives in Social and Economic History of Early India,* Munshiram Manoharlal Publishers, New Delhi, 1983.
(31) Romila Thapar, *Early India from the Origins to AD 1300,* Penguin, London, 2002.

(1)はインド思想史の泰斗が著わしたわが国ではもっとも詳しいインド古代史の研究書。(2)は唯物史観に立ち，第二次世界大戦後のインド古代史研究に新風を巻き起こしたインド人史家が著わしたインド古代史概説。(3)は独立後のインドで古代社会経済史研究をリードしてきた史家が著わした歴史教科書・古代編。(4)は古代インドにおける社会と文化の歴史的展開を紹介した入門的概説書。(5)(6)は古代インドの身分制度(ヴァルナ制度)の理論と実体に関する総合的な研究。(7)は20世紀半ばに活躍した著名なイギリス人考古学者が，インダス都市文明からガンジス都市文明にいたる二千年の流れを概観する。(8)はインダス文明を紹介しつつ，この都市文明がのちのヒンドゥー文化の一源流となったことを考察する。(9)ではインダス文明に関する最新の情報を知ることができる。南アジア考古学は，インド・パキスタンの独立後にそれぞれの国で急速な発達をとげた。(10)(11)にはそうした発達の過程が要領よくまとめられている。(12)はわが国におけるヴェーダ学の先駆者が著わしたヴェーダ時代の宗教と文化の優れた概説。(13)はインド最古の聖典(神々への讃歌)の和訳。主要な讃歌は網羅されている。(14)は古代インド史研究の第一人者が，文化人類学・社会学などの研究法も取り入れつつ，部族社会から国家の形成にいたる過程を追求する。(15)はもっとも詳しいブッダ伝。(16)は豊富な写真を活用してブッダの生涯と仏教の歴史を

たどる。⒄はスリランカ上座部に伝わる仏教説話(本生話)の集大成の邦訳。古代インド社会各層の人々の生活の様子をうかがい知ることができる。わが国で出版されたヒンドゥー教・仏教関係の書物は多く，参考文献を選択することは困難であるが，標準的な概説書として⒅⒆の両書をあげた。⒇は各分野の権威が分担執筆したオーソドックスなインド思想史概説。(21)は都市文明としてのインダス文明についての最新の成果を盛り込んだ研究書。(22)は，その文字の解読についての最も信頼すべき研究書。パルポラは基本的にその文字で書かれた言語をドラヴィダ語として解釈しようと試みている。(23)はイギリス人考古学者夫妻によって書かれたインド文明の形成史。(24)は植民地時代にイギリス人が書いた代表的な古代史概説。史実を丹念に追う。(25)は植民地時代にインド人が書いた古代政治史。古典に忠実。(26)はイギリス人史家が著した古代インドの政治，社会，文化の優れた概説書。半世紀前の出版であるが現在なお新鮮さを失っていない。(27)では唯物史観に立つ斬新なインド古代史・中世史研究法が提示されている。著者は著名な物理学者でもある。(28)はヨーロッパ人が著わしたインド仏教史のなかで最高峰に位置する書。(29)(30)では古代インドの政治思想，政治制度，社会構造，経済活動の展開が時代区分に従って要領よくまとめられている。(31)は，かつてペンギンブックスとして出版され，邦訳(みすず書房)されたものの改訂増補版。ただし，前書はムガル朝の始まる1526年までを扱ったが，今回は1300年までを記述し，前書出版後に明らかになった事実や新しい解釈を取り入れている。

第 2 章　マウリヤ帝国とその後のインド亜大陸

⑴　上村勝彦訳『カウティリヤ実利論――古代インドの帝王学』上・下(岩波文庫)岩波書店　1984
⑵　山崎元一『アショーカ王とその時代』春秋社　1982
⑶　塚本啓祥『アショーカ王碑文』(レグルス文庫) 第三文明社　1976
⑷　定方晟『アショーカ王伝』法蔵館　1982
⑸　村川堅太郎訳『エリュトゥラー海案内記』生活社　1948 (中公文庫　中央公論社　1993)
⑹　中村元・早島鏡正訳『ミリンダ王の問い』 1 ～ 3 (東洋文庫) 平凡社　1963-64
⑺　宮治昭『インド美術史』吉川弘文館　1981
⑻　肥塚隆・宮治昭編『インド』 1 ・ 2 (世界美術大全集東洋編　13・14)

小学館　1999-2000
(9)　高田修『仏像の誕生』（岩波新書）岩波書店　1987
(10)　小谷仲男『ガンダーラ美術とクシャン王朝』同朋社　1996
(11)　辛島昇編『ドラヴィダの世界――インド入門II』東京大学出版会　1994
(12)　辛島昇・坂田貞二編『南インド』（世界歴史の旅）山川出版社　1999
(13)　辛島昇『南アジアの文化を学ぶ』（放送大学テキスト）放送大学教育振興会　2000
(14)　ティルヴァッルヴァル（高橋孝信訳注）『ティルックラル――古代タミルの箴言集』（東洋文庫660）平凡社　1999
(15)　Romila Thapar, *Asoka and the Decline of the Mauryas,* Oxford, 1961, revised ed., 1997.
(16)　K. A. Nilakanta Sastri, *A History of South India from Prehistoric Times to the Fall of Vijayanagar,* Oxford University Press, New Delhi, 1955.
(17)　Vimala Begley and R. Daniel de Puma (eds.), *Rome and India: The Ancient Sea Trade,* The University of Wisconsin Press, Madison, 1991.
(18)　K. V. Zvelebil, *Tamil Literature* (Handbuch der Orientalistik, II Abt., II Band, 1 Abschn.), E. J. Brill, Leiden/Koln, 1975.
(19)　George L. Hart III, *The Poems of Ancient Tamil: Their Milieu and Their Sanskrit Counterparts,* University of California Press, Berkeley, 1975.
(20)　C. W. Nicholas and S. Paranavitana, *A Concise History of Ceylon: From the Earliest Times to the Arrival of the Portuguese in 1505,* Ceylon University Press, Colombo, 1961.

(1)はマウリヤ朝チャンドラグプタ王の宰相が著わしたと伝えられる古代インドの政治論書。王国を強大化させるための権謀術数が論じられる。(2)はアショーカ王時代の政治・宗教・文化を概観する。(3)はアショーカ王碑文の翻訳と解説。(4)は北方仏教徒の伝えたアショーカ王伝説の翻訳と解説。(5)は，1世紀にギリシア語で書かれ，インドとローマ帝国を結ぶアラビア海貿易について記す貴重な資料の翻訳。近年の研究については，蔀勇造「新訳『エリュトラー海案内記』」『東洋文化研究所紀要』(132)を参照。(6)はインドを支配したギリシア人の王と仏僧との論争。インド思想史とギリ

シア思想の衝突と融合が語られている。(7)はインド美術史の全体像をとらえるのに便利。(8)はヒンドゥー教美術・仏教美術をはじめとするインド美術を解説した大冊。写真が豊富で美しい。(9)はガンダーラにおける仏像誕生の謎を探る。(10)は中央アジアに起源するクシャーナ朝とそのもとで栄えた文化の性格を考察する。(11)のなかには巨石文化やタミル民族の古代神ムルガンを扱った論考がある。(12)は豊富な写真・図版とともに南インドとスリランカの歴史を紹介している。(13)は刻文や仏教などをめぐり，南インド古代についての言及がある。(14)は，タミル古典文学作品の一つとして名高い箴言集のタミル語からの翻訳。(15)はアショーカ王のダルマの政治を歴史学の視野に立ち分析した研究書。(16)は刊行以来版を重ね，現在でも入手可能な最良の南インド史概説。ただし，記述は先史時代から17世紀中葉まで。(17)はローマ帝国とインド半島部との貿易について多くの新しい事実を提供する。(18)はタミル文学研究の第一人者が，サンスクリット文学につぐ古典文学をもつタミル文学の歴史を概説する。(19)はタミル古典文学についての代表的研究書。サンスクリット文学との関係についても論じる。(20)はスリランカ古代・中世史の権威による古代・中世史概説。

第 3 章　ヒンドゥー諸王国の興亡とヒンドゥー文化

(1)　C. ラージャーゴーパラチャーリ，奈良毅・田中嫺玉訳『マハーバーラタ』上・中・下(レグルス文庫) 第三文明社　1971
(2)　山際素男監訳『マハーバーラタ』全 7 巻　三一書房　1991-95
(3)　上村勝彦訳『原典訳・マハーバーラタ』 1 ～ (ちくま学芸文庫) 筑摩書房　2002-
(4)　河田清史『ラーマーヤナ』上・下(レグルス文庫) 第三文明社　1971
(5)　ヴァールーミキ，岩本裕訳『ラーマーヤナ』 1・2　平凡社　1980-81
(6)　辻直四郎訳『バガヴァッド・ギーター』講談社　1980
(7)　上村勝彦訳『バガヴァッド・ギーター』(岩波文庫) 岩波書店　1992
(8)　田辺繁子『マヌの法典』(岩波文庫) 岩波書店　1953
(9)　渡瀬信之訳『マヌ法典』(中公文庫) 中央公論社　1991
(10)　渡瀬信之『マヌ法典――ヒンドゥー教世界の原型』(中公新書) 中央公論社　1990
(11)　井狩弥介・渡瀬信之訳注『ヤージュニャヴァルキヤ法典』(東洋文庫) 平凡社　2002

⑿　長沢和俊訳『法顕伝・宋雲行記』(東洋文庫) 平凡社　1971
⒀　水谷真成訳『大唐西域記』(中国古典文学大系22) 平凡社　1971
⒁　立川武蔵・石黒淳・菱田邦男・島岩『ヒンドゥーの神々』せりか書房 1980
⒂　R. G. バンダルカル，島岩・池田健太郎訳『ヒンドゥー教――ヴィシュヌとシヴァの宗教』せりか書房　1984
⒃　菅沼晃『インド神話伝説辞典』東京堂出版　1985
⒄　辻直四郎『サンスクリット文学史』(岩波全書) 岩波書店　1973
⒅　田中於菟弥・坂田貞二『インド文学史』ピタカ　1978
⒆　矢野道雄編『インド天文学・数学集』(科学の名著４) 朝日出版社 1980
⒇　矢野道雄編『インド医学概論――チャラカ・サンヒター』(科学の名著３) 朝日出版社　1988
(21)　林隆夫『インドの数学――ゼロの発見』(中公新書) 中央公論社 1993
(22)　R. S. Sharma, *Indian Feudalism, c.300-1200,* University of Calcutta, 1965.
(23)　D. N. Jha (ed.), *Feudal Social Formation in Early India,* Chanakya Publications, Delhi, 1987.
(24)　B. D. Chattopadhyaya, *Aspects of Rural Settlements and Rural Society in Early Medieval India,* K. P. Bagchi & Co., Calcutta, 1990.
(25)　B. D. Chattopadhyaya, *The Making of Early Medieval India,* Oxford University Press, 1994.

⑴では大叙事詩の概略が巧みに語られている。⑵は英訳からの重訳であるが，この大叙事詩の全貌を知ることができる。⑶は大叙事詩のサンスクリット語原典からの和訳。ヒンドゥー教・ヒンドゥー文化の世界を知るための最高の案内書。ただし，訳者急逝のため，訳業は半ばにして未完に終わった。⑷は二大叙事詩の一つの概略を知るのに便利。⑸は大叙事詩のサンスクリット語原典からの和訳。訳者の死により中断。丁寧な解説は利用価値が高い。⑹⑺はヒンドゥー教最高の聖典とされる古典の和訳。最高神への絶対的帰依が謳われる。⑻⑼はもっとも権威あるヒンドゥー法典の邦訳。正統派バラモンの立場から生活規範，社会制度，王権，司法などが詳しく定められている。⑽は翻訳者による『マヌ法典』の手際よい解説。⑾は『マヌ法典』につづく代表的なヒンドゥー法典の邦訳と詳しい註。訴訟

の条文が重要。⑿は仏法を求めてインドに旅した２人の中国僧の旅行記の翻訳と解説。⒀は７世紀にインドを旅した玄奘三蔵の貴重な旅行記の邦訳。詳しい注が付されており利用価値が高い。⒁ではヒンドゥー教の神々を一覧できる。神像の写真も豊富。⒂では二大神を中心にヒンドゥー教が語られている。⒃ではヒンドゥー教の神話と伝説に関する諸事項が簡明に解説されている。⒄は入門者向きではないが，この分野の権威による手堅い文学史。作品の要約が有用である。⒅はインド文学史の優れた概論。⒆〜㉑はややむずかしいが，古代インド科学の水準の高さを知らせてくれる。㉒はグプタ朝を例として，インドに封建制と呼びうる国家と社会が存在したことを実証する。㉓はグプタ朝以外の国家についても，封建制的解釈を推し進める。㉔㉕は，「ラージプート時代」についての新しい研究で，その国家をサーマンタ制として解釈する。

第４章　南インド社会の発展

⑴　辛島昇編『ドラヴィダの世界――インド入門II』東京大学出版会　1994
⑵　山崎元一・佐藤正哲編『歴史・思想・構造』(叢書カースト制度と被差別民１）明石書店　1994
⑶　辛島昇・坂田貞二編『南インド』(世界歴史の旅）山川出版社　1999
⑷　山崎元一・石澤良昭ほか『南アジア世界・東南アジア世界の形成と展開』(岩波講座世界歴史６）岩波書店　1999
⑸　辛島昇『南アジアの文化を学ぶ』(放送大学テキスト）放送大学教育振興会　2000
⑹　三上次男『陶磁の道』(岩波新書）岩波書店　1969
⑺　趙汝适，藤本真澄訳『諸蕃志』関西大学出版部　1990
⑻　マルコ・ポーロ，愛宕松男編訳『東方見聞録』第２巻(東洋文庫）平凡社　1970
⑼　イブン・バットゥータ，家島彦一訳『大旅行記』第４・５・６巻(東洋文庫）平凡社　1996
⑽　家島彦一『海が創る文明――インド洋海域世界の歴史』朝日新聞社　1993
⑾　辛島昇『海のシルクロード』集英社　2000
⑿　辛島昇「中世南インドの海港ペリヤパッティナム――島夷誌略の大八丹とイブン＝バトゥータのファッタン」『東方学』第75輯　1988

⒀ 辛島昇「中世インド洋における商人ギルド〈五百人組〉の活動について」『東方学』第105輯　2002
⒁ ジャネット・L・アブー=ルゴド，佐藤次高ほか訳『ヨーロッパ覇権以前』上・下　岩波書店　2001
⒂ K. A. Nilakanta Sastri, *A History of South India from Prehistoric Times to the Fall of Vijayanagar,* Oxford University Press, New Delhi, 1955.
⒃ Burton Stein, *Peasant State and Society in Medieval South India,* Oxford University Press, New Delhi, 1955.
⒄ Noboru Karashima, *South Indian History and Society: Studies from Inscriptions AD 850-1800,* Oxford University Press, New Delhi, 1984.
⒅ Noboru Karashima (ed.), *Kingship in Indian History,* Manohar, New Delhi, 1999.
⒆ Kesavan Veluthat, *The Political Structure of Early Medieval South India,* Orient Longman, New Delhi, 1993.
⒇ R. Champakalakshmi, *Trade, Ideology and Urbanization: South India BC 300-AD 1300,* Oxford University Press, New Delhi, 1996.
(21) Kenneth R. Hall (ed.), *Structure and Society in Early South India: Essays in Honour of Noboru Karashima,* Oxford University Press, New Delhi, 2001.
(22) K. N. Chaudhuri, *Trade and Civilisation in the Indian Ocean: An Economic History from the Rise of Islam to 1750,* Cambridge University Press, 1985.
(23) Noboru Karashima (ed.), *Ancient and Medieval Commercial Activities in the Indian Ocean: Testimony of Inscriptions and Ceramic-sherds,* Taisho University, Chennai, 2002.

⑴のなかにはこの時代に該当する思想・宗教・歴史などを扱った論考が数編収められている。⑵には南インドにおけるバクティ思想の成立を論じる山下博司論文が収められている。⑶は豊富な写真・図版とともに南インドとスリランカの歴史を紹介している。⑷には南インドの古代国家を論じる章があり，シュタイン批判も見られる。⑸は南インドの刻文史料や東西海上交易を扱う章がある。⑹は中国貿易陶磁器研究の権威が語る陶磁器を扱う東西海上交易史。中国の史料には東南アジア・インド洋などの南海に

ついてのものが見られるが，(7)はその代表的なもので，13世紀を対象とする。中国南海史料については，石田幹之助『南海についての支那史料』(生活社　1945)に詳しい。(8)はヨーロッパ人旅行家の代表としての13世紀のマルコ・ポーロの見聞録。海路による帰りにインドに立ち寄って貴重な記事を残している。(9)タンジールの旅行家イブン・バットゥータは14世紀インドを訪れ，数々の貴重な記録を残した。(10)はアラビア語，ペルシア語の史料を基にしたインド洋海域史。(11)は地中海から中国までをも結んだ古代・中世の東西海上貿易ルートの歴史をたどる。大村次郷の写真を中心に編集。(12)(13)は，それぞれ南インドの海港ペリヤパッティナムと南インドの商業ギルド「五百人組」を論じる。(14)は1250年から1350年の間の世界経済システムを論じるが，第３部でインド洋を扱う。(15)は刊行以来版を重ね，現在でも入手可能な最良の南インド史概説。(16)はパッラヴァ朝からヴィジャヤナガル朝にかけての国家を「分節国家」として論じるシュタインの主著。(17)はタミル語刻文史料の分析により，チョーラ朝を中心とした南インドにおける社会変動を論じる。(18)にはチョーラ朝の墓廟寺院とラージャラージャ１世建立のシヴァ寺院の意味を論じる小倉泰論文が収録されている。(19)は中世初期のタミル地方とケーララ地方における国家構造と社会体制を論じる。(20)は南インドの古代・中世を商業発展と都市化の視点から論じる。(21)は，南インドの刻文を史料とした古代・中世史についての論文を収録。(22)は７世紀から18世紀にかけてのインド洋交易の構造を論じる。ブローデルの影響が見られる。(23)は刻文と中国陶磁器片を史料に，古代・中世インド洋における商業活動，とりわけ「五百人組」と呼ばれる商人ギルドの実体を初めて明らかにした。

第５章　イスラーム世界の拡大とインド亜大陸

(1)　サティーシュ・チャンドラ，小名康之・長島弘訳『中世インドの歴史』山川出版社　1999
(2)　佐藤正哲・中里成章・水島司『ムガル帝国から英領インド』(世界の歴史14) 中央公論社　1998
(3)　荒松雄『中世インドの権力と宗教』岩波書店　1989
(4)　荒松雄『多重都市デリー』岩波新書　1993
(5)　家島彦一『イスラム世界の成立と国際商業』岩波書店　1991
(6)　稲葉穣「イスラーム教徒のインド進出」『南アジア世界・東南アジア世界の形成と展開』(岩波講座世界歴史６) 岩波書店　1999

(7) 辛島昇編『ドラヴィダの世界――インド入門II』東京大学出版会 1994
(8) 辛島昇・坂田貞二編『南インド』(世界歴史の旅) 山川出版社 1999
(9) 辛島昇『南アジアの文化を学ぶ』(放送大学テキスト) 放送大学教育振興会 2000
(10) 山崎元一・石澤良昭ほか『南アジア世界・東南アジア世界の形成と展開』(岩波講座世界歴史 6) 岩波書店 1999
(11) 『モンセラーテ「ムガル帝国誌」パイス，ヌーネス「ヴィジャヤナガル王国誌」』(大航海時代叢書・第II期 5) 岩波書店 1999
(12) R. C. Majumdar (Gen. Ed.), *The Delhi Sultanate (The History and Culture of the Indian People,* Vol.6), Bharatiya Vidya Bhavan, Bombay, 1960.
(13) André Wink, *Al-Hind: The Making of the Indo-Islamic World,* Vol. I, *Early Medieval India and the Expansion of Islam 7th–11th Centuries,* Brill, Leiden; New York, 1996.
(14) André Wink, *Al-Hind: The Making of the Indo-Islamic World,* Vol.II, *The Slave Kings and the Islamic Conquest 11th–13th Centuries,* Brill, Leiden; New York, 1997.
(15) Kishori Saran Lal, *History of the Khaljis, A.D.1290–1320,* Asia Publishing House, New York, 1967.
(16) Jamini Mohan Banerjee, *History of Firuz Shah Tughluq,* Munshiram Manoharlal, Delhi, 1967.
(17) K. R. Qanungo, *Sher Shah and His Times,* Orient Longman, Bombay, 1965.
(18) *The Futuhat-i Firuz Shahi,* edited with introduction and notes by A. Alavi, Idarah-i-Adabiyat-i-Delli, New Delhi, 1996.
(19) K. A. Nilakanta Sastri, *A History of South India from Prehistoric Times to the Fall of Vijayanagar,* Oxford University Press, New Delhi, 1955.
(20) Burton Stein, *Vijayanagara (The New Cambridge History of India,* 1-2), Cambridge University Press, 1989.
(21) Noboru Karashima, *Towards a New Formation: South Indian Society under Vijayanagar Rule,* Oxford University Press, New Delhi, 1992.

(22) David Gilmartin and Bruce B. Lowrence (eds.), *Beyond Turk and Hindu,* University Press of Florida, Gainesville, 2000.

(23) Noboru Karashima, *A Concordance of Nayakas: The Vijayanagar Inscriptions in South India,* Oxford University Press, New Delhi, 2002.

(24) V. Narayana Rao, D. Shulman and S. Subrahmanyam, *Symbols of Substance: Court and State in Nayaka Period Tamil Nadu,* Oxford University Press, New Delhi, 1992.

(25) Noboru Karashima (ed.), *Kingship in Indian History,* Manohar, New Delhi, 1999.

ガズナ，ゴール両王朝，デリー諸王朝の歴史(通史)については本格的な日本語文献はないが，(1)の最初の部分と(2)の佐藤執筆部分の前半に概説的な記述がある。(3)はデリー諸王朝の歴史を城塞やモスクなどの建造物を手がかりとして研究したもので，その手法のユニークさが光る。(4)は同様の手法でデリーという地域の歴史を再構成しようとしたもの。(5)はインド洋交易圏を一つのまとまりをもつ世界としてとらえ，そこにおけるムスリム商人や諸都市の歴史を描き出している。その視点の新しさと史料の博捜によって際立っている。(6)はガズナ朝，ゴール朝に関する日本ではじめての本格的研究に基づくものである。(7)のなかにはヴィジャヤナガル王国を扱った章がある。(8)は豊富な写真・図版とともに南インドとスリランカの歴史を紹介している。(9)にはデリー・スルタン朝やヴィジャヤナガル王国を扱った章がある。(10)には南インドの古代国家を論じる章があり，シュタイン批判も見られる。(11)はゴアからアクバルの宮廷に遣わされた使節団に随行したモンセラーテの記録とヴィジャヤナガルの最盛期にその地を訪れたポルトガルの馬商人パイスとヌーネスの滞在記。(12)はインド独立後のいわば熱気が覚めやらぬなかで刊行されたインド史のシリーズの１冊で，若干古くはなったが，デリー・スルタン朝期のインド史の諸問題について包括的に扱っている。共同執筆ではあるが通史になるように配慮されている。(13)(14)はこの時期に関するきわめて野心的な最新の研究成果で，さらに数冊の続巻が出されることになっている。完結すれば研究水準が一挙にあがるであろう。(15)〜(17)はそれぞれの主題に関する専門書であるが，これらの研究が1960年代には一応出揃っていたことがわかる。(18)はフィールーズ・シャー・トゥグルクの自伝で，自らのヒンドゥー迫害を誇らしげに書きつけている。(19)は刊行以来版を重ね，現在でも入手可能な最良の南インド史概説。ヴィジャヤナガル王国の滅亡までを扱う。(20)はそれまでの研究をもと

に，ヴィジャヤナガル国家を「分節国家」として論ずる。(21)は主として刻文史料の分析に基づき，ヴィジャヤナガル王国のタミル地方統治の実態を明らかにする。(22)はヴィジャヤナガル時代にヒンドゥー・イスラーム両文化の融合が進んだとするワゴナーほかの論文を収める。(23)は，ヴィジャヤナガル期タミル地方におけるナーヤカの役割を明らかにし，シュタインを批判する。コンコーダンスはナーヤカ研究についての基本的情報を提供する。(24)は17・18世紀のナーヤカ朝の宮廷文化に注目することによって，新しい価値観の出現を論じる。(25)には，ヴィジャヤナガルの王権について論じる辛島昇論文のほか，ヴィジャヤナガル王国滅亡後のカルナータカにおけるベーダ・ナーヤカの支配を論じる太田信宏論文が収められている。

第6章　ムガル帝国とマラーターの時代

(1)　サティーシュ・チャンドラ，小名康之・長島弘訳『中世インドの歴史』山川出版社　1999
(2)　佐藤正哲・中里成章・水島司『ムガル帝国から英領インドへ』(世界の歴史14) 中央公論社　1998
(3)　間野英二訳注『バーブル・ナーマ』(バーブル・ナーマ研究III) 松香堂　1998
(4)　ベルニエ『ムガル帝国誌』1(関美奈子訳)，2(倉田信子訳) 岩波文庫　2001
(5)　小名康之「ムガル帝国の支配体制——マンサブダーリー制」『中世の法と権力』(中世史講座4) 学生社　1985
(6)　小谷汪之「ムガル期のインドの国家と社会」(モンセラーテ『ムガル帝国誌』〈大航海時代叢書・第II期5〉　岩波書店　1984の解説)
(7)　佐藤正哲「ムガル帝国の国家権力と土地制度」『イスラーム・環インド洋世界』(岩波講座世界歴史14) 岩波書店　2000
(8)　羽田正「西アジア・インドのムスリム国家体系」歴史学研究会編『講座世界史　2』東京大学出版会　1995
(9)　近藤信彰「イラン，トゥラン，ヒンド——ペルシャ語文化圏の発展と変容」『イスラーム・環インド洋世界』(岩波講座世界歴史14) 岩波書店　2000
(10)　山田篤実『ムガル美術の旅』朝日新聞社　1997
(11)　深沢宏『インド社会経済史研究』東洋経済新報社　1972
(12)　小谷汪之『インドの中世社会』岩波書店　1989

⒀　小谷汪之『不可触民とカースト制度の歴史』明石書店　1996
⒁　家島彦一『海が創る文明――インド洋海域世界の歴史』朝日新聞社　1993
⒂　M. N. ピアスン，生田滋訳『ポルトガルとインド――中世グジャラートの商人と支配者』岩波書店　1984
⒃　長島弘「海上の道」歴史学研究会編『講座世界史１』東京大学出版会　1995
⒄　長島弘「インド洋とインド商人」『イスラーム・環インド洋世界』（岩波講座世界歴史14）岩波書店　2000
⒅　浅田實『商業革命と東インド貿易』法律文化社　1984
⒆　浅田實『東インド会社』（講談社現代新書）講談社　1989
⒇　近藤治『ムガル朝インド史の研究』京都大学出版会　2003
(21)　R. C. Majumdar (Gen. Ed.), *The Mughal Empire (The History and Culture of Indian People,* Vol.7), Bharatiya Vidya Bhavan, Bombay, 1974.
(22)　John Richards, *The Mughal Empire (The New Cambridge History of India,* 1-5), Cambridge University Press, 1993.
(23)　Stewart Gordon, *Marathas 1600-1818 (The New Cambridge History of India,* 2-4), Cambridge University Press, 1993.
(24)　J. S. Grewal, *The Sikhs of the Panjab (The New Cambridge History of India,* 2-3), Cambridge University Press, 1990.
(25)　Irfan Habib, *The Agrarian System of Mughal India,* Asia Publishing House, Bombay, 1963, 2nd ed., Oxford University Press, New Delhi, 1999.
(26)　Nurul Hasan, “Zamindars under the Mughals”, M. Alam and S. Subrahmanyam (eds.), *The Mughal State 1526-1750,* Oxford University Press, New Delhi, 1998.
(27)　Athar Ali, “Towards an Interpretation of Mughal Empire”, Hermann Kulke (ed.), *The State in India 1000-1700,* Oxford University Press, New Delhi, 1995.
(28)　Abdul Aziz, *The Mansabdari System and the Mughal Army,* Idarah-i-Adabiyat-i-Delli, New Delhi, 1972.
(29)　Shreen Moosvi, “Aurangzeb's Farman to Rasikdas on Problems of Revenue Administration, 1665”, Irfan Habib (ed.), *Medieval India 1,*

Oxford University Press, New Delhi, 1992.
(30) Banarsi Prasad Saksena, *History of Shahjahan of Dilhi,* Central Book Depot, Allahabad, 1962.
(31) Audrey Burton, *The Bukharans: A Dynastic, Diplomatic and Commercial History 1550-1702,* Curzon, Richmond, 1997.
(32) G. S. Sardesai, *New History of the Marathas,* 3 vols., Phoenix, Bombay, 1946-48.
(33) Sanjay Subrahmanyam (ed.), *Merchants, Markets and the State in Early Modern India,* Oxford University Press, New Delhi, 1990.
(34) Sanjay Subrahmanyam, *Penumbral Visions: Making Polities in Early Modern South India,* Oxford University Press, New Delhi, 2001.

ムガル期の歴史(通史)についても本格的な日本語文献はないのであるが，(1)および(2)の佐藤執筆部分にかなり詳しい記述がある。(3)は，ムガル初代皇帝バーブル自身の回想録で，トルコ語からの邦訳。(4)は，ムガル朝期に多く著された外国人旅行記の代表的作品。アウラングゼーブの時代に滞在したフランスの文人ベルニエによる記録。(5)〜(7)はムガル帝国の支配体制，支配階級や封土制度について，主として外国人研究者の研究に依拠して概説したもの。(8)(9)はインド・イスラーム史を「東イスラーム世界」という大きな枠組みのなかでとらえようとしたもので，一国史的な発想を乗り越えようとする試みである。(10)はムガルの庭園，絵画(細密画)などについて，細やかに扱った好著。(11)(12)は質，量ともにきわめて豊富なマラーティー語中世文書に基づく社会経済史，文化史の研究書。(13)はマラーター期，英領期を中心としながらもカースト制度の歴史を全体としてとらえようとしたもの。(14)〜(17)は「インド洋海域世界」という視点で歴史を見通そうとしたもので，最近顕著になってきた新しい研究方法を反映している。(18)(19)は東インド貿易，東インド会社に関する西洋史的な視点からの最近の著書。(20)は著者の長年の研究成果を集大成したもので，とくにムガル商業史に重点がおかれている。(21)はⅠ-A(9)のシリーズの一冊で，ムガル期の歴史について包括的に扱った共同執筆の著書。(22)〜(24)はケンブリッジ大学出版局の新しいインド史シリーズの一部で，今日の研究水準に立つ概説書である。(25)はムガル帝国の土地制度に関する包括的な専門書で今なお他の追随を許さない。(26)〜(28)はムガル期の土地制度，支配階級，軍隊制度についての専門論文，著書。(29)で分析されているアウラングゼーブ帝の勅令はチャウドリーなどの在地有力者を，ムタガッリブ(圧制者)と呼んでいて興味深い。

(30)はシャー・ジャハーンと「東イスラム世界」との関係を重視している。(31)はシャイバーン朝からブハラの諸王朝にいたる中央アジアの歴史に関する専門書である。(32)は今なお標準的なマラーターの通史。(33)は，17世紀から19世紀初頭にかけての海外貿易と地方経済の絡み合いを，多くの地方と商品について検討する。(34)は，ヴィジャヤナガル王国の滅亡からイギリス植民地支配の確立にいたる期間の南インドについて，その国家支配と社会体制について論じる。

第７章　イギリス植民地支配の始まりとインド社会

(1)　スミット・サルカール，長崎暢子ほか訳『新しいインド近代史』全２巻　研文出版　1993

(2)　ビパン・チャンドラ，粟屋利江訳『近代インドの歴史』山川出版社　2001

(3)　佐藤正哲・中里成章・水島司『ムガル帝国から英領インドへ』（世界の歴史14）中央公論社　1998

(4)　松井透『世界市場の形成』岩波書店　1991

(5)　深沢宏『インド農村社会経済史の研究』東洋経済新報社　1987

(6)　高畠稔「ザミーンダール・ライーヤット関係の原型」『北海道大学文学部紀要』第18巻１号　1970

(7)　谷口晋吉「18世紀後半北部ベンガルの農業社会構造」(1)『一橋大学研究年報　経済学研究』第31号　1990

(8)　小谷汪之編『西欧近代との出会い』（叢書カースト制度と被差別民２）明石書店　1994

(9)　山崎利男「イギリス支配とヒンドゥー法」『権威と権力』（シリーズ世界史への問い７）岩波書店　1990

(10)　山崎利男「ヒンドゥー法におけるカースト慣習」『西欧近代との出会い』（叢書カースト制度と被差別民２）明石書店　1994

(11)　藤井毅「カースト論への視角とカースト団体」『アジア経済』第30巻３号　1989

(12)　藤井毅『歴史のなかのカースト』岩波書店　2003

(13)　小谷汪之『大地の子《プーミプトラ》――インドの近代における抵抗と背理』東京大学出版会　1986

(14)　小谷汪之『マルクスとアジア』青木書店　1979

(15)　中里成章「インドの植民地化問題・再考」『アジアとヨーロッパ』（岩

波講座世界歴史23）岩波書店　1999
(16) 辛島昇『南アジアの文化を学ぶ』（放送大学テキスト）放送大学教育振興会　2000
(17) 水島司『18－20世紀南インド在地社会の研究』東京外国語大学アジア・アフリカ言語文化研究所　1990
(18) 粟屋利江『イギリス支配とインド社会』（世界史リブレット38）山川出版社　1998
(19) R. C. Majumdar (Gen. Ed.), *British Paramountcy and Indian Renaissance, Part I (The History and Culture of the Indian People,* Vol.9), Bharatiya Vidya Bhavan, Bombay, 1963.
(20) C. A. Bayly, *Indian Society and the Making of the British Empire (The New Cambridge History of India,* 2-1), Cambridge University Press, 1988.
(21) C. U. Aitchison, *A Collection of Treaties, Engagements and Sanads relating to India and Neighbouring Countries,* 14 vols., Government of India Central Publication Branch, Calcutta, 1929-33.
(22) Romesh Dutt, *The Economic History of India in the Victorian Age,* Routledge & Kegan Paul Ltd., London, 1956.
(23) Romesh Dutt, *The Economic History of India under Early British Rule,* Routledge & Kegan Paul Ltd., London, 1956.
(24) Anil Chandra Banerjee, *The Constitutional History of India,* Vol. Ⅰ, *1600-1858,* Vol. Ⅱ, *1858-1919,* Macmillan Co. of India, Calcutta, 1977, 1978.
(25) S. V. Desika Char, *Readings in the Constitutional History of India 1757-1947,* Oxford University Press (India), 1983.
(26) Nicholas B. Dirks, *The Hollow Crown: Ethnohistory of an Indian Kingdom,* Cambridge University Press, 1987.
(27) Eugene F. Irschick, *Dialogue and History: Constructing South India, 1795-1895,* University of California Press, Berkeley, 1994.
(28) Hiroyuki Kotani, *Western India in Historical Transition,* Manohar, New Delhi, 2002.
(29) Haruka Yanagisawa, *A Century of Change: Caste and Irrigated Lands in Tamilnadu 1860s-1970s,* Manohar, New Delhi, 1996.
(30) Nariaki Nakazato, *Agrarian System in Eastern Bengal, c.1870-*

1910, K. P. Bagchi & Co., Calcutta, 1994.

(1)(2)はインド人研究者による通史であるが，とくに(1)は民衆史的視点に立つ最新の成果。(3)の中里執筆部分はインド近代史全般を扱い，水島執筆部分は南インドをとくに詳しく扱っている。(4)はインド経済を世界市場のなかで理解するために不可欠の作業をおこなっている。(5)は著者の遺稿を集めた論文集。18〜20世紀西部インドの経済史が中心。(6)(7)は植民地支配が最初に始まったベンガル地方の農業経済・社会に関する専門論文。(8)は不可触民制研究会(代表　小谷汪之)の５年にわたる共同研究の成果として刊行された『叢書カースト制度と被差別民』(全５巻)の第２巻で，「カースト自治」に関する小谷，粟屋利江，吉村(脇村)玲子の論文，寡婦再婚に関する吉村論文，幼児婚に関する小谷論文などが収録されている。(9)(10)は植民地支配下に形成されたヒンドゥー法の諸問題をとくにカーストとの関係で検討したもの。(11)(12)はカースト制度を伝統的なものとしてではなく，植民地支配下に画一化したものととらえる視点を示している。(13)はインド近代政治史を社会史的な方法で描こうとしたもの。(14)は西欧近代のインド観をとくにマルクスに即して批判的に検討したもの。(15)は最近のインド史の見直し，とくに18世紀史の見直しの問題状況を整理している。(16)にはマイソールのティプ・スルタンとスリランカ最後のキャンディ王を扱った章がある。(17)は前植民地期南インドの社会関係をミーラース体制ととらえ，植民地支配下におけるその変容を追っている。(18)は小冊子であるが，イギリス植民地支配下におけるインド社会の変容を概説している。(19)はⅠ－Ａ(9)のシリーズの一冊で，英領支配前半の時期について網羅的に扱った共同執筆の著書。(20)はケンブリッジ大学出版局の新しいインド史のシリーズの１冊。(21)はイギリス東インド会社がインドおよびそれに隣接する地域のさまざまな支配者たちとの間に結んだ条約をほぼ網羅的に集めたもので，史料集としての価値がきわめて高い。(22)(23)はインド近代経済史の古典として，今なお価値を有する。初版は1901年と1903年。(24)はインド近代国制史のスタンダードな著書。(25)はインド近代国制史に関する史料集として便利である。(26)は，15世紀以降における南インドのプドゥコーッタイ王国を例に，歴史人類学的手法を用いて，儀礼的王権の政治支配の実態を分析する。(27)は，18世紀の南インドで村人たちが新しい社会状況にどう対応しようとして，そこから何が生まれてきたのかを読み解こうとする。(28)〜(30)は日本人の研究者がそれぞれの研究成果を英文で発表したことに意味がある。

第 8 章　英領インドの成立とインド民族運動の始まり

⑴　ビパン・チャンドラ，粟屋利江訳『近代インドの歴史』山川出版社　2001
⑵　スミット・サルカール，長崎暢子ほか訳『新しいインド近代史』全 2 巻　研文出版　1993
⑶　佐藤正哲・中里成章・水島司『ムガル帝国から英領インドへ』（世界の歴史14）中央公論社　1998
⑷　粟屋利江『イギリス支配とインド社会』（世界史リブレット38）山川出版社　1998
⑸　長崎暢子『インド大反乱　1857年』（中公新書）中央公論社　1981
⑹　浜渦哲雄『英国紳士の植民地統治——インド高等文官への道』（中公新書）中央公論社　1991
⑺　今田秀作『パクスブリタニカと植民地インド』京都大学学術出版会　2000
⑻　藤井毅『歴史のなかのカースト』岩波書店　2003
⑼　小谷汪之編『西欧近代との出会い』（叢書カースト制度と被差別民 2 ）明石書店　1994
⑽　バーバー・パドマンジー，パンディター・ラマーバーイー，小谷汪之・押川文子訳『ヒンドゥー社会と女性解放——ヤムナーの旅・高位カーストのヒンドゥー婦人』明石書店　1996
⑾　Romesh Dutt, *The Economic History of India in the Victorian Age,* Routledge & Kegan Paul Ltd., London, 1956.
⑿　R. C. Majumdar (Gen. Ed.), *British Paramountcy and Indian Renaissance (The History and Culture of the Indian People,* Vol. 9*),* Part I, II, Bharatiya Vidya Bhavan, Bombay, 1963.
⒀　B. R. Tomlinson, *The Economy of Modern India 1860-1970 (The New Cambridge History of India,* 3-3*),* Cambridge University Press, 1993.
⒁　Susan Bayly, *Caste, Society and Politics in India from the Eighteenth Century to the Modern Age (The New Cambridge History of India,* 4-3*),* Cambridge University Press, 1999.
⒂　Kenneth W. Jones, *Socio-religious Reform Movements in British India (The New Cambridge History of India,* 3-1*),* Cambridge University Press, 1989.

⒃ Geraldine Forbes, *Women in Modern India (The New Cambridge History of India, 4-2)*, Cambridge University Press, 1996.

⑴は日本でいえば高校教科書といった性格の通史であるが，その基本的観点は⑾の線を継承しているとされる。⑵は「民衆史」の立場からインド近代史を捉えなおそうとしたもので，⑾のような民族主義的史観への批判を含む。⑶のうち，中里執筆分は植民地経済史に重点があり，水島執筆分は南インドを中心とするユニークな記述である。⑷は少ない枚数で，最近の新しいインド史研究の傾向をサーヴェイしている。⑸はインド大反乱(1857年)に関する日本語の唯一の専著。⑹はイギリス植民地支配を支える「鋼鉄枠」といわれたインド高等文官職に関するユニークな専著。⑺には⑾的な潮流と⒀的な潮流の対立点の簡潔な整理がある。⑻はカーストやカースト制度の問題を，イギリス植民地支配政策との関連でとらえるべきであるという立場を鮮明に出している。⑼は不可触民制研究会の共同研究の成果で，19世紀のカースト問題や女性解放問題をとらえる論文を集めたもの。⑽には，19世紀インドの女性社会運動家として有名なパンディター・ラマーバーイー(Pandita Ramabai)の略伝とその代表作 *The High Caste Hindu Woman* (1888)の日本語訳が収録されている。⑾は「富の流出(ドレイン)理論」に依拠したインド・ナショナリズムの経済論の古典的代表作で，大きな影響力をもった。初版は1903年。⑿はⅠ-A⑼のシリーズの一冊で，19世紀を中心として，ほぼ第一次世界大戦前まで，イギリス植民地支配期の諸問題を広範囲に扱っている。論文集であるが，通史としても理解できるように工夫されている。インド・ナショナリズムの高揚した雰囲気を伝えているが，今日から見ると，観点に民族主義的な狭さが感じられる。⒀は⑾にたいする「修正主義」的な批判を含む最近のインド経済史研究の一潮流を示している。⒁〜⒃は新しいケンブリッジ・インド史のシリーズで，それぞれの個別テーマについて，長い歴史的射程で捉えようとしている点が特徴。したがって，これらは第９章の参考文献ともなる。

第９章　ガンディー時代

⑴ 挾間直樹・長崎暢子『自立へ向かうアジア』(世界の歴史27) 中央公論社　1999

⑵ ガンディー，田中敏雄訳『ガーンディー自叙伝』Ⅰ,Ⅱ (東洋文庫) 平凡社　2000

⑶ ガンディー，田中敏雄訳『真の独立への道(ヒンド・スワラージ)』

（岩波文庫）岩波書店　2001
(4)　ガンディー，森本達雄・古瀬恒介・森本素世子訳『不可触民解放の悲願』明石書店　1994
(5)　長崎暢子『ガンディー――反近代の実験』岩波書店　1996
(6)　内藤雅雄『ガンディーをめぐる青年群像』三省堂　1987
(7)　長崎暢子『インド独立――逆光のなかのチャンドラ・ボース』朝日新聞社　1989
(8)　内藤雅雄編『解放の思想と運動』（叢書カースト制度と被差別民３）明石書店　1994
(9)　山崎元一『インド社会と新仏教――アンベードカルの人と思想』刀水書房　1979
(10)　アンベードカル，山崎元一・吉村怜子訳『カーストの絶滅』明石書店　1994
(11)　アーイシャ・ジャラール，井上あえか訳『パキスタン独立』勁草書房　1999
(12)　小谷汪之『ラーム神話と牝牛――ヒンドゥー復古主義とイスラム』平凡社　1993
(13)　ケイン，ホプキンス，竹内幸雄・秋田茂訳『ジェントルマン資本主義の帝国』Ⅰ，Ⅱ　岩波書店　1997（P.J. Cain & A.G. Hopkins, *British Imperialism,* 2 vols., 1993.）
(14)　Susan Bayly, *Caste, Society and Politics in India from the Eighteenth Century to the Modern Age (The New Cambridge History of India,* 4-3*),* Cambridge University Press, 1999.
(15)　Kenneth W. Jones, *Socio-religious Reform Movements in British India (The New Cambridge History of India,* 3-1*),* Cambridge University Press, 1989.
(16)　Geraldine Forbes, *Women in Modern India (The New Cambridge History of India,* 4-2*),* Cambridge University Press, 1996.

(1)の長崎執筆分は19世紀からインド独立までの通史的記述。(2)はガンディーの自叙伝をグジャラーティー語の原文から訳した労作。なお，Gandhi はガーンディーとする方が原音に近いのであるが，ガンディーという表記が慣用となっている。(3)はガンディーの代表作（原文はグジャラーティー語。1910年刊）の翻訳で，ガンディーの考え方がよくわかる。(4)はガンディーが不可触民問題に関して書いた諸論文の翻訳と解説。(5)は著者が

長いガンディー研究を総括して，ガンディーの人間像を多面的に描こうとしたもの。(6)はガンディーの運動を支えた青年たちの姿をとおして，ガンディーを描き出している。(7)はインド独立運動史を，英印関係史としてだけではなく，日本のアジア侵略との関係でとらえようとする点に特徴がある。「政治的人間」としてのガンディーの印象が強い。(8)は不可触民制研究会の共同研究の成果で，不可触民解放運動をベンガル，マハーラーシュトラ，ケーララなどさまざまな地域に即して捉えた論文を集めたもの。(9)は不可触民問題をめぐってガンディーと鋭く対立したアンベードカルの評伝。(10)は不可触民解放をめぐるアンベードカルの代表的な諸論文の翻訳と解説。(11)はインド・パキスタン分離独立への過程をパキスタンの側から記述したもので，類書は少ない。(12)はヒンドゥー・ムスリム対立激化への過程を，牝牛のような宗教的シンボルの操作という視点から追ったもの。(13)ではイギリスを中心とする多角的な国際経済関係のなかにインドの財政・経済が位置付けられている。(14)〜(16)については，第８章(14)〜(16)の文献説明参照。

第10章　独立後の国家と国民

第１節・２節・３節（インド）

(1)　ラジニ・コタリ，広瀬崇子訳『インド民主政治の転換』勁草書房　1999
(2)　堀本武功『インド現代政治史――独立後半世紀の展望』刀水書房　1997
(3)　古賀正則・内藤雅雄・中村平治編『現代インドの展望』岩波書店　1998
(4)　堀本武功・広瀬崇子編『民主主義への取り組み』（現代南アジア３）東京大学出版会　2002
(5)　孝忠延夫『インド憲法』関西大学出版部　1992
(6)　稲正樹『インド憲法の研究』信山社　1993
(7)　絵所秀紀・伊藤正二『立ち上がるインド経済』日本経済新聞社　1995
(8)　絵所秀紀編『経済自由化のゆくえ』（現代南アジア２）東京大学出版会　2002
(9)　佐藤宏「コミュナリズムへの視点――アヨーディヤー事件とインド政治研究」『アジア経済』41-10・11　2000
(10)　中島岳志『ヒンドゥー・ナショナリズム』（中公新書ラクレ）中央公

論新社　2002
⑾　柳沢悠編『暮らしと経済』（叢書カースト制度と被差別民４）明石書店　1995
⑿　押川文子編『フィールドからの現状報告』（叢書カースト制度と被差別民５）明石書店　1995
⒀　秋田茂・水島司編『世界システムとネットワーク』（現代南アジア６）東京大学出版会　2003
⒁　古賀正則・内藤雅雄・浜口恒夫編『移民から市民へ――世界のインド系コミュニティ』岩波書店　2000

⑴はインドの代表的な政治学者の著作の翻訳。⑵は独立後のインド政治史の通史的記述だが，「不可触民政党」の問題やカシミール問題にも言及している。⑶は独立後インドの諸問題を，政治・経済・外交の諸分野にわたって整理している。⑷は科学研究費補助金・特定領域研究「南アジア世界の構造変動とネットワーク」による共同研究の成果で，現代インド政治全般にわたって深く分析している。⑸⑹によって世界一長いといわれるインド憲法の内容を知ることができる。⑺はインドにおける「経済開放」の展望をいち早く見とおそうとしたもの。⑻は⑷と同じ共同研究の成果で，インド現代経済の諸問題を広範に扱っている。⑼はヒンドゥー・ムスリム対立のようなコミュナリズムの問題へのアプローチの仕方を批判的に検討した，問題提起的な論考。⑽はいわゆるヒンドゥー復古主義の動きをその現場から見た報告。⑾は不可触民制研究会の共同研究の成果で，現代インドのカースト問題を経済の面から考察した論文を集めたもの。⑿では，指定カースト(旧不可触民)にたいするリザヴェーション(留保)政策について詳しく述べられているとともに，各地の指定カーストの現状が報告されている。⒀は世界システム論の視点から，とくにイギリス，そしてアメリカとの関係でインドをとらえようとする論考とインド系の人々の世界的なネットワークについての考察を含んでいる。この後者の問題は⒁では，インド系の人々が世界各地で形成しているコミュニティに中心をおいて分析されている。

第４節（パキスタン）

⑴　小谷汪之『ラーム神話と牝牛――ヒンドゥー復古主義とイスラム』平凡社　1993
⑵　近藤治『現代南アジア史研究――インド・パキスタン関係の原型と展

開』世界思想社　1998
(3) 堀本武功『インド現代政治史——独立後半世紀の展望』刀水書房　1997
(4) 浜口恒夫「イスラムとパキスタンの国民統合——ジアー・ウル・ハック政権下のイスラム化とその後」科学研究費補助金特定領域研究(A)「南アジア世界の構造変動とネットワーク」研究成果報告書 No. 2 『1990年代における南アジアの変動』1999　所収
(5) 浜口恒夫「南アジアにおける軍政——正当化の論理と背理」堀本武功・広瀬崇子編『民主主義へのとりくみ』（現代南アジア 3）東京大学出版会　2002　所収
(6) ムハンマド・ワスィーム，井上あえか訳「パキスタンにおけるイスラーム政治」堀本武功・広瀬崇子編『民主主義へのとりくみ』（現代南アジア 3）東京大学出版会　2002　所収
(7) C. U. Aitchison (ed.), *A Collection of Treaties, Engagements and Sanads relating to India and Neighbouring Countries,* Vol. 13, Government of India Central Publication Branch, Calcutta, 1931.

(1)は19世紀から20世紀に激化したヒンドゥー・ムスリム対立を牝牛をめぐる問題から解こうとしたもの。(2)は独立前後の時期からのインド・パキスタン関係を段階的に追っている。(3)はカシミール問題をめぐるインド・パキスタン関係を扱っている。(4)〜(6)はパキスタンの軍政と「イスラーム化」に関する専門論文で，説得力のある議論を展開している。(7)にはジャンムー・カシミール藩王国成立にかかわる条約が収められている。

第 5 節（ネパール・ブータン・バングラデシュ）

(1) 井上恭子「ヒマラヤン・リージョンにおける国家関係——インド・ネパール関係の展開を中心に」『国際政治』127　2001
(2) 西澤憲一郎『ネパールの歴史——対インド関係を中心に』勁草書房　1985
(3) レオ・E・ローズ，乾有恒訳『ブータンの政治』明石書店　2001
(4) 延末謙一「ファラッカ堰をめぐるインド・バングラデシュ関係」近藤則夫編『現代南アジアの国際関係』アジア経済研究所　1997
(5) C. U. Aitchison (ed.), *A Collection of Treaties, Engagements and Sanads relating to India and Neighbouring Countries,* Vol. 13, Government of India Central Publication Branch, Calcutta, 1931.

(6) J. V. A. MacMurray (ed.), *Treaties and Agreements with and concerning China, 1894-1919,* Vol. I, *Manchu Period (1894-1911),* Howard Fertig, New York, 1973.

(1)はインド独立前後からのインド・ネパール関係を主として通商関係からとらえようとしたもの。(2)はネパール近現代政治・経済史をとくにインドとの関係で歴史的に追っている。(3)は数少ないブータン史の概説書。(4)はファラッカ堰をめぐるインドとバングラデシュの関係を取り扱った専門論文。(5)には，イギリス・インド帝国とネパール，ブータン，シッキムとのあいだの諸条約が，(6)には，チベットをめぐるイギリスと中国との間の諸条約が収められている。

第 6 節（スリランカ）

(1) 辛島昇「歴史学から見た民族」岡正雄他編『民族とは何か』（民族の世界史 1）山川出版社　1991

(2)) 田中雅一「スリランカの民族紛争――その背景と解釈」岡本幸治・木村雅昭編『紛争地域現代史　3　南アジア』同文舘　1994

(3) 川島耕司「独立後スリランカにおける民族問題と政治的解決への模索」『国士舘大学政経学部創設40周年記念論文集』 2001

(4) S. J. Tambiah, *Sri Lanka: Ethnic Fratricide and the Dismantling of Democracy,* I. B. Tauris, London, 1986.

(5) K. M. de Silva, *Reaping the Whirlwind: Ethnic Conflict, Ethnic Politics in Sri Lanka,* Penguin Books India, New Delhi, 1998.

(1)は紛争の要因を植民地期に求める一つの試み。(2)は独立後における民族問題の展開を追い，その文化的解釈を試みる。(3)は紛争の政治過程を追うことで，マイノリティとマジョリティを抱えた国家の未来を探る。(4)はハーヴァード大学で宗教学を講じてきたスリランカ人による分析。(5)はスリランカ近代史の第一人者による紛争の分析。

■ 王朝系図

北インドの諸王朝については，*The History and Culture of the Indian People,* vols.2-7, Bharatiya Vidya Bhavan, Bombay, 1951-74 を，南インドの諸王朝については，K. A. Nilakanta Sastri, *A History of South India,* 4th ed., Oxford University Press, Madras, 1975 をそれぞれ参照し，一部修正した。ただし，セーヴナ(ヤーダヴァ)朝は，A. V. Narasimha Murthy, *The Sevunas of Devagiri,* Rao and Raghavan, Mysore, 1971 を参照し，一部修正した。後期パーンディヤ朝については，N. Sethuraman による王の統治年の研究があるが，系図の作成は不可能なため省略した。奴隷王朝とトゥグルク朝は，Peter Jackson, *The Delhi Sultanate: A Political and Military History,* Cambridge University Press, 1999 を参照し，一部修正した。

なお,チャーハマーナ朝については,ドゥルラバラージャ3世からアジャヤラージャまでをDasharatha Sharma, *Early Chauhan Dynasties,* Motilal Banarasidass, Delhi, 2nd ed., 1975 に依拠し，三田昌彦が作成した。他はすべて太田信宏の作成。

マウリヤ朝

チャンドラグプタ
前317頃-前293頃
|
ビンドゥサーラ
前293頃-前268頃
|
アショーカ
前268頃-前232頃
⋮
ブリハドラタ
前187頃-前180頃

クシャーナ朝

クジューラ・カドフィセース
30頃-91頃
|
ウィマ・タクトゥ
|
ウィマ・カドフィセース
|
カニシュカ1世
128頃-155頃
(異説144頃-172頃)

カニシュカ1世ののち，ヴァーシシュカ，フヴィシュカ，カニシュカ2世，フヴィシュカ2世，ヴァースデーヴァの王名が知られているが，その相互の関係，年代等ははっきりしない。

グプタ朝

ガトートカチャ

チャンドラグプタ1世
320-335頃

サムドラグプタ
335頃-376頃

チャンドラグプタ2世(ヴィクラマーディティヤ)
375頃-414頃

クマーラグプタ1世
414頃-455頃

スカンダグプタ
455頃-470頃

スカンダグプタののち，パーラグプタ等の王名が知られているが，その年代等ははっきりしない。

プラティーハーラ朝

ナーガバタ1世　○

カックラ　デーヴァラージャ

ヴァツァラージャ

ナーガバタ2世

ラーマバドラ

ボージャ1世
836頃-885頃

マヘーンドラパーラ1世
885頃-907頃

マヘーンドラパーラ1世ののち，ボージャ2世等の王名が知られているが，その相互の関係，年代等ははっきりしない。

チャーハマーナ朝（チャウハーン朝）

- ヴァースデーヴァ 550頃
  - ⋮
- ドゥルラバラージャ3世 1060頃-1079
- ヴィグラハラージャ3世 1079-1098
- プリトゥヴィーラージャ1世 1098-1105
- アジャヤラージャ 1105-1132
- アルノーラージャ 1132-1151
  - ジャガッデーヴァ 1151
    - プリトゥヴィーラージャ2世 1167-1169
  - ヴィグラハラージャ4世 1151-1167
    - アパラガーンゲーヤ 1167
  - ソーメーシュヴァラ 1169-1177
    - プリトゥヴィーラージャ3世 1177-1192
      - ゴーヴィンダラージャ4世 1192
    - ハリラージャ 1192-1195頃

パーラ朝

ゴーパーラ1世

ダルマパーラ
770頃-810頃

デーヴァパーラ

○

○

ヴィグラハパーラ1世

ナーラーヤナパーラ

ラージャパーラ

ゴーパーラ2世

ヴィグラハパーラ2世

マヒーパーラ1世
992頃-1041頃

マヒーパーラ1世ののち，ナヤパーラ，ヴィグラハパーラ3世，マヒーパーラ2世，シューラパーラ，ラーマパーラ，クマーラパーラ，ゴーパーラ3世等の王名が知られるが，その相互の関係，年代等ははっきりしない。

セーナ朝

ヴィジャヤ・セーナ

バッラーラ・セーナ

ラクシュマナ・セーナ1世

ラクシュマナ・セーナ1世ののち，ヴィシュヴァルーパ（マーダヴァ）・セーナ，ナーラーヤナ・セーナ，ラクシュマナ・セーナ2世等の王名が知られるが，その相互の関係，年代等ははっきりしない。

チャールキヤ朝（バーダーミ）

- プラケーシン1世 543/4-566
  - キールティヴァルマン1世 566/7-597/8
    - プラケーシン2世 609/10-642
      - ヴィクラマーディティヤ1世 654/5-681
        - ヴィナヤーディティヤ 681-696
          - ヴィジャヤーディティヤ 696-733/4
            - ヴィクラマーディティヤ2世 733/4-744/5
              - キールティヴァルマン2世 744/5-755
  - マンガレーシャ 597/8-609/10

パッラヴァ朝

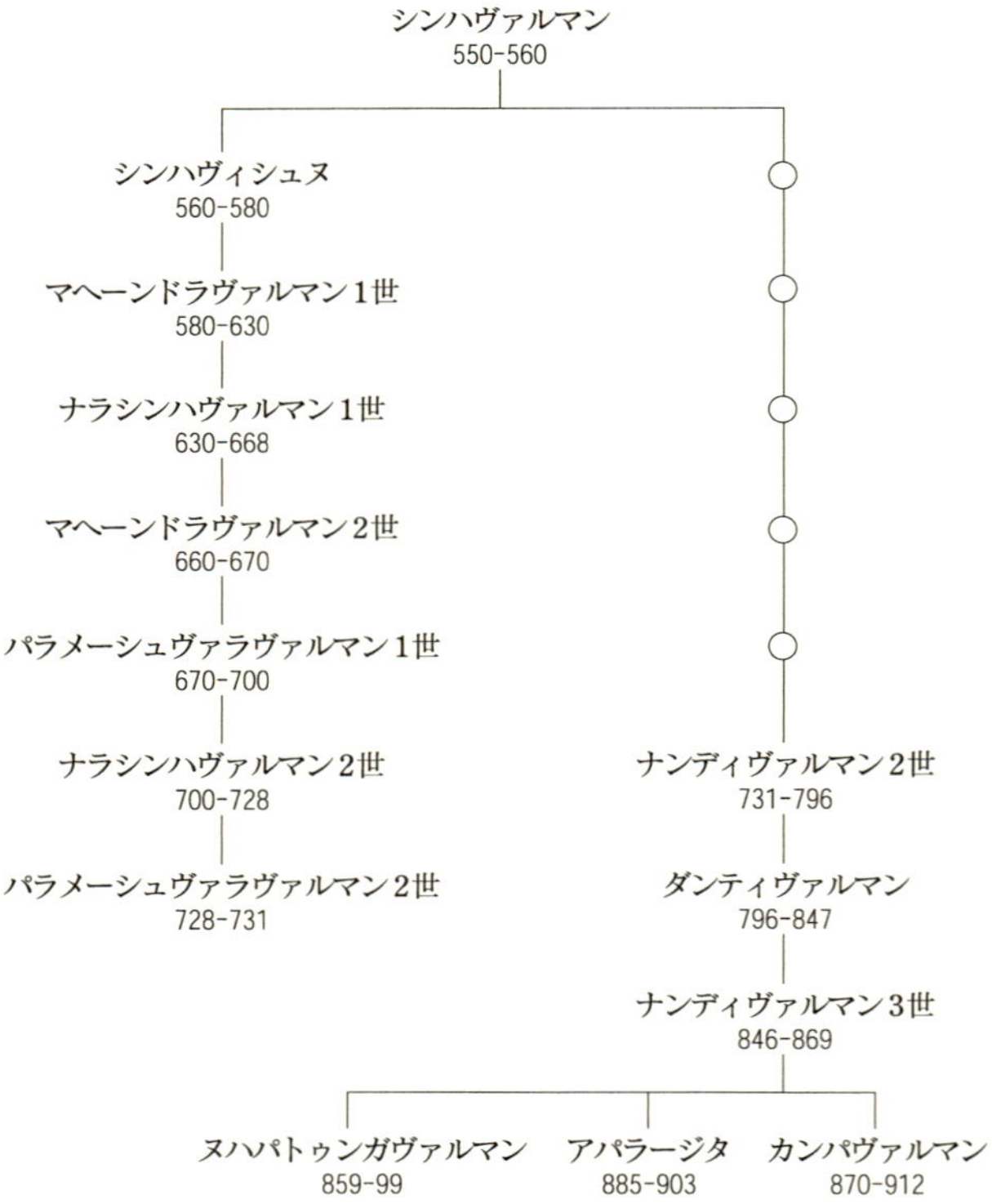
シンハヴァルマン
550-560
シンハヴィシュヌ
560-580
マヘーンドラヴァルマン1世
580-630
ナラシンハヴァルマン1世
630-668
マヘーンドラヴァルマン2世
660-670
パラメーシュヴァラヴァルマン1世
670-700
ナラシンハヴァルマン2世
700-728
パラメーシュヴァラヴァルマン2世
728-731
ナンディヴァルマン2世
731-796
ダンティヴァルマン
796-847
ナンディヴァルマン3世
846-869
ヌハパトゥンガヴァルマン
859-99
アパラージタ
885-903
カンパヴァルマン
870-912

前期パーンディヤ朝

カドゥンゴーン
590-620

マーラヴァルマン
620-645

シェーンダン
645-670

アリケーサリ
670-700

コーチャダイヤン
700-730

マーラヴァルマン・ラージャシンハ1世
730-756

ジャティラ・パラーンタカ・ネドゥンジャダイヤン(ヴァラグナ1世)
756-815

シュリーヴァッラバ
815-862

ヴァラグナ2世
862-885

パラーンタカ・ヴィーラナーラーヤナ
860-905

マーラヴァルマン・ラージャシンハ2世
905-920

ラーシュトラクータ朝

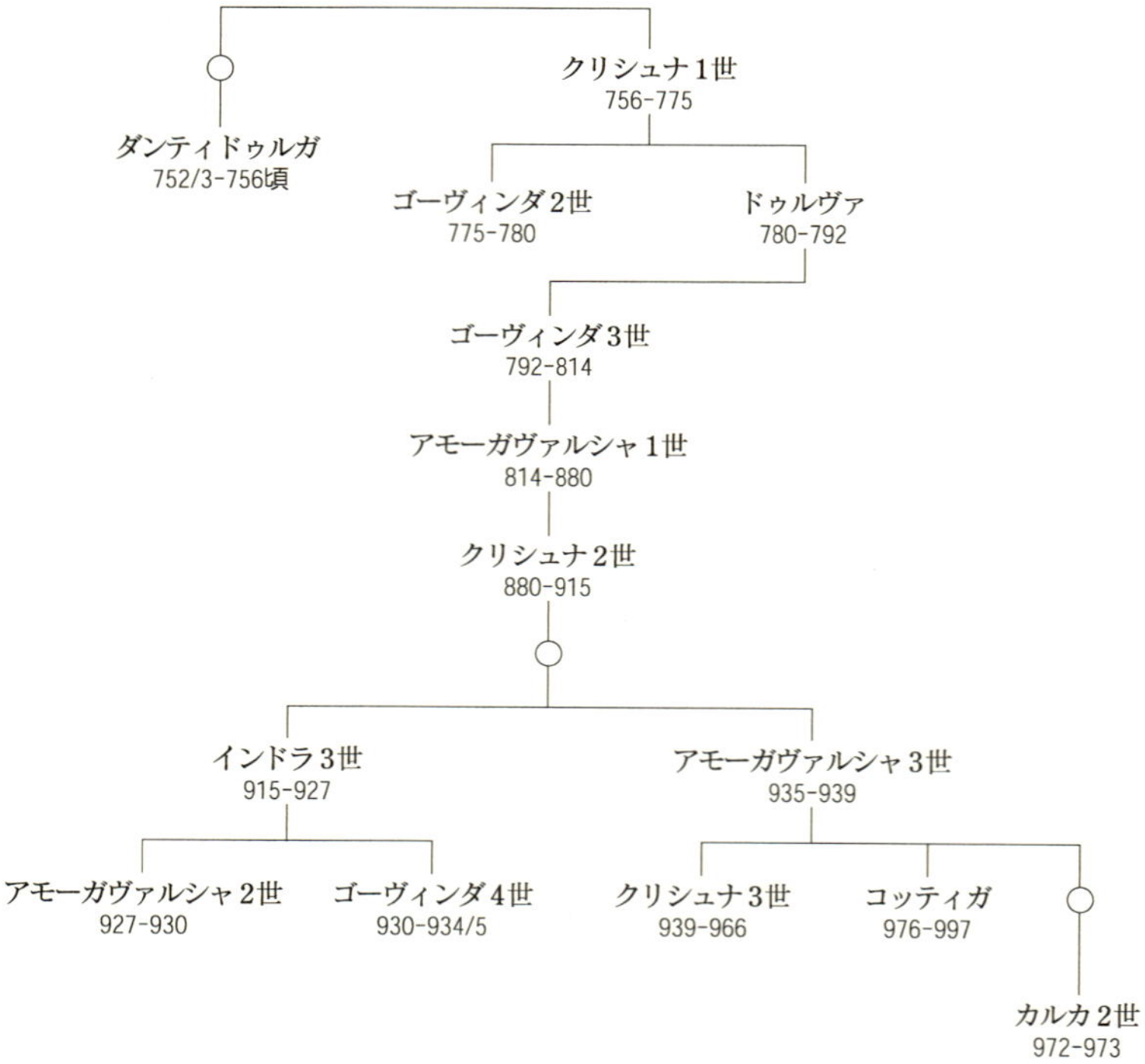
ダンティドゥルガ
752/3-756頃
クリシュナ1世
756-775
ゴーヴィンダ2世
775-780
ドゥルヴァ
780-792
ゴーヴィンダ3世
792-814
アモーガヴァルシャ1世
814-880
クリシュナ2世
880-915
インドラ3世
915-927
アモーガヴァルシャ3世
935-939
アモーガヴァルシャ2世
927-930
ゴーヴィンダ4世
930-934/5
クリシュナ3世
939-966
コッティガ
976-997
カルカ2世
972-973

チョーラ朝

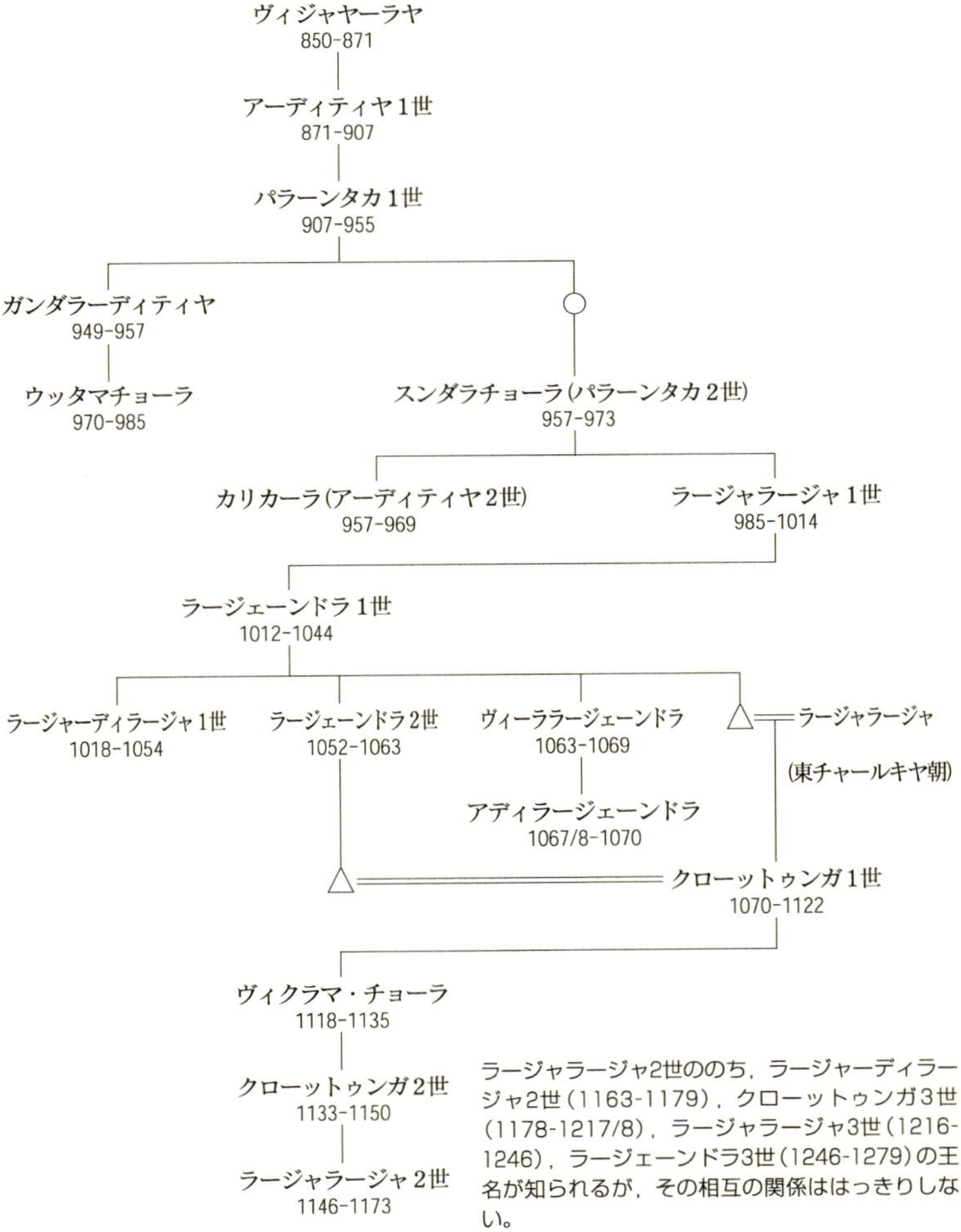

ラージャラージャ2世ののち，ラージャーディラージャ2世（1163-1179），クローットゥンガ3世（1178-1217/8），ラージャラージャ3世（1216-1246），ラージェーンドラ3世（1246-1279）の王名が知られるが，その相互の関係ははっきりしない。

チャールキヤ朝(カリヤーニ)

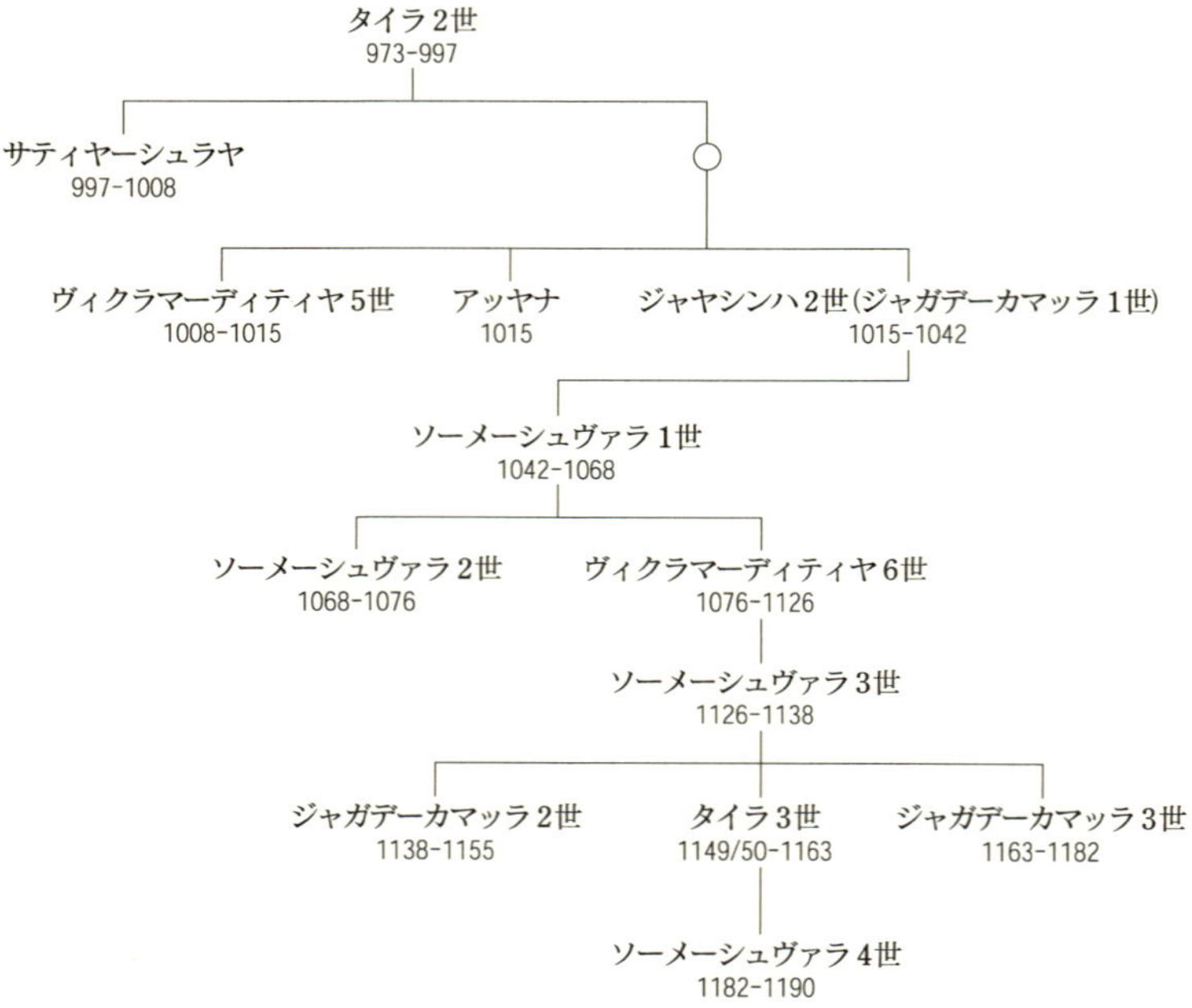
タイラ2世
973-997
サティヤーシュラヤ
997-1008
ヴィクラマーディティヤ5世
1008-1015
アッヤナ
1015
ジャヤシンハ2世(ジャガデーカマッラ1世)
1015-1042
ソーメーシュヴァラ1世
1042-1068
ソーメーシュヴァラ2世
1068-1076
ヴィクラマーディティヤ6世
1076-1126
ソーメーシュヴァラ3世
1126-1138
ジャガデーカマッラ2世
1138-1155
タイラ3世
1149/50-1163
ジャガデーカマッラ3世
1163-1182
ソーメーシュヴァラ4世
1182-1190

カーカティーヤ朝

ベータ1世
1000-1030

プローラ1世
1030-1075

ベータ2世
1075-1110

プローラ2世
1110-1158

プラターパルドラ1世
1158-1196

マハーデーヴァ
1196-1199

ガナパティ
1199-1262

ルドラーンバー
1262-1296

プラターパルドラ2世
1295-1326

セーヴナ（ヤーダヴァ）朝

ビッラマ４世
1173頃-1192頃

ジャイトゥギ
1192-1200

シンガナ
1200-1247

クリシュナ
1247-1261

ラーマチャンドラ
1271-1311

マハーデーヴァ
1261-1270

アーマナ
1270-1271

ホイサラ朝

ヴィシュヌヴァルダナ
1100-1152

ナラシンハ１世
1152-1173

バッラーラ２世
1173-1220

ナラシンハ２世
1220-1238

ソーメーシュヴァラ
1233-1267

ナラシンハ３世
1254-1292

バッラーラ３世
1291-1342

バッラーラ４世
1342-1346頃

ラーマナータ
1254-1295

ヴィシュヴァナータ
1295-1300

ヴィジャヤナガル王国

サンガマ朝

- サンガマ
  - ハリハラ1世 1336-1357
  - ブッカ1世 1344-1377
    - ハリハラ2世 1377-1404
      - ヴィルーパークシャ1世 1404-1405
      - ブッカ2世 1404,1405-1406
      - デーヴァラーヤ1世 1406-1422
        - ヴィジャヤ(ブッカ3世) 1422-1424
          - デーヴァラーヤ2世 1422-1446
            - マッリカールジュナ(デーヴァラーヤ3世) 1446-1465
          - ○
            - ヴィルーパークシャ2世 1465-1485
              - ? ブラウダラーヤ 1485-1486

サールヴァ朝

- サールヴァ・ナラシンハ 1486-1491
  - ナラシンハ2世 1491-1505

トゥルヴァ朝

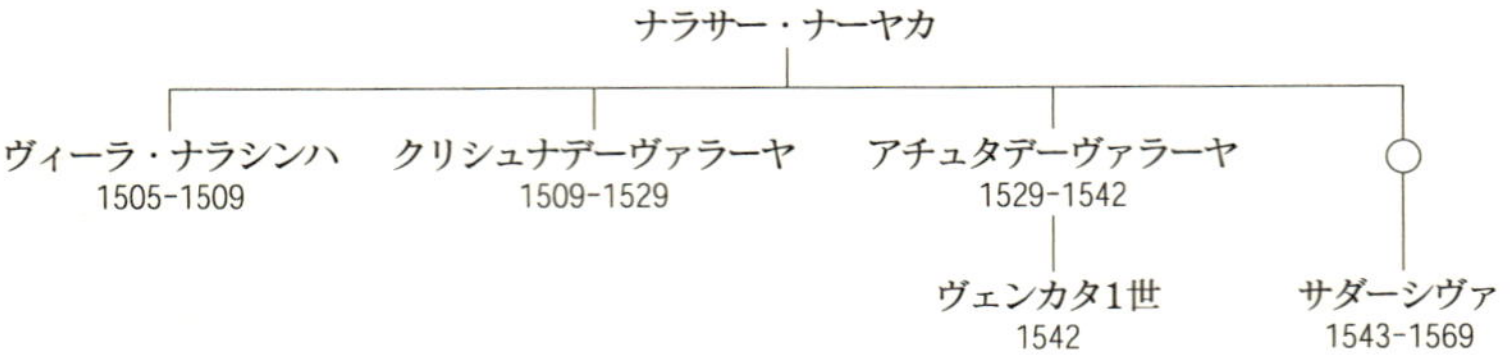
ナラサー・ナーヤカ
ヴィーラ・ナラシンハ
1505-1509
クリシュナデーヴァラーヤ
1509-1529
アチュタデーヴァラーヤ
1529-1542
ヴェンカタ1世
1542
サダーシヴァ
1543-1569

アーラヴィードゥ朝

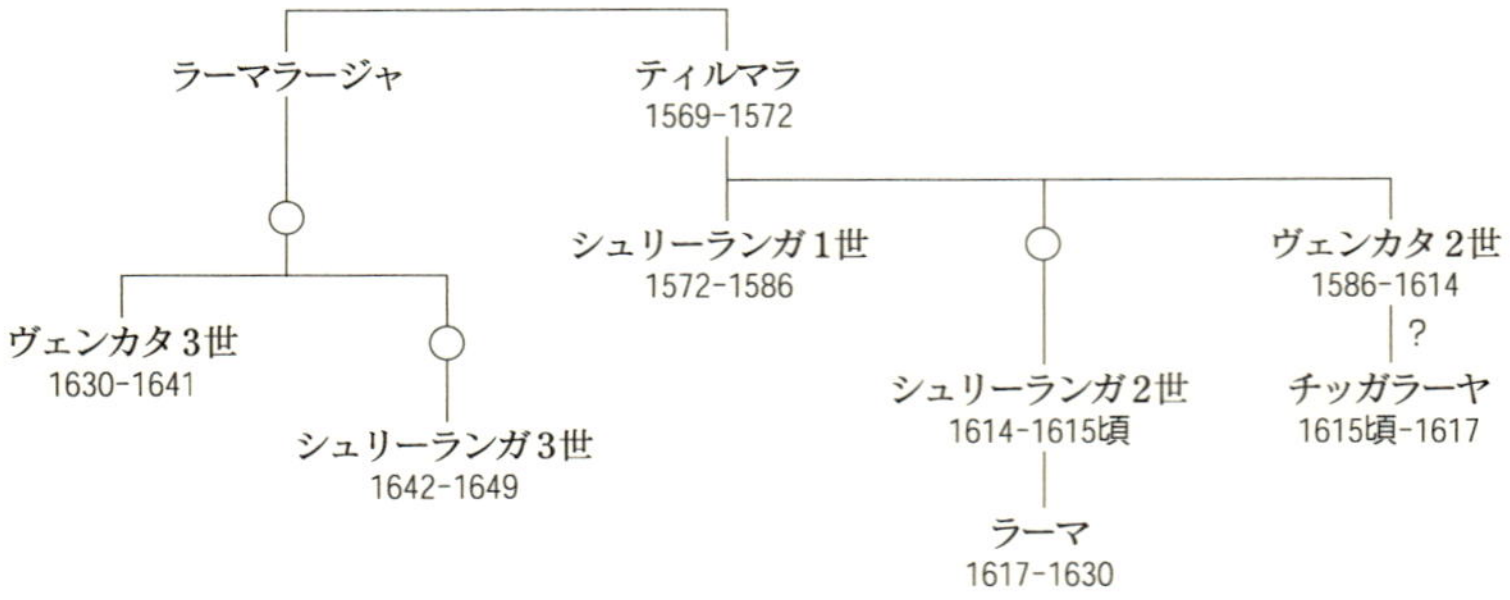
ラーマラージャ
ティルマラ
1569-1572
シュリーランガ1世
1572-1586
ヴェンカタ2世
1586-1614
?
チッガラーヤ
1615頃-1617
シュリーランガ2世
1614-1615頃
ラーマ
1617-1630
ヴェンカタ3世
1630-1641
シュリーランガ3世
1642-1649

デリー諸王朝

奴隷王朝

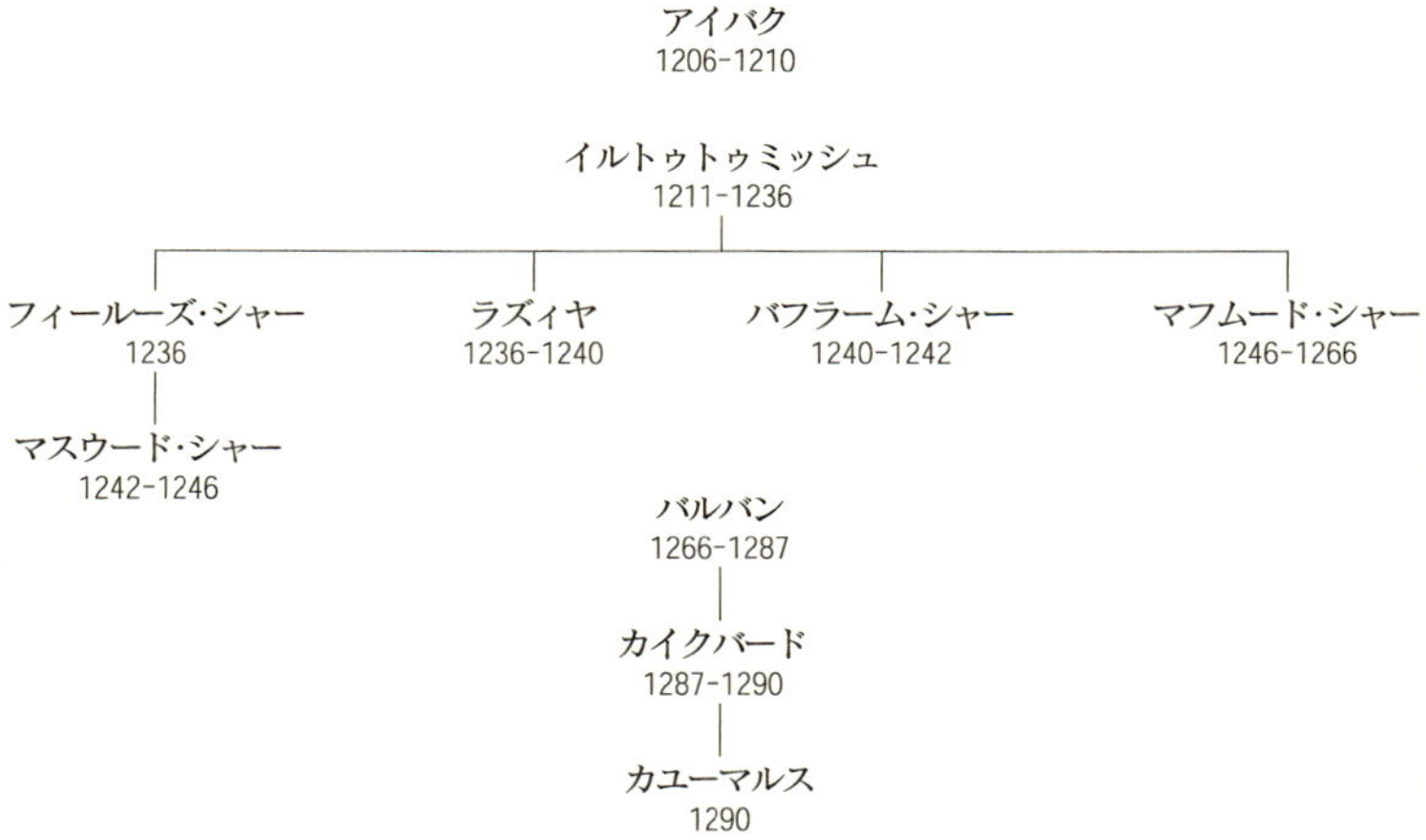
アイバク
1206-1210
イルトゥトゥミッシュ
1211-1236
フィールーズ・シャー
1236
ラズィヤ
1236-1240
バフラーム・シャー
1240-1242
マフムード・シャー
1246-1266
マスウード・シャー
1242-1246
バルバン
1266-1287
カイクバード
1287-1290
カユーマルス
1290

ハルジー朝

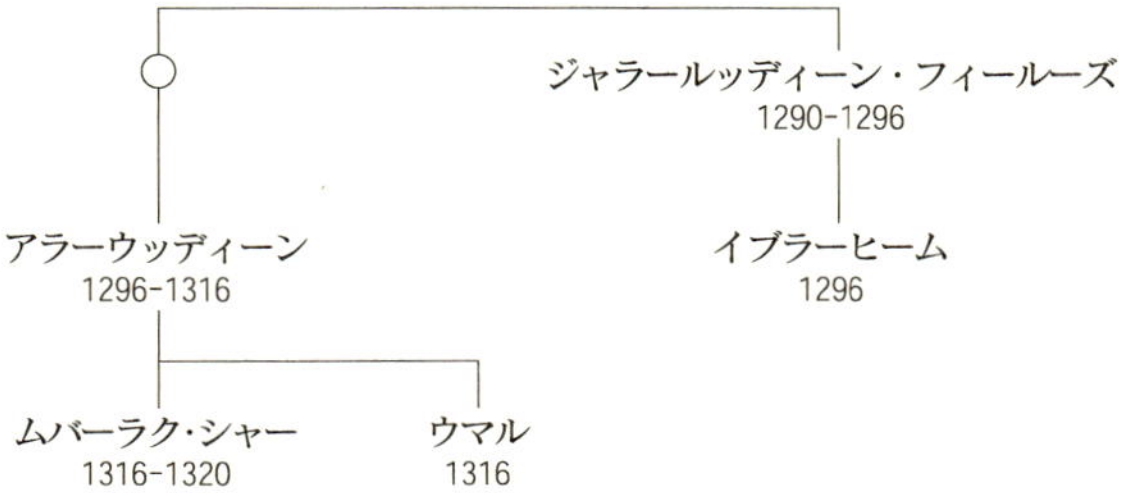
ジャラールッディーン・フィールーズ
1290-1296
アラーウッディーン
1296-1316
イブラーヒーム
1296
ムバーラク・シャー
1316-1320
ウマル
1316

トゥグルク朝

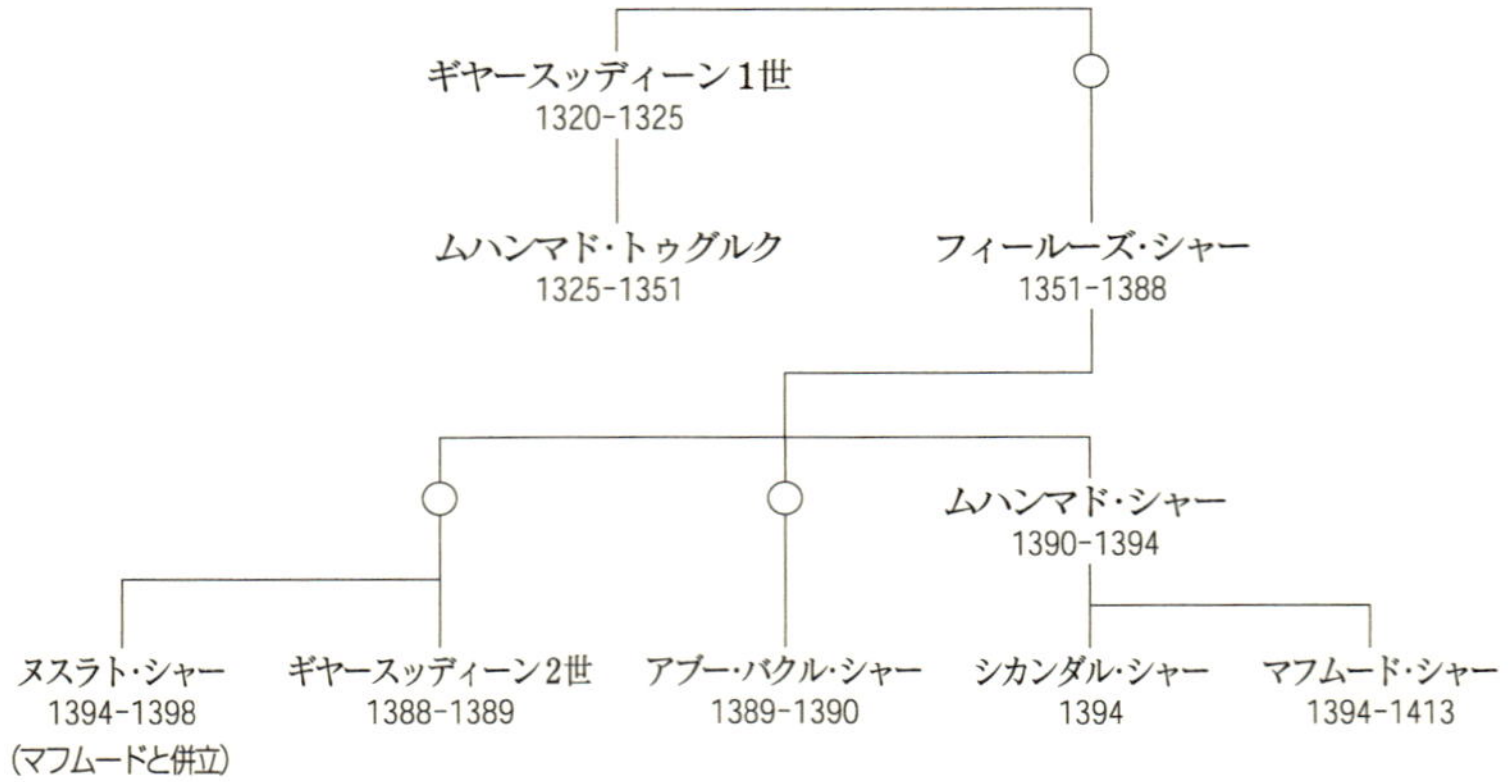
ギヤースッディーン1世
1320-1325
ムハンマド・トゥグルク
1325-1351
フィールーズ・シャー
1351-1388
ムハンマド・シャー
1390-1394
ヌスラト・シャー
1394-1398
(マフムードと併立)
ギヤースッディーン2世
1388-1389
アブー・バクル・シャー
1389-1390
シカンダル・シャー
1394
マフムード・シャー
1394-1413

サイイド朝

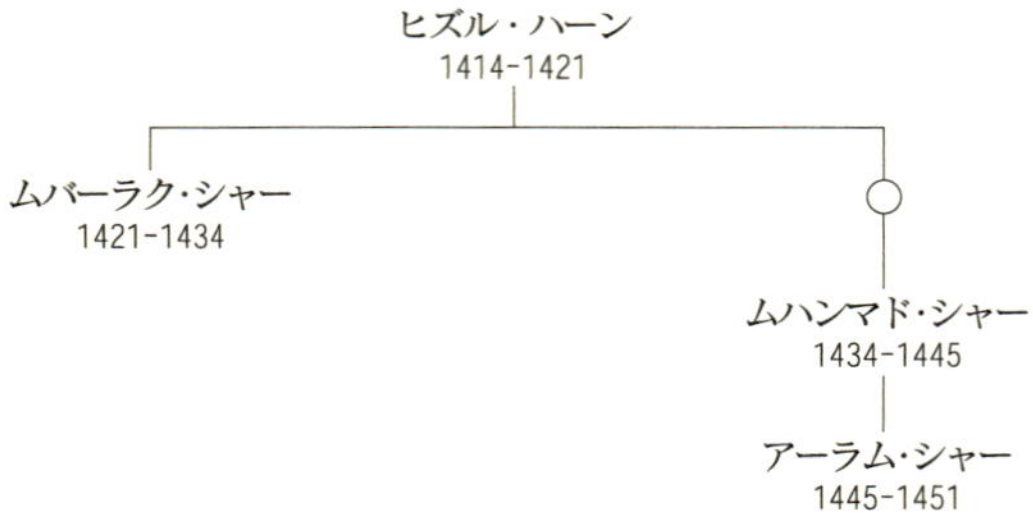
ヒズル・ハーン
1414-1421
ムバーラク・シャー
1421-1434
ムハンマド・シャー
1434-1445
アーラム・シャー
1445-1451

ローディー朝

バフロール
1451-1489
シカンダル
1489-1517
イブラーヒーム
1517-1526

スール朝

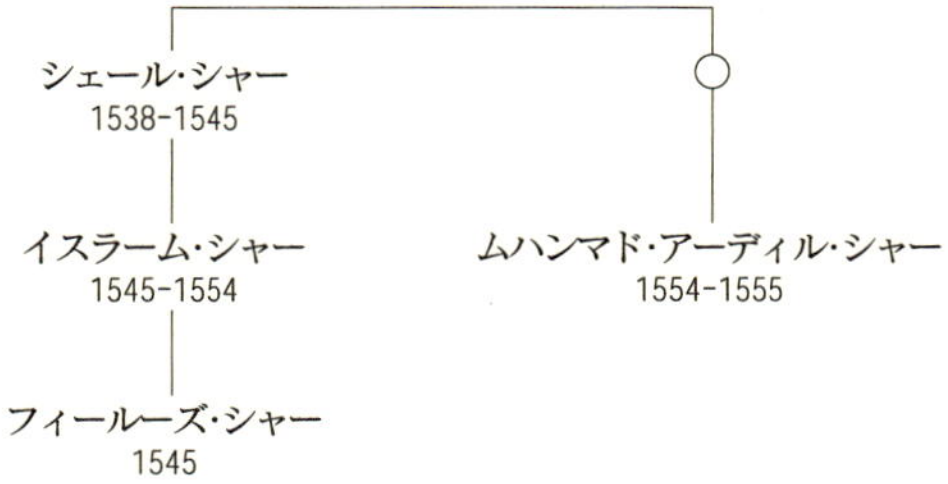
シェール・シャー
1538-1545
イスラーム・シャー
1545-1554
フィールーズ・シャー
1545
ムハンマド・アーディル・シャー
1554-1555

ムガル朝

- バーブル 1526-1530
- フマーユーン 1530-1540,1555-1556
- アクバル 1556-1605
- ジャハーンギール 1605-1627
- シャー・ジャハーン1世 1628-1658
- アウラングゼーブ(アーラムギール) 1658-1707
- バハードゥル・シャー1世(シャー・アーラム1世) 1707-1712
  - ジャハーンダール 1712-1713
    - アーラムギール2世 1754-1759
    - シャー・アーラム2世 1759-1806
    - アクバル2世 1806-1837
    - バハードゥル・シャー2世 1837-1858
  - ○
    - ファッルフシヤル 1713-1719
  - ○
    - ラフィーアッダウラ(シャー・ジャハーン2世) 1719
    - ラフィーアッダラジャート 1719
  - ○
    - ムハンマド・シャー 1719-1748
    - アフマド・シャー 1748-1754

マラーター王国（ボーンスレー家）

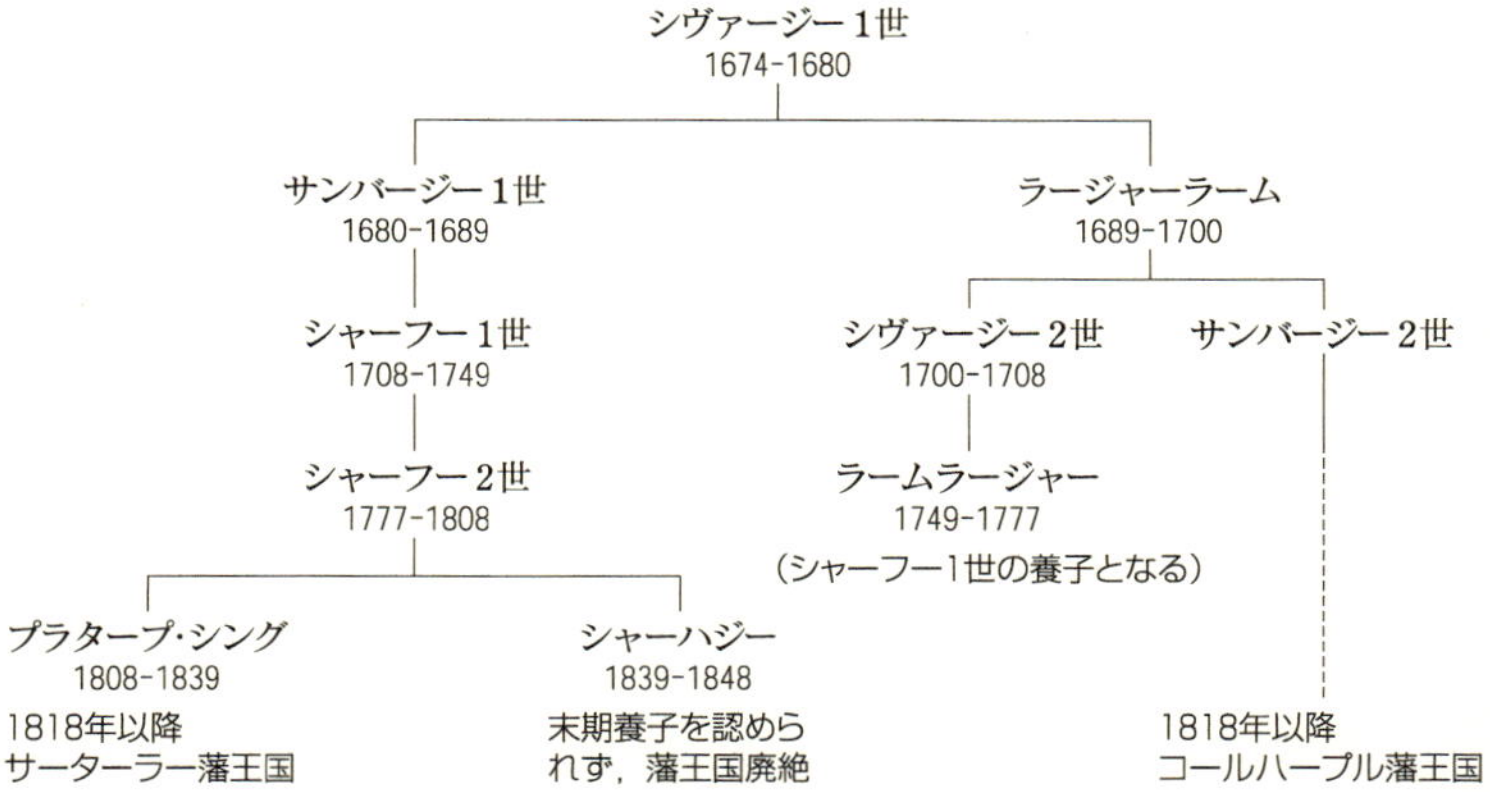
シヴァージー1世
1674-1680
サンバージー1世
1680-1689
ラージャーラーム
1689-1700
シャーフー1世
1708-1749
シヴァージー2世
1700-1708
サンバージー2世
シャーフー2世
1777-1808
ラームラージャー
1749-1777
（シャーフー1世の養子となる）
プラタープ・シング
1808-1839
1818年以降
サーターラー藩王国
シャーハジー
1839-1848
末期養子を認められず，藩王国廃絶
1818年以降
コールハープル藩王国

マラーター王国（ペーシュワー）

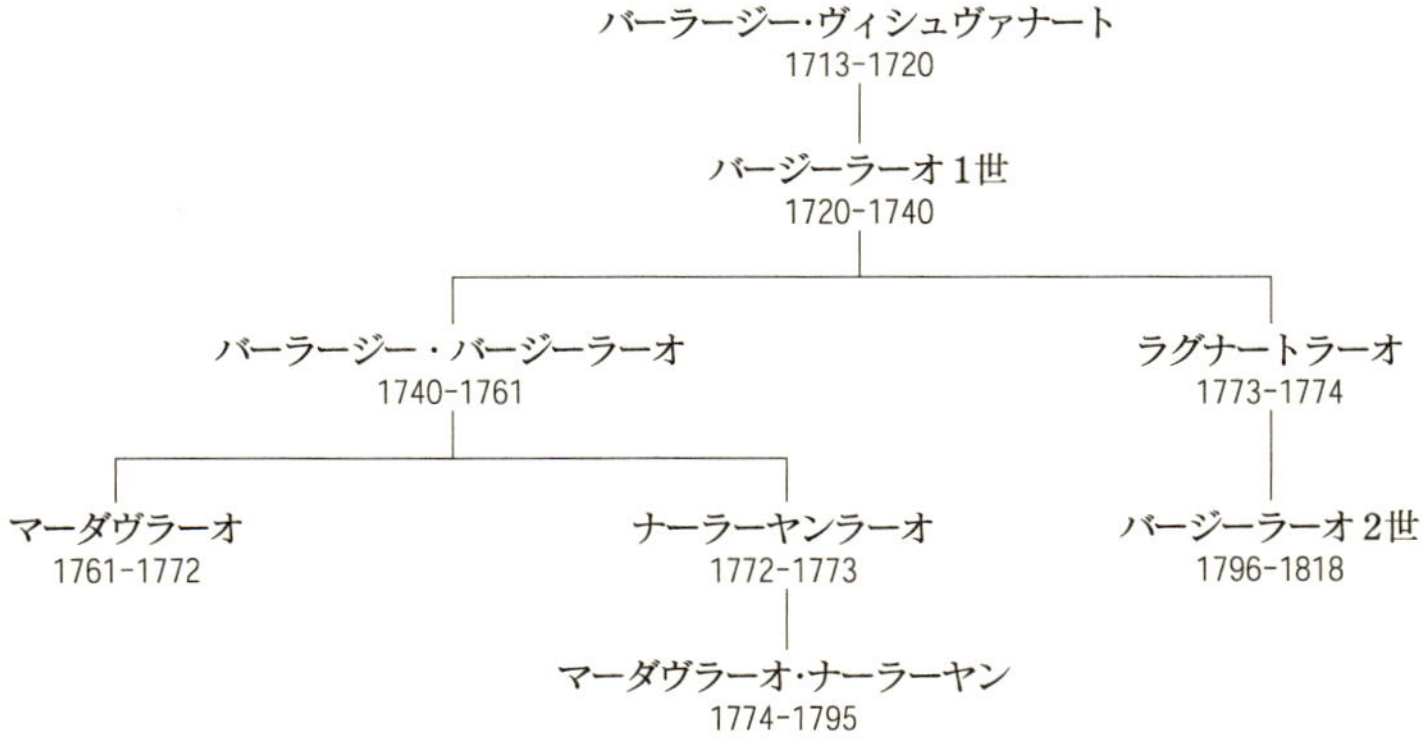
バーラージー・ヴィシュヴァナート
1713-1720
バージーラーオ1世
1720-1740
バーラージー・バージーラーオ
1740-1761
ラグナートラーオ
1773-1774
マーダヴラーオ
1761-1772
ナーラーヤンラーオ
1772-1773
バージーラーオ2世
1796-1818
マーダヴラーオ・ナーラーヤン
1774-1795

（太田信宏）

■ 歴代総督一覧

ベンガル総督

1774.10.20　W. ヘースティングズ
1785. 2. 8　J. マクファースン　臨時
1786. 9.12　C. コーンウォリス
1793.10.28　J. ショー
1798. 3.17　A. クラーク　臨時
1798. 5.18　R. ウェルズリ
1805. 7.30　C. コーンウォリス　再任
1805.10.10　G. バーロウ　臨時
1807. 7.30　ミントー(G. エリオット・マリ・キニンモンド)
1813.10. 4　F. ロードン・ヘースティングズ
1823. 1.13　J. アダム　臨時
1823. 8. 1　W. アマースト
1828. 3.13　W. ベイリ　臨時
1828. 7. 4　W. カヴェンディシュ・ベンティンク

インド総督(1877年からはインド帝国副王を兼ねる)

1833. 6.16　W. カヴェンディシュ・ベンティンク
1835. 3.20　C. メトカフ　臨時
1836. 3. 4　G. イーデン(オークランド)
1842. 2.28　E. ロー(エリンボロ)
1844. 6.15　W. バード　臨時
1844. 7.23　H. ハーディング
1848. 1.12　ダルフージー(J. ブラウン・ラムゼイ)
1856. 2.29　C. カニング
1858.11. 1　C. カニング
1862. 3.12　J. ブルース(エルギン)
1863.11.21　R. ネイピア　臨時
1863.12. 2　W. デニスン　臨時
1864. 1.12　J. ローレンス
1869. 1.12　R. ボーク(メイヨー)
1872. 2. 9　J. ストレイチ　臨時
1872. 2.23　F. ネイピア　臨時
1872. 5. 3　ノースブルック(T. ベアリング)
1876. 4.12　E. R. B. リットン

1880. 6. 8　リポン(G. ロビンスン)
1884.12.13　ダファリン(F. ブラックウッド)
1888.12.10　ランズダウン(H. ペティ・フィッツモリス)
1894. 1.20　V. ブルース(エルギン)
1899. 1. 6　G. カーゾン
1905.11.18　ミントー
1910.11.23　C. ハーディング
1916. 4. 4　チェムズファド
1921. 4. 2　R. アイザックス(レディング)
1926. 4. 3　アーウィン
1931. 4.18　ウィリンダン (F. フリーマン・トマス)
1936. 4.18　リンリスゴー(V. ホープ)
1943.10.20　A. ウェイヴェル
1947. 3.24　L. マウントバトン

(太田信宏)

■ 歴代元首・首相一覧

インド

大統領

1950-62　ラージェンドラ・プラサード　Rajendra Prasad　インド国民会議派
1962-67　サルヴァパッリ・ラーダークリシュナン　Sarvapalli Radhakrishnan　インド国民会議派
1967-69　ザキール・フサイン　Zakir Husain　インド国民会議派
1969-74　ヴァラハギリ・ヴェンカタ・ギリ　Varahagiri Venkata Giri　インド国民会議派
1974-77　ファフルッディーン・アリー・アフマド　Fakhruddin Ali Ahmed　インド国民会議派
1977-82　ニーラム・サンジーヴァ・レッディ　Neelam Sanjiva Reddy　インド国民会議派
1982-87　ギアニ・ザイール・シング　Giani Zail Singh　インド国民会議派
1987-92　R. ヴェンカタラマン　R. Venkataraman　インド国民会議派
1992-97　シャンカル・ダヤル・シャルマ　Shanker Dayal Sharma　インド国民会議派
1997-2002　K. R. ナーラーヤナン　K. R. Narayanan
2002-　A. P. J. アブドゥル・カラム　A. P. J. Abdul Kalam　与党連合

首相(1950年インド憲法施行まではインド連邦首相)

1947-64　ジャワーハルラール・ネルー　Jawaharlal Nehru　インド国民会議派
1964　グルザリ・ラール・ナンダ　Gulzari Lal Nanda　インド国民会議派
1964-66　ラール・バハードゥル・シャーストリー　Lal Bahadur Shastri　インド国民会議派
1966　グルザリ・ラール・ナンダ　Gulzari Lal Nanda　インド国民会議派
1966-77　インディラ・ガンディー　Indira Gandhi　インド国民会議派
1977-79　モラルジー・デサーイー　Morarji Desai　人民党(ジャナター・パーティ)
1979-80　チョードリー・チャラン・シング　Chaudhry Charan Singh　人民党(ジャナター・パーティ)
1980-84　インディラ・ガンディー　Indira Gandhi　インド国民会議派
1984-89　ラジーヴ・ガンディー　Rajiv Gandhi　インド国民会議派
1989-90　V. P. シング　V. P. Singh　ジャナター・ダル
1990-91　チャンドラシェーカル　Chandrashekhar　ジャナター・ダル
1991-96　P. V. ナラシンハ・ラーオ　P. V. Narasimha Rao　インド国民会議派
1996　アタル・ビハーリー・ヴァージペーイー　Atal Bihari Vajpayee　インド人民党
1996-97　H. D. デーヴェー・ガウダ　H. D. Deve Gauda　統一戦線
1997-98　I. K. グジュラール　I. K. Gujral　ジャナター・ダル
1998-　アタル・ビハーリー・ヴァージペーイー　Atal Bihari Vajpayee　インド人民党

パキスタン

総督

1947-48　ムハンマド・アリー・ジンナー　Muhammad Ali Jinnah　ムスリム連盟
1948-51　ナジームッディーン　Nazimuddin　ムスリム連盟
1951-55　グラーム・ムハンマド　Ghulam Muhammad　ムスリム連盟
1955-56　イスカンダル・ミルザー　Iskandar Mirza　陸軍少将

大統領

1956-58　イスカンダル・ミルザー　Iskandar Mirza　陸軍少将
1958-69　アユーブ・ハーン　Ayub Khan　陸軍参謀長
1969-71　ヤヒヤー・ハーン　Muhammad Yahya Khan　陸軍参謀長
1971-73　ズルフィカール・アリー・ブットー　Zurfikar Ali Bhutto　パキスタン人民党
1973-78　ファズルル・イラーヒー・チョードリー　Fazrul Illahi Chaudhry　パキスタン人民党
1978-85　(戒厳令司令官)ジアウル・ハック　Zia ul Haq　陸軍参謀長
1985-88　ジアウル・ハック　Zia ul Haq　陸軍参謀長
1988　(暫定大統領)グラーム・イスハーク・ハーン　Ghulam Ishaq Khan　イスラーム民主連合
1988-93　グラーム・イスハーク・ハーン　Ghulam Ishaq Khan　イスラーム民主連合
1993　(暫定大統領)グラーム・イスハーク・ハーン　Ghulam Ishaq Khan　イスラーム民主連合
1993-97　ファルーク・ラガーリー　Farooq Leghari　パキスタン人民党
1998-2001　ムハンマド・ラフィーク・タ―ラル　Muhammad Rafiq Tarar　パキスタン・ムスリム同盟
2001-　パルヴェーズ・ムシャラフ　Parvez Musharraf　陸軍参謀長

首相

1947-51　リヤーカト・アリー・ハーン　Liyaqat Ali Khan　ムスリム連盟
1951-53　ナジームッディーン　Nazimuddin　ムスリム連盟
1953-54　ムハンマド・アリー・ボーグラー　Muhammad Ali Bogra　ムスリム連盟
1954-55　ムハンマド・アリー・ボーグラー　Muhammad Ali Bogra　ムスリム連盟
1955-56　チョードゥリー・ムハンマド・アリー　Chaudhury Muhammad Ali　ムスリム連盟
1956-57　フサイン・シャヒード・スフラワルディー　Husain Shahid Suhrawardi　人民連盟
1957　I. I. チュンドリーガル　I. I. Chundrigar　ムスリム連盟
1957-58　マリク・フィーローズ・ハーン・ヌーン　Malik Firoz Khan Nun　共和党
1971　ヌールル・アミーン　Nurul Amin　パキスタン民主党
1973-77　ズルフィカール・アリー・ブットー　Zurfikar Ali Bhutto　パキスタン人民党
1985-88　ムハンマド・ハーン・ジュネジョー　Muhammad Khan Junejo　パキスタン・ムスリム連盟

1988-90　ベーナジール・ブットー　Benazir Bhutto　パキスタン人民党
1990　グラーム・ムスターファ・ジャトイ　Ghulam Mustafa Jatoi　イスラーム民主連合
1990-93　ムハンマド・ナワーズ・シャリーフ　Muhammad Nawaz Sharif　パキスタン・ムスリム連盟
1993　ミール・バラク・シェール・ハーン・マザーリー　Mir Balakh Sher Khan Mazari
1993　ムハンマド・ナワーズ・シャリーフ　Muhammad Nawaz Sharif　パキスタン・ムスリム連盟
1993　モイーン・クレーシー　Moin Qureshi　非政党人
1993-96　ベーナジール・ブットー　Benazir Bhutto　パキスタン人民党
1996-97　マリク・メーラージ・ハーリド　Malik Meraj Khalid　パキスタン・ムスリム連盟
1997-99　ムハンマド・ナワーズ・シャリーフ　Muhammad Nawaz Sharif　パキスタン・ムスリム連盟
2002-　ザファルッラー・ハーン・ジャマーリー　Zafarullah Khan Jamali　パキスタン・ムスリム連盟

ネパール(1951年の王政回復後以降)

元首

1951-55　トリブバン国王　Tribhuvan Bir Bikram Shah Deva[1]
1955-72　マヘンドラ国王　Mahendra Bir Bikram Shah Deva
1972-2001　ビレンドラ国王　Birendra Bir Bikram Shah Deva
2001　ディペンドラ国王　Dipendra Bir Bikram Shah Deva[2]
2001-　ギャネンドラ国王　Gyanendra Bir Bikram Shah Deva[2]

1 トリブバン国王は1911年に即位したが，1950年11月から1951年1月にかけてインドに亡命，その間はトリブバン国王の孫で当時3歳のギャネンドラ王子(現国王)が国王に擁立された。ただし，インドは新王を承認せず，亡命中のトリブバン国王の正統性を支持した。トリブバン国王は1951年1月に帰国し王位に復帰した。

2 ディペンドラ皇太子は脳死のまま新国王に即位，この間ギャネンドラ殿下が摂政を務めた。

首相

1951　(暫定政権)モハン・サムセル・ラナ　Mohan Shumshir Jang Bahadur Rana　ラナ家政治家
(暫定政権)マトリカ・プロサド・コイララ　Matrika Prasad Koirala　ネパール会議派

1952-53　トリブバン国王親政。首相をおかず，諮問会議の長にケサル・サムシェル・ラナ　Keshar Shamsher Rana(非政党人)を任命。

1953-55　(暫定政権)マトリカ・プロサド・コイララ　Matrika Prasad Koirala　ネパール会議派

1955-56　マヘンドラ国王親政。首相をおかず，グンザ・マン・シン　Gunja Man Singh(官僚)を政府長官(Chief of Government)に任命。

1956-57.7　(暫定政権)タンカ・プロサド・アチャルヤ　Tanka Prasad Acharya　ネパール人民会議

1957.7-57.11　(暫定政権)クンワル・インドラジット・シン　Kunwar Indrajit Singh　統一民主党

1957.11-58　マヘンドラ国王親政。首相をおかず。

1958-59　(選挙管理内閣)スヴァルナ・サムセル・ラナ　Subarna Shamshir Jang Bahadur Rana　ネパール会議派

1959-60　ビスェサル・プロサド・コイララ　Biswesar Prasad Koirala　ネパール会議派

1960-63.4　マヘンドラ国王親政。議会解散，憲法停止，政党活動禁止。マヘンドラ国王が内閣議長を務め，首席大臣にトゥルシ・ギリ　Tulsi Giri（非政党人)を任命。

1963.4-63.12　トゥルシ・ギリ　Tulsi Giri　非政党人

1963.12-64　スルヤ・バハドゥール・タパ　Surya Bahadur Thapa　非政党人

1964-65　トゥルシ・ギリ　Tulsi Giri　非政党人

1965-69　スルヤ・バハドゥール・タパ　Surya Bahadur Thapa　非政党人

1969-70　キリティニディ・ビスタ　Kirti Nidhi Bista　非政党人

1970-71　マヘンドラ国王親政。暫定政権の首席大臣にラジバンダリ　Gehendra Bahadur Rajbhandari（非政党人)を任命。

1971-73　キリティニディ・ビスタ　Kirti Nidhi Bista　非政党人

1973-75　ナゲンドゥラ・プロサド・リザル　Nagendra Prasad Rijal　非政党人

1975-77　トゥルシ・ギリ　Tulsi Giri　非政党人

1977-79　キリティニディ・ビスタ　Kirti Nidhi Bista　非政党人

1979-83　スルヤ・バハドゥール・タパ　Surya Bahadur Thapa　非政党人

1983-86.3　ロケンドゥラ・バハドゥール・チャンド　Lokendra Bahadur Chand　非政党人

1986.3-86.6　ナゲンドゥラ・プロサド・リザル　Nagendra Prasad Rijal　非政党人

1986.6-90.4　マリツマンシン・シュレスター　Marich Man Singh Shrestha　非政党人

1990.4.6-90.4.19　ロケンドゥラ・バハドゥール・チャンド　Lokendra Bahadur Chand　国民民主党

1990.4.19-91　(選挙管理内閣)キリシュナ・プロサド・バッタライ　Krishna Prasad Bhattarai　ネパール会議派

1991-94　ギリジャ・プロサド・コイララ　Girija Prasad Koirala　ネパール会議派

1994-95　マンモハン・アディカリ　Man Mohan Adhikari　ネパール共産党(統一マルクス=レーニン)

1995-97.3　シェル・バハドゥール・デウバ　Sher Bahadur Deuba　ネパール会議派

1997.3-97.10　ロケンドゥラ・バハドゥール・チャンド　Lokendra Bahadur Chand　国民民主党

1997.10-98　スルヤ・バハドゥール・タパ　Surya Bahadur Thapa　国民民主党

1998-99　ギリジャ・プロサド・コイララ　Girija Prasad Koirala　ネパール会議派

1999-2000　キリシュナ・プロサド・バッタライ　Krishna Prasad Bhattarai　ネパール会議派

2000-01　ギリジャ・プロサド・コイララ　Girija Prasad Koirala　ネパール会議派

2001-02.10.4　シェル・バハドゥール・デウバ　Sher Bahadur Deuba　ネパール会議派

2002.10.4-10.11　ギャネンドラ国王親政(議会停止・憲法停止)

2002.10.11-03　ロケンドゥラ・バハドゥール・チャンド　Lokendra Bahadur Chand　国

民民主党
2003-　スルヤ・バハドゥール・タパ　Surya Bahadur Thapa　国民民主党

バングラデシュ

大統領

1971　(臨時政府大統領)ムジブル・ラフマン　Mujibur Rahman　バングラデシュ・アワミ連盟
1971-72　(大統領代行〈副大統領〉)ショエド・ノズルル・イスラム　Syed Nazrul Islam　バングラデシュ・アワミ連盟
1972-73　アブ・ショエド・チョウドゥリ　Abu Syed Chowdhury　非政党人
1973-74　(大統領代行)モハマドゥッラ　Md Mohamadullah　バングラデシュ・アワミ連盟
1974-75　モハマドゥッラ　Md Mohamadullah　バングラデシュ・アワミ連盟
1975.1-75.8　ムジブル・ラフマン　Mujibur Rahman　バングラデシュ農民労働者アワミ連盟
1975　コンドカル・ムスタック・アフマド　Khandakar Mushtaq Ahmed　バングラデシュ・アワミ連盟
1975-77　A. S. Md. サエム　Abu Sadat Mohammad Sayem　非政党人(最高裁長官)
1977-81　ジアウル・ラフマン　Ziaur Rahman　陸軍参謀長→バングラデシュ民族主義党(78-)
1981　(大統領代行)アブドゥス・サッタル　Abdus Sattar　バングラデシュ民族主義党
1981-82　アブドゥス・サッタル　Abdus Sattar　バングラデシュ民族主義党

1982年3月24日，エルシャド陸軍参謀長の無血クーデタが成功，大統領・副大統領は即日解任され，内閣も解散させられた。

1982-83　A. F. M. アフサヌッディン・チョウドゥリ　Abu Fazal Md. Ahsanuddin Chowdhury　非政党人(元最高裁長官)
1983-90　ホセン・モハンモド・エルシャド　Hussain Mohammad Ershad　陸軍→国民党(86-)(この間，戒厳令司令官を兼任)
1990-91　(大統領代行)シャハブッディン・アフマド　Shahabuddin Ahmed　非政党人
1991-96　アブドゥル・ラフマン・ビッシャス　Abdur Rahman Biswas　バングラデシュ民族主義党
1996-2001　シャハブッディン・アフマド　Shahabuddin Ahmed　非政党人
2001-02　A. Q. M. ボドゥルドッザ・チョウドゥリ　A. Q. M. Badruddoza Chowdhury　バングラデシュ民族主義党
2002　(大統領代行)ジャミルッディン・シルカル　Jamiruddin Sircar　非政党人
2002-　イアジュッディン・アフマド　Iajuddin Ahmed　非政党人

元首(特記以外は首相)

1971-72　(臨時政府首相)タジュッディン・アフマド　Tajuddin Ahmed　バングラデシュ・アワミ連盟
1972-75　ムジブル・ラフマン　Mujibur Rahman　バングラデシュ・アワミ連盟

1975年1月，憲法第4次改正で首相内閣制を撤廃。

1975　モンスル・アリ　Md Mansoor Ali　バングラデシュ・アワミ連盟

1975.8-75.11　ジアウル・ラフマン陸軍参謀長が事実上の元首

1975　(戒厳令総司令官)カリド・ムシャラフ　Khalid Musharaf　陸軍

1975　(戒厳令総司令官)ジアウル・ラフマン　Ziaur Rahman　陸軍参謀長

1975-76　(戒厳令総司令官)A. S. Md. サエム　Abu Sadat Mohammad Sayem　非政党人(最高裁長官)

1976-79　(戒厳令総司令官)ジアウル・ラフマン　Ziaur Rahman　陸軍参謀長→バングラデシュ民族主義党(78-)

1979-82　アジズル・ラフマン　Shah Md Azizur Rahman　バングラデシュ民族主義党(大統領が任命)

1982-84　(戒厳令総司令官)エルシャド　Hussain Mohammad Ershad　陸軍参謀長(-88)

1984-86　アタウル・ラフマン・カン　Ataur Rahman Khan　国民党

1986-88　ミザヌル・ラフマン・チョウドゥリ　Mizanur Rahman Chowdhury　国民党

1988-89　モウドゥド・アフマド　Moudud Ahmed　国民党

1989-90　カジ・ザファル・アフマド　Kazi Zafar Ahmed　国民党

1991-96　カレダ・ジア　Khaleda Zia　バングラデシュ民族主義党

1996　(選挙管理内閣)ハビブル・ラフマン　Md Habibur Rahman　非政党人

1996-2001　シェイク・ハシナ・ワゼド　Sheikh Hasina Wajed　バングラデシュ・アワミ連盟

2001　(選挙管理内閣)ラティフル・ラフマン　Latifur Rahman　非政党人(元最高裁長官)

2001-　カレダ・ジア　Khaleda Zia　バングラデシュ民族主義党

スリランカ

元首

1936-52　ジョージ6世　George VI[1]

1952-72　エリザベス2世　Queen Elizabeth II

1972-78　ウィリアム・ゴーパッラワ大統領[2]　Wiliam Gopallawa

1978-89　J. R. ジャヤワルダナ大統領[3]　Junius Richard Jayewardene　統一国民党

1989-93　ラナシンハ・プレマダーサ大統領　Ranasinghe Premadasa　統一国民党

1993-94　D. B. ウィジェートゥンガ大統領　Dingiri Banda Wijetunga　統一国民党

1994-　チャンドリカ・バンダーラナーヤカ・クマーラトゥンガ大統領　Chandrika Bandaranaike Kumaratunga　人民連合

1 1948年，英連邦の自治領として独立。コロンボには以下の総督 (Governor-General)が駐在。
　1948-49　ヘンリー・モンク=メイソン=ムーア総督　Henry Monck-Mason Moore
　1949-54　ソールベリー総督　Viscount Soulbury
　1954-62　オリバー・E. グナティラカ総督　Oliver Ernest Goonertilleke
　1962-72　ウィリアム・ゴーパッラワ総督　Wiliam Gopallawa

2 大統領(Constitutional President)：国会が指名。

3 大統領(Executive President)：行政権をもち，国民が直接選挙で選出。ただし，J. R. ジャヤ

ワルダナ大統領(第1期目)は国会が選出。また，D. B. ウィジェートゥンガ大統領はプレマダーサ大統領の暗殺にともない大統領代行(兼首相)に就任したのち，国会で大統領に選出された。

首相

1947-52　D. S. セーナーナーヤカ　Don Stephen Senanayake　統一国民党
1952-53　ダッドリー・S. セーナーナーヤカ　Dudley Shelton Senanayake　統一国民党
1953-56　ジョン・コタラーワラ　John Kotelawala　統一国民党
1956-59　S. W. R. D. バンダーラナーヤカ　Solomon West Ridgeway Dias Bandaranaike　スリランカ自由党
1959-60　W. ダハナーヤカ　Wijayananda Dahanayake　スリランカ自由党
1960.3-60.7　ダッドリー・S. セーナーナーヤカ　Dudley Shelton Senanayake　統一国民党
1960.7-65.3　シュリマウォ・R. D. バンダーラナーヤカ　Sirimavo Ratwatte Dias Bandaranaike　スリランカ自由党
1965-70　ダッドリー・S. セーナーナーヤカ　Dudley Shelton Senanayake　統一国民党
1970-77　シュリマウォ・R. D. バンダーラナーヤカ　Sirimavo Ratwatte Dias Bandaranaike　スリランカ自由党(統一戦線内閣)
1977-78　J. R. ジャヤワルダナ　Junius Richard Jayewardene　統一国民党
1978-89　R. プレマダーサ　Ranasinghe Premadasa　統一国民党
1989-93　D. B. ウィジェートゥンガ　Dingiri Banda Wijetunga　統一国民党
1993-94　ラニル・ウィクラマシンハ　Ranil Wickremesinghe　統一国民党
1994.8-94.11　チャンドリカ・バンダーラナーヤカ・クマーラトゥンガ　Chandrika Bandaranaike Kumaratunga　人民連合
1994-2000　シュリマウォ・R. D. バンダーラナーヤカ　Sirimavo Ratwatte Dias Bandaranaike　人民連合
2000-02　ラトナシリ・ウィクラマナーヤカ　Ratnasiri Wickremanayake　人民連合
2002-　ラニル・ウィクラマシンハ　Ranil Wickremesinghe　統一国民党

(井上あえか，小槻文洋，サキャ・プルナ・ラタナ)

■ 議会選挙結果一覧

インド下院選挙結果

	第1回	第2回	第3回	第4回	第5回	第6回	第7回	第8回	第9回	第10回	第11回	第12回	第13回
	1951/52	1957	1962	1967	1971	1977	1980	1984*	1989	1991*	1996	1998	1999
インド共産党 (CPI)	16	27	29	23	23	7	10	6	12	14	12	9	4
インド共産党 マルクス主義(CPIM)				19	25	22	37	22	33	35	32	32	33
インド国民会議派 (INC)	364	371	361	283	352	154	353* (359)	415	197	244	140	141	114
インド大衆連盟 (BJS)	3	4	14	35	22								
スワタントラ党 (SWA)			18	44	8								
人民党(ジャナター・パーティ)(JNP)						295	31**	10		5			
ローク・ダル (LKD)								3					
ジャナター・ダル (JD)									143	59	46	6	
ジャナター・ダル (統一派)(JD<U>)													21
インド人民党 (BJP)								2	85	120	161	182	182
その他(全国政党)	35	19	18	36	21	3	54	5	1	1	12	17	15
その他(州政党)	34	31	28	43	40	49	34	66	27	51	127	101	158
その他(未承認政党,無所属)	37	42	26	37	27	12	10	13	31	5	13	55	16
総議席数 (任命議席除く)	489	494	494	520	518	542	529*** (536)	542	529	534**	543	543	543

第7回下院選挙(1980年)
* INC(I)をさす。分派のINC(U)はその他(全国政党)に分類。( )内はアッサム州の追加選挙の結果を含む。
** 分派のJNP(S)はその他(全国政党)に分類。
*** 定数は542議席。アッサム州(定数14議席)では本選挙で2議席，追加選挙で6議席のみ選挙がおこなわれ，残る6議席は空席となった。上段は本選挙，下段( )内はアッサム州での追加選挙の結果を含む。

第8回下院選挙(1984/85年)
* 本選挙は1984年，パンジャーブ州とアッサム州は1985年に実施。

第10回下院選挙(1991/92年)
* 本選挙は1991年，パンジャーブ州の選挙は1992年に実施。
** 定数は543議席。ジャンムー・カシミール州6議席，ビハール州2議席，ウッタル・プラデーシュ州1議席は選挙が実施されなかった。

パキスタン下院総選挙結果

	1970	1988	1990	1993	1997	2002
アワミ連盟	160					
パキスタン人民党	81	93	44	85	18	
パキスタン人民党(議会派)						71
パキスタン・ムスリム連盟(ナワーズ派)		55	106	72	134	14
パキスタン・ムスリム連盟(カーエデアーザム派)						73
ジャミーアトゥル・ウラマー(ハザールウィー派)	7					
ジャミーアトゥル・ウラマー(タナヴィー派)	7					
イスラーム・ウラマー党(JUI ファズルル・ラフマン派)		7	6	2	2	
全国人民党(ワリー派)	6					
ジャマーアテ・イスラーミー	4					
統一民族党(MQM アルターフ派)		13	15		12	13
統一協議会連盟(MMA)						53
国民連盟(NA)						12
パキスタン正義のための運動党						1
パキスタン国民運動党						1
民主祖国党						1
バルーチスタン民族党		2	2	1	2	1
無所属／その他	16	24	18	29	49	34
その他 2	19					6
総議席数	300	194	191	189	217	280

ネパール総選挙結果

(1)下院(代議員会議)(Pratinidhi Sabha)

	1959
ネパール会議派 Nepali Congress	74
ネパール国民ゴルカ会議 Nepal Rastravadi Gorkha Parishad	19
統一民主党 Samyukta Prajatantra Party Nepal	5
ネパール共産党 Communist Party of Nepal	4
ネパール人民会議(アチャリャ派) Nepal Praja Parishad (Acharya)	2
ネパール人民会議(ミシュラ派) Nepal Praja Parishad (Mishra)	1
無所属	4
総議席数	109

上院(Mahasabha)は下院議員の互選による18議席，国王の任命による18議席の総計36議席からなる。

(2)国家パンチャーヤト(Rastriya Panchayat)

1980年の憲法改正で導入された一院制の議会で，民選112議席，国王勅撰 28 議席の総計140議席からなる。

1981年，1986年に選挙がおこなわれたが，政党政治は否定されており，ほとんどの政党が選挙をボイコットした。

(3)下院(代議員会議)

	1991	1994	1999
ネパール会議派 Nepali Congress	110	83	111 (113*)
ネパール共産党 (統一マルクス＝レーニン主義者) Nepal Communist Party (UML)	69	88	71 (69*)
国民民主党 Rastriya Prajatantra Party	-	20	11 (12*)
国民民主党(チャンド派) Rastriya Prajatantra Party (Chand)	3	-	
国民民主党(タパ派) Rastriya Prajatantra Party (Thapa)	1	-	
ネパール友愛党 Nepal Sadbhavana Party	6	3	5
ネパール労働者農民党 Nepal Majdoor Kisan Party	2	4	1
統一人民戦線 Samyukta Janamorcha, Nepal	9	-	1
ネパール共産党(民主) Communist Party of Nepal (Democratic)	2	-	
国民戦線 Rastriya Janamorcha	-	-	5
無所属	3	7	-
総議席数	205	205	205

＊ 1999年選挙の(　)内は補欠選挙後の議席数を示す。

1999年選挙前の政党別議席数(解散時)

共産党統一マルクス=レーニン主義者(CPN-UML)	49
共産党マルクス=レーニン主義者(CPN-ML)	40
ネパール会議派(NC)	89
国民民主党タパ派(RPP-T)	10
国民民主党チャンド派(RPP-C)	9
友愛党(NSP)	3
農民労働者党(NPWP)	3
共産党マサル派(CPN-M)	2
総議席数	205

バングラデシュ総選挙結果

	第1回	第2回	第3回*	第4回*	第5回	第6回*	第7回	第8回
	1973	1979	1986	1988	1991	1996.2	1996.6	2001
アワミ連盟(BAL) Bangladesh Awami League	292(-1) [15]	* 39(±?)	76		88(-2)		146(+4) [27]	62(-4)
農民労働者アワミ連盟(BAKSAL) Bangladesh Krishak Sramik Awami League			3		5			
バングラデシュ民族主義者党(BNP) Bangladesh Nationalist Party		207(+13) [30]			140(+2) [28]	289	116(-3)	* 193(+2)
国民党(JP) Jatiya Party			153 [30]	251 (+30)	35		32(-2) [3]	
国民党(エルシャド派) Jatiyo Party(Ershad)								14**
国民党(モンジュ派) Jatiyo Party(Monju)								1
国民党(NF) Jatiya Party(N-F)								4
バングラデシュ・ムスリム連盟 BML：Bangladesh Muslim League		** 20(±?)	4					
民族社会党(JSD) Jatiyo Samajtantrik Dal	1(+1)	8(±?)	7		1		1	
イスラム協会(JI) Jamaat-e-Islami			10		18(+2)		3	17
バングラデシュ共産党(CPB) Communist Party of Bangladesh			5		5			
民族人民党・統一派(NAP<United>) Bangladesh National Awami Party(United)			5					
野党連合党(COP) Combined Opposition Party				19**				
その他の政党	2	10	5	5	5	1	1	3(+1)
無所属	5	16(-11)	32	25	3	10	1(+1)	6(+1)
総議席数 [間接選挙による女性留保議席数]	300 [15]	300 [30]	300 [30]	300 [30]	300 [30]	300 [*]	300 [30]	300

議席数は，上段に本選挙での各党の獲得議席数，( )に補欠選挙による増減を示し，下段には[ ]内に間接選挙による女性留保議席の獲得数を示した。

バングラデシュの国会選挙では複数の選挙区から同時に立候補できるので，主要政党の党首など複数の議席に当選するものが必ずでる。このような重複当選者が辞退した選挙区では，国会招集後に改めて補欠選挙がおこなわれる。最終的な議席構成はこの補欠選挙の後に確定する。

第２回＊バングラデシュ・アワミ連盟マレク派(BAL<Malek>：Bangladesh Awami League, Malek Group)をさす。

＊＊同盟したイスラム民主連盟(IDL：Islam Democratic League)の議席も含む。

第３回＊BNP は選挙不参加。

第４回＊主要野党は選挙不参加。実際の投票率は1％程度と推定される。

＊＊野党連合党(COP)は民族民主党(ロブ派)JSD(Rab)を中心とする71政党の連合。

第６回＊主要野党は選挙不参加。84選挙区で再投票。

＊＊女性議員が指名される前に解散。

第８回＊BNP は JP(N-F)，IOJ と同盟。

スリランカ国会選挙結果

	第1回	第2回	第3回	第4回	第5回	第6回	第7回	第8回	第9回	第10回	第11回	第12回
	1947	1952	1956	1905	1960	1965	1970	1977	1989	1994	2000	2001
統一国民党 United National Party	42	54	8	50	75	66	17	140	125	94	89	109
スリランカ自由党 Sri Lanka Freedom Party		9		46	30	41	91	8	67			
人民統一戦線 Mahajana Eksath Peramuna			51	10	3	1			2			
人民連合 People's Alliance										105	107	77
ランカ平等社会党 Lanka Sama Samaja Party	10	9	14	10	12	10	19					
共産党 Communist Party	3	4	3	3	4	4	6				6	
人民解放戦線 Janatha Vimukthi Peramuna											10	16
全セイロン・タミル会議 Tamil Congress	7	4	1	1	1	3	3				1	
連邦党 Federal Party		2	10	15	16	14	13					
タミル統一解放戦線 Tamil United Liberation Front								18	10	5	5	15
その他	33	13	8	16	10	12	2	2	21	21	7	8
総議席数	95	95	95	151	151	151	151	168	225	225	225	225

(井上あえか，小槻文洋，サキャ・プルナ・ラタナ)

■ 行政区分図

インド
州区分(2003〜)
パキスタン管理地域
(北方地域とアーザード・ジャンムー・カシミール)
中国管理地域
(アクサイチン)
ジャンムー・カシミール
ヒマーチャル・プラデーシュ
(1971年)
ウッタランチャル
(2000年)
パンジャーブ
チャンディーガル(直)
ハリヤーナー
(1966年)
デリー(直)
ネパール
シッキム
(1975年)
ブータン
アルナーチャル・プラデーシュ
(1986年)
アッサム
ナガランド
(1963年)
ラージャスタン
ウッタル・プラデーシュ
ビハール
バングラデシュ
マニプル
(1972年)
グジャラート
(1960年)
マディヤ・プラデーシュ
西ベンガル
ミゾラム
(1986年)
ディウ(直)
ダマン(直)
ダドラ・ナガル・ハヴェーリー(直)
マハーラーシュトラ
(1960年)
オリッサ
メガラヤ
(1972年)
トリプラ
ジャールカンド
(2000年)
アーンドラ・プラデーシュ
チャッティースガル
(2000年)
ベンガル湾
ゴア
(1987年)
カルナータカ
(1973年改称)
アラビア海
ポンディシェリー(直)
ラクシャドウィープ(直)
ケーララ
タミル・ナードゥ
(1968年改称)
アンダマン諸島・ニコバル諸島(直)
スリランカ
N
0
500
1000km
国境
州境
(直) 連邦直轄地
インド洋

※州名のあとの( )は，とくに断らない限り，現州名と領域の制定年。

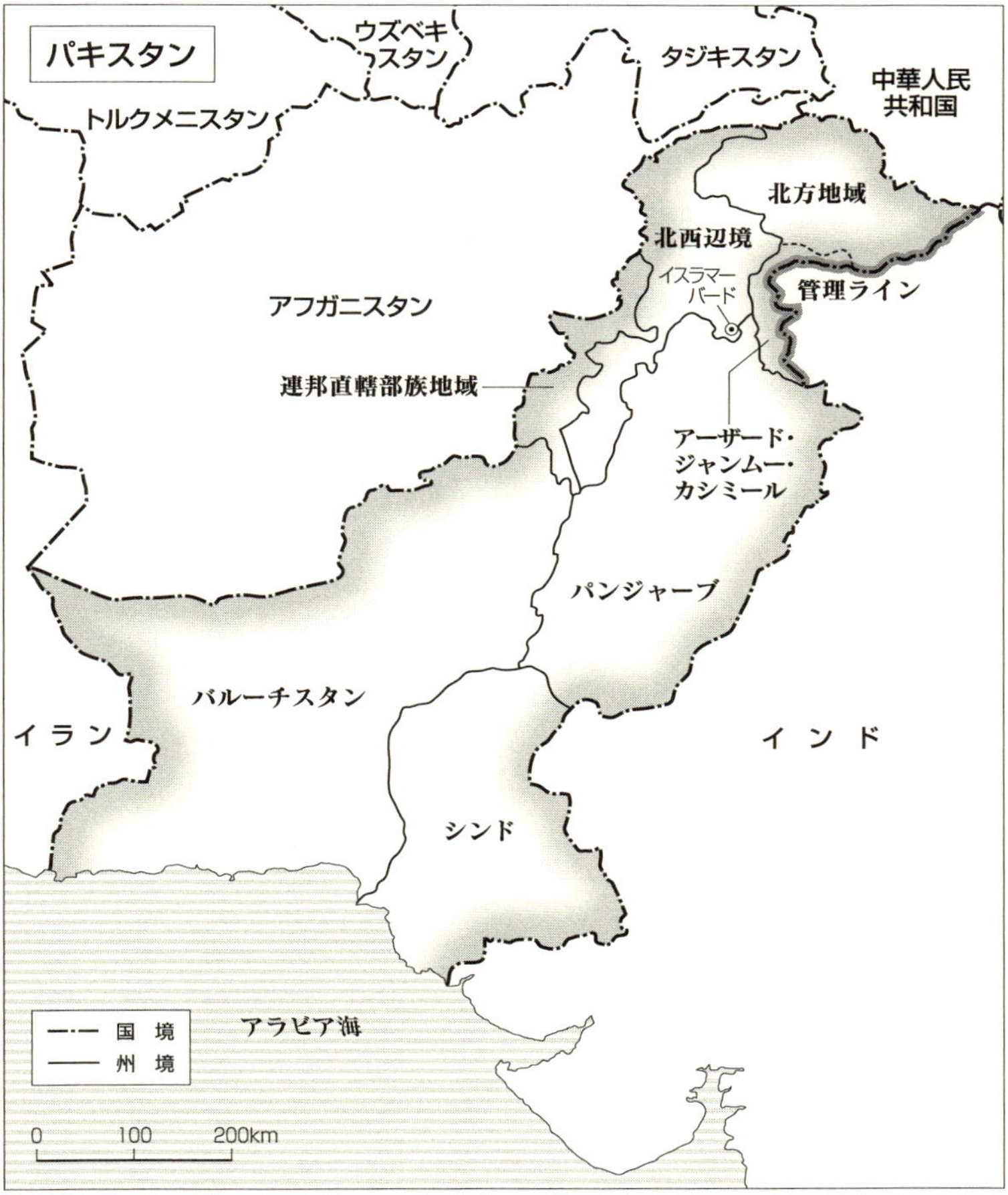
パキスタン
ウズベキスタン
タジキスタン
中華人民共和国
トルクメニスタン
北方地域
北西辺境
イスラマーバード
管理ライン
アフガニスタン
連邦直轄部族地域
アーザード・ジャンムー・カシミール
パンジャーブ
バルーチスタン
イラン
インド
シンド
アラビア海
国境
州境
0
100
200km

1 ダルチュラ
2 バイタディ
3 ダデルドゥラ
4 カンチャンプル
5 バジャン
6 バジュラ
7 アチャム
8 ドティ
9 カイラリ
10 フムラ
11 ムグ
12 カリコット
13 ジュムラ
14 ドルパ
15 ダイレク
16 ジャジャルコット
17 スルケット
18 バルディア
19 バンケ
20 ルクム
21 サリヤン
22 ロルパ
23 ピュータン
24 ダン
25 ムスタン
26 ミャグディ
27 バグルン
28 パルバット
29 マナン
30 カスキ
31 ラムジュン
32 ゴルカ
33 シャンジャ
34 タナフー
35 グルミ
36 アルガカチ
37 パルパ
38 カピラバストゥ
39 ルパンデヒ
40 ナワルパラシ
41 ラスワ
42 ダディン
43 ヌワコット
44 シンデュパルチョーク
45 カトマンズ
46 バクタプル
47 ラリトプル
48 カブレ・パランチョーク
49 チトワン
50 マクワンプル
51 パルサ
52 バラ
53 ラウタハト
54 ドルカ
55 ラムチャプ
56 シンドゥリ
57 サルラヒ
58 マホタリ
59 ダヌシャ
60 ソルクンブ
61 オカルドゥンガ
62 コタン
63 ウダヤプール
64 シラハ
65 サプタリ
66 サンクワサバ
67 ボジュプル
68 ダンクタ
69 テーラトゥム
70 スンサリ
71 モラン
72 タプレジュン
73 パンチタル
74 イラム
75 ジャパ

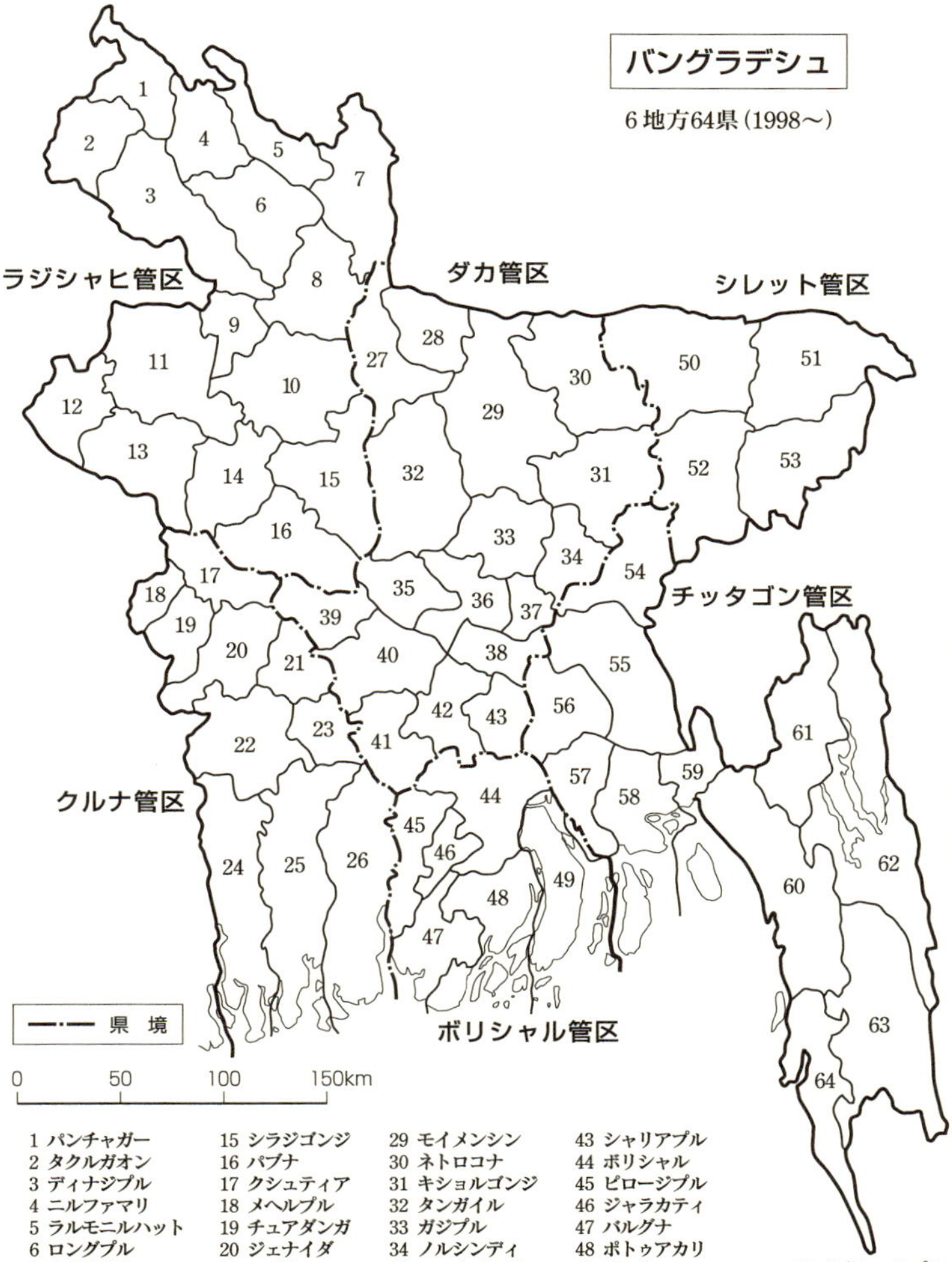

1 パンチャガー
2 タクルガオン
3 ディナジプル
4 ニルファマリ
5 ラルモニルハット
6 ロングプル
7 クリグラム
8 ガイバンダ
9 ジョイプルハット
10 ボグラ
11 ナオガオン
12 ナワブゴンジ
13 ラジシャヒ
14 ナトール
15 シラジゴンジ
16 パブナ
17 クシュティア
18 メヘルプル
19 チュアダンガ
20 ジェナイダ
21 マグラ
22 ジェソール
23 ナライル
24 サッキラ
25 クルナ
26 バゲルハット
27 ジャマルプル
28 シェルプル
29 モイメンシン
30 ネトロコナ
31 キショルゴンジ
32 タンガイル
33 ガジプル
34 ノルシンディ
35 マニクゴンジ
36 ダカ
37 ナラヤンゴンジ
38 ムンシゴンジ
39 ラジバリ
40 フォリドプル
41 ゴパルゴンジ
42 マダリプル
43 シャリアプル
44 ボリシャル
45 ピロージプル
46 ジャラカティ
47 バルグナ
48 ポトゥアカリ
49 ボーラ
50 シュナムゴンジ
51 シレット
52 ハビゴンジ
53 モウルヴィ・バザル
54 ブラモンバリア
55 クミッラ
56 チャンディプル
57 ラクシュミプル
58 ノアカリ
59 フェニ
60 チッタゴン
61 カグラチャリ
62 ランガマティ
63 バンダルバン
64 コックス・バザル

スリランカ
8州25県（1987～，北・東部州暫定合併）
ジャフナ
キリノッチ
ムッライティーヴ
北部州
ヴァヴニヤ
マンナール
トリンコマリー
アヌラーダプラ
北中央州
ポロンナルワ
プッタラム
バッティカロア
東部州
北西部州
クルナーガラ
マータレー
中央州
キャンディ
キャーガッラ
アンパーライ
ガンパハ
西部州
ヌワラ・エリヤ
バドゥッラ
コロンボ
ウーワ州
サバラガムワ州
モナラーガラ
カルタラ
ラトナプラ
N
ゴール
ハンバントタ
マータラ
南部州
州境
県境
0 20 40 60 80 100km

■ 写真引用一覧

1……R・S・シャルマ著，山崎利男・山崎元一訳『古代インドの歴史』山川出版社 1985

2……Mortimer Wheeler, *Civilization of The Indus Valley and Beyond,* Thames and Hudson, London, 1966.

3……Mortimer Wheeler, *Early India and Pakistan to Ashoka,* Thames and Hudson, London, 1959.

4……Romila Thapar, *Asoka and The Decline of The Mauryas,* Oxford University Press, 1963.

5……A. N. Lahiri, *Corpus of Indo-Greek Coins,* Poddar Publications, Calcutta, 1965.

6……John Allan, *Catalogue of The Coins of The Gupta Dynasties and of Sasanka, King of Gupta,* The Trustees of The British Museum, Oxford, 1914.

7……K. G. Krishnan, *Karandai Tamil Sangam Plates of Rajendrachola I,* Archaeological Survey of India, New Delhi, 1984.

8……K. A. Nilakanta Sastri, *The Colas,* second edition, University of Madras, 1955.

9……Thomas W. Lentz and Glenn D. Lowry, *Timur and the Princely Vision: Persian Art and Culture in the Fifteenth Century,* Los Angels Country Museum of Art, Los Angels, 1989.

10……G・ジョンソン著，小谷汪之監修『図説文化地理大百科　インド』朝倉書店　2001

11……F・ベルニエ著，関美奈子・倉田信子訳『ムガル帝国誌』岩波書店　1993

12……P. J. Marshall (ed.), *The Cambridge Illustrated History of the British Empire,* Cambridge University Press, 1996.

13……*1857: A Pictorial Presentation,* Publications Division, Ministry of Information & Broadcasting, Govt. of India, Delhi, 1957.

14……Francis Robinson (ed.), *The Cambridge Encyclopedia of India,* Cambridge University Press, 1989.

15……Kenneth O. Morgan (ed.), *The Oxford Illustrated History of Britain,* Oxford University Press, 1984.

16……Ayaz Memon and Ranjona Banerji (ed.), *India 50: The Making of Nation,* Ayaz Memon & Book Quest Publishers, Bombay, 1997.

17……Michael Edwards, *Nehru: A Pictorial Biography,* London, 1962.

18……Barbara D. Metcalf and Thomas R. Metcalf, *A Concise History of India,* Cambridge University Press, 2002.

19……Syed Abdul Vahid, *Iqbal, His Art and Thought,* Karachi, 1959.

口絵 p.1――大村次郷氏撮影
p.2――大村次郷氏撮影
p.3上――大村次郷氏撮影
p.3下――ユニフォトプレス提供
p.4上――ユニフォトプレス提供
p.4下――PANA 通信社提供

21左——**1**, p.39
21右——**1**, p.40
24——**1**, p.61上
26——**2**, p.38
37——**1**, p.91右
51——**3**, Plate 47
61——**1**, p.249
70——**4**, p.6f.
83右——**5**, Plate xvi-2
83左——**5**, Plate xix-8
89——シルクロード研究所提供
97上——**1**, p.193
97下——**1**, p.193
100——**3**, Plate 38
111——大村次郷氏撮影
117——**6**, Plate III, V
121——**1**, p.249
147上——著者(山崎)提供
147下——著者(山崎)提供
153——大村次郷氏撮影
157——著者(辛島)撮影
159——大村次郷氏撮影
165——著者(辛島)撮影
171上——**7**, Plate II.I a
171下——**8**, Plate XXXII
177——大村次郷氏撮影
182——著者(辛島)撮影
187——著者(辛島)撮影
198——**9**, p.127.
199——大村次郷氏撮影
205——大村次郷氏撮影
223——大村次郷氏撮影
229上——大村次郷氏撮影
229下——著者(辛島)撮影
230——著者(辛島)撮影
237——**10**, p.91
239上——**10**, p.102
239下——**10**, p.106
247——**10**, p.119
249——著者(小谷)撮影
280——大村次郷氏撮影
287——**10**, p.144
297——大村次郷氏撮影
319上——**10**, p.150
319下——**11**, p.260
327上——**12**, p.51
327下——**13**, p.60
339——**12**, p.48
343——**12**, p.71
349——**14**, p.124
353——内藤雅雄氏撮影
356——**12**, p.226
365——**12**, p.245
373——**15**, p.531
386——**16**, p.15
387——**16**, p.21右下
395——**17**, p.43
398——ユニフォトプレス提供
405——**16**, p.24
423——**16**, p.26
425上——**18**, p.216
425下——**16**, p.39
435——**18**, p.230
457——ユニフォトプレス提供
463——**18**, p.287
468——**19**, p.111
488——PANA通信社
494——PANA通信社